A PRIMEIRA
GUERRA
MUNDIAL

HISTÓRIA COMPLETA

Conselho Acadêmico
Ataliba Teixeira de Castilho
Carlos Eduardo Lins da Silva
Carlos Fico
Jaime Cordeiro
José Luiz Fiorin
Tania Regina de Luca

Proibida a reprodução total ou parcial em qualquer mídia
sem a autorização escrita da editora.
Os infratores estão sujeitos às penas da lei.

A Editora não é responsável pelo conteúdo deste livro.
O Autor conhece os fatos narrados, pelos quais é responsável,
assim como se responsabiliza pelos juízos emitidos.

Consulte nosso catálogo completo e últimos lançamentos em **www.editoracontexto.com.br**.

Lawrence Sondhaus

A Primeira
Guerra
Mundial
História Completa

Tradução
Roberto Cataldo Costa

Copyright © Syndicate of the Press of the University of Cambridge, 2011
Esta tradução de World War One, de Lawrence Sondhaus,
foi publicada mediante acordo com a Cambridge University Press

Todos os direitos desta edição reservados à
Editora Contexto (Editora Pinsky Ltda.)

Foto de capa
Britânicos feridos em trincheira,
s.d., anônimo, Library of Congress

Montagem de capa e diagramação
Gustavo S. Vilas Boas

Preparação de textos
Lilian Aquino

Revisão
Daniela Marini Iwamoto

Dados Internacionais de Catalogação na Publicação (CIP)
(Câmara Brasileira do Livro, SP, Brasil)

Sondhaus, Lawrence, 1958-
A Primeira Guerra Mundial / Lawrence Sondhaus ; tradutor
Roberto Cataldo. – 1. ed., 3ª reimpressão. – São Paulo :
Contexto, 2017.

Título original : World War One : the global revolution
Bibliografia.
ISBN 978-85-7244-815-4

1. Guerra Mundial, 1914-1918
2. Guerra Mundial, 1914-1918 – História I. Título

13-8600	CDD-940.3

Índice para catálogo sistemático:
1. Primeira Guerra Mundial, 1914-1918 : História 940.3

2017

EDITORA CONTEXTO
Diretor editorial: *Jaime Pinsky*

Rua Dr. José Elias, 520 – Alto da Lapa
05083-030 – São Paulo – SP
PABX: (11) 3832 5838
contato@editoracontexto.com.br
www.editoracontexto.com.br

Sumário

PREFÁCIO 7
INTRODUÇÃO 11
O MUNDO EM 1914 E AS ORIGENS DA GUERRA 17
A CRISE DE JULHO DE 1914 53
A GUERRA EUROPEIA SE DESDOBRA,
    AGOSTO A DEZEMBRO DE 1914 81
A GUERRA MUNDIAL: LESTE DA ÁSIA, PACÍFICO, ÁFRICA 119
O IMPASSE SE INTENSIFICA: EUROPA, 1915 149
    Ensaio 1: O dia a dia na Angra do ANZAC 188
AS FRENTES INTERNAS, 1914-16 195
    Ensaio 2: As trincheiras e a guerra de trincheiras 227
AUMENTANDO AS APOSTAS: EUROPA, 1916 233
    Ensaio 3: Com Lenin, a bordo do "trem selado" 267
REVOLTA E INCERTEZA: EUROPA, 1917 273
A GUERRA NO MAR, 1915-18 303
    Ensaio 4: O dia a dia em um submarino alemão 333

OS ESTADOS UNIDOS ENTRAM NA GUERRA...339

AS FRENTES INTERNAS, 1916-18 369

A GUERRA MUNDIAL: ORIENTE MÉDIO E ÍNDIA.............................407
    Ensaio 5: O legado das trincheiras: mente, corpo, espírito.................439

JOGO FINAL: EUROPA, 1918...445

A CONFERÊNCIA DE PAZ DE PARIS..483

O LEGADO..515

CONCLUSÃO 553

O AUTOR 557

Prefácio

O objetivo deste livro é apresentar uma História global da Primeira Guerra Mundial, útil aos leitores em geral, bem como a estudantes de História e historiadores que procurem uma síntese atualizada dos trabalhos mais recentes sobre o assunto. *Revolução* é o tema unificador, e cada capítulo trata de algum aspecto em que a guerra foi a causa, o catalisador, o desencadeante ou o acelerador para transformações profundas e duradouras. Entre elas, os revolucionários objetivos de guerra da maioria dos combatentes, a revolução tecnológica que tornou o conflito tão mortal para quem vestia farda, o sentimento revolucionário que cresceu entre os combatentes comuns (manifestado de forma mais drástica em motins durante a guerra) e as pressões revolucionárias que levaram ao colapso dos impérios Romanov, Habsburgo e Otomano. Para além dos âmbitos militar, político e diplomático, o livro aborda efeitos transformadores da guerra sobre normas e atitudes sociais, relações de gênero e relações de trabalho, especialmente nas áreas urbanas da Europa e dos Estados Unidos, e sobre o comércio e as finanças internacionais, com a ascensão dos Estados Unidos, substituindo a Grã-Bretanha como centro da economia global.

Entre os trabalhos de História geral da Primeira Guerra Mundial, este livro é diferente por refletir minhas percepções sobre o império dos Habsburgos e as relações entre a Alemanha e a Áustria-Hungria. A aliança entre as Potências Centrais não só tornou possível o início da guerra, como também definiu sua forma e seu resultado mais do que a maioria dos historiadores (principalmente os que escrevem em inglês) enxergaram ou reconheceram. A maioria dos historiadores anglófonos da Primeira Guerra Mundial entendeu muito mal a Áustria-Hungria e a dinâmica entre as Potências Centrais e, como consequência, em certa medida, entendeu mal a guerra. Entre as obras concorrentes, mesmo aquelas vendidas como "globais" ainda refletem uma forte ênfase na frente ocidental ou uma maior profundidade de compreensão da frente ocidental quando comparada com os outros teatros do conflito (as frentes oriental, italiana e dos Bálcãs, e a ação no mar ou além da Europa). Esforcei-me para produzir um relato sumário superior, especialmente destes outros teatros, bem como da guerra naval.

Com intenção de tornar o livro o mais útil possível para seu público-alvo, incluí recursos que são relacionados à narrativa principal do texto, mas podem ser separados dela. A maioria dos capítulos tem de três a cinco boxes que apresentam trechos de documentos primários ou vozes de indivíduos, sendo que estas incluem a representação mais ampla possível dos papéis, patentes, classes e gêneros, bem como dos países combatentes e teatros de ação. Sete quadros de "Perspectivas" trazem exemplos do debate acadêmico sobre aspectos mais controversos da guerra. Cada um dos 15 capítulos inclui uma cronologia e ilustração com legenda, e termina com uma lista de sugestões para aprofundar a leitura. O número de capítulos possibilita trabalhar cerca de um capítulo por semana em uma disciplina oferecida em formato semestral. São relativamente curtos, subdivididos ainda mais, e dão aos professores uma grande flexibilidade na atribuição de leituras que combinam com suas aulas expositivas ou tópicos de classe. Por fim, cinco ensaios sobre a "vida cotidiana" lançam mais luz sobre a experiência humana nas áreas examinadas, como a vida nas trincheiras ou a bordo de um submarino. Esses recursos, pontuando uma narrativa envolvente, tornam este livro atrativo também aos leitores em geral.

* * *

Agradecimentos

Tenho uma dívida de gratidão para com os mentores, colegas e amigos que influenciaram o meu entendimento da Primeira Guerra Mundial ao longo dos anos, e para com as incontáveis interações e conversas que me levaram a formular muitas das ideias e interpretações agora incorporadas neste livro. Em especial, agradeço aos meus colegas da Universidade de Indianápolis, Ted Frantz, Joseph

Prestia e Milind Thakar, por seus comentários úteis sobre as partes relativas a Estados Unidos, Romênia e Índia, respectivamente. Eu gostaria de agradecer a meu editor, Michael Watson, por suas construtivas sugestões e seu papel geral na definição do produto final.

Em março de 2007, quando comecei a discutir este projeto com a Cambridge University Press, caíra a 15 o número de veteranos da Primeira Guerra Mundial ainda vivos, cujo serviço documentado antes de 11 de novembro de 1918 incluía uma variedade de papéis nas forças armadas do Império Britânico e outros 8 países. Eles tinham entre 106 a 111 anos. No momento em que este livro foi publicado em inglês, três permaneciam, todos com 110 anos de idade: Claude Stanley Choules (Marinha Real Britânica), Florence Patterson Green (Força Aérea Real Feminina), e Frank Woodruff Buckles (Exército dos Estados Unidos). Hoje em dia nenhum deles está vivo. Este livro é dedicado a eles e à memória de todos aqueles que serviram com eles.

Introdução

"Graças a Deus, é a Grande Guerra!" O general Viktor Dankl, comandante designado do 1º Exército austro-húngaro, escreveu essas palavras em 31 de julho de 1914, o dia em que ficou claro que a disputa entre Áustria-Hungria e Sérvia, decorrente do assassinato do arquiduque Francisco Ferdinando, um mês antes, não seria resolvida pacificamente nem se limitaria a uma guerra nos Bálcãs. Quarenta e três anos haviam se passado desde a última guerra em que potências europeias se enfrentaram e, como muitos oficiais militares europeus da sua geração, Dankl, na época com 59 anos, temia servir toda a sua carreira sem experimentar um conflito desse tipo. Em 2 de agosto, em outra anotação em seu diário, ao se referir ao conflito que crescia rapidamente como "a Guerra Mundial", Dankl não podia imaginar o quão preciso se tornaria o rótulo: que a ação se estenderia ao Extremo Oriente, ao Pacífico Sul e à África Subsaariana; que mais de um milhão de homens dos impérios Britânico e Francês entrariam em ação em campos de batalha europeus; que os Estados Unidos teriam um exército de mais de 2 milhões de homens na França, apenas quatro anos mais tarde, ou que os países europeus seriam responsáveis por uma minoria de Estados participantes na conferência de paz pós-guerra.[1]

A Primeira Guerra Mundial como uma revolução global

A tese central deste livro é que a Primeira Guerra Mundial e o acordo de paz que pôs fim a ela constituíram uma revolução global. Como Dankl e outros generais, os estadistas que levaram a Europa à guerra no verão de 1914 não previram as consequências revolucionárias em todo o mundo do conflito cujo início eles saudaram (ou, pelo menos, fizeram muito pouco para desencorajar). Embora o surgimento do governo bolchevique na Rússia viesse a servir como um lembrete de que o mundo ainda não estava seguro para a democracia, governos autoritários antiquados, como Hohenzollern e Habsburgo, bem como Romanov, não tinham lugar em uma Europa pós-guerra que contava com nada menos que 11 repúblicas em um mapa redesenhado a partir da fronteira franco-germânica até bem dentro da Rússia, com um aumento líquido de seis Estados independentes e a eliminação de uma grande potência tradicional, a Áustria-Hungria do próprio Dankl. Para além da Europa, a redistribuição das ex-colônias alemãs afetou o mapa da África, do leste da Ásia e do Pacífico, enquanto o fim do Império Otomano gerou o redesenho generalizado das fronteiras no Oriente Médio e, na Palestina, as raízes do moderno conflito árabe-israelense, decorrente das promessas contraditórias feitas pela Grã-Bretanha durante a guerra ao movimento sionista e a nacionalistas árabes.

Mais do que questões de fronteiras e território, a guerra também viria a revolucionar as relações de poder dentro das sociedades europeias. Na Europa de 1914, a maioria dos homens adultos não tinha direitos de voto verdadeiramente significativos; além de Portugal, que tinha acabado de derrubar o seu rei, a França tinha a única república da Europa e, entre as outras cinco potências europeias, apenas a Grã-Bretanha e a Itália tinham governos parlamentares em pleno funcionamento. Apenas na Grã-Bretanha, e só recentemente, tinha havido um movimento sério pedindo a ampliação dos direitos das mulheres incluindo o de voto. Enquanto a guerra fortaleceu a posição dos trabalhadores organizados e proporcionou oportunidades de emprego sem precedentes para as mulheres, a maior parte dessas oportunidades se revelou apenas temporária. No entanto, a Europa do pós-guerra, a oeste da Rússia soviética, consistia em repúblicas democráticas e monarquias constitucionais, e nela restava pouca ou nenhuma restrição ao sufrágio masculino adulto. Em suas primeiras eleições nacionais do pós-guerra Alemanha e Áustria se juntaram à Grã-Bretanha e deram às mulheres o direito de votar (com os Estados Unidos as seguindo logo depois). Na Rússia do pós-guerra, o governo soviético chegou a conceder às mulheres o direito ao aborto sob demanda.

A guerra teve um impacto igualmente dramático sobre a posição da Europa no mundo. Os europeus brancos haviam desfrutado de uma dominação inquestionável do mundo de 1914, um mundo em que 40% da raça humana era de origem europeia. No entanto, em 1919, a mais espinhosa questão moral enfrentada pela Conferência de Paz estava relacionada à inclusão ou não no Pacto da Liga das Nações de uma declaração global da igualdade racial. Apesar de proposto (de forma um pouco calculista) pelo Japão, o debate refletia a perda de estatura simbólica e demográfica da Europa no mundo como um todo. Mais do que isso, como exemplo da falibilidade europeia, a Primeira Guerra Mundial lançou as sementes do movimento anticolonialista que irrompeu após a Segunda Guerra, época em que a explosão populacional no mundo não ocidental reduziu ainda mais o peso relativo de uma Europa que nunca se recuperara do choque demográfico da Primeira Guerra – uma guerra na qual a esmagadora maioria dos milhões de mortos tinha sido de europeus ou de pessoas de origem europeia.

Conceituando a "primeira" guerra mundial

Nos primeiros dias de agosto de 1914, muitos observadores e participantes se juntaram a Viktor Dankl no reconhecimento do início de uma "grande guerra" ou "guerra mundial", do tipo que a Europa não via desde o final da época de Napoleão, um século antes. As Guerras Napoleônicas, e as guerras por império da Europa moderna, tinham apresentado uma ação em nível mundial em alto-mar e nas colônias, bem como nos campos de batalha europeus. Contudo, no final de agosto, o alcance e a intensidade do conflito em curso, no qual a maioria dos beligerantes já tinha perdido mais homens em uma única batalha, ou mesmo em um único dia, do que em guerras inteiras travadas durante o século XIX ou antes, levaram a maioria a reconhecer que estava testemunhando algo sem precedentes. Em setembro de 1914, em declarações citadas pela imprensa norte-americana, o biólogo alemão e filósofo Ernst Haeckel fez a primeira referência registrada ao conflito como "Primeira Guerra Mundial", em sua previsão de que a luta que começava "se tornar[ia] a primeira guerra mundial no sentido pleno da palavra".[2] O rótulo de "Primeira Guerra Mundial" só se tornaria corrente depois de setembro de 1939, quando a revista *Time* e uma série de outras publicações popularizaram seu uso como corolário da expressão "Segunda Guerra Mundial", mas já em 1920 o oficial britânico – e jornalista em tempos de paz – Charles à Court Repington publicou suas memórias da guerra sob o título *A Primeira Guerra Mundial, 1914-1918*.[3] Nos anos do entreguerras, uns poucos descrentes e pessimistas usavam "Primeira Guerra Mundial" em vez da mais comum "Grande Guerra" ou "Guerra Mundial", de modo a refletir a sua consternação por ela não ter sido, como Woodrow Wilson esperava, "a guerra para acabar com todas as guerras".

O uso da expressão, desde 1939, reflete a nossa conceituação da Primeira Guerra Mundial como precursora da Segunda – uma crença universal suficiente para acomodar não só visões opostas sobre a natureza da causação (por exemplo, de que a Segunda Guerra Mundial ocorreu porque Alemanha não tinha sido completamente esmagada durante a Primeira ou porque ela tinha sido desnecessariamente antagonizada na mesa de paz, depois do conflito), mas, ainda mais, a notável diversidade de lições aprendidas e aplicadas pelos países, líderes e povos envolvidos. Enquanto, na Alemanha e na Rússia, os regimes nazista e soviético se mostraram muito mais eficientes e cruéis do que seus antecessores de 1914 na mobilização de seus países para a guerra e sua condução até o amargo final – independentemente do custo em vidas humanas –, as democracias da Europa Ocidental, os domínios britânicos e a Itália demonstraram pouco desejo de repetir o sacrifício de sangue da Primeira Guerra Mundial e, em vários aspectos, adaptaram suas estratégias a isso, desastrosamente para França e Itália. Os Estados Unidos, cuja população ainda não estava pronta para abraçar o manto da liderança mundial no final da Primeira Guerra, mobilizaram-se para a causa uma geração mais tarde e com grande fervor após o choque de Pearl Harbor, enquanto seus líderes se beneficiaram da experiência de 1917 e 1918 na mobilização de recursos norte-americanos para travar a Segunda Guerra. Dos recursos consideráveis dos Estados Unidos, apenas seu contingente fez diferença na Primeira Guerra Mundial, já que a luta terminou antes que a força industrial norte-americana pudesse ser aplicada; assim, Alemanha e Japão subestimaram fatidicamente a capacidade bélica e a determinação nacional dos Estados Unidos na Segunda Guerra Mundial.

A Primeira Guerra Mundial e a guerra total moderna

Não menos do que na esfera pública e política, a Primeira Guerra Mundial produziu respostas radicalmente diferentes para as mesmas lições aprendidas em estratégias, táticas e operações militares. O impasse sangrento das trincheiras na frente ocidental levou a Alemanha a desenvolver a *Blitzkrieg* (guerra-relâmpago), a fim de eliminar a guerra de posições estáticas, enquanto a França construiu a Linha Maginot na tentativa da perfeita guerra de posições estáticas. Graças ao exemplo da Alemanha, que partiu do exemplo britânico do final do verão de 1918, passou a ser norma na Segunda Guerra Mundial as ofensivas de infantaria serem apoiadas por um número suficiente de tanques e aviões para evitar atolar como havia acontecido na Primeira Guerra, exceto nos casos em que a luta se dava dentro ou perto de uma grande cidade, ou no espaço confinado de uma ilha do Pacífico. A Segunda Guerra Mundial apresentou versões mais letais de todas as armas e táticas de campo de batalha que foram revolucionárias durante a Primeira Guerra, com a destacada exceção do uso de gás venenoso.

A magnitude da morte e da destruição causadas pela Segunda Guerra ultrapassou em muito a da Primeira, principalmente para as populações civis, mas, a partir de agosto de 1914, a Primeira Guerra Mundial testemunhou atos de brutalidade contra não combatentes que pressagiavam o que aconteceria em uma escala muito maior um quarto de século depois. Das execuções sumárias de civis belgas por soldados alemães e de sérvios por austro-húngaros, passando pela perseguição e, finalmente, chegando à matança genocida de armênios no Império Otomano, ao bombardeio aéreo de Londres e de outras cidades por zepelins alemães, as populações civis sofreram atrocidades em um nível que a Europa e sua periferia não viam desde que a Guerra dos Trinta Anos (1618-48) marcou o fim das guerras religiosas entre católicos e protestantes. Enquanto isso, no mar, o afundamento indiscriminado de milhões de toneladas de navios Aliados por submarinos alemães custou milhares de vidas e prenunciou as campanhas de guerra submarina indiscriminada de ambos os lados na Segunda Guerra Mundial, enquanto o bloqueio naval Aliado (principalmente britânico) às Potências Centrais trouxe desnutrição para as frentes internas da Alemanha e da Áustria e, no final das contas, doença e morte prematura de centenas de seus milhares de civis mais vulneráveis. É impressionante que as populações da frente interna não apenas tenham suportado essas dificuldades sem precedentes, mas, na maioria dos casos, tenham se tornado mais firmes em sua determinação à medida que a guerra se arrastava. Na verdade, enquanto a fadiga de guerra finalmente desencadeou os colapsos revolucionários na Rússia em 1917 e na Alemanha e na Áustria-Hungria em 1918, durante a maior parte da Primeira Guerra Mundial, os civis perseveraram como seus equivalentes dos países Aliados ocidentais, rejeitando a noção de uma paz negociada que tornaria sem sentido não apenas suas privações pessoais, mas, mais importante, as mortes de seus filhos, irmãos, pais e outros entes queridos. Essa perseverança serviu de aviso para líderes políticos sobre o risco, bem como a recompensa, da mobilização de um país para um esforço de guerra total na era do nacionalismo moderno: a guerra não poderia ser vencida sem esse apoio, mas, uma vez que os governos o recebiam, passava a ser uma questão de tudo ou nada, pois seu próprio povo não aceitaria a negociação de concessões como recompensa para esses sacrifícios. A infame observação atribuída a Joseph Stalin durante seus Grandes Expurgos da década de 1930, de que uma morte é uma tragédia e um milhão de mortes, uma estatística, poderia facilmente ter sido aplicada ao derramamento de sangue da Primeira Guerra, e realmente teria sido impensável se essa sangria não tivesse chegado antes. A Primeira Guerra Mundial – uma revolução global em muitos aspectos – acima de tudo redefiniu o que as pessoas poderiam aceitar, suportar ou justificar, e por isso se destaca como um marco na experiência humana pelo tanto que dessensibilizou a humanidade para a desumanidade da guerra moderna.

Notas

[1] Dankl, citado em Holger H. Herwig, *The First World War: Germany and Austria* (London: Arnold, 1997), 55.

[2] Fred R. Shapiro, *The Yale Book of Quotations* (New Haven, CT: Yale University Press, 2006), 329.

[3] Charles à Court Repington, *The First World War, 1914-1918* (London: Constable, 1920).

O MUNDO EM 1914 E AS ORIGENS DA GUERRA

Casamento do arquiduque Carlos e da princesa Zita em 1911. Após o assassinato de Francisco Ferdinando, ele se tornou herdeiro do trono da Áustria-Hungria.

Cronologia

1878. O Congresso de Berlim altera as fronteiras nos Bálcãs; o Império Otomano enfraquece.

1882. É formada a Tríplice Aliança (Alemanha, Áustria-Hungria e Itália).

1889-14. A Segunda Internacional Socialista se configura em um importante fórum contra o militarismo.

1892-94. França e Rússia concluem uma convenção militar e um tratado de aliança.

1898. O Reichstag alemão aprova o Plano Tirpitz de expansão naval.

1898. A Guerra Hispano-Americana sinaliza a emergência dos Estados Unidos como potência imperial.

1899-1902. A Guerra Anglo-Bôer expõe o isolamento britânico; Aliança Anglo-Japonesa (1902).

1903. Golpe na Sérvia instala no poder a dinastia Karageorgević, pró-Rússia.

1904. A Entente Cordiale une França e Grã-Bretanha.

1904-5. A Guerra Russo-Japonesa prefigura a guerra de trincheiras.

1906. O HMS Dreadnought é lançado ao mar; intensifica-se a corrida naval anglo-germânica.

1907. A Entente Anglo-Russa completa a Tríplice Entente.

1908. A Áustria-Hungria anexa a Bósnia (ocupada desde 1878).

1911-12. A Guerra Ítalo-Turca marca o primeiro uso de aviões em combate.

1912-13. As Guerras dos Bálcãs enfraquecem ainda mais o Império Otomano e desestabilizam a região.

Tão logo os canhões silenciaram em novembro de 1918, teve início a batalha a respeito das origens da Primeira Guerra Mundial. Governos ávidos por defender as decisões que tinham tomado no verão de 1914 publicaram compilações de documentos oficiais, editados de modo a apresentar suas ações sob a luz mais favorável possível, ao passo que historiadores de todos os países lançaram-se à tarefa de explicar as causas do conflito. A decisão dos vitoriosos de incluir no Tratado de Versalhes uma "cláusula de culpa" refletia a convicção, unânime em 1919, de que a Alemanha tinha sido responsável pela guerra. Esse veredicto foi rejeitado por praticamente todos os acadêmicos alemães e, durante a década de 1920, por um amplo espectro de historiadores revisionistas que eximiram a Alemanha e culparam o sistema de alianças e as outras grandes potências, consideradas em conjunto ou individualmente. Se o "antirrevisionismo" da década de 1950 voltou a imputar aos alemães a maior parcela de responsabilidade (ver a seguir "Perspectivas: as origens da guerra"), os estudiosos das décadas seguintes exploraram mais a fundo o papel de cada um dos beligerantes, suas políticas internas, alinhamentos diplomáticos e objetivos de guerra em 1914. Fatores gerais como nacionalismo e outras ideologias, a crença que os militares depositavam na guerra de ofensiva e as corridas armamentistas pré-guerra, também foram alvo de escrutínio mais detalhado.

A crise que resultou na eclosão da Primeira Guerra Mundial ocorreu no âmbito de um sistema de relações internacionais cujas raízes remontavam à Paz de Westfália (1648), ao final da Guerra dos Trinta Anos. O grupo de quatro a seis países mais poderosos da Europa firmava ou rompia alianças em busca de seus próprios interesses, no âmbito de um equilíbrio geral de poder, mas, em períodos de paz, esses países raramente se dividiam em campos armados hostis entre si. Isso mudou na década anterior à deflagração da Primeira Guerra Mundial, quando Grã-Bretanha, França e Rússia formaram a Tríplice Entente, como resposta à Tríplice Aliança firmada entre Alemanha, Império Austro-Húngaro (ou Áustria-Hungria) e Itália. A Tríplice Aliança, acordo militar estabelecido em 1882, figurava em 1914 como a mais longeva aliança multilateral em tempos de paz na história da Europa, perdurando apesar da vigorosa e recíproca animosidade entre Áustria-Hungria e Itália, porque ambas consideravam indispensável a amizade com a Alemanha – no caso da primeira, contra a Rússia; para a última, contra a França. A Tríplice Entente, em contraste, tinha sido formada por três acordos separados – a convenção militar e Aliança Franco-Russa (1892-94), a Entente Cordiale Anglo-Francesa (1904) e a Entente Anglo-Russa (1907) – todas motivadas pelo temor em relação ao crescente poderio alemão.

A Tríplice Aliança:
Alemanha, Império Austro-Húngaro e Itália

PERSPECTIVAS: AS ORIGENS DA GUERRA

O historiador norte-americano Laurence Lafore (1917-85) caracterizou a Europa no período pré-guerra como um "barril de pólvora" de tensões, das quais a mais complicada era a ameaça sérvia ao Império Austro-Húngaro:

> Havia a Alsácia-Lorena: caso se iniciasse uma guerra entre Alemanha e França, esta só aceitaria a paz se a Alsácia-Lorena fosse devolvida [...] [e] a Alemanha jamais admitiria a perda das províncias. Havia a rivalidade naval anglo-germânica: declarada a guerra, a Grã-Bretanha não aceitaria a paz, a menos que a ameaça de uma marinha alemã poderosa fosse permanentemente extirpada. Havia Constantinopla: depois de deflagrada a guerra, o governo russo não aceitaria a paz antes de [...] satisfazer a ambição que há séculos tinha por Constantinopla. Havia o cerco à Alemanha: iniciada a guerra, o país só acataria [...] a paz se o cerco fosse rompido, o que implicava o esmagamento da França e da Rússia [...]. Mas [...] havia um problema inegociável e incontrolável, suscitado por ameaças à integridade do Império Austro-Húngaro. A composição da monarquia dos Habsburgos a deixava em posição mortalmente vulnerável às atividades dos sérvios; ao mesmo tempo, dificultava a eliminação dessas atividades por meio de ação rápida e resoluta [...]. Foi esse problema o causador daquela que veio a ser a Primeira Guerra Mundial.

Fonte: Laurence Lafore, *The Long Fuse: An Interpretation of the Origins of World War I*, 2ª ed. (Filadélfia, PA: Lippincott, 1971), 267-68.

* * *

Fritz Fischer (1908-99) notabilizou-se como o primeiro acadêmico alemão importante a atribuir à Alemanha a culpa pela eclosão da guerra, e também como estudioso socialista defensor da primazia das considerações internas nas decisões de política externa, particularmente as da Alemanha pré-guerra:

> O objetivo [alemão] era consolidar a posição das classes dominantes com uma bem-sucedida política externa imperialista; na verdade, esperava-se que uma guerra resolvesse as crescentes tensões sociais. Ao envolver as massas no grande conflito, as partes da nação que até então se mantinham apartadas seriam integradas ao Estado monárquico. Em 1912, em todo caso, a crise interna era evidente [...]. O dinamismo com que, aliada a componentes internos,

O mundo em 1914 e as origens da guerra

> a liderança imperial tinha iniciado em 1897 uma "política mundial" vigorou sem interrupção até 1914, já que a esperança de então era de uma "Grande Alemanha" e a preservação do sistema conservador. As ilusões criadas em 1897 levaram às ilusões de 1914.

Fonte: Fritz Fischer, *War of Illusions: German Policies from 1911 to 1914*, trad. Marian Jackson (Nova York: W. W. Norton, 1975), viii-ix. (© 1975, W. W. Norton & Co., Inc. e Chatto & Windus Ltd. Uso sob permissão da W. W. Norton & Co.)

A Alemanha alcançou a unificação política sob os auspícios da Prússia graças à liderança de Otto von Bismarck, cujas vitoriosas guerras contra Dinamarca (1864), Áustria (1866) e França (1870-71) levaram à criação do Segundo Reich, tendo como imperador o rei prussiano Guilherme I. Se por um lado anexou territórios da Dinamarca (Schleswig-Holstein) e da França (Alsácia-Lorena), Bismarck fez da Áustria (a partir de 1867, Áustria-Hungria) o aliado mais próximo da Alemanha e o alicerce de um sistema de alianças pós-1871 cujo propósito era manter a França isolada. A constituição da Alemanha Imperial dava sustentação a um chanceler forte, que prestava contas ao imperador, e não a uma maioria legislativa. Bismarck criou o cargo para si mesmo e nele se manteve de 1871 a 1890; ao longo dos 28 anos seguintes, a função foi exercida por sete homens menos competentes, dos quais os mais notáveis foram Bernhard von Bülow (1900-9), que antes de se tornar chanceler atuou como ministro do Exterior (ver box "O 'lugar ao sol' da Alemanha" a seguir) e Theobald von Bethmann Hollweg (1909-17). O Reichstag avaliava projetos de lei apresentados pelo chanceler por meio da Bundesrat, câmara superior composta por representantes nomeados pelos governos dos estados germânicos, mas não podia legislar. Equilibrando esses aspectos autoritários, a Constituição de 1871 fez da Alemanha a segunda potência europeia depois da França a realizar eleições com base no sufrágio universal masculino. Uma vibrante cultura política incluía seis grandes partidos, dos quais o Partido Social Democrata (SPD, na sigla em inglês) e o Partido Católico de Centro, precursor da União Democrata Cristã (CDU, na sigla em inglês) pós-Segunda Guerra Mundial, teriam importância duradoura. Entre 1890 e 1913, a população alemã aumentou de 49 milhões para 67 milhões de habitantes e as áreas urbanas duplicaram de tamanho. O Produto Interno Bruto (PIB) *per capita* ficava atrás apenas de Estados Unidos, Grã-Bretanha e domínios britânicos e a produção industrial do país ultrapassava a da Grã-Bretanha. Do ponto de vista político, essas mudanças fortaleceram o SPD, partido da predileção da maior parte da crescente classe operária do país, que ganhou força ainda que a constituição de Bismarck não tenha pro-

21

movido uma nova divisão distrital para dar conta das mudanças na população. Na eleição de 1912, o SPD obteve 35% do voto popular – duas vezes mais que qualquer outro partido – e assegurou 27% das cadeiras do Reichstag. A ascensão do SPD preocupava o imperador Guilherme II e os líderes conservadores, porque o partido apoiava reformas que fariam da Alemanha uma verdadeira monarquia constitucional e também se opunha à agressiva política externa do país, votando sistematicamente contra o investimento de recursos no exército mais poderoso e na segunda maior frota naval da Europa. A esquadra mais prejudicou do que beneficiou os interesses estratégicos da Alemanha, impelindo a Grã-Bretanha a se bandear para o lado de seus tradicionais rivais, França e Rússia, além de consumir mais de um terço do orçamento destinado à defesa nacional. Somente em 1913, o Reichstag reverteu essa tendência, aprovando um aumento de 18% do contingente em períodos de paz do exército alemão, que agora passava a contar com 890 mil homens.

O "LUGAR AO SOL" DA ALEMANHA

Em seu primeiro discurso no Reichstag, em 6 de dezembro de 1897, Bernhard von Bülow (1849-1929), ministro do Exterior alemão de 1897 a 1900 e chanceler de 1900 a 1909, rebateu de maneira ligeiramente velada e mordaz a bazófia inglesa de que o "sol nunca se põe no Império Britânico". Defendendo o início do imperialismo alemão na China – a tomada de Jiaozhou, em retaliação ao assassinato de dois missionários católicos alemães na China em 6 de novembro –, ele afirmou que a Alemanha também devia ter seu "lugar ao sol":

> Os dias em que os alemães concediam a terra a um vizinho, a outro o mar e reservavam para si o céu, onde reina a doutrina pura – esses dias chegaram ao fim. A nosso ver, é tarefa primordial fomentar e cultivar os interesses da nossa marinha, nosso comércio e nossa indústria, principalmente no Oriente. Uma divisão de nossos cruzadores foi despachada para ocupar o porto de Jiaozhou, de modo a assegurar plena reparação pelo assassinato de missionários católicos alemães e garantir maior segurança contra a repetição de eventos como esse no futuro.
>
> [...] Devemos exigir que missionários, comerciantes e mercadorias alemães, bem como a bandeira e as embarcações alemãs, sejam tratados na China com o mesmo respeito de que desfrutam outras potências. Ficamos felizes de respeitar os interesses de outras potências na China, desde que tenhamos a certeza de que os nossos interesses também receberão o reconhecimento que merecem. Em suma, não queremos fazer sombra a ninguém, mas também exigimos nosso lugar ao sol.

> Fiéis à tradição das políticas alemãs, empreenderemos todos os esforços para proteger nossos direitos e interesses na Ásia [...] sem aspereza desnecessária, mas tampouco sem fraqueza.
>
> Fonte: Bernhard von Bülow on Germany's "place in the sun" (1897), traduzido por Adam Blauhut para *German History in Documents and images,* disponível em http://germanhistorydocs.ghi-dc.org/sub_document.cfm?document_id=783, de *Stenographische Berichte über die Verhandlungen des Reichstags,* Vol. 1, IX LP, 5ª sessão, Berlim, 1898, 60.

Depois que a derrota para a Prússia em 1866 deu fim a seu papel tradicional nas questões alemãs, o Império Austríaco transformou-se na Monarquia Dual da Áustria-Hungria. Daí por diante, Francisco José (imperador desde 1848) comandou um Estado de estrutura singular, com política externa comum e exército e marinha únicos, mas com dois primeiros-ministros e gabinetes separados, com parlamentos em Viena e Budapeste. Áustria e Hungria mantinham suas próprias leis, cidadania e militares da reserva independentes, e renegociavam suas relações econômicas a cada dez anos. Esse "compromisso de 1867" tinha como intuito fomentar a paz interna no multinacional domínio habsburgo, ao elevar os húngaros étnicos (magiares) a um *status* de igualdade com os austríacos alemães tradicionalmente dominantes; porém, uma vez que estes últimos compunham apenas 25% dos súditos de Francisco José e os magiares respondiam por 20% da população, a medida mais excluía do que incluía. Para a Áustria-Hungria, mais do que para qualquer outra potência europeia, política interna e política externa eram inextricavelmente indissociáveis. O PIB *per capita* da Monarquia Dual ficava atrás de todas as potências europeias a não ser a Rússia, e metade de suas transações econômicas era realizada com a Alemanha, o que deixava a Áustria-Hungria na desconfortável posição de aliado dependente. Mas ambas as nacionalidades dominantes apoiavam os laços estreitos com o Segundo Reich (o que os austríacos alemães viam como algo quase tão bom quanto fazer parte da Alemanha; já para os magiares era a melhor garantia contra uma invasão russa a partir do leste). O movimento pan-eslavista, apoiado pela Rússia, desfrutava de grande simpatia junto à *intelligentsia* das nacionalidades eslavas que compunham quase metade da população total de 52 milhões de habitantes (em 1913), e a presença de milhões de italianos, romenos e sérvios no Império afetava suas relações com esses países vizinhos. Cada uma das metades do Império encarava à sua própria maneira o problema da nacionalidade, mas nem uma nem outra era capaz de oferecer muita esperança para o futuro. A Áustria dava a todas as suas nacionalidades acesso ao Parlamento via sufrágio universal masculino, instaurado em 1907, mas acabou tendo 22 partidos no Reichsrat de 1911, o que impossibilitava os primeiros-ministros de formarem uma maioria para governar. Em contraste, a política húngara de restrição ao voto mantinha o poder nas mãos dos magiares e, exceto por um número fixo de assentos reservados aos croatas, o restante da população não contava com representação política. Francisco Ferdinando, sobrinho e herdeiro do já idoso Francisco José, esperava reduzir a dependência da Áustria-Hungria em relação à Alemanha e reorganizar o Império para dar poderes aos eslavos do sul como terceira força política. Essas ideias granjearam-lhe a inimizade de muitos austríacos alemães, de quase todos os magiares e daqueles eslavos (especialmente os sérvios) que temiam uma revitalização do Império. O exército austro-húngaro não tinha muita popularidade junto ao público e nem entre os políticos, e, como resultado, a Monarquia Dual tinha o menor exército *per capita* entre as potências europeias – um contingente em tempos de paz de apenas 400 mil homens. Por outro lado, uma marinha de guerra pequena, mas respeitável – uma das instituições verdadeiramente integradas do Império – desfrutava de melhor reputação e, por volta de 1912, recebia mais de 20% do total do orçamento destinado à defesa.

A Itália alcançou a unidade nacional na mesma década que a Alemanha; o reino da Sardenha-Piemonte desempenhou o mesmo papel da Prússia e o monarca sardo-piemontês Vítor Emanuel II tornou-se rei. As semelhanças acabam aí. O correspondente italiano de Bismarck, Camilo Benso di Cavour, contou com a França na guerra de 1859 para expulsar a Áustria de boa parte dos territórios do norte da Itália e com os revolucionários de Giuseppe Garibaldi para assegurar, no sul, o controle de Nápoles e da Sicília. Quando Cavour morreu, pouco depois da proclamação da Unificação em 1861, Veneza ainda estava em mãos austríacas e o papa ainda reinava em Roma. Seus sucessores adquiriram Veneza aliando-se à Prússia contra a Áustria em 1866 – a despeito da derrota para a Áustria em terra e mar – e anexaram Roma após a derrota do protetor do papa, Napoleão III, para a Prússia, em 1870. Depois disso, os italianos ficaram pouco à vontade com relação a sua nada gloriosa unificação. Até sua morte, em 1882, o republicano Garibaldi foi o mais idolatrado dos heróis do país, mas, felizmente para a monarquia, participou apenas por um breve período do cenário político italiano, em meados da década de 1870, apesar de ter sido eleito para o Parlamento por eleitores de diversos distritos. O Partido Liberal, centrista, dominou o Parlamento de 1870 a 1914; a maior parte dos republicanos, caso de Garibaldi, aceitou com relutância a monarquia constitucional italiana ao estilo britânico, ao passo que muitos católicos conservadores deram ouvidos ao apelo do papa Pio IX para protestar contra a anexação de Roma, boicotando totalmente a política italiana. A questão do *status* do papa *vis-à-vis* o Estado italiano – impasse que durou até que o Tratado de Latrão de Mussolini estabelecesse a Cidade do Vaticano – também afetava o reino em termos internacionais. Visitantes oficiais de países com população católica numerosa, incluindo

Filho de mãe inglesa, Guilherme II foi imperador alemão de 1888 a 1918.

aliados da própria Itália, Alemanha e Áustria-Hungria, tinham de ser hospedados em outras cidades que não Roma. Políticos italianos ambiciosos, que viam a França como o principal rival de seu país, defenderam a Tríplice Aliança e, depois de 1882, formularam políticas navais e coloniais que dependiam do apoio diplomático alemão, aceitando como parte da barganha a aliança com os austríacos e que a Áustria mantivesse a posse de territórios italianos étnicos nos Alpes (o Tirol do Sul ou Trentino) e no mar Adriático. O norte industrializado da Itália impulsionou o PIB *per capita* a um nível significativamente mais alto do que o da Áustria-Hungria, mas o país era o menos populoso entre as grandes potências (35 milhões de habitantes em 1913) e o de menor poderio bélico. Na verdade, com apenas 250 mil homens, o contingente italiano era o menor entre as grandes potências da Europa à exceção da Grã-Bretanha, e todas as outras, a não ser a Áustria-Hungria, tinham marinhas de guerra mais fortes. A Itália perdeu a fé na Tríplice Aliança depois de 1900, quando a deterioração das relações anglo-germânicas fez pairar o espectro da guerra com o Império Britânico, mas, às vésperas da Primeira Guerra Mundial, a Guerra Ítalo-Turca (1911-1912) prejudicou as relações da Itália com os três membros da Tríplice Entente e resultou na renovação da Tríplice Aliança em 1912.

A Tríplice Entente: Grã-Bretanha, França e Rússia

Sob a *Pax Britannica* da Era Vitoriana, a Grã-Bretanha atuara como potência hegemônica global, afirmando a posse de um quarto da superfície terrestre do planeta, preponderando nos oceanos com a maior frota naval do mundo e dominando a economia com um setor industrial cuja produção superou, durante anos, a de todos os outros países combinados. Confiante em seu "isolamento esplêndido", a Grã-Bretanha também exercia em larga medida o que os especialistas em relações internacionais chamam de *soft power*, ou "poder suave", não apenas por conta de seu sistema parlamentar muito admirado e seus conceitos de direitos individuais, mas também graças a uma tremenda influência sobre a cultura mundial, tanto no nível de elite como em suas formas mais populares. Essas conquistas, tomadas em conjunto, suscitaram uma reação internacional que incluía uma complexa mistura de admiração, inveja e, em alguns casos, franca e total hostilidade. No plano internacional, a Guerra Anglo-Bôer (1899-1902) salientou o isolamento da Grã-Bretanha, para desconforto dos líderes britânicos, que, depois disso, rapidamente se mobilizaram para estabelecer uma aliança com o Japão (1902), a Entente Cordiale com a França e a reaproximação com a Rússia (1907) – estes dois últimos acordos lançaram as bases para a Tríplice Entente. O PIB *per capita* da Grã-Bretanha continuava sendo o maior da Europa, mas tinha ficado para trás na comparação com os Estados Unidos, e sua envelhecida base industrial tinha sido sobrepujada pela Alemanha em áreas fundamentais como a produção de aço. Contudo, inovações da Marinha Real como o navio de guerra HMS Dreadnought (couraçado) (1906) e modelos de cruzadores de batalha permitiram que a Grã-Bretanha enfrentasse com êxito a ameaça naval alemã. O governo liberal de Herbert Asquith (primeiro-ministro de 1908 a 1916) financiou a expansão naval e um ambicioso programa de bem-estar social. Em 1909, o então chanceler do Tesouro (cargo equivalente ao de ministro das Finanças) David Lloyd George introduziu o "Orçamento do Povo", que propunha uma inédita cobrança de impostos dos ricos. A medida não foi aprovada pela Câmara dos Lordes, majoritariamente conservadora, e os liberais revidaram com a Lei Parlamentar de 1911, eliminando o poder de veto dos lordes. A partir daí, todo e qualquer projeto de lei que fosse aprovado pela Câmara dos Comuns em três sessões consecutivas tornava-se lei, o que abriu caminho para a resolução da velha questão do Home Rule (governo autônomo) da Irlanda (onde viviam quase 5 milhões do total de 46 milhões de habitantes da Grã-Bretanha pré-guerra), que os liberais havia muito defendiam e ao qual os conservadores se opunham. O Partido Trabalhista, terceira força emergente na política britânica, apoiou os liberais nas questões da reforma e da Irlanda, mas nenhum dos três partidos teve a coragem de encampar o sufrágio feminino, cujos proponentes passaram, depois de 1910, a adotar táticas cada vez mais violentas. Às vésperas da guerra, o governo autônomo foi finalmente aprovado em forma de lei e entrou em vigor em setembro de 1914. Mas com a eclosão da guerra, os trâmites foram suspensos por Asquith enquanto durasse o conflito, medida que enfureceu a maioria católica da Irlanda e fortaleceu os revolucionários dentro dela. A fim de vencer a corrida naval com a Alemanha, entre 1907 e 1913 a Grã-Bretanha aumentou em 57% os gastos com a marinha de guerra; no mesmo período, os gastos com o exército de 200 mil voluntários subiram apenas 6%. O relativo declínio da Grã-Bretanha na Europa aumentou a importância estratégica de seu império (ver a seção "Domínios e colônias").

Em 1914, a França era provavelmente a mais vulnerável das grandes potências – exceção feita à Áustria-Hungria –, mas sua parceria cada vez mais intensa com a Grã-Bretanha sob a Entente Cordiale, a rápida recuperação da Rússia após a derrota na Guerra Russo-Japonesa e a reaproximação anglo-russa de 1907 tinham melhorado em muito sua situação estratégica. O isolamento que a França enfrentara durante a Guerra Franco-Prussiana (1870-1871) e a oficialização da Convenção Militar Franco-Russa (1892) eram coisa do passado. A Terceira República, estabelecida após a derrota de Napoleão III em Sedan, em 1870, contava com uma legislatura forte e um presidente fraco e eleito por via indireta, sacrificando a estabilidade para se poupar do destino das duas repúblicas francesas anteriores (que deram lugar às monarquias napoleônicas em 1804 e 1852). Entre 1871 e 1914, o cargo de primeiro-ministro mudou de mãos 49 vezes. Na política externa, a Terceira República foi revolucionária, pelo menos no sentido revisionista, no que tangia ao seu posicionamento acerca da Alsácia-Lorena. Nenhum político francês que admitisse publicamente aceitar a anexação das províncias por Bismarck tinha chance de ser eleito. O conservador exército francês estava profundamente abalado pelo Caso Dreyfus (1894-1906), em que o capitão Alfred Dreyfus, o único oficial judeu do exército, foi acusado de repassar segredos aos alemães. O caso revelou um profundo abismo político e social entre católicos conservadores e secularistas liberais; estes, triunfantes após a exoneração e prisão de Dreyfus, jogaram no lixo a Concordata de Napoleão de 1801, obtendo assim a separação entre Igreja e Estado, e fizeram pressões exigindo um exército mais igualitário, com dois anos de serviço militar obrigatório. Essas medidas ajudaram a provocar uma reação conservadora nas eleições legislativas de 1910, e a crise franco-germânica em função do Marrocos, no ano seguinte, prenunciou um "renascimento nacionalista". Voltou ao primeiro plano a questão da Alsácia-Lorena, personificada por Raymond Poincaré (presidente de 1913 a 1920), nascido na Lorena e para quem o destino das duas províncias perdidas era a base de um antigermanismo visceral. Entre as potências europeias, a França tinha o terceiro maior PIB *per capita*, pouca coisa atrás da Alemanha, mas, por conta de tendências demográficas, os franceses não estavam em posição de lutar sozinhos contra os alemães, em parte porque a França foi o primeiro país cuja população tinha praticado em ampla escala o controle de natalidade. No final do século XIX, a França tinha a menor taxa de natalidade da Europa e, em 1913, sua população estava na casa dos 40 milhões de habitantes, apenas dois milhões a mais do que em 1890. Um ano antes da eclosão da guerra, a França aumentou seu contingente de tempos de paz para 700 mil homens (a Alemanha tinha 890 mil), mas recorrendo a um período de serviço militar obrigatório de três anos (na Alemanha, eram dois) e aumentando os gastos com a defesa para 36% do orçamento nacional (na Alemanha, eram 20%). Os aliados da França não apoiariam uma tentativa de recuperar a Alsácia-Lorena por meio de uma guerra violenta, mas, em caso de conflito generalizado, nem a França nem seus aliados aceitariam a paz se as províncias continuassem em mãos alemãs.

A Rússia czarista e a França republicana, em termos ideológicos os mais improváveis dos parceiros, às vésperas da Primeira Guerra Mundial tinham a aliança mais firme e os laços mais estreitos. A Rússia entrou no século XX como a última monarquia absolutista do continente, bem como a mais atrasada economia europeia. O país estava se industrializando rapidamente, graças, em parte, a empréstimos da França, mas 40% de seu comércio exterior era realizado com a Alemanha, o maior importador dos grãos russos. Em termos de PIB *per capita*, a Rússia ficava atrás até mesmo – e por ampla margem – da Áustria-Hungria, e apenas 7% dos 175 milhões de súditos do czar Nicolau II viviam em áreas urbanas. Poucos camponeses tinham prosperado após a abolição da servidão em 1861, e o descontentamento do campesinato, somado ao desagrado da pequena e sobrecarregada classe operária do país, levou a uma revolução contra Nicolau em 1905, durante a guerra perdida contra o Japão. O czar salvou o trono aceitando uma monarquia constitucional limitada. O primeiro-ministro russo (como o chanceler alemão) só precisava responder por suas ações ao monarca; já o Parlamento, ou Duma, convocado pela primeira vez em 1906, foi eleito com tantas restrições de poder e limitações de autoridade que deixava sem representação a maioria dos camponeses e dos operários. Nicolau encontrou seu homem forte em Piotr Stolypin (primeiro-ministro de 1906 a 1911), cujo assassinato em 1911 deixou um vácuo jamais preenchido. Em 1907, a Rússia deu fim à sua longeva rivalidade com a Grã-Bretanha em um acordo que delineava suas respectivas esferas de interesse desde a Pérsia, passando pela Ásia Central até o Extremo Oriente. Na esteira da sua derrota para o Japão, a entente russa com a Grã-Bretanha deixava apenas os Bálcãs como rota para futura expansão. O pan-eslavismo russo despertou sentimentos nas nações eslavas emergentes dos Bálcãs – Sérvia, Montenegro e Bulgária –, que tinham em comum a religião Ortodoxa Oriental russa. A Rússia também tinha amigos na Romênia e na Grécia, nações ortodoxas, mas não eslavas, e toda a região a admirava por seu papel histórico como principal inimiga da Turquia otomana. Os pan-eslavistas russos também instigaram revolucionários entre as nacionalidades eslavas que viviam na Áustria-Hungria. A Monarquia Dual retaliou oferecendo refúgio e apoio aos revolucionários russos, incluindo Lenin, Trotski, Stalin e boa parte dos líderes bolcheviques de 1917, todos eles vivendo no Império Austro-Húngaro em 1914, bem como o socialista polonês Józef Pilsudski, que comandou uma legião polonesa ao lado das tropas austro-húngaras na fronteira com a Rússia pouco depois do início da guerra. O exército russo de 1,3 milhão de homens, o maior do mundo, tinha sido destroçado por motins durante a guerra com o Japão, e a maior parte das embarcações de guerra tinha sido afundada. Exército e marinha se recuperaram em pouco tempo, embora o país ainda não dispusesse da base industrial para mantê-los adequadamente. Em 1914, o grau em que Alemanha e Império Austro-Húngaro subestimavam a Rússia talvez tenha sido o maior trunfo estratégico russo.

Os britânicos contavam com o poder bélico do navio HMS Dreadnought.

O Império Otomano e as guerras nos Bálcãs

Desde que os turcos otomanos tomaram Constantinopla e derrubaram o Império Bizantino, em 1453, a região sudeste da Europa conhecida como Bálcãs (o termo faz referência à cordilheira dos Bálcãs no leste da Sérvia e Bulgária) passou a servir como ponte entre a Europa e o Oriente Médio muçulmano. Após seu apogeu de poder em 1683, quando os exércitos do sultão cercaram Viena, os turcos foram progressivamente perdendo força e território: para os austríacos nos Bálcãs ocidentais, para os russos no Cáucaso e em torno do mar Negro e, por fim, para movimentos nacionalistas ou autonomistas locais (às vezes apoiados por várias combinações de grandes potências) no sul e no leste dos Bálcãs e no norte da África. Não sem justificativa, os políticos do século XIX apelidaram o Império Otomano de "o doente da Europa".

Durante o século XIX, o Império Otomano buscou se modernizar, mas, sem sua própria revolução industrial, dependia da Europa para obter armas, produtos manufaturados e o conhecimento técnico especializado para a construção de ferrovias e a exploração de suas matérias-primas. Os turcos (como fariam mais tarde chineses e japoneses) concederam humilhantes privilégios extraterritoriais aos especialistas estrangeiros que gerenciavam esses projetos; em 1882, depois que o sultão não conseguiu honrar seus empréstimos, a dívida do Estado otomano passou a ser gerida por europeus. Uma série de sultões usou seus poderes absolutos para reorganizar, nos moldes europeus, suas forças armadas, a burocracia, as escolas e o sistema jurídico. Essas medidas granjearam-lhes a inimizade de poderosos e nobres locais e regionais, líderes islâmicos e devotos muçulmanos em geral, e, em certo sentido, prenunciaram o árduo esforço de alguns governantes do século XX na tentativa de estabelecer Estados mais seculares. A secularização colocou particularmente em risco a lealdade da população muçulmana não turca do Império – de maioria árabe e sunita –, porque, durante séculos, os sultões turcos também tinham sido reconhecidos como califas (sucessores do profeta Maomé) pela maioria sunita dos muçulmanos do mundo. Ironicamente, os otomanos sucumbiram não aos adversários da reforma, mas a defensores frustrados de reformas mais amplas. O movimento dos Jovens Turcos, iniciado em 1889, buscou reduzir o sultão a uma figura decorativa e revitalizar o Império como um Estado nacional turco constitucional e secular. Infiltrando-se aos poucos entre os oficiais do exército otomano, os Jovens Turcos tomaram o poder em um golpe, em 1908. Governando como Partido Unionista (Comitê de União e Progresso), implementaram um programa que incluía igualdade jurídica para todas as nacionalidades e liberdade de religião, mas também instituíram o turco como língua oficial. Essas medidas ameaçaram as populações árabe e armênia do Império, e especialmente os eslavos na parte dos Bálcãs ainda sob dominação turca.

Por ocasião do golpe dos Jovens Turcos, o mapa dos Bálcãs vinha de um período de estabilidade desde o Congresso de Berlim (1878), que deu reconhecimento formal à independência de Sérvia, Montenegro e Romênia; a Bulgária permanecera autônoma, mas ainda sob suserania otomana, e a Bósnia-Herzegovina ainda era tecnicamente otomana, mas ocupada pela Áustria-Hungria. Temendo uma mudança para pior sob o governo dos Jovens Turcos, em 1908 a Áustria-Hungria anexou a

Bósnia-Herzegovina e a Bulgária declarou independência. Os turcos aceitaram essas perdas, mas buscaram manter seus territórios balcânicos remanescentes – Albânia, Macedônia e Trácia –, cobiçados em conjunto ou em parte por Bulgária, Sérvia, Montenegro e Grécia. Depois que os turcos se envolveram na Guerra Ítalo-Turca (1911-1912), esses quatro países formaram a Liga Balcânica e se mobilizaram para a guerra. Em outubro de 1912, quando os turcos fizeram as pazes com os italianos, abrindo mão da Líbia, a Liga declarou guerra ao Império Otomano, iniciando, assim, a primeira Guerra dos Bálcãs. Entre as grandes potências, a Rússia apoiou a Liga e a Áustria-Hungria, os otomanos, e as tensões entre os dois impérios ficaram sérias a ponto de cada um mobilizar parcialmente seus exércitos. Quando a guerra chegou ao fim, em maio de 1913, as grandes potências permitiram que a Sérvia ficasse com Kosovo e a Grécia, com Épiro, mas determinaram que o restante do território albanês fosse cedido para um novo país independente. A Grécia também recebeu Creta e dividiu com a Sérvia a Macedônia, limitando à Trácia os ganhos da Bulgária. Incitados por uma violenta indignação pública por conta do magro espólio, apenas um mês depois os búlgaros declararam guerra à Sérvia e à Grécia, na esperança de assegurar parte da Macedônia. Na breve segunda Guerra dos Bálcãs, os turcos retomaram as hostilidades contra os búlgaros, e Montenegro também interveio, mas a entrada da Romênia (que se mantivera neutra na primeira Guerra dos Bálcãs) se mostrou decisiva, o que levou a Bulgária a abandonar parte de suas conquistas anteriores na Trácia, de modo a se defender contra uma invasão romena desde o norte. No acordo que deu fim ao conflito em agosto de 1913, a Bulgária recuperou a Trácia ocidental e uma rota de saída para o mar Egeu, mas devolveu a Trácia oriental ao Império Otomano e cedeu Dobruja à Romênia. As Guerras dos Bálcãs deixaram a região mais volátil do que nunca. As perdas territoriais otomanas (tanto na Guerra Ítalo-Turca quanto nas Guerras dos Bálcãs) tinham reduzido a população do Império a apenas 21 milhões de habitantes, contra os 39 milhões em 1897, embora os turcos ainda governassem 6 milhões de não muçulmanos.

Em janeiro de 1913, enquanto a primeira Guerra dos Bálcãs perdia força, os Jovens Turcos eliminaram seus adversários remanescentes e estabeleceram um Estado de partido único. Entre os líderes desse segundo golpe estava Ismail Enver Beyefendi (Enver Bey), que se tornou ministro da Guerra aos 31 anos de idade. Seu papel subsequente na reconquista da Trácia oriental na segunda Guerra dos Bálcãs granjeou-lhe o título de paxá, e no início de 1914 ele assumiu o papel de chefe do Estado-Maior. Nessas funções, ele trabalhou em colaboração estreita com o general Otto Liman von Sanders, chefe de uma missão militar alemã instalada em Constantinopla em outubro de 1913. Uma vez que os turcos (pelo menos desde a Guerra da Crimeia) dependiam da proteção britânica e francesa contra a Rússia, o alinhamento dessas potências na Tríplice Entente empurrou o Império Otomano na direção da Alemanha. Nesse ínterim, uma missão naval britânica continuou a assessorar a frota turca, que tradicionalmente fiava-se na Grã-Bretanha para o fornecimento de navios de guerra e arsenal. Em 1914, a marinha de guerra otomana tinha três couraçados em construção em estaleiros britânicos, e o destino desses navios tinha enorme peso nos cálculos do governo unionista.

A Sérvia e os Estados balcânicos às vésperas da guerra

Ainda que, como consequência das Guerras dos Bálcãs, todos os países balcânicos tenham aumentado em termos de território e população, nenhum deles ficou satisfeito com o resultado. O Império Austro-Húngaro estava particularmente alarmado, pois a Sérvia dobrou de tamanho, aumentando sua população para 4,5 milhões de habitantes e seu exército – testado na batalha – para 260 mil homens, e ainda cobiçava a Bósnia-Herzegovina (onde os sérvios eram numerosos, em meio a uma população heterogênea) e uma saída para o mar. Desde que, em 1830, a Sérvia obtivera autonomia dentro do Império Otomano, o trono do país se alternava entre a dinastia Karageorgević, pró-Rússia, e a dinastia Obrenović, pró-Áustria-Hungria. Esta última retornou ao poder em 1858, e de maneira geral buscou uma política externa que, na visão dos sérvios nacionalistas, não era suficientemente ambiciosa. Por fim, em 1903, o capitão Dragutin Dimitrijević e um grupo de jovens oficiais do exército assassinaram o rei Alexandre I e alçaram ao trono Pedro Karageorgević. Aclamado pelo Parlamento sérvio como "o salvador da pátria", o volátil Dimitrijević ascendeu à patente de coronel em 1914, ampliando sua influência no exército graças às suas funções como professor na academia de guerra sérvia e chefe do serviço de inteligência. Ao mesmo tempo, Dimitrijević tinha papel ativo na semissecreta Defesa Nacional (*Narodna Odbrana*), organização fundada em 1908 para minar a Áustria-Hungria. Mais tarde, agindo sob o codinome revolucionário "Apis", dirigiu o grupo terrorista União ou Morte (*Ujedinjenje ili Smrt*), também conhecido como Mão Negra. Com a dinastia Karageorgević de volta ao trono, as relações com a Rússia melhoraram bastante, mas os sérvios ficaram profundamente desapontados em 1908-1909, quando os russos não manifestaram apoio a eles depois que a Áustria-Hungria proclamou a anexação da Bósnia-Herzegovina. A Sérvia mobilizou seu exército, levando a Áustria-Hungria a ordenar uma mobilização parcial de suas tropas, mas quando a Alemanha declarou apoio à Áustria-Hungria, a Rússia recuou. Depois disso, a Sérvia prometeu dar um basta a seus esforços – e às iniciativas de seus cidadãos – de solapar a Áustria-Hungria. Mas não honrou seu compromisso. A bem da verdade, o governo em Belgrado nada fez para impedir a Mão Negra de recrutar e treinar sérvios bósnios para pôr em prática tentativas de assassinato de oficiais habsburgos nas terras eslavas do sul do Império Austro-Húngaro. Após um malogrado ataque ao comandante das tropas da Bósnia em 1910, a Mão Negra baleou e feriu um membro do governo croata em 1912 e o governador da Croácia em 1913.

Durante o mesmo período, o grupo terrorista lançou sobre a política interna da Sérvia uma enorme sombra. Nikola Pašić, cinco vezes primeiro-ministro e cujo Partido Radical governou o país após 1903, compartilhava com Dimitrijević o ideal de uma Grande Sérvia, que incluía a Bósnia-Herzegovina e as adjacentes terras eslavas do sul, objetivo que só poderia ser alcançado pelo desmembramento da Áustria-Hungria. Pašić temia uma reação aos ataques terroristas, mas se sentia intimidado demais para tomar qualquer medida contra Dimitrijević e seus comparsas dentro do exército. Na década anterior a 1914, o Partido Radical havia tomado a dianteira da democratização da política sérvia, ao mesmo tempo em que fomentava e explorava sentimentos nacionalistas. Fatidicamente, no verão daquele ano, a crise decorrente do assassinato do arquiduque Francisco Ferdinando, por obra da Mão Negra, coincidiu com uma campanha eleitoral na Sérvia, gerando uma retórica nacionalista que inflamou a opinião pública em todo o país e intensificou o nível de indignação do outro lado da fronteira com a Áustria-Hungria.

Sérvia à parte, Montenegro figurava como o mais antiaustríaco dos países balcânicos. Os montenegrinos cobiçavam uma porção pequena, mas estrategicamente importante, do território da Monarquia Dual, a baía de Cattaro (Kotor), na ponta sul da Dalmácia, base fundamental para a marinha de guerra austro-húngara. Montenegro também se ressentia do papel da Áustria em dar fim à primeira Guerra dos Bálcãs, por meio da qual os montenegrinos se viram forçados a ceder parte de seus ganhos, conquistados a duras penas, ao novo Estado da Albânia. No caso da Bulgária, o ressentimento com o resultado da segunda Guerra dos Bálcãs sobrepujava qualquer sentimento de afinidade pan-eslava e ortodoxa oriental que outrora tinha nutrido por sérvios, montenegrinos e seus protetores russos. Quando da eclosão da guerra em 1914, o rei Fernando I da Bulgária, nascido em Viena na condição de príncipe germânico, estava pendendo para o lado da Alemanha e da Áustria-Hungria. A Romênia, cujo rei Carlos I era primo de Guilherme II, tinha uma aliança com as Potências Centrais que remontava a 1883. Depois da segunda Guerra dos Bálcãs, a província húngara da Transilvânia era o único território predominantemente romeno que não estava sob controle dos romenos, mas o temor que a Romênia sentia em relação à Rússia era maior do que seu desejo pela Transilvânia, e assim o país manteve uma cautelosa postura de alinhamento com a Alemanha e Áustria-Hungria. Do mesmo modo, os Hohenzollern tinham uma ligação com a Grécia, cujo rei Constantino I se casara com a irmã de Guilherme II. Depois que a Primeira Guerra Mundial teve início, Constantino se empenhou em manter a neutralidade da Grécia em face da simpatização crescente da população grega em relação à Entente (sentimento que se intensificou ainda mais quando o Império Otomano e a Bulgária se tornaram aliados da Alemanha e Áustria-Hungria). Quando da deflagração da guerra, nenhum país balcânico era mais vulnerável que a Albânia, criada em 1913 na esteira da primeira Guerra dos Bálcãs, porque nem a Áustria-Hungria nem a Itália queriam que a Sérvia adquirisse uma base sólida e uma posição segura no Adriático. No começo de 1914, as grandes potências alçaram ao posto de soberano da Albânia um obscuro rei germânico, Guilherme de Wied, mas seus súditos muçulmanos jamais o aceitaram. Ele reinou por apenas seis meses e abdicou pouco depois da eclosão da guerra, deixando para trás um país caótico, em meio a vizinhos ávidos por mergulhar no abismo na esperança de emergir com seus objetivos nacionalistas alcançados.

O dilema dos países menores da Europa

A divisão das grandes potências europeias entre Tríplice Aliança e Tríplice Entente conferiu aos países menores e mais fracos do restante da Europa um papel relativamente mais importante. A Alemanha jamais perdeu a oportunidade de persuadir esses países a se associarem ao lado que julgava mais forte, o seu próprio – "seguindo o fluxo" ou "pegando carona", no jargão dos especialistas em relações internacionais –, ao invés de "equilibrarem as forças" aliando-se aos rivais alemães ou permanecendo em cima do muro. Além do Império Otomano e dos países balcânicos, outros menores se sentiram pressionados por uma Alemanha que não conseguia entender por que razão esses países não enxergavam que era mais sábio se aliar – formal ou informalmente – ao Segundo Reich. Quando o rei belga Alberto visitou a Alemanha em novembro de 1913, o próprio Guilherme II deixou isso bem claro, e seu chefe do Estado-Maior, Helmuth von Moltke, o Jovem, foi ainda mais direto e abrupto ao declarar com todas as letras ao adido militar belga que "o *furor teutonicus* vai devastar tudo" assim que tiver início uma guerra generalizada.[1] Essa intimidação funcionaria muito bem no caso do Terceiro Reich, mas rendeu poucos dividendos para o Segundo. Ainda que os líderes alemães do período demonstrassem a mesma arrogância dos líderes da Alemanha nazista um quarto de século mais tarde, a Alemanha Imperial ainda não tinha acumulado o mesmo nível de poder com relação a outros países proeminentes da Europa, o que dava aos países menores ou mais fracos de 1914 um leque de opções viáveis de que não disporiam no final da década de 1930. Além das grandes potências e excetuando os Bálcãs, todos os países europeus não alinhados de 1914 se manteriam neutros durante toda a guerra, com exceção de Bélgica e Portugal.

As grandes potências tinham declarado uma garantia mútua de neutralidade da Bélgica em 1839, quando reconheceram sua separação da Holanda e instalaram

O mundo em 1914 e as origens da guerra

no poder a casa germânica Saxe-Coburgo-Gota para reger como monarcas constitucionais. O catolicismo romano era o único vínculo cultural de uma população (de 7,5 milhões em 1914) ferrenhamente dividida entre falantes de francês (os valões) e falantes de alemão (os flamengos). O território do país, todo a oeste do Reno, tinha sido anexado pela França durante as Guerras Napoleônicas, e todos supunham que qualquer futura crise internacional envolvendo a Bélgica seria precipitada por uma invasão francesa. A Bélgica gozava de relações cordiais com a Alemanha, e até o final de junho de 1914 seus líderes ainda temiam mais a França. Nos anos imediatamente anteriores à guerra, a imprensa e a opinião pública belgas criticavam a Grã-Bretanha mais do que qualquer outra grande potência, tomando uma firme posição pró-Bôer durante a Guerra Anglo-Bôer e rejeitando as subsequentes críticas britânicas à má administração belga de suas vastas possessões coloniais no Congo. Entre os trunfos da Bélgica, incluía-se uma próspera economia industrializada, mais do que suficientemente forte para manter o exército de 340 mil homens que o país era capaz de mobilizar sob uma lei de serviço militar compulsório aprovada em 1913.

Em contraste com a Bélgica, Portugal dispunha apenas da proteção britânica graças à mais longeva aliança militar bilateral da história (remontando a 1373), e tinha uma vizinhança relativamente segura. O país fazia fronteira apenas com a Espanha, que vinha em declínio havia séculos e recentemente fora privada de suas colônias remanescentes na guerra contra os Estados Unidos em 1898. País de pobreza crônica, cuja população somava apenas cinco milhões de habitantes, a Espanha alijara do poder sua monarquia numa revolução em 1910 e no ano seguinte adotara uma constituição que tomou como modelo a Terceira República Francesa. A francofilia republicana portuguesa, combinada a um tradicional sentimento pró-britânico, predispunha Portugal a apoiar a Entente. Em 1914, os resquícios do Império Ultramarino português incluíam quatro colônias que seriam estrategicamente importantes na guerra mundial vindoura: os futuros Angola e Moçambique, ambos adjacentes às possessões coloniais na África, e as ilhas atlânticas de Madeira e Açores.

Estados Unidos e Japão

Durante as duas décadas anteriores ao início da Primeira Guerra Mundial, Estados Unidos e Japão juntaram-se ao grupo das grandes potências, antes limitado a países europeus. A estruturação de uma moderna marinha de guerra (a partir de 1883) abriu caminho para uma espetacular vitória na Guerra Hispano-Americana (1898), em que os norte-americanos adquiriram as Filipinas, Guam e Porto Rico.

35

A ação militar estadunidense libertou Cuba do controle espanhol e, em 1903, a diplomacia dos canhões ajudou a libertar o Panamá da Colômbia; ambos tornaram-se dependentes dos Estados Unidos: os cubanos cederam uma base naval na baía de Guantânamo e os panamenhos deram aos norte-americanos o controle da Zona do Canal, onde foi construído o canal do Panamá (1903-1914). Os Estados Unidos também anexaram o Havaí em 1898. Do mesmo modo, o poderio naval japonês facilitou vitórias na Guerra Sino-Japonesa (1894-1895) e na Guerra Russo-Japonesa (1904-1905), cujo resultado foi a anexação de Taiwan, o sul de Sakhalin e esferas de influência na Coreia e na Manchúria, incluindo uma base naval em Port Arthur. A guerra contra os russos confirmou a ascensão do Japão como grande potência, bem como expôs as fraquezas da Rússia. O Japão anexou a Coreia em 1910, e quatro anos depois usou sua aliança britânica como pretexto para entrar na Primeira Guerra Mundial. Em 1905, os japoneses aceitaram que Theodore Roosevelt atuasse como mediador do Tratado de Portsmouth, que pôs ponto final à guerra com os russos, mas depois as relações entre Japão e Estados Unidos azedaram. Embora os dois países fossem aliados na Primeira Guerra, o resultado do conflito os colocou em rota de colisão no Pacífico.

A população dos Estados Unidos saltou de 5 milhões de habitantes em 1800 para 75 milhões em 1900, expansão estimulada por dezenas de milhões de imigrantes europeus. O sistema político descentralizado do país propiciava a seus cidadãos poucos benefícios, mas um grau de liberdade sem paralelos no mundo, pelo menos para os estadunidenses brancos de ascendência europeia. Com base na força de uma população que cresceu mais 30% (chegando a 97 milhões) nos primeiros 13 anos do novo século, em 1913 os Estados Unidos detinham o maior PIB *per capita* do mundo, eram os líderes mundiais em produção agrícola, geravam um terço da produção industrial do mundo e fabricavam mais aço do que os outros quatro maiores produtores mundiais juntos. O crescente poder econômico inspirou a autoconfiança, e depois que o Congresso reduziu as tarifas alfandegárias em 1913, o país tornou-se o maior paladino mundial do livre comércio. Quando a guerra foi deflagrada, a frota naval dos Estados Unidos só perdia em tonelagem para a Grã-Bretanha e a Alemanha; porém, seu exército em tempos de paz ainda era bastante pequeno; em 1914, até mesmo a Itália tinha o dobro de soldados. A política norte-americana contava com um estável sistema bipartidário. O Partido Republicano, fundado com base em princípios antiescravagistas, depois da Guerra Civil, se expandiu e tornou-se uma agremiação progressista e favorável às práticas comerciais, ao passo que o Partido Democrata continuou sendo mais forte nos estados predominantemente rurais, em especial no sul do país. De 1860 a 1908, os republicanos venceram todas as eleições presidenciais, exceto duas. Ambos os partidos incluíam isolacionistas, mas em geral os republicanos eram favoráveis a uma marinha de guerra mais forte e defendiam uma política externa mais agressiva, traços fundamentalmente personificados por Theodore Roosevelt (que exerceu a presidência de 1901 a 1909). Presidente do país durante a guerra, o democrata Woodrow Wilson (1913-1921) chegara à Casa Branca quase que por acaso. Sulista de nascimento, sua carreira como professor de Ciência Política levou-o à Universidade de Princeton, da qual acabou se tornando reitor. De lá, assegurou sua eleição como governador de Nova Jersey em 1910; apenas dois anos depois, obteve a maioria dos votos numa disputa contra o sucessor republicano de Roosevelt, William H. Taft, e o próprio Roosevelt, que ensaiava um retorno à esfera política com seu Partido Progressista, de vida efêmera. Único acadêmico a chegar à presidência dos Estados Unidos, o moralista Wilson corporificou o que havia de melhor e pior nos ímpetos estadunidenses. Ele buscou fazer dos Estados Unidos um país melhor, e após 1917 tentou usar o poder norte-americano para criar um mundo melhor. Suas convicções, embora invariavelmente contraditórias, eram defendidas com ardor.

O Japão tinha a distinção de ser o único país não ocidental visado pelo imperialismo ocidental a sobreviver ao massacre, modernizar-se e emergir como grande potência por seus próprios méritos. Tradicionalmente, o sistema de governo predominante no Japão era o feudal, em que a figura do guerreiro samurai desfrutava de grande prestígio. Por tradição, o imperador, tido como um deus pela religião xintoísta, não tinha papel político; o governante de fato era o xogum, chefe militar hereditário a cuja autoridade se subordinava o samurai. O xogunato isolacionista Tokugawa (1603-1868), última dinastia do tipo, foi obrigado a abrir o Japão para o mundo exterior em 1853, quando os Estados Unidos enviaram uma esquadra sob o comando do comodoro Matthew Perry para a baía de Tóquio. Depois que as potências europeias seguiram o exemplo norte-americano, as humilhantes concessões arrancadas junto aos nipônicos jogaram no descrédito o xogunato e levaram uma facção de samurais reformistas a reconhecer que o Japão só conseguiria se salvar por meio da modernização. Em 1868, tomaram o poder sob o pretexto de "restaurar" a autoridade do imperador. O governo da Restauração Meiji aboliu o feudalismo, abriu empresas e escolas de estilo ocidental e fundou um exército e uma marinha de guerra modernos, criados respectivamente com base nos modelos alemão e britânico. Espelhada na constituição alemã de Bismarck, a constituição japonesa (1889) deu destaque a um primeiro-ministro de mão forte, que só devia responsabilidade ao imperador, mas um limitadíssimo sistema de cidadania dava direito de voto apenas aos japoneses abastados do sexo masculino. Os camponeses arcaram com o fardo da modernização, pagando altíssimos impostos que os condenavam a uma existência de pobreza. Por conta de sua população relativamente grande (51 milhões de habitantes em 1913), às vésperas da Primeira Guerra Mundial o Japão tinha um PIB *per capita* um pouco menor que o da Rússia e um nível de industrialização similar, embora detivesse a quinta maior frota naval do mundo e contasse com quase duas vezes mais soldados que os Estados Unidos. A produção de aço correspondia a menos de 1% da norte-americana, mas na época da guerra contra a Rússia os japoneses estavam fabricando sua própria artilharia pesada para suplementar as importações junto ao grupo alemão Krupp. Todos os grandes navios de guerra empregados contra os russos foram construídos na Grã-Bretanha (aliada do Japão desde 1902); apenas mais tarde os estaleiros nipônicos começaram a construir seus próprios navios de guerra, e o primeiro couraçado foi lançado às águas em 1910. Em menos de 40 anos, o Japão se transformou de país feudal isolado em grande potência moderna, embora tivesse a menor base industrial entre as grandes potências. A fim de se manter entre as nações mais poderosas do mundo, o país teria de devotar uma porção bem maior de recursos às forças armadas, e conseguiu fazer isso graças à capacidade de seu governo autoritário de extrair o máximo de sua patriótica população, que, a despeito das condições em que vivia, continuava disposta a suportar o fardo em apoio aos objetivos da nação. Na verdade, manifestações contra a paz em Tóquio ao término da Guerra Russo-Japonesa indicavam que o povo não apenas apoiava uma ambiciosa política externa, mas preferia fazer sacrifícios ainda maiores a aceitar espólios de guerra menores que os previstos.

Domínios e colônias

Os denominados "domínios britânicos" de governo autônomo – Austrália, Canadá, Nova Zelândia e África do Sul – desempenhariam um papel singular e importante na Primeira Guerra Mundial, participando do conflito na condição de parceiros e não apenas de dependentes da metrópole. Considerados em conjunto, estavam entre os países mais prósperos do planeta, com um PIB *per capita* coletivo que só perdia para Estados Unidos e Grã-Bretanha. Juntamente com as colônias do Império Britânico (com destaque para a Índia) e as colônias francesas (em particular as da África), forneceram recursos significativos para o esforço de guerra da Entente.

Os domínios britânicos tinham seus próprios parlamentos e partidos políticos, gabinetes e primeiros-ministros, mas, até o Estatuto de Westminster (1931), seus governos dispunham apenas de poderes limitados para conduzir a política externa e não eram totalmente independentes para decidir se tomariam ou não parte em um conflito armado. Quando a Inglaterra entrava numa guerra, seus domínios também estavam em guerra, embora contassem com uma importante prerrogativa de que as colônias não dispunham: não eram formalmente obrigados

O mundo em 1914 e as origens da guerra

a enviar tropas a terras estrangeiras para lutar pela metrópole. Assim, os governos dos domínios tinham voz ativa para decidir com quantos soldados contribuiriam, onde e quando. O domínio mais antigo, o Canadá – autônomo desde 1867 – tinha uma população de 7,8 milhões de habitantes em 1914, mas contava com apenas três mil soldados regulares em seu exército voluntário permanente, suplementado por uma numerosa e relativamente desorganizada milícia, em que homens de 18 a 60 anos estavam aptos a servir. Em caso de emergência imperial, a milícia canadense podia ser mobilizada e despachada para terras estrangeiras ao lado das tropas regulares e complementada via convocação se o número de voluntários se mostrasse insuficiente. Em 1913, cerca de 55 mil canadenses receberam treinamento de milícia. Quando a guerra eclodiu, o Canadá honraria seu compromisso enviando unidades regulares suplementadas por voluntários recrutados por meio de sua estrutura de milícia.

A Austrália, alçada à condição de domínio em 1901, implementou, dez anos depois, um sistema que exigia que meninos e jovens entre 12 e 25 anos se submetessem a um treinamento militar anual obrigatório – dos quais os rapazes entre 18 e 25 anos podiam ser mobilizados para combate em caso de guerra. O intuito do sistema era dar à Austrália (país que mal chegava a cinco milhões de habitantes em 1914) condições de arregimentar oito batalhões totalizando cerca de 250 mil homens, mas a força treinada ativa de 1914 incluía apenas os três primeiros grupos, todos formados por soldados menores de 21 anos – um "exército de meninos" que a Austrália optaria por não enviar para o estrangeiro. Em vez disso, criou-se um exército voluntário separado, a Força Imperial Australiana (AIF, na sigla em inglês), para atuar na Europa, e a Força Expedicionária Naval e Militar Australiana, bem menor, para atuar no Pacífico contra as colônias alemãs. A Nova Zelândia, autônoma desde 1907, também havia instituído treinamento militar obrigatório para os homens, já desde a adolescência – de acordo com a Lei de Defesa de 1909, o treinamento era compulsório para todos os homens entre 14 e 21 anos. No verão de 1914, o país de 1,1 milhão de habitantes cumpriria suas obrigações para com a Grã-Bretanha despachando destacamentos de seu exército.

A União Sul-Africana, que recebeu o *status* de domínio em 1910, tinha uma população de seis milhões de habitantes; a minoria branca de 1,3 milhão desfrutava de superioridade formal e jurídica com relação aos quatro milhões de negros e 700 mil sul-africanos indianos e mestiços ("de cor"). O país tinha uma estrutura militar semelhante à do Canadá, com um pequeno exército regular, a Força de Defesa da União, suplementada por uma milícia a que estavam aptos a servir homens de 17 a 60 anos de idade. A milícia podia ser suprida por meio de recrutamento e, ao contrário do Canadá, incluía certo número de incorporados

39

para compensar a impopularidade geral do serviço militar entre os africâneres, cujos independentes Estado Livre de Orange e República Sul-Africana (Transvaal) tinham sido integrados à força à África do Sul britânica, como resultado da recente Guerra Anglo-Bôer. Depois de deflagrada a guerra, a África do Sul só enviaria tropas para a Europa depois que suas forças tivessem conquistado a colônia vizinha do Sudoeste Africano Alemão.

Em termos de população, os 20 milhões de súditos britânicos dos quatro domínios nem de longe se comparavam aos 380 milhões das colônias britânicas, mais de dois terços dos quais viviam na Índia. A mais numerosa tropa colonial, o exército indiano, contava com 150 mil homens arregimentados com base em recrutamento voluntário, por isso incluía números desproporcionais de povos do sul da Ásia com orgulhosas tradições marciais, caso dos gurkhas do Nepal e dos rajputs do Rajastão. Entre as províncias indianas que enviaram para o serviço militar mais soldados até do que precisavam incluía-se o Punjab (que cedeu um grande número de siques), ao passo que o sul da Índia contribuiu com poucos homens e a populosa Bengala praticamente não enviou um homem sequer. Ao fim e ao cabo, durante a Primeira Guerra Mundial, a Índia mobilizou 1,4 milhão de homens, dos quais 1 milhão serviram em terras estrangeiras, incluindo 580 mil combatentes. As colônias britânicas na África negra contribuíram com um número bem menor de soldados, integrantes da Real Força de Fronteira da África Ocidental (RWAFF, na sigla em inglês), arregimentada em Serra Leoa, Nigéria, Gâmbia e Costa do Ouro (Gana), ou dos Fuzileiros Africanos do Rei (KAR, na sigla em inglês), formada por contingentes nativos de Quênia, Uganda e Niassalândia (atual Malauí). Durante a guerra, nenhum desses dois regimentos coloniais sairia do continente, mas ambos desempenharam papel importante na campanha Aliada contra as colônias alemãs na África.

O Império Colonial Francês tinha uma população de apenas 60 milhões de habitantes em 1914, e por isso só era potencialmente capaz de suprir menos de um quarto do número de homens que a Índia britânica podia fornecer sozinha. O exército da África, arregimentado nas colônias do norte do continente (Argélia, Tunísia e Marrocos), incluía unidades separadas para soldados oriundos da vasta colônia francesa na Argélia e da população árabe e berbere, embora, em 1914, essa restrição tenha sido mais ou menos abolida, permitindo, por exemplo, que cavalarianos franceses se integrassem aos *sipahis* (regimentos de cavalaria) árabes, ou que alguns soldados da infantaria árabe lutassem ao lado dos *zouaves* franceses. Os habitantes das colônias francesas eram em sua maioria recrutas servindo sob as mesmas obrigações em vigor na França. Os árabes incluíam alguns combatentes escolhidos por recrutamento

O mundo em 1914 e as origens da guerra

compulsório (introduzido na Argélia em 1913), mas a maior parte dos 33 mil argelinos muçulmanos que serviram em 1914 era de voluntários. O exército da África incluía também a Legião Estrangeira, composta apenas de voluntários e condenados militares cumprindo pena na Infantaria Leve Africana. As tropas arregimentadas no restante do Império Francês, juntamente com os soldados franceses servindo nessas colônias, eram chamadas de "tropas coloniais" (*troupes coloniales*). Como os soldados da África negra britânica, eram organizadas em unidades de fuzilaria, das quais as mais notáveis eram os *Tirailleurs sénégalais* (composta não apenas de soldados do Senegal, mas de toda a África Ocidental francesa e da África Central), os *Tirailleurs malagaches* (de Madagascar) e os *Tirailleurs indochinois* (da Indochina). Devido à crônica escassez de homens no exército francês, durante toda a guerra, suas unidades africanas tomaram parte dos combates em solo europeu.

Além das possessões britânicas e francesas, a maior colônia africana, o Congo Belga, também produziu sua maior tropa em tempos de paz. A Force Publique congolesa era um típico exército colonial no que tangia a seu tamanho modesto – apenas 17 mil homens em 1914, para uma colônia de 7 milhões de habitantes – e aos termos de serviço, como força profissional de voluntários de longa duração. Como as tropas da África negra britânica, essas forças tomariam parte na ação na Primeira Guerra Mundial lutando contra as colônias alemãs na África. Sem exceção, as forças coloniais da Ásia e da África eram comandadas por expatriados europeus ou oficiais designados a partir do exército regular da metrópole.

Tradicionalmente, os europeus tinham valorizado suas colônias ultramarinas por conta de seus recursos econômicos, de início metais preciosos e produtos agrícolas a ser comercializados, e mais tarde uma lista cada vez maior de matérias-primas. Mas, na era industrial, a importância relativa das colônias entrou em declínio, o que se reflete no alargamento do abismo entre o PIB *per capita* das potências coloniais e o de suas colônias. Nas economias desenvolvidas das metrópoles, a industrialização incrementou a tal ponto as taxas de produtividade que o PIB *per capita* continuou em ascensão mesmo em uma época de crescimento da população; em contraste, na maior parte das possessões de ultramar (os domínios britânicos foram uma expressiva exceção) a produtividade não conseguiu melhorar suficientemente rápido para dar sustentação a um ritmo de crescimento similar no PIB *per capita*, o que causou estagnação ou até mesmo queda. Em 1913, a Grã-Bretanha tinha um PIB *per capita* mais de sete vezes acima do de seu vasto império pré-guerra (excetuando os domínios), ao passo que, no caso da França, o número era mais de cinco vezes superior ao de suas colônias. Uma vez que a produtividade das colônias estava mais abaixo do que nunca em comparação às metrópoles, em termos práticos, isso significava

41

que sobrava pouco excedente a ser explorado depois que a demanda local era suprida. Ademais, em virtude da distância da metrópole, após o início da guerra ficou difícil transportar esse pequeno excedente até a Europa.[2] Assim, entre as possessões ultramarinas, as que tiveram o maior impacto na guerra foram os domínios britânicos – onde a produtividade sobrepujava a distância da Europa – e o norte francês da África – onde a proximidade com a Europa falava mais alto que a baixa produtividade.

Nacionalismo, darwinismo e culto à ofensiva

As grandes potências da Europa, as potências emergentes não europeias, os países periféricos, os domínios britânicos e as colônias tinham um denominador comum: seu comportamento anterior à guerra tinha sido moldado pelo nacionalismo que emergira um século antes na Revolução Francesa e nas Guerras Napoleônicas. Durante o século XIX, o benigno nacionalismo cultural da era romântica tinha se transformado em um nacionalismo racial mais tarde aguçado e definido pelo darwinismo, depois da fatídica decisão de Charles Darwin de usar imagens e vocabulário bélico para articular conceitos naturais e biológicos em *A origem das espécies* (1859) e *A descendência do homem* (1871). Depois disso, conceitos básicos do darwinismo, tais como a sobrevivência do mais apto e a luta pela existência, propiciaram um alicerce "científico" para ideologias agressivas e, de forma geral, o nacionalismo racial "científico" deu esteio à unidade nacional na causa da grandeza nacional. Esse pensamento infectou os intelectuais europeus, de uma ponta a outra do espectro ideológico. O darwinismo não afetou a França tanto quanto as outras grandes potências, mas, mesmo lá, Émile Zola, herói da esquerda francesa, declarou em 1891 que

> a guerra é a própria vida! Na Natureza, nada existe que não tenha nascido, crescido ou se multiplicado por meio do combate. É necessário comer ou ser comido para que o mundo possa viver. Somente as nações guerreiras prosperaram; uma nação morre assim que se desarma.[3]

Na verdade, o que alguns acadêmicos rotularam de "militarismo", e tentaram generalizar em termos sociais, econômicos e políticos, originou-se nas décadas anteriores a 1914 como uma manifestação distinta do nacionalismo racial darwinista.

Nessa atmosfera, Bertha von Suttner (ver box "Uma voz no ermo") e outros pacifistas europeus encararam uma tarefa impossível. Até mesmo o prêmio da paz outorgado anualmente a partir de 1901 em reconhecimento a seu trabalho surgiu graças à generosidade do inventor da dinamite, Alfred Nobel. No cenário político europeu, apenas os socialistas advogavam abertamente a paz e a cooperação e, no âmbito de cada país, seus partidos políticos tendiam ou a se isolar por conta de sua força eleitoral (caso do SPD alemão) ou a ser ignorados por causa de sua fraqueza eleitoral (caso do Partido Trabalhista Britânico). A Segunda Internacional Socialista (fundada em 1889) refletia a profunda divisão do movimento entre moderados, que apoiavam os ideais de Marx, mas não seus métodos revolucionários, e radicais, que insistiam (de maneira problemática para a causa pacifista) em que a mudança genuína realmente capaz de beneficiar o proletariado deveria vir por meio da insurreição violenta. Apenas na Alemanha os socialistas eram fortes o bastante para preocupar os líderes governamentais, e mesmo o SPD – depois de se opor sistematicamente aos gastos navais e militares ao longo dos anos pré-guerra – votaria a favor de créditos de guerra na atmosfera de crise do verão de 1914. Em meio à Crise de Julho, a Segunda Internacional viu seu sonho de uma greve geral mundial – a fim de impedir a mobilização dos exércitos – ser esmagado pela dura realidade de que, para a vasta maioria dos trabalhadores europeus, a identidade nacional era mais importante que a identidade de classe.

Não chega a surpreender que o pensamento militar pré-guerra refletisse o espírito nacionalista e darwinista da época, que se manifestou no culto à ofensiva que afetou todas as forças armadas na virada do século. O culto à ofensiva tinha suas raízes no modo prussiano-germânico de fazer guerra, nascido nas reformas militares que a Prússia adotou depois de sofrer uma derrota acachapante nas mãos da França de Napoleão, em 1806. Carl von Clausewitz (1770-1831) serviu como profeta desse credo, seu livro póstumo *Vom Kriege* [*Da guerra*], de 1832, era a sagrada escritura, e o marechal de campo Helmuth von Moltke, o Velho (1800-1891), foi o Messias. Após os triunfos de Moltke contra a Áustria (1866) e a França (1870-1871) nas Guerras da Unificação Alemã, a obra foi traduzida e estudada em toda a Europa, quase sempre com um prefácio darwinista. No prefácio que escreveu a uma reimpressão pré-guerra da tradução inglesa original de *Vom Kriege* (publicada em 1873 com o título *On War*), o coronel F. N. Maude declarou que "o que Darwin conquistou para a Biologia em termos gerais, Clausewitz fez para a História de vida das nações quase meio século antes dele, pois ambos provaram a existência da mesma lei em cada caso [...] a sobrevivência do mais apto".[4] Moltke, como Napoleão, buscava destruir os exércitos inimigos em batalhas decisivas. Admiradores do exemplo prussiano-germânico também adotaram a ofensiva, tratando com desleixo (em algumas traduções, eliminando) a parte mais longa do livro, que versava sobre guerra defensiva. O general e escritor militar alemão Colmar von der Goltz, principal intérprete darwinista de Clausewitz, acelerou a tendência com seu *best-seller* internacional *Das Volk in Waffen* [*O país em armas*], de 1883. Paradoxalmente, os países mais fracos não tinham menos probabilidades que os fortes de adotar a guerra ofensiva, o que lhes dava esperanças de que sua vitalidade fosse posta à prova no campo de batalha. Assim, o culto à ofensiva teve especial relevância para as duas potências militares mais vulneráveis da Europa, a Áustria-Hungria e a França. Franz Conrad von Hötzendorf, instrutor da Escola de Guerra em Viena (1888-1892) antes de se tornar chefe do Estado-Maior da Áustria-Hungria (1906-1917), e Ferdinand Foch, instrutor (1895-1901) e comandante (1907-1911) da Escola de Guerra em Paris antes de se tornar supremo comandante Aliado em 1918, defendiam estratégias ofensivas que se mostraram completamente inadequadas a situações enfrentadas por seus países na Primeira Guerra Mundial. Os resultados seriam fatais para a Áustria-Hungria e quase letais para a França.

O culto à ofensiva persistiu a despeito das evidências fornecidas pela Guerra Anglo-Bôer, a Guerra Russo-Japonesa e as Guerras dos Bálcãs, de que as tecnologias emergentes privilegiavam a guerra defensiva. A Guerra Anglo-Bôer foi a primeira em que ambas as partes beligerantes empregaram infantaria armada, principalmente com fuzis de repetição, e o poder de fogo da infantaria tinha sido claramente decisivo. A artilharia rápida e a pólvora sem fumaça, que tinham revolucionado o combate naval na década de 1880, também fizeram sua primeira aparição em campanhas em terra. Taticamente, a infantaria britânica fracassava a cada tentativa de investida da baioneta, mas obtinha mais êxito quando os soldados eram organizados em formações abertas e avançavam em pequenos grupos atuando sob cobertura. Futuros comandantes da Força Expedicionária Britânica (BEF) na Primeira Guerra, sir John French e sir Douglas Haig, defenderam com sucesso a performance da cavalaria por eles liderada na África do Sul, ignorando o fato de que os cavalarianos britânicos tinham sido mais úteis quando combatiam desmontados, empunhando fuzis, como nos comandos bôeres.

A campanha na Manchúria durante a Guerra Russo-Japonesa apresentou um número inaudito de soldados, o maior emprego de trincheiras até então e o primeiro uso em larga escala de metralhadoras. A decisiva Batalha de Mukden (fevereiro a março de 1905) envolveu cerca de 250 mil homens de cada lado, em contínuas linhas de trincheiras que se estendiam por 145 km. Como na Guerra Anglo-Bôer, a infantaria teve maior êxito atuando em formações abertas e avançando em pequenos grupos sob cobertura, mas ambos os exércitos realizavam sucessivamente investidas corpo a corpo com as baionetas em campo aberto, ainda que a custos medonhos, invalidando (pelo menos na opinião de muitos observadores) as lições aprendidas na África do Sul no que dizia respeito à natureza decisiva do poder de fogo da infantaria dispersa. Os japoneses demonstraram que uma força de assalto com a disposição de ânimo das tropas para absorver perdas de 30% a 40%

ainda podia levar a melhor, mesmo em um campo de batalha onde a tecnologia moderna – a primeira geração de metralhadoras – favorecia claramente o defensor. Em última análise, o resultado reforçou a visão convencional do culto à ofensiva: os japoneses tinham atacado e vencido, ao passo que os russos tinham ficado na defensiva e perderam.

UMA VOZ NO ERMO

Trecho do discurso da baronesa Bertha von Suttner (1843-1914), pacifista austríaca e vencedora do Prêmio Nobel da Paz em 1905, pronunciado em Oslo, Noruega, em 18 de abril de 1906:

O instinto de autopreservação na sociedade humana, agindo de maneira quase subconsciente, como todos os impulsos da mente humana, está se rebelando contra os métodos constantemente refinados de aniquilação e contra a destruição da humanidade. Complementando esse esforço subconsciente rumo a uma era livre de guerras, há pessoas que vêm trabalhando deliberadamente para esse fim, que vislumbram os princípios básicos de um plano de ação, que procuram métodos com os quais alcançarão nosso objetivo assim que possível [...]. Quando [Theodore] Roosevelt me recebeu na Casa Branca em 17 de outubro de 1904, ele me disse, "A paz mundial está a caminho, certamente está a caminho, mas apenas passo a passo". [...] Por mais que o objetivo esteja visível, por mais que possa parecer próximo e ao nosso alcance, a estrada até ele deve ser percorrida um passo de cada vez e, ao longo do caminho, há incontáveis obstáculos a serem superados.

[...] Os defensores do pacifismo estão bem conscientes do quão escassos são seus recursos em termos de influência pessoal e de poder. Eles sabem que ainda não são numerosos e que são fracos de autoridade; porém, quando observam realisticamente a si e ao ideal a qual servem, se enxergam como servidores da maior de todas as causas. Da solução para esse problema depende se nossa Europa se tornará um exemplo de ruínas e fracasso ou se podemos evitar esse perigo e assim adentrar antes em uma era vindoura de paz e direito, em que florescerá uma civilização de glória inimaginável.

São os muitos aspectos dessa questão que a segunda Conferência de Haia [realizada entre julho e outubro de 1907] deveria estar discutindo ao invés dos tópicos propostos, concernentes às leis e práticas da guerra no mar, o bombardeio de portos, cidades e vilarejos, lançamento de minas e assim por diante. O conteúdo dessa lista de prioridades demonstra que, embora os defensores da atual estrutura da sociedade, que aceita a guerra, venham a uma conferência de paz preparados para modificar a natureza da guerra, eles estão basicamente tentando manter intacto o sistema existente. Contudo, os defensores do pacifismo, dentro e fora da conferência, defenderão seus objetivos e exigirão que

> mais um passo seja dado na direção de sua meta – a meta que, para repetir as palavras de Roosevelt, afirma a obrigação de seu governo e de todos os governos de "acelerar a chegada de um tempo em que a espada não mais será o árbitro entre as nações".
>
> Fonte: http://nobelprize.org/nobel_prizes/peace/laureates/1905/suttner-lecture.html.

Observadores das Guerras dos Bálcãs elogiaram os búlgaros por sua determinação em atacar posições entrincheiradas e seu uso da baioneta, em particular na Linha Çatalca, mais parecida com a frente ocidental da Primeira Guerra Mundial do que qualquer outra coisa na Manchúria durante a Guerra Russo-Japonesa. Última linha turca de defesa, apenas 32 km a oeste de Constantinopla, a Linha Çatalca consistia em uma frente contínua de trincheiras de 24 km de extensão, do mar Negro ao mar de Mármara, sem flancos, e que só dava aos oponentes a possibilidade de ataque frontal. Os que elogiaram a coragem dos búlgaros na Linha Çatalca e o espírito ofensivo de seu comandante, o general Radko Ruskov Dimitriev, o fizeram apesar das horríveis baixas – incluindo 90 mil mortos, feridos e doentes em apenas cinco dias de ataques em novembro de 1912 – e seu fracasso na tentativa de romper as linhas inimigas e chegar a Constantinopla. O exército búlgaro aprendeu com esse banho de sangue que as investidas da infantaria exigiam um robusto apoio de artilharia e introduziu um inovador fogo de barragem progressivo na tomada de Adrianopla, em março de 1913, mas poucos analistas estrangeiros perceberam a manobra. Os Aliados só introduziriam o fogo de barragem progressivo na frente ocidental depois de sofrer milhões de baixas em ataques de infantaria levados a cabo sem o adequado apoio de artilharia.

Uma vez que os observadores e participantes das guerras entre 1899 a 1913 estavam influenciados por suas perspectivas nacionais e pela mentalidade predominante na época, a maior parte das lições por eles aplicadas em 1914 teve claras implicações para a guerra ofensiva. Embora subestimassem a dimensão das baixas que uma futura guerra de grandes proporções acarretaria, ainda assim esperavam um grande número de mortes e tomaram medidas para limitar os danos por meio de melhorias nos equipamento e treinamento. A Guerra Anglo-Bôer selou o destino dos coloridos uniformes de campo do exército britânico e acelerou uma tendência que levou todas as grandes potências a adotarem a cor parda ou a camuflagem (exceto a França, que adotou o *horizon bleu* em julho de 1914) a tempo das campanhas de abertura da Primeira Guerra. A experiência britânica na África do Sul, onde as demandas de campanha rapidamente exauriram seu pequeno exército regular, também levou os ingleses a promover melhorias em suas formações de reserva (criando a Força Territorial em 1908 para substituir as tradicionais milícias a cavalo e grupos de voluntários). A maioria das outras grandes potências tomou medidas semelhantes para dar fim à lacuna entre a capacidade de combate de suas tropas regulares e suas forças de reserva. Se por um lado os exércitos geralmente subestimavam a importância da artilharia e das metralhadoras, por outro, nas corridas armamentistas pré-guerra a maior parte deles tentou assegurar uma superioridade qualitativa e quantitativa dessas armas.

Corrida armamentista, nacionalismo, alianças e o dilema da segurança

Os anos imediatamente anteriores à guerra testemunharam um aumento sem precedentes de gastos militares e navais; em 1913, as seis grandes potências europeias investiam em armamentos 50% a mais que em 1908. Especialistas em relações internacionais julgam as corridas armamentistas pré-guerra como o melhor exemplo histórico do "dilema da segurança" – o fenômeno em que as ações de um país para assegurar sua própria segurança causam insegurança em outros países, o que, por sua vez, provoca uma resposta que acaba alimentando uma espiral de gastos bélicos cada vez maiores e uma crescente atmosfera de desconfiança cujo resultado é aumentar a probabilidade de guerra. Após 1918, o papel da corrida armamentista nas origens da guerra recebeu considerável atenção, e os futuros apelos por parte de vários estadistas em nome de um regime de "segurança coletiva", primeiramente no período entreguerras e, mais tarde, durante a Guerra Fria, almejavam evitar a repetição do desastre.

A corrida naval anglo-germânica serviu como peça central da competição armamentista pré-guerra. A tentativa alemã de rivalizar com a Grã-Bretanha no mar teve início em 1897, com a nomeação do almirante Alfred von Tirpitz como secretário de Estado no Gabinete da Marinha Imperial. Os objetivos da esquadra inicial de Tirpitz pareciam bastante modestos, incluindo 27 couraçados e 12 cruzadores grandes – já estavam em construção ou em serviço 20 couraçados e 12 cruzadores. O Reichstag aprovou o plano de Tirpitz em 1898, depois de ouvir um discurso em que o almirante usou uma agourenta linguagem darwinista para caracterizar a expansão da esquadra alemã como uma "questão de sobrevivência" da Alemanha.[5] Dois anos depois, uma segunda lei naval ampliou os planos para 38 couraçados e 14 cruzadores grandes e, por fim, leis suplementares aumentaram o número de couraçados para 41 e o de cruzadores para 20. O plano de Tirpitz em pouco tempo fez com que a Alemanha saltasse do quinto lugar para a segunda posição entre as maiores potências navais da Europa. O debate sobre seus projetos de lei navais se concentrou nos novos navios de combate que eles exigiam, negligenciando as provisões para a substituição automática de couraçados após 25 anos e dos cruzadores após 20 anos. Felizmente para Tirpitz, os navios de batalha mais antigos em uso incluídos em seu plano de 1898 chegaram ao término previsto de seu tempo de serviço em 1906, bem no momento em que a Grã-Bretanha introduzia seus dois novos projetos revolucionários, o navio de guerra HMS Dreadnought e o cruzador de batalha. Uma vez que esses novos modelos tornavam obsoletos todos os navios de guerra de maior porte existentes, os britânicos anularam sua própria e considerável vantagem em termos do número de navios de guerra pré-couraçados e cruzadores blindados, o que deu aos alemães a oportunidade de alcançar os rivais em força naval. Subsequentemente, Tirpitz construiu todos os novos navios de guerra alemães como couraçados e todos os cruzadores grandes como cruzadores de batalha. Em 1908, o Reichstag aprovou outra lei suplementar possibilitando que Tirpitz acelerasse a construção de couraçados e cruzadores de batalha ("navios capitais", como os dois tipos juntos vieram a ser conhecidos), e em pouco tempo a Alemanha já contava com 10 concluídos ou em construção, contra 12 da Grã-Bretanha. Nesse ritmo, Tirpitz conseguiria bem mais do que a proporção de inferioridade de 3 para 2 que, a seu ver, daria à esquadra alemã uma chance de derrotar os britânicos no mar do Norte, mas a aceleração da construção naval alemã chocou o Parlamento britânico a ponto de ele financiar oito navios capitais para 1909 e 1910, suplementados por outro par custeado por Austrália e Nova Zelândia. Os alemães reagiram a esses dez novos navios capitais britânicos com apenas três, e assim, ficaram para trás na corrida, por 22 a 13. Depois disso, a construção naval britânica continuou sobrepujando a dos alemães ano após ano, embora sem a tremenda vantagem do biênio 1909-10. No final de julho de 1914, a Grã-Bretanha contava com 29 navios capitais em serviço e 13 em construção, ao passo que a Alemanha tinha 18 em serviço e oito em construção. A vantagem britânica, ligeiramente melhor do que na proporção de 3 a 2, seria suficiente para manter a esquadra alemã ancorada no porto por boa parte da Primeira Guerra Mundial.

A competição pré-guerra no desenvolvimento das primeiras forças aéreas da Europa não chegou a configurar uma corrida armamentista, pois poucos anteviram a importância que os céus teriam em futuras guerras. Em 1908, cinco anos após seu bem-sucedido voo, os irmãos Wright levaram sua aeronave à Europa para uma série de demonstrações públicas. O exército francês incorporou aviões às manobras anuais de 1910, e no ano seguinte a marinha alemã começou a fazer testes com aeronaves, mas deu preferência a dirigíveis, sob a influência do conde Ferdinand von Zeppelin e outros pioneiros alemães em aeróstatos. A Itália pré-guerra também optou por dirigíveis, embora os italianos tenham sido os primeiros a pilotar aviões em missões de combate na guerra contra a Turquia em 1911-1912. Em 1912, a Grã-Bretanha estabeleceu a separação entre exército e marinha, e a Áustria-Hungria abriu uma estação de hidroaviões em Pula. Na França, na Itália e na Rússia, inicialmente o exército monopolizou o poder aéreo e as marinhas não controlavam nenhum tipo de aeronave. Em 1910-1911, a marinha dos Estados Unidos tornou-se a primeira a promover decolagens e aterrissagens de aviões a partir de navios de guerra (usando para tanto plataformas temporárias no convés) e a primeira a utilizar aeronaves para a localização de artilharia de longo alcance. No início de 1914, o almirantado britânico autorizou a construção de um *seaplane tender*, precursor dos porta-aviões, o Ark Royal, de 7.080 toneladas, construído sobre o casco de um navio mercante inacabado.

Para todas as potências europeias a não ser a Grã-Bretanha, os exércitos constituídos com base em serviço militar obrigatório continuaram sendo a pedra angular da defesa nacional. Nos anos anteriores à guerra, a maior parte das grandes potências reduziu o tempo de serviço militar para espelhar o modelo alemão de dois anos de serviço ativo (a França em 1905, Império Austro-Húngaro, em 1906, e a Itália, em 1910), ao mesmo tempo em que seguiam o exemplo britânico de aumentar o calibre de suas formações de reserva. Na Alemanha, a preocupação de que o exército tivesse sido negligenciado durante a corrida de desenvolvimento naval levou o Reichstag a.aprovar, no verão de 1914, uma nova Lei do Exército, custeando uma força ativa de tempos de paz de 890 mil homens. A perspectiva desse aumento do número de alemães servindo na ativa por dois anos sem dispensa causou considerável alarme na França, que prontamente aumentou de dois para três anos seu tempo de serviço militar, medida que entrou em vigor de imediato, adicionando uma nova classe de recrutas, de modo a elevar para 700 mil homens o tamanho do contingente francês em tempos de paz. Assim como a corrida naval entre ingleses e alemães, essa competição franco-germânica para incrementar a capacidade dos dois exércitos serviu apenas para exacerbar as tensões e contribuiu para a sensação geral de que a guerra era inevitável.

Conclusão

Em âmbito internacional, os anos anteriores à guerra testemunharam a criação das condições em que a Guerra Mundial teve início e foi gradativamente aumentando de intensidade. A Guerra Anglo-Bôer salientou o isolamento da Grã-Bretanha, fez com que seus líderes se sentissem pouco à vontade para dar

49

continuidade ao "isolamento esplêndido" da *Pax Britannica* e levou a parcerias com Japão, França e Rússia. A Guerra Russo-Japonesa confirmou a emergência do Japão como grande potência e expôs as fraquezas da Rússia; em 1914, um encorajado Japão usaria seus laços com os ingleses como pretexto para tomar parte da Primeira Guerra Mundial, ao passo que a Rússia demonstraria que se recuperara da derrocada de 1904-1905 muito mais rápido do que o esperado. Por fim, as hostilidades de 1912 e 1913 deixaram os Bálcãs mais voláteis do que nunca, na medida em que, embora tivessem saído do conflito com território ampliado e populações maiores, todos os países balcânicos ainda alimentavam ambições maiores, em especial as da Sérvia, que só poderiam ser consumadas às custas do desmembramento da Áustria-Hungria. Ideologicamente, o superaquecido nacionalismo do período, aguçado pelo darwinismo, estabeleceu o contexto no âmbito do qual, na maioria dos países, a opinião pública geral, bem como os líderes políticos e intelectuais, aceitaria, quando não acolhesse, com bons olhos a perspectiva de uma guerra generalizada. Militarmente, os combates na África do Sul, na Manchúria e nos Bálcãs propiciaram vislumbres dos horrores que estavam por vir, mas estrategistas e especialistas em tática se recusaram a abandonar sua crença nas campanhas ofensivas. Foram à guerra em 1914 sabendo que o conflito seria sangrento (embora subestimando o quanto) e na expectativa de que fosse breve. Talvez o aspecto mais importante de todos, as guerras entre 1899 e 1913 advertiram de que um esforço de guerra moderno bem-sucedido requereria o apoio sincero e incondicional da frente interna. Em particular, as manifestações contra a paz em Tóquio após o tratado que deu fim à Guerra Russo-Japonesa em 1905, ao lado da rejeição do povo búlgaro ao tratado que deu fim à primeira Guerra dos Bálcãs em 1913, serviram como lembretes de que, quando apoiavam com tanto ardor a guerra, as populações civis não aceitariam outro resultado que não a vitória total.

Notas

[1] Citado em Fritz Fischer, *War of Illusions: German Policies from 1911 to 1914* (New York: W. W. Norton, 1975), 227.

[2] Ver Stephen Broadberry e Mark Harrison, "The Economics of World War I: An Overview", in Stephen Broadberry e Mark Harrison (eds.), *The Economics of World War I* (Cambridge University Press, 2005), 6-9.

[3] Citado em Daniel Pick, *War Machine: The Rationalisation of Slaughter in the Modern Age* (New Haven, CT: Yale University Press, 1993), 86.

[4] Maude, citado na introdução a Carl von Clausewitz, *On War*, ed. Anatol Rapaport (New York: Penguin Books, 1968), 83.

[5] Citado em Holger H. Herwig, *The German Naval Officer Corps: A Social and Political History, 1890-1918* (Oxford: Clarendon Press, 1973), 11.

Leituras complementares

Afflerbach, Holger e David Stevenson (eds.). *An Improbable War? The Outbreak of World War I and European Political Culture before 1914* (New York: Berghahn Books, 2007).

Broadberry, Stephen e Mark Harrison. *The Economics of World War I* (Cambridge University Press, 2005).

Fischer, Fritz. *War of Illusions: German Policies from 1911 to 1914*, trad. Marian Jackson (New York, W. W. Norton, 1975).

Fogarty, Richard S. *Race and War in France: Colonial Subjects in the French Army, 1914-1918* (Baltimore, MD: Johns Hopkins University Press, 2008).

Hamilton, Richard F. e Holger H. Herwig (eds.) *The Origins of World War I* (Cambridge University Press, 2003).

Herrmann, David G. *The Arming of Europe and the Making of the First World War* (Princeton University Press, 1996).

Kelly, Patrick J. *Tirpitz and the Imperial German Navy* (Bloomington, IN: Indiana University Press, 2011).

Kennan, George F. *The Fateful Alliance: France, Russia and the Coming of the First World War* (New York: Pantheon Books, 1984).

Lafore, Laurence. *The Long Fuse: An Interpretation of the Origins of World War I*, 2ª ed. (Philadelphia: Lippincott, 1971).

Mulligan, William. *The Origins of the First World War* (Cambridge University Press, 2010).

Rüger, Jan. *The Great Naval Game: Britain and Germany in the Age of Empire* (Cambridge University Press, 2007).

Stevenson, David. *Armaments and the Coming of War: Europe, 1904-1914* (Oxford: Clarendon Press, 1996).

Williamson, Samuel R., Jr. *The Politics of Grand Strategy: Britain and France Prepare for War, 1904-1914* (Cambridge: Harvard University Press, 1969).

A CRISE DE JULHO DE 1914

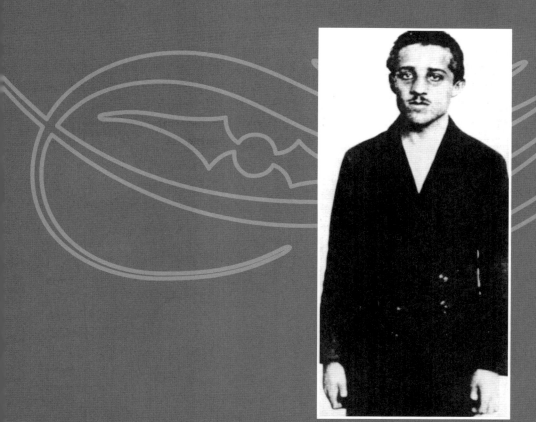

Gavrilo Princip, autor dos disparos que deram início à Primeira Guerra Mundial.

Cronologia

28 de junho. A Mão Negra assassina o arquiduque Francisco Ferdinando em Sarajevo.

3 de julho. A Sérvia faz seu primeiro pedido de ajuda à Rússia.

5 a 6 de julho. A "Missão Hoyos" à Alemanha assegura um "cheque em branco" para o Império Austro-Húngaro.

16 a 29 de julho. O presidente francês Raymond Poincaré e seu premiê René Viviani visitam a Rússia.

23 de julho. O Império Austro-Húngaro encaminha seu ultimato à Sérvia.

25 de julho. A Sérvia rejeita partes fundamentais do ultimato; a Áustria-Hungria declara guerra (28 de julho).

31 de julho. A Rússia se mobiliza contra a Áustria-Hungria e a Alemanha.

1º de agosto. A Alemanha ordena a mobilização geral e declara guerra à Rússia; a França ordena mobilização geral.

2 de agosto. A Itália declara neutralidade.

3 de agosto. A Alemanha declara guerra à França.

4 de agosto. A Alemanha invade a Bélgica; a Grã-Bretanha declara guerra à Alemanha.

6 de agosto. O Império Austro-Húngaro declara guerra à Rússia.

De todas as crises internacionais da história, nenhuma foi alvo de um escrutínio mais meticuloso ou de um maior número de análises acadêmicas do que a Crise de Julho de 1914, que começou com o assassinato do arquiduque Francisco Ferdinando em Sarajevo, em 28 de junho, e culminou em uma troca de declarações de guerra entre as grandes potências a partir de 1° de agosto. Assim que o conflito teve início, os governos de cada país buscaram reunir um registro das maquinações diplomáticas que defendiam ou justificavam suas ações e colocavam a culpa em outrem: o Império Austro-Húngaro contra a Sérvia, a Rússia contra o Império Austro-Húngaro, a Alemanha contra a Rússia, a França e a Grã-Bretanha contra a Alemanha. Por sua vez, os historiadores começaram a analisar a Crise de Julho enquanto a guerra ainda estava em andamento, desencadeando um longo debate ainda em vigor, mesmo no centenário do conflito (ver a seguir "Perspectivas: a Crise de Julho"). Os volumes de documentos diplomáticos e os milhares de estudos publicados em dezenas de línguas ao longo das décadas seguintes contribuíram para a compreensão geral da deflagração da guerra, mas, ao mesmo tempo, obscureceram alguns dos elementos centrais da Crise de Julho: a guerra começou, em primeiro lugar, por causa da Sérvia, um pequeno e ambicioso país que até certo ponto se tornara refém de elementos nocivos em suas forças armadas e que, na busca de seus próprios objetivos nacionais, inflamou todo o continente; duas das potências mais fracas, Áustria-Hungria e Rússia, se comportaram com determinação pouco característica, enraizada em suas próprias dúvidas acerca de seu futuro *status* como grandes potências; os líderes austro-húngaros e alemães tinham noções incompatíveis sobre a guerra que desejavam – os alemães fazendo e conseguindo o que queriam às custas de seus aliados; e, por fim, os líderes franceses, embora de início não desejassem a guerra, viram a Crise de Julho se desdobrar de tal maneira que acabou propiciando-lhes uma guerra sob as circunstâncias que consideravam as mais favoráveis.

A Mão Negra em Sarajevo, 28 de junho de 1914

Em janeiro de 1914, quando o Estado-Maior austro-húngaro definiu o cronograma de manobras militares para o ano, o arquiduque Francisco Ferdinando concordou em inspecionar os exercícios de verão dos 15° e 16° Corpos de Exército

O arquiduque do Império Austro-Húngaro Francisco Ferdinando com sua filha Sofia.

na Bósnia. Em 26 e 27 de junho, o arquiduque assistiu às manobras na companhia dos dois principais generais da Monarquia Dual, Franz Conrad von Hötzendorf, chefe do Estado-Maior, e Oskar Potiorek, governador militar da Bósnia, antes de visitar a capital bósnia, Sarajevo, com sua esposa, Sophie, no domingo, 28 de junho. Enquanto passeava pela cidade em carro aberto, o arquiduque sobreviveu a uma primeira tentativa de assassinato por volta das dez e meia da manhã e continuou seu itinerário, e cerca de 30 minutos depois foi baleado à queima-roupa e morreu, junto com Sophie. A polícia capturou o assassino, um bósnio de 19 anos chamado Gavrilo Princip, na cena do crime, e no mesmo dia prendeu seus coconspiradores. Assim, a Mão Negra, como ficou conhecido o grupo terrorista, conseguiu eliminar seu principal alvo, depois de fracassar em atentados anteriores contra a vida de oficiais austro-húngaros na Bósnia e na Croácia. Conrad, que por anos defendera uma guerra preventiva contra a Sérvia, qualificou "o assassinato em Sarajevo [como] [...] o último elo de uma longa corrente [...]. Não foi o ato de um indivíduo fanático [...] foi a declaração de guerra da Sérvia contra a Áustria-Hungria".[1] Dias depois do assassinato, as autoridades austro-húngaras suspeitaram do envolvimento de oficiais da inteligência militar sérvia em geral e do coronel Dimitrijević em particular. Apurou-se que Princip e dois de seus colegas conspiradores tinham visitado recentemente Belgrado, onde haviam recebido armas e diversas bombas, uma delas atirada contra o carro de Francisco Ferdinando na primeira e malograda tentativa de assassinato na manhã do dia 28.

A crise de julho de 1914

PERSPECTIVAS: A CRISE DE JULHO

Na opinião de Fritz Fischer, a Alemanha conseguiu a guerra que queria, em julho de 1914, com apenas um senão: a Europa continental sob a liderança da Alemanha e com objetivos bélicos articulados durante aquele outono não foi uma unanimidade aprovada no verão:

> Apesar da entrada da Grã-Bretanha na guerra, o plano, decidido no mês anterior, de usar a oportunidade aberta pelo assassinato em Sarajevo para dar início à guerra continental que os alemães julgavam necessária foi levado a cabo com êxito. Mas o número de aliados com que a Alemanha entrou na guerra ficou aquém de suas expectativas. Em contraste com o que os líderes alemães esperavam havia décadas, quando chegou a hora da "luta decisiva", as potências menores não se agruparam em torno da Alemanha como o núcleo da Europa Central, mas tentaram preservar sua independência enquanto mantinham uma postura neutra de quem espera para ver. O que tinha deixado de acontecer nesse momento de tremendas emoções se tornou, nas semanas seguintes, um importante objetivo de guerra do governo alemão – a *Mitteleuropa* [Europa do meio] unida sob a liderança germânica.

Fonte: Fritz Fischer, *War of Illusions: German Policies from 1911 to 1914*, trad. Marian Jackson (Nova York: W. W. Norton, 1975), 515. (© 1975, W. W. Norton & Co., Inc. e Chatto & Windus Ltd. Uso sob permissão da W. W. Norton & Co.)

* * *

A análise do historiador francês Marc Ferro (nascido em 1924) está em consonância com Fischer quanto à responsabilidade alemã na guerra, mas também vê culpa na conduta britânica e enfatiza a relativa impotência da França:

> Sem dúvida, o papel de "gênio do mal" por trás da eclosão fica com os líderes alemães [...] [que] fizeram a balança pender para o lado da solução radical à questão sérvia, planejaram em segredo e com cuidado os rumos da questão, de forma a perpetrar uma espécie de "crime perfeito", e delibera-damente rejeitaram tentativas de mediação quando o conflito ameaçou se agravar, tendo corrido esse risco quando a Rússia ameaçou intervir. Por outro lado, a Inglaterra foi o "apóstolo da paz", tentando não exacerbar o conflito austro-sérvio e assegurar que ele não se convertesse em guerra. Contudo, sua política de conciliação contribuiu para a guerra tanto quanto os "riscos calculados" dos alemães – estes, certos de que a Inglaterra permaneceria neutra acontecesse o que acontecesse, foram mais longe em sua aventurosa empreitada do que teriam ido caso soubessem que estavam errados [...]. Os líderes franceses estavam sendo simplesmente arrastados para a guerra, mais preocupados com a solidariedade de suas alianças do que com o destino da

57

paz. No âmbito dessa estreita conjuntura da Crise de Julho, eles praticamente não desempenharam nenhum papel ativo, não fomentando, mas tampouco impedindo, a explosão.

Fonte: Marc Ferro, *The Great War, 1914-1918*, trad. Nicole Stone (Londres: Routledge, 1973), 45. [Do original francês *La Grande Guerre 1914-1918*; em português: *A grande guerra, 1914-1918*. Trad. Stella Lourenço. Lisboa: Edições 70, 1990, Coleção História Narrativa].

* * *

Divergindo da tese amplamente aceita da Escola Fischer, que considerava a Monarquia Dual pouco mais que um fantoche da Alemanha, o historiador norte-americano Samuel R. Williamson Jr. (nascido em 1935) concluiu que os líderes austro-húngaros tomaram suas próprias e fatídicas decisões:

> Em Viena, em julho de 1914, um grupo de líderes experientes em questões de Estado, poder e gestão de crises se expôs conscientemente ao risco de uma guerra geral para travar uma guerra local. Exauridos pela Guerra dos Bálcãs, pela expansão sérvia, pelo ativismo russo e, agora, pela morte de Francisco Ferdinando, os líderes Habsburgos desejavam desesperadamente moldar seu futuro ao invés de permitir que os eventos os destruíssem. O medo da desintegração interna fez da guerra uma opção política aceitável. A decisão dos Habsburgos, apoiada pelos alemães, deu à Crise de Julho um ímpeto que fez da paz uma das primeiras baixas.

Fonte: Samuel R. Williamson, Jr., *Austria-Hungary and the Origins of the First World War* (Londres: Macmillan, 1991), 215. (Reproduzido com permissão de Palgrave Macmillan.)

* * *

Em uma minuciosa avaliação crítica da política britânica que tomou por modelo a análise condenatória de Fischer acerca da diplomacia germânica, o historiador britânico Niall Ferguson (nascido em 1964) expõe um Gabinete Liberal disfuncional, que concedeu ao ministro do exterior britânico, sir Edward Grey, excessiva liberdade de ação para contribuir com as tensões pré-guerra e, em última instância, levar a Grã-Bretanha a um conflito em que o país não deveria ter entrado:

> A germanofobia de Grey e seu entusiasmo pela Entente com a França estavam, desde o início, em desacordo com as ideias e pontos de vista da maioria do Gabinete Liberal [...]. Havia mais consenso entre Grey e os líderes da oposição na Câmara dos Comuns do que dentro do próprio gabinete, para não mencionar o Partido Liberal como um todo [...]. Isso significa que os pormenores da diretriz política de Grey [...] não foram submetidos a um escrutínio suficientemente cuidadoso pelo Parlamento. O que deu a Grey maior liberdade e margem de ação do que seu livro de memórias mais tarde sugeriu.

A crise de julho de 1914

> A julgar por suas memórias, os responsáveis pela política externa britânica entre 1906 e 1914 fizeram o melhor que podiam para justificar [sua] extraordinária mistura de empenho diplomático e estratégico e não comprometimento prático e político. Seus argumentos não convencem. Tudo somado, [...] a incerteza acerca da posição britânica provavelmente fez da guerra continental um evento bastante plausível [...]. A Grã-Bretanha se viu em 1914 diante de uma ameaça tão grave à sua segurança a ponto de ser necessário despachar milhões de recrutas inexperientes para o outro lado do Canal? [...] E se a Grã-Bretanha não tivesse se curvado à França e à Rússia em questões imperiais e mais tarde continentais após 1905? [...] E se a Grã-Bretanha não tivesse intervindo em agosto de 1914, o que talvez fosse a preferência da maioria do Gabinete?
>
> Fonte: Niall Fergusson, *The Pity of War* (New York: Basic Books, 1999), xli, xliii, 58-59, 80-81.

Uma década depois, um ministro do governo sérvio de 1914, Ljuba Jovanović, admitiu que o complô tinha sido discutido de antemão em reuniões de gabinete: "um dia, [o primeiro-ministro] Pašić nos disse [...] que havia pessoas se preparando para ir a Sarajevo com o objetivo de matar Francisco Ferdinando". Incapaz de refrear Dimitrijević e outros oficiais que apoiavam tais conspirações, àquela altura, Pašić pouco podia fazer além de instruir o embaixador da Sérvia em Viena a "dissuadir o arquiduque de fazer a viagem fatal", sem dar uma explicação que, de alguma maneira, comprometesse o governo sérvio.[2] A recomendação do embaixador foi tão vaga que as autoridades austríacas não conseguiram compreender seu significado e Francisco jamais recebeu o alerta. Depois do assassinato, líderes sérvios se animaram ao saber que Princip e os outros conspiradores presos em Sarajevo eram bósnios e, portanto, súditos austro-húngaros, e alimentaram a esperança de que a Monarquia Dual tratasse o crime como questão interna e não como um incidente internacional. Dimitrijević, a Mão Negra e outros extremistas podem até ter saudado com alegria a guerra com a Áustria-Hungria no verão de 1914, mas poucos de seus conterrâneos mais moderados sentiram o mesmo. Embora tivesse obtido grandes vitórias e conquistado considerável experiência nas recentes Guerras dos Bálcãs, o exército sérvio ainda não tinha se recuperado das 130 mil baixas que sofrera, tampouco fora rearmado ou reabastecido; além disso, o país tinha dobrado de tamanho e levaria anos até que os territórios recém-adquiridos fossem integrados política e administrativamente à Sérvia. Pašić decidiu agir com cautela e, na medida do possível, distanciar o governo sérvio da Mão Negra e do assassinato. Em 3 de julho, ele fez seu primeiro apelo oficial aos russos. No dia seguinte, Serge Sazonov, o ministro do Exterior russo, endossou em São Petersburgo a postura prudente de Pašić, aconselhando a Sérvia a não fazer nada que pudesse provocar o Império Austro-Húngaro. Infelizmente, isso seria di-

59

fícil para o primeiro-ministro e seus colegas do Partido Radical, que enfrentariam eleições em meados de agosto, e na Sérvia os candidatos tidos pela opinião pública como não antiaustríacos o bastante tinham poucas chances de sucesso nas urnas. Os nada conciliadores discursos de campanha de Pašić e de seus colegas, voltados para o consumo interno na Sérvia, foram citados na imprensa de Viena, aumentando o nível de indignação no Império Austro-Húngaro.

Chefe do Estado-maior da Áustria-Hungria, Franz Conrad von Hötzendorf insistiu para que o império entrasse na guerra em 1914.

Se a guerra tivesse eclodido com Francisco Ferdinando ainda vivo, o herdeiro ao trono teria atuado como comandante em chefe das forças armadas austro-húngaras, e Franz Conrad von Hötzendorf teria sido seu chefe do Estado-Maior. Com a morte de Francisco Ferdinando, o arquiduque Carlos, de 26 anos, neto do irmão caçula do imperador, tornou-se o herdeiro, mas faltava-lhe a experiência para arcar com o papel militar de Francisco Ferdinando. Francisco José logo escolheu seu primo, o arquiduque Frederico, para atuar como comandante, arranjo que fez de Conrad o chefe de fato do exército mobilizado para a guerra. Mesmo antes que o imperador formalizasse esse arranjo, ficou claro que a influência de Conrad tinha aumentado e que, a reboque, aumentara também a probabilidade de que a Monarquia Dual buscasse uma solução militar para a crise. De volta ao seu gabinete em Viena, em 29 de junho, Conrad informou seu Estado-Maior de que a guerra com a Sérvia era inevitável. Naquela noite, ele se reuniu com o ministro do Exterior, o conde Leopold Berchtold, que sugeriu que o Império Austro-Húngaro exigisse que a Sérvia "abolisse certas organizações" que havia prometido extirpar.[3] Berchtold não se precipitou em concluir que o assassinato implicaria guerra, embora reconhecesse que o fato não podia ser tratado como crime doméstico, conforme esperava Pašić. Conrad respondeu que somente a guerra resolveria o problema sérvio e, ao longo dos dias que se seguiram a exasperação geral para com a Sérvia, converteu a seu ponto de vista a maior parte das lideranças austro-húngaras. No dia 30 de junho, Berchtold começou a limitar suas próprias opções, aceitando o argumento de Conrad de que o exército só deveria ser mobilizado se fosse lutar, e não em apoio a uma iniciativa diplomática. Isso marcou o primeiro passo na rápida transformação do ministro do Exterior em defensor da guerra.

A primeira audiência imperial de Conrad após o assassinato ocorreu em 5 de julho, um domingo, dois dias depois dos funerais de Francisco Ferdinando e Sophie. Ele encontrou Francisco José ansioso por não saber se a Alemanha apoiaria o Império Austro-Húngaro em caso de guerra, mas o único culpado era mesmo o velho imperador. Em parte porque tinha entrado em conflito com Francisco Ferdinando acerca de várias questões – em especial a insistência do arquiduque em se casar com Sophie, uma mera condessa, o que tornava seus filhos inelegíveis para o trono habsburgo –, o imperador dera ao sobrinho um funeral pouco apropriado para um homem de sua posição e negara pedidos de Guilherme II e outros dignitários estrangeiros para comparecer às cerimônias. Como resultado, Francisco José e seus ministros não tinham evidências concretas da posição alemã na questão de como a Áustria-Hungria devia lidar com a Sérvia. No decorrer da semana após o assassinato, os alemães enviaram sinais contraditórios. Se por um lado o embaixador alemão em Viena, Heinrich von Tschirschky, recomendou com insistência que Berchtold agisse com cautela, todos os outros canais formais e informais sugeriam que o clima em Berlim era de apoio a uma ação decisiva. Berchtold reconhecia a necessidade de esclarecer a posição alemã antes de dar o passo seguinte. Quando Conrad se reuniu com Francisco José, o chefe de gabinete do ministro do Exterior, o conde Alexander Hoyos, já estava em um trem rumo a Berlim com a missão de assegurar uma promessa de apoio.

O "cheque em branco" da Alemanha para o Império Austro-Húngaro

Berchtold enviou Hoyos a Berlim porque não acreditava que seu embaixador na Alemanha – Ladislaus de Szögyény-Marich, um idoso conde austro-húngaro – fosse capaz de sinalizar claramente que o Império Austro-Húngaro queria a guerra com a Sérvia. Contudo, Berchtold envolveu Szögyény na negociação com a liderança alemã, que teve início assim que Hoyos chegou a Berlim, ao meio-dia do dia 5 de julho. Szögyény se reuniu com Guilherme II enquanto Hoyos se reunia com Arthur Zimmermann, vice-ministro do Exterior alemão. Na mesma tarde, Guilherme II se reuniu com o chanceler Bethmann Hollweg e seu ministro da Guerra, o general Erich von Falkenhayn, e decidiu apoiar a Áustria-Hungria, aceitando o risco de a Rússia intervir em nome da Sérvia e mergulhar a Europa em uma guerra generalizada. Em discussões posteriores com Szögyény e Hoyos, no dia 6 de julho, Bethmann e Zimmermann reiteraram o compromisso alemão, exigiram que a Áustria-Hungria agisse e recomendaram que, pelo menos em um primeiro momento, seu acordo se mantivesse em segredo, sem ser comunicado ao seu parceiro da Tríplice Aliança, a Itália. Depois, os alemães mandaram Hoyos de volta para casa com uma garantia específica de apoio, o que permitiu que o Império Austro-Húngaro usasse o assassinato de Francisco Ferdinando como justificativa para um acerto de contas com a Sérvia.

No dia 7 de julho, Hoyos estava de volta a Viena para fazer um resumo da situação ao conselho ministerial. Os chefes dos três ministérios comuns da Monarquia Dual – o ministro do Exterior, Berchtold, o ministro da Guerra, general Alexander Krobatin, e o ministro das Finanças, Leon von Bilinski – reuniram-se com os dois primeiros-ministros, o conde Karl Stürgkh, da Áustria, e o conde István Tisza, da Hungria. Hoyos esteve presente durante as quatro horas de reunião; Conrad e o contra-almirante Karl Kailer, representando o Exército e a Marinha, foram convocados para comentar as possíveis operações militares, mas, de resto, não tomaram parte nas discussões. Depois da guerra, Conrad fez grande alarde sobre isso, alegando que não tinha participado das decisões durante aqueles dias cruciais, atuando "apenas como especialista em assuntos militares" chamado para explicar os planos de guerra após a missão de Hoyos. Mas àquela altura sua participação direta não era necessária, por conta de seu recente sucesso em converter para seus pontos de vista as lideranças civis. Bilinski e Stürgkh tinham sido membros de seu "partido da guerra" desde a primeira Guerra dos Bálcãs, e agora Berchtold se juntava a eles ao aceitar os argumentos de Conrad. Também general, Krobatin compartilhava integralmente de suas ideias. Ao contrário dos outros chefes de Estado-Maior da Europa em julho de 1914, Conrad descreveu em detalhe seus planos de guerra para os líderes civis. Os 16 corpos de exército estavam divididos em 3 grupos: O A-Staffel incluía nove corpos, o B-Staffel, quatro, e o Minimalgruppe Balkan, três. O Plano B, no caso de uma guerra nos Bálcãs contra a Sérvia, exigia que o Exército mobilizasse sete corpos (B-Staffel mais Minimalgruppe Balkan), mas se a crise tomasse o rumo de uma guerra contra a Rússia, todo o Exército seria mobilizado para o Plano R, com 13 corpos (A-Staffel mais B-Staffel) investindo

A crise de julho de 1914

contra os russos, ao passo que três grupos de batalhões (Minimalgruppe Balkan) permaneceriam na defesa contra os sérvios.

Na reunião de 7 de julho, Conrad admitiu a possibilidade de intervenção russa, mas Stürgkh e Bilinski argumentaram que considerações internas excluíam qualquer coisa a não ser o uso decisivo de força maciça. Como primeiro-ministro austríaco, Stürgkh era plenamente sensível à natureza frágil do império multinacional. Os 22 partidos no Reichsrat refletiam o amplo caleidoscópio de identidades nacionais e ideológicas em sua metade do domínio de Francisco José, e sob tais condições caóticas Stürgkh, como seus antecessores desde a virada do século, só podia governar recorrendo com frequência aos poderes de emergência do imperador. Nenhum partido queria a continuação desse *status quo* e alguns, pelo menos de maneira velada, eram favoráveis à divisão do império em Estados nacionais. Tradicionalmente, os partidos tchecos tinham sido os oponentes mais eloquentes do regime, e seus líderes, em especial Tomáš Masaryk, estariam entre os primeiros a seguir para o exílio em Paris ou Londres assim que a guerra começasse. Sob tais circunstâncias, Stürgkh acreditava que qualquer sinal de fraqueza por parte do governo apenas fortaleceria seus críticos internos. Bilinski também estava ciente da necessidade de agir de maneira rápida e decisiva. Como ministro das Finanças, entre as atribuições de sua pasta incluía-se a administração da Bósnia, cujos partidos rivais sérvios, croatas e muçulmanos vinham competindo pelo controle de sua própria dieta (assembleia legislativa) provincial desde sua criação em 1910. Ele ecoava os temores de Stürgkh de que a dominação austro-húngara na Bósnia não teria condições de se perpetuar a menos que a Sérvia fosse esmagada, e também julgava que uma crise prolongada causaria a indesejada quebra da economia da Monarquia Dual. Somente Tisza hesitou, acreditando que nada de bom podia resultar da guerra que Conrad descreveu: se as coisas dessem certo, o provável era que mais eslavos fossem anexados ao império, diluindo a influência dos magiares; se dessem errado, sua Hungria acabaria pagando o preço e arcaria com o fardo de uma invasão russa.[4] Como Tisza continuou cético após o conselho ministerial de 7 de julho, Berchtold tentou persuadi-lo enfatizando que agora a Alemanha esperava que a Áustria-Hungria fosse à guerra, e se Monarquia Dual não estivesse à altura do desafio sua aliança com a Alemanha – aliança que Tisza, como a maior parte dos húngaros, valorizava muitíssimo – estaria em risco. Tiradas de contexto, as palavras do ministro do Exterior ao primeiro-ministro húngaro são citadas como evidência por historiadores que superestimam o papel das expectativas da Alemanha em moldar o comportamento austro-húngaro durante julho de 1914. Com a única exceção de Tisza, os líderes da Monarquia Dual claramente queriam a guerra com a Sérvia e estavam dispostos a arriscar um conflito com a Rússia conquanto contassem com o apoio da Alemanha.

À espera da guerra

Diversos fatores já foram aventados para explicar a demora de 16 dias entre o relatório de Hoyos ao conselho ministerial e o ultimato do Império Austro-Húngaro à Sérvia. As versões mais indulgentes citam o gradual processo de convencimento de Tisza e dos húngaros a se arriscar em uma guerra, ao passo que críticos mais severos citam simples inabilidade e indecisão. Entretanto, pesquisas acadêmicas recentes revelaram que, já na noite de 6 de julho, quando Hoyos retornou de Berlim com o "cheque em branco", o Estado-Maior austro-húngaro determinou que a Sérvia não deveria receber o ultimato antes do dia 22 ou 23 do mesmo mês, por causa do grande número de soldados que estavam de licença para trabalhar na colheita. Com exceção da Rússia, a Monarquia Dual era a mais rural das grandes potências europeias e, em 1913, apenas 9% de sua população vivia em cidades ou pequenos municípios. Como era tradição, os soldados tinham sido enviados de volta para casa a fim de que pudessem efetuar o trabalho agrícola por várias semanas no verão, em um cronograma coordenado territorialmente pelos corpos de exército e escalonado de forma a atender às necessidades das colheitas das várias regiões do império. Quando da missão de Hoyos, 7 dos 16 corpos já tinham recebido licença para o verão de 1914. Reconvocá-los de súbito afetaria as colheitas e suscitaria suspeitas de que o Império Austro-Húngaro pretendia declarar guerra à Sérvia. As licenças de cinco corpos do Exército terminariam no dia 19 de julho, e as de dois outros, no dia 25.[5] A menos que o fim das licenças fosse antecipado, o ultimato não poderia ser entregue em Belgrado mais do que poucos dias antes dessa segunda data. Em 8 de julho, quando Conrad se reuniu com Berchtold, Hoyos e outros altos funcionários do Ministério do Exterior, este primeiro confirmou que "entregar[iam] o ultimato somente após as colheitas", não antes do dia 22. Ao tomar essa decisão, os líderes austro-húngaros não levaram em conta que, a cada dia que passava, a indignação internacional diante do assassinato de Francisco Ferdinando estava se dissipando, o que solapava a posição de superioridade moral que o Império Austro-Húngaro ocupava, ou que uma demora tão excessiva podia dar às outras potências uma abertura para manipular a crise, criando dificuldades e desvantagens para a Monarquia Dual. Confiante no curso de ação que tinham estabelecido, Berchtold encerrou a reunião com a sugestão de que Conrad e Krobatin saíssem de férias, "para dar a impressão de que nada est[ava] acontecendo".[6] E foi o que fizeram, ao longo dos 11 dias seguintes.

Nessa etapa, Conrad não empreendeu esforço algum para coordenar planos de guerra com seu correspondente alemão, Helmuth von Moltke, o Jovem, com quem tinha mantido um canal de comunicação direto desde a crise bósnia de 1908 e 1909. Se o conflito atual se desenrolasse da mesma maneira que a crise

A crise de julho de 1914

bósnia, a ameaça de uma mobilização alemã bastaria para fazer os russos recuarem, deixando a Áustria-Hungria livre para atacar a Sérvia, e, portanto, a troca de ideias entre os dois exércitos era desnecessária. Caso o conflito redundasse em guerra europeia generalizada, cada parte já sabia o que esperar da outra. Conrad conhecia as linhas gerais do plano alemão de uma guerra em duas frentes de batalha contra a combinação de França e Rússia, o plano atribuído a Alfred von Schlieffen, o antecessor de Moltke no posto de chefe do Estado-Maior alemão. Schlieffen tinha se aposentado em 1906 e morrera em 1913, mas o conceito geral de sua estratégia – derrotar primeiro a França com uma força esmagadora e depois enfrentar a Rússia, cuja mobilização era mais lenta – sobreviveu a ele. Conrad tinha consciência de que, em caso de guerra generalizada, sete dos oito exércitos alemães (34 corpos, incluindo 11 corpos de tropas de reserva) seriam postos em ação contra a França, deixando apenas um exército (quatro corpos, incluindo um corpo de tropas de reserva) na Prússia oriental para enfrentar a Rússia. Assim, os 13 corpos de exército austro-húngaros mobilizados ao longo da fronteira com a Rússia (sob o Plano R) teriam de aguentar a maior parte do fardo e das pressões no leste até que a Alemanha derrotasse a França. Nos anos anteriores a 1914, Conrad pressionou insistentemente Moltke a alocar mais tropas na frente oriental, mas o cálculo jamais mudou. Em sua última reunião pré-guerra, em 12 de maio de 1914, no *resort* de Carlsbad, na Boêmia, Moltke mais uma vez reiterou a suposição do Plano Schlieffen (ou pelo menos uma versão modificada dele) de que a Alemanha teria "acabado com a França seis semanas depois de iniciadas as operações". Ele não pediu especificamente a Conrad que tomasse atitudes para deter os russos no início da guerra, mas, em vez disso, aferrou-se à velha hipótese de que o exército do czar levaria tempo demais para se mobilizar, o que faria da obrigação inicial do exército da Áustria-Hungria no leste uma empreitada nem penosa nem arriscada.[7]

Se Conrad não se esforçou para contatar Moltke na esteira da missão de Hoyos, por sua vez, Moltke e seu Estado-Maior tampouco tomaram medidas adicionais. Seus complexos cronogramas de mobilização já tinham sido revistos para acomodar o exército mais numeroso que haviam ganhado do Reichstag com a Lei do Exército de 1913, que eles não teriam medo de usar. Em dezembro de 1912, durante a primeira Guerra dos Bálcãs, Moltke expressara a Guilherme II e Tirpitz sua opinião sobre uma guerra europeia geral: "quanto antes, melhor",[8] porque, em cinco anos, a combinação franco-russa seria forte demais para ser superada pelos alemães. Tirpitz não compartilhava desse sentido de urgência, pois o inimigo da marinha alemã era a Grã-Bretanha e ele tinha a convicção de que, na competição naval-industrial, o tempo estava do lado da Alemanha. Depois disso, a liderança alemã estava pronta para explorar qualquer crise a fim de conseguir sua guerra geral, conquanto a Rússia parecesse ser o agressor e a Grã-Bretanha se mantivesse

65

neutra. O imperador e seus ministros se sentiam confiantes de que, se o czar fosse o primeiro a ordenar uma mobilização geral, até mesmo os social-democratas apoiariam o aporte financeiro para uma resposta alemã, mas, em qualquer outro cenário, o maior partido do Reichstag e seus milhões de seguidores seriam um sério problema interno. Assim, à medida que a Crise de Julho de 1914 foi se desdobrando, a postura dos alemães foi de esperar para ver. Se o ataque do Império Austro-Húngaro à Sérvia provocasse a mobilização da Rússia, o Plano Schlieffen seria acionado e eles conseguiriam a guerra que queriam; senão, ficariam à margem dos eventos, enquanto a empreitada da Monarquia Dual resultaria numa terceira Guerra dos Bálcãs. É claro que, mesmo que a Rússia se comportasse da maneira que a Alemanha queria, ainda seria preciso assegurar a neutralidade britânica. Para esse fim, em 6 de julho – o dia em que Hoyos partiu de Berlim –, o ministro do Exterior, Gottlieb von Jagow, começou a dar deliberadamente informações errôneas a seu próprio embaixador em Londres, o príncipe Karl Marx von Lichnowsky, no sentido de que a diretriz alemã era dissuadir o Império Austro-Húngaro de reagir de modo intempestivo ao assassinato de Francisco Ferdinando; assim, Jagow certificou-se de que o embaixador alemão passaria adiante essa mentira ao ministro do Exterior britânico, sir Edward Grey. Depois de passar boa parte do mês de julho acreditando que a Alemanha buscava sinceramente evitar a guerra refreando a Áustria-Hungria, Grey prometeu que a Grã-Bretanha faria sua parte refreando seu parceiro de Tríplice Entente, a Rússia.

O desejo da Alemanha e do Império Austro-Húngaro de manter a Itália desinformada enquanto a crise se desenrolava reflete a falta de confiança em seu parceiro de Tríplice Aliança; de fato, em Berlim e Viena, só os mais rematados otimistas julgavam que os italianos se manteriam fiéis à aliança por muito mais tempo. Na reunião em Carlsbad em maio de 1914, Moltke ainda contava com o apoio da Itália em uma guerra contra a França, ao passo que Conrad não esperava mais do que uma genuína neutralidade italiana. Em vez disso, viram-se diante de uma neutralidade italiana que claramente beirava a deserção para o campo inimigo. No dia 10 de julho, o ministro do Exterior italiano, Antonio di San Giuliano – pelos padrões italianos, também um amigo da aliança – tinha dito ao embaixador alemão em Roma que a Itália esperava receber todo o Tirol do Sul (de língua italiana) como compensação por quaisquer ganhos austríacos nos Bálcãs. San Giuliano considerava a questão da indenização suficientemente séria a ponto de não apenas arruinar a Tríplice Aliança, mas também de causar uma guerra entre Itália e Império Austro-Húngaro.

Enquanto a Crise de Julho continuava a se desenrolar, a França permanecia como a menos envolvida das potências europeias, devido às visitas de Estado do presidente Poincaré à Rússia e aos países escandinavos (entre 16 e 29 de julho), acompanhado de uma comitiva que incluía o premiê René Viviani, que também exercia a função de ministro do Exterior. Desde a Primeira Guerra Mundial, há interpretações da Crise de Julho de 1914 que vinculam a visita de Poincaré à Rússia ao momento da divulgação do ultimato da Áustria-Hungria à Sérvia, sob o argumento de que a Monarquia Dual, a conselho da Alemanha, buscou agir deliberadamente quando Poincaré estava em viagem, longe de Paris, mas também incapaz de coordenar uma resposta para a crise em reuniões cara a cara com os russos. Os líderes austro-húngaros, porém, jamais discutiram os planos de viagem de Poincaré em suas deliberações, e, em todo caso, entregaram seu ultimato aos sérvios pouco antes de a delegação francesa deixar São Petersburgo, enquanto Poincaré e Viviani ofereciam um jantar para Nicolau II e a família imperial a bordo do couraçado France. De sua parte, Poincaré e Viviani só tiveram discussões mais gerais com os líderes russos enquanto ainda estavam em São Petersburgo (de 20 a 23 de julho), por meio das quais o presidente francês constatou que o czar estava mais preocupado com as relações entre a Rússia e a Suécia do que com a crise que pairava nos Bálcãs. Antes de ir embora, Poincaré reiterou a Nicolau II a "solidez inabalável" de sua aliança.[9]

O ultimato do Império Austro-Húngaro à Sérvia

Nos dias que se seguiram às conversas de 3 e 4 de julho entre Pašić e o ministro do Exterior, Sazonov, o primeiro-ministro e outros altos funcionários sérvios se mostraram incapazes de demonstrar o tipo de prudência que sua situação exigia. Enquanto os políticos sérvios faziam discursos inflamados, diplomatas sérvios em várias capitais estrangeiras davam entrevistas a jornais eivadas de declarações antiaustríacas, e em 12 de julho, em uma entrevista a um diário de Leipzig, o próprio Pašić usou um tom hostil e provocador, concentrando-se nos supostos maus-tratos impingidos pelo Império Austro-Húngaro ao povo sérvio. Dois dias depois, o primeiro-ministro piorou ainda mais as coisas ao discursar, em Belgrado, nos funerais de Estado em honra ao embaixador russo Nikolai Hartwig, a quem louvou não apenas como grande amigo da Sérvia, mas também um herói pan-eslavo. Falando para uma plateia numerosa, Pašić não perdeu a oportunidade de exaltar Nicolau II como o protetor dos povos eslavos. Seu otimismo de que a crise teria um fim pacífico continuava minguando, e na noite de 18 para 19 de julho ele telegrafou a todos os postos sérvios no exterior (exceto Viena), alertando seus diplomatas de que a Áustria-Hungria provavelmente faria exigências incompatíveis com a soberania da Sérvia e instruindo-os a angariar apoio diplomático.

Em Viena, o conselho ministerial por fim se reuniu em 19 de julho para redigir o ultimato austro-húngaro a ser encaminhado à Sérvia e determinar qual seria o momento exato de sua entrega. Conrad retornou das férias para se juntar ao contra-almirante e aos cinco ministros na reunião, e mais uma vez recapitulou os planos de guerra. Ele se concentrou no Plano B (para uma guerra nos Bálcãs contra a Sérvia) e tratou o Plano R (Rússia) como mera contingência. Conrad não teve papel ativo na formulação do ultimato, o qual, em todo caso, Berchtold e os ministros já tinham concluído que devia ser escrito de maneira a garantir que a Sérvia o rejeitasse. O ultimato começava com um longo preâmbulo repreendendo a Sérvia por não ter honrado o compromisso firmado em março de 1909, no término da crise bósnia, de buscar relações "amigáveis e corteses" com o Império Austro-Húngaro; a seguir, culpava a Sérvia pelo assassinato de Francisco Ferdinando:

> Pelas declarações e confissões dos autores do assassinato de 28 de junho, está claro que a ação foi concebida em Belgrado, que os assassinos receberam de oficiais e altos funcionários sérvios as armas e bombas com as quais estavam equipados e, por fim, que o envio dos criminosos e suas armas para a Bósnia foi providenciada sob a condução de autoridades de fronteira sérvias.[10]

O documento impunha o texto de uma nota de contrição (de 178 palavras) que a Sérvia seria obrigada a divulgar, depois listava dez exigências (ver box "O ultimato do Império Austro-Húngaro à Sérvia"). Algumas eram específicas, outras, mais gerais; o segundo ponto, exigindo a dissolução da Narodna Odbrana, e não da Mão Negra, revelava que os líderes austro-húngaros não sabiam da existência do grupo terrorista que efetivamente levou a cabo o assassinato. Inseridas na lista havia duas exigências que nenhum Estado soberano poderia aceitar: o quinto ponto, que dava a organizações e representantes do governo austro-húngaro autoridade para atuar na supressão de movimentos subversivos em território sérvio, e o sexto ponto, que autorizava funcionários do governo austro-húngaro a ter papel ativo nas investigações, trâmites legais e processos judiciais contra os conspiradores sérvios. O embaixador de Berchtold em Belgrado, o barão Vladimir von Giesl, entregou o ultimato às seis da tarde da quinta-feira dia 23 de julho, dando ao governo sérvio 48 horas para responder incondicionalmente ou arcar com a declaração de guerra.

Mais tarde, na mesma noite, Pašić, seus ministros, o rei Peter e os príncipes Karageorgević decidiram rejeitar o ultimato. Nos dois dias seguintes, Grã-Bretanha, França e Itália recomendaram com insistência uma resposta conciliadora, senão a aceitação incondicional, e entre os países dos Bálcãs somente Montenegro comprometeu-se a apoiar a Sérvia em caso de guerra. Pašić supôs que a Alemanha daria apoio à Áustria-Hungria, e por isso temia a mesma conjuntura que dera fim à crise bósnia de 1908 e 1909, quando a Rússia não se manteve ao lado da Sérvia. Mas ao longo dos cinco anos anteriores, a composição do conselho de ministros do czar tinha mudado quase inteiramente, e a Rússia ficara mais forte do ponto de vista militar. Os líderes russos, assim como os líderes austro-húngaros, também sentiam a necessidade de mostrar resolução nessa ocasião particular, em nome do futuro *status* de seu país como grande potência. Para os russos, o contexto histórico não era tão ruim quanto para os austríacos – que desde 1815 não ficavam do lado vencedor de uma guerra –, mas a humilhante derrota para os japoneses uma década antes, seguida por uma retirada na mais recente crise bósnia, certamente havia deixado nos súditos do czar a sensação de que agora eram menos respeitados em âmbito internacional; de fato, isso era verdade e se refletia nos mais recentes planos de guerra da Alemanha e do Império Austro-Húngaro, que subestimavam em muito o poderio russo. Quando os ministros russos se reuniram em 24 de julho, Sazonov exigiu ação em nome da Sérvia, mesmo sob o risco de uma guerra com a Alemanha e o Império Austro-Húngaro. Ainda que reconhecesse o poderio dos alemães, Sazonov não os considerava imbatíveis e temia as consequências de mais um recuo. Como ele já tinha dito antes para o embaixador russo em Londres, "sentir-se em seu momento mais forte e ainda assim recuar diante de um adversário cuja única superioridade consiste em sua organização e sua disciplina não é apenas humilhante, mas perigoso, por causa da desmoralização que isso traz".[11] Entre os outros ministros russos mais importantes, somente o das Finanças, Pyotr Bark, hesitou antes de tornar a decisão unânime. O ministro da Guerra, general Vladimir Sukhólminov, e o ministro da Marinha, almirante Ivan Grigórovich, asseguraram a seus colegas que a Rússia estava forte o suficiente para lutar. Para eles, a presente crise não era mais que uma oportunidade; a bem da verdade, seu maior desafio era decidir quem atacar primeiro. Embora a inteligência militar não fizesse conjecturas sobre detalhes específicos do Plano Schlieffen, não era segredo que, em caso de uma guerra em duas frentes, o foco inicial da Alemanha seria os franceses, criando o ensejo para que a Rússia obtivesse uma vitória na Prússia oriental. Os russos também se sentiam extremamente confiantes em sua capacidade de derrotar o Império Austro-Húngaro, cujos planos de guerra tinham sido transmitidos a eles pelo coronel Alfred Redl, um dos oficiais do Estado-Maior de Conrad, antes de seu suicídio em maio de 1913, quando sua traição foi descoberta. No dia 25 de julho, os ministros voltaram a se reunir, dessa vez presididos por Nicolau II, e reafirmaram sua decisão de ir à guerra; após a reunião, por intermédio do embaixador sérvio em São Petersburgo, Sazonov prometeu a Pašić que a Rússia ajudaria.

O czar planejava anunciar um "período preparatório para a guerra" no dia seguinte, mas a promessa de apoio feita por Sazonov, que chegou a Belgrado pouco antes de expirar o prazo de resposta ao ultimato austro-húngaro, não entrava em detalhes sobre a forma como a Rússia ajudaria. Sem uma garantia específica de apoio militar da Rússia, Pašić entregou a Giesl – às seis da tarde do prazo final – a resposta mais conciliadora que a Sérvia era capaz de dar. Ele rejeitava o sexto ponto, mas aceitava o quinto com condições e acatava incondicionalmente o restante do ultimato. Pašić propôs ainda que, no caso de sua reposta ser considerada insatisfatória, o conflito fosse mediado pela Corte Permanente de Arbitragem (estabelecida em 1899 em Haia) ou pelas grandes potências europeias em conjunto. Alguns historiadores já afirmaram que a Sérvia teria aceitado as exigências da Áustria-Hungria caso a Rússia não tivesse oferecido seu apoio, mas as evidências mostram que a liderança sérvia nunca teve a menor intenção de aceitar o ultimato em sua totalidade, e, em todo caso, a oferta russa de apoio em 25 de julho era por demais vaga para influenciar a resposta de Pašić a Viena.

Seguindo as instruções que recebera de Berchtold, Giesl imediatamente informou Pašić que as relações diplomáticas entre seus países estavam rompidas. Mais tarde, na mesma noite, Francisco José autorizou a implementação do Plano B, mobilizando sete unidades do exército para invadir a Sérvia. Conrad designou a terça-feira seguinte, 28 de julho, como o primeiro dia de mobilização, de forma a facilitar a ativação dos dois grupos de batalhões cuja licença terminava no dia 25 (incluindo o 7° Corpo, baseado no sul da Hungria, do lado oposto do Danúbio em relação à Sérvia). Horas antes de responder ao ultimato, a Sérvia dera início aos preparativos para transferir a sede do governo de Belgrado para a segurança de Niš, 160 km a sudeste. Na mesma noite, enquanto o Império Austro-Húngaro ordenava a mobilização parcial de suas forças armadas, a Sérvia iniciava a preparação total de seu próprio exército. Então, no dia 26, a Rússia começou seu "período preparatório para a guerra", uma pré-mobilização baseada nas decisões tomadas pelo czar e seus ministros no dia anterior. Na manhã de segunda-feira, 27 de julho, quando os estadistas de outras capitais da Europa leram a resposta da Sérvia ao ultimato, incluindo o apelo por uma mediação das grandes potências, o momento de mediação já tinha passado. Encorajado pela iminente mobilização russa, Pašić certamente não tinha a intenção de se mostrar mais conciliador do que já tinha sido em sua resposta inicial. Na verdade, agora que sabia que a Sérvia tinha seu próprio "cheque em branco" e podia contar com o apoio da Rússia acontecesse o que acontecesse, ele desejou ter sido menos conciliador dois dias antes. Contudo, logo ficaria claro que, ao aceitar a maior parte dos pontos do ultimato, Pašić tinha conquistado um triunfo no tribunal da opinião pública internacional, mesmo que a Sérvia tivesse rejeitado os dois pontos que realmente importavam e que, se levados a cabo, teriam exposto a cumplicidade dos oficiais e autoridades sérvios no assassinato do arquiduque. A declaração formal de guerra do Império Austro-Húngaro chegou a Belgrado pouco depois do meio-dia da terça-feira dia 28 de julho. Graças à rede vigente de compromissos nas alianças, oito dias depois, oito países, incluindo cinco das seis grandes potências da Europa, estavam em guerra com, pelo menos, um de seus vizinhos.

A crise de julho de 1914

O ULTIMATO DO IMPÉRIO AUSTRO-HÚNGARO À SÉRVIA

O ultimato do Império Austro-Húngaro à Sérvia, entregue no dia 23 de julho de 1914, fazia as seguintes exigências ao governo sérvio:

1. Extinguir qualquer publicação que incite o ódio e o desprezo à monarquia austro-húngara e a tendência geral contra sua integridade territorial;
2. Dissolver imediatamente a sociedade chamada Narodna Odbrana e proceder do mesmo modo contra todas outras sociedades (e suas ramificações na Sérvia) engajadas na propaganda contra a monarquia austro-húngara;
3. Eliminar, sem demora, de instituições públicas sérvias [...] tudo que sirva para fomentar a propaganda contra o Império Austro-Húngaro;
4. Remover, do serviço militar e da administração em geral, todos os oficiais e funcionários ligados à propaganda contra a monarquia austro-húngara;
5. Aceitar a colaboração de representantes do governo austro-húngaro, em território sérvio, na supressão de movimentos subversivos direcionados contra a integridade territorial da monarquia;
6. Iniciar procedimentos judiciais contra os cúmplices da conspiração de 28 de junho que estão em território sérvio; além disso, órgãos delegados pelo governo austro-húngaro tomarão parte na investigação;
7. Prender imediatamente o major Voislav Tankosić e [...] Milan Ciganović, funcionário público sérvio, que foram comprometidos pelos resultados das investigações preliminares em Sarajevo;
8. Evitar [...] a participação de autoridades sérvias no tráfico ilegal de armas e explosivos através da fronteira; dispensar e punir severamente os funcionários do serviço de fronteira [...] culpados de terem auxiliado os responsáveis pelo crime de Sarajevo ao facilitar sua passagem pelas fronteiras [...];
9. Fornecer [...] explicações acerca de declarações injustificáveis de autoridades e funcionários de alto escalão sérvios, tanto na Sérvia quanto no exterior, que, não obstante sua posição oficial, não hesitaram, após o crime de 28 de junho, em expressar sua hostilidade para com o governo do Império Austro-Húngaro; e, por fim,
10. Notificar sem demora o Governo Real e Imperial Austro-Húngaro da execução das medidas supracitadas [...].

O Governo Imperial Austro-Húngaro aguarda a resposta do Governo Real o mais tardar às seis horas da noite de sábado, dia 25 de julho.

Fonte: US Naval College, *International Law Documents 1917: Neutrality; Breaking of Diplomatic Relations*, Vol. 17, ed. George G. Wilson (Washington, DC: US Government Printing Office, 1918), 40-41.

Caem os dominós

Percebendo que a Europa estava à beira de uma guerra geral, chefes de Estado, ministros e generais cancelaram de repente seus planos de verão e retornaram a suas capitais. No mesmo dia 27 de julho, Poincaré e Viviani interromperam seu giro pela Escandinávia e voltaram rapidamente para casa, e Guilherme II abreviou um cruzeiro no Báltico a bordo de seu adorado iate Hohenzollern para retornar a Berlim. Sir Edward Grey tomou a frente do esforço britânico de mediação, que, no dia 27, recebeu o endosso da França; porém, no mesmo dia, a França assegurou seu apoio à Rússia em caso de guerra, e Grey informou ao embaixador alemão, Lichnowsky, que a Grã-Bretanha não permaneceria neutra em uma guerra que colocasse seus parceiros de Entente contra a Alemanha e a Áustria-Hungria. Grey exagerou ao fazer tal declaração, que, naquela ocasião, a maior parte de seus colegas do gabinete liberal de Asquith não teria apoiado, mas pelo menos havia outro ministro um passo à frente dele: Winston Churchill, primeiro lorde do almirantado, naquela mesma fatídica segunda-feira ordenou que a esquadra não se dispersasse depois de exercícios de mobilização realizados no fim de semana.

Na tarde do dia 28 de julho, pouco depois da declaração de guerra, a artilharia austro-húngara começou a bombardear Belgrado do outro lado dos rios Danúbio e Sava; naquela noite, três monitores da flotilha do Danúbio juntaram-se ao bombardeio. No mesmo dia, sem consultar seus ministros ou generais, Guilherme II pediu à Áustria-Hungria que "só parasse em Belgrado" – cruzando o Danúbio e ocupando a capital sérvia, mas depois dando à diplomacia tempo para trabalhar – e também iniciou uma série de deliberações diretas e pessoais com seu primo Nicolau II, os chamados "telegramas Willy-Nicky", mas sem sucesso. Bethmann Hollweg também ficaria apavorado no meio da semana, apesar da bravata anterior; compreensivelmente, sua hesitação – e a de Guilherme II – causou considerável ansiedade em Viena. A quarta-feira, 29 de julho, foi agitada para as três potências da Entente. Poincaré e Viviani desembarcaram em Dunquerque e de lá seguiram às pressas para Paris, onde o presidente convenceu o gabinete de que, na presente crise, a França deveria ter uma frente interna unida e o apoio da Grã-Bretanha, coisas que só seriam possíveis caso a Alemanha fosse o agressor. Para garantir que as tropas francesas não fizessem algo que pudesse ser interpretado como provocação, Poincaré ordenou que as unidades postadas ao longo da fronteira recuassem 10 km para dentro do território francês, manobra posta em marcha no dia seguinte. Nesse ínterim, Grey apresentou ao restante do gabinete em Londres suas justificativas em prol da guerra, enfatizando sua convicção de que, em breve, a Alemanha invadiria a França através da neutra Bélgica (que, a essa altura, estava suficientemente alarmada a ponto de ordenar a mobilização de suas próprias tropas),

A crise de julho de 1914

mas seus argumentos não conseguiram convencer a maior parte de seus colegas. Por fim, em São Petersburgo, Nicolau II ordenou uma mobilização geral do exército russo, mas depois mudou de ideia e revogou as ordens na mesma noite. Assediado por protestos de seus generais e ministros, no dia seguinte, o czar se arrependeu e cedeu, determinando o início da mobilização russa a partir de 31 de julho.

A mobilização geral da Rússia deu aos alemães a guerra que queriam e privou o Império Austro-Húngaro da guerra que a Monarquia Dual achava que tinha obtido. No início da tarde do dia 31, uma hora depois de a notícia chegar a Berlim, Guilherme II anunciou que a guerra era iminente; a Alemanha encaminhou um ultimato à Rússia, dando prazo até o dia seguinte para que cessassem os preparativos para o conflito. Um segundo ultimato, agora para a França, exigia não apenas uma declaração de neutralidade francesa caso Alemanha e Rússia fossem à guerra – o que era bastante razoável se a intenção alemã era limitar a guerra aos Bálcãs e ao Leste Europeu –, mas também a ocupação alemã de bases fortificadas francesas em Verdun e Toul, pelo tempo que durasse a guerra, como garantia. Mais tarde, no mesmo dia, um terceiro ultimato de fato foi encaminhado ao Império Austro-Húngaro, pois Guilherme II enviou a Francisco José um telegrama instigando-o a esquecer a Sérvia e a concentrar suas atenções na Rússia enquanto a Alemanha derrotaria a França na fase inicial do Plano Schlieffen. A Francisco José não restava outra alternativa a não ser aquiescer, em nome da segurança de seu país, bem como apoiar os alemães. Infelizmente para a Monarquia Dual, a esmagadora notícia da mobilização russa e da reação alemã a ela chegou quando os exércitos austro-húngaros estavam organizados na direção contrária. Conrad tinha pensado que, se a pressão alemã não fosse suficiente para impedir a intervenção russa, um bem-sucedido ataque-relâmpago contra os sérvios o seria. A ordem inicial de mobilização ativou 7 das 16 unidades do exército (B-Staffel mais o Minimalgruppe Balkan) para acionar o Plano B contra a Sérvia, mas, no dia 29 de julho, Conrad tinha aumentado o contingente para 8 corpos (26 divisões), dando ordens para que o 3º Corpo, parte do A-Staffel, se juntasse ao B-Staffel e rumasse para o sul. Assim, ele investiu contra a Sérvia com um Plano B robustecido, envolvendo metade do exército austro-húngaro, sem tomar medidas de precaução na fronteira russa, a despeito de todos os sinais que apontavam para a intervenção russa. No dia 31 de julho, depois de tomar conhecimento da mobilização geral da Rússia, o conselho ministerial em Viena reafirmou a decisão de invadir a Sérvia, embora isso agora significasse a guerra com os russos e uma guerra generalizada na Europa. Mas as coisas tinham mudado completamente desde a missão de Hoyos. Em vez de se envolver em uma guerra por seus próprios e limitados objetivos nos Bálcãs, o Império Austro-Húngaro seria obrigado a lutar em nome dos objetivos alemães, mais ambiciosos, contra a Tríplice Entente. Após a reunião com os ministros, Fran-

73

cisco José ordenou uma mobilização geral, acionando os oito corpos de exército (A-Staffel) remanescentes. O Império Austro-Húngaro não queria uma guerra com a Rússia, principalmente um conflito em que a maior parte do exército alemão, pelo menos de início, estaria ocupada na região ocidental, mas àquela altura seus líderes pouco podiam fazer a não ser aferrar-se à promessa de Moltke de que a Alemanha "acabaria com a França seis semanas depois de iniciadas as operações".

No dia 1° de agosto, sem obter resposta ao ultimato feito a São Petersburgo, a Alemanha ordenou mobilização geral e declarou guerra à Rússia. A França respondeu ao ultimato alemão com uma mobilização geral de suas tropas. Naquela noite, Moltke deu o primeiro passo para a implementação de seu plano de guerra ao dar ordens para que unidades avançadas do 4° Exército alemão entrassem em Luxemburgo, país neutro e que foi ocupado sem resistência. No dia seguinte, alegando que o exército francês estava à beira de violar a neutralidade belga, os alemães encaminharam um ultimato à Bélgica exigindo que autorizassem suas tropas para atravessar o país a caminho da França. Em troca, a Alemanha prometia garantir a integridade territorial da Bélgica e suas "possessões" (ou seja, o Congo belga) e pagar por quaisquer suprimentos confiscados ou danos materiais causados por seus soldados. No dia 3 de agosto, os belgas rejeitaram o ultimato como "uma flagrante violação do direito internacional" e anunciaram que se defenderiam contra o ataque.[12] Sem que fossem contidos, os alemães seguiram à risca seu cronograma, declarando guerra à França naquele dia e aos belgas no dia seguinte. Na manhã do dia 4 de agosto, Moltke ordenou que unidades do 1°, 2° e 3° Exércitos cruzassem a fronteira entrando no território belga, ao passo que, no sul de Luxemburgo, o 5° Exército adentrava a França e, mais para o sul, o 6° e 7° Exércitos, mais fracos, ficavam na retaguarda defensiva em Lorena e na Alsácia. Mais tarde, no mesmo dia 4, o Reichstag aprovou o projeto de lei de 5 bilhões de marcos em créditos de guerra para custear a mobilização e as despesas iniciais da guerra. A bancada do SPD votou de forma unânime a favor do projeto, confirmando que o governo alemão tinha de fato conseguido a guerra que almejava. Por ter sido a primeira a iniciar a mobilização, aos olhos da opinião pública alemã – incluindo os socialistas –, a Rússia assumira para si o papel de agressor, municiando a causa alemã com uma boa dose de moralismo e da sensação de estar com a razão, o que cegou a população para a realidade de que seus próprios líderes tinham fomentado a guerra. Quando Karl Lamprecht, professor de História da Universidade de Leipzig, falou em um "uma singular e formidável sensação de elevação moral",[13] estava longe de ser uma voz solitária. De fato, nos primeiros dias de agosto de 1914, pouquíssimos alemães viam algum problema ou tinham alguma crítica a fazer à lógica do Plano Schlieffen de que, para se defender contra a Rússia, a Alemanha tinha de atacar primeiro a França e ainda por cima violar a Bélgica.

A crise de julho de 1914

Alemães comemoram a notícia da
entrada do país na guerra.

Para sir Edward Grey, que tinha ido mais longe que a maioria de seus colegas de gabinete no desejo de levar a Grã-Bretanha à guerra, a invasão alemã da Bélgica foi uma dádiva de Deus, pois até aquele momento nada tinha sido capaz de convencer os não intervencionistas em Londres: nem a ocupação de Luxemburgo, nem o ultimato alemão à França, nem a ameaça de Grey de renunciar caso os britânicos não dessem apoio à França, tampouco a ameaça de Asquith de abandonar o cargo se Grey renunciasse. Na tarde de 3 de agosto, na Câmara dos Comuns, o ministro do Exterior fez seu derradeiro apelo em nome da guerra, vinculando a honra e os interesses britânicos não apenas ao destino da França, mas também ao da Bélgica. Depois do discurso, o líder conservador Andrew Bonar Law e o líder do Partido Parlamentar Irlandês, John Redmond, endossaram suas declarações, mas a principal conversão se deu dentro de seu próprio Partido Liberal. A agressão alemã à Bélgica causou uma indignação tão grande no principal líder não intervencionista, o ministro das Finanças David Lloyd George, que, do dia para a noite, ele se converteu em um ardoroso defensor da intervenção inglesa. Na noite do dia 3, depois que chegou a

75

Londres a notícia de que os belgas haviam rejeitado o ultimato alemão, Lloyd George apoiou o envio a Berlim de um ríspido ultimato redigido por Asquith e Grey exigindo o fim de todas as ações hostis contra a Bélgica. Quando esse ultimato expirou no fim do dia 4 de agosto, a Grã-Bretanha declarou guerra à Alemanha.

Com essa ação, a França conseguiu a guerra que queria ou, pelo menos, a guerra sob as condições que Poincaré tinha esboçado ao retornar da Rússia. A Grã-Bretanha apoiava a França e, pelo menos na frente ocidental, a Alemanha era indiscutivelmente o agressor. Rememorando o momento com grande satisfação, Poincaré observou que, em âmbito internacional, "em contraste com o imperialismo austro-húngaro, a França tornou-se [...] o representante vivo da justiça e da liberdade", ao passo que, no âmbito interno, a *union sacrée*, para a qual eu tinha apelado, brotou espontaneamente [...] em todos os corações".[14] De fato, imputar à Alemanha o papel de nação agressora era tão importante para a unidade interna francesa quanto a mobilização russa para a alemã. A profunda divisão entre conservadores católicos e secularistas liberais prosseguia, mas, durante boa parte da guerra, os partidários de Poincaré se aglutinaram em torno da "união sagrada" necessária para defender a nação em perigo. Em um importante e precoce sinal dessa unidade, Jean Jaurès, o líder do Partido Socialista, apoiou Poincaré desde o momento em que o presidente retornou da Rússia, e seu partido continuou a fazê-lo mesmo depois que um fanático de direita assassinou Jaurès em 31 de julho.

A declaração de guerra da Grã-Bretanha praticamente completou a configuração inicial dos beligerantes. No dia 5 de agosto, Montenegro demonstrou sua solidariedade para com a Sérvia declarando guerra à Áustria-Hungria. No dia seguinte, a Monarquia Dual se curvou por fim ao inevitável e declarou guerra à Rússia. Isso deu início a uma nova rodada de declarações formais de hostilidades entre Áustria-Hungria e os países já em guerra com Alemanha, e entre a Alemanha e os países já em guerra com a Áustria-Hungria. Única das grandes potências europeias ainda à margem dos acontecimentos, a Itália declarou sua neutralidade em 2 de agosto, dois dias após condenar o ataque austro-húngaro à Sérvia como um ato de agressão. Todos os beligerantes mobilizaram um número de soldados sem precedentes e os organizaram a velocidades inauditas, e, mesmo assim, demoraria boa parte do mês de agosto para que as primeiras unidades de combatentes estivessem plenamente preparadas. Nas primeiras três semanas do mês, a Alemanha transportou quase 4 milhões de homens e 600 mil cavalos em 11 mil trens de 54 vagões cada. No auge da mobilização alemã, com 7 de seus 8 exércitos rumando para o oeste, as pontes do Reno viam passar 560 trens por dia. Nenhum outro país tinha a infraestrutura ou a organização para deslocar de maneira tão eficiente um contingente grande de homens. O cronograma de mobilização do exército russo exigia um total de 360 trens por dia; já o austro-húngaro, apenas 153.

O Império Austro-Húngaro enfrentou os maiores desafios e problemas na mobilização para a guerra devido à necessidade de abandonar sua ofensiva original contra a Sérvia (Plano B) a fim de lutar contra a Rússia (Plano R). Em 31 de julho, Conrad ordenou que cinco corpos de exército (os quatro do B-Staffel e um corpo de tropas destacado do A-Staffel) embarcassem em trens rumo ao sul para somar forças aos três corpos do Minimalgruppe Balkan e esmagar a Sérvia, enquanto os oito corpos remanescentes do A-Staffel enfrentariam a Rússia. Esses cinco corpos tiveram de dar meia-volta, mas o próprio departamento de ferrovias do Estado-Maior de Conrad aconselhou-o que, a não ser pelos corpos A-Staffel, qualquer tentativa de reverter a rota dos batalhões levaria a um caos completo. Seus especialistas em linhas férreas o convenceram de que seria melhor deixar que os quatro corpos do B-Staffel desembarcassem de trem na frente sérvia e depois reembarcassem em trens para o norte; eles garantiram, assim, que as tropas ainda chegariam à fronteira russa o mais tardar em 23 de agosto, mesmo número de dias que teriam levado para lá chegar se seguissem os cálculos originais do Plano R. Essa estimativa se mostrou demasiado otimista. Quando a batalha na frente russa começou para valer, conforme o planejado, no dia 23, o exército tinha à sua disposição apenas os nove corpos originalmente integrantes do A-Staffel. Metade do B-Staffel (o equivalente a dois corpos) por fim foi chegando aos poucos, entre 21 de agosto e 8 de setembro, de 8 a 16 dias depois do prometido. As tropas remanescentes chegaram tarde demais para participar das batalhas iniciais ou jamais chegaram.

Conclusão: guerra por acaso ou de caso pensado?

Em seus inúmeros tomos e compêndios sobre a eclosão da Primeira Guerra Mundial, muitos acadêmicos perderam de vista o fato de que os tiros disparados por Gavrilo Princip em 28 de junho de 1914 foram os primeiros disparos da guerra, e que o arquiduque e sua consorte foram as primeiras baixas do conflito. Naquela manhã de domingo em Sarajevo, a Sérvia começou a Primeira Guerra Mundial. O reino da Sérvia não era um Estado revolucionário como mais tarde seriam a União Soviética ou a República Islâmica do Irã, cujas autoridades centrais deliberadamente direcionavam suas interações com o mundo exterior em dois níveis: de maneira convencional, via embaixadas e organizações internacionais, e em sigilo, via atividade terrorista ou revolucionária. Tampouco era um Estado internamente fraco ou falido tal como o Afeganistão no final do século XX, desempenhando o papel de anfitrião de atores estrangeiros radicais não governamentais por quem seus líderes nutriam uma simpatia geral. Pelo contrário, a Sérvia era um Estado disfuncional ou semifalido que operava como Estado revolucionário porque um elemento transgressor e inescrupuloso dentro de seu próprio exército – apoiado ou tolerado por eminentes

A Primeira Guerra Mundial

autoridades de sua política – comandava uma organização terrorista internacional. A Sérvia também diferia muito dos Estados falidos no sentido de que estava unificada internamente em torno de uma única ideia nacional. Era a força dessa ideia que tornava a Sérvia perigosa, pois era responsável por fazer com que muitos líderes sérvios fechassem os olhos para os terroristas, uma vez que o objetivo fundamental e definitivo deles era, afinal de contas, realizar essa ideia nacional.

O programa sérvio de terrorismo patrocinado ou tolerado pelo Estado contra o Império Austro-Húngaro propiciou o contexto em que a Monarquia Dual decidiu, em julho de 1914, resolver seu problema sérvio por meio da guerra. Os austro-húngaros estavam dispostos a correr o risco de um conflito mais amplo com a Rússia desde que contassem com o apoio da Alemanha. As lideranças da Monarquia Dual esperavam plenamente que a ameaça de intervenção germânica em seu nome fosse suficiente para compelir a Rússia a recuar e abandonar a Sérvia à própria sorte, o que tinha ocorrido na crise bósnia de 1908 e 1909. Assim, seu ultimato a Belgrado incluía exigências que eles sabiam que os sérvios não poderiam acatar. A mobilização geral da Rússia em apoio à Sérvia deu às lideranças alemãs uma oportunidade de ouro para que deflagrassem a guerra europeia que almejavam, mas para justificar seu ataque à França os alemães enviaram a Paris um ultimato com exigências que eles sabiam que os franceses não poderiam aceitar. Do lado da Entente não houve equivalente a esses ultimatos. A bem da verdade, as potências da Entente não fizeram ultimatos desse tipo a não ser o derradeiro ultimato britânico de 4 de agosto, em que a Grã-Bretanha ameaçava declarar guerra caso a Alemanha não desse um basta imediato às operações militares contra a Bélgica.

Portanto, nem de longe a Primeira Guerra Mundial começou por acidente. A Áustria-Hungria se expôs ao risco de uma guerra mundial para obter a guerra local que o império queria, e a Alemanha tirou partido da guerra local de seu aliado para obter a guerra geral que ela mesma queria. No processo, a Monarquia Dual se viu presa a uma armadilha, atada ao compromisso de lutar fundamentalmente em nome dos objetivos de guerra alemães, ao fim e ao cabo sob direção alemã. Contudo, em retrospecto, as lideranças em Viena deixaram que a Crise de Julho saísse de controle muito antes de 3 de julho, quando a guerra geral tornou-se uma certeza e Berlim começou a ditar as ações austro-húngaras. Sua decisão de permitir que os soldados em licença para a colheita retornassem conforme o planejado estendeu seu cronograma de ação, dando às outras potências muita margem de manobra para direcionar os eventos para outros rumos e demasiado tempo para que diminuísse a reação favorável de indignação internacional com o assassinato do arquiduque. Além das decisões russas de mobilização, durante a crise, as potências da Entente não tomaram medidas provocativas, mas o encadeamento da Grã-Bretanha apoiando a França, que apoiava a Rússia, que apoiava a Sérvia, jogou sobre os ombros da Tríplice Entente a responsabilidade de ter apoiado o país cujos objetivos e diretrizes políticas tinham levado aos primeiros disparos. Se, por um lado, a Rússia não controlou as ações da Sérvia, assim como a Alemanha não controlou a Áustria-Hungria, em ambos os casos, as garantias de apoio de um aliado mais forte encorajaram o agente primário. Nos tensos dias do início de agosto de 1914, pouca gente teria previsto que, de todos os países diretamente mais responsáveis pelo início da guerra, apenas a Sérvia sairia com seus objetivos realizados.

Notas

[1] Franz Conrad von Hötzendorf, *Aus meiner Dienstzeit, 1906-1918, Vol. 4* (Vienna: Rikola Verlag, 1921-1925), 16-17.

[2] Ljuba Jovanović, *The Murder of Sarajevo* (London: British Institute of International Affairs, 1925), 3.

[3] Conrad, *Aus meiner Dienstzeit, Vol. 4*, 34.

[4] Ver Protocolo de Conselho Ministerial Comum, 7 de julho de 1914, com as observações militares "secretas" de Conrad, em Conrad, *Aus meiner Dienstzeit, Vol. 4*, 43-56.

[5] "Vorbereitende Massnahmen", datado de 6 de julho de 1914, Österreichisches Staatsarchiv, Kriegsarchiv (doravante KA), Generalstab Operationsbüro, 695.

[6] Conrad, *Aus meiner Dienstzeit, Vol. 4*, 61.

[7] Conrad, *Aus meiner Dienstzeit, Vol. 3*, 667-73.

[8] Citado em Fischer, *War of Illusions*, 62.

[9] Raymond Poincaré, *The Origins of the War* (London: Cassell, 1922), 187.

[10] Ultimato austro-húngaro à Sérvia, Viena, 22 de julho de 1914, texto em http://wwi.lib.byu.edu/index.php/ The_Austro-Hungarian_Ultimatum_to_Serbia_%28 English_Translation%29.

[11] Sazonov, citado em Jack Snyder, *The Ideology of the Offensive: Military Decision Making and the Disasters of 1914* (Ithaca, NY: Cornell University Press, 1984), 188.

[12] Ultimato alemão à Bélgica, 2 de agosto de 1914, e resposta belga, 3 de agosto de 1914, textos em www.firstworldwar.com/source/belgium_germanrequest.htm.

[13] Lamprecht, citado em Roger Chickering, *Imperial Germany and the Great War, 1914-1918* (Cambridge University Press, 1998), 14.

[14] Poincaré, *The Origins of the War*, 255.

Leituras complementares

Ferguson, Niall. *The Pity of War* (New York: Basic Books, 1999).

Hinsley, F. H. *British Foreign Policy under Sir Edward Grey* (Cambridge University Press, 1977).

Keiger, John F. V. *Raymond Poincaré* (Cambridge University Press, 1997).

Mombauer, Annika. *Helmuth von Moltke and the Origins of the First World War* (Cambridge University Press, 2001).

Smith, Leonard V., Stéphane Audoin-Rouzeau e Annete Becker, *France and the Great War, 1914-1918* (Cambridge University Press, 2003).

Snyder, Jack. *The Ideology of the Offensive: Military Decision Making and the Disasters of 1914* (Ithaca, NY: Cornell University Press, 1984).

Soundhaus, Lawrence. *Franz Conrad von Hötzendorf: Architect of the Apocalypse* (Boston, MA: Brill, 2000).

Strachan, Hew. *The Outbreak of the First World War* (Oxford University Press, 2004).

Williamson, Samuel R., Jr. *Austria-Hungary and the Origins of the First World War* (London: Macmillan, 1991).

Wilson, Keith (ed.). *Decisions for War, 1914* (New York: St. Martin's Press, 1995).

A GUERRA EUROPEIA SE DESDOBRA, AGOSTO A DEZEMBRO DE 1914

Tropas alemãs marcham em Bruxelas.

Cronologia

5 a 16 de agosto. Os alemães derrotam os belgas na Batalha de Liège.

10 de agosto. Os navios de guerra alemães Goeben e Breslau buscam refúgio em Constantinopla.

14 a 23 de agosto. Os alemães derrotam os franceses e a Força Expedicionária Britânica (BEF) nas Batalhas das Fronteiras.

27 a 30 de agosto. Os alemães derrotam os russos na Batalha de Tannenberg.

5 a 9 de setembro. Vitória Aliada na primeira Batalha do Marne.

6 a 11 de setembro. Os russos derrotam os austro-húngaros na Batalha de Lemberg-Rawa Ruska.

Setembro-outubro. A "Corrida para o mar" estabelece linhas de trincheiras contínuas na frente ocidental.

Outubro-novembro. A primeira Batalha de Ypres dizima a BEF.

Outubro-novembro. Início das hostilidades entre turcos e russos no mar Negro e no Cáucaso.

15 de dezembro. Os sérvios rechaçam a invasão austro-húngara.

Dezembro. Os russos iniciam a "guerra de inverno" nos Cárpatos.

O tumulto que aconteceu na mobilização inicial – o maior empreendimento do tipo na história humana até então – fez com que milhões de homens vestissem fardas, sendo que a maioria deles esperava um resultado decisivo para, o mais tardar, o ano seguinte. Mas logo a ação estacou em todas as frentes, e no inverno do hemisfério norte de 1914 para 1915, degenerou para um conflito de disposições. O maior teste se deu na frente ocidental, onde a ação incluía os três beligerantes – Alemanha, França e Grã-Bretanha – com a maior capacidade de manter um esforço de guerra moderno. O relativo sucesso ou fracasso dos exércitos individuais nas campanhas de abertura dependia da eficiência de sua mobilização, seguida de comando-e-controle e de logística, uma vez que as tropas foram mobilizadas nas várias frentes. Em termos físicos e materiais, desde o início ficou claro que o tamanho absoluto de um exército, desde que bem suprido e bem liderado, tinha mais peso que seu elã ou vigor, e que a artilharia era mais importante do que se tinha imaginado. Os primeiros cinco meses de guerra deram alguma indicação dos horrores que estavam por vir: da carnificina no beco sem saída de frentes paralisadas às atrocidades contra civis na Bélgica e nos Bálcãs. Em face de uma guerra mais cara, em termos humanos e materiais, do que tinha sido previsto, os beligerantes não apenas persistiram na batalha, mas também elaboraram objetivos de guerra que impossibilitaram um acordo de paz.

Os alemães invadem a Bélgica

Trinta e sete dias depois do assassinato de Francisco Ferdinando, as primeiras tropas alemãs cruzaram a fronteira da Bélgica e da França. Enquanto Schlieffen tinha pressuposto que as tropas alemãs mais ao norte, o 1° Exército, atravessariam os Países Baixos em sua marcha para o oeste, Moltke previu que a Grã-Bretanha talvez respondesse a essa violação do território belga bloqueando a Alemanha e reconheceu que os Países Baixos, neutros, poderiam servir como "o tubo que nos permitirá respirar".[1] De fato, a Alemanha detinha 50% das exportações holandesas, principalmente por causa do comércio de trânsito, o que fez com que um diplomata britânico em função antes da guerra chamasse Roterdã de porto "semialemão".[2] Assim, na revisão que Moltke fez, em 1911, dos planos de guerra de Schlieffen (ver "Perspectivas: o Plano Schlieffen"), os 320 mil homens do 1° Exército entraram na refrega via um gargalo de apenas 10 km de largura, entre a cidade de Liège e a fronteira holandesa, de modo a não violar a neutralidade dos Países Baixos. À sua esquerda imediata, os 260 mil homens do 2° Exército se posicionaram para entrar em combate em outra passagem estreita, da mesma largura, incluindo a cidade de Liège e seus subúrbios ao sul. O cronograma alemão tomava como aceitável esse congestionamento, mas não previa a obstinada resistência dos 70 mil soldados belgas protegendo a cidade e seu cinturão com poderosas fortificações. Depois que os alemães venceram a Batalha de Liège (5 a 16 de agosto), os dois exércitos usaram pontes na cidade e próximas para completar sua travessia do Mosa no dia 18, com apenas dois dias de atraso em relação ao previsto. Enquanto os alemães varriam a Bélgica a caminho da fronteira com a França, a extensão de seu arco chegou até Bruxelas, no oeste – com o 1° Exército tendo a mais longa marcha –, seguido sucessivamente (à esquerda ou no sudeste) pelos 2°, 3°, 4° e 5° Exércitos. Depois disso, os três primeiros exércitos alemães entraram na França a oeste do ponto onde o rio Mosa corre rumo ao norte, Bélgica adentro, ao mesmo tempo que o 4° Exército, que entrara na Bélgica via Luxemburgo, cruzou o Mosa em Sedan. Apenas o 5° Exército, marchando a partir da Lorena, invadiu a França sem passar pela Bélgica, refazendo a rota de invasão do velho Moltke antes de seguir rumo a sudeste para cruzar o Mosa ao norte de Verdun. Seguindo na esteira de seus exércitos, Moltke transferiu o quartel-general do alto-comando (o *Oberste Heeresleitung* ou OHL) para a cidade de Luxemburgo, posição central onde logo ganhou a companhia de Guilherme II.

PERSPECTIVAS: O PLANO SCHLIEFFEN

O cientista político norte-americano Jack Snyder (nascido em 1951) explicou de que maneira o Plano Schlieffen transformou em realidade os mais sombrios temores estratégicos da Alemanha:

> O Plano Schlieffen [...] fez do temor de uma guerra geral europeia de duas frentes uma profecia autorrealizável. Por causa das pressões de tempo no plano, qualquer mobilização russa exigiria um imediato ataque alemão à França. Assim, não podia haver chance de restringir um conflito balcânico – nenhuma chance para que qualquer dos lados pudesse se posicionar militarmente, negociar e se desmobilizar. O Plano Schlieffen preparou as coisas para o pior, de uma forma que garantiu que o pior ocorresse.

Fonte: Jack Snyder, *The Ideology of the Offensive: Military Decision Making and the Disasters of 1914* (Ithaca, NY: Cornell University Press, 1984), 115.

* * *

A guerra europeia se desdobra

Terence Zuber (nascido em 1948), ex-oficial do exército norte-americano e de educação alemã, levou a um novo patamar a polêmica sobre o Plano Schlieffen ao alegar que, para começo de conversa, o plano jamais existiu, e sim foi uma invenção pós-guerra:

> Jamais existiu um Plano Schlieffen [...]. O Plano Schlieffen foi inventado pelo Estado-Maior para explicar o fracasso da campanha no Marne, em 1914. A bem da verdade, o exército alemão jamais teve tropas suficientes para executar uma operação tão ambiciosa quanto o Plano Schlieffen, o que o próprio Schlieffen admitiu. Isso não foi reconhecido porque o debate em torno do plano não era de fato sobre planejamento militar, mas sim sobre política e "militarismo". Não há sequer menção ao Plano Schlieffen antes de 1920.

Fonte: Terence Zuber, *Inventing the Schlieffen Plan: German War Planning, 1871-1914* (Oxford University Press, 2002), 5. (Com permissão da Oxford University Press.)

* * *

O acadêmico britânico Terence Holmes (nascido em 1942) refutou o argumento de Zuber de que o memorando que os historiadores chamam de "Plano Schlieffen" não poderia ter sido um genuíno plano de guerra em função do número de soldados exigido, que em muito excedia o número de que dispunha a Alemanha à época:

> A despeito da recente onda de ataques à sua teoria de que "jamais existiu um Plano Schlieffen", Terence Zuber mantém sua "tese central", a de que o Plano Schlieffen requeria 96 divisões em uma época em que o exército alemão só tinha condições de acionar 72. Ao contrário dos cálculos de Zuber [...] o Plano Schlieffen exigia 90 divisões, e não 96. Os planos oficiais de mobilização das tropas, de 1906, envolviam 78 divisões, incluindo dois dos corpos *ersatz* que Zuber afirma serem "não existentes". Pelas discussões oficiais acerca desses dois corpos *ersatz*, podemos provar que teria sido perfeitamente factível arregimentar ao todo oito deles, conforme exigia o Plano Schlieffen.

Fonte: Terence M. Holmes, "All Present and Correct: The Verifiable Army of the Schlieffen Plan", *War in History* 16 (2009): 98-115.

UMA ENFERMEIRA BRITÂNICA NA BÉLGICA, AGOSTO DE 1914

Esmee Sartorious trabalhou como enfermeira durante toda a guerra, primeiro na Bélgica, depois em hospitais na frente britânica e, por fim, na Itália. Antes de voltar para casa por meio da neutra Holanda, em agosto de 1914 ela viu de perto o início da ocupação alemã na Bélgica:

A Primeira Guerra Mundial

Como tantas outras, quando a guerra foi declarada, eu me apresentei imediatamente à organização St. John's Ambulance, a fim de saber se havia a possibilidade de que me designassem para exercer alguma função; minha única recomendação era um treinamento de três meses no Hospital de Londres [...]. Três dias depois, a Cruz Vermelha britânica recebeu uma solicitação de 40 enfermeiras que seriam enviadas à Bélgica [...] e me perguntaram se eu queria ir. Naturalmente, aceitei com entusiasmo, e no dia 14 de agosto estava em Bruxelas.

[...] No dia seguinte, algumas das enfermeiras foram enviadas para hospitais nos arredores de Bruxelas, e outras, incluindo M., minha prima (que era enfermeira com formação profissional) e eu, receberam a incumbência de trabalhar no Palácio Real, postos que nunca ocupamos, pois logo a seguir ouvimos que os alemães já estavam nos portões de Bruxelas e todos os soldados aliados feridos seriam evacuados para Antuérpia. Tínhamos a opção de retornar de imediato para a Inglaterra; algumas voltaram, mas nós, M. e eu, entre outras, decidimos permanecer, pois nos disseram que precisavam de nós nas cercanias de Bruxelas.

Às três da tarde do dia seguinte, os alemães marcharam cidade adentro: foi uma visão inquietante ver aqueles soldados impassíveis e aparentando cansaço marchando pelo que parecia uma cidade deserta, todas as portas e janelas fechadas e bloqueadas, e nenhum civil à vista, nem mesmo um som que pudesse ser ouvido, exceto o marchar firme e ritmado das tropas alemãs, regimento após regimento, canhões, cavalaria, ulanos com seus penachos flutuantes nas lanças. A sensação era a de que milhares de belgas esperavam e observavam atrás das suas portas e janelas trancadas, com a respiração contida e uma terrível ansiedade, temendo que algo ou alguém pudesse causar algum distúrbio e suscitar a ira punitiva do inimigo.

Entretanto, nada aconteceu, em grande parte devido aos cartazes que tinham sido afixados por toda parte e à maravilhosa influência do burgomestre [Adolphe] Max, que implorara a todos para serem cuidadosos e não darem motivos que ensejassem problemas. Sendo Bruxelas uma cidade sem fortificação, ele tinha implorado às pessoas que colaborassem na ocupação de forma pacífica. Suas palavras tiveram o efeito correto e, depois de algum tempo, as portas e janelas foram abertas, os cafés recolocaram suas mesas e cadeiras nas calçadas e, aos poucos, a cidade voltou à sua vida normal e cotidiana, porém, com um forte clima de medo e consternação diante do terrível sentimento de que a cidade estava realmente ocupada pelo inimigo, e Bruxelas, sob o jugo alemão.

Fonte: Publicado pela primeira vez em *Everyman at War*, ed. C. B. Purdom (J. M. Dent, 1930), ver www.firstworldwar.com/diaries/august1914.htm. (Todas as tentativas de localizar os direitos autorais do original foram infrutíferas.)

Mesmo na ação prolongada e demorada em torno de Liège, o exército belga não chegou a prejudicar seriamente o avanço da ofensiva alemã, embora a recusa em permitir que os invasores tivessem livre passagem para a França tenha irritado os alemães a ponto de acarretar graves consequências para o povo belga. Desde o início, os civis que não cooperavam plenamente com o exército alemão estavam sujeitos a morrer. Prefeitos, policiais e padres católicos eram os que mais corriam o risco de execução sumária, o que parece por serem os potenciais catalisadores de resistência, mas a maior parte das mortes resultou do pânico que tomava conta dos soldados alemães depois que eram atacados dentro ou perto de uma cidade. Seu receio de franco-atiradores remontava à Guerra Franco-Prussiana de 1870-1871, quando seus ancestrais tinham enfrentado lutadores armados irregulares atuando atrás das linhas inimigas depois da derrota de Napoleão III em Sedan. Em agosto de 1914, não havia franco-atiradores belgas organizados, e foram registrados bem poucos casos comprovados de soldados alemães alvejados por belgas em trajes civis; contudo, nas primeiras semanas da guerra, cerca de 6.500 civis belgas, incluindo mulheres e crianças, foram mortos indiscriminadamente a tiros, em represália a uma suposta atividade de franco-atiradores. Bruxelas, onde o prefeito desaconselhou a resistência, sucumbiu ao 1º Exército no dia 20 de agosto, com poucas baixas civis (ver box "Uma enfermeira britânica na Bélgica, agosto de 1914"), mas, no mesmo dia, teve início uma série de massacres nas cidades menores e povoados. As piores atrocidades foram perpetradas pelo 2º Exército no dia 20 de agosto, em Andenne (211 mortos) e 22 de agosto, em Tamines (383 mortos), pelo 3º Exército, no dia 23 de agosto, em Dinant (674 mortos), e pelo 1º Exército, no dia 25 de agosto (248 mortos). Quase todos os massacres eram acompanhados da destruição deliberada de propriedades públicas e privadas – no caso de Louvain, o incêndio de dois mil prédios, incluindo a biblioteca da universidade. Uma testemunha ocular holandesa da destruição de Dinant comentou que "um vilarejo ao lado de um vulcão não podia ter sido aniquilado de maneira mais completa e terrível".[3] Relatos horripilantes (bem como não provados) de civis belgas mutilando feridos e mortos alemães, além de histórias de que havia mulheres e até mesmo crianças belgas carregando armas, circularam entre o exército e também na Alemanha, feito as modernas "lendas urbanas", alimentando ainda mais a paranoia. A crença na veracidade de tais relatos chegava a paroxismos. Em suas memórias da campanha, o general Alexander von Kluck, comandante do 1º Exército, comentou que, nas ruínas de Louvain, seus homens encontraram "cadáveres de mulheres com fuzis nas mãos".[4] Tais afirmações figuraram com destaque em posteriores refutações alemãs a críticas internacionais sobre sua "violação da Bélgica", ainda que, ao embelezar, mascarar e dar um ar sensacionalista aos relatos da brutalidade alemã, involuntariamente os próprios propagandistas Aliados desabonaram os relatos mais cruéis do sofrimento belga. Não obstante, o Ministério do Exterior alemão continuou nervoso com a conduta do exército na Bélgica, tanto que compilou seu próprio documento oficial para consumo internacional, mas se viu frustrado com a incapacidade do exército de fornecer detalhes específicos, em particular no que dizia respeito à "crueldade de irregulares belgas contra nossos feridos, coisa da qual não encontramos provas".[5]

Os alemães invadem a França

Duas semanas e meia se passaram entre a invasão alemã da Bélgica e o primeiro enfrentamento entre esses soldados e o exército francês; contudo, a França estava calamitosamente despreparada para enfrentar os invasores, porque tinha subestimado o número de alemães e calculara mal o lugar onde atravessariam a fronteira. As tropas mobilizadas na frente ocidental alemã incluíam quase 1,5 milhão de homens em 76 divisões (44 ativas e 32 da reserva). A inteligência militar francesa previu corretamente o número de divisões ativas (estimando entre 40 e 46), mas subestimou em muito o número de divisões de reserva e, assim, a errônea expectativa francesa reduziu entre 13% e 18% o tamanho efetivo dos exércitos invasores. O erro refletia a tendência dos conservadores líderes do exército francês contra as forças de reserva – postura forjada em sua oposição de tempos de paz ao ideal da esquerda francesa de uma milícia armada "republicana". Os franceses mantiveram suas próprias reservas fora das linhas de frente e supuseram que os alemães fariam o mesmo. Esse erro de cálculo serviu de base para outro equívoco, igualmente grave, com relação aos pontos de entrada das forças invasoras. Uma vez que esperavam menos alemães, o cenário mais pessimista imaginado pelos franceses previa 26 divisões inimigas atravessando a Bélgica, todas passando pela parte sudeste do país (ao sul e ao leste do Mosa), entrando na França em um ponto ao leste, onde o rio bifurca na fronteira franco-belga. Mas devido ao uso de suas muitas forças de reserva, como tropas de linha de frente, os alemães enviaram 34 divisões através da Bélgica em direção à França, e o arco de seu avanço se estendeu até Bruxelas. Dessas tropas, apenas 8 divisões cruzaram a fronteira franco-belga a leste do Mosa, onde os franceses esperavam 26; ao mesmo tempo, foram 22 divisões que cruzaram a fronteira a oeste do Mosa, onde os franceses não esperavam tropa alguma (ver mapa "A frente ocidental, 1914").

As exigências do Plano XVII, o plano francês para uma ofensiva Alsácia-Lorena adentro, influenciaram ainda mais as suposições francesas acerca do que os alemães fariam. O plano só funcionaria se os franceses posicionassem todas as suas tropas a leste do Mosa, e seria irresponsável concentrar tantos soldados lá se a expectativa era de que os alemães iriam atacar em outro lugar. Assim, o general Joseph Joffre, nomeado comandante em chefe do exército francês em 1911, deixou completamente desguarnecidos os 175 km de frente potencial entre o canal da Mancha e o rio Mosa, a fim de mobilizar apenas 1 milhão de homens em 5 exércitos (21 corpos) a partir do Mosa no sentido leste até Epinal, em torno de 100 km da fronteira suíça. No início das hostilidades, o 1º Exército francês avançaria de Epinal na direção de Karlsruhe, o 2º Exército, de Nancy a Saarbrücken, e o 3º Exército, de Verdun rumo a Kaiserslautern. O 5º Exército montaria guarda ao longo do Mosa a leste de Mézières e Sedan, no setor onde

A guerra europeia se desdobra

A FRENTE OCIDENTAL, 1914

os franceses esperavam que surgissem os alemães em sua travessia da Bélgica. O 4º Exército, mantido na reserva, poderia auxiliar o 5º Exército na tentativa de obstruir a ofensiva alemã ou se juntar ao 3º Exército em seu avanço rumo a Kaiserslautern. Ao contrário do plano de guerra alemão, que buscava cercar e destruir a maior parte do exército francês em algum lugar a leste de Paris, o

Plano XVII não tinha objetivos específicos. Joffre, discípulo do culto à ofensiva, acreditava que os franceses deviam atacar, e seus apoiadores na liderança política francesa aparentemente supunham que uma bem-sucedida incursão à Renânia alemã criaria as condições sob as quais a Alsácia-Lorena poderia ser recuperada.

Em conjunto, os confrontos entre os exércitos alemães que avançavam no território francês e os exércitos franceses avançando sob o Plano XVII ficaram conhecidos como as Batalhas das Fronteiras e incluíram quatro grandes combates: Lorena (14 a 25 de agosto), Ardenas (21 a 23 de agosto), Charleroi (21 a 23 de agosto) e Mons (23 de agosto). Na Batalha de Lorena, também conhecida como Batalha de Morhange-Sarrebourg, o 1º Exército francês (general Auguste Dubail) somou forças ao 2º Exército (general Noël de Castelnau) para enfrentar o 6º Exército alemão (príncipe herdeiro Rupprecht da Bavária) e o 7º Exército (general Josias von Heeringen). Na dianteira do Plano XVII, os dois exércitos franceses cruzaram a fronteira e adentraram a Lorena alemã; Castelnau rapidamente tomou Morhange e Dubail assegurou Sarrebourg. Os alemães concentraram seu contra-ataque no 2º Exército de Castelnau, expulsando-o de Morhange e tornando insustentável a posição de Dubail, que também teve de bater em retirada de Sarrebourg. Um contra-ataque francês logo provocou um impasse na frente de batalha, ao longo de uma linha próxima à fronteira pré-guerra. Nesse ínterim, na Batalha das Ardenas, dois conjuntos de tropas francesas – o 3º Exército (general Pierre Ruffey) e o 4º Exército (general Fernand de Langle de Cary) – atacaram dois exércitos alemães, o 5º (príncipe herdeiro Guilherme) e o 4º (duque Albrecht de Württemberg), assim que surgiram das densas florestas de Luxemburgo e do sul da Bélgica; de pronto, os alemães obrigaram as tropas francesas a recuarem para Verdun e Sedan, respectivamente, impingindo-lhes tremendas baixas (ver box "Um historiador francês nas fileiras"). No noroeste, na Batalha de Charleroi, também conhecida como Batalha de Sambre, o 2º Exército (general Karl von Bülow) e o 3º Exército (general Max von Hausen) alemães praticamente cercaram o 5º Exército francês (general Charles Lanrezac), depois que Joffre deu ordens para que Lanrezac avançasse no território belga. A Força Expedicionária Britânica (BEF, general sir John French), que chegou a Boulogne e Le Havre no dia 12 de agosto, avançou à esquerda de Lanrezac e enfrentou o 1º Exército alemão na Batalha de Mons (23 de agosto). Ao perceber que estava diante de uma força alemã duas vezes maior que a sua, o general recuou até Le Cateau, não antes que a BEF sofresse 1.600 baixas. Por sua vez, nas batalhas de Lorena, Ardenas e Charleroi, os exércitos franceses sofreram um total de 260 mil baixas, incluindo 75 mil mortos; 27 mil morreram num único dia, 22 de agosto, na ação simultânea das três batalhas. Os alemães também sofreram perdas significativas nas Batalhas das Fronteiras, ainda que cerca de 50 mil a menos em comparação aos franceses.

UM HISTORIADOR FRANCÊS NAS FILEIRAS

O historiador Marc Bloch (1886-1944), um dos fundadores (em 1929) da Escola dos Annales, foi fuzilado pela Gestapo por conta de sua atuação na resistência durante a Segunda Guerra Mundial. Anos antes, serviu ao exército francês de 1905 a 1907 e também na Primeira Guerra. Em 1914, como sargento do 272° Regimento, viu de perto a mobilização das tropas, o avanço inicial e a retirada:

> Na manhã de 4 de agosto, bem cedo, parti rumo a Amiens [...]. Em Amiens, encontrei uma cidade muito animada, com ruas previsivelmente fervilhando de soldados [...]. De 11 a 21 de agosto, o regimento permaneceu na região do Mosa, primeiro no vale propriamente dito, onde ficamos vigiando as pontes, e depois na margem direita, junto à fronteira. [No dia 22 de agosto], uma marcha longa e penosa levou minha companhia até Velosnes, um vilarejo colado à fronteira belga [...].
>
> Na manhã do dia 25, batemos em retirada e percebi que a esperança [dos dias anteriores] era equivocada [...]. Devido a um atraso na nossa ordem de recuar, quase fomos capturados. Nosso súbito despertar foi seguido de uma marcha forçada. No caminho, vimos pessoas abandonando às pressas seu vilarejo. Homens, mulheres, crianças, móveis, trouxas de roupas de cama e mesa (e, na maioria das vezes, os objetos mais disparatados!) amontoados em carroças. Esses camponeses franceses fugindo diante de um inimigo contra o qual não tínhamos como protegê-los deixavam uma impressão amarga, possivelmente a mais enlouquecedora que a guerra nos infligiu.
>
> Em nossa retirada, nós os veríamos muitas vezes, pobres refugiados abarrotando as estradas e praças dos vilarejos com suas carroças. Expulsos de suas casas, desorientados, confusos, intimidados por gendarmes, eram figuras incômodas, mas patéticas [...]. Na manhã seguinte, enquanto aguardávamos na reserva em um planalto que dominava a margem esquerda do Mosa, avistamos a fumaça dos vilarejos incendiados subindo para o céu salpicado de tiros de metralhadoras. A retirada durou até 5 de setembro [...].

Fonte: Marc Bloch, *Memoirs of War, 1914-1915*, trad. Carole Fink, reimpressão (Cambridge University Press, 1991).

Após a derrota nas Batalhas das Fronteiras, os Aliados recuaram para uma linha que se estendia de Paris no sentido leste até Verdun, paralela ao rio Marne. Apesar do completo fracasso do Plano XVII, Joffre continuou merecendo a confiança das lideranças políticas francesas que se preparavam para evacuar o governo para Bordeaux (manobra levada a cabo em 2 de setembro). No maior expurgo do exército francês desde a Revolução Francesa, Joffre dispensou dois de seus cinco generais, Lanrezac e Ruffey, juntamente com 10 comandantes de corpos de exército, 38 comandantes de divisão e mais de 90 brigadeiros, citando, na maior parte dos casos, sua falta de agressividade, ainda que nas batalhas iniciais o culto à ofensiva tivesse inspirado o exército francês a desperdiçar a vida de mais de 250 mil homens. O tratamento dispensado por Joffre a seu outrora protegido Lanrezac refletia sua mentalidade. Condenado como "hesitante" e "indeciso" por ter recuado em face de uma missão impossível em Charleroi, Lanrezac alegou que ficar e lutar teria resultado em "uma nova Sedan", o cerco e a destruição do 5° Exército, mas de nada adiantou.[6] Em uma carta pessoal ao governador militar de Paris, o general Joseph Gallieni, Joffre exaltou Lanrezac como um exímio pensador militar, mas condenou seu "pessimismo" como um perigo para o 5° Exército e para o sucesso da campanha como um todo.[7] Joffre jamais reconheceu o fato óbvio de que, se Lanrezac não tivesse salvado o 5° Exército, os franceses não teriam o número de homens de que necessitavam para impedir o avanço alemão, dias depois, no Marne.

Em uma atmosfera próxima do desespero, os franceses recorreram a suas forças de reserva e mobilizaram outros dois exércitos. O 6° Exército (general Michel Maunoury), destacado da guarnição de Paris, posicionou-se ao norte de Paris, junto ao rio Ourcq, ao passo que o 9° Exército (general Ferdinand Foch) postou-se ao sul do Marne, entre o 4° e o 5° Exércitos, sendo suplementado por tropas deslocadas da fronteira alsaciana, na extrema direita do exército francês, onde Mulhouse já tinha sido tomada e perdida duas vezes. O otimismo alemão contrastava violentamente com a melancolia francesa, uma vez que Moltke enfraquecera seus próprios exércitos destacando quatro divisões para reforçar a Prússia oriental contra uma invasão russa e outras sete divisões para cercar a fortaleza de Maubeuge (onde Joffre tinha deixado uma guarnição de 40 mil homens) e para se juntar às forças de reserva alemãs no encalço do exército belga na direção de Antuérpia. Uma semana depois, junto ao Marne, essas 11 divisões fariam enorme falta.

Durante a retirada Aliada, o 1° Exército alemão derrotou a Força Expedicionária Britânica pela segunda vez em Le Cateau (26 de agosto), infligindo oito mil baixas, e o 2° Exército rechaçou um contra-ataque do 5° Exército francês em St. Quentin (29 de agosto). Depois de Le Cateau, Kluck supôs que tinha tirado de vez a BEF da guerra, e com razão. Profundamente abalado por suas derrotas iniciais, o general French queria tirar suas tropas de ação, mas foi impedido de fazê-lo pela intervenção pessoal do secretário da Guerra, lorde Kitchener, que viajou da Grã-Bretanha para acalmar os nervos do comandante da BEF. Nesse interim, Moltke deu ordens para que o 1° e o 2° Exércitos forçassem uma ruptura entre Paris e os exércitos de Joffre. Kluck protestou argumentando que essa manobra deixaria exposto o flanco direito (ocidental) de seu 1° Exército quando ele passasse por Paris, mas o OHL não compartilhava de sua avaliação

Casal observa artilharia abandonada na primeira Batalha do Marne, na França.

de risco (ver box "Uma empreitada difícil e arriscada"). Complicando as coisas para os alemães, o 5º Exército de Lanrezac se retirou em segurança cruzando o Marne para se reagrupar ao sul de Château-Thierry sob seu novo comandante, o general Louis Franchet d'Espèrey, ao passo que a BEF também executou sua fuga, juntando-se ao flanco esquerdo (ocidental) do 5º Exército, que recuava do outro lado do rio. No dia 3 de setembro, a vanguarda de Kluck cruzou o Marne a meio caminho entre Paris e Château-Thierry, e logo encontraria a BEF ao sul do rio. Bülow atravessou o Marne a leste do Château-Thierry para enfrentar o 5º Exército, mas logo se deparou com o recém-reagrupado 9º Exército de Foch. Refletindo a amplitude do colapso do comando-e-controle alemão, na manhã do dia 4, Kluck enviou a Moltke um telegrama sucinto, solicitando "ser informado da situação de outros exércitos, já que até agora os informes das vitórias decisivas vêm sendo frequentemente seguidos de pedidos de ajuda".[8] Na noite de 4 de setembro, Gallieni sentiu a oportunidade de atacar o flanco exposto do núcleo principal do exército de Kluck, que continuava sua marcha rumo a Paris. Joffre concordou e ordenou a Maunoury que atacasse com as tropas recém-incorporadas do 6º Exército. Desesperado por transporte, Gallieni requisitou

A Primeira Guerra Mundial

que táxis de Paris transportassem à frente as últimas forças de reservistas. Na manhã seguinte, a leste de Paris, Maunoury investiu contra o flanco direito de Kluck, iniciando uma batalha de grandes proporções, que em pouco tempo se espalharia a leste, Marne acima.

"UMA EMPREITADA DIFÍCIL E ARRISCADA"

Alexander von Kluck (1846-1934), comandante do 1º Exército alemão na primeira Batalha do Marne, faz sua avaliação do plano do OHL de buscar uma batalha decisiva a leste de Paris, na primeira semana de setembro de 1914:

Considerei que afugentar o inimigo para longe de Paris em direção sudeste (o que envolveria a passagem do Marne e do Sena) seria uma empreitada difícil e arriscada. Talvez houvesse alguns sucessos iniciais, mas, sob as circunstâncias, seria praticamente impossível continuar a ofensiva até que o inimigo fosse derrotado de maneira definitiva ou aniquilado em parte. Seria necessário que os exércitos alemães da ala direita contassem com outro grupo de quatro ou cinco divisões a fim de resguardar de maneira eficaz o flanco direito contra Paris e proteger as comunicações longas dos 1º e 2º Exércitos para que o avanço continuasse [...]. O Supremo Comando, contudo, parecia estar firmemente convencido de que a guarnição de Paris não precisava ser levada em conta para quaisquer operações fora da linha de fortificações da capital.

Na verdade, na noite de 2 para 3 de setembro, Moltke e o OHL tinham dado ordens para que Kluck assumisse a responsabilidade por essa ameaça com as tropas já à sua disposição, especificamente para "seguir em escalão atrás do 2º Exército e se responsabilizar pela proteção do flanco" de ambos os exércitos contra qualquer ataque a partir de Paris. Kluck desobedeceu à ordem alegando que ela não levava em conta as efetivas posições dos exércitos no campo. Obedecer significaria ceder a iniciativa ao inimigo e tornaria impossível alcançar o objetivo final da vitória decisiva:

Se o 1º Exército, agora a um dia de marcha à frente do 2º, entrasse em escalão atrás do primeiro, ficaria impossível forçar o inimigo na direção sudeste [...]. Se o 1º Exército parasse por dois dias de modo a entrar em escalão atrás do 2º Exército, o alto-comando do inimigo recuperaria a completa liberdade de ação da qual fora privado. Caso o 1º Exército se demorasse, já não seria mais possível obter o grande sucesso [...] pelo qual o Supremo Comando vinha lutando de maneira tão confiante.

Fonte: Alexander von Kluck, *The March on Paris and the Battle of the Marne*, *1914* (London: Edward Arnold, 1920), 94-97.

94

A guerra europeia se desdobra

A frente ocidental:
da primeira Batalha do Marne à primeira Batalha de Ypres

A primeira Batalha do Marne (5 a 9 de setembro) começou no 36º dia depois que a mobilização geral colocou em marcha o plano alemão, ou M+36. Contando que os exércitos de Moltke obtivessem uma vitória decisiva sobre os franceses em M+40, os alemães poderiam cumprir seu cronograma e despachar a maior parte de seu exército para o leste, a fim de enfrentar os russos. Mas, em 5 de setembro, a maior parte dos exércitos alemães estava a pelo menos 130 km de distância de terminais ferroviários, e sua cadeia de suprimentos agora dependia esmagadoramente de carroças puxadas a cavalo, porque mais da metade dos quatro mil caminhões do exército tinha quebrado. Na véspera da batalha, Kluck informou Moltke de que o 1º Exército, cuja posição na ala direita tinha exigido que marchasse para o mais longe possível, combatendo o máximo que pudesse ao longo do caminho, "tinha chegado ao limite de sua resistência", e mesmo assim suas tropas, juntamente com o 2º Exército de Bülow, enfrentariam as lutas mais árduas junto ao Marne.[9] Quando a batalha teve início, Moltke deu ordens para que Kluck e Bülow empurrassem a Força Expedicionária Britânica e as tropas francesas à frente deles para o sul do Sena, e depois direcionassem seus exércitos para oeste, de modo a atacar Paris. Mas, uma vez que Kluck executou essa manobra mais cedo que Bülow – a fim de lidar com o ataque a seu flanco empreendido pelo novo 6º Exército francês –, abriu-se uma lacuna de 50 km entre os dois exércitos alemães. O 5º Exército de Franchet d'Espèrey juntou-se à BEF para tirar proveito desse espaço vazio e assim bloqueou a rota que o OHL tinha ordenado que Bülow seguisse em sua manobra para o oeste, na direção de Paris.

A ação rapidamente se alastrou a leste ao longo da frente, no alto Marne e além, empenhando em combate o 3º, o 4º e o 5º Exércitos alemães contra o 3º e o 4º Exércitos franceses, mas o ponto fulcral continuou sendo o setor logo a leste de Paris. Lá, com a mobilização do novo 9º Exército de Foch contra o 2º Exército alemão, os Aliados desfrutavam de uma clara superioridade em termos de número de homens e de artilharia; além disso, dois dos três exércitos franceses mobilizados (o 6º e o 9º) incluíam soldados recém-incorporados travando sua primeira batalha. Pouco depois do início da ação, Joffre assumiu pessoalmente o comando do 6º Exército e conduziu a batalha desde seu quartel-general de campo. Enquanto isso, Moltke, fiel à doutrina alemã de dar aos comandantes no campo de batalha a maior autonomia possível, não enviou instruções a Kluck nem a Bülow durante os quatro dias de combate, e aguardou até o dia 8 de setembro para despachar um emissário em pessoa aos cinco exércitos alemães posicionados ao longo do Marne, um mero tenente-coronel que se tornou o bode expiatório (pelo menos em meio ao

95

corpo de oficiais) da ordem de retirada que se seguiu. Para aumentar a confusão, as comunicações de campo alemãs, excelentes no âmbito de cada exército, eram inexistentes entre os exércitos, neste caso, com consequências devastadoras. Kluck e Bülow só se comunicaram diretamente por telefone de campo no dia 9, e a essa altura um já estava atribuindo ao outro a culpa pela derrota. Pesquisas acadêmicas recentes acusam Bülow, pois, na manhã do dia 9 de setembro, ele iniciou a retirada geral posicionando mais uma vez seu 2° Exército do outro lado do Marne, sem consultar nem Moltke nem Kluck, embora os Aliados ainda não tivessem provocado uma ruptura significativa em suas linhas.[10] Em quatro dias de combates pesados, franceses e alemães sofreram em torno de 250 mil baixas, incluindo 80 mil mortos do lado francês, ao passo que a BEF sofreu 13 mil baixas, incluindo 1.700 mortos.

Coincidentemente, os alemães perderam a primeira Batalha do Marne no dia conhecido como M+40, seu prazo final autoimposto para a vitória na frente ocidental. Os críticos de Moltke citaram como causa da derrota seus problemas de comando-e-controle, bem como a decisão, tomada uma semana antes, de despachar 11 divisões para combater em outro lugar. Contudo, essa manobra resultou na capitulação de Maubeuge (8 de setembro), que rendeu aos alemães a captura de 40 mil prisioneiros franceses, e na pressão adicional sobre Antuérpia, que os belgas abandonariam um mês depois. Em cinco dias, todos os cinco exércitos alemães em combate no Marne tinham recuado para estabelecer uma nova frente a leste de Noyon, protegida à direita por Kluck e Bülow nas terras altas ao norte do rio Aisne e, à esquerda, pelo 5° Exército do príncipe herdeiro Rupprecht, posicionado do outro lado de Verdun. A essa altura, o ministro da Guerra, Erich von Falkenhayn tinha sido convocado pelo OHL para substituir Moltke, que sofrera um colapso nervoso após a derrota. Falkenhayn assumiu em 13 de setembro, mas, uma vez que o imperador e o OHL não admitiam a derrota no Marne – nem para o povo alemão, nem para seus aliados austro-húngaros, tampouco para o mundo em geral –, a mudança só foi anunciada formalmente no dia 6 de novembro. Nesse ínterim, Moltke continuou no quartel-general para dar credibilidade à farsa de que tudo ainda estava bem, mas a destituição de 33 generais indicava outra coisa. O 1° e 2° Exércitos enfrentaram um violento ataque Aliado assim que assumiram suas posições defensivas, sinalizando o início da primeira Batalha do Aisne (13 a 28 de setembro). O ataque incluiu o 5° e o 6° Exércitos franceses e a Força Expedicionária Britânica, esta última sofrendo outras 12 mil baixas na primeira ação da guerra a envolver ataque e defesa de trincheiras. Falkenhayn respondeu deslocando o 7° Exército de Heeringen da Alsácia para posicioná-lo no Aisne entre o 1° e o 2° Exércitos. Assim que ficou claro que não seria possível tomar de assalto as terras altas acima do rio Aisne, Joffre também mudou de rumo e se virou para a extremidade leste da frente em busca de mais homens, reposicionando o 2° Exército de Castelnau da fronteira da Lorena para a esquerda do 6° Exército de Maunoury. Enquanto a luta às margens do Aisne continuava, Castelnau tentou investir contra o flanco direito do 1° Exército alemão a oeste de Noyon. Kluck bloqueou a manobra, depois tentou investir contra o flanco esquerdo de Castelnau, também sem sucesso. Essas malogradas manobras de flanqueamento sinalizaram o início da chamada "Corrida para o mar", uma série de batalhas de choque – batalhas acidentais resultantes de encontros inesperados – das quais a mais notável foi a primeira Batalha de Artois (27 de setembro a 10 de outubro) – em que Aliados e alemães tentaram repetidamente contornar o flanco exposto de seu oponente, fracassando e se entrincheirando, e, no processo, estendendo a frente contínua para mais perto do canal da Mancha.

Depois de se alongar no sentido noroeste de Noyon até Roye, a nova linha de trincheiras seguiu direto para o norte na direção de Flandres, no oeste da Bélgica, onde o rei Alberto, depois de ordenar a evacuação de Antuérpia (6 a 10 de outubro) recuou para trás do Yser com as cinco divisões remanescentes do exército belga. Joffre reforçou as tropas de Alberto, primeiro com fuzileiros navais franceses, depois com duas divisões regulares e duas divisões da reserva, que logo seriam designadas como 8° Exército francês. Os perseguidores de Alberto incluíam forças de reserva alemãs recém-incorporadas, além das tropas que Moltke tinha enviado antes para cercar a Antuérpia – em conjunto, esses batalhões foram denominados 4° Exército e colocados sob o comando do duque de Württemberg, cujo quartel-general tinha sido transferido para Flandres depois que Falkenhayn redistribuiu, entre as forças alemãs na parte superior do Aisne, o que restara do 4° Exército original. Ao sul, do outro lado da fronteira francesa, Falkenhayn ocupou a última brecha da linha no lado alemão, reposicionando o 6° Exército de Lorena para Lille, defronte ao novo 10° Exército francês (general Louis Maud'huy). Encerrada a primeira Batalha do Aisne, os Aliados concordaram em reposicionar a Força Expedicionária Britânica ao lado dos belgas em Flandres, onde seria bem mais fácil reabastecê-la e reforçá-la por meio dos portos dos canais de Nieuwpoort, Dunquerque e Calais. Das oito divisões (seis de infantaria e duas de cavalaria) existentes em agosto, a BEF foi expandida e, em dezembro, passou a incluir oito corpos (seis de infantaria e dois de cavalaria), quando então foi subdividida em 1° Exército (general sir Douglas Haig) e 2° Exército (general sir Horace Smith-Dorrien). As tropas coloniais ajudaram o guarnecer de homens da frente contínua criada pela "Corrida para o mar", incluindo um corpo indiano na agora ampliada BEF e, da África ocidental, os *Tirailleurs sénégalais* nos exércitos franceses. Joffre nomeou Foch comandante do setor norte e oficial de ligação com belgas e britânicos. Assim, Foch, que antes da guerra tinha visitado a Grã-Bretanha três vezes na condição de comandante da Escola de Guerra, incrementou ainda mais seu currículo para seu futuro papel de comandante supremo dos Aliados.

Os belgas suportaram o ímpeto do ataque na Batalha de Yser (16 a 30 de outubro), e a BEF, na concomitante primeira Batalha de Ypres, em ambos os casos, com o apoio de divisões francesas; o oponente foi o 4° Exército alemão, reforçado em Ypres por parte do 6° Exército. Ao longo do rio Yser, a artilharia alemã dizimou os belgas, cujo apoio mais efetivo de artilharia veio de navios de guerra britânicos se movimentando estrategicamente nas águas costeiras em seu flanco esquerdo. As tropas de Alberto sofreram 15 mil baixas antes que o rei autorizasse a inundação dos pôlderes ao longo do Yser, bloqueando o que teria sido o decisivo ataque final da infantaria alemã. Enquanto isso, imediatamente ao sul do campo de batalha do Yser, em 12 de outubro teve início a ação em torno de Ypres, que só arrefeceria no final de novembro – a fase mais intensa de combates se deu entre 25 de outubro e 13 de novembro. Logo no início da batalha, os britânicos conseguiram tomar as colinas de Passchendaele, o mais importante terreno elevado dentro de uma paisagem em sua maior parte plana, e que então serviu de base para rechaçar os sucessivos contra-ataques alemães. As tropas do duque de Württemberg incluíam um pequeno grupo de voluntários formado por estudantes universitários e do ensino médio. A propaganda de guerra alemã exagerou o papel dessas "crianças" e exaltou seu martírio como *Kindermord bei Ypern* ["O massacre dos inocentes de Ypres"]. A batalha teve como característica um gasto sem precedentes de munição; em pouco tempo, a artilharia alemã destruiu completamente a cidade de Ypres atrás das linhas Aliadas. A julgar pelo consumo de munição de artilharia em Ypres e outras partes, quando Falkenhayn cessou os ataques no dia 13, o exército alemão tinha um estoque de cartuchos para apenas mais seis dias.

Durante todo o outono de 1914, a escassez de munição causou considerável preocupação para todos os beligerantes, mas Ypres ficou marcada como a primeira vez em que esse aspecto influenciou a decisão de um exército de dar fim a uma batalha. A maior parte dos exércitos iniciou a Primeira Guerra Mundial com estoques de mil projéteis por canhão de artilharia, o que era tido como mais do que adequado, tomando-se por base os 700 projéteis por canhão usados pelos exércitos de Rússia e Japão em toda a campanha da Manchúria em 1904 e 1905. Contudo, a Alemanha, que entrou na guerra com o maior estoque de munição da Europa, três mil projéteis por canhão, já estava perigosamente em falta de munição em novembro. Enquanto a artilharia tinha sido responsável por 10% das baixas na Guerra Russo-Japonesa, na Primeira Guerra Mundial, infligiria 70% das baixas. O papel inaudito da artilharia resultou em um gasto sem precedentes de munição, e de todas as questões logísticas com que os beligerantes tiveram de lidar, nenhuma foi mais crucial do que manter bem abastecidos os estoques de artilharia. À medida que o conflito foi se desenrolando, a dificuldade aumentou exponencialmente e, em um momento posterior da guerra, os bombardeios antes e durante as ofensivas

Conhecidas como *Tirailleur sénégalais*, as tropas recrutadas entre os países colonizados não vinham apenas de Senegal, mas também de todas as colônias da África Ocidental Francesa e da África Central.

mais agudas consumiriam de 700 a 800 cartuchos por arma por dia, dez vezes a taxa diária do outono de 1914.

Quando as coisas se acalmaram no setor de Ypres, no final de novembro, os alemães tinham sofrido quase 135 mil baixas, número um pouco superior ao total de baixas dos Aliados (58 mil britânicas, pelo menos 50 mil francesas e 18.500 belgas). A primeira Batalha de Ypres, a última ação do ano na frente ocidental, respondeu por dois terços das baixas britânicas de 1914 e destruiu boa parte do que havia restado da BEF original, o exército britânico profissional. De 1914 em diante, os três principais beligerantes na frente ocidental passaram a ter condições de oferecer a seus feridos melhores condições de assistência médica do que qualquer outro exército anterior, mas, conforme apontou uma análise recente, "esses avanços no atendimento médico foram contrabalançados pela maior gravidade dos ferimentos"; assim, a taxa de sobrevivência não era melhor do que entre os feridos nas Guerras Napoleônicas.[11] O exército britânico sofreu 85 mil baixas durante os primeiros cinco meses da Primeira Guerra Mundial, mas esse número empalidece

A Primeira Guerra Mundial

em importância em comparação às baixas sofridas pelos outros principais beligerantes na frente ocidental em 1914: 850 mil franceses e 677 mil alemães – no caso
do exército alemão, uma força que também vinha sofrendo baixas nessa frente.

A frente dos Bálcãs: o fracasso austro-húngaro contra a Sérvia

Dada a magnitude da ação se desenrolando na frente ocidental a partir dos
primeiros dias de agosto e o amplo conflito na frente oriental mais para o final
do mês, os Bálcãs logo se tornaram a frente esquecida da guerra. Depois que a
mobilização russa de 31 de julho forçou o Império Austro-Húngaro a alterar sua
disposição de tropas do Plano B (contra a Sérvia) para o Plano R (contra a Rússia),
a movimentação da Monarquia Dual nos Bálcãs supostamente seria reduzida a
uma ação defensiva dos três corpos de exército do Minimalgruppe Balkan, sob o
comando do general Oskar Potiorek. Governador militar da Bósnia quando da
eclosão da Primeira Guerra Mundial, Potiorek, assim como Franz Conrad von
Hötzendorf, estava ávido por esmagar os sérvios o mais rápido possível e com a maior
força disponível; de acordo com o Plano B, ele teria sido o comandante de campo
da invasão da Sérvia e, compreensivelmente, sentiu-se privado da oportunidade.
Para azar do esforço de guerra austro-húngaro como um todo, Potiorek também
mantinha uma longeva rivalidade com Conrad e ressentia-se profundamente do fato
de não ser chefe do Estado-Maior; em agosto de 1914, com o futuro da Monarquia
Dual em geral e de Conrad em particular em xeque, Potiorek estava determinado
a usar o comando dos Bálcãs, que ele tinha recebido como prêmio de consolação,
para obter o máximo de vantagens a seu favor. Mesmo depois que ficou claro que
os russos estavam intervindo e que a maior parte do exército teria de se mobilizar
na frente oriental, ele buscou manter o maior número possível de soldados sob seu
comando, em seu teatro de operações, de modo a vencer sua própria campanha
contra a Sérvia. Conrad concordou por fim em deixar Potiorek ficar com o 7° Corpo
(Praga), exceto a divisão de cavalaria, porque continha milhares de tchecos de cuja
lealdade ele duvidava caso houvesse a necessidade de mobilizá-los contra a Rússia.
Essas tropas, mais os três corpos do Minimalgruppe Balkan, foram combinados para
formar o 5° e o 6° Exércitos, mas quando Potiorek finalmente invadiu a Sérvia, em
12 de agosto, sua ordem de batalha incluía também o 2° Exército (general Eduard
von Böhm-Ermolli), que consistia nos outros três corpos do B-Staffel, tropas que
àquela altura já deviam estar a caminho da fronteira russa, dando-lhe, ao todo, 320
mil homens. Para enfrentá-lo, o exército sérvio mobilizou mais de 300 mil soldados,
contando as tropas de reserva e forças territoriais, das quais os 185 mil soldados de
linha de frente (11 divisões de infantaria e 1 de cavalaria) foram organizados em

A guerra europeia se desdobra

3 "exércitos" do tamanho de corpos. Ao sul, Montenegro adicionou 18 brigadas de infantaria, totalizando entre 35 mil e 40 mil homens; porém, em função do treinamento precário e dos armamentos antiquados, eram pouco melhores que uma milícia. O príncipe herdeiro Alexandre serviu como comandante em chefe sérvio, com seu chefe de Estado-Maior, o general Radomir Putnik, atuando como comandante de fato. Além de sua superioridade numérica em comparação com a Sérvia, as forças austro-húngaras também dispunham de uma vantagem de 2 para 1 na posse de peças de artilharia (744 canhões contra 381).

A invasão austro-húngara começou em 12 de agosto, desencadeando um vaivém de batalhas de choque nos quatro meses seguintes. Potiorek entrou na Sérvia a partir do oeste, vindo da Bósnia, com 200 mil soldados, enquanto o restante de suas forças mantinha a linha de defesa do Sava e do Danúbio na fronteira norte da Sérvia. Dias depois, sofreu uma derrota na Batalha de Cer (16 a 19 de agosto), em que Putnik colocou em ação praticamente todo seu exército. A seguir, Potiorek recuou território bósnio adentro e acabou abrindo mão dos dois corpos do B-Staffel que não usara na campanha; os outros dois permaneceram nos Bálcãs pelo restante de 1914. No dia 6 de setembro, Putnik lançou sua própria ofensiva, cruzando o Sava e entrando na Croácia com quase metade de seu exército (cinco divisões), ao mesmo tempo que uma força provisória servo-montenegrina invadia o sul da Bósnia. Os sérvios avançaram 30 km ao norte de Sava e Semlin durante quatro dias (10 a 14 de setembro) antes de recuar; nesse ínterim, a força sul avançou até 20 km de Sarajevo antes de ser recha-çada. Potiorek respondeu à contraofensiva sérvia com uma segunda ofensiva, que avançou 40 km dentro do território sérvio antes de ser expulsa pelas forças de Putnik na Batalha de Mackov Kamen (17 a 22 de setembro). Ambos os exércitos passaram o mês de outubro repondo homens e munição, cuja escassez atingia níveis perigosos do lado sérvio. Potiorek lançou uma terceira ofensiva no início de novembro, dessa vez invadindo a Sérvia a partir do norte, do outro lado do Danúbio, bem como do oeste, desde a Bósnia. Suas tropas avançaram com facilidade até o fim do mês, quando ele ordenou uma pausa para reabastecimento antes de desferir o que julgava que seria o golpe fatal contra os sérvios sitiados. Refletindo seu grau de confiança, ele destacou o 5° Exército para circundar de volta ao norte e tomar Belgrado, alvo indefeso, mas simbolicamente importante (ainda que a cidade já tivesse sido evacuada havia muito pelo governo sérvio), que tinha sido ignorada no recente avanço. As tropas austro-húngaras ocuparam Belgrado em 2 de dezembro, situação que não perduraria muito tempo. No final de novembro, a França enviou à Sérvia uma remessa de armas e munição – de que os sérvios necessitavam desesperadamente –, que chegou às tropas de Putnik via Salônica (Tessalônica), na neutra Grécia, no exato momento em que se preparavam para o ataque final de Potiorek. Ao invés de permanecer na defensiva, no mesmo dia em que Belgrado caiu, Putnik ordenou um contra-ataque. Sua mano-

101

bra ousada pegou os austro-húngaros completamente de surpresa e perigosamente dispersos; não demorou muito para que os homens de Potiorek se vissem em uma apressada retirada e, em 15 de dezembro, as forças invasoras tinham sido expulsas do território sérvio.

Ambos os exércitos cometeram atrocidades contra civis; as tropas austro-húngaras mataram mais apenas porque tiveram a oportunidade de fazê-lo. Potiorek deu o tom durante o mês entre o assassinato do arquiduque e o início da guerra, ao capturar diversos líderes sérvios bósnios suspeitos de deslealdade. A invasão inicial da Sérvia produziu provas concretas para justificar algumas dessas prisões e muitas mais, uma vez que documentos do posto da inteligência do exército sérvio foram interceptados intactos em Loznica, a poucos quilômetros ao leste de Drina, o que levou à prisão, sob acusação de traição e espionagem, de mais de 2.100 sérvios bósnios, incluindo 101 sacerdotes ortodoxos. O maior massacre de civis sérvios por tropas austro-húngaras em um único dia ocorreu em 17 de agosto, em Sabac, onde pelo menos 80 pessoas foram mortas. Muitas mais morreram, em menor número a cada ocasião, nas áreas rurais. Se as ações das tropas alemãs foram motivadas pelo receio de fictícios franco-atiradores, na Sérvia houve inúmeros casos em que sérvios armados e sem farda atiravam nos invasores (embora, em alguns casos, fossem membros da última linha dos soldados da reserva, que não dispunham de uniformes). Já em 17 de agosto, o comandantes do 9° Corpo, o general Lothar von Hortstein, queixou-se de que não podia mais enviar patrulhas de reconhecimento porque acabavam "todas sendo mortas pelos moradores das zonas rurais". Os soldados austro-húngaros reagiram a essa resistência supondo que todos os sérvios que viviam nas áreas rurais representavam uma ameaça armada, fuzilando centenas de pessoas e incendiando incontáveis casas na zona rural. Além da percepção de perigo, muitos parecem ter agido com base em um impulso muito mais básico: o ódio visceral que nutriam pelos sérvios, de quem desconfiavam e a quem culpavam pelo início da guerra. Como na Bélgica, as tropas invasoras foram inflamadas por horripilantes relatos de civis mutilando cadáveres e seus camaradas feridos – no caso austro-húngaro, remontando a incidentes ocorridos durante a campanha para ocupar a Bósnia em 1878. Os soldados sérvios não se comportaram muito melhor quando contra-atacaram e adentraram o território austro-húngaro em setembro, reservando suas piores ações – assassinatos, estupros e pilhagens – para os muçulmanos bósnios. Desde o início da guerra, os muçulmanos que viviam na Sérvia fugiram para a Bósnia, ao passo que depois da fracassada ofensiva de Putnik em setembro os sérvios bósnios que tinham saudado os invasores sérvios como libertadores fugiram por conta de um fundamentado receio de que haveria represálias caso permanecessem em território austro-húngaro. Do mesmo modo, a minoria sérvia na Croácia sofreu por conta do ataque de Putnik a Semlin: as tropas de Hortstein executaram mais de 120 supostos colaboradores. Dois meses depois, em 22 de novembro, com a Sérvia aparentemente à beira da derrota, Potiorek ordenou que fossem levados para campos de trabalhos forçados todos os homens sérvios entre 16 e 60 anos que residissem no território ocupado pela Áustria. A contraofensiva de Putnik, três meses depois, cancelou esses planos antes mesmo que pudessem ser postos em prática.[12]

A bem-sucedida defesa de Putnik do território sérvio deu a suas tropas o respeito das potências da Entente e propiciou um novo (embora desnecessário) ímpeto ao moral nacional. Mas a vitória custou caro. A ação na frente dos Bálcãs em 1914 custou à Sérvia quase três quartos de seus soldados de linha de frente: 113 mil baixas (incluindo 22 mil mortos), além de 19 mil prisioneiros e desaparecidos. O Império Austro-Húngaro sofreu 148 mil baixas (incluindo 28 mil mortos) e perdeu 76.500 prisioneiros, ainda que, com uma população quase 12 vezes maior, pudesse arcar melhor com os prejuízos; em todo caso, as baixas da Monarquia Dual nos Bálcãs empalidecem se comparadas às baixas sofridas pelos exércitos de Conrad na frente oriental durante o mesmo período. Não obstante, para o esforço de guerra austro-húngaro, a campanha tinha sido um fracasso da mais alta magnitude. Potiorek sequer esperou ser destituído; antecipou-se e apresentou seu pedido de reforma, que Francisco José aceitou prontamente. Um primo do imperador, o arquiduque Eugênio, abandonou a aposentadoria para substituí-lo no final do mês. Depois disso, a frente dos Bálcãs ficou inativa, uma vez que a Áustria-Hungria tirou proveito do fato de que o exército sérvio não tinha condições de lutar tão cedo. Dos cinco corpos de exército que Eugênio herdou de Potiorek, três foram enviados à frente oriental para os combates de inverno nos Cárpatos e os dois remanescentes se dirigiram à frente italiana em maio de 1915, deixando a fronteira sérvia sob a salvaguarda de pouco mais do que uma de tropa de cobertura de reservistas de segunda e terceira linhas.

A frente oriental: Tannenberg e Lemberg

Em 15 de agosto, quando Conrad se reuniu com Francisco José pela última vez antes de partir rumo a Viena para a frente oriental, o velho imperador se despediu dele com a maior dose de otimismo que era capaz de demonstrar: "Se Deus quiser, tudo dará certo, mas, mesmo que dê errado, vou até o fim".[13] Ele não fazia ideia do quanto as coisas dariam horrivelmente errado, ou de que não viveria o suficiente para ver o fim do conflito. Conrad acompanhou o comandante titular do Armeeoberkommando (AOK) austro-húngaro, arquiduque Frederico, até a cidade fortificada de Przemyśl, na Galícia, localização inicial de seu quartel-general.

Quando lá chegaram, dez divisões de cavalaria austro-húngara estavam realizando um reconhecimento de grandes proporções, penetrando na Polônia russa num raio de 145 km, ao longo de 400 km de frente batalha ao leste do rio Vístula. Ao longo do caminho, os cavalarianos de Conrad depararam-se com diversas unidades russas em direção à frente, travaram intensas batalhas contra infantarias entrincheiradas e cavalaria desmontada, e sofreram graves baixas. Quase metade do suprimento total de cavalos do exército morreu ou ficou exaurida durante a operação, que durou uma semana e não foi capaz de reunir informações de inteligência nem de abalar as linhas inimigas. A única batalha genuína ocorreu a leste de Lemberg (L'viv) em Jaroslavice-Wolczkowce (21 de agosto), entre a 10ª Divisão de Cavalaria russa e a 4ª Divisão de Cavalaria austro-húngara. Foi o maior embate com tropas a cavalo – em qualquer frente – de toda a Primeira Guerra Mundial, um embate inconclusivo em um ato de abertura sem vencedores.

Conrad logo se viu diante de uma intrincada situação estratégica, já que as 13 divisões dos quatro corpos do B-Staffel de Böhm-Ermolli, que constitui-riam o 2° Exército, ainda não tinham chegado do teatro de operações sérvio. Em sua ausência, as Potências Centrais na frente oriental posicionaram apenas 46 divisões de infantaria contra 74 divisões de infantaria russas, divididas em 6 exércitos, seguidas de mais tropas atrás, em 2 exércitos de reserva. O dilema acerca de quem as Potências Centrais deveriam atacar primeiro foi solucionado pelo Estado-Maior russo, que decidiu atacar ambos simultaneamente, resolução corajosa que figurou entre os cálculos mais racionais feitos no verão de 1914, em função da fraqueza das forças que a Rússia enfrentava; foi também a mais compreensível, dados os apelos que o czar recebeu de Paris e Belgrado para empreender o máximo esforço possível no sentido de aliviar a pressão sofrida pelos exércitos franceses e sérvios. Na fronteira da Prússia oriental, os russos mobilizaram seu 1° e seu 2° Exércitos, reforçados por 29 divisões, para garantir o sucesso contra 9 divisões do 8° Exército alemão. Eles alocaram suas 45 divisões remanescentes para o 3°, o 4°, o 5° e o 8° Exércitos, contra as 37 divisões do Império Austro-Húngaro. Nicolau II nomeou seu primo, o grão-duque Nicolau, comandante em chefe de suas poderosas forças, mas o grão-duque e seu chefe de Estado-Maior – o general Nikolai Yanuchkevitch – jamais elaboraram um grande projeto de vitória, preferindo, em vez disso, aprovar ou rejeitar planos submetidos por comandantes de exércitos individuais. O grau de coordenação melhoraria com o tempo, não sem que antes as dolorosas derrotas deixassem clara a necessidade de mudança.

Apesar da inferioridade numérica de seu 8° Exército alemão, o general Maximilian von Prittwitz e seus comandantes de corpos tiveram dificuldade em obedecer às ordens de Moltke para ficar na defensiva. Na Batalha de Stallupönen

(17 de agosto), um corpo de exército alemão de 40 mil homens atacou o 1° Exército do general Pavel Rennenkampf, uma força cinco vezes mais numerosa, explorando o elemento-surpresa para infligir cinco mil baixas e capturar três mil prisioneiros – tendo perdido 1.200 de seus homens. Três dias depois, o exército de Prittwitz entrou em confronto com Rennenkampf na Batalha de Gumbinnen (20 de agosto), em que russos tiraram proveito de sua superioridade numérica (192 mil homens contra 148 mil alemães) e fizeram bom uso de sua artilharia para investir contra ambos os flancos alemães e infligir 148 mil baixas (contra 16.500 sofridas) e fazer 6 mil prisioneiros. Com a derrota, Prittwitz entrou em pânico e deu ordens para que o 8° Exército recuasse até o Vístula, cedendo a Prússia oriental aos russos. Contudo, antes que pudesse executar a retirada, Moltke convocou da aposentadoria o general Paul von Hindenburg para substituí-lo e nomeou como seu chefe de Estado-Maior o general Erich Ludendorff, recém-saído de uma atuação decisiva na Batalha de Liège.

Em função da invasão russa à Prússia oriental, a Alemanha não estava em posição de pressionar as forças austro-húngaras enquanto continuavam esperando a chegada das tropas do B-Staffel. Tivesse contado com as 13 divisões do 2° Exército na frente oriental no começo da campanha, Conrad disporia ao menos de uma superioridade numérica inicial em relação aos russos; em vez disso, em termos de número de tropas, era gritante a discrepância entre seus três exércitos e as forças russas (ainda que não tão gritante quanto a situação dos alemães na Prússia oriental). Apesar disso, Conrad, como Prittwitz, resolveu atacar os russos, manobra que os alemães incentivaram a fim de amenizar a pressão sobre a Prússia oriental enquanto Hindenburg e Ludendorff chegavam. O 1° Exército austro-húngaro rumou para o norte, o 4° Exército seguiu para o nordeste e o 3° Exército, para o leste, entrando em arco na Polônia russa e tornando sua fronteira mais ampla e mais estreita a cada dia que passava. Na Batalha de Krasnik (23 a 26 de agosto), o 1° Exército (general Viktor Dankl) flanqueou o 4° Exército russo (general Anton von Salza), forçando-o a recuar; oficiais russos aprisionados em Krasnik fizeram às tropas de Dankl o supremo elogio, afirmando que tinham atacado com uma ferocidade maior "que a dos japoneses" na Guerra Russo-Japonesa.[14] Na esteira desse êxito, o 4° Exército (general Moritz Auffenberg) praticamente cercou o 5° Exército russo (general Pavel Plehve) na Batalha de Komarów (26 a 31 de agosto), infligindo 40% de baixas, fazendo 20 mil prisioneiros e se apoderando de cem canhões.

Os últimos dias de agosto foram um período desolador para os russos. No embalo da vitória de Dankl em Krasnik e em paralelo ao triunfo de Auffenberg em Komarów, Hindenburg e Ludendorff contra-atacaram os russos em uma ofensiva que durou de 23 de agosto a 2 de setembro, culminando na Batalha de Tannenberg (27 a 30 de agosto). O 8° Exército alemão, reforçado e agora com 166 mil homens, enfrentou o 1° Exército de Rennenkampf, cujo número aumentara

105

para 210 mil homens, e o 2º Exército de Alexander Samsonov, de 206 mil. Apesar da enorme inferioridade numérica, os alemães dispunham de significativas vantagens. Depois de Gumbinnen, Rennenkampf avançou na direção de Königsberg via uma rota ao norte dos lagos Masurianos, enquanto Samsonov avançava ao sul dos lagos, abrindo uma lacuna entre os dois exércitos. Ferrenhos inimigos desde a Guerra Russo-Japonesa, os dois generais russos mal se comunicavam um com o outro e tampouco articulavam seus movimentos. E quando se comunicavam, os alemães sabiam exatamente o que eles diziam, porque os russos foram os únicos beligerantes de 1914 a usar, para suas comunicações de campo, a nova tecnologia de rádio sem fio, sem criptografar suas mensagens. Em princípio, os alemães se concentraram em Samsonov, cujo avanço era mais lento que o de Rennenkampf e cujas tropas estavam tendo problemas de abastecimento. Samsonov só pediu ajuda a Rennenkampf na noite do dia 28, quando recuou para a fronteira russa, desesperado para que o 1º Exército aliviasse a pressão cada vez maior contra suas tropas. No dia 29, as forças de Hindenburg já tinham cercado a maior parte do exército de Samsonov, encurralando-o com pesadas cargas de artilharia. Os alemães destacaram sua única divisão de cavalaria para conter uma tardia tentativa empreendida por Rennenkampf de enviar reforços para ajudar seu colega – em todo caso, essa tropa auxiliar só conseguiu chegar a 72 km do encurralado Samsonov. Abalado diante da perspectiva de se ver forçado a se render, naquela noite Samsonov se matou com um tiro. O 2º Exército capitulou no dia seguinte. Os alemães sofreram menos de 20 mil baixas em Tannenberg e infligiram 30 mil; também fizeram 95 mil prisioneiros e apreenderam mais de 500 peças de artilharia.

Enquanto os alemães venciam em Tannenberg, a maré começou a virar contra Conrad no leste da Galícia, onde seu 3º Exército (general Rudolf von Brudermann) sofreu uma derrota na Batalha de Gnila Lipa (26 a 30 de agosto) e teve de recuar. Devido à traição, antes da guerra, do coronel Redl aos planos bélicos austro-húngaros, os russos esperavam que o ataque principal viesse do setor de Brudermann e concentraram as tropas de dois exércitos – o 3º (general Nikolai Ruzsky) e o 8º (general Aleksei Brusilov) – para encontrá-lo. Em 4 de setembro, depois que Brudermann abriu mão, sem luta, de Lemberg, a maior cidade da Galícia, Conrad o destituiu de suas funções e em seu lugar colocou o general Svetozar Boroević, ironicamente, um sérvio (da região de Krajina, na Croácia) que nos últimos tempos se sobressaíra como comandante de corpo no exército de Auffenberg, em Komarów. Conrad esperava que os alemães, após sua vitória em Tannenberg, avançassem para o sul a partir da Prússia oriental, a fim de se juntarem ao 1º Exército de Dankl e ao 4º Exército de Auffenberg, que avançavam para o norte desde a Galícia, mas, em vez disso, optaram pela trajetória mais lógica de investir contra o 1º Exército de Rennenkampf, que derrotaram na

A guerra europeia se desdobra

Batalha dos Lagos Masurianos (9 a 14 de setembro), dando fim à breve incursão russa na Prússia oriental. Abandonado à própria sorte, Conrad ordenou que Boroević retomasse Lemberg em um contra-ataque. Durante o embate que se seguiu, a Batalha de Lemberg-Rawa Ruska (6 a 11 de setembro), o 3° Exército se viu desprovido de artilharia suficiente para apoiar sua infantaria e ficou atolado em Gorodok, ponto estratégico na linha férrea cerca de 55 km ao leste de Przemyśl. Nesse ínterim, a forte pressão russa no leste da Galícia e ao longo de toda a frente deixou em posição vulnerável o 1° e o 4° Exércitos; de qualquer modo, uma vez que Hindenburg não estava avançando para o sul a partir da Prússia oriental, não lhes restava objetivo concreto. Ambos os exércitos abriram mão de suas conquistas e recuaram, atravessando a fronteira Galícia adentro. Metade do 2° Exército de Böhm-Ermolli (do B-Staffel) finalmente se deslocou da frente dos Bálcãs a tempo de se juntar aos outros exércitos austro-húngaros na luta desesperada em torno de Lemberg, mas Auffenberg não conseguiu movimentar seu 4° Exército rápido o bastante para tomar parte nos combates e tornou-se o bode expiatório da derrota que se seguiu (ver box "Um violinista austríaco na frente oriental"). Conrad ordenou uma retirada geral e, em 12 de setembro, deslocou o AOK de Przemyśl para Nowy Sacz, 145 km a oeste, onde permaneceu por dois meses antes de se deslocar outros 160 km para o oeste até Teschen, que fez as vezes de quartel-general até o início de 1917. A derrota na Batalha de Lemberg-Rawa Ruska (em que um de seus próprios filhos morreu) abalou a confiança de Conrad. Mais tarde, um velho amigo comentaria que "ele não acredita em sua própria vocação histórica de ser o generalíssimo da Áustria contra a Rússia".[15]

Em suas discussões pré-guerra, Moltke dissera a Conrad que o Império Austro-Húngaro teria de suportar a maior parte do fardo e das pressões na frente oriental por seis semanas, enquanto a Alemanha derrotava a França. Conrad ordenou a retirada geral no dia M+43, três depois que os franceses venceram a primeira Batalha do Marne. O plano de guerra dos alemães tinha fracassado e, com ele, o dos austro-húngaros, e nem uns nem outros tinham um plano alternativo. Após as derrotas no Marne e em Lemberg-Rawa Ruska, Conrad não achava que a guerra estava perdida, mas já não julgava que pudesse ser vencida; o melhor que as Potências Centrais podiam esperar era uma paz negociada, de preferência depois que melhorassem sua situação militar. Hindenburg enviou Ludendorff para Nowy Sacz em 18 de setembro a fim de organizar sua manobra seguinte, pelo menos na frente oriental. Eles concordaram em contra-atacar no final de setembro e, a conselho de Ludendorff, Conrad deixou para trás seis divisões para guarnecer Przemyśl. Depois de um mês de combates, Conrad tinha perdido a maior parte da Galícia para os russos além de 470 mil dos 800 mil homens que colocara em ação na frente oriental: 250 mil mortos ou feridos, 100 mil aprisionados e 120 mil deixados para trás

107

em Przemyśl. Entre as baixas, incluíam-se milhares de sargentos e oficiais regulares do exército – falantes de várias línguas –, cuja perda precoce teve consequências de longo prazo para a coesão do multinacional exército dos Habsburgos. Em suas batalhas contra a Áustria-Hungria, a Rússia sofreu praticamente metade de baixas (210 mil mortos ou feridos e 40 mil aprisionados) e perdeu apenas cem canhões, mas apreendeu 300.

UM VIOLINISTA AUSTRÍACO NA FRENTE ORIENTAL

O violinista e compositor Fritz Kreisler (1875-1962) serviu como oficial da reserva em um regimento Landsturm do 3° Corpo de Exército austro-húngaro durante o primeiro mês da guerra; depois de se ferir gravemente em um combate perto de Lemberg, acabou dispensado ainda em 1914:

Chegamos a Viena no dia 1° de agosto. Uma espantosa mudança tinha tomado conta da cidade desde que eu a deixara, poucas semanas antes. Por toda parte, prevalecia uma atividade febril. Reservistas afluíam aos milhares, vindos de todas as partes do país a fim de se apresentar ao quartel-general. Automóveis apinhados de oficiais passavam zunindo. Multidões se aglomeravam subindo e descendo as ruas. Boletins e edições extras de jornais eram passados de mão em mão. Imediatamente, ficou evidente o quanto a guerra era uma grande niveladora. As diferenças de classe e as distinções sociais tinham praticamente desaparecido. Todas as barreiras pareciam ter sido extintas; todos dirigiam a palavra a todos [...]. O tom predominante era um sentimento de dignidade silenciosa, somada à determinação, com um toque de solene gravidade e responsabilidade.

[...] Seguimos para Graz [...]. Viajamos via Budapeste até a Galícia, e desembarcamos do trem em Strij, um importante centro ferroviário ao sul de Lemberg [...]. Só nos restava supor que lá ficaríamos instalados por algum tempo com o propósito de receber treinamento e executar manobras. Essa hipótese foi fortalecida pelo fato de que nosso regimento pertencia à Landsturm, ou segunda linha de reserva, originalmente incumbida da defesa interna [...]. Na madrugada seguinte, às quatro horas [...]. de repente, recebemos ordens de marchar. Depois de três horas de caminhada ouvimos, ao longe, repetidos estrondos [...]. Nem por um momento associamos aquele ribombar a ataques de canhões, estando, como supúnhamos, a centenas de quilômetros de distância do ponto mais próximo em que os russos poderiam estar [...]. Ficamos atordoados ao constatar o quanto os russos já tinham penetrado na Galícia [...]. Começamos a cavar nossas trincheiras imediatamente.

Dias depois, o 3° Corpo e o restante do exército sofreram um violento ataque dos russos:

A guerra europeia se desdobra

> Nossa inferioridade numérica era extrema [...] e constantemente nos víamos obrigados a recuar [...]. No dia 6 de setembro, meu batalhão recebeu ordens de assumir uma posição sobranceira a um desfiladeiro que constituía uma das possíveis rotas de aproximação do inimigo. Lá, nós ficamos à espera dos russos, que não tardaram a vir [...]. Ouvimos trotes pesados de cavalos e avistamos silhuetas escuras se lançando sobre nós. Minha sensação imediata foi a de uma dor excruciante no ombro, atingido pelo casco de um cavalo, e a de uma lâmina afiada na minha coxa direita. Disparei minha pistola na figura indistinta sobre mim, vi-a desabar e então perdi a consciência.

Kreisler sobreviveu a seus graves ferimentos, mas dez semanas depois foi declarado "inválido e fisicamente inapto para o serviço militar na frente ou em âmbito interno" e retornou à vida civil.

Fonte: Publicado pela primeira vez em *Four Weeks in the Trenches: The War Story of a Violinist* (Boston, MA: Houghton Mifflin, 1915). Excertos de *Frères de tranchées* (1914-1918), de Marc Ferro, Malcolm Brown, Rémy Cazals e Olaf Müller (© Perrin, 2005); ver também www.greatwardifferent.com/Great_War/Austria_Hungary/Four_Weeks_01.htm.

A frente oriental: Varsóvia e Cárpatos

Nos primeiros meses da guerra, os exércitos da frente oriental, assim como seus congêneres da ocidental, se destacaram especialmente por sua resiliência. Após as vitórias iniciais alemãs na Prússia oriental e a retirada austro-húngara do leste da Galícia, os exércitos adversários continuaram a lutar ao longo de toda a frente; a ação mais sangrenta resultou de quatro contraofensivas empreendidas pelas Potências Centrais, duas na direção de Varsóvia e duas na direção de Przemyśl. No primeiro ataque a Varsóvia (28 de setembro a 30 de outubro), mediram forças o 1º, o 2º e o 4º Exércitos austro-húngaros – mais o novo 9º Exército alemão (general August von Mackensen) – e o 2º, o 5º e o 9º Exércitos russos, do grupo de exércitos da "frente noroeste" (general Nikolai Ruzsky, vitorioso em Glina Lipa). A investida principal levou Mackensen a avançar 20 km Varsóvia adentro antes que os alemães fossem rechaçados em um embate que passou a ser conhecido por diferentes nomes: a Batalha do Vístula, a primeira Batalha de Varsóvia (ou por Varsóvia) ou a Batalha de Ivangorod (Deblin). A concomitante primeira tentativa de reforçar o cerco a Przemyśl – empreendida pelo 3º Exército austro-húngaro de Boroević – temporariamente retomou a cidade-fortaleza (11 de outubro a 6 de novembro), que depois seria perdida mais uma vez. A segunda tentativa de tomar Varsóvia, usando apenas

109

o 9° Exército de Mackensen, resultou em sua derrota pelas forças conjuntas de 1°, 2° e 5° Exércitos russos, de novo coordenados por Ruzsky, na Batalha de Lodz (11 a 25 de novembro), também conhecida como a segunda Batalha por Varsóvia. Por fim, na Batalha de Limanowa-Lapanów (3 a 9 de dezembro), travada a sudeste da Cracóvia, Conrad comandou o 4° Exército austro-húngaro (agora sob o comando do arquiduque José Ferdinando), suplementado pela Legião Polonesa de Pilsudski e uma recém-incorporada divisão de reserva alemã, em um ataque contra o 3° Exército russo, agora sob as ordens do general Radko Rusko Dimitriev, o ex-comandante búlgaro nas Guerras dos Bálcãs que se oferecera voluntariamente ao serviço russo assim que a guerra eclodiu. A contraofensiva austro-húngara avançou 64 km a leste do rio Dunajec, mitigando a pressão à Cracóvia (que teria sido o próximo alvo russo) e repelindo a mais ocidental penetração russa da Primeira Guerra Mundial. Mas Conrad não tinha reservas para dar continuidade ao cerco a Przemyśl, cuja guarnição (de 120 mil homens) caiu prisioneira dos russos em março de 1915. Assim, após os três meses de batalhas na Polônia em 1914, Varsóvia e Przemyśl passaram para mãos russas, mas a um custo considerável. Só as duas batalhas por Varsóvia resultaram em 160 mil baixas russas, contra 77 mil das Potências Centrais, dando continuidade à tendência russa de sofrer severas perdas em todas as batalhas que envolviam oponentes germânicos, fosse qual fosse o resultado. Os russos perderam outros 115 mil homens em seus repetidos ataques a Przemyśl, inicialmente liderados pelo pitoresco Dimitriev, cujo histórico de desperdício de vidas humanas em infrutíferos ataques frontais fora instituído em 1912 na linha Çatalca diante de Constantinopla.

Guilherme II reagiu à fracassada tentativa inicial de tomar Varsóvia nomeando Hindenburg como o Comandante Supremo do Leste (Oberbefehlshaber Ost ou "OberOst"), tendo como subcomandante Ludendorff, medida em vigor a partir de 1° de novembro. Ele deu aos dois considerável autonomia em relação a Falkenhayn e ao OHL, mas não conseguiu persuadir Francisco José a subordinar ao seu comando todas as forças austro-húngaras da frente oriental. Conrad ameaçou se demitir caso o papel do AOK fosse reduzido, mas depois acabou trabalhando muito bem com o OberOst. Ele mantinha relações particularmente boas com Ludendorff, que exaltava a Batalha de Limanowa-Lapanów como "um esplêndido sucesso das armas austro-húngaras".[16] Falkenhayn, por sua vez, mal era capaz de disfarçar seu desprezo por Conrad. Em geral, ele dominava as reuniões, mas Conrad (ex-professor e autor prolífico), no dia seguinte, enviava-lhe pelo correio uma réplica por escrito. Essas respostas incisivas serviam apenas para irritar Falkenhayn, que raramente demonstrava interesse pelas opiniões de Conrad e desprezava a Áustria-Hungria, a que se referia como um "cadáver" muito antes que a Monarquia Dual merecesse esse epíteto.

A guerra europeia se desdobra

Nos primeiros meses da guerra, Conrad permaneceu fiel à sua convicção de que um exército tinha de continuar buscando incansavelmente a ofensiva conquanto as tropas estivessem dispostas a atacar. Quando o grupo de exércitos da "frente sudoeste" (general Nikolai Ivanov), que consistia dos 7°, 8° e 9° Exércitos russos, lançou uma ofensiva de inverno nos Cárpatos em meados de dezembro, Conrad não pôde recuar. Ele começou a despejar tropas nas montanhas nevadas, incrementando aos poucos uma inconclusiva guerra de desgaste que destruiu o exército regular na primavera de 1915. Reiterados ataques frontais contra posições inimigas fixas, em geral, sem o adequado apoio de artilharia, foram responsáveis por boa parte da carnificina, mas a neve e o frio também cobraram seu preço. Em uma noite particularmente cruel, 28 oficiais e 1.800 homens do 3° Exército de Boroević morreram congelados em seus postos. No final de abril, 600 mil do total de 1,1 milhão de soldados austro-húngaros enviados aos Cárpatos ou já tinham morrido, ou estavam feridos, ou haviam caído prisioneiros. Os alemães perderam 32 mil dos 87 mil soldados que haviam despachado para a campanha como parte do novo Exército do Sul (Südarmee), comandado pelo protegido de Falkenhayn, o general Alexander von Linsingen. E Falkenhayn só não mandou mais gente porque Hindenburg e Ludendorff o convenceram a permitir que lançassem sua própria ofensiva de inverno a partir da Prússia oriental. Ao contrário da prolongada agonia nos Cárpatos, a ofensiva do OberOst rumo ao norte terminou rapidamente em um embate sem vencedores, a segunda Batalha dos Lagos Masurianos (7 a 22 fevereiro de 1915), em que duas forças alemãs, o 8° Exército (general Otto von Below) e o novo 10° Exército (general Hermann von Eichhorn) enfrentaram duas forças russas, o novo 10° Exército (general Thadeus von Sievers) e o 12° Exército (general Pavel Plehve). Os alemães quase destruíram o 10° Exército, fazendo 100 mil prisioneiros, mas suas pesadas perdas (60 mil baixas, contra 56 mil dos russos) impediram um avanço mais significativo. O resultado em nada diminuiu a reputação de Hindenburg e Ludendorff, mas o mesmo não se pode dizer de Conrad nos Cárpatos, embora ele também tenha infligido severas baixas às tropas da frente sudoeste de Ivanov. Na primavera de 1915, sua dispendiosa decisão de empreender a campanha de inverno deixou-o cada vez mais dependente do apoio alemão e acrescentou ainda mais tensão às relações entre aliados.

O Mediterrâneo: a Turquia se junta às Potências Centrais

O Império Otomano ocupava um lugar crucial no equilíbrio das relações internacionais no verão de 1914. Se ficasse do lado da Entente ou se mantivesse

111

neutro, era improvável que a guerra se espalhasse pelas possessões coloniais muçulmanas da Grã-Bretanha e da França ou para as vastas possessões da Rússia na Ásia Central muçulmana, a Tríplice Entente controlaria o Mediterrâneo e o mar Negro, e britânicos e franceses poderiam facilmente se comunicar com os russos e abastecê-los. Caso ficasse do lado da Alemanha e da Áustria-Hungria, o Império Otomano bloquearia essa potencial linha vital de comunicações nos estreitos de Dardanelos e Bósforo, criaria uma frente adicional para o exército russo no Cáucaso, colocaria em risco o controle da Entente no mar Negro e pelo menos na porção leste do Mediterrâneo, e potencialmente agitaria o mundo muçulmano contra as três potências da Entente. Entre os líderes unionistas do Império Otomano, Enver Paxá, que acumulava o duplo papel de ministro da guerra e chefe do Estado-Maior, emergiu como a mais proeminente voz pró-Alemanha, mas poucos dos outros líderes pró-unionistas do Império Otomano compartilhavam seu entusiasmo por uma aliança com Berlim. Na verdade, durante a primeira metade de 1914, os turcos buscaram negociações com todas as potências europeias, exceção feita à Itália. Por fim, em 2 de agosto, um dia depois que a Alemanha declarou guerra à Rússia, o tradicional arqui-inimigo do Império Otomano, os turcos concluíram um tratado de aliança secreto com os alemães – embora momentaneamente mantendo a neutralidade –, em parte para assegurar a posse de três couraçados de construção inglesa, dois dos quais seriam entregues a tripulações turcas no dia seguinte.

No dia 3 de agosto, quando a guerra entre Grã-Bretanha e Alemanha parecia iminente, o primeiro lorde do almirantado preferiu confiscar os três couraçados em vez de deixá-los cair nas mãos de um potencial futuro inimigo. No mesmo mês, os britânicos acrescentaram os dois couraçados completos à sua própria marinha e desmantelaram o terceiro ainda em sua carreira – a rampa inclinada por onde se desliza a embarcação quando é lançada ao mar. A perda dos navios de guerra, pelos quais os turcos já haviam inclusive pago, solidificou o sentimento de hostilidade contra a Entente em Constantinopla, ainda que agora os turcos ficassem mais vulneráveis em relação aos russos no mar Negro e os gregos no mar Egeu, em uma ocasião em que não parecia que os alemães pudessem oferecer algum tipo de ajuda marítima. O alívio veio quando as hostilidades contra a França e a Grã-Bretanha deixaram dois de seus navios de guerra, o cruzador de batalha Goeben e o cruzador ligeiro (ou cruzador leve) Breslau, encurralados no Mediterrâneo, sem esperança de chegar ao mar do Norte. Ao invés de se juntar à marinha austro-húngara no Adriático, eles seguiram a todo vapor para Constantinopla, onde ancoraram a 10 de agosto. Uma semana depois, hastearam a bandeira turca, o Goeben como Yavuz Sultan Selim e o Breslau como Midilli. Enver Paxá esperava que a transferência dos navios de guerra levasse seu país à guerra do lado das

A guerra europeia se desdobra

Potências Centrais, mas a maior parte do gabinete preferia manter a neutralidade até que se averiguassem quais eram as intenções da Romênia e Bulgária, países pelos quais passava a conexão férrea entre Berlim e Constantinopla.

Enquanto isso, no final do setembro, depois que os britânicos recuaram de sua missão naval, o comandante alemão do Yavuz Sultan Selim e do Midilli, o contra-almirante Wilhelm Souchon, foi nomeado chefe de uma nova missão naval alemã e ganhou a patente de vice-almirante da marinha otomana, o que fez dele o comandante de fato da esquadra turca. Um mês depois, o restante do gabinete finalmente concordou em levar o Império Otomano à guerra do lado das Potências Centrais, mas só depois que uma remessa de ouro equivalente a 2 milhões de libras turcas chegasse a Constantinopla, vinda de Berlim. Em 29 de outubro, os navios de guerra de Souchon bombardearam os portos de Odessa, Sebastopol, Novorossiysk e Feodosia. Quatro dias depois, a Rússia declarou guerra ao Império Otomano, seguida, em 5 de novembro, pela Grã-Bretanha e França. Os turcos só divulgaram suas declarações recíprocas em 11 de novembro, quando o sultão Mehmed V, em sua condição de califa, proclamou também uma *jihad* contra a Tríplice Entente.

Em 2 de novembro, dia em que os russos declararam guerra, o general Georgy Bergmann liderou um corpo de tropas do exército russo do Cáucaso em uma invasão à Armênia otomana. Ele avançou 25 km território turco adentro até se deparar com o 3° Exército do general Hafiz Hakki Paxá, que o forçou a recuar de volta à fronteira. Enver Paxá, então, chegou para assumir pessoalmente o comando do 3° Exército na Batalha de Sarkamish (22 de dezembro de 1914 a 17 de janeiro de 1915), um ambicioso ataque ao longo da frente do Cáucaso e que levou o nome da cidadezinha no centro da linha. As forças otomanas no teatro de operações incluíam 118 mil homens enfrentando um exército russo do Cáucaso (general Alexander Michlaievski) reduzido a apenas 65 mil homens, porque um terço de seu efetivo tinha sido enviado em destacamento para a frente oriental. Enver Paxá planejou uma ambiciosa campanha ao longo de uma frente que se estendia entre 1.250 e 1.550 km, combatendo em uma altitude de 1.500 a 2.000 metros, sob pesada nevasca. Seu exército contava apenas com cerca de 200 peças de artilharia e menos de 75 metralhadoras, e 2 de suas divisões sequer tinham trajes de inverno. O terreno dificultava o reabastecimento de ambos os exércitos; os turcos, em particular, sofreram por conta do compromisso que haviam assumido anos antes de não construir uma linha férrea na direção do Cáucaso sem a aprovação russa. Os russos estavam mais bem equipados e se beneficiaram do reforço de voluntários armênios, cujo entusiasmo mereceu os elogios de Nicolau II quando o czar visitou a frente um ano depois. O clímax da batalha se deu em 29 de dezembro, quando um ataque turco a baioneta fracassou em sua tentativa de tomar a cidade de Sarkamish. Diante de um contra-ataque russo com um exército reforçado por

113

100 mil homens, os turcos recuaram para Erzerum, deixando a linha de frente em solo otomano. Embora tenha envolvido um número bem menor de homens por um período mais curto de tempo, a campanha de inverno no Cáucaso teve muitas semelhanças com a simultânea campanha nos Cárpatos, na frente oriental. O 3º Exército turco perdeu 47 mil homens e o exército russo do Cáucaso, 28 mil; 15 mil turcos e 12 mil russos pereceram como resultado direto das más condições do tempo. Entre os feridos, um número extraordinariamente baixo sobreviveu (apenas 10 mil do lado truco). Enver Paxá tinha posto em marcha uma campanha ofensiva contra a recomendação do chefe da missão militar alemã, Liman von Sanders. Depois, ele retornou a Constantinopla, onde exerceu a função de ministro da Guerra e chefe do Estado-Maior até as últimas semanas da guerra, e jamais tentou comandar novamente um exército no campo de batalha. Sua decisão de atribuir o fiasco à deslealdade dos armênios estabeleceu o cenário para o genocídio que em breve seria praticado contra esse povo (ver capítulo "A guerra mundial: Oriente Médio e Índia").

Conclusão

Desde o início do inverno, o conflito – em situação de impasse ou beco sem saída – já se mostrara mais sangrento e dispendioso do que qualquer um tinha imaginado, e ainda assim os países que declararam guerra em agosto de 1914 não apenas persistiram na luta, mas elevavam as exigências para a paz à medida que a guerra se arrastava. Os alemães foram mais longe e chegaram a elaborar um programa de objetivos de guerra, o chamado "programa de setembro" de Bethmann Hollweg, formulado na esteira da vitória em Tannenberg e ironicamente datado de 9 de setembro, dia da derrota alemã na primeira Batalha do Marne. O programa reivindicava a criação de uma *Mitteleuropa* [Europa do meio] sob dominação alemã, a anexação de Luxemburgo, o rebaixamento da Bélgica e dos Países Baixos à condição de satélites alemães, a libertação da Polônia e dos povos não russos da Rússia (cujos novos Estados formariam um Estado-tampão da Alemanha no Leste Europeu), a anexação de parte do território francês e a redução da França a um dependente econômico da Alemanha. O "programa de setembro" também revelou os objetivos revolucionários de Berlim além da Europa, incluindo uma redefinição radical do desenho das fronteiras coloniais na África, em que o Congo Belga se tornaria a peça central de uma *Mittelafrika* alemã. Embora nenhum outro governo tenha articulado programa tão amplo e impetuoso, todos tinham objetivos de guerra e nenhum deles aceitaria um acordo de conciliação baseado no *status quo ante*. Pelo menos durante os três primeiros anos da guerra, em geral a opinião pública de todos os países apoiou uma paz vitoriosa, e esse sentimento se intensificou à medida que mais homens morriam, pois, sem a vitória, seu sacrifício teria sido em vão.

Se o sucesso ou o fracasso dos exércitos nas campanhas iniciais da guerra dependeu da eficiência de sua mobilização, e depois de sua logística de comando-e-controle, a guerra de desgaste atribuiu papel fundamental à reposição de homens e reabastecimento de equipamentos, e à manutenção do poderio, especialmente na artilharia. A Alemanha tinha a mobilização mais eficiente, mas a vantagem alemã no quesito comando-e-controle entrou em colapso assim que teve início a guerra em larga escala na frente ocidental e os exércitos de Moltke deixaram de avançar com os parâmetros estritamente determinados. Depois de seu fracasso no Marne, a superioridade do exército alemão em artilharia (114 canhões por corpo de exército contra 120 dos franceses) e metralhadoras permitiu-lhe estabelecer e manter uma frente contínua em pleno território inimigo. Na frente oriental, a Alemanha desfrutava de uma vantagem ainda maior em termos de artilharia (contra os 108 canhões por corpo de exército da Rússia), mas a Rússia, é claro, tinha a superioridade numérica e se mobilizara de maneira mais rápida e eficiente que o esperado. Em sua campanha contra o exército austro-húngaro, os russos contavam com superioridade em número de soldados, artilharia (contra os 96 canhões por corpo de exército da Monarquia Dual) e metralhadoras, e a vantagem adicional – graças à traição do coronel Redl antes da deflagração do conflito – de ter tido acesso aos planos de guerra do inimigo. O fracasso geral da Áustria-Hungria nos primeiros meses da guerra só teve paralelo com o insucesso da França, que também não desfrutava de vantagens sobre seu principal adversário, a Alemanha – nem em sua mobilização inicial ou implementação dos planos de guerra, nem em poder de fogo, tampouco em número de homens – e mal conseguiu evitar a derrota após apenas seis semanas de guerra. Joffre, como Conrad, buscou empreender uma ofensiva agressiva, completamente inapropriada diante da situação e da disponibilidade de recursos de seu país. No processo, ambos os generais destruíram seus exércitos a ponto de torná-los dependentes, pelo resto da guerra, de seus aliados. O destino da França e o da causa Aliada contra as Potências Centrais ficaram cada vez mais subordinados ao tamanho e à qualidade da contribuição que a Grã-Bretanha faria na frente ocidental e à capacidade da Entente de importar equipamentos bélicos dos neutros Estados Unidos, um fornecedor indisponível para a Alemanha em função do bloqueio no mar do Norte. Na primavera de 1915, esse comércio tinha assumido uma importância tão grande que a Alemanha recorreria à guerra submarina indiscriminada em uma tentativa de estancar o fluxo de munições e outros suprimentos norte-americanos para a Grã-Bretanha e a França.

A TRÉGUA DE NATAL, DEZEMBRO DE 1914

O soldado raso Graham Williams, da Brigada de Fuzileiros de Londres, descreve o início da trégua informal no setor da frente junto a Ploegsteert, Bélgica, na noite de 24 de dezembro de 1914:

> De repente, luzes começaram a aparecer ao longo da balaustrada alemã, e estava claro que eram árvores de Natal improvisadas, adornadas com velas acesas, que ardiam constantes no ar silencioso e gélido. Outras sentinelas tinham, é claro, visto a mesma coisa, e rapidamente acordaram as que estavam de guarda, adormecidas nos abrigos [...]. Então nossos oponentes começaram a cantar "*Stille Nacht, Heilige Nacht*" [Noite Feliz] [...]. Eles terminaram sua cantiga e nós achamos que devíamos responder de alguma maneira, por isso cantamos "*The First Nowell*" [O Primeiro Natal], e assim que terminamos todos eles começaram a aplaudir; e então eles iniciaram outra de suas favoritas, "*O Tannenbaum*". E assim foi. Primeiro os alemães cantavam um de seus hinos de Natal e depois nós cantávamos um dos nossos, até que começamos a entoar "*O Come All Ye Faithful*" [Oh, venham todos os fiéis] e os alemães imediatamente se juntaram a nós, cantando o mesmo hino, mas com a letra em latim "*Adeste Fidelis*". E eu pensei: isto é mesmo uma coisa extraordinária – duas nações cantando o mesmo hino no meio de uma guerra.

O soldado raso François Guilhem, do 296° Regimento de Infantaria, parte do 8° Exército francês em Flandres, descreve a troca de cânticos de Natal em seu setor da frente:

> Jamais vou me esquecer desta noite de Natal: sob o luar claro como o dia, e com a neve tão dura que dava até para quebrar pedras, estávamos subindo por volta de dez da noite, carregando lenha para as trincheiras. Vocês podem imaginar nosso espanto quando ouvimos os Chucrutes cantando hinos em suas trincheiras e os franceses nas deles; então os Chucrutes cantaram seu hino nacional e aplaudiram e deram vivas. Os franceses responderam com o "*Chant du départ*" [Canção da partida]. Toda essa cantoria por parte de milhares de homens no meio de uma zona rural foi verdadeiramente mágica.

Um soldado alemão, Bernhard Lehnert, servindo o 4° Exército em Flandres ocidental, descreve uma troca de canções no dia de Natal com os soldados franceses da trincheira defronte:

> No dia de Natal de 1914, as sentinelas na trincheira cantaram "*Stille Nacht, Heilige Nacht*". Assim que entoaram as primeiras palavras, os franceses começaram a disparar furiosamente, achando que era o início de um ataque, embora esse hino não fosse marcial. Pouco depois eles pararam de atirar, porque nada aconteceu. Devem ter entendido que a música estava relacionada ao

> Natal e permaneceram em silêncio. Quando terminamos a nossa *"Stille Nacht, Heilige Nacht"*, os franceses cantaram a *"Marselhesa"*. E foi assim que passamos o Natal de 1914.
>
> Fonte: Marc Ferro *et al.*, *Meetings in No Man's Land: Christmas 1914 and Fraternization in the Great War* (London: Constable, 2007), 28-29, 80, 193.

Paradoxalmente, em meio ao derramamento de sangue sem precedentes de uma guerra cada vez mais cruel, toda vez que as linhas se estabilizavam, soldados comuns logo adotavam com relação a seus oponentes algumas demonstrações informais de cortesia do tipo "viva e deixe viver". Durante uma pausa na luta, homens entediados começavam a conversar aos berros ou a participar de competições de cantoria com seus inimigos do outro lado da "terra de ninguém", em alguns casos se aventurando até as trincheiras alheias para fraternizar ou permutar álcool e tabaco. Na frente ocidental, uma série de episódios do tipo culminou na "trégua de Natal" de 24 e 25 de dezembro de 1914, em Flandres, envolvendo aproximadamente dois terços da linha mantida pela Força Expedicionária Britânica, trincheiras em seu flanco norte mantidas pelo 8º Exército francês, e os alemães do 4º e 6º Exércitos defronte (ver box "A trégua de Natal, dezembro de 1914"). O espetáculo de fraternização entre os inimigos perturbou tanto os oficiais comandantes de ambos os lados que, nos anos seguintes, os bombardeios de artilharia foram intensificados na véspera de Natal a fim de evitar a repetição da trégua. Uma fraternização em tal escala só seria vista novamente em de 1917, na esteira da Revolução Russa.

Notas

[1] Citado em Annika Mombauer, *Helmuth von Moltke and the Origins of the First World War* (Cambridge University Press, 2001), 94.

[2] Herman de Jong, "The Dutch Economy during World War I", Stephen Broadberry e Mark Harrison (eds.), *The Economics of World War I* (Cambridge University Press, 2005), 138-39.

[3] Citado em John Horne e Alan Kramer, *German Atrocities 1914: A History of Denial* (New Haven, CT: Yale University Press, 2001), 39.

[4] Alexander von Kluck, *The March on Paris and the Battle of the Marne, 1914* (London: Edward Arnold, 1920), 29.

[5] Citado em Horne e Kramer, *German Atrocities 1914*, 238.

[6] Charles Louis Marie Lanrezac. *Le plan de campagne française et le premier mois de la guerre*, ed. rev. (Paris: Payot, 1929), 173, 258.

[7] Joffre a Gallieni, 4 de setembro de 1914, texto em *Mémoires du Maréchal Joffre (1910-1917), Vol. 1* (Paris: Librairie Plon, 1932), 377.

[8] Kluck a Moltke, 4 de setembro de 1914, citado em Kluck, *The March on Paris*, 98-99.

[9] Kluck a Moltke, 4 de setembro de 1914, citado em Kluck, *The March on Paris*, 99.

[10] Holger H. Herwig, *The Marne: 1914: The Opening of World War I and the Battle that Changed the World* (New York: Random House, 2009), 277.

A Primeira Guerra Mundial

[11] Stéphane Audoin-Rouzeau e Annette Becker, *14-18: Understanding the Great War*, trad. Catherine Temerson (New York: Hill & Wang, 2002), 25.

[12] Rudolf Jerabek, *Potiorek: General im Schatten von Sarajevo* (Graz: Verlag Styria, 1991), 162-65.

[13] Franz Conrad von Hötzendorf, *Aus meiner Dienstzeit, 1906-1918*, Vol. 4, 399-400.

[14] Josef Redlich, *Schicksalsjahre Österreichs, 1908-1919: Das politische Tagebuch Josef Redlichs*, Vol. 1, ed. Fritz Fellner, 2 vols. (Graz: Böhlau, 1953-54), 26 de agosto de 1914, 256.

[15] Redlich, *Tagebuch*, Vol. 1, 9 de setembro, 1914, 270-71 e 22 de novembro, 1914, Vol. 1, 289.

[16] Erich Ludendorff, *Meine Kriegserinnerungen 1914-1918*, 5ª ed. (Berlin: E. S. Mittler & Sohn, 1920), 58.

Leituras complementares

Aksakal, Mustafa. *The Ottoman Road to War in 1914: The Ottoman Empire and the First World War* (Cambridge University Press, 2008).

Beckett, Ian F. W. *Ypres: The First Battle, 1914* (Harlow: Pearson Education, 2004).

Ferro, Marc. *et al. Meetings in No Man's Land: Christmas 1914 and Fraternization in the Great War* (London: Constable, 2007).

Herwig, Holger H. *The First World War: Germany and Austria* (London: Arnold, 1997).

Herwig, Holger H. *The Marne, 1914: The Opening of World War I and the Battle that Changed the World* (New York: Random House, 2009).

Horne, John e Alan Kramer. *German Atrocities 1914: A History of Denial* (New Haven, CT: Yale University Press, 2001).

Lyon, James M. B. "'A Peasant Mob': The Serbian Army on the Eve of the Great War". *The Journal of Military History* 61 (1997): 481-502.

Porch, Douglas. *The March to the Marne: The French Army, 1871-1914* (Cambridge University Press, 1981).

Rothenberg, Gunther E. "The Austro-Hungarian Campaign Against Serbia in 1914", *The Journal of Military History* 53 (1989): 127-46.

Showalter, Dennis E. *Tannenberg: Clash of Empires* (Hamden, CT: Archon Books, 1991).

Van der Vat, Dan. *The Ship that changed the World: The Escape of the Goeben to the Dardanelles in 1914* (Edinburgh: Birlinn, 2000).

A GUERRA MUNDIAL: LESTE DA ÁSIA, PACÍFICO, ÁFRICA

O cruzador ligeiro alemão Nürnberg atuou nas Malvinas, mas não resistiu à força marítima britânica.

Cronologia

23 de agosto de 1914. O Japão declara guerra à Alemanha.

Agosto. Os Aliados tomam a Samoa alemã e o Togo.

Setembro-outubro. Os japoneses ocupam a Micronésia alemã (ilhas Marshall, Carolinas e Marianas).

Setembro-novembro. Os australianos conquistam Kaiser Wilhelmsland e o arquipélago de Bismarck.

Outubro. "Rebelião Maritz" africâner contra os britânicos na África do Sul.

1° de novembro. Derrota da marinha britânica na Batalha de Coronel.

7 de novembro. Os alemães entregam Tsingtao aos japoneses.

8 de dezembro. Derrota naval alemã na Batalha das Malvinas.

Julho de 1915. Os sul-africanos completam a conquista do Sudoeste Africano Alemão.

Fevereiro de 1916. Os Aliados completam a conquista do Camarões alemão.

Novembro de 1918. Rendição das últimas forças alemãs na África Oriental.

A Primeira Guerra Mundial – bem mais do que a Segunda – centrou-se na Europa, mas depois de algumas semanas da deflagração a guerra europeia se transformou gradativamente em um conflito mundial, devido à natureza global dos impérios coloniais europeus, seus interesses comerciais e sua presença naval. Embora na Primeira Guerra Mundial jamais tenha havido um teatro de operações não europeu da magnitude do Pacífico na Segunda, a entrada do Japão do lado Aliado fez com que o conflito se alastrasse para o leste da Ásia e as ilhas do Pacífico. Durante a corrida naval anterior à guerra, a Grã-Bretanha e a Alemanha tinham concentrado seus maiores e mais recentes navios de guerra em águas nacionais, instigando outras potências navais da Europa a fazer o mesmo; ainda assim, nos primeiros meses da guerra, as marinhas europeias conseguiram levar o conflito a lugares remotos que não veriam hostilidades na Segunda Guerra Mundial, tais como Taiti, a costa do Chile e as ilhas Malvinas.* Em contraste com a Segunda Guerra, também houve uma campanha prolongada (embora de baixa intensidade) na África Subsaariana que durou até o armistício. Exceção feita ao Oriente Médio, onde os eventos demoraram mais para ter desdobramentos e os combates chegaram bem mais tarde ao clímax, nos teatros não europeus da Primeira Guerra Mundial, os Aliados rapidamente (mas nem sempre com facilidade) levaram a melhor com relação às forças navais e coloniais alemãs, em cada caso deixando poucas dúvidas acerca de qual seria o resultado no início de 1915.

A esquadra alemã no leste da Ásia: de Tsingtao às ilhas Malvinas

Embora a marinha japonesa jamais tenha se engajado em combate contra a esquadra alemã no leste da Ásia, tampouco tenha disparado sequer um tiro contra embarcações alemãs em alto-mar, a entrada do Japão na Primeira Guerra Mundial propiciou o contexto para a precipitada fuga da esquadra do leste da Ásia para as águas ao largo da América do Sul e para o subsequente fracasso de cruzadores ale-

---

* N. T.: O arquipélago hoje sob controle da Inglaterra e chamado por ela (e pelo autor) de Falkland Islands é reivindicado pela Argentina e conhecido em toda a América Latina como ilhas Malvinas.

mães em suas manobras contra alvos Aliados no Pacífico. Para os líderes japoneses, a Primeira Guerra apresentava a oportunidade de alcançar objetivos de longo prazo na parte continental do leste da Ásia, onde os japoneses pretendiam substituir a dominação europeia da China pela dominação nipônica e nas ilhas do Pacífico, tidas como valiosas bases na futura competição com os Estados Unidos pela hegemonia no oceano Pacífico. O Japão declarou guerra à Alemanha em 23 de agosto de 1914, em virtude de um tratado de aliança com a Grã-Bretanha que remontava a 1902 e incluía a "promessa de apoio caso um dos signatários vier a se envolver em uma guerra contra mais de uma potência".[1] A aliança foi motivada por uma mútua preocupação anglo-japonesa com as ambições russas no Extremo Oriente, mas o entusiasmo britânico diminuiu depois que a decisiva vitória do Japão em 1905 levou a Rússia a acertar suas diferenças com os ingleses na Entente Anglo-Russa de 1907 e fez com que os nipônicos passassem a se concentrar em sua rivalidade com os Estados Unidos. Contudo, os termos da aliança obrigavam o Japão a ir ao auxílio da Grã-Bretanha assim que os ingleses declarassem guerra a uma segunda potência (neste caso, o Império Austro-Húngaro, depois da Alemanha), o que os japoneses – cobiçando as relativamente indefesas colônias alemãs no leste da Ásia e no Pacífico – estavam ávidos para fazer, fosse ou não necessária sua intervenção. Em 15 de agosto, dois dias depois do início das hostilidades entre Grã-Bretanha e Império Austro-Húngaro, o Japão encaminhou aos alemães um ultimato exigindo o desarmamento ou a retirada de todas as embarcações da marinha alemã das águas do leste asiático e a cessão ao Japão do território da baía de Jiaozhou com a base em Tsingtao. Oito dias depois, dada a recusa dos alemães em responder, os japoneses citaram em sua declaração de guerra "preparativos bélicos" em Tsingtao e ações "ameaçadoras" de navios de guerra alemães. Em 24 de agosto, a marinha japonesa bloqueou a baía de Jiaozhou com uma poderosa força naval que incluía dois couraçados, um cruzador de batalha, um pré-couraçado e cruzadores blindados.

O comandante da esquadra alemã do leste da Ásia, o vice-almirante conde Maximilian

George Grantham Bain Collection (Library of Congress), 8 dez. 1914.

Importante almirante alemão, Maximilian von Spee tombou lutando junto com seus dois filhos.

A guerra mundial: leste da Ásia, Pacífico, África

von Spee, tinha deixado Tsingtao em 20 de junho, oito dias antes do assassinato em Sarajevo, para percorrer as colônias alemãs na Micronésia (ilhas Marianas, ilhas Carolinas e ilhas Marshall) (ver mapa "Esquadra alemã no leste da Ásia, 1914") com seus dois melhores navios de guerra, os cruzadores blindados de 11.600 toneladas Scharnhorst e Gneisenau. O cruzador ligeiro Nürnberg tinha partido duas semanas antes, seguindo rumo à costa mexicana no Pacífico, onde deveria auxiliar o cruzador ligeiro Leipzig, mobilizado antes por Spee para salvaguardar os interesses alemães ameaçados pela Revolução Mexicana em curso. Ele deixou para trás, em Tsingtao, os cruzadores ligeiros Emden e Cormoran, quatro canhoneiras, um destróier e o cruzador protegido Kaiserin Elisabeth, único navio de guerra austro-húngaro posicionado fora de águas europeias em 1914. Depois da eclosão da guerra, mas antes da entrada do Japão, os alemães posicionaram em Tsingtao dois cruzadores auxiliares: o navio de linha regular russo Riasan, capturado pelo Emden, que recebeu os canhões, a tripulação e o nome do muito menor Cormoran, e o navio de passageiros Prinz Eitel Friedrich, do Norddeutsche Lloyd, que recebeu os canhões e a tripulação das duas canhoneiras. Prontamente, as duas embarcações se puseram ao mar com o Emden, acompanhadas por uma flotilha de navios de suprimento e navios carvoeiros para alcançar Spee. Os 3.400 tripulantes das naus remanescentes receberam ordens de permanecer em terra, onde responderam por dois terços dos homens mobilizados pelo governador militar da baía de Jiaozhou, o capitão Alfred Meyer-Waldeck, para defender Tsingtao contra um cerco japonês comandado pelo general Mitsuomi Kaimo.

Os 60 mil homens de Kaimo podiam ter facilmente subjugado a heterogênea guarnição de Meyer-Waldeck, composta de marinheiros, fuzileiros e reservistas de meia-idade, mas os agressores japoneses avançaram com cautela, pondo em prática lições aprendidas em sua guerra contra a Rússia uma década antes. Kaimo foi lentamente apertando o cerco a Tsingtao, avançando sob adequado apoio de artilharia e executando as investidas mais ousadas à noite; ao fim e ao cabo, sofreu apenas 415 baixas durante todo o cerco. Seu ritmo deliberado deu tempo aos britânicos para que enviassem suas contribuições – um pré-couraçado, um destróier e 1.500 soldados –, o que fez da operação uma manobra Aliada e não exclusivamente japonesa. Em 7 de novembro, Meyer-Waldeck ordenou que os navios de guerra remanescentes fossem afundados e se rendeu. Os 4.600 defensores de Tsingtao formaram o maior grupo de prisioneiros a cair em mãos japonesas ao longo de toda a Primeira Guerra Mundial e, em grande contraste com o que aconteceu com os prisioneiros da Segunda Guerra Mundial, foram razoavelmente bem tratados, ainda que os sobreviventes só tenham sido repatriados para a Alemanha e a Áustria em 1920.

Enquanto isso, Spee, que estava percorrendo em cruzeiro os mares na região das Carolinas com o Scharnhorst e o Gneisenau quando da deflagração das hosti-

123

ESQUADRA ALEMÃ NO LESTE DA ÁSIA, 1914

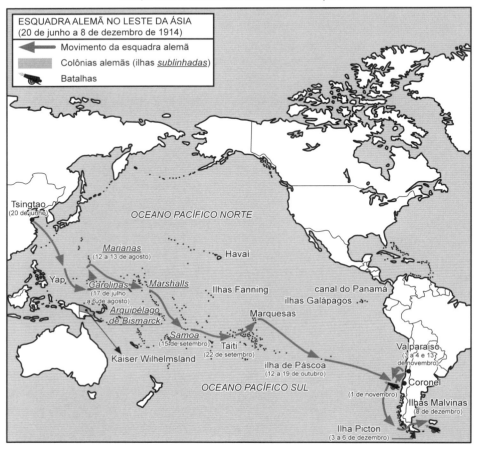

lidades, reuniu-se com o Nürnberg, que reverteu seu curso em Honolulu ao invés de prosseguir, conforme o planejado, para a costa mexicana. Os três cruzadores rumaram a pleno vapor para Pagan, nas Marianas, mais ou menos a meio caminho de Tsingtao, onde, em 12 de agosto, encontraram-se com o Emden, o Printz Eitel Friedrich e sete navios de suprimentos e navios-carvoeiros vindos da base sitiada com provisões para uma jornada mais longa. Dos navios de guerra de que a Alemanha dispunha então no Pacífico, os únicos que não estavam presentes nas Marianas eram o Leipzig, que a essa altura já tinha deixado a costa do México para atuar como batedor no Pacífico leste, e o Cormoran (ex-Riasan), que se juntaria à esquadra, nas ilhas Marshall, duas semanas depois, escoltando outros dois navios de suprimentos. Navegando para o sudeste a partir das Marianas, Spee destacou o

A guerra mundial: leste da Ásia, Pacífico, África

Emden para investir contra o comércio Aliado nas Índias Orientais e no oceano Índico, depois seguiu através do Pacífico com o Scharnhorst e o Gneisenau, por vezes acompanhados do Nürnberg, do Cormoran e do Printz Eitel Friedrich, atacando alvos Aliados ao longo do caminho. Os maiores danos causados pelos dois cruzadores se deram em 3 de setembro no Taiti, onde bombardearam o porto de Papeete e afundaram uma canhoneira francesa (ver box "Problemas no paraíso").

As reviravoltas da campanha de Spee e o esforço Aliado de caçá-lo dependeram em larga medida dos avanços feitos na recente revolução da comunicação por rádio sem fio, encabeçada por Guglielmo Marconi e outros nos anos imediatamente anteriores à guerra. Spee e seus perseguidores complementavam suas mensagens sem fio com interações esporádicas transmitidas via cabos submarinos a partir de vários postos avançados localizados em ilhas e portos neutros.[2] Estações de rádio a cabo e sem fio instaladas em ilhas tornaram-se alvos de ambos os lados. Entre as primeiras baixas incluem-se a estação alemã de Yap nas Carolinas Ocidentais, destruída, no início de agosto, por fogo de artilharia do cruzador blindado britânico Minotaur, e a estação de cabo francesa na ilha Fanning (Tabuaeran), cuja destruição – obra de um destacamento do Nürnberg – cortou as comunicações diretas entre Austrália e Canadá por duas semanas em setembro. O rádio sem fio se mostrou fundamental para um impressionante encontro que Spee orquestrou entre 12 e 14 de outubro, na ilha de Páscoa, um dos mais remotos locais habitados do planeta. Cruzando o Pacífico rumo a leste, o Scharnhorst, o Gneisenau e o Nürnberg fizeram contato com o Leipzig e outro cruzador ligeiro, o Dresden – ambos tinham atuado de maneira independente como corsários –, navios armados disfarçados de navios mercantes – desde a declaração de guerra, a uma distância de cerca de 4.800 km, quando todos estavam a aproximadamente 2.400 km da ilha. Os navios coordenaram não apenas seu próprio encontro, mas também o de sete navios-carvoeiros e navios de suprimentos carregados de combustível e provisões. Da ilha de Páscoa, os reabastecidos navios de Spee navegaram 3.200 km a leste para a costa do Chile, onde entraram em confronto com uma força britânica comandada pelo contra-almirante sir Christopher Cradock, ao largo do porto da ilha de Coronel. Cradock deixara sua base em Port Stanley, nas ilhas Malvinas e contornara o cabo Horn depois que uma mensagem por telégrafo sem fio interceptada indicava que o Leipzig tinha sido convocado em Coronel. Ignorando o fato de que Spee estava deliberadamente enviando todas as suas transmissões por meio do telégrafo sem fio do Leipzig em uma tentativa de mascarar o tamanho e a localização de suas forças, Cradock esperava encontrar apenas o solitário cruzador ligeiro; na verdade, parecia convencido de que Spee estava bem mais ao norte, em algum lugar próximo às ilhas Galápagos a caminho do recém-aberto canal do Panamá, sua rota mais rápida para a Alemanha.

125

PROBLEMAS NO PARAÍSO

Em 7 de outubro de 1914, o vapor Moana atracou em São Francisco trazendo passageiros do Taiti, entre eles uma mulher identificada como "senhorita Geni La France, atriz francesa" e o comerciante neozelandês E. T. Titchener. Testemunhas oculares do bombardeio de Papeete, Taiti, viajando nos cruzadores alemães Scharnhorst e Gneisenau em 22 de setembro de 1914, fizeram os seguintes relatos:

La France: Eu estava sentada na varanda do hotel, aproveitando um belo dia de férias. Todos estavam felizes e contentes. O sol brilhava, fazia um calor agradável, e os nativos estavam ocupados com o trabalho. Notei duas embarcações escuras movendo-se rapidamente rio acima, mas me sentia preguiçosa e confortável demais para me interessar. De repente, sem nenhum aviso, bombas começaram a explodir perto de nós. Duas casas perto do hotel desabaram com um estrondo e os nativos começaram a gritar e a correr em todas as direções. Por um minuto, não entendi o que estava acontecendo. Mas quando outra saraivada de bombas explodiu perigosamente perto e alguns estilhaços passaram raspando pela minha cabeça, eu também me pus a correr.

[...] Os tiros dos navios de guerra alemães [sic] continuaram estourando e as explosões eram terríveis [...]. Os gritos das pessoas eram terríveis. Eu estava simplesmente paralisada de terror e, de tanto medo, nem conseguia gritar. Tudo indica que eu concluí que precisava manter as forças a fim de chegar até as colinas. Nós nos escondemos nas colinas e os nativos abriram mão de suas casas para os brancos, e foram particularmente gentis com as mulheres.

Titchener: Das oito em ponto até as dez, o Scharnhorst e o Gneisenau circundaram o porto, disparando seus canhões de oito polegadas contra a pequena canhoneira Zelle [sic – Zélée] e os galpões atrás. Somente a bandeira norte-americana, que o consulado dos Estados Unidos havia hasteado e que uma embarcação norte-americana também levantou – as duas alinhadas diante da seção de residências europeias – protegia aquela parte da cidade, pois os alemães tiveram a cautela de não disparar naquela direção.

Foi corajoso da parte dos franceses disparar. Às sete em ponto, pudemos avistar os dois navios de guerra se aproximando, e logo constatamos que eram cruzadores [...]. Os alemães levantaram sua bandeira e o Zelle disparou duas vezes. Os alemães giraram e dispararam seus canhões, e toda a tripulação desembarcou rapidamente. Ninguém se feriu, os alemães continuaram a manobrar e disparar. Suas bombas voaram sobre a cidade acima do ancoradouro do Zelle e do navio alemão Walkure, que o Zelle tinha capturado [...]. Durante as duas horas de bombardeio, mil projéteis disparados pelos grandes canhões de oito polegadas dos cruzadores caíram e explodiram na cidade. O barulho era terrível, e ninguém culpou os nativos por fugirem correndo. Com toda a destruição, somente três homens morreram – um chinês e dois nativos.

O bombardeio afundou o Zélée e o Walkure e causou um prejuízo estimado em 2 milhões de dólares em Papeete, onde dois quarteirões de residências e lojas foram destruídos. Oficiais franceses atearam fogo a um depósito de quatro mil toneladas de carvão para evitar que caísse em mãos alemãs.

Fonte: "Saw Papeete Razed by German Shells", *New York Times*, 8 de outubro de 1914.

Na Batalha de Coronel (em 1° de novembro de 1914, a esquadra de Spee enfrentou dois cruzadores blindados britânicos, o Good Hope (de 14.150 toneladas) e o Monmouth (de 9.800 toneladas), ambos um pouco mais velhos que o Scharnhorst e o Gneisenau, juntamente com o cruzador ligeiro Glasgow e o cruzador mercante Otranto – um navio de passageiros com alguns canhões instalados). O pré-couraçado Canopus seguiu os cruzadores de Cradock a distância, escoltando seus navios-carvoeiros. Quando se avizinhou de Coronel, Cradock surpreendeu-se ao se deparar não apenas com o Leipzig, mas com toda a esquadra de Spee, com a exceção do Nürnberg, que apareceu mais tarde. Apesar da desvantagem, ele iniciou o ataque, sem esperar pelo Canopus. As duas colunas dos navios de guerra começaram a se aproximar um pouco depois das seis da tarde, a cerca de 32 km da costa, em mares turbulentos e um crepúsculo meridional de primavera favorável aos alemães, que navegavam em um curso sul a leste da linha britânica, que àquela altura recortava-se contra o pôr do sol – sendo assim, era muito mais fácil para os artilheiros alemães distinguir os ingleses. Os canhões de 8,2 polegadas na capitânia de Spee registraram seu primeiro disparo contra a capitânia da esquadra de Cradock, o Good Hope, às 18h39, a uma distância de mais de 10 mil metros; o Gneisenau, o próximo na linha alemã, acertou o Monmouth a 12 mil metros. A cadência inclemente de tiros surtiu efeito, uma vez que diminuiu pela metade a distância entre as duas colunas, Spee calculando 35 disparos apenas contra o Good Hope. A capitânia britânica logo sofreu uma explosão fatal entre proa e popa e afundou com toda a sua tripulação. Spee não reportou resistência do Monmouth depois das 19h20, mas o estropiado navio continuou à tona até afundar, por ação da artilharia do Nürnberg, às 20h58. O Monmouth também afundou com toda a tripulação, impossibilitada de ser salva devido à combinação da fria escuridão do Pacífico Sul com os mares tempestuosos. Cradock estava entre os 1.570 mortos nos dois naufrágios. O Otranto e o Glasgow escaparam para retornar às ilhas Malvinas e no caminho alertaram o Canopus e seus navios-carvoeiros para recuar. Em contraste com as muitas mortes do lado britânico, as únicas baixas alemãs foram dois homens "levemente feridos" a bordo do Gneisenau, que foi atingido quatro vezes; o Scharnhorst recebeu dois disparos; os cruzadores ligeiros, nenhum.[3]

127

No âmbito de um contexto estratégico que exigia a concentração do poderio naval britânico em águas nacionais – para fazer frente à esquadra alemã no mar do Norte e proteger o canal da Mancha para as operações da BEF na França –, a perda de uma esquadra de ultramar, mesmo consistindo de navios mais velhos, foi devastadora. De fato, a derrota em Coronel pôs em alerta as forças britânicas na África Ocidental. Para os alemães, a conquista de uma vitória a um custo tão insignificante parecia milagrosa, a ponto de inspirar Spee a agradecer ao Todo-Poderoso no telegrama pós-batalha que enviou a sua esquadra: "Com a ajuda de Deus, uma bela vitória, pela qual expresso meu reconhecimento e melhores votos para as tripulações".[4] Em uma parada no porto de Valparaíso após a batalha, o almirante fez uma avaliação mais sombria acerca de sua situação a um velho amigo na vasta comunidade de expatriados alemães que morava no Chile:

> Não se esqueça de que estou totalmente sem-teto. Não tenho como chegar à Alemanha. Não possuímos outro porto seguro em lugar algum do mundo. Devo seguir lutando pelos mares do mundo, fazendo o maior estrago possível, até exaurir minha munição ou até que um inimigo de poder muito superior seja capaz de me capturar. Mas os patifes sofrerão bastante antes que consigam me pegar.[5]

Depois de deixar Valparaíso, Spee conduziu a esquadra pela costa do Chile abaixo e contornou o cabo Horn para atacar as ilhas Malvinas como prelúdio para operações posteriores no Atlântico Sul. Apesar das desvantagens, ele claramente não tinha intenção de desistir tão cedo. O capitão do Gneisenau, Hans Pochhammer, relembrou, mais tarde, que Spee encomendara presentes junto à comunidade alemã em Valparaíso e os escondera a bordo de um de seus navios de suprimentos a fim de "distribuí-los aos homens na véspera de Natal", e quando a esquadra avançou na costa chilena ele deu ordens para que um grupo desembarcasse e cortasse ramos de sempre-viva para assegurar que, quando chegasse a hora certa, os homens tivessem árvores de Natal, porque "quem sabe onde estaremos no Natal?"[6] A maioria de seus homens estaria morta, graças à rápida resposta britânica à derrota em Coronel, a primeira sofrida por uma esquadra naval inglesa desde as Guerras Napoleônicas. O almirantado despachou o vice-almirante, sir Doveton Sturdee, para o Atlântico Sul com os cruzadores de batalha Inflexible e Invincible, precisamente para o tipo de tarefa ultramarina para a qual esses velozes cruzadores tinham sido projetados (e foi a única ocasião durante a Primeira Guerra Mundial em que embarcações desse tipo realizaram missões assim). Eles chegaram às ilhas Malvinas em 7 de dezembro, quando o Canopus e o Glasgow já haviam ganhado o reforço dos cruzadores blindados Carnarvon e Kent, dos cruzadores ligeiros Bristol e Cornwall, e do cruzador mercante armado Macedonia.

A guerra mundial: leste da Ásia, Pacífico, África

Para a Batalha das Malvinas (8 de dezembro de 1914), o plano de ataque de Spee exigia que o Gneisenau e o Nürnberg seguissem para Port Stanley no meio da manhã para dar cobertura aos destacamentos que desembarcariam, a fim de destruir a estação de rádio sem fio e outras instalações navais, enquanto outros três cruzadores alemães forneceriam apoio de artilharia adicional a certa distância. Igualmente a Spee antes de Coronel, Sturdee manteve em silêncio os rádios de seus navios maiores, mascarando o tamanho de sua força ao usar um cruzador ligeiro (Bristol ou Glasgow) para transmitir todas as mensagens por telégrafo sem fio. Spee então se aproximou de Port Stanley supondo que o porto estava vazio ou semideserto; ao constatar que não era o caso, cancelou os desembarques e ordenou que a esquadra se reagrupasse no mar, mas não antes que o Scharnhorst tivesse disparado os primeiros canhonaços da batalha, tendo como alvo o Canopus a uma distância de 12.800 metros. Quando ficou claro que a força britânica incluía dois cruzadores de batalha, Spee decidiu fugir em vez de lutar. Depois disso, Sturdee empreendeu uma caçada aos alemães com toda a sua esquadra, exceto o Canopus, que permaneceu na retaguarda em Port Stanley. Navegando na direção sudeste a partir das ilhas Malvinas, os navios de guerra alemães foram gradualmente perdendo a dianteira para os cruzadores britânicos, mais rápidos. Diante da inevitabilidade da destruição de sua esquadra, Spee alterou o curso para nordeste com o Scharnhorst e Gneisenau, numa tentativa de atrair o Invincible e o Inflexible e levá-los para longe do restante da esquadra alemã – os cruzadores ligeiros que poderiam continuar atuando independentemente como corsários e os navios-carvoeiros de que eles precisariam para apoiá-los. Sturdee mordeu a isca e perseguiu o Scharnhorst e o Gneisenau com os dois cruzadores de batalha, cujos canhões de 12 polegadas despejaram fogo durante toda a perseguição – o Inflexible disparou 661 vezes; o Invincible, 513.

Assim que os canhões grandes encontraram seu raio de alcance, e dada sua intenção de tombar lutando, Spee não teve outra alternativa a não ser encurtar a distância de modo dar a seus canhões de 8,2 polegadas uma chance de acertar os navios inimigos. Depois, os canhões dos dois cruzadores blindados conseguiram um número respeitável de acertos – 22 apenas no Invincible –, mas, devido ao calibre de sua munição, não conseguiram infligir danos graves, ao passo que a distância menor aumentava os estragos que tinham de absorver, o que acelerou sua própria derrota. Depois que o Scharnhorst foi a pique com toda a sua tripulação às 16h17, afundado pelo fogo de artilharia de uma distância de aproximadamente 11 mil jardas (10 mil metros), os cruzadores de batalha de Sturdee aproximaram-se ainda mais do Gneisenau, que afundou às 18h02 com tiros disparados entre 6 mil e 9 mil metros. Enquanto isso, os cruzadores ligeiros Nürnberg, Leipzig e Dresden tinham se dispersado e foram caçados respectivamente pelo Kent, o Glasgow e o

129

Cornwall. Como os cruzadores blindados de Spee, eles se recusavam a arriar a bandeira e se render, mesmo quando já estavam desesperadamente avariados. O Kent afundou o Nürnberg às 19h27, e o Glasgow afundou o Leipzig às 21h23. Só o Dresden teve velocidade suficiente para escapar; era a mais nova das embarcações alemãs e a única com sistema de turbina. Nesse ínterim, o Macedonia e o Bristol capturavam os dois navios-carvoeiros de Spee; uma terceira embarcação que tinha funcionado como navio de suprimentos e navio-hospital sobreviveu e se entregou para internação na Argentina.

A vitória britânica nas Malvinas foi ainda mais decisiva que a vitória alemã em Coronel. Sturdee não perdeu navios e apenas 10 de seus homens morreram, ao passo que os alemães perderam 4 de seus 5 cruzadores e 1.870 homens. Entre os mortos estavam Spee, a bordo da capitânia Scharnhorst, e seus 2 filhos, tenentes a bordo do Gneisenau e do Nürnberg. Outros 215 alemães, a maior parte da tripulação do Gneisenau, foram resgatados e aprisionados. De sua partida de Tsingtao, em junho de 1914, até sua destruição ao largo das ilhas Malvinas, seis meses depois, os navios da esquadra de Spee do leste da Ásia deram quase que exatamente meia volta ao mundo em sua odisseia de 24 mil km. Sua jornada foi única na história da guerra moderna, pois nenhum outro grupo de navios de guerra na era do vapor tinha percorrido uma distância tão grande sob condições tão hostis. A derrota de Spee deixou a marinha alemã sem nenhum outro navio de guerra maior que um cruzador ligeiro operando além das águas europeias.

Corsários alemães de alto-mar

Os cruzadores de batalha britânicos Invincible e Inflexible, já não mais necessários no Atlântico Sul, partiram de volta para casa quatro dias depois de destruírem a esquadra de Spee. Os navios que eles deixaram para trás se concentraram em perseguir o Dresden, que tinha retornado para o Pacífico depois de sobreviver à Batalha das Malvinas com a intenção de chegar às Índias Orientais. O Dresden conseguiu afundar apenas um navio mercante Aliado antes que problemas com o motor e a falta de carvão levassem seu capitão a solicitar internação em Más a Tierra (ilha Robinson Crusoé), nas ilhas Juan Fernandez, a 640 km da costa chilena. Em 14 de março de 1915, o Kent e o Glasgow o encontraram e abriram fogo, ignorando a internação, o que levou o capitão do Dresden a afundar seu próprio navio.

Se a história operacional da esquadra de Spee tinha sido bastante breve, a atuação dos outros navios de guerra alemães, aventurando-se além de águas europeias, foi ainda pior, uma vez que todos eles afundaram ou foram bloqueados por ocasião

A guerra mundial: leste da Ásia, Pacífico, África

da Batalha das Malvinas. O cruzador ligeiro Emden afundou 16 navios Aliados (70.800 toneladas) nas Índias Orientais e no oceano Índico, mas seu maior sucesso se deu contra um alvo em terra: um depósito de óleo em Madras, onde destruiu 346 mil toneladas de combustível em dez minutos de bombardeio na noite de 22 de setembro de 1914. As vítimas do Emden incluíram o cruzador protegido russo, o Zhemchug, afundado em Penang em 28 de outubro. Sua carreira terminou em um recife nas ilhas Coco, onde encalhou durante um duelo de artilharia com o cruzador australiano Sydney depois de demorar demais para destruir uma estação de rádio sem fio e cortar um cabo submarino. O cruzador ligeiro Karlsruhe, que tinha representado a Alemanha nas cerimônias de inauguração do canal do Panamá, em agosto de 1914, acabou afundando 16 navios mercantes (72.800 toneladas) no Caribe antes de naufragar devido a uma explosão acidental em 4 de novembro, ao largo das Pequenas Antilhas. O cruzador ligeiro Königsberg, que estava no posto naval da África Oriental quando a guerra teve início, afundou diversos navios mercantes e o cruzador protegido britânico Pegasus (ao largo da costa de Zanzibar) em 20 de setembro de 1914, antes de ser bloqueado por navios de guerra britânicos no rio Rufiji, um mês depois. Continuou sendo um dos principais alvos da atenção Aliada até ser finalmente afundado em 11 de julho de 1915.

Para suplementar sua frota de navios de guerra em operação, a Alemanha armou 16 navios de passageiros e navios mercantes para servirem como corsários em alto-mar. O maior deles, o navio de passageiros da Norddeutsche Lloyd, o Kronprinz Wilhelm, de 24.900 toneladas, afundou 15 navios (60.500 toneladas), mas consumia carvão demais para ser um corsário eficiente e foi entregue para internação em Newport News, Virgínia, em abril de 1915. O mais bem-sucedido foi o Möwe, de 9.800 toneladas, que afundou 41 navios (186.100 toneladas) antes de ser convertido em navio lança-minas. A viagem mais longa ficou com o Prinz Eitel Friedrich, de 16 mil toneladas, armado em Tsingtao em agosto de 1914, que seguiu a esquadra de Spee através do Pacífico, contornou o cabo Horn e chegou ao Atlântico Norte na primavera seguinte, percorrendo aproximadamente 40 mil km, tendo afundado apenas 11 navios (13.400 toneladas) antes de se entregar para internação em Norfolk, Virgínia, em abril de 1915. O mais famoso corsário alemão – e o único barco a vela empregado nessa função – foi o veleiro de três mastros Seeadler – comandado pelo conde Felix von Luckner, que afundou 16 embarcações (30.100 toneladas) em uma carreira de 8 meses antes de ir a pique em 2 de agosto nas ilhas Society. Dos 16 cruzadores auxiliares alemães, no fim das contas, 7 foram afundados – pelo inimigo ou deliberadamente pelos próprios comandantes –, quatro acabaram internados em portos neutros e dois naufragaram. Poucos continuaram em serviço depois da primavera de 1915, quando a Alemanha começou a usar submarinos para exercer as funções de corsários contra o comércio inimigo. Mesmo que, em última análise,

131

os Unterseeboote (U-Boote) tenham afundado uma tonelagem inimiga bem maior do que os corsários de superfície, devido ao seu tamanho e alcance limitado, poucos operaram além das águas europeias e mediterrâneas, e os que o fizeram jamais deixaram o Atlântico Norte, dando aos Aliados liberdade para usar os outros sossegados oceanos do mundo assim que os corsários de superfície foram eliminados.

A conquista das colônias alemãs no Pacífico

Para começo de conversa, a Alemanha tinha poucas colônias, e a rápida conquista da maior parte delas logo no início da guerra propiciou o contexto para o fracasso dos corsários alemães de alto-mar, que por isso mesmo não dispunham de uma rede confiável de bases para reabastecimento e reparos. Nos primeiros três meses da guerra, forças Aliadas tomaram todas as possessões alemãs no Pacífico, quando, a partir de 29 de agosto de 1914, uma força expedicionária de 1.400 neozelandeses assegurou a rendição da Samoa alemã, incluindo seu depósito de carvão e sua estação de telégrafo sem fio, sem disparar um único tiro. Em 11 de setembro, dois mil homens da Força Expedicionária Naval e Militar australiana desembarcaram em Rabaul, capturando outro depósito de carvão e levando os defensores alemães a destruírem a estação de telégrafo sem fio na vizinha Bita Paka. Os australianos garantiram a rendição do arquipélago de Bismarck seis dias depois, após uma breve escaramuça e, em 24 de setembro, ocuparam Madang, o mais importante povoado em Kaiser Wilhelmsland (nordeste de Nova Guiné). Ao longo dos dois meses seguintes, subjugaram os postos avançados alemães remanescentes em Nova Guiné continental. Uma vez que os cruzadores blindados de Spee ainda estavam navegando livremente na época, essas operações exigiam uma considerável escolta, o que ficava a cargo da Marinha Real australiana, liderada pelo cruzador de batalha Australia, três cruzadores ligeiros e três destróieres. Como o Invincible e o Inflexible de Sturdee, após a derrota da esquadra de Spee nas ilhas Malvinas, o Australia juntou-se à Grande Frota no mar do Norte, já que não havia a necessidade de um navio capital permanecer no Pacífico.

Enquanto isso, ao norte do Equador, forças navais japonesas mobilizadas com o objetivo de ajudar a caçar Spee partiram tarde demais para que tivessem alguma chance de capturar os alemães e, em vez disso, concentraram suas atenções em proteger as Marianas, as Carolinas e as Marshall. A esquadra do vice-almirante Tanin Yamaya, liderada pelo cruzador de batalha Kurama, arrastou-se no encalço de Spee até o atol de Eniweto, nas Marshall, onde chegou em 29 de setembro (38 dias depois que Spee tinha zarpado dali). Em 3 de outubro, Yamaya ocupou o entreposto alemão na vizinha Jaluit, depois voltou para o oeste – abandonando o pretexto de procurar Spee – e então desembarcou tropas em pontos estratégicos nas Carolinas, incluindo Ponape (hoje Pohnpei), em 7 de outubro, e Truk, em 12 de outubro. Uma segunda esquadra, comandada pelo contra-almirante Tatsuo Matsumura no navio de guerra Satsuma, seguiu diretamente para o sul atrás de Yamaia, garantindo a posse de Yap e Palau nas Carolinas Ocidentais em 7 de outubro e ocupando Saipan, nas Marianas, em 14 de outubro. Em contraste com os australianos e neozelandeses, os japoneses não enfrentaram qualquer tipo de resistência nas ilhas que ocuparam, e nem sofreram nem infligiram baixas. A bem da verdade, ao longo de toda a guerra, o Japão sofreu menos de 500 mortes em combate, a maior parte no cerco a Tsingtao.

Durante a ocupação da Micronésia, a relação entre Londres e Tóquio assumiu um tom pragmático. No início de outubro, depois que os japoneses ocuparam Yap – antes da esquadra australiana que para lá rumava com o mesmo objetivo –, os dois governos concordaram em considerar o Equador uma linha de demarcação

Soldados alemães tentam defender sua então colônia Tsingtao, na China.

formal entre as zonas de ocupação japonesa e britânica (Austrália-Nova Zelândia). Se, por um lado, Grey caracterizou esse acordo como uma "medida temporária de guerra" que de maneira nenhuma prejudicaria a disposição pós-guerra das antigas colônias alemãs, em 1° de dezembro o ministro do Exterior japonês, Takaaki Kato, revelou a verdadeira extensão dos revolucionários planos de guerra do Japão ao informá-lo de que "a nação japonesa naturalmente insiste na retenção permanente de todas as ilhas alemãs ao norte do Equador". Ele acrescentou sua expectativa de que a Grã-Bretanha apoiasse essa posição no acordo de paz, assim que a guerra chegasse ao fim.[7] De fato, o Japão receberia todas as Carolinas, as Marianas (menos Guam, possessão norte-americana) e as Marshall em 1919, quando os nipônicos já as estavam tratando como possessões permanentes. De oeste a leste, suas recém-adquiridas ilhas na Micronésia se estendiam por cerca de 4.200 km, garantindo ao Japão o controle da maior parte dos 6.400 km de oceano, separando as possessões norte-americanas do Havaí e das Filipinas.

Assim, a ocupação japonesa da Micronésia alemã representou um marco particularmente importante na estrada que levou ao teatro do Pacífico na Segunda Guerra Mundial, na medida em que assegurou uma futura deterioração das já tensas relações entre Japão e Estados Unidos. Do mesmo modo, o comportamento do Japão na China depois da queda de Tsingtao apontou o caminho para a Segunda Guerra, uma vez que os japoneses começaram a agir em nome de suas ambições com relação à China continental. Durante a Primeira Guerra, a República da China, formalmente estabelecida em 1° de janeiro de 1912, depois da queda da dinastia Qing (Manchu), existia mais em nome do que de fato, uma vez que as potências estrangeiras haviam anexado ou arrendado a maior parte dos portos mais importantes do país, ao passo que chefes guerreiros regionais funcionavam como os governantes de fato do interior. Incapaz de afirmar qualquer tipo de autoridade, o fundador e presidente provisório da República, Sun Yat-sen, quase imediatamente renunciou à presidência, cedendo-a a um dos chefes guerreiros, o general Yuan Shih-kai, que se tornou um dos principais alvos dos japoneses depois que os alemães renderam seu enclave na baía de Jiaozhou. A pressão nipônica culminou em 18 de janeiro de 1915 nas infames "21 Exigências", que teriam reduzido a China a um protetorado japonês. Por fim, Yuan concordou com 13 das exigências, incorporadas a um tratado sino-japonês assinado em 25 de maio. Entre as disposições, incluía-se a solidificação do controle japonês sobre a província de Shandong, onde ficavam as recém-adquiridas Tsingtao e a baía de Jiaozhou, bem como Port Arthur, Dairen e a esfera de influência na Manchúria e Mongólia Interior herdada dos russos em 1905. O Japão também recebeu amplas concessões de estradas de ferro e mineração na Manchúria e a abertura da Manchúria e da Mongólia Interior ao povoamento japonês. O Japão reivindicou o direito de vetar investimentos estrangeiros não japoneses na Manchúria, Mongólia Interior e Shandong, bem como em Fujian (a província continental defronte ao território japonês de Taiwan), e insistiu que a China não deveria firmar futuros acordos para arrendar ou ceder seu território costeiro a qualquer outro país que não o Japão.[8] Contudo, a legislatura da República nunca ratificou o tratado e, depois da morte de Yuan, um subsequente governo chinês declarou guerra às Potências Centrais (13 de agosto de 1917) a fim de obter acesso à conferência de paz pós-guerra, em que os líderes chineses contariam com o apoio da Grã-Bretanha e dos Estados Unidos para revogar as concessões que Yuan fizera ao Japão – e sairiam amargamente decepcionados.

A guerra na África Subsaariana

A guerra na África Subsaariana concentrou-se nas quatro colônias alemãs: Togo, Camarões, Sudoeste Africano Alemão (atual Namíbia) e África Oriental Alemã (atual Tanzânia, menos Zanzibar, mais Ruanda e Burundi). Como as colônias do Pacífico, a defesa desses territórios era precária, o que os tornava vulneráveis a ataques a partir de terras Aliadas vizinhas. Desde o início, ficou claro que a Alemanha nada poderia fazer para salvá-los, deixando que seu destino fosse determinado pela velocidade e força com que os Aliados decidissem atacá-los, e os recursos e a desenvoltura (ou a falta deles) de seus defensores locais (ver mapa "A África na Primeira Guerra Mundial").

A colônia do Togo, no oeste da África, era a única possessão alemã ultramarina autossuficiente, graças ao eficiente cultivo de cacau, algodão e café. Estreita faixa de terra que faz fronteira com a Costa do Ouro britânica (atual Gana) e o Daomé francês (hoje Benin), também era a mais vulnerável das colônias alemãs na África. O regimento da Costa do Ouro da Real Força de Fronteira da África Ocidental (RWAFF), sob comando do tenente-coronel F. C. Bryant, invadiu o Togo a partir do oeste em 7 de agosto, ação logo imitada por uma força francesa que invadiu o território togolês a partir do Daomé, no leste. Os 1.500 defensores (300 alemães e 1.200 africanos) capitularam depois de apenas 19 dias de luta. Camarões, 800 km ao leste, era bem maior e sua conquista foi mais custosa. A contribuição britânica inicial incluiu unidades da RWAFF originárias de Nigéria, Serra Leoa, Gâmbia e Costa do Ouro, sob o comando do general Charles Dobell, além de cruzadores da Marinha Real e mais de uma dúzia de embarcações fluviais da marinha da Nigéria, ao passo que a contribuição francesa incluiu um cruzador e uma força de infantaria predominantemente senegalesa. Os cruzadores forneceram apoio de artilharia para os 4.250 soldados Aliados (2.400 britânicos, 1.850 franceses) que tomaram a capital colonial, Douala, em 27 de setembro. Tropas Aliadas, incluindo

A Primeira Guerra Mundial

A ÁFRICA NA PRIMEIRA GUERRA MUNDIAL

A map of Africa showing the political divisions during the First World War, with labels including MARROCOS ESPANHOL, MARROCOS FRANCÊS, TUNÍSIA (Fr.), Cirenaica, ARGÉLIA (Fr.), LÍBIA (It.), RIO DE ORO (Esp.), EGITO (prot. britânico), ERITREIA (It.), SOMALILÂNDIA FRANCESA, ÁFRICA OCIDENTAL FRANCESA, SUDÃO AMGLO-EGÍPCIO, SOMALILÂNDIA BRITÂNICA, GÂMBIA (G.B.), DAOMÉ (Fr.), ÁFRICA EQUATORIAL FANCESA, Darfur, GUINÉ (Port.), NIGÉRIA (G.B.), Segale, ABISSÍNIA, SERRA LEOA (G.B.), Ogaden, LIBÉRIA, TOGO (G. B.), CAMARÕES, UGANDA (G.B.), ÁFRICA ORIENTAL BRTÂNICA, SOMALILÂNDIA ITALIANA, COSTA DO OURO (G.B.), GUINÉ ESPANHOLA (Eq.), CONGO BELGA, ÁFRICA ORIENTAL ALEMÃ, ZANZIBAR (G.B.), ÁFRICA EQUATORIAL FRANCESA, CABINDA (Port.), NIASSALÂNDIA (G.B.), ANGOLA (Port.), RODÉSIA DO NORTE (G.B.), MOÇAMBIQUE (Port.), RODÉSIA DO SUL (G.B.), MADAGÁSCAR (Fr.), SUDOESTE AFRICANO ALEMÃO, BECHUANALÂNDIA (G.B.), SUAZILÂNDIA (G.B.), UNIÃO DA ÁFRICA DO SUL (G.B.), BASUTOLÂNDIA (G.B.)

Legend: A ÁFRICA NA PRIMEIRA GUERRA MUNDIAL
- A esfera de operações de Lettow-Vorbeck
- Ataques Aliados
- Batalhas

a Force Publique do Congo Belga, logo atacaram a colônia de todos os lados, mas o contingente principal que tinha tomado Douala permaneceu junto ao litoral para defender suas conquistas caso os cruzadores de Spee aparecessem. As operações ficaram em suspenso até dezembro de 1914, quando notícias da derrota da esquadra alemã nas ilhas Malvinas liberaram as tropas para lutar continente adentro, seguindo pela principal via férrea da colônia até Iaundê, outra importante cidade camaronesa. Um ataque inicial a Iaundê, no verão de 1915, fracassou, mas uma

136

segunda ofensiva conseguiu tomar a cidade em 1° de janeiro de 1916. A essa altura, a força Aliada em Camarões já aumentara, incluindo então quase 15 mil soldados (8 mil franceses, 6.400 britânicos e 500 belgas), servindo sob comando dos generais britânicos sir Charles Dobell e F. H. G. Cunliffe, e o general francês Joseph Aymerich. O último posto avançado alemão, em Maroua, no norte de Camarões, resistiu por mais sete semanas depois de Iaundê, capitulando em 18 de fevereiro. Após a queda de Iaundê, a maior parte dos soldados alemães sobreviventes na colônia (cerca de 600 alemães e 6 mil africanos) buscou refúgio na vizinha Guiné Equatorial (espanhola), onde ficaram confinados durante toda a guerra.

Nesse ínterim, o Sudoeste Africano Alemão sobrevivia mais tempo do que deveria, devido a problemas internos na vizinha África do Sul, onde a maior fissura na população branca não se dava entre falantes de inglês e de *afrikaans*, mas entre os africâneres, provocando um racha entre os moderados, que tinham aceitado o jugo britânico, e os "velhos bôeres", que não tinham. Em agosto de 1914, o primeiro-ministro Louis Botha, ex-general bôer que emergira como líder político dos africâneres moderados, assegurou a Londres que a África do Sul não só tinha meios de se defender sozinha, permitindo que a guarnição britânica partisse para a França, mas também se comprometia a invadir o vizinho Sudoeste Africano Alemão. Uma vez que, na ocasião, a esquadra de Spee ainda estava navegando livremente, os britânicos deram prioridade absoluta à destruição das estações de rádio sem fio alemãs em Swakopmund e na baía de Lüderitz – em setembro, a Marinha Real destruiu a primeira com fogo de artilharia e despachou um pequeno destacamento para ocupar a segunda. Fora isso, a guerra teve um início lento para a Força de Defesa da União, liderada por Botha, porque os "velhos bôeres" entre os oficiais sul-africanos viam o apuro em que estavam metidos os britânicos como uma oportunidade de ouro para reafirmar sua independência.

A rebelião africâner contra o governo de Botha levou o nome do tenente-coronel S. G. Maritz, conhecido como "Manie Maritz", comandante local das tropas sul-africanas na parte norte da Colônia do Cabo, cuja conspiração com os oficiais alemães do outro lado da fronteira acabou fazendo com que Botha o demitisse, em 8 de outubro. Maritz partiu para a rebelião aberta no dia seguinte e, no dia 14, o primeiro-ministro declarou lei marcial. Com a ajuda de seu ministro da Defesa, o general Jan Smuts, Botha comandou a maioria leal do exército sul-africano em uma campanha breve e decisiva que esmagou a rebelião. Quando o grosso da força rebelde foi derrotado em 24 de outubro, Maritz fugiu para o Sudoeste Africano. A resistência isolada no Transvaal e no Estado Livre de Orange ruiu em dezembro, e os últimos comandos rebeldes, servindo sob o major Jan Kemp, renderam-se em 4 de fevereiro de 1915, retornando do Sudoeste Africano depois de se juntarem brevemente a Maritz e aos alemães. A essa altura, cerca de 350 dos 1.200 homens que haviam se juntado à "Rebelião Maritz" tinham perdido a vida. Ao contrário dos irlandeses, que se sublevaram contra o jugo britânico em 1916, os "velhos bôeres" rebeldes capturados pelo governo sul-africano foram tratados com muita tolerância. Em sua maior parte, os líderes receberam multas e penas de prisão de seis e sete anos, mas foram libertados por Botha entre 1916 e 1917.

Semanas depois da rendição da última força rebelde, Botha tinha mobilizado um exército sul-africano de 67 mil homens para invadir o Sudoeste Africano. Aproximadamente dois terços dessa força entraram em ação na colônia alemã, onde enfrentaram uma vigorosa e obstinada resistência da força de defesa do general Victor Franke (Schutztruppe), composta de três mil homens e complementada por uma milícia arregimentada entre os colonos brancos. Em contraste com outros líderes de colônias alemãs na África, Franke não estava em posição de complementar suas forças com muitos soldados africanos, pois a população local tinha sido significativamente reduzida uma década antes pelo genocídio dos hererós, resposta alemã à rebelião dos hererós de 1904. Depois que Botha tomou a capital colonial, Windhoek, em 12 de maio de 1915, Franke recuou para o norte e tentou resistir uma última vez em Otavi, em 1° de julho, antes de capitular com seus dois mil soldados remanescentes em Khorab, oito dias depois.

Além de pequenas e isoladas guarnições ainda resistindo em Camarões à época, o exército da África Oriental do coronel Paul Lettow-Vorbeck era a única força militar alemã ainda ativa na África no primeiro aniversário da eclosão da guerra. Em agosto de 1914, Lettow-Vorbeck tinha à sua disposição apenas cerca de três mil soldados e policiais (dos quais mais de 90% eram de africanos locais) para defender a África Oriental Alemã. Em 15 de agosto, uma semana depois que navios de guerra britânicos bombardearam o principal porto da colônia, Dar es Salaam, Lettow-Vorbeck adentrou a África Oriental Britânica (Quênia) e derrotou uma força inimiga em Taveta. No mesmo dia, posições da artilharia alemã em Ruanda e Burundi começaram a bombardear vilarejos ao longo da fronteira leste do Congo Belga. A primeira vitória significativa de Lettow-Vorbeck se deu na Batalha de Tanga (3 a 5 de novembro de 1914), o segundo maior porto da colônia, onde sua força de mil homens rechaçou a Força Expedicionária Indiana (de oito mil homens) do general Arthur Aitken, infligindo pesadas baixas. O Gabinete da Guerra, em Londres, reagiu à derrocada posicionando na defensiva todas as forças dos britânicos e seu império na África Oriental até a derrota dos alemães no Sudoeste Africano, ocasião em que tropas sul-africanas seriam enviadas para reforçá-las. Nesse ínterim, as tropas de Lettow-Vorbeck entravam em combates quase diários com forças inimigas que protegiam a fronteira queniana, enquanto os britânicos concentravam suas atenções no cruzador alemão Königsberg, blo-

A guerra mundial: leste da Ásia, Pacífico, África

queado no delta do rio Rufiji, 160 km ao sul de Dar es Salaam. No ataque final ao Königsberg (11 de julho de 1915), dois monitores da marinha britânica afundaram o cruzador com a ajuda da espotagem feita por aeronaves sobrevoando a área. Antes de abandonar o navio naufragado, os alemães desmontaram seus canhões de quatro polegadas para uso em terra. Depois, os tripulantes sobreviventes foram incorporados ao exército de Lettow-Vorbeck.

Pelo restante da guerra, Lettow-Vorbeck tirou considerável proveito da tendência de seus oponentes Aliados de ansiarem pelo redesenho pós-guerra do mapa da África Subsaariana. A Grã-Bretanha e a França logo formalizaram sua divisão de Togo e Camarões (em ambos os casos, os franceses ficaram com a maior porção); já a Bélgica, que não recebeu recompensa por sua participação na campanha de Camarões, gostaria imensamente de adicionar ao Congo Belga a parte mais ao oeste da África Oriental Alemã (atuais Ruanda e Burundi). No campo britânico, o Gabinete Indiano imaginava a África Oriental Alemã como uma futura colônia de assentamento para indianos e uma justa recompensa pela contribuição da Índia ao esforço de guerra; já os líderes sul-africanos – descontentes com a provável adição do Sudoeste Africano à União Sul-Africana – buscaram um papel na campanha, de modo a fazer valer seus direitos também na África Oriental. Se os britânicos adiaram eleições gerais até o fim da guerra (e, portanto, não realizaram pleitos entre 1910 e 1918), os quatro domínios organizaram eleições durante a Primeira Guerra Mundial, e no caso da África do Sul a eleição de 1915 deu ao partido de Botha e Smuts um endosso a suas intenções na África Oriental Alemã antes da mobilização de tropas contra Lettow-Vorbeck.

Os primeiros sul-africanos entraram em campanha na África Oriental em janeiro de 1916 e foram derrotados pelos alemães em Salaito Hill (Oldorobo), junto ao monte Kilimanjaro, em 12 de fevereiro. Uma semana depois, Smuts assumiu o comando de todas as tropas britânicas e imperiais na região. Reforçado, e agora somando um contingente de 27 mil homens, seu exército retomou a ofensiva Aliada na região do Kilimanjaro, tentando, pela primeira vez, flanquear e cercar o principal exército de Lettow-Vorbeck na Batalha de Reata (11 de março de 1916). A tentativa de Smuts fracassou, mas, no processo, obrigou os alemães a abandonarem a área. A batalha deu o tom para o restante da campanha na África Oriental, uma guerra de manobra em que os Aliados (primeiro sob o comando de Smuts, por fim sob o general Jakobus von Deventer, conhecido como Jaap) tentaram repetidamente (e fracassaram) encurralar os evasivos alemães, mantendo Lettow-Vorbeck em constante fuga, mas sem nunca derrotá-lo de fato. Enquanto isso, os Aliados foram assumindo o controle da África Oriental Alemã. Tropas coloniais belgas atacaram a colônia a partir do noroeste, tomando Ruanda em maio de 1916 e Burundi, em junho. Outro exército colonial britânico avançou a partir do sudoeste, na Rodésia

139

do Norte (atual Zâmbia), e depois que a Alemanha declarou guerra a Portugal (9 de março de 1916) uma força colonial portuguesa de Moçambique atacou desde o sul. O último navio alemão de suprimentos passou pelo bloqueio em 30 de abril; depois que guarnições alemãs foram obrigadas a abandonar Tanga (7 de julho) e Dar es Salaam (3 de setembro), Lettow-Vorbeck perdeu toda a esperança de conseguir reabastecer por mar. Enfrentando 80 mil soldados Aliados no final de 1916, seus homens foram levados a empreender uma guerra de guerrilha na porção sul da colônia, já sem manter quaisquer tentativas de defender território. Porém, problemas de abastecimento e a escassez de remédios impossibilitaram Smuts de fazer valer sua superioridade numérica. Alguns de seus regimentos brancos sofreram poucas baixas em combate, mas foram dizimados por doenças (por exemplo, o 9° Regimento de Infantaria sul-africano foi reduzido de 1.135 homens a apenas 116 em outubro). Felizmente para os alemães, sua força menos numerosa não necessitava de muita quinina para manter seus soldados brancos livres da malária, e Lettow-Vorbeck não hesitou em adaptar o tamanho de sua coluna à quantidade de quinina à sua disposição (ver box "Guerreiro pragmático").

Na campanha da África Oriental, morreram 1.600 soldados sul-africanos, quatro vezes mais do que no Sudoeste da África, e a maior parte das mortes ocorreu em 1916. A campanha em geral e Smuts em particular foram ficando cada vez mais impopulares junto aos brancos sul-africanos, especialmente porque, devido à ausência de uma vitória decisiva, parecia improvável que o domínio pudesse obter sucesso reivindicando na mesa de paz a posse da África Oriental Alemã. No final de 1916, Smuts começou a substituir seus soldados sul-africanos, rodesianos e indianos por soldados negros da RWAFF, arregimentados nas colônias britânicas da África Ocidental, e dos Fuzileiros Africanos do Rei (KAR, na sigla em inglês), regimento formado por contingentes nativos de Quênia, Uganda e Niassalândia (atual Malauí). No final da guerra, a RWAFF tinha mais do que duplicado de tamanho, passando de 7 para 15 batalhões, ao passo que o KAR cresceu ainda mais, de 3 para 22 batalhões. Ao fim e ao cabo, cinco batalhões da RWAFF serviram na África Oriental, juntamente com todo o KAR, este chegando a mais de 30 mil soldados. Por razões políticas, Smuts se recusava a usar sul-africanos negros em outras funções a não ser carregadores e trabalhadores braçais. Em janeiro de 1917, quando Smuts foi chamado a Londres para tomar parte do Gabinete Imperial de Guerra, os africanos negros respondiam por metade dos soldados sob o comando do Império Britânico na África Oriental. Na única batalha de grandes proporções travada nesse teatro durante 1917, em Mahiwa (de 14 a 18 de outubro), no extremo sudeste da colônia, nigerianos da RWAFF lideraram o ataque Aliado. Lettow-Vorbeck considerou esse embate a sua maior vitória desde Tanga, porque os Aliados perderam metade de seus 5 mil homens; contudo, ele mesmo admitiu

A guerra mundial: leste da Ásia, Pacífico, África

que a sua própria força de 1.500 homens não foi capaz de arcar com o número "bastante considerável" de baixas, mais de 500, sofridas na ação de retaguarda, embora tivesse "derrotado completamente" o inimigo.[9] Mahiwa acabou sendo a última tentativa de resistência de Lettow-Vorbeck na África Oriental Alemã antes de abandonar a colônia e entrar em Moçambique (25 de novembro de 1917). Na mesma semana, um derradeiro e desesperado esforço de reabastecimento via Zepelim fracassou quando o L59, carregando 15 toneladas de suprimentos, deu meia-volta no Sudão e acabou chegando na Bulgária.

Pelos dez meses seguintes, o teatro das operações na África Oriental limitou-se ao nordeste de Moçambique, onde a força de Lettow-Vorbeck passou boa parte do tempo no encalço de tropas portuguesas e, ao mesmo tempo, sendo perseguida por forças coloniais britânicas, especialmente destacamentos do KAR. Em agosto de 1918, a minguada força alemã ficou ainda mais enfraquecida em decorrência da epidemia de gripe que avançava pelo mundo. Lettow-Vorbeck decidiu abandonar Moçambique e retornar à África Oriental Alemã (em 28 de setembro), passando apenas cerca de um mês na parte sudoeste da colônia antes de rumar para a Rodésia do Norte (em 1° de novembro). Lá, perto de Kasama, em 13 de novembro ele foi informado do armistício e de que as forças coloniais na África Oriental deviam capitular aos Aliados no prazo de 30 dias. Suas tropas se renderam em Abercorn, junto à ponta sul do lago Tanganica, em 25 de novembro.

GUERREIRO PRAGMÁTICO

Apesar de ter sido romantizado como o cavalheiresco "Leão da África", o sucesso do coronel Paul von Lettow-Vorbeck (1870-1964), líder alemão na África Oriental, como comandante de campo se deveu em larga medida a suas decisões pragmáticas. Entre elas, a redução das tropas, descrita em seu livro de memórias, quando, pouco antes de abandonar a África Oriental Alemã e adentrar Moçambique, de domínio português (em 25 de novembro de 1917), deixou para trás mais de mil homens para serem capturados pelos perseguidores:

Em 17 de novembro, tive de tomar uma decisão fatídica em Nambindinga. A ininterrupta luta na mata ameaçava consumir toda a nossa munição. Teria sido loucura continuar com aquele combate, que não poderia trazer resultados favoráveis. Tínhamos, portanto, de recuar.

A questão das provisões apontava na mesma direção. Somente com uma drástica redução das forças poderíamos seguir adiante com os estoques de que dispúnhamos. Nossa área de reabastecimento tinha sido limitada, as provisões que confiscávamos sofriam a interferência do inimigo, os recursos da terra se

> haviam exaurido. O estoque de quinina dos europeus duraria mais um mês. Depois disso, eles certamente cairiam vítimas da malária e dos males que acompanham a doença, e não mais seriam capazes de suportar os rigores de uma campanha tropical. Apenas reduzindo o número de europeus a um mínimo haveria reservas de quinina suficientes para cada homem, possibilitando que estendêssemos as operações ao longo de meses.
>
> Ao mesmo tempo, tínhamos de reduzir nosso contingente total [...] [para] um número menor de homens selecionados e com boa quantidade de munição. Isso correspondia à redução da nossa força para cerca de dois mil fuzileiros, incluindo não mais que dois mil europeus. Todos os que excedessem esse número tinham de ser deixados para trás. Foi inevitável que entre as diversas centenas de europeus e 660 askaris [soldados africanos] que fomos obrigados a deixar para trás no hospital em Nambindinga houvesse homens que teriam gostado de seguir lutando e eram fisicamente aptos para tanto. Infelizmente, é preciso admitir que, entre os que ficaram em Nambindinga, mesmo entre os europeus, havia muitos homens que não estavam dispostos a se render. Contudo, é digno de nota que muitos dos europeus, mas também muitos askaris, tiveram uma amarga decepção por terem de ficar para trás.
>
> Fonte: Paul von Lettow-Vorbeck, *My Reminiscences of East Africa*, 2ª ed., (London: Hurst and Blackett, 1920), 220-21.

Por ocasião da rendição, a força de Lettow-Vorbeck tinha sido reduzida a 155 alemães e 1.156 soldados africanos. Ele calculava que, ao todo, 14 mil homens (3 mil alemães e 11 mil africanos) haviam servido sob suas ordens em um momento ou outro, mas a força ativa sob seu comando direto quase nunca chegava a um décimo disso. Embora não fosse o único nesse quesito, Lettow-Vorbeck serviu como símbolo da capacidade das Potências Centrais para fazer com que os Aliados despendessem recursos significativos em teatros periféricos, em terra e no mar. Os adimiradores de Lettow-Vorbeck (incluindo muitos do lado Aliado) durante e depois da guerra o caracterizavam como um guerreiro cavalheiresco, como o "Leão da África", um herói romântico nos moldes de Lawrence da Arábia; porém, essa visão deriva em larga medida do tratamento magnânimo que ele dava a soldados e colonos brancos do lado inimigo. A bem da verdade, quanto mais amplo o retrato, mais sombrio. Veterano da Rebelião dos Boxers e do genocídio dos hereró s, Lettow-Vorbeck conduziu sua campanha com pouco respeito pelos povos nativos de ambos os lados. Seu exército usava os recursos até extingui-los e deixava atrás de si uma terra arrasada. De acordo com seus críticos, ele só manteve a lealdade de suas tropas africanas permitindo que os homens estuprassem e saqueassem à vontade (desde que suas vítimas não fossem brancas). O próprio Lettow-Vorbeck admitiu que seu exército tinha uma atitude de "absoluta insensibilidade", especialmente depois de levar a guerra para Moçambique em 1917 e 1918.[10]

Em comparação com os milhões de homens em ação nas frentes de batalha da Europa e as dezenas de milhares de mortos em todas as grandes batalhas travadas no continente europeu, o tamanho dos exércitos na África Subsaariana e as baixas por eles sofridas parecem minúsculas. Mas suas campanhas fluidas, empreendidas em áreas rurais com poucas estradas e vias férreas escassas, em um ambiente inóspito para cavalos e outros animais de carga, teriam sido impossíveis não fosse pelo emprego de carregadores, que serviram como uma cadeia de abastecimento humana para os exércitos de ambos os lados no campo de batalha. Os historiadores jamais chegaram perto de um consenso acerca do número de negros africanos mobilizados na Primeira Guerra Mundial ou do total de baixas sofridas, pois algumas fontes levam em conta apenas o número relativamente pequeno de soldados armados arregimentados em uma colônia, ao passo que outras incluem os carregadores, que eram sempre dez vezes mais numerosos (por exemplo, os 250 mil carregadores mobilizados pelo Congo Belga para apoiar a Force Publique, de menos de 20 mil soldados) e cujas mortes muitas vezes não eram registradas. O total de mortos do Império Britânico na campanha da África Oriental chegou a 100 mil, dos quais 45 mil eram negros do Quênia, onde representavam a oitava parte da população masculina adulta. Dos 85 mil sul-africanos negros alistados e em serviço durante a guerra, 20 mil atuaram como carregadores na campanha contra Lettow-Vorbeck, e apenas 1.200 morreram. Não é possível fazer um cálculo exato do total de mortes de civis negros devido à natureza dos combates, especialmente na África Oriental, onde a tendência das tropas de Lettow-Vorbeck (e, cada vez mais, também, dos exércitos em seu encalço, à medida que a guerra se arrastava) de esgotar a terra e confiscar as provisões da população local, deixando atrás de si uma onda de fome e doenças que ceifaram um número incalculável de vidas. A África Oriental Alemã talvez tenha registrado a maior taxa de mortes de civis da guerra antes da epidemia de gripe de 1918 – calcula-se que, entre 1914 e 1918, tenham morrido 650 mil civis e carregadores. Já em janeiro de 1915, o pesado ônus da guerra contribuiu para a eclosão de uma rebelião contra o jugo britânico na vizinha Niassalândia (Malauí) liderada por um revolucionário bastante improvável, o reverendo John Chilembwe (ver a seguir box "Por fim, nosso sangue vai realmente significar alguma coisa"). No cômputo geral, o conflito na África Subsaariana não foi barato para as potências europeias em termos de vidas humanas e recursos. Quando do armistício, em 1918, o teatro de guerra tinha custado à Grã-Bretanha estimados 70 milhões de libras, o equivalente a todo o orçamento de defesa britânico de 1913, o último ano de paz antes da eclosão da guerra.

"POR FIM, NOSSO SANGUE VAI REALMENTE SIGNIFICAR ALGUMA COISA"

O reverendo John Chilembwe (1871?-1915), ministro batista educado nos Estados Unidos, liderou uma breve e sangrenta revolta contra a autoridade britânica em Niassalândia (atual Malauí), suscitada pelas condições locais e exacerbada pela campanha contra Lettow-Vorbeck na África Oriental Alemã. Depois de frequentar escolas missionárias presbiterianas e batistas em Niassalândia, Chilembwe cursou a Faculdade Teológica da Virgínia, em Lynchburg, de 1897 a 1900, anos fundamentais no desenvolvimento deste improvável revolucionário:

> [Durante seus anos de estudo nos Estados Unidos, Chilembwe] absorveu o fermento ideológico dos círculos intelectuais afro-americanos e travou contato com o pensamento de John Brown e outros abolicionistas e emancipadores. Em 1900, Chilembwe voltou à Niassalândia, trabalhando para a Convenção Nacional Batista Norte-Americana. Logo criou uma rede de escolas africanas independentes, construiu uma impressionante igreja de tijolos e cultivou lavouras de algodão, chá e café. Ele buscou instigar nos africanos uma noção de autorrespeito.
>
> Nos anos imediatamente anteriores ao levante de 1915, a área em torno da missão de Chilembwe foi assolada pela fome [...]. Além disso, Williams Jervis Livingstone, administrador de uma propriedade rural local, tratava seus trabalhadores (muitos deles paroquianos de Chilembwe) com crueldade e incendiou as igrejas rurais de Chilembwe, que se queixava em alto e bom som de racismo. Mas sua profunda alienação seguiu-se à eclosão da Primeira Guerra Mundial na Europa, e do recrutamento compulsório, que Chilembwe deplorava, de homens de Niassalândia para batalhas contra os alemães na vizinha Tanzânia, "Nós entendemos que fomos convidados a derramar nosso sangue inocente nesta guerra do mundo [...]. [Mas] haverá alguma boa perspectiva para os nativos após a guerra?", perguntou Chilembwe. O restante de sua carta aberta, assinada "em nome de seus conterrâneos", era um violento protesto contra a negligência com relação aos africanos.
>
> Um mês depois, em janeiro de 1915, Chilembwe decidiu "lutar e morrer, pois, por fim, nosso sangue realmente vai significar alguma coisa" [...]. Ele falou para 200 seguidores da inspiração de John Brown e os advertiu para que não saqueassem nem molestassem mulheres brancas. Em 23 de janeiro, em diferentes ataques, seus homens decapitaram Livingstone, mataram outros dois homens brancos e diversos africanos, poupando as mulheres e crianças brancas, saquearam uma loja de munições de uma cidade vizinha, e se retiraram para orar. Depois que a rebelião não conseguiu angariar apoio local, um desolado Chilembwe fugiu para Moçambique. Ele foi assassinado por soldados africanos em 3 de fevereiro.

> Chilembwe é reverenciado como herói no Malauí, que obteve sua inde-
> pendência em 1964. Ele foi o principal rebelde do país, o primeiro a protestar
> seriamente contra o jugo e o primeiro a abalar a crença imperial de que "os
> nativos eram felizes" sob a dominação estrangeira.
>
> Fonte: Robert I. Rotberg, "Vita: John Chilembwe, Brief Life of an Anticolonial Rebel: 1871-1915",
> *Harvard Magazine* (março/abril de 2005).

Conclusão

No leste da Ásia e no Pacífico, a Primeira Guerra Mundial deu ao Japão a
oportunidade de ampliar ainda mais seu *status* de grande potência. Depois de
assegurar a posse de Taiwan, da Coreia, da península de Liaotung e de uma esfera
de influência na Manchúria como resultado de suas vitórias anteriores contra
China e Rússia, o Japão acrescentou a seu império as antigas possessões chinesas
da Alemanha e mais três arquipélagos do oeste do Pacífico, as ilhas Carolinas,
Marianas e Marshall. Sem conseguir alcançar e travar combate contra a esquadra
de Spee durante sua fuga pelo Pacífico, os japoneses em nada contribuíram para a
derrota alemã no mar; mesmo assim, com a queda da Alemanha no rol das grandes
potências navais ao final da guerra, o Japão herdaria o posto de terceira maior frota
naval do mundo, atrás apenas da Grã-Bretanha e dos Estados Unidos. Nenhum
dos vitoriosos Aliados sairia da Primeira Guerra Mundial desfrutando de tama-
nhas vantagens estratégicas a custo tão baixo. Durante a guerra, o Japão emergiu
também como o principal tormento para a China, apresentando exigências à frágil
república que fariam com que os piores aspectos dos "tratados desiguais" europeus
impostos pelas potências europeias ao recém-finado regime imperial parecessem
brandos em comparação. Assim, muito antes da ocupação militar na Manchúria
em 1913 e da invasão do restante da China em 1937, a Primeira Guerra Mundial
lançou os alicerces para os futuros atos de agressão.

Se a conquista das colônias alemãs no Pacífico, pelo menos ao sul do Equador,
dependeu de tropas da Austrália e Nova Zelândia – países cujas contribuições ao
esforço de guerra foram maiores em outras plagas – e da medida em que a Primeira Guerra Mundial teve importante papel formador em sua identidade nacional,
também dependeu de sacrifícios mais amplos feitos mais longe de casa. A Índia teve
importante atuação no início da guerra na África Oriental, mas também colaborou
com o esforço de guerra do Império Britânico mais tarde e em outras frentes de batalha. Para a África do Sul, que os britânicos tinham alçado à condição de domínio

quatro anos antes da guerra, em um gesto conciliador aos africâneres com quem tinham lutado em 1902, a Primeira Guerra Mundial teve consequências de curto e longo prazo. A "Rebelião Maritz" de outubro 1914 causou grande ansiedade na Grã-Bretanha, embora seu resultado tenha levado a crer que, em sua maior parte, os africâneres não tinham aceitado tacitamente o jugo britânico, mas estavam dispostos a defender seu *status quo* usando de força contra seus próprios pares. Em comparação com os irlandeses que se sublevaram contra o jugo britânico em abril de 1916, os rebeldes receberam tratamento leniente, incluindo o próprio Maritz, que cumpriu pena de apenas três meses na prisão depois de finalmente retornar para casa e enfrentar um julgamento por traição, em 1923. Depois da Primeira Guerra Mundial, diversos líderes da Rebelião Maritz continuaram sua luta no âmbito do sistema político sul-africano, usando como veículo o Partido Nacional, fundado em 1914. Por fim, depois da Segunda Guerra Mundial, asseguraram a maioria do eleitorado exclusivamente branco do domínio e estabeleceram o sistema formal de *apartheid* que duraria quase cinco décadas.

Do início da expansão ultramarina europeia até a era Napoleônica, as principais guerras no Velho Mundo se alastraram pelas colônias da Europa. Fatores econômicos, bem como considerações estratégicas mais abstratas, fizeram com que uma grande potência cobiçasse as possessões de outra, e incontáveis súditos não europeus tinham trocado de senhores como resultado do fato de que os vitoriosos passavam a contar os territórios coloniais entre seu espólio de guerra. Pelo menos superficialmente, esse parece ter sido o caso da Primeira Guerra Mundial. Tanto no leste da Ásia quanto nas ilhas do Pacífico, bem como na África Subsaariana, os vitoriosos Aliados instituíram novos regimes nas antigas colônias alemãs, na maior parte dos casos já em 1914 e 1915, e depois as governaram como suas próprias possessões, não obstante a formalidade dos mandatos da Liga das Nações depois da guerra. Mas muita coisa mudara naquele século desde a última vez em que uma porção tão grande de território colonial tinha sido redistribuída entre as grandes potências. Por conta da industrialização da Europa, muitos povos não ocidentais haviam sido integrados à economia mundial de dominação europeia, não apenas como produtores de matérias-primas, mas também como consumidores, e os elos econômicos forjados ao longo das décadas anteriores à guerra tornaram a troca de senhores coloniais bem mais problemática do que antes. O aspecto mais importante é que o contato com ideias ocidentais e o nacionalismo europeu – ironicamente, quase sempre graças aos esforços educacionais de missionários cristãos atuando sob a premissa do "fardo do homem branco" – fizeram com que um número bastante pequeno, mas significativo, de súditos coloniais não mais se sentisse disposto a aceitar a continuidade da vida como ela tinha sido até então. No final da guerra, os Aliados constataram a veracidade disso, mais ainda em suas próprias colônias do

A guerra mundial: leste da Ásia, Pacífico, África

que nas terras que haviam trocado de mãos, uma vez que alguns líderes coloniais esperavam algum tipo de recompensa geral pelas contribuições que seus conterrâneos haviam dado ao esforço de guerra. A retórica pós-guerra da Conferência de Paz, enfatizando a democracia e a autodeterminação nacional, suscitou expectativas ainda mais altas, confirmando o impacto revolucionário que a Primeira Guerra Mundial teve em muitas dessas terras, ainda que seus movimentos anticolonialistas se movessem em uma trajetória mais lenta que seus análogos na Índia e no Oriente Médio.

Notas

[1] Artigo III da Aliança Anglo-Japonesa, 30 de janeiro de 1902, texto reproduzido em www.firstworldwar.com/source/anglojapanesealliance1902.htm.

[2] John Keegan, *Intelligence in War* (New York: Alfred A. Knopf, 2003), usa essa campanha como estudo de caso das avançadíssimas comunicações sem fio durante a Primeira Guerra Mundial.

[3] O relatório de Spee sobre a batalha, datado como "Coronel, 2 de novembro de 1914", está reproduzido em http://wwi.lib.byu.edu/index.php/Graf_von_Spee%27s_Report. Nos relatos alemães da batalha, todos os horários diferem em uma hora da versão britânica.

[4] Citado em Hans Pochhammer, *Graf Spees letzter Fahrt: Erinnerungen an das Kreuzer-geschwader* (Berlin: Täglichen Rundschau, 1918), 158.

[5] Citado em Hermann Kirchhof (ed.), *Maximilian, graf von Spee, der Sieger von Coronel: das Lebensbild und die Erinnerungen eines deutsches Seemans* (Berlin: Marinedank-verlag, 1915), 73.

[6] Hans Pochhammer, *Before Jutland* (London: Jarrolds, 1931), 186.

[7] Citado em Mark R. Peattie, *Nan'yo: The Rise and Fall of the Japanese in Micronesia, 1885–1945* (Honolulu: University of Hawaii Press, 1988), 45.

[8] As 21 Exigências do Japão (18 de janeiro de 1915; texto revisto em 26 de abril de 1915), Ultimato Japonês à China (7 de maio de 1915), Resposta Chinesa ao Ultimato Japonês (8 de maio de 1915), textos reproduzidos em www.firstworldwar.com/source/21demands.htm.

[9] Paul von Lettow-Vorbeck, *My Reminiscences of East Africa*, 2ª ed. (London: Hurst and Blackett, 1920), 213.

[10] Lettow-Vorbeck, *Reminiscences*, 229.

Leituras complementares

Bennett, Geoffrey. *Coronel and the Falklands* (New York: Macmillan, 1962).

Burdick, Charles B. *The Japanese Siege of Tsingtao: World War I in Asia* (Hamden, CT: Archon Books, 1976).

Hoyt, Edwin Palmer. *Guerilla: Colonel von Lettow-Vorbeck and Germany's East African Empire* (New York: Macmillan, 1981).

Page, Melvin E. (ed.) *Africa and the First World War* (New York: St. Martin's Press, 1987).

Paice, Edward. *Tip and Run: The Untold Tragedy of the Great War in Africa* (London: Weidenfeld & Nicolson, 2007).

Peattie, Mark R. *Nan'yo: The Rise and Fall of the Japanese in Micronesia, 1885-1945* (Honolulu, HI: University of Hawaii Press, 1988).

Samson, Anne. *Britain, South Africa, and the East Africa Campaign, 1914-1918: The Union Comes of Age* (London: Tauris, 2006).

O IMPASSE SE INTENSIFICA: EUROPA, 1915

Tentativa fracassada dos Aliados em 1915 de tomar o estreito de Dardanelos, na Turquia.

Cronologia

18 de março. Esquadra anglo-francesa fracassa na tentativa de forçar a passagem no estreito de Dardanelos.

25 de abril. Desembarques Aliados na península de Galípoli.

Abril-maio. Os alemães usam gás cloro na segunda Batalha de Ypres.

2 a 10 de maio. Derrota russa em Tarnów-Gorlice.

23 de maio. Itália declara guerra ao Império Austro-Húngaro.

Agosto. O "flagelo do Fokker" marca o início da superioridade aérea alemã.

5 de agosto. Os alemães tomam Varsóvia.

6 de setembro. A Bulgária se junta às Potências Centrais.

Setembro. O czar Nicolau II assume o "comando pessoal" do exército russo.

Setembro. Pela primeira vez, os Aliados usam gás tóxico em larga escala: os britânicos, na Batalha de Loos.

Outubro-dezembro. Conquista da Sérvia pelas Potências Centrais.

Janeiro de 1916. Conquista de Montenegro pela Áustria-Hungria.

9 de janeiro. Últimos soldados Aliados são evacuados de Galípoli.

Nos primeiros cinco meses de combate, a tradução para a ação dos planos de guerra opostos resultou no seguinte cenário: as tropas alemãs na posse da maior parte da Bélgica e firmemente entrincheiradas no nordeste da França, os sérvios se mantendo nos Bálcãs e os russos ocupando uma vasta extensão de território austríaco no leste e uma porção menor de terras otomanas na frente de batalha do Cáucaso. Enquanto discutiam sobre os passos seguintes, os generais sofreram pouca interferência de lideranças civis, nenhuma das quais havia defendido algum tipo de acordo de paz, apesar do inacreditável número de perdas de vidas humanas e dos altíssimos custos materiais da guerra até ali. Em 1915, os beligerantes se concentraram essencialmente em recuperar territórios perdidos para a ocupação inimiga, objetivo que moldou o rumo da guerra em seus principais teatros. Na frente ocidental, onde o Império Britânico era responsável por fornecer uma parcela cada vez maior do contingente de tropas, o exército francês ainda arcava com a maior parte do ônus e absorveria a maior parte das baixas, no esforço de Joffre para expulsar os alemães da França. Enquanto isso, na frente oriental, Falkenhayn comandava as Potências Centrais em uma ofensiva de grandes proporções, arquitetada para libertar os territórios ocupados da Áustria e também conquistar a Polônia russa, na esperança de que tal vitória possibilitasse à diplomacia alemã assegurar uma paz em separado com a Rússia. A Grã-Bretanha e a França anteviram a pressão sobre a Rússia e responderam com uma tentativa de forçar a passagem no estreito de Dardanelos, campanha malograda que deixou a Grã-Bretanha e seus domínios com as atenções voltadas para a península de Galípoli durante boa parte do ano. Em termos gerais, em 1915, a guerra continuou a se alastrar pelo continente: a Bulgária se juntou às Potências Centrais e reacendeu a frente dos Bálcãs, ao passo que a Itália se juntou aos Aliados, abrindo uma nova frente nos Alpes e no mar Adriático.

A frente ocidental: primeira Batalha de Champagne, segunda Batalha de Ypres, segunda Batalha de Artois

Com os alemães evitando combates na frente ocidental, os Aliados iniciaram quase todas as ações ali, em 1915. O plano de Joffre (ver mapa "A frente ocidental, 1915-1917") para o novo ano, posto em marcha em dezembro de 1914, previa que

A Primeira Guerra Mundial

os franceses rumassem para o norte, adentrando a região de Champagne depois de romperem as linhas inimigas entre Reims e a floresta de Argonne, ao passo que exércitos britânicos e franceses deveriam seguir para o leste depois de romperem as linhas alemãs no setor de Artois entre a fronteira franco-belga e Arras. Se bem-sucedidos, os ataques comprometeriam o centro da frente de batalha inimiga e forçariam uma retirada alemã geral da França.

A primeira Batalha de Champagne começou para valer em 20 de dezembro e continuou, sem interrupções, até 17 de março. Joffre reuniu um grande número de soldados para a ofensiva, liderada pelo 4º Exército de Langle de Cary, posicio-

O impasse se intensifica

nado a oeste da floresta de Argonne. Do lado alemão, o 3° Exército, agora sob o comando do general Karl von Einem, suportou a parte mais difícil dos ataques, fazendo bom uso de suas posições entrincheiradas e um número superior de metralhadoras. Nos três meses de combates, cada exército sofreu por volta de 90 mil baixas, mas, em momento algum, os franceses conseguiram avançar mais do que 3 km na frente norte. Devido à decisão de Falkenhayn de diminuir suas linhas a fim de reservar mais homens para uma ofensiva de primavera na frente oriental, os contra-ataques alemães foram levados a cabo de maneira seletiva. Em um desses casos, em Soissons, em meados de janeiro, o coronel Hans von Seeckt orquestrou a retomada de território perdido em um ataque de infantaria coordenado com um pesado ataque de artilharia preliminar. Os Aliados perceberam e tentaram empregar a mesma tática pelo resto das batalhas em 1915.

A ação britânica inicial no setor de Artois, coincidindo com a última semana da Batalha de Champagne, foi aberta com a Batalha de Neuve Chapelle (10 a 13 de março). Antes do ataque, o Corpo Real de Aviadores ficou incumbido do reconhecimento aéreo, fotografando as posições do 6° Exército do príncipe herdeiro Rupprecht; e depois, tomou parte da batalha bombardeando ferrovias atrás das linhas inimigas. O 1° Exército de Haig, incluindo duas divisões britânicas e duas indianas, avançou depois de um fogo de barragem preparatório cuja intensidade não tinha precedentes. Em apenas 35 minutos, a Artilharia Real fez mais disparos do que em toda a Guerra Anglo-Bôer; medido em termos de peso de cápsulas por metro da frente inimiga (130 quilos), foi o bombardeio mais descomunal de toda a guerra (antes de 1917). Os britânicos precisaram de apenas poucas horas para tomar Neuve Chapelle, mas sua ofensiva estagnou antes que chegassem ao terreno elevado das colinas de Aubers. Depois de dois dias, as tropas de Rupprecht contra-atacaram, empurrando os britânicos de volta para uma linha a apenas 2 km de seu ponto de partida, mas não conseguiram retomar Neuve Chapelle, que Haig logo guarneceu com tropas canadenses recém-chegadas. A batalha confirmou que a infantaria podia avançar e defender posições contra objetivos devidamente identificados por reconhecimento aéreo e suficientemente fustigados por artilharia preliminar. Mas depois de gastar um terço de seu estoque de munição no bombardeio inicial, Haig não teve poder de fogo disponível para capitalizar o que tinha sido um começo promissor. Suas baixas incluíram 7 mil britânicos e 4.200 soldados indianos, dos 40 mil que entraram em combate, mas a consequência mais importante da batalha veio na forma das recriminações que seguiram depois que o comandante da Força Expedicionária Britânica, sir John French, revelou ao correspondente de guerra do *The Times* a extensão da escassez de munição. O jornal só publicou a matéria em 14 de maio, mas a tempestade de críticas – somada à derrocada então em curso em Galípoli – acabou derrubando o governo liberal de Asquith, 11 dias depois. Asquith

153

permaneceu no cargo de primeiro-ministro, mas em um gabinete de coalizão em tempos de guerra, dentro do qual Lloyd George continuava sua ascensão ao poder, agora assumindo a nova função de ministro de Munições.

A essa altura, o horror da guerra de trincheiras tinha sido elevado a um nível diferente, com o uso de gás venenoso pelos alemães durante a segunda Batalha de Ypres (22 de abril a 25 de maio), a única ação na frente ocidental iniciada por Falkenhayn durante todo o ano de 1915. Ao lançar o que parecia ser uma investida de grandes proporções no oeste, Falkenhayn esperava acentuar o elemento-surpresa para a ofensiva que as Potências Centrais empreenderiam contra a Rússia no início de maio; ele também pretendia usar a segunda Batalha de Ypres como laboratório para testar os efeitos do gás cloro, desenvolvido para o exército alemão pelo químico Fritz Haber, ganhador do prêmio Nobel. Não foi a primeira batalha a registrar o uso de gás tóxico na Primeira Guerra Mundial, mas a primeira em que ele foi usado com algum efeito. Três meses antes, em Bolimów, oeste de Varsóvia, um bombardeio de posições russas com cápsulas contendo brometo xílico (gás lacrimogêneo) tinha falhado em função das baixas temperaturas e dos ventos fortes. Mas a segunda Batalha de Ypres demonstrou a mortífera utilidade dos gases mais pesados que o ar, tais como o cloro, singularmente letal para os soldados nas trincheiras. No outono de 1915, esses gases seriam usados com regularidade por ambos os lados – na frenética corrida para desenvolver gases mais mortíferos, os franceses recrutaram seu próprio químico agraciado com o prêmio Nobel, Victor Grignardi.

O 4° Exército do duque de Württemberg conduziu o ataque na segunda Batalha de Ypres, pondo em ação sete divisões de infantaria contra o 2° Exército de Smith-Dorrien, que incluía sete divisões de infantaria (cinco britânicas, uma indiana e uma canadense), mais três divisões da cavalaria britânica. As forças Aliadas no setor incluíam também duas divisões de infantaria predominantemente norte-africanas do 8° Exército francês e uma divisão belga da extrema esquerda de Smith-Dorrien. Iniciando seu ataque no fim da tarde de 22 de abril, os alemães lançaram 168 toneladas de gás cloro ao longo de 6 km da frente de batalha. A nuvem de gás mais pesada que o ar fez estragos principalmente nas trincheiras ocupadas por soldados marroquinos e argelinos das duas divisões francesas. Os que optaram por abandonar as trincheiras para não morrer asfixiados foram fuzilados por descargas de metralhadora; em dez minutos, seis mil homens estavam mortos, e quase todos os demais ficaram cegos ou incapacitados de alguma maneira (ver box "O gás fez efeito e o pânico cego se alastrou"). Sem prever esse resultado decisivo, os alemães não tinham reunido um número suficiente de soldados para explorar a súbita lacuna nas linhas Aliadas, e os que avançaram o fizeram de modo hesitante, devido ao seu próprio temor de asfixia. Smith-Dorrien deslocou rapidamente tropas canadenses e britânicas para preencher a lacuna, e a frente resistiu.

Soldados se protegem contra gás venenoso: à esquerda, britânico e à direita, alemão.

Na manhã do dia 24, os alemães lançaram um segundo ataque com gás, dessa vez contra as trincheiras defendidas pela divisão canadense, criando uma brecha temporária que lhes propiciou condições para tomarem o vilarejo de St. Julien. Depois que Smith-Dorrien propôs uma retirada para linhas mais seguras ao leste de Ypres, sir John French o destituiu do comando, mas seu substituto, o general Herbert Plumer, logo pôs em prática a mesma retirada. Novos ataques a gás dos alemães – em 10 e 24 de maio – foram menos contundentes e eficazes, mas ao fim de cinco semanas de ação os alemães tinham assegurado o controle de todo o terreno elevado ao leste de Ypres, incluindo as colinas de Passchendaele, embora os Aliados ainda dominassem a cidade arruinada propriamente dita. No processo, os alemães sofreram 35 mil baixas e infligiram o dobro (59 mil britânicos e 10 mil franceses), em larga medida devido ao uso de gás cloro.

"O GÁS FEZ EFEITO E O PÂNICO CEGO SE ALASTROU"

Trecho do relato anônimo de uma testemunha ocular britânica do primeiro uso bem-sucedido em campo de batalha de gás venenoso, quando o exército alemão lançou 168 toneladas de gás cloro contra a 45ª e a 78ª Divisões francesas (predominantemente argelinas e marroquinas), na frente ocidental de Ypres, em 2 de abril de 1915:

> Totalmente despreparadas para o que estava por vir, por um breve momento as divisões [francesas] encararam pasmadas o estranho fenômeno que se movia devagar em sua direção.
>
> Como algum tipo de líquido, o vapor de cores intensas propagou-se impiedosamente dentro das trincheiras, encheu-as e passou adiante.
>
> Por alguns segundos, nada aconteceu; a coisa de cheiro doce apenas fez cócegas nas narinas dos homens; eles não conseguiram perceber o perigo. Então, com inacreditável rapidez, o gás fez efeito e o pânico cego se alastrou.
>
> Centenas de soldados, após uma terrível luta em busca de ar, perderam a consciência e desabaram, morrendo no mesmo lugar em que caíam – uma morte de horrendo suplício, com bolhas espumantes gorgolejando na garganta e o líquido asqueroso entrando em seus pulmões. Com o rosto enegrecido e os braços e pernas contorcidos, um a um, eles se afogaram – a diferença é que o que os afogou vinha de dentro e não de fora.
>
> Outros, cambaleantes, caindo, tropeçando, em sua ignorância acompanhando o gás, voltaram.
>
> Uma saraivada de tiros de fuzis e metralhadoras matou a esmo, e a linha foi rompida. Do lado britânico, nada restou – seu flanco ficou ao deus-dará. A extremidade nordeste do saliente em torno de Ypres tinha sido penetrada. Da frente de St. Julien ao norte, até Boesinghe, não havia ninguém na frente dos alemães.

Fonte: www.firstworldwar.com/diaries/gasattackatypres.htm, publicado pela primeira vez em *Source Records of the Great War*, Vol. III, ed. Charles F. Horne, National Alumni, 1923.

Uma vez que boa parte da BEF estava ocupada na segunda Batalha de Ypres, Joffre resolveu usar tropas francesas para encabeçar uma segunda tentativa de ruptura das linhas inimigas contra o 6° Exército do príncipe herdeiro Rupprecht. Na segunda Batalha de Artois (9 a 15 de maio), Foch, comandante do setor norte de Joffre, deu ordens para que o 10° Exército francês (agora sob comando do general Victor D'Urbal) avançasse para a cadeia de colinas de Vimy, ao passo que, em seu norte imediato, o 1° Exército de Haig (reforçado por seis divisões) avançava de Neuve Chapelle rumo às colinas de Aubers. O ataque francês ocorreu após um vigoroso bombardeio de artilharia conduzido por quase 1.100 canhões ao longo de um período de cinco dias (4 a 9 de maio); em contraste, o ataque britânico sucedeu um bombardeio relativamente leve, de 40 minutos, na manhã do dia 9, pois, por conta da ação simultânea em torno de Ypres, a BEF contava com pouca artilharia de sobra. Assim que a infantaria Aliada deixou suas trincheiras, ficou claro que diversos ninhos de metralhadora alemães haviam sobrevivido ao bombardeio, especialmente ao longo das colinas de Aubers. No primeiro dia da ofensiva, o 1° Exército britânico sofreu 1.100 baixas, levando Haig a adiar seu ataque. Nesse ínterim, no sul, os franceses tiveram melhor sorte, em particular as tropas do 33° Corpo de Exército do general Philippe Pétain, mas, depois de seis dias, o avanço de D'Urbal estagnou sem cumprir seus objetivos. Embora Foch tenha suspendido os ataques, tropas francesas continuaram as escaramuças com os alemães até 25 de junho, sem tirá-las da serra de Vimy. Os franceses tiveram 100 mil baixas e os alemães, 75 mil, a maior parte nos primeiros seis dias de combate, os mais intensos de toda a guerra desde a primeira Batalha do Marne. Na segunda Batalha de Artois, Joffre, Foch e seus subordinados aprenderam o quanto o calibre dos armamentos e o peso da munição eram importantes em uma barragem de artilharia. A maior parte de seus canhões (por volta de 290) era de canhões de campo de 75 milímetros, excelente peças de artilharia móvel, mas leves demais para fazer diferença decisiva em uma artilharia preliminar.

O fracasso dos Aliados no estreito de Dardanelos

No outono de 1914, depois que a "Corrida para o mar" levou ao início da guerra de trincheiras, Winston Churchill passou a defender o uso decisivo do poderio britânico em torno da periferia da Europa como uma alternativa a destinar mais recursos à frente ocidental. Na condição de primeiro lorde do almirantado, no inverno de 1914 para 1915, ele elaborou um plano em que uma coluna de navios de guerra Aliados faria pressão no Dardanelos e atacaria Constantinopla. A ousada manobra talvez compelisse o Império Otomano a solicitar a paz, abrindo o estreito turco como rota de abastecimento entre os Aliados ocidentais e a Rússia. No mínimo, calculava Churchill, forçaria os turcos a concentrar suas forças na defesa de sua capital, aliviando a pressão não apenas sobre os russos no Cáucaso, mas também sobre os britânicos no Egito. O melhor de tudo, ele insistia, era o fato de que a operação poderia ser executada apenas com a força naval.

A ideia de Churchill ganhou apoio quando o impasse na frente ocidental se estendeu até 1915, mas, antes de colocarem o plano em prática, os britânicos agiram para assegurar o controle do Egito e do canal de Suez. Teoricamente fazendo parte do Império Otomano, o Egito desfrutava de um governo independente desde 1805, sob a dinastia iniciada por Mehmet Ali, cujos descendentes reinavam sob o título de quedivas. Os gastos excessivos e os vultosos empréstimos tomados junto a bancos ocidentais, juntamente com a concessão anglo-francesa para a construção do canal de Suez (aberto em 1869), fizeram do Egito um peão das potências europeias muito antes de 1882, quando a Grã-Bretanha ocupou o país para apoiar o regime dos quedivas contra uma revolta interna. Abbas Hilmi II, o quediva do Egito no início da Primeira Guerra Mundial, tinha sido durante a maior parte de seu reinado uma pedra no sapato tanto dos britânicos como dos turcos, devido a suas simpatias pró-árabes, pró-islâmicas e pró-alemãs. Em visita a Constantinopla quando a guerra eclodiu, Abbas tentou a sorte junto às Potências Centrais, cujo apoio buscou angariar a fim de livrar o Egito dos ocupantes britânicos. Os alemães o encorajaram, mas não foram capazes de superar a forte hostilidade mútua entre Abbas Hilmi e as lideranças do governo otomano dos Jovens Turcos, cujo objetivo de criar um Estado nacional secular turco era incompatível com sentimentos nacionalistas árabes ou islâmicos. Em 18 de dezembro de 1914, os britânicos declararam a deposição de Abbas Hilmi e proclamaram formalmente o Egito um protetorado. Depois disso, o quediva deixou Constantinopla e rumou para Viena a caminho de um prolongado exílio na Suíça, embora o tempo todo continuasse a tramar contra os britânicos. Ele apoiou a decisão do sultão de declarar uma *jihad* contra a Entente e a subsequente invasão do Egito pelo 7° Corpo de Exército otomano, que, em 3 de fevereiro de 1915, atacou forças imperiais britânicas junto ao canal de Suez.

A guarnição de 70 mil homens do general sir John Maxwell, formada principalmente por soldados que vinham chegando com regularidade da Austrália, Nova Zelândia e Índia via mar Vermelho, era bem mais numerosa do que o corpo de exército turco, que sofreu 1.500 baixas contra 150 dos defensores. Mais significativa para o esforço de guerra em termos mais amplos, a derrota prenunciou o que estava por vir na campanha das Grandes Potências no Oriente Médio. O comandante turco, Jemal Paxá, enfrentou problemas de poder de fogo, provisões e transportes, ao passo que o general alemão incumbido de "auxiliá-lo", o barão Friedrich Kress von Kressenstein, pouco sabia acerca do Oriente Médio e seus povos, e mal era capaz de disfarçar seu desprezo pelos turcos. Para piorar a situação, ficou claro que as diretrizes políticas seguidas desde 1908 pelo regime dos Jovens Turcos tinham afugentado de tal maneira os súditos árabes do sultão que o apelo à *jihad* não conseguiu mobilizá-los contra os britânicos. Nenhum líder religioso ou tribal árabe endossou publicamente a invasão do Egito, e muitos homens das tropas palestinas e sírias do 7° Corpo desertaram durante a campanha.

A derrota otomana no canal de Suez criou uma brecha para que os britânicos deslocassem boa parte de seus homens no Egito em um ataque ao estreito turco, mas, de início, Churchill persistiu em sua convicção de que a operação poderia ser levada a cabo somente com força naval, ainda que a presença da Frota Alemã de Alto-Mar mantivesse os melhores navios capitais britânicos no mar do Norte e a presença de couraçados húngaros no Adriático imobilizasse os couraçados da marinha francesa no Mediterrâneo central. Quando o bombardeio Aliado às fortalezas que guardavam a entrada do estreito de Dardanelos começou, em 19 de fevereiro, a força do contra-almirante sir John de Robeck incluía dois modernos navios capitais – o couraçado Queen Elizabeth e o cruzador de batalha Inflexible – apoiados por 16 pré-couraçados (12 britânicos e 4 franceses), além de incontáveis navios menores. Após duas semanas de bombardeio preparatório, os navios comandados por de Robeck tentaram forçar passagem pelo estreito ao meio-dia de 18 de março. Seguindo de perto uma flotilha de navios caça-minas, os couraçados (em grupos de três, lado a lado) adentraram lentamente o estreito, concentrando seu poder de fogo em silenciar os canhões das fortalezas externas. A operação saiu conforme o planejado até que os turcos começaram a utilizar baterias de artilharia a cavalo para atingir os caça-minas. Uma vez que essas baterias podiam ser deslocadas assim que os canhões dos couraçados localizassem seu alvo, os Aliados pouco puderam fazer para revidar. O trabalho de varredura dos navios caça-minas ficou cada vez mais irregular, e, às duas da tarde, um dos pré-couraçados franceses bateu em uma mina e afundou em menos de dois minutos, matando praticamente toda a tripulação. Logo as minas afundaram dois pré-couraçados britânicos, impedindo o avanço da missão naval. O cruzador de batalha Inflexible também colidiu com uma mina, mas foi rebocado em segurança para fora do estreito, o que também aconteceu com dois pré-couraçados franceses seriamente danificados pelo fogo de artilharia das baterias turcas durante a retirada. Quatro outros velhos couraçados de batalha sofreram danos leves, e, assim, apenas o Queen Elizabeth e sete pré-couraçados (seis britânicos e um francês) saíram ilesos do Dardanelos.

O fracasso da tentativa dos Aliados de obterem a vitória no estreito fazendo uso apenas de poderio estritamente naval levou à decisão de deslocar a Força Expedicionária do Mediterrâneo (MEF, na sigla em inglês) do general sir Ian Hamilton do Egito para a península de Galípoli, a ponta de terra na margem oeste do Dardanelos. Em 25 de abril, navios de guerra britânicos e franceses forneceram o apoio de artilharia para que uma divisão francesa, duas divisões inglesas e duas divisões do ANZAC (Australian and New Zealand Army Corps, o Corpo de Exército Australiano e Neozelandês) fossem levadas para suas cabeças de praia* não em barcaças de desembarque – como fariam seus correspondentes na Segunda Guerra Mundial –, mas em colunas de escaleres rebocados por lanchas a vapor. Uma divisão de infantaria britânica desembarcou no cabo Helles, a ponta da península de Galípoli, e as divisões do ANZAC desembarcaram na costa do Egeu. Como manobra para desviar a atenção do inimigo, a divisão francesa desembarcou ao sul da boca do Dardanelos, em Kum Kale, antes de se deslocar até o cabo Helles, e uma divisão de fuzileiros navais britânicos (a Real Divisão Naval) desembarcou bem mais acima,

---

* N.T.: Zona avançada, conquistada dentro do litoral inimigo.

em Bulair. Contudo, essas manobras diversionistas não surtiram efeito, uma vez que seis divisões do 5° Exército turco, com 84 mil homens ao todo, guarneciam as elevações ao norte e ao sul do estreito. Liman von Sanders, a quem Enver Paxá confiara a tarefa de organizar as defesas, ordenou ao general Mustafá Kemal (mais tarde conhecido como Atatürk) que posicionasse sua divisão no planalto ao sul da baía de Suvla, acima do que logo passaria ser chamado de Angra do ANZAC. Nos desembarques iniciais do dia 25, 20 mil homens do ANZAC asseguraram uma cabeça de praia de dois quilômetros quadrados, e que, ao longo dos oito meses seguintes, pouco conseguiram expandir, apesar de seu enorme esforço. Esse fracasso deveu-se em larga medida a Kemal, que reconheceu que o desembarque inicial não era uma simulação e, na noite do primeiro dia de batalha, acionou toda a sua divisão para contê-lo. Os combates mais sangrentos ocorreram nos primeiros nove dias após os desembarques, durante os quais as divisões do ANZAC (juntamente com quatro batalhões da Real Divisão Naval, despachados costa abaixo desde Bulair) sofreram baixas que incluíram 8.700 mortos. Reforçando as divisões de Kemal e contra-atacando repetidamente na tentativa de forçar o recuo do ANZAC, os turcos perderam quase 20 mil homens. Depois disso, ambos os lados cavaram trincheiras, os turcos, no terreno elevado acima das praias, e os Aliados, embaixo, na encosta. Enquanto isso, em Helles, a 29ª Divisão britânica enfrentou uma oposição bem mais leve, e ainda assim perdeu 6.500 homens ao conquistar sua cabeça de praia e avançar 3,5 km península adentro a partir da ponta do cabo, onde também acabou atolada em trincheiras. O plano de Churchill de romper, no Dardanelos, o impasse da frente ocidental resultara apenas em mais um impasse.

A reação dos políticos e da opinião pública britânicos à primeira rodada da carnificina nas cabeças de praia de Galípoli criou o cenário para a crise que veio à tona quando o jornal *The Times* publicou a revelação de sir John French acerca da escassez de munição do exército. Ao concordar em formar um gabinete de guerra de coalizão sob a liderança de Asquith, os conservadores exigiram, como preço por sua colaboração, a demissão de Churchill do almirantado, o que ocorreu em 25 de maio. As lideranças da marinha britânica, que nunca tinham gostado da ideia de arriscar navios capitais novos no estreito turco, imediatamente providenciaram o retorno do Queen Elizabeth e do Inflexible ao mar do Norte. Medida ditada pela prudência, uma vez que os navios de guerra de maior porte fornecendo apoio de artilharia para operações em terra eram especialmente vulneráveis a ataques de torpedos. Apenas no decorrer do mês de maio de 1915, outros três pré-couraçados britânicos foram perdidos no Dardanelos, todos torpedeados, dois deles pelo U21, o primeiro e mais bem-sucedido das dezenas de submarinos alemães enviados para o Mediterrâneo nos últimos três anos e meio da guerra. A frota de submarinos era suplementada por outros, despachada da Alemanha por via terrestre e montada em

Considerado um herói por sua atuação na Primeira Guerra, Mustafá Kemal tornou-se posteriormente presidente da Turquia e ganhou o apelido de Atatürk (pai dos turcos).

bases austro-húngaras no Adriático. A campanha foi assumida pelos alemães porque a marinha austro-húngara (com apenas sete submarinos na primavera de 1915) não dispunha da força para ajudar os turcos no Dardanelos, e após maio de 1915 passou a ter preocupações maiores mais perto de casa, já que a Itália declarou guerra à Monarquia Dual. Uma vez que os italianos só declararam guerra à Alemanha em agosto de 1916, nesse ínterim, todos os submarinos alemães operando no Mediterrâneo também eram considerados austro-húngaros, em geral, com comandante e tripulação alemães e um oficial subalterno austro-húngaro a bordo. Quase três meses depois da espetacular estreia do U21, outro submarino alemão afundou um navio britânico que partira de Alexandria a caminho do Dardanelos, afogando quase mil homens. Os britânicos também puseram submarinos em ação na área, com resultados bem menos expressivos, ainda que em dezembro de 1914 e, mais uma vez, em agosto de 1915 seus submarinos tenham conseguido adentrar sorrateiramente o estreito de Dardanelos e afundar dois pré-couraçados turcos.

Enquanto isso, na península de Galípoli, ao longo dos oito meses após os desembarques iniciais, os Aliados acrescentaram a suas cinco divisões originais outras nove, ao passo que, por sua vez, os turcos reforçaram seu 5º Exército aumentando-o para 16 divisões, a fim de conter os Aliados em seus enclaves costeiros. Dois fatores estimularam o massacre que se seguiu. Os turcos, como os franceses na frente ocidental, sentiram o ônus de iniciar a ação para expulsar de seu solo os invasores, ao passo que os Aliados tinham alvos claros que estavam enlouquecedoramente próximos: as fortalezas turcas na margem oeste do Dardanelos, a poucos quilômetros de suas cabeças de praia. No fim das contas, basicamente, Hamilton buscou romper o impasse abrindo uma terceira cabeça de praia com um desembarque-surpresa de oito divisões na baía de Suvla. O combate daí resultante, a Batalha de Sari Bair (6 a 21 de agosto), que levou o nome do espinhaço sobranceiro à Angra do ANZAC e à baía de Suvla, foi o mais intenso da campanha desde o princípio de maio. Ações individuais incluíram o infame massacre de dois regimentos da Cavalaria Ligeira Australiana (lutando como infantaria) no Nek, em um ataque tragicamente descoordenado na colina conhecida como "Baby 700", e as sangrentas conquistas da 1ª Divisão australiana em Lone Pine, no que deveria ter sido uma manobra para distrair o inimigo. Quando os combates arrefeceram, os Aliados haviam pagado por seus minguados ganhos um alto preço: 20 mil baixas. Mais uma vez, Kemal saiu do campo de batalha como o herói vitorioso dos turcos, primeiro, conseguindo prever os locais em que, por escolha de Hamilton, ocorreriam os desembarques Aliados, depois devastando um batalhão de neozelandeses no cume do Chunuk Bair, posição que eles tinham defendido por dois dias (8 a 10 de agosto). Na sequência, a guerra de desgaste continuou ao longo das linhas de trincheiras, agora em três enclaves costeiros em vez de dois. Hamilton não tentou outra ofensiva até que acabou sendo destituído do comando pelo lorde Kitchener, em 15 de outubro.

Os Aliados decidiram abandonar a campanha do Dardanelos em setembro de 1915, pouco antes de a Bulgária somar forças às Potências Centrais. Subitamente desesperados para apoiar a Sérvia, britânicos e franceses concluíram um acordo com o primeiro-ministro grego pró-Aliado, Elefthérios Venizélos, para que os autorizasse a desembarcar tropas em Salônica, com base na suposição de que uma invasão búlgara à Sérvia ativaria uma aliança defensiva greco-sérvia que remontava às Guerras dos Bálcãs e levaria a Grécia à guerra do lado dos Aliados. Uma divisão britânica deslocada da baía de Suvla e uma divisão francesa oriunda do cabo Helles foram as primeiras a chegar, em 5 de outubro, seguidas de tropas britânicas e francesas que poderiam ter sido enviadas como reforço para a península de Galípoli. A decisão de evacuar o restante das tropas foi uma recomendação do general sir Charles Monro, substituto de Hamilton, pouco depois de sua chegada a Galípoli em fins de outubro, e foi confirmada por lorde Kitchener após visitar pessoalmente a península em meados de novembro. Forças navais evacuaram com sucesso a Angra do ANZAC e a baía de Suvla na noite de 19 para 20 de setembro, e o cabo Helles, na noite de 8 para 9 de janeiro de 1916. A Batalha de Galípoli (conhecida pelos turcos como Batalha de Çanakkale, em função do nome da província local) resultou em 251 mil baixas otomanas, incluindo 87 mil mortos, e 141 mil baixas dos Aliados, incluindo 44 mil mortos (entre eles 21 mil britânicos, 10 mil franceses, 8.700 australianos e 2.700 neozelandeses). No mar, os britânicos perderam cinco dos 20 pré-couraçados em ação na campanha do Dardanelos; os franceses, um de cinco, e os turcos, dois de três. As marinhas Aliadas também torpedearam mais de 56 mil toneladas de embarcações turcas nas adjacências do estreito, perdendo, no processo, oito submarinos (quatro britânicos e quatro franceses), o maior deles para minas.

A frente ocidental: a terceira Batalha de Artois, a Batalha de Loos, a segunda Batalha de Champagne

O temporário foco anglo-francês no Dardanelos propiciou um período de calmaria na frente ocidental que durou todo o verão de 1915. Joffre tirou vantagem da pausa para reorganizar suas forças em três grupos de exércitos. Sob esse novo arranjo, Foch, em Flandres, e o 1º Exército de Dubail, em Lorena, ambos já atuando como comandantes de fato, continuaram em suas funções nos setores norte e sul da frente. Para o centro da linha, Joffre alçou Castelnau a comandante de grupo e promoveu Pétain para substituí-lo como chefe do 2º Exército. Os Aliados tentaram implementar o plano de Joffre novamente no outono. A terceira Batalha de Artois (25 de setembro a 4 de novembro) foi uma nova disputa dos mesmos exércitos e comandantes que tinham se enfrentado na segunda Batalha de Artois. Joffre coordenou melhor seus exércitos, de modo que as tropas Aliadas atacassem simultaneamente no setor de Artois e no setor de Champagne, de forma a extenuar ainda mais as linhas alemãs. Essa estratégia sábia (ainda que óbvia) poderia ter sido decisiva, pois, no início da ofensiva, o exército alemão tinha apenas seis divisões de reserva para toda a frente ocidental, devido à ênfase de Falkenhayn na frente oriental, em 1915. Ao longo do verão, os franceses também tinham se empenhado em fortalecer sua artilharia com base nas lições aprendidas na segunda Batalha de Artois, desta vez, usando 420 canhões pesados para encabeçar seu fogo de barragem preparatório de quatro dias. Porém, o volume de artilharia ainda se mostrou insuficiente, e o avanço do 10º Exército de D'Urbal estagnou pouco depois do início da ofensiva, induzindo Joffre a deslocar suas forças de reserva para o setor de Champagne, onde as vitórias iniciais o convenceram de que era possível romper as linhas inimigas.

Na Batalha de Loos (25 a 28 de setembro), o componente britânico da terceira campanha de Artois, o 1º Exército de Haig (como na segunda Batalha de Artois), mais uma vez entrou no combate após um bombardeio preliminar relativamente leve, mas desta vez os britânicos tinham a esperança de que o gás contrabalançasse as coisas. Na primeira vez que os Aliados utilizaram em larga escala essa nova arma, as tropas de Haig lançaram 40 toneladas de gás cloro na manhã do dia 25, antecedendo seu ataque inicial às trincheiras alemãs a oeste de Loos. Desde a segunda Batalha de Ypres, todos os exércitos tinham produzido grandes estoques de máscaras de gás primitivas, ineficazes demais para inspirar confiança em quem as usava; foi o que

163

aconteceu em Loos com os britânicos, que enfrentaram problemas generalizados com suas máscaras de gás, bem como uma mudança na direção do vento, que soprou grande parte do gás e o levou de volta para suas próprias trincheiras. Não obstante, a infantaria britânica abriu uma brecha nas linhas alemãs e capturou Loos. Contudo, não conseguiu avançar além, pois sua fraca artilharia não foi capaz de abrir lacunas suficientes no arame farpado alemão, tampouco destruir muitos ninhos de metralhadoras do inimigo. Em três dias, as tropas de Haig tiveram de recuar para suas posições iniciais. Em outubro, o 6º Exército alemão, que tinha iniciado a terceira campanha de Artois com 17 divisões, recebeu reforços adicionais, dando ao príncipe herdeiro Rupprecht um número de soldados mais do que suficiente para se defender dos ataques Aliados. A ação na terceira Batalha de Artois (incluindo Loos) custou-lhe apenas 20 mil baixas; para os britânicos, 50 mil, ao passo que os franceses sofreram 48 mil baixas.

Enquanto isso, na região de Champagne, o 2º e 4º Exércitos franceses lideraram o ataque. No início da segunda Batalha de Champagne (25 de setembro a 6 de novembro), as linhas alemãs, enfraquecidas por um bombardeio preparatório de três dias, recuaram e deram passagem, acossadas por tropas que se afunilaram em trincheiras avançadas que sapadores franceses tinham cavado muito perto das defesas alemãs. Essa nova tática, que ficou conhecida como o "ataque Joffre", rapidamente moveu a frente de batalha cerca de 3 km ao norte. Os franceses fizeram 25 mil prisioneiros e capturaram 150 canhões antes que o avanço estagnasse em 6 de outubro, destruindo as esperanças de Joffre. Depois de mais de três semanas de escaramuças, os alemães contra-atacaram em 30 de outubro e, em 6 de novembro, recuperaram todo o terreno que tinham perdido. Apesar de sua inovadora tática, Joffre continuou aferrado à noção de que, no fim das contas, a vitalidade e a disposição de seu exército eram o aspecto mais importante e, de alguma maneira, compensariam todas as suas deficiências. Na véspera da segunda Batalha de Champagne, sua ordem geral para as tropas sublinhava essa crença: "O elã de vocês é irresistível".[1] A batalha custou aos franceses outras 145 mil baixas e aos alemães, 72.500; no cômputo geral do ano, os franceses somavam aproximadamente 1,1 milhão de baixas, entre mortos, feridos, aprisionados e desaparecidos, ao passo que as perdas alemãs chegavam a 600 mil homens. Por mais sangrentas que fossem as batalhas de maiores proporções, para ambos os lados, mais da metade das baixas foi causada fora dos embates mais ferrenhos, na menos intensa guerra de desgaste do dia a dia.

Ao longo do ano de 1915, contingentes ainda maiores de soldados franceses e britânicos acabaram sacrificados em ataques que, vistos em retrospecto, parecem não ter sido particularmente bem concebidos por seus comandantes, levando à caracterização do esforço de guerra Aliado (no caso britânico) como "leões liderados por asnos"[2] (ver a seguir "Perspectivas: 'leões liderados por asnos'"). Mas essa

164

O impasse se intensifica

tradicional justaposição da bravura dos soldados comuns e da suposta incompetência dos generais explica pouca coisa. A bem da verdade, os generais aprendiam com seus erros e fracassos, mas raramente tinham condições de colocar em prática essas lições antes que novos desafios resultassem em novos fracassos. Por exemplo: ao longo de 1915, os Aliados constataram que sua infantaria não seria capaz de penetrar as trincheiras alemãs a menos que usassem reconhecimento aéreo para identificar os pontos mais fracos nas linhas inimigas, abrissem caminho com um maciço bombardeio de artilharia pesada e empregassem aeronaves para bombardear e metralhar as forças de reserva que os alemães levavam à frente de batalha para preencher a lacuna. Contudo, a essa altura, o número de canhões pesados e o tamanho de seus estoques de munição ainda eram insuficientes para tirar vantagem do que eles agora sabiam, e, se os Aliados continuaram a aperfeiçoar sua própria produção de armas e munição, os alemães fizeram o mesmo, elevando as apostas e aumentando os riscos a um patamar ainda mais alto. A introdução de gás tóxico pelos alemães no campo de batalha levou os Aliados a responder na mesma moeda, mas ainda restava ver até que ponto o uso de gases letais serviria a outro propósito que não o de transformar o pesadelo da guerra de trincheiras em algo ainda pior para o soldado comum. Ao mesmo tempo, na incipiente guerra aérea, os alemães asseguraram uma temporária superioridade graças ao uso, em 1915, do Fokker E1, o primeiro avião produzido em larga escala equipado com um mecanismo de sincronização que possibilitava ao piloto operar uma metralhadora através das hélices. Embora a frequência e a intensidade dos combates aéreos não chegassem perto dos níveis de 1917 e 1918, durante o outono de 1915, o "flagelo do Fokker", como definiu a imprensa britânica, efetivamente varreu dos céus as aeronaves britânicas e francesas. A dominação alemã do ar obrigou os comandantes Aliados a entrarem em combate em solo – na terceira Batalha de Artois, em Loos e na segunda campanha de Champagne – sem fotografias de reconhecimento aéreo, ironicamente apenas meses depois que o valor de tais informações tinha sido aceito de forma universal, e sem os meios para acossar a retaguarda inimiga.

PERSPECTIVAS: "LEÕES LIDERADOS POR ASNOS"

O parlamentar conservador e historiador militar Alan Clark (1928-99) concordava com a afirmação, atribuída ao general alemão Max Hoffmann, de que os soldados britânicos eram "leões liderados por asnos":

> No meio século precedente, os comandantes britânicos tinham adquirido uma reputação muito desproporcional a suas realizações [...]. A tradição popular de infalibilidade heroica que fora estabelecida mediria forças desastrosamente

A Primeira Guerra Mundial

com o bom humor amadorístico e a ignorância da teoria militar contemporânea que correspondiam à realidade.

[O ano de 1915] marcou [...] uma ossificação final do pensamento tático [...]. "O peso do metal" era considerado importantíssimo; a "guerra de desgaste" era tida como a resposta. Em teoria, a artilharia tornou-se a principal arma de ofensiva e a infantaria, a responsável pela operação de limpeza do terreno. Isso, por sua vez, levou a um completo abandono da tática de infantaria [...]. Mesmo por ocasião da ofensiva do Somme, mais de um ano depois, a infantaria ainda estava sendo instruída a avançar em linhas [...] em um ritmo acelerado.

Suas baixas foram medonhas [...]. Muitas e reiteradas vezes, deles se exigiu que tentassem o impossível e, no final, todos eles morreram. Simples assim.

Fonte: Alan Clark. *The Donkeys* (London: Hutchinson/Pimlico, 1962), 11, 19-20, 126. (Usado sob permissão de Random House Group Ltd.)

* * *

O historiador britânico Adrian Gregory sugeriu que a condenação do alto-comando britânico na Primeira Guerra Mundial se origina em parte da necessidade de um "contraponto negativo" à campanha britânica na Segunda Guerra Mundial, que também acarretou desastres expressivos e dispendiosos:

O veredicto da cultura popular é mais ou menos unânime. A Primeira Guerra Mundial foi estúpida, trágica e fútil [...]. A criminosa idiotice do alto-comando britânico tornou-se um artigo de fé [...]. Ao longo de quatro anos, esses incompetentes massacraram incessantemente a nata da virilidade britânica, sem remorsos, ou sequer, em muitos casos, consciência.

Os desastres das forças armadas britânicas na Primeira Guerra Mundial são notórios [...]. Por contraste, a litania das catástrofes britânicas que compõem uma vasta porção da Segunda Guerra foi varrida para debaixo do tapete [...]. Como indicação da estupidez da "mente militar", seria difícil rivalizar com o desempenho britânico na Segunda Guerra Mundial [...]. Se "morrer em vão" significa homens sendo assassinados sem em nada contribuir para a vitória final, então é preciso fazer perguntas mais sérias acerca do período de 1939 a 1945. Os britânicos não fazem essas perguntas porque têm, em vez disso, os anos de 1914 a 1918. A memória da Primeira Guerra Mundial foi muito remodelada, como contraponto negativo a uma versão mitologizada da Segunda.

Fonte: Adrian Gregory, *The Last Great War: British Society and the First World War* (Cambridge University Press, 2008), 3-4.

A frente oriental:
Tarnów-Gorlice e a proposta de paz alemã à Rússia

Animado pela intenção alemã de consignar mais recursos para a frente oriental em 1915, Conrad visitou Falkenhayn em Berlim três vezes durante o mês de abril, para coordenar planos de uma ofensiva de primavera contra os russos. Ele foi embora satisfeito, pois Falkenhayn, de maneira bem pouco típica, tinha concordado com um plano de ataque baseado em uma de suas ideias. Concordara também que, sempre que possível, as tropas austro-húngaras deveriam receber o reforço de tropas alemãs e o apoio de artilharia alemã superior. Tal combinação tinha sido tentada, com sucesso, em Limanowa-Lapanów, em dezembro de 1914, quando uma divisão alemã se juntara ao 4° Exército austro-húngaro. Para a ofensiva das Potências Centrais em maio de 1915, o novo 11° Exército alemão recebeu quatro divisões austro-húngaras – para suplementar suas oito divisões alemãs – e se posicionou na frente de batalha, a leste da Cracóvia, entre o 3° e o 4° Exércitos austro-húngaros. Mackensen recebeu o comando geral da operação, tendo como seu chefe de Estado-Maior Hans von Seecket, recentemente promovido a general depois de se distinguir na primeira Batalha de Champagne. Falkenhayn transferiu o quartel-general do OHL para Pless, na Silésia, a cerca de uma hora de carro do AOK em Teschen, para melhor coordenar a ofensiva.

A esperança de melhores relações com a Alemanha contrabalançava a decepção de Conrad com o sangrento impasse de inverno nos Cárpatos, que terminou em abril com os russos ainda na crista da cordilheira ou próximos a ela, ameaçando a Hungria. O "inverno nos Cárpatos" tinha custado ao seu exército 60 mil baixas, e aos russos, quase o mesmo, mas, para o Império Austro-Húngaro (como para a França, no oeste), não fazia sentido travar uma guerra de desgaste contra um inimigo numericamente superior. Uma vez que, na primavera de 1915, a Áustria-Hungria já tinha perdido a maior parte de seu exército regular de 1914, a Monarquia Dual, como de resto todos os outros beligerantes, dependia cada vez mais de reservistas e substitutos comandados por oficiais da reserva. Devido ao caráter único da Monarquia Dual, contudo, o exército já tinha começado a sofrer problemas de coesão que outros países não enfrentavam. Recrutas inexperientes e reservistas convocados se mostraram vulneráveis à agitação revolucionária nacionalista e socialista na frente interna, ao passo que, entre os oficiais da reserva que os comandavam, não havia muitos poliglotas como entre os oficiais de carreira, o que gerava maiores dificuldades de comunicação com as tropas. Desde o início da guerra, o Império Austro-Húngaro registrava, entre todos os beligerantes, a mais alta taxa de soldados que caíam prisioneiros em mãos inimigas; em particular, o número

167

de prisioneiros capturados pelos sérvios no outono de 1914 (76.500) junto aos exércitos austro-húngaros (em que prevaleciam as nacionalidades croata, bósnia e tcheca) preocupava Conrad e o AOK. Por fim, em abril de 1915, no final da campanha nos Cárpatos, o 28° Regimento de Infantaria (de Praga) rendeu-se em massa na passagem de Dukla, confirmando os piores temores de Conrad acerca da confiabilidade das tropas eslavas na frente de batalha russa.

Enquanto isso, por sua vez, os russos enfrentavam o desacordo e iam ficando desordenados. Seu comando-e-controle tinha melhorado depois de Tannenberg, o que permitiu que deslocassem seus exércitos com mais eficácia no outono e no inverno de 1914, mas entrou em colapso novamente durante a campanha nos Cárpatos. Quando o grão-duque Nicolau ordenou o reforço do grupo de exércitos de Ivanov para uma ofensiva na frente sudoeste, onde o exército austro-húngaro parecia à beira da derrocada, o comandante do grupo de exércitos da frente noroeste, o competente Ruzsky, se recusou a enviar tropas para Ivanov e, em março de 1915, preferiu se demitir a ver sua frente de batalha relegada a um teatro secundário. O grão-duque o substituiu pelo general Mikhail Alekseev, chefe de Estado-Maior de Ivanov, supondo que os dois continuariam se entendendo bem; porém, assim que assumiu o comando da frente noroeste, Alekseev deu mostras de ser bem menos cooperativo do que Ruzsky e enviou a seu ex-superior apenas duas divisões a tempo de tomar parte da última ofensiva russa do "inverno dos Cárpatos". Essa falta de cooperação, às vezes beirando a insubordinação, ajudou a poupar o exército de Conrad da destruição e fez com que os russos perdessem sua melhor oportunidade de invadir a Hungria. A discórdia continuou na primavera e no verão de 1915 e quase levou o exército russo à ruína.

Na Batalha de Tarnów-Gorlice (2 a 10 de maio), as tropas de Mackensen encabeçaram uma ofensiva entre o Vístula e os contrafortes dos Cárpatos contra o 3° Exército Russo, ainda sob o comando do general búlgaro Dimitriev, mas reforçado para 250 mil homens (24 divisões) desde sua derrota em Limanowa-Lapanów. As Potências Centrais compensaram sua inferioridade numérica com o poder de fogo da artilharia, uma vez que a infantaria de Mackensen contava com o apoio de 700 canhões (até então, a maior quantidade reunida para uma única batalha na frente oriental) contra 145 de Dimitriev, em sua maior parte, artilharia de campo leve. Os combates em torno da cidade de Tarnów e da cidadezinha de Gorlice começaram com um bombardeio na noite do dia 1°, que dizimou cinco divisões russas quando o ataque da infantaria teve início na manhã seguinte. O 11° Exército tirou proveito da brecha das linhas inimigas e, com o 4° Exército austro-húngaro, em pouco tempo cercou a maior parte das tropas de Dimitriev. Em 10 de maio, quando Dimitriev finalmente deu ordens a seus 40 mil soldados remanescentes que recuassem para leste até Przemyśl e a linha do rio San, o exército já tinha sofrido 70 mil baixas e perdido 140 mil caídos em poder do inimigo. Para a Rússia, a destruição quase que total do 3º Exército foi um desastre maior do que Tannenberg; no início de junho, depois que tropas alemãs capturaram Przemyśl, o grão-duque Nicolau baniu o pitoresco búlgaro para um comando menor no Cáucaso. Embora Tarnów-Gorlice tenha sido saudada como uma vitória "alemã", a Áustria-Hungria forneceu 65% do contingente diretamente envolvido na ruptura das linhas inimigas, mas, à medida que a ofensiva continuou avançando para o leste, Falkenhayn incrementou seu progresso com novas divisões alemãs transferidas da frente ocidental; em meados de junho, sete tinham chegado e uma oitava estava a caminho. O avanço logo comprometeu toda a frente sudoeste russa, pois o 7º, 8º e 9º Exércitos russos tiveram de abandonar suas linhas no cume dos Cárpatos – caso contrário, corriam o risco de serem liquidados, uma vez que as Potências Centrais abriam caminho rumo ao leste em sua retaguarda. Por fim, em 22 de junho, o 2º Exército austro-húngaro de Böhm-Ermolli retomou Lemberg, a capital provincial da Galícia. Embora terminantemente derrotados, os russos fizeram seus perseguidores pagarem caro por suas conquistas. As forças envolvidas na ofensiva de Tarnów-Gorlice a Lemberg sofreram 90 mil baixas e, mesmo na vitória, a Áustria-Hungria perdeu (por deserção) outro regimento tcheco, o 36º, na ação junto a Przemyśl.

Assim que as Potências Centrais concluíram a libertação da Galícia austríaca, Falkenhayn pressionou Bethmann Hollweg a fazer a paz com a Rússia com base no *status quo ante*, de forma a permitir que os alemães se concentrassem na frente ocidental. Conrad, que, para começo de conversa, jamais quisera a guerra na Rússia, apoiou-o de todo coração, especialmente uma vez que a declaração de guerra da Itália ao Império Austro-Húngaro, em maio de 1915, dera-lhe outro oponente, além da Sérvia, contra quem ele preferia lutar. Para o papel de intermediário, Bethmann recorreu à neutra Dinamarca, cujo rei, Cristiano X, era primo em primeiro grau do czar. Vários líderes alemães e austro-húngaros complementaram esses esforços com seus próprios emissários para sondar a paz, incluindo tentativas de diálogo com aristocratas russos pró-Alemanha e diplomacia familiar via dinastias alemãs menores com ligações com os Romanov. Mas nem todo mundo na liderança política e militar alemã queria a paz no leste, pelo menos não até que os objetivos expansionistas do "programa de setembro" tivessem sido alcançados. Esse argumento interno rapidamente tornou-se ponto de debate. Em 4 de setembro de 1914, Grã-Bretanha, França e Rússia tinham concordado em só buscar a paz se fosse em comum; quando a Itália se juntou aos Aliados, todos renovaram sua promessa. Nicolau II recebeu o enviado dinamarquês Hans Niels Andersen, mas apenas para informá-lo de que a Rússia não firmaria uma paz em separado.

A frente oriental: a conquista da Polônia e o "comando pessoal" do czar

Assim, Falkenhayn não conseguiu alcançar seu objetivo no leste, embora as tropas comandadas por ele e Conrad tivessem obtido uma vitória esmagadora. Com a frente ocidental apaziguada durante os meses do verão de 1915, Falkenhayn resolveu tirar vantagem dos enfraquecidos russos e também eliminar o saliente

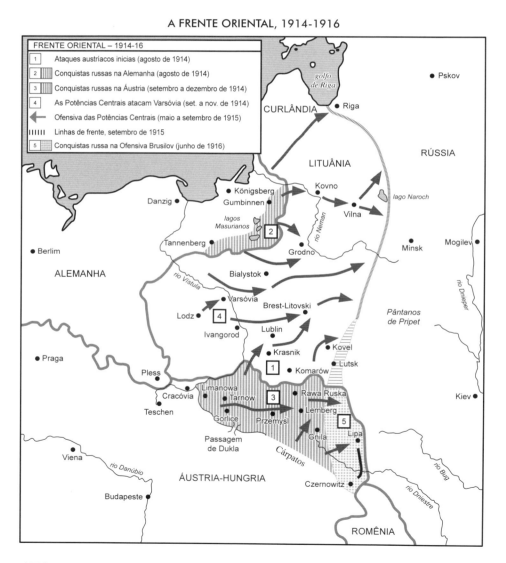

A FRENTE ORIENTAL, 1914-1916

polonês em um único e gigantesco movimento em pinça, posto em marcha em meados de julho (ver mapa "A frente oriental, 1914-1916"). Da Prússia oriental, o novo 12° Exército alemão (general Max von Gallwitz) deslocou-se para o sul até Varsóvia, com o apoio do 9° Exército alemão, agora sob comando do príncipe Leopoldo da Bavária, que avançou para Varsóvia a partir do oeste, via Lodz, entrando em combate com o 1°, 2° e 4° Exércitos russos do grupo de exércitos de Alekseev na frente noroeste. Enquanto isso, o 11° Exército de Mackensen, com o 1° e 4° Exércitos em seus flancos, avançou para o norte a partir de Lemberg rumo a Lublin e Brest-Litovski, seguindo as vias férreas que ligavam os exércitos de Alekseev ao interior da Rússia.

Por mais honrosa que pudesse ter sido, a decisão de Nicolau II de continuar lutando estava longe de ser racional, uma vez que seus exércitos enfrentavam uma escassez de munição tão acentuada que não poderiam seguir em combate por muito mais tempo. Devido ao colapso do comando-e-controle do grupo de exércitos de Ivanov na frente sudoeste, somente o 8° Exército russo de Brusilov e unidades sobreviventes do 2° Exército se posicionaram para bloquear a passagem de Mackensen; de resto, sua oposição consistiu de forças de reserva mal equipadas e recrutas inexperientes que os russos jogaram em seu caminho. A perda dos três exércitos de Alekseev em um cerco duplo teria deixado a Rússia sem condições de continuar na guerra. Alekseev avaliou a gravidade da situação e ordenou uma retirada enquanto suas tropas ainda tinham uma rota de fuga. Em 30 de julho, o 11° Exército alemão e o 4° Exército austro-húngaro tomaram Lublin, bloqueando uma importante via férrea entre Varsóvia e o leste, e forçando Alekseev a despachar as tropas em retirada, ao longo da rota norte através de Bialystok e Vilna. Em 4 de agosto, os russos abandonaram Varsóvia (ver box "Varsóvia cai em mãos alemãs, 4 de agosto de 1915") e, no dia seguinte, o 9° Exército alemão ocupou a cidade. Os exércitos de Alekseev completaram sua retirada da Polônia pouco antes que as pontas da pinça se fechassem em 15 de agosto, cortando a última estrada de ferro para a Rússia. Por fim, em 25 de agosto, quando a campanha começava a perder fôlego, o 11° Exército alemão e o 4° Exército austro-húngaro seguiram adiante desde Lublin para tomar Brest-Litovski.

Hindenburg e Ludendorff não tiveram envolvimento direto na ofensiva de Tarnów-Gorlice ou na subsequente tentativa de cerco duplo ao saliente polonês, ambas coordenadas pessoalmente por Falkenhayn desde seu quartel-general em Pless. Durante os mesmos meses, o OberOst se manteve ocupado com sua própria operação complementar no norte, que acionou o 8° Exército de Below, o 10° Exército de Eichhorn e o novo Exército do Neman, do general Otto von Lauenstein em uma ofensiva da Prússia oriental rumo às províncias russas do Báltico. No clímax da campanha, o 10° Exército assegurou a posse da Lituânia, tomando Kovno (Kaunas) em 18 de agosto e Vilna em 19 de setembro, mas a um alto preço, pois sofreu 50 mil baixas nas duas semanas que antecederam a queda de Vilna. Ao sul, o 8° Exército enfrentou oposição menor e tomou Grodno em 3 de setembro. Ao norte, ao longo da costa do Báltico, o avanço do exército de Neman em direção à Letônia estagnou às portas de Riga depois que um destacamento da marinha alemã – incluindo dois couraçados, dois pré-couraçados e um cruzador de batalha – perdeu a Batalha do Golfo de Riga (8 a 19 de agosto) para uma força russa bem menos numerosa. A cidade continuou em mãos russas por mais dois anos. Nesse ínterim, nos territórios conquistados pelos exércitos sob o comando de Hindenburg e Ludendorff, o OberOst atuou como autoridade administrativa do outono de 1915 até o final da guerra, inicialmente gerindo cerca de 100 mil km quadrados de terras ocupadas, incluindo a Lituânia, o ducado da Curlândia (sudoeste da Letônia) e a área de Bialystok no nordeste da Polônia em torno de Grodno. Os 2,9 milhões de habitantes remanescentes (de um total inicial de 4,2 milhões, saldo de quem já tinha morrido na guerra ou sido expulso para o leste, Rússia adentro) incluíam poloneses, lituanos, letões, judeus, alemães do Báltico e russos. Enquanto as Potências Centrais entregaram o restante do território ocupado a uma administração civil sob um governador militar, o general Hans von Beseler – no domínio do OberOst, que era uma administração militar dirigida por Ludendorff – passou o ano seguinte implementando um experimento sociopolítico cujo intuito era instaurar a ordem alemã na região e usar seus recursos para o benefício alemão. Em muitos aspectos, o programa de Ludendorff antecipou os planos mais ambiciosos do Terceiro Reich no território ocupado pelos nazistas na Polônia e na Rússia, mas sem o genocídio.

VARSÓVIA CAI EM MÃOS ALEMÃS, 4 DE AGOSTO DE 1915

Trechos do testemunho do jornalista norte-americano Stanley Washburn sobre a queda de Varsóvia, com reflexões sobre o significado que o fato teve à época:

No que dizia respeito a Varsóvia, era fim de jogo. Mesmo que ainda não tivesse sido avisado verbalmente, as estradas não precisavam de interpretação. Quilômetro após quilômetro, uma única e ininterrupta coluna, caminhando lenta e penosamente na poeira que subia em nuvens, uma coluna infinita de carretas de munição, veículos de transporte, cozinhas de campo e as milhares de outras quinquilharias que fazem parte de um exército. Mas, nessa retirada, como em muitas e muitas outras que acompanhei, ou melhor, precedi, na Rússia, nada havia nos rostos dos homens que indicasse se estavam batendo em retirada ou avançando.

Quarta-feira, 4 de agosto, o último dia de Varsóvia [...] foi um dia perfeitamente calmo, quase sem uma nuvem no céu. A não ser pelo monótono ribombar de canhões sobre o rio, em toda parte imperava a paz absoluta [...]. Poucas horas depois, as pontes foram pelos ares e Varsóvia deixava de ser russa. A destruição das pontes do Vístula marcou o fim de uma fase distinta na guerra, fase que, acredito, a história vai julgar como o zênite do poderio alemão nesta guerra [...].

A partir de conversas com inúmeros prisioneiros, em minha mente não resta dúvida de que todos os soldados alemães acreditavam, desde 1º de maio, que a tomada de Varsóvia representava a paz com a Rússia. Varsóvia acabou representando o prêmio da campanha, e do ponto de vista alemão essa captura devia significar para a Rússia o derradeiro fracasso de seus exércitos. O resto da guerra seria relativamente simples: uma paz independente com a Rússia, com acordos de comércio que implicariam recursos ilimitados com os quais se poderia contar na guerra com a França, contra a qual poderia ser enviada toda a força no leste, e Paris seria tomada em um mês. Depois, a longa e lenta preparação que, na esperança de todo alemão, significaria a aniquilação da Inglaterra. Desse ponto de vista, o resultado da Guerra Mundial parecia de fato promissor para as tropas que, por fim, ouviram dizer que o grande prêmio estava ao seu alcance. Portanto, parece que, se por um lado, não se pode minimizar o triunfo dos alemães em efetivamente tomar Varsóvia depois de tantos meses, por outro, pode-se condená-los por não saber de antemão que a captura da cidade pela qual tinham feito inúmeros sacrifícios não significava em absoluto a paz [...].

Tendo estado com os japoneses na Manchúria [em 1904 e 1905] e lá me familiarizando com o extraordinário poder de recuperação dos russos, eu me senti razoavelmente confiante de que os homens não esmoreceriam, que as dificuldades do período crítico seriam vencidas e que, no fim das contas, o exército retornaria a uma linha onde poderia se estabelecer para um longo período de reabastecimento.

Fonte: Publicado pela primeira vez em *Victory in Defeat: The Agony of Warsaw and the Russian Retreat* (London: Constable, 1916), disponível em www.greatwardifferent.com/Great_War/Russian_Advance/Fall_Warsaw_01.htm.

Ironicamente, considerando-se o que aconteceria na mesma região um quarto de século mais tarde, com poucas exceções, os judeus da Polônia e do oeste da Rússia saudaram a Potências Centrais como libertadoras. A perseguição que fizera da vida dos judeus um suplício sob o regime czarista aumentou durante a primavera de 1915, quando o grão-duque Nicolau II expulsou dezenas de milhares de judeus das adjacências da frente de batalha com base em rumores infundados de que estavam ajudando tropas alemãs a se infiltrarem nas linhas russas. A expulsão mais dramática se deu em 23 de maio, em Kaunas, onde um quarto da população era de judeus. Enquanto isso, na área rural da Lituânia, os russos em retirada brutalizaram a minoria de alemães do Báltico em particular e os luteranos (tanto lituanos como alemães) em geral. Homens saudáveis e fisicamente aptos foram obrigados a bater em retirada com os exércitos russos para que assim não trabalhassem para os alemães. Expulsos, eles se juntaram a uma multidão de refugiados, em sua maioria russos étnicos, que fugiram para o leste. Quando eclodiu a revolução, as derrotas do exército russo nas frentes oriental e do Cáucaso gerariam seis milhões de refugiados, mas o êxodo da Polônia em 1915 respondeu pela grande maioria deles.

Semanas antes que a tomada de Brest-Litovski e Vilna pusesse um ponto final nas operações ofensivas no leste para o ano de 1915, Falkenhayn resolveu interromper o avanço tão logo o saliente polonês tivesse sido eliminado e as novas linhas de frente, firmemente asseguradas. A operação encurtou a frente oriental para cerca de 1.300 km de extensão, ao longo de uma linha que se estendia diretamente do oeste de Riga, no Báltico, ao sul, em Czernowitz, a capital da província austríaca de Bucovina, na fronteira com a neutra Romênia. A magnitude da derrota não tinha sido suficientemente grande para forçar os russos a se sentarem à mesa de paz, mas a frente de batalha muito menor exigiria um número pequeno de tropas para cobri-la no futuro, liberando um maior contingente de alemães para a frente ocidental. De fato, a transferência de tropas para outros lugares tornou-se uma questão premente, porque os problemas de logística tinham ficado piores à medida que os exércitos avançaram para o leste, muito além de seus terminais ferroviários, e era impossível manter por muito mais tempo na frente de batalha (bem alimentados e adequadamente armados) o mesmo número de soldados que havia em setembro. Desde a eclosão da guerra, 13 meses antes, o exército alemão na frente oriental fora assolado por uma taxa de doenças cerca de 50% mais alta que na frente ocidental, com milhares de homens contaminados por tifo, malária e cólera; durante a campanha de 1915, quem mais sofreu foi o 12º Exército de Gallwitz – que estava posicionado a apenas 95 km ao oeste de Minsk quando Falkenhayn finalmente o deteve –, reduzido à metade em função de baixas e doenças. Os russos em nada ajudaram, pois, assim que ficou claro que teriam de abandonar a Polônia, durante sua retirada, colocaram em prática uma política de terra arrasada, devastando boa parte do leste do território polonês – que seria a nova frente de batalha – e seu interior imediato. As primeiras tropas alemãs a deixarem a frente oriental, as dez divisões do 11º Exército de Mackensen, rumaram para o sul e não para o oeste, para a frente balcânica, onde Falkenhayn planejava uma ofensiva de outono com a Bulgária para tirar a Sérvia da guerra.

Na esteira da perda da Polônia, Nicolau II tomou a fatídica decisão de ir à frente de batalha e assumir pessoalmente o comando das forças armadas enquanto perdurasse a guerra. No início de setembro, ele partiu de Petrogrado (como a cidade vinha sendo chamada havia um ano, depois que o nome "São Petersburgo" fora

O impasse se intensifica

considerado "alemão demais") rumo a seu quartel-general em Mogilev, a cerca de 680 km da capital. Sua carta de 5 de setembro ao grão-duque Nicolau, a quem designara novamente para a frente do Cáucaso, reiterava a seriedade com que assumiria seu papel de comandante em chefe:

> Meu dever para com meu país, a mim confiado por Deus, impele-me hoje, quando o inimigo penetrou no interior do Império, a assumir o comando supremo das forças ativas e a compartilhar com meu exército as agruras da guerra e salvaguardar o solo russo das investidas do inimigo.[3]

Uma vez que o czar não tinha treinamento nem experiência militar, Alekseev, comandante do grupo de exércitos da frente noroeste, foi alçado chefe de Estado-Maior no quartel-general do czar e tornou-se o comandante de fato das forças armadas. O general Aleksei Evert, que substituíra Salza como comandante do 4º Exército e lograra tirá-lo em segurança da Polônia, recebeu o comando de um novo grupo ocidental de exércitos sustentando o centro russo, enquanto Ruzsky retornava para encabeçar a frente norte (como passou a ser chamada a frente noroeste).

O exército russo ainda sobrepujava em número os exércitos das Potências Centrais no leste, mas, no primeiro ano da guerra, tinha sofrido 2,4 milhões de baixas e perdera um milhão de prisioneiros; para agravar a situação, a partir de maio de 1915 haviam sido registradas 1,4 milhão de baixas – e quase todos os prisioneiros perdidos haviam caído em mãos inimigas justamente a partir de maio de 1915. Em comparação, desde o início da guerra, o Império Austro-Húngaro tinha sofrido 1,8 milhão de baixas e perdido 730 mil prisioneiros, ao passo que as baixas alemãs na frente oriental provavelmente não excediam 300 mil, e o número de prisioneiros somava apenas poucos milhares. Apesar das melhorias na produção nacional de munição, as fábricas da Rússia ainda não tinham conseguido suprir as necessidades do exército, e as minguadas importações dos Aliados ocidentais não eram suficientes para completar a diferença. Assim, um exército que não era mal equipado em agosto de 1914 se viu em sérias dificuldades um ano depois. Durante a grande retirada, a artilharia russa literalmente ficou sem munição, e o típico soldado de infantaria dispunha apenas de um punhado de balas remanescentes. Soldados recém-chegados à batalha eram armados com fuzis e munição recuperados junto aos mortos. Paradoxalmente, quando os russos abandonaram Varsóvia, deixaram para trás pilhas de munição na cidade e nas imediações das fortificações do Vístula. Apesar das péssimas condições e do novo fardo de ter a presença do czar no quartel-general, o exército russo continuou demonstrando um inexplicável poder de recuperação, pelo menos por mais um ano.

A derrota decisiva dos russos não conseguiu aproximar as Potências Centrais. O comando-e-controle conjunto continuava sendo uma questão delicada. Mackensen e

175

Seeckt tinham liderado a ofensiva Tarnów-Gorlice no campo, nominalmente sob a liderança de Conrad, que só despachava ordens para Mackensen com o consentimento de Falkenhayn. Mesmo antes da ofensiva, Conrad tinha comentado com sua amante que "essas péssimas relações são desagradáveis",[4] mas ele teria de se acostumar, pois, na esteira de Tarnów-Gorlice e da redução do saliente polonês, as conquistas alemãs no campo fortaleceram ainda mais sua força no âmbito da aliança. Em parte para demonstrar a independência austro-húngara em relação à Alemanha e o direito do AOK de dirigir suas próprias operações, e em parte devido à sua sincera convicção de que Falkenhayn tinha abortado cedo demais a campanha na frente oriental, Conrad resolveu continuar por conta própria a ofensiva no final do verão de 1915. Ele usou 47 divisões sem força máxima, 350 mil homens ao todo, em sua maioria do 1º Exército (agora sob o comando do general Paul Puhallo von Brlog), do 2º Exército de Böhm-Ermolli e do 4º Exército do arquiduque José Ferdinando, para atacar o setor sul da frente de batalha, abaixo dos pântanos de Pripet. Conrad esperava cercar e destruir o 8º Exército de Brusilov, depois seguir em frente e tomar Kiev. Ele lançou a ofensiva em 26 de agosto e a abandonou em 24 de setembro, depois que um contra-ataque russo empurrou seus exércitos de volta para o ponto de partida. Durante as quatro semanas de combates, a Áustria-Hungria perdeu outros 230 mil homens, incluindo 100 mil que acabaram prisioneiros. Destes, muitos desertaram em massa, entre eles inúmeros soldados tchecos e rutenos (ucranianos), juntamente com alguns bósnios. Os oficiais do próprio Conrad criticaram a impraticável ofensiva enquanto ela ainda estava em andamento e, mais tarde, muitos se perguntaram por que motivo o AOK se dispusera a desperdiçar um quarto de milhão de homens em um momento em que a Monarquia Dual padecia de grave escassez de soldados na nova frente italiana e tinha pouquíssimas tropas para contribuir com a vindoura conquista da Sérvia na reavivada frente balcânica.

A frente italiana: as primeiras batalhas do Isonzo

Para os Aliados, a intervenção da Itália era a promessa de compensação pelas derrotas que a Rússia sofrera na frente oriental. Durante o inverno de 1914 para 1915, Falkenhayn e outros líderes alemães tinham alimentado a esperança de que a Áustria-Hungria concordaria em comprar a neutralidade da Itália com concessões territoriais nos Alpes e no Adriático, mas os líderes do império multinacional reconheceram que, caso começassem a ceder territórios para satisfazer reivindicações étnicas e nacionalistas de Estados vizinhos, a coisa não teria fim. Conrad alertou Falkenhayn de que os italianos talvez aceitassem território austríaco e, mais tarde, debandassem para o lado da Entente, e irritou seus aliados com a sarcástica contraproposta de que a Alemanha comprasse a neutralidade da França cedendo a Alsácia-Lorena. No Tratado de Londres (26 de abril de 1915), Grã-Bretanha, França e Rússia prometeram à Itália o Tirol do Sul, a Ístria e a Dalmácia – terras austríacas que incluíam não apenas italianos étnicos, mas também centenas de milhares de alemães, eslovenos e croatas –, além de porções de território albanês e turco. Embora os termos do tratado tenham sido mantidos em sigilo, desde o início da guerra a Itália pouco fizera para esconder sua inclinação pela Tríplice Entente. A declaração de guerra da Itália ao Império Austro-Húngaro (23 de maio de 1915) não foi surpresa alguma para as Potências Centrais.

Falkenhayn rejeitou os apelos de Conrad para liberar tropas austro-húngaras da frente oriental a fim de guarnecer a frente italiana; ele já tinha deslocado diversas divisões da frente ocidental para a ofensiva de Tarnów-Gorlice ao leste e não podia dar-se ao luxo de enviar mais para compensar a transferência de divisões austro-húngaras para outros lugares. Sem alternativas, de início Conrad defendeu a fronteira italiana quase que inteiramente com formações de reserva, em sua maior parte, locais, incluindo a Guarda de Defesa do Tirol (*Standschützen*), um exército de terceira linha. O arquiduque Eugênio, comandante da frente balcânica desde a aposentadoria de Potiorek em dezembro de 1914, assumiu o comando geral da frente italiana desde um novo quartel-general em dezembro de 1914, na cidade eslovena de Maribor. Ele levou consigo os dois corpos de exércitos remanescentes da fronteira sérvia, que formaram a base do reconstituído 5º Exército. Conrad transferiu da frente oriental dois de seus melhores comandantes para atuarem como generais de campo de Eugênio: Dankl, do 1º Exército, para o setor alpino da frente no Tirol; e Boroević, do 3º Exército, para a frente de batalha ao longo do rio Isonzo, que corria dos Alpes Julianos ao sul, até desaguar no norte do Adriático, 20 km ao noroeste de Trieste. Como a captura da cidade predominantemente italiana de Trieste, o mais importante porto austro-húngaro, continuou sendo o principal objetivo do exército italiano durante toda a guerra, a maior parte da ação na frente italiana ocorreria junto ao rio Isonzo, entre o 5º Exército de Boroević e o 2º e 3º Exércitos italianos, ao passo que o setor do Tirol continuaria relativamente tranquilo.

O exército de campo italiano, totalmente mobilizado em junho, teve um complemento oficial de 900 mil homens organizados em 35 divisões de infantaria (dez das quais eram reservas de segunda linha), 12 divisões de milícias de terceira linha, 4 divisões de cavalaria, uma divisão de infantaria de guardas (*Bersaglieri*) e 52 batalhões de tropas alpinas. Três semanas depois da declaração de guerra, a Itália já tinha posicionado 460 mil homens ao longo de sua fronteira de 600 km com a Áustria-Hungria, sob o comando do general Luigi Cadorna, chefe do Estado-Maior desde junho de 1914. A relativamente lenta mobilização da Itália deu à Áustria-Hungria um mês para preparar suas defesas, e, no final de junho, a Monarquia Dual tinha 228 mil homens na frente de batalha. Embora os exércitos de Cadorna tivessem uma significativa superioridade numérica, todas as outras vantagens estavam nas mãos dos oponentes. Na frente italiana, mais do que em qualquer outro teatro da Primeira Guerra Mundial, a geografia favorecia claramente o defensor. Nas escarpas rochosas ao longo do rio Isonzo, não menos que nos Alpes, o terreno acentuava as vantagens propiciadas pelas fortificações de campo, metralhadoras e artilharia. Para piorar a situação das tropas de Cadorna, entre as grandes potências, a Itália era a única a ter artilharia mais fraca e menos metralhadoras do que o Império Austro-Húngaro. Suas duas mil peças de artilharia de campo incluíam apenas 112 canhões pesados, ao passo que o exército inteiro contava com apenas 600 metralhadoras, ou duas por regimento, um terço do número do exército austro-húngaro. No flanco costeiro da frente de batalha do Isonzo, e no Adriático como um todo, a marinha austro-húngara controlava o mar, e a marinha italiana (reforçada por unidades britânicas e francesas) contentava-se em bloquear a entrada do Adriático, da ponta da bota italiana até, ao leste, o litoral da Albânia. A Itália sofreu as consequências de ceder o Adriático ao inimigo na primeira noite da guerra, quando toda a esquadra austro-húngara partiu de sua base principal em Pula, na Ístria, para percorrer 480 km de litoral italiano desguarnecido, bombardeando cidades e pequenos municípios – e a via férrea costeira que os ligava – antes de retornar, completamente incólume, ao porto.

Menos tangível, mas talvez mais significativo, os austríacos dispunham de uma vantagem moral e psicológica sobre os italianos desde suas guerras de unificação nacional, quando a Itália não tinha derrotado a Áustria nem em terra nem em mar, e só alcançara seus objetivos com a ajuda de outras potências. Ao contrário das frentes oriental e balcânica, onde os eventos de 1914 e 1915 já tinham suscitado dúvidas acerca da lealdade da metade eslava do exército austro-húngaro, essas mesmas tropas, contra os italianos, podiam ser tidas como confiáveis, em particular as de eslovenos e croatas, cujos países ficariam sob a ameaça de uma invasão italiana. De maneira geral, um exército austro-húngaro e uma frente interna desanimados com o rumo que a guerra vinha tomando até então encontraram uma nova energia na campanha contra um inimigo tradicional e passível de ser derrotado. Na primavera de 1915, com uma população civil já extenuada pelas contínuas exigências de abastecimento dos soldados, a frente oriental forneceu para a frente italiana mais de cem batalhões de voluntários, a maior parte deles homens velhos demais ou menores de idade arregimentados junto às populações alemãs austríacas de Caríntia, Carniola e Estíria, mas alguns vindos de muito mais longe, como Viena, Salzburgo e Linz. Certamente, as circunstâncias sob as quais a Itália abriu mão da Tríplice Aliança e entrou na guerra como inimiga de seus antigos amigos aguçaram ainda mais – com uma boa dose de justa indignação – os sentimentos anti-italianos.

Ao longo do rio Isonzo, bem como nos Alpes, as forças austro-húngaras naturalmente escolheram o terreno mais favorável para suas posições defensivas,

O impasse se intensifica

em alguns casos bem perto da fronteira, em outros, a não mais do que 24 km. Nos primeiros dias da campanha, os exércitos de Cadorna avançaram de maneira constante a partir da fronteira pré-guerra, cerca de 3 km a 16 km ao oeste do Isonzo, até o rio propriamente dito; depois disso, soldados do 2º Exército cruzaram a parte superior do rio nos arredores de Caporetto (Kobarid), a cerca de 50 km do mar, ao passo que, ao sul, o 3º Exército atravessava o Isonzo em sua foz, tomando Monfalcone e seu estaleiro. No centro da linha, em torno da cidade de Gorizia, as tropas de Boroević dominavam a linha do rio e, em alguns pontos, sua margem oeste. Na primeira Batalha do Isonzo (23 de junho a 7 de julho), Cadorna acionou 18 divisões em sua primeira tentativa de romper as linhas que Boroević tinha estabelecido com apenas seis divisões próprias. Ele rapidamente reconheceu que não dispunha da artilharia de campo para preparar o caminho para uma ruptura decisiva das linhas inimigas, mesmo contra um oponente numericamente bastante inferior. Apoiadas por outras duas divisões que chegaram durante a batalha, as linhas austro-húngaras resistiram. Mais tarde, Cadorna estabeleceria aquele que seria seu padrão em batalhas futuras: admitir em público apenas metade das perdas efetivamente sofridas por seu exército, culpar seus subordinados pelo fracasso e então se deslocar rapidamente para a próxima ofensiva. Durante as duas semanas seguintes, ambos os lados trabalharam de maneira frenética para fortalecer equipamentos e pessoal; em situação de extrema escassez de armamentos, a Itália recebeu uma remessa de armas da Grã-Bretanha e da França, incluindo centenas de canhões de campo. No início da segunda Batalha do Isonzo (18 de julho a 3 de agosto), Cadorna tinha 840 canhões, o dobro de Boroević, mas a maior parte das peças de artilharia recém-importadas era similar aos canhões leves que ele já possuía. Apesar dos ataques determinados, particularmente nas encostas do monte San Michele ao sul de Gorizia, a frente de batalha mal se moveu.

Nas dez primeiras semanas da guerra, do princípio ao fim da segunda Batalha do Isonzo, a Itália sofreu 80 mil baixas. Para a Áustria-Hungria, diminuía-se a importância dessas perdas em comparação às baixas sofridas na frente oriental. Mas sem essa referência os líderes italianos, a frente interna e os próprios soldados julgaram chocante o número de mortos e feridos. De fato, mesmo as cifras artificialmente baixas de Cadorna tornavam as duas primeiras Batalhas do Isonzo mais mortíferas do que todas as guerras italianas da unificação e coloniais juntas. No início de setembro, depois de um mês de inação italiana, Joffre visitou Cadorna em seu quartel-general em Udine para instigá-lo a retomar sua ofensiva, cujo momento oportuno deveria ser sincronizado com as ofensivas de outono na frente ocidental. Ele prometeu mais artilharia, mas não poderia enviar canhões pesados, de que os próprios franceses não dispunham. Cadorna se atrasou três semanas em relação ao prazo final de Joffre, mas, por ocasião de seu ataque seguinte, os italianos tinham aumentado de novo,

179

A Primeira Guerra Mundial

em mais da metade, seu exército e seu poder de fogo, agora incluindo 29 divisões e mais de 1.300 canhões. Nesse ínterim, o 5º Exército austro-húngaro, reforçado por 12 divisões, tinha incrementado sua própria artilharia para mais de 660 canhões, muito deles mais pesados do que qualquer coisa que os italianos possuíam. Cadorna abriu a terceira Batalha do Isonzo (18 de outubro a 3 de novembro) com um bombardeio preparatório muito mais descomunal das posições de Boroević, seguido de uma tentativa de cerco duplo de sua fortaleza em Gorizia. O 2º Exército atacou pelo norte da cidade, o 3º Exército, pelo sul, mas ambos foram contidos. Posteriormente, Cadorna esperou apenas uma semana para iniciar a quarta Batalha do Isonzo (10 de novembro a 2 de dezembro), durante a qual seu 2º Exército conseguiu ocupar parte do terreno elevado ao norte de Gorizia sem adentrar a cidade. Nas duas batalhas de outono, os italianos sofreram outras 1.700 baixas contra 95 mil perdas austro-húngaras, o que levou Cadorna a adiar a ofensiva para o inverno.

Nas batalhas do rio Isonzo de 1915, os italianos sentiram na pele o quanto o calibre dos canhões e o peso da munição eram importantes em uma artilharia de barragem. Como os Aliados na frente ocidental na França, eles repetidamente empreenderam ataques frontais depois de um pesado bombardeio preliminar cujo resultado foi deixar intactas muitas das fortificações de campo e ninhos de metralhadoras do inimigo. Para os soldados de infantaria comuns, as consequências foram devastadoras. Durante os sete primeiros meses de campanha, as tropas de ambos os lados também constataram que o terreno rochoso de sua frente de batalha faria de sua participação nos combate uma experiência singularmente infernal, mesmo para os padrões da Primeira Guerra Mundial. Os estilhaços da carga de artilharia que atingiam o calcário multiplicavam o impacto das armas mais letais da guerra, pois cada tiro que acertava as rochas (o que acontecia com frequência) mandava pelos ares lascas afiadas e cortantes. Devido à dificuldade de cavar o duro solo rochoso, as trincheiras ao longo do Isonzo tendiam a ser mais rasas do que na frente ocidental e propiciavam menor proteção às tropas. Igualmente crucial para a sobrevivência das tropas era o fato de que, pela mesma razão, o número de mortos que ficavam sem ser enterrados ou eram relegados a covas rasas era maior do que em qualquer outra frente de batalha. À medida que as baixas iam aumentando – com 11 batalhas do Isonzo travadas no mesmo ponto –, o fedor e as doenças por conta dos cadáveres não enterrados ou enterrados inadequadamente tornaram-se um problema sério, ao passo que, para ambos os lados da linha, o ambiente tornou-se um fator cada vez mais desmoralizador para os vivos.

Os italianos, em particular, não precisavam de mais desmoralização. Se o moral dos austro-húngaros na frente italiana continuava mais elevado do que nas frentes oriental ou balcânica, já no final da segunda Batalha do Isonzo o exército italiano registrava um número muito alto de soldados que simplesmente desapareciam; no final de 1915, havia cerca de 200 mil combatentes sumidos sem explicação –

180

cerca de 20% das forças armadas italianas –, dos quais bem poucos haviam caído prisioneiros na frente de batalha. A maior parte do restante abandonara o serviço sem autorização oficial, e agora estava vagando a esmo atrás da frente de batalha ou tentando encontrar o caminho de volta para casa. Desde o início da guerra, as tropas mais desmoralizadas eram as do sul rural da Itália, devido ao fato de que estavam em combate muito longe de casa, em geral, sob as ordens de comandantes do norte do país – cujo dialeto mal conseguiam entender –, oficiais que, por sua vez, os tratavam como raça inferior, chamando-os pejorativamente de "africanos" por causa de sua pele morena. Ao invés de atacar de frente essas questões de discriminação regional e da saudade que os soldados sentiam de casa, desde o início, o exército atribuiu a culpa de seus problemas a agitadores republicanos e socialistas e concentrou sua vigilância contra soldados suspeitos de fomentar essas ideologias.

Apesar dos esforços de Cadorna para iludir a opinião pública acerca das derrotas e baixas sofridas por seu exército, a frente interna logo sucumbiu a um caso precoce de fadiga da guerra. O primeiro-ministro da Itália, o liberal Antonio Salandra, só podia oferecer a seu povo a esperança de que, caso os Aliados vencessem a guerra, a Itália se beneficiaria de estar ao lado deles. Até então, a contribuição italiana ao esforço de guerra dos Aliados tinha sido impedir o avanço de uma porção significativa do efetivo austro-húngaro (18 divisões em dezembro de 1915), que de outro modo estaria lutando em outras plagas, mas, para tanto, tiveram de acionar 35 divisões de seu próprio contingente. O objetivo de guerra italiano primordial – a aquisição das terras italianas "não redimidas" da *Italia irredenta*, nos Alpes e no Adriático – pouco fizera para inflamar a imaginação pública, especialmente porque poucos dos italianos "não redimidos" que viviam na Itália sob dominação austríaca pareciam se entusiasmar com a ideia de libertação. Dos 800 mil italianos vivendo no Império Austro-Húngaro em 1914, 110 mil serviram nas forças armadas durante a guerra, ao passo que apenas 2.700 fugiram para lutar como voluntários do lado italiano. De sua parte, o governo italiano tratou a maior parte dos austro-italianos com grande dose de desconfiança, internando 30 mil civis do Tirol do Sul em campos de prisioneiros na Lombardia após os modestos avanços iniciais do exército italiano nos Alpes.

Em comparação com muitas das nacionalidades eslavas da Monarquia Dual (em especial, os tchecos), a minoria italiana era extraordinariamente leal e continuou a sê-lo mesmo depois da entrada da Itália na guerra, mas, de maio de 1915 em diante, as autoridades austro-húngaras sistematicamente solaparam, por meio de suas próprias ações, essa lealdade. Passando por cima das objeções dos líderes austro-húngaros locais, 114 mil civis italianos foram removidos da zona de guerra no Tirol do Sul e enviados para campos de prisioneiros afastados da frente de batalha. A partir de 1916, quando os quatro regimentos Kaiserjäger (fuzileiros imperiais) do Tirol foram deslocados da frente oriental para os Alpes, sua substancial minoria italiana (cerca de 40% em cada regimento) foi gradualmente expurgada das fileiras, até que, em 1918, restavam menos de 5%. O exército levou a cabo essa ação apesar de ter perdido apenas 500 Kaiserjäger italianos por deserção na frente oriental nos primeiros dois anos da guerra. No fim das contas, esses e outros austro-italianos acabaram servindo nas chamadas "unidades P. U.", assim designadas por causa da real ou suposta "inconfiabilidade política" (*politische Unzuverlässigkeit*) de sua nacionalidade. A maior parte das "unidades P. U." terminou a guerra atuando como polícia do exército nos territórios ocupados da Romênia e oeste da Rússia. Esse tratamento, em larga medida imerecido, levaria uma maioria de austro-italianos a saudar com bons olhos a "libertação" e a incorporação ao reino da Itália em novembro de 1918.

A frente balcânica: a Bulgária e a derrota da Sérvia

Com o arrefecimento da ofensiva de verão na frente oriental, Falkenhayn voltou suas atenções para a frente balcânica, onde a Bulgária, em 6 de setembro de 1915, tinha se aliado às Potências Centrais e em três dias iniciara hostilidades contra a Sérvia (ver mapa "A frente dos Bálcãs, Sérvia, 1914-1915" a seguir). Ao longo do primeiro ano da guerra, o rei Ferdinando I mantivera seu país neutro, mas os revezes dos Aliados na frente oriental e na península de Galípoli o convenceram a transformar em ação suas simpatias pelas Potências Centrais. Para a Bulgária, o principal objetivo de guerra continuava inalterado desde a segunda Guerra dos Bálcãs de dois anos antes: a aquisição da Macedônia, que (contra a vontade dos búlgaros) tinha ficado com a Sérvia no final da primeira Guerra dos Bálcãs. Se, por um lado, Conrad recebeu bem a retomada da guerra com a Sérvia – a guerra que ele sempre quis –, as circunstâncias faziam do conflito um osso duro de roer. A Bulgária se juntou à aliança via negociações bilaterais com a Alemanha, que resultaram em um tratado germano-búlgaro de amizade, bem como um tratado secreto dividindo os espólios nos Bálcãs depois da derrota sérvia. Embora a Áustria-Hungria tivesse sido incluída na minuta de um terceiro documento, uma convenção militar especificando as obrigações búlgaras no campo de batalha, não se podia negar que a ofensiva final nos Bálcãs, uma tradicional esfera de influência austro-húngara, seria iniciada pelos alemães, e o mapa, redesenhado de acordo com suas vontades.

Em todo caso, devido às suas recentes decisões na frente oriental e às demandas da nova frente italiana, as tropas de Conrad deram uma contribuição apenas modesta à campanha de outono nos Bálcãs. Falkenhayn colocou Mackensen no comando geral do teatro e deu a Gallwitz (transferido do 12° Exército) o comando operacional do 11° Exército, cujas dez divisões foram transferidas da frente oriental para o Danúbio, ao norte da Sérvia. Para combater essa força, a Áustria-Hungria

O impasse se intensifica

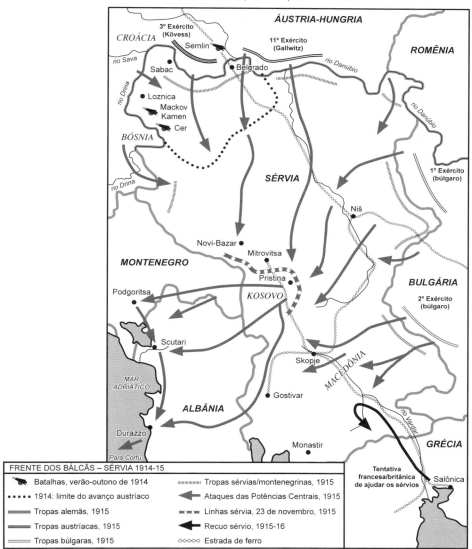

A FRENTE DOS BÁLCÃS, SÉRVIA, 1914-1915

despachou o 3º Exército (agora sob o comando do general Hermann Kövess e, em quatro divisões, drasticamente aquém da força máxima) para o rio Sava, no leste da Croácia. Os búlgaros posicionaram dois pequenos exércitos para atacar os sérvios a partir do leste, ao passo que os alemães e austro-húngaros invadiram do norte – mas, em três divisões cada um, ambos os exércitos eram mais fracos que a modesta força de Kövess. Como concessão ao seu aliado, Falkenhayn concordou em despachar as ordens de Mackensen via Conrad e o AOK em Teschen, e dar a Kövess duas das divisões de Gallwitz para apoiar o 3° Exército. Os dois exércitos fizeram uso de sua artilharia pesada ao longo da linha Sava-Danúbio, e em 5 de outubro iniciaram um bombardeio preliminar de posições sérvias nas margens ao sul. Ao longo dos dias seguintes, Gallwitz e Kövess enviaram seus exércitos para o outro lado dos rios, ao passo que monitores da marinha austro-húngara se juntaram ao bombardeio de Belgrado. Quando os dois exércitos búlgaros finalmente atravessaram a fronteira leste da Sérvia, em 11 de outubro, tropas alemãs e austro-húngaras já estavam em Belgrado. No final do mês, Gallwitz e Kövess tinham avançado até adentrar o norte da Sérvia em uma linha entre 65 e 155 km ao sul do Sava e do Danúbio.

A vitória definitiva da Sérvia contra a invasão austro-húngara inicial em dezembro de 1914 transformara Putnik em herói nacional, mas, desde então, o velho marechal de campo pouco tinha sido capaz de fazer para robustecer suas forças. Os primeiros meses de luta tinham dizimado muitos de seus melhores combatentes, e um surto de tifo, coincidindo com a vitória, acabou contaminando 500 mil sérvios e matando 200 mil, incluindo 70 mil soldados. Durante boa parte do ano, França e Grã-Bretanha forneceram pouca assistência material, uma vez que estavam enfrentando seus próprios problemas de suprimento e, a partir de 1915, arcavam com o fardo de ter de ajudar a Itália. Por fim, depois que a Bulgária somou forças às Potências Centrais, o general Maurice Sarrail foi enviado para Salônica a fim de organizar um "Exército do Oriente" anglo-francês, cujas primeiras tropas, uma divisão britânica e uma francesa do Dardanelos, chegaram no dia em que as Potências Centrais iniciaram sua campanha. Infelizmente para os Aliados, Venizélos não conseguiu cumprir o prometido no que tangia à entrada da Grécia na guerra. Apoiado por seu chefe de Estado-Maior pró-alemão, Ioannis Metaxas, o rei Constantino se recusou a honrar a aliança defensiva greco-sérvia e forçou Venizélos a se exonerar do cargo pouco antes do desembarque das primeiras tropas Aliadas. Como os Aliados tinham violado repetidamente a neutralidade grega desde o início da guerra – em particular quando os franceses se apoderaram de Corfu como base de seu bloqueio da entrada do Adriático e quando os britânicos ocuparam a ilha de Lemnos, no mar Egeu, como base de sua campanha no Dardanelos –, a decisão do rei de manter a Grécia neutra em nada conseguiu impedir o reforço de Sarrail. No final de outubro, ele recebeu diretamente da França duas divisões, que usou como guarda avançada para uma investida na estrada de ferro Salônica-Belgrado, através de Skopje e Niš. No fim, ele não conseguiu se mover suficientemente rápido para salvar os sérvios, devido à natureza decisiva da intervenção búlgara de atacar as forças de Putnik a partir do leste. No início de novembro, o 2° Exército búlgaro (general Georgi Todorov) tinha avançado 80 km Macedônia adentro para tomar Skopje, ao passo que, ao norte, o 1° Exército

O impasse se intensifica

búlgaro (general Kliment Boyazhdiev) tomava Niš. Ao fim e ao cabo, o exército de Todorov bloqueou as divisões de Sarrail e as impediu de se juntarem aos sérvios, e no início de dezembro, elas recuaram em Salônica. A essa altura, Putnik tinha empreendido sua última tentativa de resistir em torno de Pristina, na Batalha de Kosovo (10 de novembro a 4 de dezembro), contra elementos dos dois exércitos búlgaros e, no flanco norte, unidades avançadas do 11° Exército alemão. Após duas semanas de batalha, Putnik concluiu que a causa estava perdida e posteriormente efetuou uma ação de retaguarda enquanto seu exército, acompanhado de uma grande quantidade de refugiados, recuou, por meio da neutra Albânia, até os portos – ocupados pelos italianos – de Durazzo e Valona. Na esteira da ocupação de Salônica, os Aliados expuseram ainda mais a perigo a neutralidade grega usando Corfu como refúgio para o governo sérvio no exílio e 133 mil soldados evacuados de portos albaneses durante o inverno de 1915 para 1916. Em maio de 1916, os Aliados despacharam as tropas sérvias para Salônica, onde foram rearmadas e incorporadas ao exército de Sarrail. Pašić e o governo sérvio permaneceram em Corfu, cujo teatro municipal fez as vezes de sede do Parlamento sérvio até o fim da guerra.

Em dezembro de 1915, quando já não havia dúvidas acerca do resultado da campanha, Falkenhayn recuou a maior parte do exército de Gallwitz e deixou que o Império Austro-Húngaro e a Bulgária completassem a ocupação da Sérvia. Na derrota, os sérvios tinham sofrido 94 mil baixas e perdido 174 mil prisioneiros, contra 67 mil baixas das Potências Centrais (37 mil búlgaras, 18 mil austro-húngaras e 12 mil alemãs). Do AOK em Teschen, Conrad expressou satisfação pelo fato de que o "bando de assassinos sérvios" pagara o preço máximo pelo crime em Sarajevo, mas lamentou que, para tanto, tivesse sido necessário haver uma guerra generalizada e que a Monarquia Dual não se beneficiaria da vitória, tendo perdido para os alemães "o papel de liderança nos Bálcãs".[5]

Conclusão

Tendo em mente as condições gerais do exército italiano no final de 1915, é de se imaginar que a ruptura austro-húngara ao longo do rio Isonzo – que aconteceria dois anos depois, com ajuda alemã, em Caporetto – poderia ter ocorrido ainda em 1915, caso Conrad não tivesse desperdiçado tantos soldados na tentativa de levar adiante sua própria ofensiva contra a Rússia depois que Falkenhayn interrompeu o esforço alemão no leste, ou se Falkenhayn tivesse optado por enviar para a frente italiana, e não para os Bálcãs, as tropas alemãs deslocadas do leste. Do ponto de vista alemão, a decisão de esmagar os sérvios serviu para unir a Bulgária às Potências Centrais e eliminar a frente balcânica (exceto pelo recém-estabelecido enclave Aliado em Salônica), mas desde o início da guerra os Aliados não esperavam grande coisa dos sérvios. Na verdade, sua sobrevivência diante da invasão austro-húngara tinha sido considerada nada mais, nada menos do que milagrosa. Por outro lado, os Aliados depositavam grandes esperanças na Itália, cuja declaração de guerra acreditavam que seria a sentença de morte da Áustria-Hungria. Se os italianos tivessem sido eliminados da guerra meses depois de nela terem entrado, o golpe teria sido muito mais duro para os Aliados do que a derrota dos sérvios, que a seu ver estavam mesmo com os dias contados.

Na reavivada frente balcânica, assim como na frente oriental em 1915, a estreita cooperação entre Alemanha e Áustria-Hungria não conseguiu aproximá-las, nem mesmo na vitória. Durante a campanha, Falkenhayn enfureceu Conrad ao violar seus acordos de comando-e-controle, passando por cima do AOK e dando ordens para Mackensen como se ele fosse mais um general alemão conduzindo uma operação exclusivamente alemã. Não obstante, Conrad alimentava a esperança de que Falkenhayn concordaria em empreender outro esforço conjunto de grandes proporções contra a Itália em 1916. Seu otimismo durou pouco, pois, em dezembro de 1915, o chefe do OHL recusou o apoio alemão para uma ofensiva contra os italianos no ano seguinte. Em vez disso, Falkenhayn planejava reunir uma força alemã para uma guerra de desgaste na frente ocidental, estratégia que resultaria nos inconcludentes banhos de sangue em Verdun e no Somme. A rejeição marcou o ponto mais baixo no relacionamento entre Conrad e Falkenhayn. Em um provocador gesto de independência em relação aos alemães, Conrad retomou o exército de Mackensen e, após 1º de janeiro, deu ordens para que Kövess devastasse Montenegro, que se rendeu aos austro-húngaros em 23 de janeiro de 1916. Kövess saiu no encalço dos sérvios norte da Albânia adentro até estabelecer uma frente de batalha contra os italianos, que mantiveram Valona. Os alemães consideravam que a breve campanha montenegrina mal valia o esforço, embora ela tenha assegurado o controle da base naval de Cattaro, no interior da Áustria-Hungria, que os submarinos alemães em operação no Mediterrâneo vinham usando desde maio de 1915.

Por causa do prolongado impasse na frente ocidental e a rápida estagnação das novas frentes do Isonzo e de Galípoli, 1915 tem sido visto como o ano em que os comandantes, particularmente do lado Aliado, continuaram a ignorar a realidade por eles enfrentada nos campos de batalha, desperdiçando centenas de milhares de vidas em infrutíferos e pouco criativos ataques frontais a posições inimigas. As evidências mostram o contrário. Depois que os alemães – em Soisson, em janeiro de 1915 – propiciaram um exemplo precoce de como um ataque de infantaria contra trincheiras podia ser bem-sucedido, desde que coordenado em perfeita sincronia com um pesado bombardeio preliminar de artilharia, os Aliados tentaram a mesma tática e, já em Neuve Chapelle, em março, combinaram essa manobra com uma campanha primitiva de apoio aéreo cerrado, bombardeando e metralhando os reforços que os alemães tentavam levar à frente de batalha. Ao longo de 1915, contudo, britânicos, franceses e italianos jamais tiveram um número suficiente de canhões pesados para fazer com que sua nova estratégia desse certo; enquanto isso, contra os russos na frente oriental e na destruição da Sérvia na frente balcânica, as Potências Centrais demonstraram a acachapante eficácia de sua artilharia para romper as linhas inimigas e colocar em marcha ofensivas que obtiveram significativos ganhos de terreno. No final de 1914, já tinha ficado claro que a Primeira Guerra Mundial seria uma guerra de artilharia, desafiando a capacidade industrial das frentes internas a manter as armas e os canhões abastecidos de munição. Ao demonstrar a necessidade de bombardeios pesados de modo a preparar o caminho para os ataques de infantaria, as experiências no campo de batalha em 1915 inauguraram uma corrida para a produção em massa de armamentos e canhões de maior calibre, junto com uma competição para o desenvolvimento e uso em combate de armas inteiramente novas (tais como o gás tóxico, em 1915, ou o tanque, em 1916), que serviriam como substitutos táticos da artilharia pesada.

Notas

[1] Joffre, Ordem Geral n° 43, 23 de setembro de 1915, texto em *Mémoires du Maréchal Joffre*, 2:88.

[2] Atribuída ao general Max Hoffmann por Alan Clark, *The Donkeys* (London: Hutchinson/Pimlico, 1962), 6, citando as memórias de Falkenhayn, em que não consta a frase tão célebre. A citação aparece de fato em Evelyn Blücher von Wahlstatt, *An English Wife in Berlin: A private memoir of events, politics, and daily life in Germany throughout the war and the social revolution of 1918* (London: Constable, 1920), 211.

[3] *Source Records of the Great War, Vol. III*, ed. Charles F. Horne (Nova York: National Alumni, 1923), disponível em www.firstworldwar.com/source/russia_tsarincommand.htm.

[4] Conrad a Gina von Reininghaus, 17 de abril de 1915, KA, B/1450: 357.

[5] Franz Conrad a Gina Conrad, Teschen, 10 de outubro de 1915, KA, B/1450: 357; Franz Conrad a Gina Conrad, Teschen, 15 de dezembro de 1915, *ibid.*

Leituras complementares

Bosworth, R. J. B. *Italy and the Approach of the First World War* (New York: St. Martin's Press, 1983).

Dancocks, Daniel G. *Welcome to Flanders Fields: The First Canadian Battle of the Great War, Ypres 1915* (Toronto: McClelland & Stewart, 1988).

Hall, Richard C. *Bulgaria's Road to the First World War* (Boulder: East European Monographs, 1996).

Harris, J. P. *Douglas Haig and the First World War* (Cambridge University Press, 2008).

Hull, Isabel V. *Absolute Destruction: Military Culture and the Practices of War in Imperial Germany* (Ithaca, NY: Cornell University Press, 2005).

Liulevicius, Vejas G. *War Land on the Eastern Front: Culture, National Identity, and German Occupation in World War I* (Cambridge University Press, 2000).

Schindler, John R. *Isonzo: The Forgotten Sacrifice of the Great War* (Westport, CT: Praeger, 2001).

Thompson, Mark. *The White War: Life and Death on the Italian Front, 1915-1919* (New York: Basic Books, 2009).

ENSAIO 1

O dia a dia na Angra do ANZAC

Em 25 de abril de 1915, 20 mil homens do ANZAC (Corpo de Exército Australiano e Neozelandês) desembarcaram na península de Galípoli. Em um corajoso, confuso e improvisado salto no escuro da guerra moderna, eles asseguraram o controle de uma cabeça de praia de dois quilômetros quadrados, nos primeiros nove dias de combates, ao custo de 8.700 baixas, das quais cerca de 2 mil somente no primeiro dia. Apesar de todo o empenho, durante os oitos meses seguintes, os membros do ANZAC e as outras forças aliadas que desembarcaram em outros pontos ao longo da costa da península permaneceram presos em seus minúsculos enclaves, até que a operação foi abandonada. Para o "escavador" (como os soldados australianos se referiam a si mesmos, mas somente a partir de 1916, quando a maior parte deles serviu nas trincheiras na França) comum, a experiência em Galípoli revelou os valores essenciais do que significava ser australiano: a bravura, a honestidade sem rodeios, o humor irreverente e, acima de tudo, a lealdade com os companheiros. Na era pós-guerra, a batalha logo assumiu um lugar central na memória nacional do conflito, enfeitada de tal maneira que muitas vezes mascarou a realidade infernal da vida cotidiana ali.

Os ANZACs desembarcaram em 600 metros de praia em Galípoli, que seu comandante, o general sir William Birdwood, logo apelidou de "Angra do ANZAC". O governo turco reconheceu oficialmente o nome em 1985. As posteriores recriminações ao fracasso Aliado em Galípoli se concentraram no primeiro dia da ação na Angra do ANZAC, com os australianos alegando o péssimo planejamento e liderança medíocre por parte dos britânicos, que, por sua vez, questionaram a noção de que todos os ANZACs tinham lutado feito heróis. O impulso de apontar

Fuzileiros Aliados em trincheira na península de Galípoli.

o dedo não levava em conta o fato de que os desembarques em Galípoli foram típicos do sistema de tentativa e erro da Primeira Guerra Mundial. Ninguém jamais havia tentado desembarcar um número tão grande de soldados em uma costa tão protegida, pelo menos não desde que a industrialização tinha revolucionado os armamentos. A não ser pelos navios a vapor rebocando os escaleres, os desembarques se assemelharam mais às operações anfíbias britânicas nas Guerras Napoleônicas dos que aos vários desembarques Aliados realizados apenas uma geração mais tarde, durante a Segunda Guerra Mundial. No que diz respeito à tática, os comandantes improvisaram conforme a ocasião. A bravura lembrada pelos australianos (e seus irmãos neozelandeses) foi real, bem como o grande número de soldados extraviados vagando pelas encostas de morro e pela praia à procura de suas unidades após o caótico desembarque. Essa realidade propiciou o contexto para a provação posterior do cotidiano na Angra do ANZAC.

Os 600 metros de praia da Angra do ANZAC são delimitados ao norte pelo cabo de Ari Burnu e ao sul pelo Pequeno Ari Burnu (que os australianos chamavam de "Ponta do Inferno"). A cabeça de praia jamais passou de um quilômetro de profundidade, em ponto algum, e ao longo da frente de batalha acima da angra os turcos estavam entrincheirados em terreno mais elevado. As ravinas que cortam a encosta a intervalos irregulares serviam como trincheiras de comunicação de fato dos ANZACs, propiciando abrigo e proteção para os homens, a munição e os suprimentos trazidos da praia. As linhas turcas contavam com o apoio de artilharia de vários calibres, e o fogo de longo alcance vinha do outro lado da península, graças aos grandes canhões de dois pré-couraçados ancorados no mar de Mármara. Os Aliados desembarcaram canhões de campo leves e uma bateria de artilharia montada indiana (a única contribuição da Índia à campanha), mas, de resto, dependiam de seus navios de guerra posicionados a pouca distância da praia para bombardeios de artilharia.

A intensidade da ação fez de Galípoli um teatro diferente de todas as outras frentes de batalha. Um veterano britânico comentou que naquelas "colinas-trincheiras de Galípoli", sua experiência tinha sido "bastante diferente" da frente ocidental, pelo fato de que ali, "de um alvorecer a outro, era uma genuína guerra de infantaria", em uma terra de ninguém que, em alguns locais, tinha apenas 13 metros de largura. Os dois lados "lutavam o dia inteiro com fuzis e bomba [sic] e, à noite, rastejavam e se esfaqueavam na escuridão. Não havia alívio, somente a tensão de observar, escutar e ficar ansioso".[1] O correspondente de guerra C. E. W. Bean escreveu brilhantes relatos acerca da rotina diária sob o fogo dos grandes canhões dos navios de guerra ancorados ao largo da costa e a resposta turca, desde os morros acima, aos bombardeios. "O clarão dos navios de guerra na enseada ou ao largo dela" era seguido, segundos depois, de uma "reverberação [que] parece atingir a colina com um tapa e fazê-la chacoalhar [...]. Enquanto isso, das colinas às nossas costas vem o ruído constante dos disparos de fuzis" com "o ocasional barulho de uma bala na água". Em contraste com a frente ocidental, onde o protocolo "viva e deixe viver" permitia que os exércitos opostos fizessem suas refeições – ou, pelo menos, o café da manhã – em relativa tranquilidade, a artilharia turca fazia questão de abrir fogo "especialmente na hora das refeições", despejando uma chuva de "estilhaços de metralhadora [...] canal de drenagem abaixo ou do outro lado do espinhaço".[2]

Na cabeça de praia da Angra do ANZAC, não havia fonte de água fresca, até que alguns poços foram cavados ao longo do verão para complementar a provisão de água potável. Mesmo assim, a maior parte da água precisava ser levada até lá com outros suprimentos, em contêineres reciclados após um sem-número de usos iniciais. O oficial-engenheiro neozelandês Fred Waite apontou que "a água de um latão de petróleo parece enferrujada e tem um gosto abominável, mas é água, e os homens se consideram sortudos de tê-la para beber". Refletindo sobre o quanto os soldados valorizavam seu precioso estoque de água, no sangrento combate de Chunuk Bair, "as garrafas de água foram recolhidas dos mortos, com cuidado maior do que a munição". A escassez crônica afetou as decisões operacionais, especialmente durante a ofensiva de agosto, quando Hamilton, o comandante Aliado em Galípoli, "admitiu em público que estava tentado a acionar suas forças de reserva em Chunuk Bair, mas, toda vez que pensava nisso, o problema da água o dissuadia de colocar em ação mais homens sedentos em ANZAC". Waite reconheceu que conquistar o terreno elevado teria dado aos ANZACs o benefício adicional de tomar os "bons poços [que] existiam do outro lado da bacia onde os exércitos turcos estavam instalados, e nas adjacências de Kabak Kuyu, na planície de Suvla", mas a obstinada defesa otomana impediu o acesso a esses valiosos recursos.[3]

Além da água potável, a água doce para banhos era um luxo, tanto que quase todos os ANZACs em Galípoli simplesmente tomavam banho no mar. Mais do que isso, os homens que se alternavam nas trincheiras podiam ser vistos nadando nas águas da angra mesmo sob os mais pesados bombardeios. Numa

Australiano transporta companheiro ferido para hospital durante a campanha em Galípoli.

A Primeira Guerra Mundial

época em que o filtro solar e seus benefícios à saúde eram desconhecidos, Bean observou que "os homens de Sidney seguiam o costume de Sidney de queimar as costas o máximo possível, assando ao sol [sic]. Os neozelandeses faziam o mesmo – quando o verão chegou ao fim, eles estavam mais pretos que os turcos e mais pretos que os indianos".[4] Especialmente durante os meses de verão, o hábito de nadar proporcionava aos homens da Angra do ANZAC a única maneira de se aliviar dos enxames de moscas que atormentavam sua existência cotidiana. O problema tinha origem na dificuldade de manter adequadas as condições sanitárias do lugar, afinal, havia um número excessivo de homens vivendo amontoados em alojamentos apertados em uma cabeça de praia muito pequena. A situação ficava ainda pior por conta do esterco gerado pelas legiões de asnos e mulas – animais usados pelos ANZACs para carregar suprimentos morro acima, até as trincheiras nas encostas e os feridos para os hospitais de campanha na praia –, além do fato de que os cadáveres ficavam abandonados na terra de ninguém, apodrecendo esquecidos, dada a inexistência de tréguas regulares que permitissem o trabalho dos pelotões de sepultamento. Um soldado australiano do 16° Batalhão chamou a atenção para o "destemor" das "moscas de Galípoli" na hora do café da manhã: "depois de pousar com ousadia na ponta de um biscoito coberto de melado, elas imediatamente se enroscam e nunca mais arredam pé... São conquistadoras natas".[5] Apesar dos cuidadosos esforços para manter a cabeça de praia o mais limpa possível, no final do verão, um número cada vez maior de homens sucumbia a doenças como febre tifoide, diarreia e disenteria, causadas principalmente por contaminação da comida por moscas e consumo de água suja. Com a chegada do gelado outono, as moscas sumiram, mas os soldados ficaram tiritando em seus leves uniformes cáqui, já que o exército não tinha autorizado o uso de roupas de frio; para a maior parte das unidades, os uniformes de lã chegaram apenas no final de outubro. Os últimos meses na Angra do ANZAC talvez tenham sido os mais árduos para as tropas, à medida que a guerra de desgaste continuava em meio a boatos de que logo os Aliados abandonariam Galípoli. O desconforto aumentou no final de novembro, quando as pesadas chuvas inundaram as trincheiras e ravinas, estragando os suprimentos ou os levando na enxurrada. Em dezembro, surtos de meningite e difteria agravaram ainda mais o sofrimento, e só foram controlados depois que pelotões inteiros ficaram mantidos em quarentena. O único consolo veio com a bem-sucedida evacuação da Angra do ANZAC em 19 e 20 de dezembro, remoção realizada de maneira mais eficaz dos que os desembarques de oito meses antes, sem incidentes e sem que vidas fossem perdidas.

Mustafá Kemal, o herói da bem-sucedida defesa de Galípoli contra os ANZACs e outras forças Aliadas, entrou para a História como Atatürk, presidente-fundador

Ensaio 1

da República da Turquia. Falando nessa condição, 19 anos depois da campanha, ele prestou homenagem a seus antigos inimigos em um famoso discurso mais tarde citado em um monumento acima da Angra do ANZAC, e que serve como epitáfio apropriado para os homens que não sobreviveram à experiência:

> Esses heróis que derramaram seu sangue e perderam a vida... agora vocês jazem no solo de um país amigo. Portanto, descansem em paz. Não há diferença entre os Johnnies e os Mehmets sepultados lado a lado aqui neste nosso país. As senhoras, mães que para cá mandaram seus filhos de países distantes, enxuguem suas lágrimas. Seus filhos agora repousam no nosso seio e estão em paz. Ao perder a vida nesta terra, eles se tornaram nossos filhos.[6]

Notas

[1] Citado em Tony Ashworth, *Trench Warfare, 1914-1918: The Live and Let Live System* (London: Macmillan, 1980), 213.

[2] C. E. W. Bean, *Bean's Gallipoli: The Diaries of Australia's War Correspondent*, ed. Kevin Fewster, 3ª ed. (Crows Nest: Allen & Unwin, 2007), 97-100.

[3] Fred Waite, *The New Zealanders at Gallipoli* (Christchurch: Whitcomb and Tombs, 1919), 238-40.

[4] Bean, *Bean's Gallipoli*, 101.

[5] Citado em Wesley Olson, *Gallipoli: The Western Australian Story* (Crawley, WA: University of Western Australia Press, 2006), 179.

[6] Citado em Stephen Kinzer, *Crescent and Star: Turkey Between Two Wolds* (New York: Farrar, Straus & Giroux, 2001), 57.

AS FRENTES INTERNAS, 1914~16

Voluntário alemão de apenas 15 anos no estado de Brandemburgo.

Cronologia

Agosto de 1914. Os "dias de agosto" da Alemanha.

Agosto de 1914. O colapso da Segunda Internacional Socialista.

Setembro de 1914. A Grã-Bretanha suspende a aplicação do governo autônomo para a Irlanda.

Janeiro de 1915. A Alemanha inicia o racionamento de alimentos.

Abril de 1915. A Áustria inicia o racionamento de alimentos.

Maio de 1915. O "Maio Radiante" da Itália.

Verão de 1915. Tropas russas matam grevistas em Kostroma e Ivanovo-Voznesensk.

Julho de 1915. Primeiras rebeliões por alimentos na Alemanha.

Setembro de 1915. Conferência de Zimmerwald de socialistas contrários à guerra.

A eclosão da guerra no verão de 1914 gerou o que parecia ser uma onda irrefreável de sentimentos favoráveis ao conflito em todos os países, sobrepujando os esforços da Internacional Socialista e de outras vozes a favor da paz. Os homens convocados a se apresentar ao serviço militar o fizeram de bom grado e com muito entusiasmo, e houve um desenfreado afluxo de voluntários, não apenas na Grã-Bretanha e em seus domínios – onde não existia serviço militar obrigatório –, mas, em maior ou menor grau, também nos Estados Unidos e outros países neutros. As frentes internas foram obrigadas a responder quando a guerra – que nas previsões iniciais teria curta duração – se arrastou segundo ano adentro. Quando as pesadas baixas criaram uma contínua necessidade de reposição do contingente de soldados e a exaustão dos estoques de munição passou a impor à indústria exigências inauditas, as mulheres assumiram um papel cada vez mais importante como trabalhadoras ou voluntárias não combatentes. Além de revolucionar as relações de trabalho e as relações de gênero, em alguns lugares, a guerra fomentou a esperança de revolução política. Em meio a essa e outras dificuldades, a censura e a propaganda adquiriram um papel importante na sustentação do esforço das frentes internas, principalmente para as Potências Centrais, depois que o bloqueio naval dos Aliados começou a afetar o abastecimento de comida.

O mito de entusiasmo popular pela guerra, verão de 1914

Na memória popular e em relatos históricos, a Primeira Guerra Mundial se tornou a última guerra recebida com amplo entusiasmo patriótico por populações civis, e os dias em torno de 1º de agosto de 1914 foram lembrados por seu derradeiro suspiro de ingenuidade coletiva, antes que a dura realidade do moderno massacre de massa se instalasse. Esse mito passou décadas sem ser contestado, até desabar diante de pesquisas e análises críticas recentes. Quase todas as descrições do sentimento público sobre a deflagração da guerra trataram da reação das populações urbanas, que, em todos os principais países beligerantes, exceto na Grã-Bretanha e na Alemanha, eram minoria. À medida que surgem mais evidências sobre a reação de cidades, vilas e áreas rurais, torna-se mais claro que um grande número de civis recebeu a guerra com desalento. A visão tradicional de multidões dando as boas-vindas às declarações de guerra se aplica apenas a Berlim e outras grandes cidades na Alemanha e, mesmo nessas áreas urbanas, estudos recentes estabeleceram diferenças entre "excitação", a qual havia muito, e o verdadeiro "entusiasmo".[1] Na verdade, a Alemanha também testemunhou as maiores demonstrações contrárias à guerra. Para a Europa como um todo, um problema central parece ser a combinação (em memória e em Histórias posteriores) de entusiasmo pela chegada da guerra com demonstrações de patriotismo quando os soldados embarcavam nos trens rumo à frente de batalha. Embora o entusiasmo possa não ter sido generalizado, as demonstrações certamente o foram, acontecidas em grandes terminais urbanos, pequenas estações ferroviárias de zonas rurais e todo tipo de parada. Independentemente do que as pessoas sentiam com relação à guerra em nível pessoal ou político, tornou-se uma questão de orgulho da comunidade dar aos soldados uma boa despedida, e as imagens duradouras dessas ocasiões – bandeiras tremulando, bandas tocando e multidões de entes queridos saudando – dominariam as futuras memórias sobre o verão de 1914.

Só a Alemanha assistiu a um significativo sentimento em favor da guerra antes das declarações propriamente ditas. Na noite de 25 de julho, poucas horas depois do ultimato da Áustria-Hungria à Sérvia, uma multidão de 10 mil pessoas se reuniu diante do palácio, em Berlim, na esperança de ter um vislumbre de Guilherme II, que ainda não tinha encurtado seu cruzeiro anual pelo Báltico, a bordo do iate Hohenzollern. No dia seguinte, a multidão aumentou, e o fenômeno se espalhou para todas as grandes cidades na Alemanha. Em um país onde as pessoas sempre foram espectadoras em demonstrações coreografadas de patriotismo, o governo mal sabia como reagir à expressão espontânea do sentimento nacional; em Berlim, as autoridades chegaram a impor uma proibição temporária de manifestações no centro da cidade. A ansiedade claramente andava de mãos dadas com a bravata patriótica, já que, na semana seguinte, ocorreu uma corrida aos bancos e mercearias, que não diminuiu durante vários dias. Em 28 de julho, o dia em que o Império Austro-Húngaro declarou guerra à Sérvia, 100 mil pessoas assistiram às manifestações contra a guerra patrocinadas pelos social-democratas nos diversos subúrbios operários de Berlim; em toda a Alemanha, naquele dia e no seguinte, esses protestos envolveram um total de 750 mil pessoas. Mas, em 31 de julho, a notícia da mobilização da Rússia pôs fim aos protestos contra a guerra, quando os social-democratas se juntaram aos outros partidos nas manifestações em apoio ao governo. No dia seguinte, quando a Alemanha declarou sua mobilização geral, uma multidão de 300 mil se reuniu em frente ao palácio, onde Guilherme II proclamou ver "não mais partidos [...] apenas alemães", concluindo que "tudo o que agora importa é que estamos juntos como irmãos".[2] Posteriormente, o imperador invocou a imagem da *Burgfrieden* medieval, a tradicional paz dentro do castelo ou da cidade murada, a ser mantida em nome do bem comum, enquanto o inimigo estivesse nos portões.

As frentes internas, 1914-16

Após as declarações de guerra, se não antes, todos os países envolvidos na crise de julho testemunharam algum grau de entusiasmo pró-guerra, incluindo aqueles para os quais o conflito seria desastroso. No Império Austro-Húngaro, onde a maioria das nacionalidades eslavas havia protestado contra mobilizações parciais durante as crises dos Bálcãs de 1908 e 1909 e de 1912 e 1913, Conrad temia que a mobilização provocasse agitação generalizada, mas, mesmo assim, homens de todas as nacionalidades se reuniram sob a bandeira, sem incidentes. Um velho amigo do chefe do AOK observou que "o entusiasmo do povo pela guerra foi uma grande surpresa para ele".[3] Leon Trotski, nos últimos dias de seu exílio em Viena antes de partir para a neutra Suíça, observou que "uma incrível multidão preenche(u) a elegante avenida Ring, uma multidão na qual as esperanças tinham sido despertadas".[4] Sentimentos de solidariedade transcendiam os limites de classe, bem como de nacionalidade; pelo menos no início, o jornal *Arbeiter-Zeitung*, do Partido Social-Democrata, juntou-se ao resto da imprensa austríaca na publicação de editoriais "excessivamente patrióticos, até mesmo xenófobos".[5] Analisando sua própria reação à deflagração de uma guerra em que todos os seus três filhos serviriam, Sigmund Freud concluiu que ela tinha "mobilizado de repente a libido da Áustria-Hungria".[6] O escritor Stefan Zweig relembraria mais tarde que os súditos de Francisco José "sentiram o que deveriam ter sentido em tempos de paz: que seu lugar era juntos".[7]

Por uma boa razão, o clima na França era bem mais sóbrio. O futuro historiador Marc Bloch, sargento do exército francês em 1914, lembrou que "Paris, durante os primeiros dias de mobilização [...] estava tranquila e um pouco solene. A redução no tráfego, a falta de ônibus e a escassez de táxis tornava as ruas quase silenciosas". Em contraste com o patriotismo confiante que prevalecia no Império Austro-Húngaro (pelo menos contra a Sérvia) e na Alemanha, o público francês parecia entender a gravidade da situação e o custo provável da luta que tinha pela frente. "A tristeza que foi sepultada em nossos corações só se revelava nos olhos vermelhos e inchados de muitas mulheres", relembrou Bloch. "Os homens, em sua maioria, não estavam entusiasmados, e sim decididos, o que era melhor." As demonstrações de patriotismo assumiam um caráter mais desafiador, enquanto "a partir do espectro da guerra, os exércitos do país criaram uma onda de fervor democrático".[8] Os líderes da Terceira República – um regime nascido em meio a uma derrota francesa nas mãos dos alemães, em 1870 –, desde o início, compreendiam plenamente a gravidade de sua situação. Começando no primeiro dia de mobilização, nenhum outro governo monitorou mais de perto a opinião pública ou, com a intenção de manter o moral, censurou com mais rigor sua própria imprensa.

O público britânico, assim como seus líderes políticos, levou mais tempo para responder à crise. As primeiras multidões se reuniram no domingo, 2 de agosto, enquanto o gabinete decidia ir à guerra. Os socialistas britânicos organiza-

A Primeira Guerra Mundial

ram uma grande manifestação contra a guerra na praça conhecia como Trafalgar Square, em Londres, levando a atritos e confrontos entre os manifestantes e os contramanifestantes patrióticos, defensores da intervenção. No mesmo dia, os principais clérigos anglicanos de todo o país tinham feito sermões contra a guerra; sentimentos antiguerra também prevaleciam entre as denominações protestantes não conformistas, particularmente metodistas e batistas, especialmente no País de Gales, um foco de oposição "pró-Bôer" à guerra sul-africana de 1899 a 1902. No dia seguinte, 10 mil pessoas se reuniram do lado de fora do Palácio de Buckingham para uma demonstração espontânea de patriotismo, mas a multidão provavelmente teria sido muito menor se não fosse uma segunda-feira em que os bancos não abriam. O verdadeiro entusiasmo pela guerra só veio depois da notícia de que ela tinha sido declarada e, mesmo assim, as multidões eram muito menores do que em outros países. Na noite de 4 de agosto, quando o ultimato da Grã-Bretanha à Alemanha transcorreu sem uma resposta de Berlim, 12 mil pessoas se reuniram em frente ao palácio e outros milhares tomaram as ruas em diferentes partes de Londres. Mas a efusão foi lembrada como se fosse muito maior e tivesse precedido a declaração de guerra propriamente dita, isso graças, em parte, às descrições publicadas depois por aqueles que desejavam que tivesse sido assim. Por exemplo, David Lloyd George, ansioso para justificar sua própria mudança fundamental de posição sobre a questão da guerra contra a Alemanha, escreveu mais tarde sobre "multidões bélicas que se aglomeravam em Whitehall e afluíam a Downing Street, enquanto o gabinete estava deliberando".[9]

Devido à falta de evidências em relação às áreas rurais, quase todas as descrições do sentimento público em relação à deflagração da guerra tratam das cidades da Europa. Os relativamente poucos relatos contemporâneos de reação rural, sempre escritos por proprietários de terras ou outros notáveis locais, suas mulheres ou viajantes de passagem, falam em desânimo ou estoicismo inicial por parte das pessoas comuns, antes de qualquer manifestação de apoio à causa nacional. Por exemplo, a esposa norte-americana de um proprietário de terras na Polônia russa lembrou-se de duas camponesas que choraram tão histericamente ao ouvir a notícia da guerra que ela "foi forçada a ameaçá-las com todos os tipos de punição antes de conseguir que parassem"; mas também se lembrava de uma "maravilhosa mudança de sentimento popular" que se instalou em poucos dias, na qual "as diferenças foram postas de lado e surgiu uma verdadeira fraternidade" entre russos e poloneses, unidos contra a ameaça das Potências Centrais.[10] Na Alemanha rural, onde se pediu, posteriormente, que professores e clérigos apresentassem relatos das reações locais à eclosão da guerra, os moradores de um típico vilarejo da Baviera estavam "agitados e consternados" pela mobilização, "e as esposas dos homens passíveis de serviço militar expressavam sua tristeza em termos inequívocos".[11] No entanto, por

200

As frentes internas, 1914-16

ocasião da partida das tropas para o serviço, o clima festivo espelhava o das áreas urbanas do país. Por fim, uma inglesa que passava pelo Tirol durante a mobilização austríaca comentou a "absoluta falta de animação" por parte dos homens que viu na estrada, vindo de suas propriedades rurais para as cidades: "Eles se arrastavam na estrada ou se sentavam em grupos [...] em um silêncio sem queixas", não demonstrando desespero nem entusiasmo pela causa à qual tinham sido chamados. Como a grande maioria dos homens comuns mobilizados no verão de 1914, "eles eram peças de uma vasta máquina colocada em movimento por algum motivo que lhes era desconhecido, a qual não tinham como acelerar nem retardar".[12]

Assim, um levantamento das evidências revela que, no verão de 1914, o entusiasmo popular pela guerra se manifestava de forma mais intensa na Alemanha, mas, mesmo lá, o fenômeno se limitava às cidades, já que as comunidades de vilarejos e regiões agrícolas pareciam ter reagido à notícia com a mesma falta de entusiasmo das áreas rurais de toda a Europa. Mesmo entre os alemães urbanos, os sentimentos pró-guerra estavam longe de ser universais; na verdade, o Partido Social-Democrata reuniu as maiores manifestações antiguerra do continente em 28 de julho, dia em que o Império Austro-Húngaro declarou guerra à Sérvia. No entanto, inclusive na derrota, muitos alemães relembram com carinho os "Dias de Agosto" de 1914 como um momento especial em que experimentaram pela primeira vez "um sentido verdadeiro de comunidade". Em um momento que representou um divisor de águas na cultura política alemã, o público se apropriara da nação; depois, o imperador se manteve como símbolo do sentimento nacionalista, mas o sentido de nação do povo já não podia ser dirigido de cima, da forma tradicional. O momento, junto com as memórias enfeitadas sobre ele, ajudou a lançar as bases para o nacional-socialismo de Hitler, no sentido de que criou, para muitos alemães, um exemplo de como uma comunidade nacionalista poderia ser unida sob uma causa grandiosa e um espírito que transcendesse as tradicionais fronteiras de classe social.[13] O próprio Hitler certamente se sentiu assim, depois de ouvir a notícia da declaração de guerra, em Munique (ver box "Um austríaco em Munique saúda a guerra"). Esse fenômeno em que a história lembrada está em desacordo com as evidências reais das atitudes na frente interna a partir do verão de 1914 foi além da Alemanha. Com o tempo, nos países vitoriosos, memórias de multidões confiantes saudando o início da guerra e multidões eufóricas celebrando a justificação de seus esforços, em novembro de 1918, serviram como acabamento conveniente, embora, em muitos casos, essas memórias também fossem diferentes da realidade. Por exemplo, os londrinos que estavam na multidão de 100 mil pessoas reunidas em frente ao Palácio de Buckingham no Dia do Armistício se lembravam de uma multidão semelhante saudando o início da guerra em 1914, quando a reunião anterior mal havia sido de um décimo disso.

201

UM AUSTRÍACO EM MUNIQUE SAÚDA A GUERRA

Adolf Hitler, nascido em Branau, Áustria, em 1889, mudou-se para Munique em 1913 e serviu durante a guerra como voluntário estrangeiro em um regimento bávaro do exército alemão (ele acabou se tornando cidadão alemão em 1932, para ser candidato na eleição presidencial daquele ano). Hitler se juntou a uma multidão eufórica em Munique para saudar a declaração de guerra. Ele se lembrou do momento uma década mais tarde, em seu testamento político, *Mein Kampf* (*Minha Luta*):

A Guerra de 1914 certamente não foi forçada sobre as massas; foi até desejada por todo o povo. Havia um desejo de dar fim à sensação geral de incerteza de uma vez por todas. E só à luz desse fato se pode entender como mais de dois milhões de homens e jovens alemães aderiram voluntariamente à bandeira, prontos a derramar a última gota de seu sangue pela causa. Essas horas vieram como uma libertação em relação ao sofrimento que pesara sobre mim durante os tempos de juventude. Não tenho vergonha de reconhecer, hoje, que fui levado pelo entusiasmo do momento e que caí de joelhos e agradeci aos céus, na plenitude do meu coração, pela dádiva de poder viver um momento desses.

A luta pela liberdade irrompera em escala inédita na história do mundo. A partir do momento em que o Destino assumiu o comando, cresceu a convicção entre a massa popular de que, agora, não era uma questão de decidir os rumos da Áustria ou da Sérvia, mas de que estava em jogo a própria existência da nação alemã. Por fim, depois de muitos anos de cegueira, o povo enxergou o futuro com clareza. Por isso, quase que imediatamente após começar a luta gigantesca, um entusiasmo excessivo foi substituído por um tom mais sério e mais adequado, pois a exaltação do espírito popular não era um mero frenesi passageiro. Simplesmente, foi muito necessário reconhecer a gravidade da situação. Naquele tempo não havia, falando em termos gerais, o menor pressentimento ou ideia de quanto tempo a guerra poderia durar. As pessoas sonhavam com os soldados de volta em casa no Natal e retomando seu trabalho cotidiano em paz.

O que quer que a humanidade deseje, é isso que ela vai esperar e é nisso que acreditará. A esmagadora maioria das pessoas há muito tinha se cansado da eterna insegurança na situação geral dos assuntos públicos. Sendo assim, era natural ninguém acreditar que o conflito austro-sérvio pudesse ser protelado e por isso, as pessoas queriam um acerto de contas radical. Eu também pertencia aos milhões que desejavam isso.

Fonte: Adolf Hitler, *Mein Kampf*, traduzido ao inglês por James Murphy (London: Hurst e Blackett, 1939), edição em eBook do Projeto Gutenberg da Austrália, 2002, disponível em http://gutenberg.net.au/ebooks02/0200601.txt. [Edição em português: Adolf Hitler, *Minha luta*, Globo, Porto Alegre, 1934.]

Para complicar ainda mais a tarefa de desemaranhar memória e realidade, intelectuais contrários à guerra começaram a lançar dúvidas sobre a narrativa con-

As frentes internas, 1914-16

vencional de fervor patriótico enquanto a Primeira Guerra Mundial ainda estava em andamento, e estudiosos céticos continuam duvidando dela desde então. Mas uma ausência de entusiasmo genuíno pela guerra não deve ser interpretada como prova de sentimento generalizado contrário a ela. Principalmente nos casos de Áustria-Hungria contra Sérvia e Alemanha contra Rússia, em particular, e do "cercamento" pela Entente em geral, França contra Alemanha, e Grã-Bretanha (em nome da Bélgica) contra Alemanha, o público, em sua maioria, aceitou o argumento de que a guerra era defensiva e a decisão de travá-la, justificável. Além disso, em um sentido mais amplo e, muitas vezes, mais vago, as pessoas comuns se juntaram a seus líderes na aceitação da Primeira Guerra como algo necessário ou até mesmo benéfico para o seu país. Enquanto os socialistas viam o conflito como uma oportunidade para o nivelamento social ou, talvez, transformações mais radicais, os conservadores ligaram a ele suas esperanças de um renascimento religioso ou um retorno aos valores de tempos idos. Do outro lado do espectro de opiniões, patriotas de muitos países viam a guerra como um potencial catalisador para a "renovação nacional". Aqui talvez resida a verdadeira tragédia da reação civil na frente interna, no início da guerra. Em níveis diferentes e por diferentes razões, muitas pessoas, em 1914, consideraram a guerra aceitável.

O nacionalismo supera o socialismo: da Crise de Julho a Zimmerwald

A Segunda Internacional Socialista, fundada em 1889, desfrutava de significativas vantagens sobre a Primeira Internacional (Associação Internacional dos Trabalhadores), que existiu de 1864 a 1876 e cujos líderes incluíam Karl Marx e Friedrich Engels. Enquanto a Primeira Internacional funcionara com base em adesões individuais, incluindo anarquistas e socialistas, e tinha sido dominada por figuras (como Marx e Engels) demasiado radicais para viver em seus próprios países, a Segunda funcionava como uma aliança internacional de partidos políticos socialistas marxistas. Entre as organizações dos seis principais países da Europa, o Partido Socialista Francês – que, a partir de 1905, passou a se chamar Seção Francesa da Internacional Operária (Section Française de l'Internationale Ouvrière ou SFIO) – identificava-se mais estreitamente com a Segunda Internacional. Os outros membros eram o Partido Socialista Italiano, os partidos Social-Democratas alemão e austríaco, o Partido Trabalhista britânico e o Partido Operário Social-Democrata russo.

Embora, em teoria, todos os socialistas marxistas apoiassem a visão de Marx sobre a inevitável revolução proletária mundial, a Segunda Internacional era dominada por forças pragmáticas e moderadas. A influência de cada um dos partidos no interior dela dependia de seu desempenho nas urnas, e isso, por sua vez, dependia do grau em que as leis eleitorais de cada país discriminavam os eleitores de classe trabalhadora ou o sucesso dos partidos na superação desses obstáculos. Assim, o SPD alemão (que, nas eleições legislativas de 1912, obteve 35% do voto popular e conquistou 27% das cadeiras) estava em melhor posição para dominar a Segunda Internacional do que a SFIO francesa (1914: 17% dos votos e cadeiras), os social-democratas austríacos (1911: 16% das cadeiras), o Partido Socialista italiano (1913: 7,5% dos votos, 9% das cadeiras) e o Partido Trabalhista britânico (1910: 6% de votos e cadeiras). Os socialistas marxistas russos, divididos depois de 1903 nos bolcheviques, radicais, e nos mais moderados mencheviques, representavam a franja revolucionária da Segunda Internacional. Mesmo após as reformas que Nicolau II concedeu na esteira da Revolução de 1905, o direito de voto restrito limitou os dois partidos, juntos, a 15 das 448 cadeiras nas eleições de 1912 para a Duma (3%). Os bolcheviques entenderam que nada tinham a perder sendo descaradamente revolucionários.

Refletindo sua fé na classe social como identidade humana básica e seu objetivo de solidariedade internacional da classe trabalhadora, os partidos da Segunda Internacional condenavam com firmeza o nacionalismo pelos "preconceitos nacionais" que seus adeptos tinham "sistematicamente cultivado [...] no interesse das classes dominantes, com a finalidade de desviar a atenção das massas proletárias". A Segunda Internacional também assumiu uma posição firme contra o militarismo. O congresso de 1907 lembrou aos membros do "dever da classe operária e, particularmente, de seus representantes nos parlamentos, de combater os processos de acumulação de armamento naval e militar com todas as suas forças [...] e de se recusar a fornecer os recursos para esses processos", bem como de "envidar todos os esforços a fim de evitar a eclosão da guerra". O único benefício possível que poderia advir de uma guerra seria a oportunidade "de usar a crise econômica e política criada pela guerra para erguer as massas e, assim, acelerar a queda da dominação pela classe capitalista".[14] A posição dos socialistas nestas questões causou preocupação para a liderança política e militar nos países onde eles eram mais fortes, principalmente na Alemanha, mas também na França e na Áustria.

O congresso extraordinário da Segunda Internacional em 1912, convocado em Basileia durante a primeira Guerra dos Bálcãs, lançou um manifesto observando com perspicácia que

> a superação do antagonismo entre Alemanha, por um lado, e França e Inglaterra, por outro, eliminaria o maior risco para a paz mundial, abalaria o poder do czarismo, que explora esse antagonismo, tornaria impossível um ataque do Império Austro-Húngaro à Sérvia e garantiria a paz para o mundo.[15]

Posteriormente, o SPD, a SFIO e o Partido Trabalhista britânico redobraram seus esforços para melhorar as relações entre os dois países, mas sem sucesso. No ápice da

Crise de Julho de 1914, o Bureau da Internacional Socialista (com sede em Bruxelas e, a partir de 1900, órgão executivo permanente da Segunda Internacional) se reuniu em sessão de emergência em 29 de julho, para emitir um último apelo por uma ação da classe trabalhadora visando interromper a escalada da guerra: "Será dever dos trabalhadores de todas as nações em questão [...] intensificar ainda mais suas manifestações contra a guerra, pela paz e visando a solução do conflito austro-sérvio por meio de arbitragem internacional". Em particular, o Bureau conclamava o SPD e a SFIO a "exercer a mais enérgica pressão sobre os governos de seus respectivos países".[16]

Os líderes da Segunda Internacional vislumbravam uma greve geral internacional como chance derradeira para impedir uma guerra geral, mas seus planos não deram em nada quando ficou claro, em questão de dias, que o nacionalismo superara o socialismo nos corações e nas mentes dos trabalhadores europeus, e também da maioria de seus líderes socialistas. Paradoxalmente, enquanto o verão de 1914 encontrou o movimento socialista internacional forte e unido como jamais havia sido, ou jamais seria, um dos primeiros e mais duradouros legados revolucionários da Primeira Guerra Mundial foi a destruição daquela solidariedade e a permanente fragmentação da esquerda socialista. Jean Jaurès, da SFIO, por anos uma figura de destaque da Segunda Internacional, participou da sessão de emergência do Bureau, em Bruxelas, no mesmo dia em que Poincaré voltou da Rússia, e, em seguida, prometeu seu apoio ao presidente francês antes de ser assassinado, em 31 de julho. As últimas esperanças de uma ação socialista para interromper a escalada da guerra pereceram em 4 de agosto, quando a delegação do SPD no Reichstag votou por unanimidade a favor dos créditos de guerra para financiar a mobilização alemã.

A unidade geral do SPD em apoio ao esforço de guerra alemão, forjada na crença de que o Segundo Reich não tinha escolha a não ser se mobilizar diante da mobilização geral da Rússia imperial, manteve-se firme enquanto Nicolau II permaneceu no trono e os líderes socialistas da Alemanha podiam justificar a guerra como uma luta contra a autocracia czarista. No entanto, as primeiras rachaduras na Burgfrieden apareceram em dezembro de 1914, quando Karl Liebknecht, do SPD, tornou-se o primeiro membro do Reichstag a votar contra os créditos de guerra suplementares, e, em seguida, juntou-se a outros membros do partido contrários à guerra, para formar a Liga Espartaquista (Spartakusbund), precursora do Partido Comunista da Alemanha que surgiria no pós-guerra (KPD). No verão seguinte, os dissidentes contrários à guerra dentro da delegação do SPD no Reichstag incluíam Adolf Hoffmann e Georg Ledebour, que representaram a Alemanha na Conferência de Zimmerwald (5 a 8 de setembro de 1915), convocada perto de Berna, na Suíça, por críticos da Segunda Internacional que se opunham à guerra. Trinta e oito delegados de 10 países (incluindo todos os principais beligerantes, com exceção da Grã-Bretanha) concordaram em formar o Comitê da Internacional Socialista, e 19 deles assinaram o Manifesto de Zimmerwald (ver box "O Manifesto de

Zimmerwald"), pedindo "uma paz sem anexações nem indenizações de guerra", que garantisse "o direito à autodeterminação das nações".[17] Futuros líderes da Revolução Bolchevique cumpriram papéis fundamentais em Zimmerwald. Trotski redigiu o manifesto e Lenin o assinou, embora este e outros sete delegados (a chamada "esquerda de Zimmerwald") também tenham condenado o documento como sendo inadequado e não revolucionário o bastante. Entre os fundadores da esquerda de Zimmerwald e seus seguidores posteriores estavam esquerdistas radicais da maioria dos partidos socialistas marxistas da Europa, muitos dos quais viriam a atender ao chamado de Lenin para estabelecer partidos comunistas e enviar representantes à Internacional Comunista (Comintern), fundada em Moscou em 1919. No contexto da Primeira Guerra Mundial, no entanto, as deliberações de Zimmerwald foram mais significativas para introduzir no discurso os conceitos de autodeterminação nacional e de paz sem anexações nem indenizações – conceitos que ganhariam popularidade durante os últimos dois anos da guerra.

O MANIFESTO DE ZIMMERWALD

Em 21 de setembro de 1915, a conferência de paz socialista em Zimmerwald emitiu a seguinte declaração sobre a guerra, elaborada por Leon Trotski:

Trabalhadores da Europa!

A guerra já dura mais de um ano. Milhões de cadáveres estão sobre os campos de batalha. Qualquer que seja a verdade sobre a responsabilidade imediata pela eclosão da guerra, uma coisa é certa: a guerra que ocasionou este caos é resultado do imperialismo, dos esforços por parte das classes capitalistas de cada nação para satisfazer sua ganância por lucro através da exploração do trabalho humano e dos tesouros da natureza [...].

Mas nós, partidos socialistas e organizações da classe trabalhadora [...], convidamos os trabalhadores a *suspender sua luta de classe trabalhadora* [...]. Eles aprovaram os créditos para que as classes dominantes levassem a cabo a guerra. Colocaram-se à disposição de seus Governos para os mais variados serviços [...] e, *assim, assumiram para si a responsabilidade por essa guerra, seus objetivos, seus métodos*. E assim como os partidos socialistas fracassaram separadamente, fracassou também o representante mais responsável dos socialistas de todos os países: o *Bureau da Internacional Socialista* [...].

Nesta situação intolerável [...] nós, representantes dos partidos socialistas, dos sindicatos ou das minorias dentro deles [...], convocamos a classe trabalhadora para se reorganizar e começar a luta pela paz. Esta luta também é a luta pela liberdade, pela Fraternidade das nações, pelo Socialismo. A tarefa é assumir isso. Lutar pela paz, uma paz sem anexações nem indenizações de guerra [...] *O direito das nações a escolher seu próprio governo deve ser o princípio fundamental inarredável das relações internacionais.*

> Trabalhadores organizados! Desde o início da guerra, vocês colocaram suas energias, sua coragem e sua firmeza a serviço das classes dominantes. Agora, a tarefa é se alistar em sua própria causa, pelos fins sagrados do socialismo, pela salvação das nações oprimidas e das classes escravizadas, por meio da luta implacável da classe trabalhadora. É tarefa e dever dos socialistas dos países beligerantes assumir esta luta com força total; é tarefa e dever dos socialistas dos países neutros apoiar seus irmãos por todos os meios eficazes nesta luta contra a barbárie sangrenta. Jamais, na história do mundo, houve tarefa mais urgente, mais nobre, mais sublime, cujo cumprimento deve ser nossa tarefa comum. Nenhum sacrifício é demasiado grande, nenhum fardo pesado demais para atingir este fim: o estabelecimento da paz entre as nações [...].
> Trabalhadores de todos os países, uni-vos!
>
> Fonte: Marc Ferro, *The Great War, 1914-1918*, trad. Nicole Stone (itálicos no original) (London: Routledge & Kegan Paul, 1969), 165-69. [Edição em português: Marc Ferro, *A grande guerra: 1914-1918*, Lisboa, Edições 70, 1990.]

Para entender a corrida para ser voluntário: Grã-Bretanha, o Império e outros lugares

Em 6 de agosto de 1914, apenas dois dias depois de a Grã-Bretanha declarar guerra à Alemanha, o icônico cartaz de recrutamento de lorde Kitchener fez sua primeira aparição, com a legenda "Seu rei e seu país precisam de *você!*" O rei George V e a Grã-Bretanha precisavam mesmo de voluntários, já que o exército regular de 1914 tinha apenas seis divisões de infantaria e uma de cavalaria, e a Força Territorial de reservistas (mais 14 divisões de infantaria e 14 brigadas de cavalaria) era composta de homens que haviam se alistado apenas para "serviço interno". Sendo uma tradicional força marítima com um pequeno exército permanente, a Grã-Bretanha era a única grande potência europeia sem serviço militar obrigatório e, portanto, dependia de voluntários para ampliar seu exército para o serviço no continente. Após inicialmente "convidar" os membros da Força Territorial a se oferecer como voluntários ao serviço no exterior (a maioria aceitou), o governo fez um apelo por mais 500 mil voluntários. Até 22 de agosto, os alistamentos atingiram 100 mil, e o número desses voluntários cresceu rapidamente após a derrota em Mons. Até 31 de agosto, os alistamentos eram, em média, de 20 mil por dia, e em 3 de setembro o exército registrou 33.304, o maior total da guerra para um único dia. A semana de 30 de agosto a 5 de setembro, com 174.901 alistamentos, foi a de maior número e, até o final de setembro, o total de alistamentos superara os 760 mil.

A Primeira Guerra Mundial

Embora o exército regular da Grã-Bretanha tenha acabado dobrando de tamanho e a Força Territorial, quadruplicado, Kitchener inicialmente se concentrou em preencher suas chamadas divisões do "Novo Exército". Elas foram reunidas a partir de "Batalhões de Camaradas", uma tática de recrutamento eficaz que seduzia grupos de colegas, companheiros de futebol, colegas de trabalho e amigos do bairro para que fossem voluntários, com a garantia de que serviriam com seus "camaradas", nas mesmas unidades. Até o final de setembro de 1914, 50 cidades e vilarejos em toda a Grã-Bretanha haviam formado pelo menos um Batalhão de Camaradas; Manchester abriu o caminho e acabou formando 15 deles. A desvantagem óbvia dos Batalhões de Camaradas – o fato de que muitos dos jovens de um determinado bairro urbano ou cidadezinha provinciana poderiam ser mortos em uma única batalha ou, até mesmo, em um único dia – só ficou clara na Batalha do Somme, quando a introdução da convocação compulsória tinha acabado com o alistamento intencional. Talvez o exemplo mais gritante dessas consequências involuntárias tenha vindo na manhã do primeiro dia no Somme, quando o 1º Batalhão do Regimento de Lancashire Leste, um Batalhão de Camaradas de 700 homens de Accrington, sofreu 585 baixas (235 mortos, 350 feridos) em um intervalo de 20 minutos – um fardo terrível para uma cidade pequena. Mesmo um ano antes do Somme, pesadas baixas tinham começado a reduzir os alistamentos voluntários a níveis inferiores ao que a Grã-Bretanha precisava para sustentar seu esforço de guerra. No verão de 1915, após o início desastroso da campanha de Galípoli, o exército recebia uma média de 70 mil alistamentos por mês, menos do que tinha *por semana* em agosto e setembro de 1914. Esses números levaram a Grã-Bretanha a recorrer ao serviço militar obrigatório no início do ano seguinte.

O alistamento voluntário nos países cujas forças armadas dependiam principalmente de convocação costumava envolver homens que não estavam mais na ativa e procuravam retornar ao serviço em vez de esperar para ser chamados. Em outros casos, homens convocados anteriormente, em tempo de paz, e rejeitados por inaptidão física se ofereciam como voluntários e eram aceitos sob os padrões mais baixos da guerra. O exército alemão incorporou 250 mil voluntários que de outra forma não seriam convocados; o exército francês, 350 mil. Em toda a Europa, milhares de meninos adolescentes ainda não passíveis de convocação se alistaram com permissão de seus pais ou, em alguns casos, sem ela, saindo de casa e mentindo sobre sua idade aos recrutadores. A França, com idade mínima de apenas 17 anos, foi o primeiro país a alistar adolescentes. Para além da Europa, milhares de emigrantes e estrangeiros fizeram um grande esforço para retornar a seus países de origem a fim de servir. No que talvez seja o caso mais trágico, em novembro de 1914, a esquadra de Spee incorporou centenas de voluntários no Chile, depois da Batalha de Coronel, entre os expatriados alemães locais e as tripulações dos navios mercantes alemães presos pela guerra no porto de Valparaíso; dezenas foram aceitos para alistamento e quase todos pereceram um mês depois, quando os cruzadores de Spee foram afundados nas ilhas Malvinas.

Não existem cifras confiáveis sobre a quantidade de homens de países neutros que se ofereceram como voluntários para lutar em um lado ou outro na Primeira Guerra Mundial, mas certamente os Estados Unidos, de 1914 a 1917, responderam pela maior parcela. Os 35.600 norte-americanos que serviram no exército canadense ofuscavam os contingentes menores que serviam nos exércitos britânico ou francês. Os voluntários mais célebres foram os 267 norte-americanos no Corpo Aéreo Lafayette, do serviço aéreo do exército francês (dos quais o componente mais famoso foi o esquadrão de caça conhecido como Esquadrilha Lafayette), mas muitos outros norte-americanos – estimam-se em 1.700 – serviram no Corpo Aéreo Real da Grã-Bretanha. Além dos soldados e aviadores, os Estados Unidos forneceram um grande número de voluntários não combatentes para as operações europeias da Cruz Vermelha Americana e diversos serviços de ambulância dos Estados Unidos, o que se tornou uma opção preferida para jovens em idade universitária com meios para pagar suas próprias despesas para chegarem à França. Seis faculdades do grupo das mais prestigiadas do país, a Ivy League, responderam, sozinhas, por cerca de mil motoristas de ambulância, incluindo E. E. Cummings, de Harvard.

Tal como acontece com a questão do entusiasmo geral pela guerra, o desejo que os voluntários tinham de servir estava longe de ser universal. Mesmo onde foi inicialmente forte – como na Grã-Bretanha e seus domínios, onde as forças armadas dependiam disso –, a pressa para ser voluntário provou ser efêmera e, até o final da guerra, a Austrália ficou sozinha como o único beligerante importante a não ter recorrido à convocação compulsória. Para cada voluntário menor de idade ou já um pouco mais velho, havia outros no apogeu da idade militar que exploravam cada brecha ou isenção disponível para ficar fora do exército. E, para cada emigrante ou expatriado que arriscava a vida e a integridade física para regressar ao seu país de origem e servir, havia muitos outros emigrantes – especialmente da Áustria-Hungria, da Rússia e da Itália – que agradeciam à boa sorte por ter saído da Europa antes de a guerra começar e não tinham desejo de voltar para casa, pelo menos enquanto os combates continuassem.

A política na frente interna: as Potências Centrais

Poucos dias depois do início da guerra, várias versões da lei marcial ou do estado de sítio entraram em vigor em todos os países europeus em guerra, à medida que os legisladores obedientemente aprovavam ou aceitavam amplas restrições às liberdades civis. Em 4 de agosto, dia em que aprovou a rodada inicial de créditos de guerra, o Reichstag alemão também delegou a maioria de seus poderes ao Bundesrat (a casa legislativa superior, nomeada pelos governos dos estados alemães) pelo tempo que durasse a guerra. Ele conservou apenas o poder do dinheiro, a ser exercido quando necessário, geralmente a cada quatro ou cinco meses, ao se aprovar novo financiamento para a guerra. A lei marcial, teoricamente aplicada pelos 24 comandantes responsáveis pelos distritos militares do país, na prática, era responsabilidade, em cada caso, de um "general comandante substituto", já que os verdadeiros comandantes estavam todos na frente de batalha com suas tropas. Esses generais só respondiam ao imperador, e seus distritos não eram necessariamente as fronteiras dos estados federais, que, de qualquer forma, variavam muito em tamanho. Em um caso grave de burocracia fora de controle, a Alemanha de tempos de guerra teve de suportar esta estrutura administrativa militar para a vida civil, imposta em cima de uma estrutura civil de governo que continuava a existir. Ambas eram complementadas por uma série de novas agências criadas pelo Bundesrat (e, muitas vezes, alojadas no Ministério da Guerra) encarregadas de vários aspectos da gestão da economia, para o bem do esforço de guerra. Assim, pelo menos na duplicação de agências e na confusão resultante com relação às linhas de autoridade, os últimos anos do Segundo Reich prenunciavam o caos administrativo do Terceiro.

Apesar dessas deficiências estruturais, a frente interna permanecia governável, desde que os principais partidos políticos se mantivessem fiéis à Burgfrieden. Pelo menos inicialmente, o esforço de guerra contou com o apoio incondicional de quase todos os principais intelectuais do país, 93 dos quais assinaram um manifesto em outubro de 1914 (ver box "O Manifesto dos 93 intelectuais alemães"), refletindo a sua ingênua aceitação patriótica da explicação que o governo apresentava sobre as origens da guerra e a conduta do exército alemão na Bélgica. Praticamente todos os cientistas alemães de renome internacional assinaram o documento, com exceção de Albert Einstein, que apoiou um contramanifesto que apelava "aos europeus" para que transcendessem o nacionalismo pelo bem de sua civilização comum (ver box "Um 'Manifesto aos europeus'"). Ele foi um de apenas quatro professores da Universidade de Berlim a assiná-lo, mas o número de indecisos crescia à medida que a guerra se arrastava. Bethmann Hollweg considerava cada vez mais difícil satisfazer os partidos mais conservadores, por um lado, que exigiam uma paz vitoriosa com anexações territoriais (ao longo das linhas do que o próprio chanceler tinha proposto em seu programa de setembro de 1914), e o SPD, por outro, que se via apoiando uma guerra que não mais se parecia com uma luta defensiva contra a autocracia czarista. Após Liebknecht se tornar, em dezembro de 1914, o primeiro deputado do SPD no Reichstag a rejeitar mais financiamento para a guerra, seu partido formalmente o censurou, mas, durante o ano de 1915, outros colegas seus aderiram a ele em sua dissidência pública em relação à Burgfrieden. Em dezembro de 1915, 20 deputados do SPD se opuseram aos créditos de guerra e outros 22 se abstiveram de votar; juntos, esses dissidentes respondiam por quase 11% do Reichstag e 38% da bancada do SPD.

No Império Austro-Húngaro, o início da guerra não trouxe qualquer mudança na vida política parlamentar da metade austríaca do império, onde o primeiro-ministro, Stürgkh, havia suspendido o caótico Reichsrat de 22 partidos em março de 1914, em resposta ao comportamento dos partidos tchecos obstrucionistas e dos social-democratas, mais uma vez recorrendo ao governo por decreto, com o uso dos poderes de emergência de Francisco José. Com o início da guerra e da lei marcial, Stürgkh submeteu-se a autoridades militares que, pelo menos até 1916, haviam exercido mais autoridade sobre a vida civil na Áustria do que na Alemanha. Para se proteger contra a subversão dentro do império, Conrad pressionou por maior liberdade para o Ministério Supervisor de Guerra (Kriegsüberwachtungsamt), criado em agosto de 1914, mas Stürgkh resistiu a qualquer outra intrusão da autoridade militar na vida civil. Até o final do verão de 1915, a frustração de Conrad com Stürgkh o levou a apelar a Francisco José para que nomeasse um novo primeiro-ministro austríaco, mas o imperador não seguiu seu conselho. Enquanto isso, o primeiro-ministro húngaro, conde István Tisza, manteve o Parlamento em Budapeste em sessão, como forma de proporcionar maior legitimidade a suas próprias ações durante a guerra; politicamente, podia se dar ao luxo de fazê-lo, já que o restrito eleitorado húngaro (que oferecia direito de voto a apenas 10% da população) lhe dava uma legislatura muito mais previsível e cooperativa do que o sufrágio universal masculino da metade austríaca do império proporcionava ao Reichsrat de Stürgkh.

O MANIFESTO DOS 93 INTELECTUAIS ALEMÃES

Em 4 de outubro de 1914, 93 importantes intelectuais alemães divulgaram uma vigorosa defesa do papel de seu país nas origens da guerra e de sua conduta quando a luta começou. Os signatários incluíam Max Planck e nada menos do que 12 outros ganhadores passados ou futuros do prêmio Nobel:

Como representantes das Ciências e das Artes alemãs, vimos protestar ao mundo civilizado contra as mentiras e calúnias com que nossos inimigos estão se esforçando para manchar a honra da Alemanha em sua dura luta pela existência [...]. Como arautos da verdade, levantamos nossas vozes contra eles.

Não é verdade que a Alemanha seja culpada de ter causado essa guerra. Nem o povo, o Governo, nem o "Kaiser" a queriam [...].

Não é verdade que nós invadimos a neutra Bélgica. Está provado que a França e a Inglaterra estavam decididas a essa invasão e também já se provou que a Bélgica tinha concordado com isso. Teria sido suicídio da nossa parte não ter agido de antemão.

A Primeira Guerra Mundial

Não é verdade que a vida e a propriedade de um único cidadão belga tenham sido atingidas por nossos soldados sem que a mais acirrada defesa tenha tornado isso necessário [...].

Não é verdade que nossas tropas trataram Louvain com brutalidade. Com habitantes furiosos tendo traiçoeiramente caído sobre eles em seus alojamentos, nossos soldados, com dor no coração, foram obrigados a disparar contra uma parte da cidade, como castigo. A maior parte de Louvain foi preservada [...].

Não é verdade que a nossa guerra não respeita as leis internacionais. Ela não conhece a crueldade indisciplinada. Não obstante, no leste, a terra está saturada com o sangue de mulheres e crianças massacradas impiedosamente pelas selvagens tropas russas, e no oeste balas dundum mutilam os peitos de nossos soldados [...].

Não é verdade que o combate contra o que chamam de nosso militarismo não é um combate contra a nossa civilização, como fingem hipocritamente nossos inimigos. Se não fosse pelo militarismo alemão, a civilização alemã há muito teria sido extirpada [...].

Não podemos arrancar a arma venenosa – a mentira – das mãos de nossos inimigos. Tudo o que podemos fazer é proclamar ao mundo inteiro que nossos inimigos estão prestando falso testemunho contra nós [...]. Tenham fé em nós! Acreditem que levaremos esta guerra até o fim como uma nação civilizada, para quem o legado de um Goethe, um Beethoven e um Kant é tão sagrado como os próprios lares e famílias.

Fonte: *The World War 1 Document Archive* (na internet), Brigham Young University Library, disponível em http://wwi.lib.byu.edu/index.php/Manifesto_of_the_Ninety-Three_German_Intellectuals.

UM "MANIFESTO AOS EUROPEUS"

Em resposta ao "Manifesto dos 93", mais tarde, em outubro de 1914, o fisiologista da Universidade de Berlim Georg Nicolai fez circular o seguinte "Manifesto aos europeus", escrito com a ajuda de Albert Einstein. Além de Nicolai e Einstein, apenas dois de seus colegas o assinaram:

Nunca dantes uma guerra interrompeu tão completamente a cooperação cultural [...]. Qualquer um que se importe um mínimo com uma cultura mundial comum está empenhado em dobro na luta pela manutenção dos princípios em que ela deve se basear. Ainda assim, aqueles de quem se poderiam esperar tais sentimentos, principalmente cientistas e artistas, até agora responderam, quase sem exceção, como se tivessem renunciado a qualquer outro desejo de continuidade das relações internacionais. Falaram em um espírito hostil e não conseguiram falar pela paz. Paixões nacionalistas não podem justificar essa atitude, que é indigna do que o mundo, até agora, chamou de cultura [...].

A tecnologia encolheu o mundo. Na verdade, hoje as nações da grande península europeia parecem estar tão perto umas das outras como outrora estavam as cidades-Estados que se amontoavam naquelas penínsulas menores projetadas sobre o Mediterrâneo. Viajar está tão difundido, a oferta e a demanda internacionais estão tão entrelaçadas, que a Europa – quase se poderia dizer, o mundo inteiro – é, mesmo agora, uma unidade. Certamente, é dever dos europeus de educação e boa vontade pelo menos tentar evitar que a Europa sucumba, por causa da falta de organização internacional, ao destino que um dia engoliu a Grécia antiga! Ou a Europa também sofrerá esgotamento e morte lentos por guerra fratricida?

A luta travada hoje dificilmente pode produzir um "vencedor"; todas as nações que participam dela vão, com toda a probabilidade, pagar um preço muito alto. Por isso, parece não só inteligente, mas imperativo, que os homens instruídos em todos os países exerçam sua influência pelo tipo de tratado de paz que não carregue as sementes de futuras guerras, qualquer que possa ser o resultado do presente conflito [...].

O primeiro passo nessa direção seria que todos aqueles que apreciam de verdade a cultura da Europa unissem forças – todos os que Goethe profeticamente chamou de "bons Europeus". [...] Se, como esperamos de coração, há europeus suficientes na Europa [...], vamos concentrar esforços para organizar uma Liga dos Europeus. Esta liga poderá, então, levantar a voz e tomar medidas.

Nós mesmos procuramos dar o primeiro passo, proclamar o desafio. Se você pensa como nós, se também está determinado a criar um amplo movimento de unidade europeia, pedimos que se comprometa assinando o seu nome.

Fonte: Ronald W. Clark, *Einstein: The Life and Times* (New York: HarperCollins, 1984), 229-30. (Reproduzido com permissão de SLL/Sterling Lord Literistic, Inc. © Peters Fraser & Dunlop A/A/F Ronald Clark.)

Política na frente interna: os Aliados

Os governos dos principais Aliados aplicaram restrições às liberdades civis que não eram menos amplas do que as das Potências Centrais. Mesmo na Grã-Bretanha, tradicionalmente a mais liberal das grandes potências da Europa, a Lei de Defesa do Reino (8 de agosto de 1914) tornou os cidadãos sujeitos a detenção sem mandado, prisão sem apresentação de acusações e julgamento perante cortes marciais por violação de uma lista crescente de restrições ao que poderiam dizer e fazer, tudo em nome da segurança nacional e das exigências dos tempos de guerra. A tentativa de Asquith de continuar com o mesmo governo liberal dos tempos de paz durou até maio de 1915, quando o escândalo da escassez de munições do exército coincidiu com o início desastroso da campanha de Galípoli e o forçou a formar uma coalizão de guerra. Além da renúncia de Churchill ao almirantado, outras mudanças significativas incluíram Lloyd George trocar o Ministério das Finanças, conhecido como Exchequer, pelo novo cargo de ministro das Munições. Durante a guerra, a Grã-Bretanha teve mais greves do que a França ou a Alemanha, envolvendo um número maior de trabalhadores, incluindo grandes ações durante 1915 por parte de metalúrgicos no rio Clyde, na Escócia, e mineiros de carvão em Gales do Sul. Asquith cogitou usar a Lei de Defesa do Reino para proibir greves, mas temia que isso pudesse prejudicar a coesão da frente de batalha interna. Depois de uma onda de violência sufragista antes da guerra, a Grã-Bretanha não testemunhou mais agitações na campanha pelos direitos de voto para as mulheres, já que, após a União Social e Política das Mulheres (WPSU, na sigla em inglês), de Emmeline Pankhurst, a mais radical das organizações sufragistas, suspendeu suas táticas ativistas logo que a guerra começou.

A Irlanda, por sua vez, levada à rebelião como frustração com o adiamento do governo autônomo (suspenso em 18 de setembro de 1914 pelo tempo que durasse a guerra), corroeu aos poucos a base de poder de John Redmond e do Partido Parlamentar Irlandês. A maioria dos Voluntários Irlandeses, predominantemente católicos e favoráveis ao governo autônomo, atendeu ao chamado de Redmond para apoiar o esforço de guerra, incluindo seu próprio irmão, que mais tarde foi morto na frente ocidental, e seu filho, condecorado por sua bravura na mesma frente. Mas Kitchener e o Ministério da Guerra recusaram o pedido deles para formar suas próprias unidades comandadas por oficiais católicos ou para usar suas bandeiras e insígnias tradicionais. Ao mesmo tempo, Kitchener revelou sua simpatia pessoal pela causa unionista dos condados do norte da Irlanda (sentimentos compartilhados pela maioria dos oficiais superiores britânicos), dando esses mesmos privilégios aos Voluntários Protestantes do Ulster, contrários ao governo autônomo. O tratamento desigual prejudicou o recrutamento no sul católico da Irlanda, e as pesadas baixas irlandesas na península de Galípoli causaram ainda mais desânimo. No final de 1915, o Sinn Féin e a Irmandade Republicana Irlandesa faziam campanha aberta contra os esforços de recrutamento do exército britânico, enquanto os Voluntários Irlandeses treinavam e marchavam nas cidades e vilarejos do sul. A decisão de Redmond de rejeitar o convite de Asquith para se juntar ao governo de coalizão fez a balança pender ainda mais para o confronto, já que os conservadores trazidos para o gabinete incluíam alguns dos mais ferrenhos opositores do governo autônomo.

Para a Rússia, o início da guerra trouxe a suspensão do governo parlamentar, mas não antes de a Duma aprovar devidamente o financiamento para a mobilização do exército. A partir daí, a tarefa de governar recaiu sobre Nicolau II e seu gabinete, liderado pelo primeiro-ministro Ivan Goremykin, um conservador sem

As frentes internas, 1914-16

importância, de 74 anos, recentemente chamado da aposentadoria, e cuja única virtude era a lealdade ao czar. Em agosto de 1914, a delegação bolchevique da Duma tinha se reduzido a cinco membros, que votaram contra os créditos de guerra e depois continuaram a se opor publicamente a ela. Em novembro, o governo os prendeu e, depois de julgamentos e condenações, exilou-os na Sibéria. Em meio à repressão à divergência, as demandas materiais do esforço de guerra rapidamente levaram a pequena e sobrecarregada classe trabalhadora da Rússia ao ponto de ruptura, e as greves que eclodiram na primavera e no verão de 1915 foram recebidas com força bruta. Os soldados atiraram e mataram trabalhadores em greve em junho, em Kostroma, e em agosto, em Ivanovo-Voznesensk; as 30 mortes no segundo caso provocaram três dias de greves de protesto em Petrogrado. Diante do descontentamento crescente, e com o exército russo em retirada da Polônia, Nicolau concordou em reconvocar a Duma, mas rejeitou a exigência de seus líderes de que substituísse Goremykin e seu gabinete por um "ministério de confiança nacional". A incapacidade do czar de se adaptar e criar um governo que pudesse ter apoio popular forçou quase todos os partidos da Duma à oposição, mesmo aqueles que ainda apoiavam firmemente o esforço de guerra. Os partidos de centro-direita – democratas constitucionais (cadetes), outubristas e nacionalistas – criaram um "bloco progressista" comprometido com a transformação da Rússia em uma verdadeira monarquia constitucional, cujos ministros respondessem ao Parlamento. No início de setembro, quando Nicolau se afastou para assumir o comando pessoal do exército, deixando a corte Romanov nas mãos da imperatriz Alexandra e de um círculo de conselheiros, incluindo o excêntrico místico Grigori Rasputin, o resto do gabinete recusou o pedido de Goremykin para endossar a decisão do czar. Em fevereiro de 1916, Nicolau substituiu Goremykin pelo barão Boris Stürmer (não por coincidência, um dos favoritos de Rasputin) e depois se desacreditou ainda mais ao permitir que Stürmer fosse simultaneamente ministro do Interior e, a partir de julho de 1916, também ministro do Exterior, substituindo Sazonov. Com a guerra indo mal e a frente interna em colapso, Stürmer, de sobrenome alemão, e Alexandra, nascida na Alemanha, tornaram para-raios para as teorias conspiratórias que ganhavam crédito generalizado dentro da Rússia. Não ajudou o fato de que, na tomada de decisões, Nicolau, Alexandra e Stürmer tenham ignorado a Duma, alimentando uma crise na qual um espectro cada vez mais amplo de figuras políticas se juntava a um número crescente de generais para fazer oposição à manutenção do *status quo*.

A Rússia imperial, apesar de suas fragilidades, cumpriu um papel central no esforço de guerra da França, e não apenas no campo de batalha. A existência de uma extensa frente oriental ajudou a reforçar uma frente interna instável, na medida em que deu ao público francês uma razoável esperança de vitória que ele não teria na próxima vez que enfrentasse uma invasão alemã, em 1940. Entre os principais beligerantes, a França sofreu mais baixas *per capita* em 1914 e 1915 do que qualquer outro país e, nas primeiras semanas da guerra, perdeu 6% de seu território para a ocupação estrangeira, mais do que qualquer outro país em toda a guerra. No entanto, a *union sacrée* de Poincaré se manteve e o moral não desabou, mesmo quando o avanço alemão inicial sobre Paris levou o governo a mudar-se para Bordeaux por três meses e meio. A invasão alemã gerou um milhão de refugiados – um em cada 40 cidadãos franceses – que afluíram a Paris ou a pontos mais ao sul e oeste. O fardo de reassentar esses migrantes e prover seu sustento, e de compensar a capacidade perdida no território que haviam deixado, causou tensões graves, contudo em 1914 e 1915 a França experimentou relativamente pouca agitação trabalhista. Em Paris e arredores, o Departamento do Sena teve apenas 19 greves nos primeiros 19 meses da guerra, envolvendo um total de menos de 400 trabalhadores. Sob a *union sacrée*, o gabinete de René Viviani (e de seu sucessor, Aristide Briand, depois de outubro de 1915) abrangeu um espectro de opinião política mais amplo do que o governo de qualquer outro país durante a guerra. Seus membros variavam de conservadores católicos, à direita, a Jules Guesde, da SFIO, considerado uma voz radical dentro da Segunda Internacional, à esquerda, e incluía todos os políticos importantes, exceto Georges Clemenceau, do Partido Radical, que se recusou a participar, apesar de seu forte apoio à guerra. Em vez disso, Clemenceau usou o jornal que editava como veículo de críticas à liderança de Viviani e Briand, bem como Joffre e os generais, muitas vezes chocando-se contra os censores. A SFIO, assim como o SPD alemão, votou por unanimidade pelos créditos de guerra em agosto de 1914, mas começou a ver sua própria esquerda radical derivar à oposição à guerra em 1915. Em um sinal precoce do que estava por vir, o secretário do sindicato dos metalúrgicos, Alphonse Merrheim, desafiou os censores ao publicar uma crítica ao conflito no 1º de maio. No mesmo mês, em um esforço para afastar disputas sindicais que poderiam prejudicar a produção para a guerra, Viviani nomeou Albert Thomas, da SFIO, para o cargo de subsecretário de Munições do Ministério da Guerra. Thomas se revelou tão eficaz que Briand, em dezembro de 1916, o recompensou com *status* ministerial completo.

Na Itália, uma frente interna dividida passou os primeiros nove meses da guerra debatendo as alternativas de intervenção ou continuação da neutralidade. O papa Bento XV deixou claro, desde o início, que o Vaticano preferia que a Itália permanecesse neutra, e suas convicções definiram os pontos de vista de muitos italianos católicos conservadores. No extremo oposto do espectro político, o Partido Socialista italiano teve sucesso onde os outros partidos maiores da Segunda Internacional tinham falhado: em manter sua postura contrária à guerra contra o crescente sentimento nacionalista que favorecia a intervenção ao lado da Entente. Em junho de 1914, os socialistas tinham mostrado seu poder na greve geral da

As frentes internas, 1914-16

Boneco do imperador alemão Guilherme II "enforcado" em Paris, no início da guerra.

"Semana Vermelha", envolvendo um milhão de trabalhadores nas províncias do centro-norte de Marcas e Romanha, e ameaçavam apresentar números semelhantes para manter a Itália neutra. No entanto, durante o inverno de 1914 para 1915, a maioria dos principais jornais italianos apoiou o primeiro-ministro liberal, Antonio Salandra, em sua posição intervencionista pró-Entente, e as opiniões desses veículos ajudaram a formar a opinião pública. Entre os jornalistas que apoiavam a guerra estava Benito Mussolini, editor do jornal do Partido Socialista, *Avanti!*, que, de forma muito explícita, abandonou a posição do seu partido contra a guerra em um artigo publicado em outubro de 1914. Posteriormente, abandonou os socialistas e, com dinheiro francês, estabeleceu seu próprio jornal intervencionista, *Il Popolo d'Italia*, que viria a ser o porta-voz de seu movimento fascista na Itália do pós-guerra. As últimas semanas antes da declaração de guerra italiana, mais tarde consagradas na memória patriótica como o "Maio Radiante", na verdade, contaram

217

com várias manifestações contra a guerra, bem como a seu favor, muitas delas por multidões superiores a 100 mil pessoas, e confrontos frequentes e sangrentos entre ativistas favoráveis e contrários à guerra em todas as grandes cidades. Depois que a Itália entrou no conflito, os socialistas se mantiveram contrários, mas perderam a lealdade daqueles que, como Mussolini, preferiam combinar seu socialismo com nacionalismo. Os intervencionistas variavam de liberais tradicionais, como Salandra, agindo por puro oportunismo, a nacionalistas raciais apaixonados, como Gabriele d'Annunzio, que via a guerra como uma oportunidade para a moderna nação italiana se apresentar como grande potência e lavar a vergonha de seu passado não muito glorioso. Mas as paixões desencadeadas a favor e contra a guerra de agressão oportunista da Itália apenas dividiram ainda mais um país que já era o mais fraco das grandes potências da Europa.

Sozinha entre as grandes potências, a Itália não poderia alegar que entrou na guerra por razões defensivas. Durante o primeiro ano e meio de luta, a política interna das outras cinco potências europeias fora compreensivelmente moldada pelas circunstâncias em que cada uma tinha entrado na guerra, bem como por seu relativo sucesso ou fracasso quando a ação começou. Olhando-se apenas do ponto de vista do moral na frente interna e da legitimidade da causa, a França tinha a vantagem única de ter sido invadida por um inimigo o qual nada fizera para provocar; na verdade, uma profunda convicção na justeza da causa do país deixou o público francês menos suscetível aos efeitos das más notícias vindas da frente de batalha.[18] Em graus variados, as outras cinco potências tinham optado por ir à guerra. Os governos de quatro delas – da Áustria-Hungria, quando confrontada com a recalcitrância da Sérvia; da Rússia, depois que o Império Austro-Húngaro declarou guerra à Sérvia; da Alemanha, após a mobilização da Rússia; e da Grã-Bretanha, após a invasão alemã da Bélgica – haviam afirmado, no verão de 1914, que a guerra era a única opção realista, prudente ou honrada. Contudo, até o final de 1915, os quatro países tiveram pelo menos um grupo político ou étnico importante que começara a duvidar da veracidade dessas afirmações. Ainda não se sabia como cada um iria manter a coesão de sua frente interna em 1916 e depois.

Privações e transformações sociais

Em toda da Europa urbana, o início da guerra trouxe mudanças imediatas e visíveis à vida diária. Medidas para economizar combustível e energia afetaram a regularidade do transporte público à noite, bem como a iluminação elétrica e a gás. A vida noturna foi cerceada, pois restaurantes e cafés encerravam mais cedo do que de costume e os recém-estabelecidos cinemas fecharam totalmente. Locais públicos com música trabalhavam sob novas expectativas de decoro, com bandas e orquestras se limitando a canções patrióticas ou sérias, e a Alemanha chegou a proibir a dança até o final da guerra. Em 1915, no entanto, espetáculos e concertos para favorecer instituições beneficentes da guerra tinham começado a restabelecer o entretenimento público, enquanto os cinemas selecionavam para casas cheias filmes de guerra cuidadosamente censurados. Enquanto isso, a inflação atingia a todos os países e só piorava à medida que a guerra continuava. Ela tendia a ser uma niveladora social, já que a economia simples ditava que ela beneficiasse devedores sobre credores, cujos recebíveis fixos já não valiam tanto em termos reais. Portanto, a inflação em tempos de guerra provou ser uma bênção para os agricultores com propriedade hipotecada, enquanto a elevação dos preços dos alimentos causava um aumento relativo da renda e do *status* de todos os agricultores. Com a óbvia exceção de áreas diretamente afetadas pela posição das linhas de frente, esses fatores enriqueciam, em termos gerais, a Europa rural em detrimento das cidades. Nas áreas urbanas, a classe média-baixa sofreu o pior; pequenos negociantes, trabalhadores administrativos e funcionários públicos de baixo escalão logo viram seu custo de vida superar em muito seu poder de compra.

A mobilização afetou a economia na França mais profundamente do que em qualquer outro lugar. Da população masculina ativa de 12,6 milhões, 2,9 milhões foram convocados em agosto de 1914 e outros 2,7 milhões em junho de 1915; ao final, 75% dos homens franceses com idades entre 20 e 55 anos vestiriam farda em algum momento durante a guerra. Mas, ironicamente, o país que sofreu a maior escassez de mão de obra militar também foi o primeiro a conceder licença a um grande número de trabalhadores para que voltassem para casa, às fábricas. Com o material de guerra perigosamente em baixa, sobretudo a munição de artilharia, o governo francês reconheceu que seus esforços para trazer mais mão de obra femi-nina e migrante a indústrias de guerra não poderia funcionar rápido o suficiente para evitar uma crise. Assim, em novembro de 1914, o exército começou a libertar os homens cujas habilidades os tornavam mais valiosos nas fábricas do que na frente de batalha. As licenças aumentaram após Thomas, da SFIO, encarregar-se da produção de munições, chegando a 500 mil até o final de 1915, o suficiente para que o exército finalmente interrompesse a prática por preocupação com seu próprio contingente. Embora a grande maioria das licenças fosse legítima, os ad-ministradores de algumas indústrias abusaram da política para resgatar parentes das trincheiras, mesmo que esses nunca tivessem trabalhado em fábricas; quando divulgados, esses casos naturalmente minavam o moral de famílias com maridos ou filhos ainda na frente de batalha. A força de trabalho francesa em tempo de guerra enfrentou o desafio único de ter de compensar a produtividade dos territórios ocupados do país, que incluíam 55% de suas minas de carvão e produziam 80%

do seu aço. Felizmente, os dez departamentos perdidos (do total de 87) produziam uma parcela muito menor da oferta de alimentos do país. No entanto, até o final de 1915, a carne estava em falta e o governo ficou preocupado com a agitação em relação ao aumento geral dos preços da comida. Em novembro, um relatório da polícia de Paris indicou que as pessoas estavam "muito mais preocupadas com o alto custo de vida do que [...] com o progresso das operações militares".[19]

A Alemanha foi a primeira das grandes potências a implementar o racionamento de comida durante a guerra, devido aos efeitos combinados de bloqueio Aliado, perda do comércio com a Rússia (sua principal fonte de grãos antes da guerra) e redução das importações agrícolas da Áustria-Hungria em tempos de guerra. Em janeiro de 1915, o governo alemão implementou o racionamento de pão. Em maio, o preço dos alimentos no país aumentou 65% em relação ao último mês anterior à guerra, comparados com um aumento de 35% na Grã-Bretanha durante o mesmo período. O início da escassez e do racionamento teve um efeito desproporcional sobre os alemães mais pobres. No decorrer da guerra, haveria uma maior desigualdade baseada no sacrifício civil entre as classes na Alemanha do que na Grã-Bretanha ou na França, apesar de sua frente interna estar mais fortemente regulamentada. No outono de 1914, o Ministério da Guerra nomeou Walther Rathenau, chefe da AEG (a General Electric da Alemanha) para liderar sua nova Divisão de Matérias-Primas de Guerra, que iniciou o processo de limitar a produção de bens de consumo e converter essa capacidade à produção de munições. Mas a Alemanha ficaria sem comida muito antes de ficar sem munição. O governo cometeu um erro ao nivelar os preços dos alimentos em patamares artificialmente baixos (como fizeram a Rússia e Império Austro-Húngaro), não dando ao setor agrícola alemão, relativamente ineficiente, qualquer incentivo para aumentar a produção. Na verdade, se não fosse pelo comércio com os vizinhos neutros, a situação da Alemanha teria se tornado desesperadora ainda mais cedo. Nos anos de 1914 a 1916, a Holanda exportou praticamente todo o seu excedente agrícola para a Alemanha, e a Dinamarca continuou sendo uma fonte importante de laticínios. Neste último caso, os dinamarqueses não conseguiram acompanhar a demanda alemã; no outono de 1915, a Alemanha sofreu uma escassez de leite e a manteiga estava em falta de tal forma que lojas que a vendiam foram invadidas e saqueadas durante distúrbios em julho, em Chemnitz, e em dezembro, em Berlim.

Para o Império Austro-Húngaro, a ocupação russa da Galícia em 1914 e 1915 afetou muito mais o abastecimento de alimentos do que o bloqueio Aliado na entrada do Adriático. Como a Galícia era responsável por um terço da terra arável na metade austríaca da Monarquia Dual, sua perda causou imediata escassez de cereais. Nas partes mais rurais das grandes potências (com exceção da Rússia), a mobilização de homens camponeses jovens, fisicamente mais capazes, e o confisco de animais de tração também afetaram a produtividade agrícola. A escassez de alimentos começou a atingir as cidades maiores em outubro de 1914, com a situação em Viena exacerbada pelo afluxo de 200 mil refugiados da Galícia, na sua maioria pobres e, muitos deles, judeus. Mais tarde, naquele outono, uma proibição do abate de bezerros provocou o início do consumo generalizado de carne de cavalo. Em Viena, as primeiras filas em mercados para comprar leite e batatas apareceram no início de 1915. A Áustria iniciou o racionamento de farinha e pão naquele abril e o ampliou em 1916, para incluir leite, café e açúcar. O país introduziu dois dias por semana sem carne em 1915, ampliados para três no ano seguinte. Como resultado do compromisso constitucional de 1867, que deixou a Áustria e a Hungria como entidades econômicas separadas, cada uma tinha suas próprias políticas de racionamento durante a guerra. A metade húngara do império, mais predominantemente rural e agrária do que a austríaca, oferecia rações civis mais generosas, deixando os austríacos a alegar que os húngaros estavam cuidando de si em detrimento da causa comum. Esses sentimentos não eram injustificados, já que a Hungria proibiu temporariamente as exportações de alimentos para a Áustria no início de 1915. Durante o ano, a Áustria recebeu apenas 36% dos grãos que normalmente importaria da Hungria.

As mulheres e as relações de gênero

Para as mulheres que procuravam envolvimento direto na guerra, a profissão tradicionalmente feminina da enfermagem oferecia a maior oportunidade. Todos os países beligerantes empregavam enfermeiras em hospitais de campanha junto às linhas de frente, bem como em um número cada vez maior de hospitais na frente interna. Algumas serviam sob comando militar direto, em entidades como o Serviço de Enfermagem Militar Imperial da Grã-Bretanha e o Corpo de Enfermeiros do Exército dos Estados Unidos. Outras serviam sob os auspícios da Cruz Vermelha Internacional ou, em países católicos, de ordens religiosas femininas. Na Grã-Bretanha, a enfermagem continuava sendo o único caminho para o serviço militar feminino até a criação, em 1917, do Serviço Real Naval Feminino e do Corpo de Exército Auxiliar Feminino (ver o capítulo "As frentes internas, 1916-18"). Além de casos isolados, as mulheres não serviam em combate, exceto na Rússia, que montou 15 batalhões de mulheres sob o governo provisório (ver capítulo "Revolta e incerteza: Europa, 1917").

Desde o início da guerra, a mudança do papel das mulheres foi mais evidente na Grã-Bretanha. Enquanto os historiadores continuam a debater se a ajuda que as britânicas deram ao esforço de guerra levou diretamente à conquista de seu direito de voto em 1918, a importante União Nacional das Sociedades pelo Sufrágio

Feminino (NUWSS, na sigla em inglês) foi ativa no apoio à guerra, e a radical WPSU suspendeu voluntariamente sua campanha de militância. Em março de 1915, a Câmara de Comércio criou o Registro de Mulheres para o Serviço de Guerra, sendo que este serviço foi definido de forma ampla como "emprego remunerado de qualquer tipo" que liberasse um homem para o serviço militar. O registro logo passou a incluir 124 mil mulheres, que assumiram empregos em repartições públicas, bases militares e hospitais, bem como no setor privado. As mulheres costumavam receber bem menos do que os homens pelo mesmo trabalho, principalmente nas fábricas de munição, onde elas começaram a aparecer em maior número após a expansão da indústria de munições sob a direção de Lloyd George. A primeira rodada de guerra submarina indiscriminada, em 1915 (ver capítulo "A guerra no mar, 1915-18"), não interrompeu as importações para a Grã-Bretanha o suficiente para provocar escassez de alimentos, mas os temores das consequências de uma falta de mão de obra rural levaram à criação, em 1915, do Exército Feminino Terrestre, para recrutar voluntárias (na maioria das cidades e vilarejos) para substituir a mão de obra agrícola perdida para o serviço militar. Sendo assim, os agricultores britânicos estavam em melhor posição para responder à tendência de alta de preços com maior produção e, com a ajuda da força de trabalho feminina, cultivaram terras não trabalhadas por décadas.

A França teve menos êxito em recrutar trabalhadoras durante a guerra, em parte por causa de generosos "auxílios-separação" que o governo dava a esposas e filhos de homens convocados pelo exército. Em comparação com a Grã-Bretanha, onde famílias de recursos modestos reclamavam que os "terríveis" auxílios que recebiam eram pouco mais do que "dinheiro de fome",[20] na França, a fórmula deu a muitas mulheres de classe trabalhadora ou camponesa uma renda familiar maior do que seus maridos ganhavam em tempos de paz e, portanto, nenhum incentivo para sair de casa e ir trabalhar em fábricas de munições. Em outubro de 1915, as indústrias de guerra francesas registravam apenas 75 mil operárias, a maioria das quais já havia trabalhado antes, mas em empregos em que os salários eram muito mais baixos do que aqueles oferecidos pelas fábricas de munição, como o serviço doméstico ou a indústria têxtil. Esta continuou a produzir para o mercado interno, apesar dos tempos difíceis, incluindo a indústria da moda de Paris, que ainda definia as tendências internacionais. Em 1915, as saias conhecidas como "crinolinas de guerra" se tornaram populares, apesar do escândalo com relação a seu revelador comprimento, à altura da panturrilha. A moda pegou, e sua continuidade em 1916 foi acompanhada pelo irreverente slogan "a guerra é longa, mas as saias são curtas".[21] Naquele ano, a tendência chegou a Londres e, apesar da guerra, a Berlim. Naturalmente, a alta moda permaneceu irrelevante para a grande maioria das mulheres francesas, para quem a única tendência clara era

As frentes internas, 1914-16

a prevalência cada vez maior da roupa preta, tradicional para quem estava de luto por um entre querido que perdera. Anos mais tarde, um francês que tinha vivido a guerra como criança lembrou que, no final de 1915, sua própria mãe viúva "já não se destacava em meio à multidão", devido ao grande número de mulheres vestindo preto como consequência das perdas estarrecedoras que o exército francês sofrera na frente de batalha.[22]

Com milhões de homens retirados da vida civil em agosto de 1914, e milhões mais convocados depois, as mulheres representavam uma maioria crescente da população na frente interna. Quando os historiadores voltaram sua atenção pela primeira vez às frentes internas da Primeira Guerra Mundial, seu foco na Grã-Bretanha e nos Estados Unidos, depois na Alemanha e na França, e quase que exclusivamente na experiência urbana, os levou a concluir que ocorreu uma revolução social entre 1914 e 1919, alterando para sempre as relações de gênero. As mulheres entraram na força de trabalho em quantidades inéditas e, pela primeira vez, um grande número de jovens solteiras tinha renda independente. Isso levou à afirmação de independência social, refletida em vestimentas sumárias, cortes de cabelo mais curtos e costumes morais menos rígidos (incluindo beber e fumar em público, junto com sexo pré-conjugal e extraconjugal), que rompiam com normas vitorianas remanescentes e prenunciavam os *Roaring Twenties*, como ficaram conhecidos os estrondosos anos 1920, enquanto a contribuição das mulheres ao esforço de guerra levava a um aumento dos direitos jurídicos, especialmente o de voto, concedido logo após a guerra na Grã-Bretanha, nos Estados Unidos, na Alemanha e na Áustria. Nos últimos anos, os historiadores sociais e culturais têm feito um trabalho valioso para desvelar esses mitos, embora sem muito avançar em direção a uma nova síntese sobre o que realmente aconteceu ou pode ter acontecido. Alguns deles argumentaram que a guerra reforçou as relações tradicionais de gênero tanto quanto as derrubou, citando o papel da propaganda de guerra que ressaltava a noção de que o casamento e a maternidade eram papéis naturais de uma mulher e vislumbrava a paz vitoriosa na qual essas normas poderiam ser restauradas. De qualquer forma, parece agora que as mudanças atribuídas a uma revolução nas relações de gênero durante a guerra ocorreram de forma mais gradual e foram mais limitadas ou, em alguns casos, mais temporárias do que relatos anteriores nos querem fazer crer. A guerra pouco ou nada fez para aumentar permanentemente as oportunidades para mulheres no local de trabalho. Nos Estados Unidos, menos mulheres trabalhavam fora de casa em 1920 do que em 1910, enquanto na Alemanha, apesar da morte de 1,8 milhão de homens fisicamente capazes entre 1914 e 1918, a porcentagem da população feminina que trabalhava fora de casa ficou em 35,6% em 1925 – um aumento apenas modesto dos 31,2% de 1907. Mesmo na França, que sofreu 1,3 milhão de mortes na guerra e teve outro 1,1 milhão

A Primeira Guerra Mundial

de homens "gravemente feridos com incapacidade permanente para trabalhar", a força de trabalho em 1919 incluía apenas 200 mil mulheres a mais do que em 1913, levando um analista a concluir que "a continuidade [...] domina os fatos, mesmo que as mentalidades possam ter mudado mais".[23] Por fim, e talvez o mais importante de tudo, as afirmações sobre mudanças revolucionárias nas normas e comportamentos sexuais ignoram as realidades básicas da época. Muito depois da Segunda Guerra Mundial, poucas mulheres tinham acesso a controle de natalidade e o aborto permanecia ilegal (exceto na Rússia, onde o novo regime bolchevique iria conceder o aborto às mulheres, segundo a demanda, em novembro de 1920).

Conclusão

Agosto de 1914 testemunhou um entusiasmo generalizado pela guerra quando ela foi declarada, se não mais cedo. Como o nacionalismo provou ser mais forte do que o socialismo, a Primeira Guerra Mundial tornou-se um divisor de águas na história do movimento socialista, que nunca mais seria tão unido como em julho de 1914. A corrida para ser voluntário, impressionante no início, principalmente na Grã-Bretanha e seus domínios, dissipou-se em 1915, levando ao recrutamento compulsório em cada país que ainda tivesse exército voluntário. No final de 1915, a Rússia e a Áustria-Hungria já tinham aprendido o que a Itália estava prestes a descobrir: que não tinham capacidade de sustentar um esforço de guerra moderno sem ajuda substancial de seus amigos. Enquanto isso, as três beligerantes com a maior capacidade desse tipo – Grã-Bretanha, França e Alemanha – administraram suas respectivas frentes internas à sua própria maneira e com eficácia suficiente. A Grã-Bretanha introduziu restrições sem precedentes em suas sagradas liberdades civis, enquanto continuava a contar com sua tradição de voluntarismo, adiando tanto o recrutamento compulsório quanto o racionamento pelo tempo que foi possível. Na França, o governo mais includente da guerra do ponto de vista político aplicou paradoxalmente a mais vigorosa censura ao que tinha sido, pode-se dizer, a imprensa mais livre da Europa, e explorou ao máximo as circunstâncias unificadoras em que o país foi forçado a lutar. Para a Alemanha, a unidade da frente interna durou tanto quanto em qualquer outro lugar, mas por razões diferentes. As camadas de burocracia, a antiga e a nova, podem ter sido ineficientes, mas reforçaram o que muitos observadores, na época e depois, explicaram como uma predisposição cultural a se submeter à autoridade, ao mesmo tempo em que não conseguia impor sacrifícios iguais a toda a sociedade. Assim, infelizmente para sua causa, os alemães tiveram menos nivelamento social em tempos de guerra do que os britânicos ou os franceses e, apesar de muitos alemães, mais tarde se referirem

224

As frentes internas, 1914-16

ao sentido de comunidade que prevaleceu em agosto de 1914, as barreiras que dividiam as classes sociais foram reduzidas apenas temporária e superficialmente. No final de 1915, essa falha interna fatal ainda não tinha ficado visível, seja na frente interna ou dentro do exército alemão, mas, em mais três anos, as pressões da guerra a exporiam em ambos os lugares.

Notas

[1] Jeffrey Verhey, *The Spirit of 1914: Militarism, Myth, and Mobilization in Germany* (Cambridge University Press, 2000), 71.

[2] Citado em Verhey, *The Spirit of 1914*, 65-66.

[3] Josef Redlich, *Schicksalsjahre Österreichs, 1908-1919: Das politische Tagebuch Josef Redlichs*, Vol. 1, ed. Fritz Fellner (Graz: Böhlau, 1953-54), 26 de agosto de 1914, 252.

[4] Leon Trotsky, *My Life* (New York: Charles Scribner, 1931), 233-34.

[5] John W. Boyer, *Culture and Political Crisis in Vienna: Christian Socialism in Power, 1897-1918* (University of Chicago Press, 1995), 370.

[6] Sigmund Freud a Sándor Ferenczi, 23 de agosto de 1914, em *The Correspondence of Sigmund Freud and Sándor Ferenczi*, Vol. 2 (Cambridge, MA: Belknap Press of Harvard University Press, 1993-2000), 12-14.

[7] Stefan Zweig, *The World of Yesterday: An Autobiography* (New York: Viking Press, 1943), 223.

[8] Marc Bloch, *Memoirs of War, 1914-1915*, trad. Carole Fink (Ithaca, NY: Cornell University Press, 1980; ed. reimp. Cambridge University Press, 1991), 78.

[9] Citado em Adrian Gregory, *The Last Great War: British Society and the First World War* (Cambridge University Press, 2008), 10.

[10] Laura de Gozdawa Turczynowicz, *When the Prussians Came to Poland: The Experiences of an American Woman During the German Invasion* (New York: G. P. Putnam, 1916), 5, 11.

[11] Recepção da notícia da mobilização em Walburgskirchen, Baviera, 1º de agosto de 1914, citado em Benjamin Ziemann *War Experiences in Rural Germany, 1914-1923*, trad. Alex Skinner (Oxford: Berg, 2007), 19.

[12] Mary Houghton, *In the Enemy's Country: Being the Diary of a Little Tour in Germany and Elsewhere during the Early Days of the War* (London: Chatto & Windus, 1915), 24-25.

[13] Peter Fritzsche, *Germans into Nazis* (Cambridge, MA: Harvard University Press, 1998), passim, citado a partir de 29; ver, também, Verhey, *The Spirit of 1914*, 23-27.

[14] Resolução aprovada no VII Congresso da Segunda Internacional Socialista, Stuttgart, 18 a 24 de agosto de 1907, disponível em www.marxists.org/history/social-democracy/1907/militarism.htm.

[15] Manifesto aprovado no Congresso Extraordinário da Segunda Internacional Socialista, Basileia, 24 e 25 de novembro de 1912, disponível em www.marxists.org/history/social-democracy/1912/basel-manifesto.htm.

[16] Resolução do Bureau da Internacional Socialista, Bruxelas, 29 de julho de 1914, disponível em www.workers.org/marcy/cd/sambol/bolwar/bolwar06.htm.

[17] Manifesto da Conferência da Internacional Socialista, Zimmerwald, Suíça, setembro de 1915, disponível em www.marx.org/history/international/social-democracy/zimmerwald/ manifesto-1915.htm.

[18] Jean Jacques Becker, *The Great War and the French People*, trad. Arnold Pomerans (New York: St. Martin's Press, 1986), 139-40.

[19] Citado em Becker, *The Great War and the French People*, 137.

[20] Citado em Gregory, *The Last Great War*, 286.

[21] Citado em Irene Guenther, *Nazi Chic? Fashioning Women in the Third Reich* (Oxford: Berg, 2004), 28.

[22] Citado em Stéphane Audoin-Rouzeau and Annette Becker, *14-18: Understanding the Great War*, trad. Catherine Temerson (New York: Hill & Wang, 2002), 179.

[23] Pierre-Cyrille Hautcoeur, "The Economics of World War I in France", in Stephen Broadberry and Mark Harrison (eds.), *The Economics of World War I* (Cambridge University Press, 2005), 199-200.

A Primeira Guerra Mundial

Leituras complementares

Becker, Jean Jacques. *The Great War and the French People,* trad. Arnold Pomerans (New York: St. Martin's Press, 1986).

Chickering, Roger. *The Great War and Urban Life in Germany: Freiburg, 1914-1918* (Cambridge University Press, 2007).

Gatrell, Peter. *Russia's First World War: A Social and Economic History* (Harlow: Pearson Education, 2005).

Grayzel, Susan. *Women's Identities at War: Gender, Motherhood, and Politics in Britain and France during the First World War* (Chapel Hill, NC: University of North Carolina Press, 1999).

Gregory, Adrian. *The Last Great War: British Society and the First World War* (Cambridge University Press, 2008).

Healy, Maureen. *Vienna and the Fall of the Habsburg Empire: Total War and Everyday Life in World War I* (Cambridge University Press, 2004).

Verhey, Jeffrey. *The Spirit of 1914: Militarism, Myth, and Mobilization in Germany* (Cambridge University Press, 2000).

Williams, John. *The Home Fronts: Britain, France and Germany, 1914-1918* (London: Constable, 1972). US edition: *The Other Battleground* (Chicago, IL: Regnery, 1972).

ENSAIO 2

As trincheiras e a guerra de trincheiras

Em 1916, a guerra de trincheiras tinha assumido uma estrutura básica que poderia ser encontrada, com variações locais, em todas as frentes de batalha. Em cada lado da terra de ninguém, as respectivas frentes tinham, pelo menos, três linhas de trincheiras; a distância entre as sucessivas linhas (e a largura da própria terra de ninguém) variava muito, e costumava depender do terreno local. As trincheiras de comunicação escavadas em ângulos retos em relação às trincheiras principais as conectavam e permitiam que os homens se movessem para a frente ou para a retaguarda sem se expor ao fogo inimigo; essas trincheiras de conexão também proporcionavam rotas seguras para a chegada de munições, alimentos e outros suprimentos. *Bunkers* ou abrigos espalhados ao longo das linhas de trincheiras

Trincheira defensiva sendo cavada em Paris no início da guerra.

proporcionavam refúgio contra bombardeios, e caminhos curtos ocasionais levavam a latrinas, que as unidades que partiam deveriam preencher e substituir por fossas recém-cavadas. Na frente ocidental, as trincheiras alemãs sempre tiveram um caráter mais "permanente" do que as dos Aliados, refletindo o objetivo dos alemães de manter o que tinham tomado na fase inicial da guerra e a intenção dos Aliados de não conceder o território perdido.

Na frente ocidental, da costa belga aos campos baixos de Flandres, o lençol freático estava tão perto da superfície que o terreno alto e seco se tornou especialmente valorizado; em todos os outros lugares, as trincheiras rasas tinham de ser complementadas com sacos de areia e eram construídos parapeitos acima o solo. Mais ao sul, à medida que a frente de batalha cruzava para a França, o solo calcário permitia a escavação de trincheiras mais profundas e abrigos extensos, e a drenagem só era problemática no terreno pantanoso ao longo do rio Somme. Com a frente de batalha avançando gradualmente para o leste, ao longo do rio Aisne e para Reims, as trincheiras cortavam montes e colinas antes de atingir o solo mais plano e mais calcário, novamente na região da Champagne, entre Reims e a floresta de Argonne. Lá, o terreno voltava a ser desigual e irregular, a norte e a leste de Verdun, antes de correr em direção ao sul através das montanhas Vosges até a fronteira suíça. Nas Vosges, como nos Alpes mais descomunais do setor da frente italiana no Tirol, linhas contínuas de trincheiras davam lugar a uma cadeia de fortalezas em cima de montanhas e barreiras em vales, que delimitam a frente. No setor da frente italiana no rio Isonzo, como em Flandres, as trincheiras tendiam a ser mais rasas e complementadas por sacos de areia e parapeitos acima do solo, mas por uma razão muito diferente: o solo rochoso, que tornava impossível cavar trincheiras mais profundas e mais seguras. Nesse terreno, abrigos e refúgios tinham que ser cortados ou explodidos na rocha. Nos Bálcãs, as obras de trincheira mais permanentes foram as do enclave de Salônica, que se estendiam a oeste, até a Albânia, no final de 1916, para formar uma frente macedônica contínua, construída em condições que mais lembravam os setores mais acidentados da frente ocidental na França. A frente oriental, após a ofensiva das Potências Centrais no verão de 1915, ia do Báltico, no oeste da Letônia, ao sopé dos Cárpatos da Romênia, no sul, onde o terreno plano cortado pelo pântano de Pripet (aproximadamente na mesma latitude de Flandres) congelava no inverno. No setor norte, a frente permaneceu estável de 1915 a 1917, permitindo que os dois exércitos desenvolvessem trincheiras mais amplas. Em contraste, os avanços e retrocessos causados pelas grandes ofensivas de verão russas de 1916 e 1917 tornaram parte da frente menos estável no setor sul entre os pântanos e a fronteira romena, fazendo com que as trincheiras ali fossem menos sofisticadas.

Para tornar mais habitável a vida nas trincheiras, os exércitos contrapostos estabeleciam acordos informais do tipo "viva e deixe viver", principalmente entre

Ensaio 2

grandes ofensivas e em setores mais calmos da frente de batalha. Em geral, esses esquemas assumiam a forma de "agressão ritualizada",[1] na qual as unidades que estavam de frente uma para a outra trocavam fogo em padrões previsíveis, permitindo que os seus inimigos se protegessem em horas certas do dia. Em áreas onde os homens de ambos os lados recebiam ordens para colocar minas sob as trincheiras da frente oposta, acordos tácitos faziam com que as minas só fossem detonadas na madrugada, quando trincheiras e túneis da frente eram evacuados. Quanto mais estreita a terra de ninguém, mais provável era que os oponentes estabelecessem sistemas "viva e deixe viver"; dessa forma, os setores onde os postos avançados franceses e alemães ficavam a menos de nove metros um do outro estavam entre os lugares mais seguros da frente ocidental. Entre a trégua de Natal de 1914 e os casos generalizados de fraternização de 1917, os soldados raramente tiveram amplo

Alemães em ação protegidos por trincheira na fronteira com a Bélgica.

contato amigável na terra de ninguém. As exceções vinham quando as forças da natureza deixavam os dois exércitos com uma angústia comum, como as chuvas torrenciais que inundaram o setor Neuville-St. Vaast em meados de dezembro de 1915, forçando soldados franceses e alemães em posição oposta a sair de suas trincheiras. Nenhum dos lados disparou contra o outro; em vez disso, os soldados se misturaram na terra de ninguém e, ameaçadoramente para seus oficiais, alguns começaram a cantar a Internacional.[2] Os comandantes rompiam as relações baseadas em "viver e deixar viver" e evitavam a fraternização fazendo rotação de unidades para tirá-las de setores onde a vida se tornara confortável demais. Às vezes, os oficiais subalternos assumiam para si a tarefa de romper tréguas tácitas, indo a uma trincheira avançada, agarrando o fuzil de um soldado e disparando contra o inimigo; no entanto, era mais comum que capitães e tenentes acobertassem os comportamentos do tipo "viva e deixe viver" e a fraternização, já que transmitiam uma imagem ruim deles próprios e suas unidades aos olhos de seus superiores. Em teoria, a cooperação com o inimigo era um crime capital, mas raramente era tratada dessa forma. Para cabos e sargentos, a punição pela fraternização costumava incluir rebaixamento, e, para soldados comuns, prisão por até uma semana. Assim, os soldados de mais baixa patente tinham relativamente pouco a perder ao fraternizar, e potencialmente muito a ganhar. Em alguns lugares, soldados Aliados costumavam trocar comida por tabaco com alemães ou austríacos. Sobretudo no final da guerra, as trocas quase sempre incluíam jornais, lidos avidamente por homens com fome de notícias. Entre eles, estavam os jornais oficiais editados pelos exércitos individuais para seus soldados, assim como "jornais de trincheira" não oficiais, produzidos na frente de batalha ou próximo a ela, normalmente por suboficiais ou oficiais de baixa patente. Ainda que todos os exércitos tivessem jornais de trincheira, eles eram muito mais comuns entre os Aliados ocidentais, principalmente os franceses, que produziram cerca de 400, a mesma quantidade de todos os outros exércitos combinados. Enquanto a guerra continuava, descrentes veteranos das trincheiras cada vez mais descartavam as notícias na imprensa oficial do exército como enganadoras e confiavam muito mais nos jornais de trincheira.[3]

O número de mortos gerado pelas barragens de artilharia que precediam as grandes ofensivas de guerra, e pelas próprias ofensivas, ofuscou a realidade de que, em 1915, o mesmo número de homens estava sendo morto nas trincheiras na guerra diária de baixa intensidade, fora do contexto das grandes batalhas. Patrulhas que penetravam na terra de ninguém, missões para reparar ou reforçar os cinturões de arame farpado e incursões periódicas em trincheiras do inimigo por vezes provocavam tiroteios que degeneraram em duelos de artilharia e geravam baixas elevadas. Os dois lados também costumavam usar franco-atiradores em todos os setores, cujas vítimas, à medida que a guerra avançava, eram em geral recém-chegados à linha de frente que

Trincheira alemã ao longo do rio Aisne.

levantavam descuidadamente a cabeça acima do parapeito da trincheira para dar uma olhada na terra de ninguém. Mas o maior número de baixas na Primeira Guerra Mundial – estimadas em 70% – resultou de fogo de artilharia. Oficiais e soldados que serviam na frente reconheceram, no início da guerra, que a onda de choque gerada por uma explosão de artilharia poderia ser tão fatal como o próprio projétil ou os estilhaços que gerava, e que os soldados a vários metros de distância em uma linha de trincheiras reta poderiam ser mortos por um único disparo, porque nada havia entre eles e a explosão para absorver a onda. Assim, os dois lados começaram a cavar trincheiras em zigue-zague, onde o terreno permitia, com um ângulo de 90° para a direita seguido de um ângulo de 90° para a esquerda, e depois seguindo cursos mais complexos, com um ângulo de 90° para a direita, seguido de um outro de 90° para a direita, em seguida, um ângulo de 90° para a esquerda, seguido por um outro de 90° para a esquerda, parecido com um labirinto.

A partir do outono de 1914, as trincheiras alemãs sempre incluíam tábuas de madeira mais extensas para escorar a terraplenagem, e seus abrigos tinham geradores e iluminação elétrica muito antes de os Aliados introduzirem esse tipo de conveniência. Os soldados britânicos que avançaram no rio Somme, em 1916,

231

ficaram surpresos ao descobrir que a primeira linha de trincheiras alemãs tinha 4,5 m de profundidade, com escadas até o degrau de tiro; os abrigos adjacentes tinham 12 m de profundidade, o suficiente para proteger seus ocupantes contra a maioria dos disparos de artilharia. Durante o inverno de 1916 para 1917, os alemães também introduziram casamatas e fortins de concreto em suas linhas. Os Aliados se recusaram a construir estruturas permanentes desse tipo (mais uma vez, porque a frente não estava em um local onde eles queriam que permanecesse), mas, em 1930, os franceses aperfeiçoariam o conceito com a construção da Linha Maginot.

Notas

[1] Tony Ashworth, *Trench Warfare, 1914-1918: The Live and Let Live System* (London: Macmillan, 1980), 101.

[2] Marc Ferro et al., *Meetings in No Man's Land: Christmas 1914 and Fraternization in the Great War* (London: Constable, 2007), 81.

[3] Stéphane Audoin-Rouzeau, *Men at War, 1914-1918: National Sentiment and Trench Journalism in France During the First World War*, trad. Helen McPhail (Oxford: Berg, 1992), 7 e passim.

AUMENTANDO AS APOSTAS: EUROPA, 1916

Prisioneiros alemães em Verdun, na França.

Cronologia

Fevereiro-dezembro. Batalha de Verdun.

Fevereiro-agosto. Os Aliados desfrutam de superioridade aérea sobre a frente ocidental.

Maio-junho. Ofensiva do Tirol do Império Austro-Húngaro contra a Itália.

Junho-setembro. "Ofensiva Brusilov" da Rússia contra o Império Austro-Húngaro.

Julho-novembro. Batalha do Somme.

27 de agosto. A Romênia entra em guerra contra as Potências Centrais.

29 de agosto. Hindenburg e Ludendorff assumem o alto-comando alemão.

30 de agosto. Golpe pró-Aliados em Salônica; a Grécia entra na guerra em junho de 1917.

Setembro. O Albatros D2 restaura a superioridade aérea alemã.

Setembro-dezembro. Ofensiva Aliada na Macedônia.

15 de setembro. Primeiros tanques mobilizados pelos britânicos no Somme.

6 de dezembro. Os alemães tomam Bucareste.

29 de dezembro. Grigori Rasputin é assassinado.

O início da guerra de trincheiras na frente ocidental causou uma profunda impressão em Falkenhayn, que reconheceu antes que a maioria dos outros generais alemães que as Potências Centrais simplesmente não tinham contingente nem recursos para vencer uma guerra de desgaste contra os Aliados. Na verdade, em 18 de novembro de 1914, ele informou Bethmann Hollweg de que "enquanto a Rússia, a França e a Inglaterra se mantiverem unidas, será impossível vencermos nossos inimigos de forma que tenhamos uma paz aceitável. Em vez disso, corremos o risco de nos exaurir lentamente".[1] Assim, ele rompia com uma forma alemã de guerrear que exigia a "aniquilação" do inimigo e buscava o que Moltke, o Velho – e Napoleão e Clausewitz antes dele –, já tinha defendido antes de o culto à ofensiva levar seu legado a extremos grotescos: a destruição dos exércitos de campo inimigos como pré-requisito para a conquista dos objetivos de guerra através da diplomacia.[2] No entanto, essa abordagem, que tinha funcionado para o velho Moltke e Bismarck nas Guerras da Unificação Alemã, fracassara em 1915, invalidando a premissa de que essas vitórias no campo levariam a uma solução diplomática. Tendo já investido seu pessoal em um esforço de guerra moderna, a Rússia rejeitou as propostas de uma paz em separado, apesar de suas graves perdas na Polônia, e a Sérvia se recusou a capitular, mesmo após as Potências Centrais ocuparem todo o seu território. Os beligerantes já haviam reconhecido que enfrentavam um tipo diferente de guerra em níveis operacional e tático; Falkenhayn reconheceu que a guerra era de um tipo diferente também em nível estratégico. Ele ainda acreditava que a Alemanha se esgotaria gradualmente contra a frente unida de Grã-Bretanha, França e Rússia, mas agora a condição dos próprios aliados da Alemanha aumentava o sentido de urgência. Em uma audiência com Guilherme II, em 24 de janeiro, ele disse não acreditar que se pudesse contar com a Áustria-Hungria e o Império Otomano para continuar a luta "além do outono deste ano".[3]

Embora não compartilhasse o pessimismo de Falkenhayn, no início de janeiro de 1916, Conrad pediu aos líderes políticos da Monarquia Dual para esclarecer seus objetivos de guerra e chegar a um acordo sobre o que considerariam um fim aceitável para a guerra. Liderados pelo ministro do Exterior, o conde István Burián, que substituíra Berchtold um ano antes, todos os ministros concordaram em que uma paz que salvaguardasse o "prestígio" e os "interesses" do Império Austro-Húngaro só seria possível depois de uma vitória decisiva contra a Itália. A seguir, Conrad renovou o seu pedido de participação alemã em uma ofensiva na frente italiana, mas Falkenhayn o rejeitou, argumentando que o OHL já havia determinado o seu curso para 1916 e, dada a abrangência de seus planos para a frente ocidental, ele não poderia abrir mão de um só soldado alemão para participar de uma ofensiva contra a Itália ou para substituir tropas austro-húngaras transferidas da frente oriental com esse propósito. Conrad tomou a fatídica decisão de avançar com uma ofensiva na frente italiana usando apenas recursos austro-húngaros. A determinação do AOK e do OHL de ir em busca de seus próprios objetivos e estratégias em 1916 se revelou desastrosa para ambos. Em contraste com as Potências Centrais, os Aliados resolveram estreitar a cooperação. De 6 a 8 de dezembro de 1915, no quartel-general francês em Chantilly, no nordeste de Paris, Joffre e sir John French se reuniram com o general Yakov Zhilinsky, chefe do Estado-Maior russo antes da guerra, e com representantes dos exércitos italiano e sérvio para elaborar o plano geral de uma série de ofensivas articuladas em todas as frentes. Eles pressupunham que a Alemanha estaria "retardando o processo de desgaste para ganhar condições de continuar a luta por tempo indeterminado", e que partiria de seus êxitos de 1915 na frente oriental, concentrando-se, mais uma vez, na derrota da Rússia.[4] As ofensivas planejadas pelos Aliados tinham objetivos territoriais claros (a libertação das terras ocupadas nas frentes ocidental e oriental e a captura de Trieste, na frente italiana), mas, em geral, destinavam-se a envolver as Potências Centrais em uma guerra de desgaste que estavam fadadas a perder no longo prazo – o tipo de guerra que os Aliados pressupunham que elas queriam evitar. Seu grande plano ainda não havia sido implementado quando Falkenhayn confundiu os Aliados em ambos os pontos, não só lançando sua própria campanha de desgaste, mas fazendo isso na frente ocidental, em Verdun.

Verdun

Por que os alemães adotaram uma estratégia que atendia ao ponto forte dos Aliados? Durante o inverno de 1915 para 1916, a busca de Falkenhayn por uma nova estratégia vencedora concentrou-se em dados gerados pela Seção de Inteligência do OHL, estimando que a França teria 400 mil soldados a menos disponíveis para o serviço em 1916 do que em 1914, e teria de enfrentar uma crise de quantidade de tropas em setembro de 1916 se suas perdas no próximo ano continuassem no ritmo de 1914 e 1915. Falkenhayn argumentava que uma aceleração do ritmo de perdas quebraria completamente o exército francês. Esses cálculos logo formaram a base de um plano para nocautear a França e tirá-la da guerra em 1916, montando um ataque de força sem precedentes em um ponto específico da frente de batalha, que os franceses só poderiam suportar usando muitos soldados que se destruiriam. Assim, apesar de acreditar que a Alemanha não conseguiria vencer uma guerra de desgaste de longo prazo contra a coalizão aliada como um todo, Falkenhayn concentrava suas esperanças em uma guerra desse tipo, mas de curta duração, com foco apenas na França. Foi, como observou um historiador, um "cálculo frio e de extrema abnegação", pois seu cumprimento exigiria o sacrifício deliberado de centenas de milhares de soldados alemães.[5]

Falkenhayn optou por atacar em Verdun, reduto de 20 fortes, comandando um saliente entre os setores central e sudeste da frente ocidental. Verdun também teve grande significado simbólico, já que era uma cidade-fortaleza desde os tempos romanos, adquirida pela França do Sacro Império Romano, em 1648, e a última fortaleza francesa a capitular na Guerra Franco-Prussiana de 1870-71. Era possível confiar que os franceses tentariam manter Verdun, independentemente do custo, tornando-a o ponto ideal para o ataque alemão. O 5° Exército do príncipe herdeiro Guilherme, reforçado a incríveis 41 divisões (com 15 mais em reserva), liderou o ataque. O plano de batalha alemão previa um bombardeio de artilharia sem precedentes, reservando 3 milhões de projéteis para os primeiros 18 dias da batalha – um ritmo de fogo a ser sustentado por mais de 30 trens carregados de munições que chegavam ao setor a cada dia. Na manhã de 21 de fevereiro, começou o ataque, com mais de 800 canhões pesados, quase 400 canhões leves e 200 morteiros martelando um setor da frente de apenas 16 km de largura, antes do avanço inicial de dez divisões de infantaria. Sua artilharia incluía obuses Skoda de 12 polegadas, emprestados pelo Império Austro-Húngaro, o canhão ferroviário Long Max, de 15 polegadas, e o Big Bertha, de 16 polegadas. O avanço das tropas era liderado por oito companhias dotadas de um novo armamento, o lança-chamas, e todas usavam os novos capacetes de aço diferenciados, que se tornariam o padrão do exército alemão no restante da Primeira Guerra Mundial e em toda a Segunda. Considerando-se a amplitude do acúmulo de forças alemãs diante de Verdun, Joffre antecipou pelo menos um ataque diversionista e deu ao 2° Exército de Pétain três divisões para reforçar as cinco já estacionadas no saliente, juntamente com outras três em reserva, todas apoiadas por quase 400 canhões leves e 250 pesados. Em 25 de fevereiro, os alemães tomaram o disputado forte Douaumont, mas, ao fazê-lo, suas linhas avançaram até estarem ao alcance fácil da artilharia francesa no terreno elevado a oeste do rio Mosa, o que posteriormente cobrou um preço ainda maior dos homens em suas trincheiras, interrompendo seu avanço. Nos primeiros cinco dias de batalha, os franceses perderam 24 mil homens, quase 15 mil deles presos, mas, dentro dos primeiros dez dias, os alemães perderam 26 mil. O 5° Exército lançou um segundo grande assalto no início de março e um terceiro no início de abril, que Pétain repeliu em meio a baixas crescentes em ambos os lados.

Dada a ferocidade da ação, Pétain reconheceu cedo que tropas renovadas e bem supridas seriam o elemento decisivo para manter Verdun. Ao invés de deixar o

A Primeira Guerra Mundial

2º Exército ser dizimado e seu moral, quebrado, enquanto outros exércitos franceses estavam paralisados em setores mais calmos da frente, Joffre concordou em fazer a rotação da maioria de suas tropas durante a batalha. Até 1º de julho, um total de 66 divisões francesas tinha entrado em ação em Verdun e, quando a luta terminou, em dezembro, 78% dos regimentos do exército francês (259 de 330) tinham passado pela batalha em algum momento. No interesse de manter a eficácia e o moral, não se permitiu que qualquer deles sofresse mais do que 50% de baixas antes de ser retirado da linha de frente. A cadeia de suprimentos de Pétain dependia de comboios de caminhões percorrendo a sinuosa *voie sacrée*, a "via sacra" de Bar-le-Duc a Verdun. Em um período crucial de oito dias (27 de fevereiro a 6 de março), o 2º Exército recebeu 190 mil soldados de reforço e 23 mil toneladas de munição por essa via. Graças à introdução do biplano Nieuport 11, o Corpo Aéreo de Exército francês recuperou-se do "flagelo do Fokker" do outono anterior e dominou os céus de Verdun; como resultado, nenhuma aeronave alemã jamais bombardeou nem metralhou a *voie sacrée*. A superioridade aérea também beneficiou a espotagem de artilharia pelos franceses (usando aviões ou balões cativos guarnecidos por aviões) e lhes permitiu interromper a espotagem feita pelos alemães.

No final da primeira fase da batalha, o superior imediato de Pétain, Langle de Cary, que substituíra Castelnau como comandante central do grupo de exércitos durante o inverno, enfureceu Joffre ordenando o abandono da planície de Woëvre na margem leste do rio Mosa, ao lado de Verdun. Em maio, Joffre respondeu demitindo Langle e promovendo Pétain para substituí-lo. O general Robert Nivelle, por sua vez, sucedeu Pétain como comandante do 2º Exército. Depois que o forte Vaux, o último dos fortes de Verdun na margem leste, caiu em 7 de junho, os alemães renovaram seus ataques usando gás fosgênio. A ação também incluiu a primeira experiência com táticas de tropas de assalto, usando esquadrões escolhidos a dedo, formados por soldados armados com armas automáticas, granadas de mão, morteiros de trincheira e lança-chamas contra ninhos franceses de metralhadoras e outros pontos fortes que as barragens de artilharia não conseguiam neutralizar de maneira confiável. Durante a segunda quinzena de junho, os alemães quase conseguiram romper as linhas, provocando uma crise política em Paris. Até aquele momento, a *union sacrée* tinha impedido a crítica a Joffre ou à condução da guerra, mas em 22 de junho a tempestade finalmente chegou. A Câmara dos Deputados (ainda que em sessão secreta) ridicularizou o comandante, com a crítica mais contundente vindo do futuro ministro da Guerra, André Maginot, então convalescendo de feridas que tinha recebido como sargento líder de pelotão em Verdun. No dia seguinte, Nivelle praticamente determinou que os alemães parassem, concluindo sua mais famosa ordem do dia com a frase que se tornou sua promessa a Joffre e à nação francesa: "Não passarão" (*Ils ne passeront pas*). Felizmente para Joffre, os efeitos combinados da ofensiva de Aleksei Brusilov na frente oriental (a partir de 4 de junho) e da ofensiva britânica ao longo do rio Somme (a partir de 1º de julho) salvaram o exército francês, tornando impossível para Falkenhayn sustentar o esforço máximo em Verdun. Incluindo os reservistas, um total de 48 divisões alemãs fez rotação durante a batalha – oito a menos do que o número que Falkenhayn tinha atribuído ao 5º Exército em fevereiro. Em 8 de agosto, quando o avanço alemão em Verdun atingiu seu ponto máximo, ele tinha apenas uma divisão de sobra. No final do mês, os alemães tinham infligido 315 mil baixas francesas em Verdun, a um custo de 281 mil de seus próprios soldados, ou uma proporção de 1,1 a 1, muito longe dos 3 a 1 ou 5 a 2 que Falkenhayn alegou para justificar sua estratégia.

Falkenhayn se recusava a admitir o fracasso, mas, em 2 de setembro, poucos dias depois de ele abrir mão do OHL para Hindenburg e Ludendorff, os ataques alemães terminaram. Seis semanas mais tarde, o agressivo Nivelle iniciou o contra-ataque francês, e, nessa posição, em pouco tempo eclipsou Pétain como herói de Verdun. Ele foi assessorado pelo novo comandante dos fortes de Verdun, o general Charles Mangin, mais recentemente, comandante do 3º Exército. Os franceses começaram a empregar a tática de barragem rolante adotada pelos britânicos no Somme, em meados de julho, na qual choviam disparos de artilharia bem em frente da infantaria que avançava, criando a oportunidade para que eles conquistassem trincheiras inimigas antes que os defensores pudessem sair do abrigo para retomar suas posições defensivas normais. Eles tornaram a tática mais eficaz fazendo com que sua infantaria avançasse até muito mais perto (apenas um quilômetro) por trás da cortina de aço que caía. A contraofensiva também contou com a estreia da artilharia "superpesada" Schneider-Creusot, de 400 mm, equivalente (se não superior) ao "Big Bertha" de Krupp. Os franceses retomaram o forte Douaumont em 24 de outubro, seguido pelo forte Vaux, em 2 de novembro, mas acabaram não conseguindo empurrar os alemães de volta a suas linhas de partida. Em 18 de dezembro, quando os ataques finalmente terminaram, a linha de frente no centro do saliente no bosque de Caumieres ficou a apenas 800 metros ao sul do seu local original, mas os alemães ainda mantinham os ganhos a uma profundidade de 8 km em cada um dos flancos. Nos últimos dias da batalha, os franceses fizeram 11 mil prisioneiros e capturaram 115 canhões pesados. Os 10 meses de combates geraram 377 mil baixas francesas contra 337 mil alemãs. Oficialmente, os franceses reconheceram 162 mil mortes e os alemães, 82 mil, sendo provável que esta última cifra seja subestimada. A Batalha de Verdun foi a mais prolongada sangria geograficamente concentrada da guerra, já que quase todos os seus mortos caíram dentro de uma área de 26 km^2, na qual foram disparados 10 milhões de projéteis, equivalentes a 1,35 milhão de toneladas de aço.

O Somme

De todas as outras campanhas de 1916, a Batalha do Somme (1º de julho a 18 de novembro), que ocorreu no setor norte da frente ocidental, a 195 km a oeste-noroeste de Verdun, teve o efeito mais imediato sobre a capacidade dos alemães de persistir na estratégia de Falkenhayn. O planejamento para a ofensiva tinha começado em dezembro do ano anterior, liderado por sir Douglas Haig, que sucedeu sir John French como comandante da BEF logo após a conferência de Chantilly. A força que tinha à sua disposição pouco lembrava o exército britânico de 1914. Sob a direção do ministro da Guerra, lorde Kitchener, que morreu um mês antes de a ação começar no Somme (em uma missão à Rússia, quando seu navio atingiu uma mina), os britânicos tinham arregimentado 2,5 milhões de voluntários desde o início da guerra; quando o dilúvio inicial de alistados se reduziu a um pequeno gotejamento, o Parlamento aprovou a Lei do Serviço Militar (27 de janeiro de 1916) estabelecendo o serviço obrigatório. A força ampliada incluía um exército regular de 12 divisões, apoiado por 30 das divisões do "Novo Exército" de Kitchener e, com o tempo, 60 divisões de reservistas da Força Territorial. Após a BEF original ser subdividida entre o 1º e o 2º Exércitos em dezembro de 1914, foram criados o 3º Exército (general Sir Edmund Allenby), em outubro de 1915, e o 4º (general sir Henry Rawlinson) em fevereiro de 1916. Ainda que enfrentando dificuldades, a indústria britânica proporcionou à força crescente a qualidade e a quantidade de armamentos, munições e material que faziam a inveja dos outros Aliados, mas a rápida expansão exacerbou a falta de uma liderança competente em todos os níveis, diluindo um grupo já rarefeito de oficiais qualificados, pois o exército britânico regular anterior à guerra havia sido muito pequeno e muitos oficiais morreram nos primeiros meses do conflito.

O plano de Haig para a ofensiva se concentrava no ponto onde o rio Somme, que fluía de leste a oeste em direção ao Sena, cruzava as linhas norte-sul dos exércitos contrapostos, perto da junção dos setores britânico e francês da frente. O principal ímpeto do avanço liderado pelos britânicos viria ao norte do rio, em cada lado de uma antiga estrada romana construída sobre uma linha reta a partir de Albert, 20 km em direção nordeste, até Bapaume. Devido à concentração do poder de fogo de Falkenhayn em Verdun, os Aliados dispunham de uma enorme margem inicial de superioridade sobre as forças alemãs que tinham diante de si e que eram compostas de dez divisões do 2º Exército (agora sob comando do general Fritz von Below), apoiadas por apenas 844 canhões, que contavam com a única vantagem de estarem entrincheiradas ao longo de uma cadeia de colinas baixa e arborizada, pontilhada de vilarejos abandonados que eles tinham fortificado. A força inicial de ataque consistia das 15 divisões do 4º Exército de Rawlinson, apoiadas em seu flanco esquerdo (norte) por duas divisões do 3º Exército de Allenby e, em seu flanco direito (sul), pelas 11 divisões do 6º Exército francês (general

Marie Émile Fayolle). A artilharia Aliada incluía cerca de 3 mil canhões, metade dos quais era britânica, metade, francesa. Pela primeira vez em uma grande batalha, os Aliados tinham vantagem até em artilharia pesada, já que 400 de seus canhões estavam nessa categoria. Como em Verdun, a superioridade aérea (neste caso, 201 aviões franceses e 185 britânicos no início da batalha, contra 129 alemães) dava aos Aliados uma vantagem na espotagem de artilharia e lhes permitia impedir a espotagem alemã. Nos primeiros dois meses de batalha, o Airco De Havilland DH2, o último caça britânico equipado com uma hélice traseira "propulsora", juntou-se ao francês Nieuport 11 para dominar os céus acima do Somme. Devido à magnitude da superioridade Aliada em quantidade e material, a principal fragilidade dos atacantes resultava de suas visões conflitantes sobre como explorar essas vantagens. Haig, ex-homem da cavalaria, buscava que a artilharia e a infantaria criassem uma brecha profunda na frente inimiga, que seria explorada pela cavalaria, restaurando o movimento da campanha e culminando em uma batalha de desgaste decisiva em algum lugar na retaguarda alemã. Rawlinson, por sua vez, acreditava que a artilharia e a infantaria britânicas não conseguiriam superar mais de uma linha de trincheiras inimiga de cada vez, não deixando abertura para a cavalaria, e reconhecia que seus soldados não tinham habilidade nem treinamento para ganhar uma batalha de desgaste com os alemães. Ele defendia uma abordagem do tipo "morde e segura",* consolidando duras conquistas obtidas aos poucos, em uma campanha metódica para fazer o inimigo recuar. Essas visões conflitantes levaram a um meio-termo fatídico: enquanto Rawlinson realmente tinha a intenção de "morder e segurar" a primeira linha de trincheiras alemã, os bombardeios preparatórios seriam dispersos por todas as três linhas de trincheiras alemãs, para se preparar para a brecha na profundidade que Haig queria.

O bombardeio preliminar começou em 24 de junho e continuou até o ataque da infantaria, na manhã de 1º de julho, quando tinham sido lançadas 12 mil toneladas de projéteis de artilharia – cerca de 1,7 milhão de disparos. Complementando a artilharia, os britânicos tentaram o maior esforço de colocação de minas da guerra até então, escavando 17 túneis sob a primeira linha de trincheiras alemã e enchendo algumas delas com até 20 toneladas de explosivos, todas detonadas no início da batalha. Essas explosões, combinadas com a artilharia pesada, infligiram baixas preocupantes aos alemães, que nunca haviam experimentado um ataque de tal ferocidade (ver box "Gigantescas forças de destruição"). Entretanto, eles se recuperaram rapidamente, já que o bombardeio disperso não conseguiu destruir seus esconderijos subterrâneos mais profundos nem suas plataformas de metralhadoras fortificadas, e deixou grande

---

* N. T.: No original, "bite and hold", uma estratégia militar de conquistar um determinado ponto e mantê-lo, antes de planejar outras ações de grande porte.

parte de seu arame intacta. Enquanto isso, as lacunas criadas na frente pelas operações de colocação de minas eram, muitas vezes, intransponíveis. As tropas britânicas deveriam avançar sob uma barragem rolante, mas a diferença entre a linha de barragem e a primeira linha de infantaria era muito grande para que a tática funcionasse como projetada. Todos esses fatores se combinaram para fazer de 1º de julho de 1916 o dia mais sangrento na história do exército britânico. De suas 17 divisões, 16 entraram em ação, sofrendo impressionantes 57.470 baixas, com 19.240 homens mortos, a maioria por fogo de metralhadora. As 6 divisões alemãs que o enfrentaram perderam 8 mil homens, incluindo 2.200 prisioneiros. Enquanto isso, no sul, ao longo das margens do Somme, as 11 divisões do 6º Exército francês se saíram muito melhor contra as 4 divisões alemãs que enfrentaram, principalmente porque Fayolle, ex-instrutor de artilharia na École de Guerre, tinha insistido em um bombardeio preliminar nas trincheiras avançadas do inimigo. "*Magnifique préparation*", ele anotou em seu diário, resultando na destruição quase total da primeira linha de defesa alemã em seu setor.[6] O avanço metódico continuou durante vários dias, pressionando para frente, até 10 km em alguns locais, capturando 12 mil prisioneiros e 70 canhões antes de reduzir o ritmo por causa do fracasso britânico ao norte.

"GIGANTESCAS FORÇAS DE DESTRUIÇÃO"

Comentários do tenente Alfred Dambitsch sobre os novos métodos e tecnologias empregados pelos exércitos britânico e francês contra os alemães na Batalha do Somme:

No que diz respeito a novos métodos e máquinas, a atual ofensiva francesa e britânica é a última palavra. O objetivo de qualquer ofensiva na guerra moderna é a destruição do inimigo. Este é o objetivo da atual, sendo que a ideia é nos colocar em um anel tático pelo bombardeio simultâneo com canhões de longo alcance a partir da frente e da retaguarda. Assim, a besta voraz começou a comer as linhas traseiras da frente alemã. Antes de mais nada, nossas terceira e segunda trincheiras foram bombardeadas de forma incessante, principalmente por artilharia pesada, da qual o inimigo tinha concentrado massas sem precedentes no setor de ataque. Eram os abrigos que tinham que ser derrubados, para que, no momento do assalto, todos os defensores, salvo alguns sobreviventes, e todas as metralhadoras, pudessem ser enterrados. Nossas segunda e terceira trincheiras foram bombardeadas, a fim de evitar que trouxéssemos as reservas.

[...] A derrubada de nossas trincheiras avançadas foi tarefa quase que exclusiva para a artilharia pesada e os morteiros de trincheira, principalmente estes. Os franceses fizeram grandes aprimoramentos nessa arma nos últimos tempos. Para a destruição de nossas trincheiras, eles empregaram exclusivamente os de mais pesado calibre e, agora, jogam suas minas com mais precisão e maior alcance do que antes. Diante da minha companhia, não menos do que seis morteiros foram colocados. Eles eram operados ininterruptamente, lançando centenas de torpedos aéreos sobre nossa posição, da primeira à terceira trincheiras. Eles rasgaram nossos obstáculos de arame a partir do solo, com postes e tudo, e os jogaram por toda a parte, esmagando os abrigos se caíssem sobre eles, e danificando as trincheiras. Em um tempo muito curto, grandes porções de nossas trincheiras tinham sido derrubadas, enterrando parte de seus ocupantes. Esse fogo durou sete dias e, finalmente, veio um ataque com gás, também de um tipo aprimorado.

A impressão mais profunda deixada em mim não foi um sentimento de horror e terror diante dessas gigantescas forças de destruição, mas uma admiração incessante por meus próprios homens. Jovens recrutas que acabavam de chegar ao campo vindos de casa, meninos de 20 anos, comportaram-se no catastrófico bombardeio trovejante como se tivessem passado a vida toda nesse tipo de ambiente, e é, em parte, graças a eles que os homens mais velhos e casados também passaram tão bem no teste.

Fonte: www.firstworldwar.com/diaries/somme_dambitsch.htm.

No primeiro dia da batalha, muitas divisões alemãs enfrentaram três divisões Aliadas e algumas foram atacadas por quatro. Reconhecendo que Below não conseguiria defender a linha contra essas condições, em 2 de julho, Falkenhayn o reforçou com sete divisões da reserva alemã. Haig, por sua vez, respondeu às perdas britânicas do primeiro dia comprometendo o Exército de Reserva (general sir Gough), logo rebatizado de 5º Exército, ao qual transferiu a metade norte do 4º Exército, 7 das 15 divisões de Rawlinson. O Exército de Reserva tinha sido formado para explorar a brecha que Haig esperara abrir nas linhas inimigas. Em vez disso, essas tropas agora assumiam o setor do campo de batalha à esquerda de Rawlinson. Em 13 de julho, os britânicos tinham perdido outros 25 mil homens, ao mesmo tempo em que garantiam a primeira linha de trincheiras alemãs ao longo de seu setor de 30 km do campo de batalha. O 2º Exército de Below, por sua vez, perdeu homens em um ritmo abaixo da metade do britânico, mas, até 10 de julho, ainda tinha registrado 40.200 mortos, feridos, desaparecidos ou feitos prisioneiros, muito mais do que os alemães tinham perdido nos primeiros dez dias de Verdun. Continuando a reforçar o setor, tirando tropas do 6º Exército alemão ao norte e artilharia de Verdun, Falkenhayn transferiu Below para comandar um reconstituído 1º Exército ao norte do Somme, incluindo algumas de suas tropas anteriores reforçadas por reservas, enquanto o general Max von Gallwitz (só recentemente trazido a Verdun da Macedônia) assumia o comando do que restou do 2º Exército, à esquerda de Below, ocupando o Somme. Gallwitz também cumpriu dupla função como comandante de grupo de ambos os exércitos até o final de agosto, quando o príncipe herdeiro Rupprecht da Baviera o substituiu nesse papel.

Reconhecendo que Falkenhayn iria transferir tropas de outros lugares na frente ocidental para o Somme se outros setores permanecessem tranquilos demais, Haig resolveu manter os alemães ocupados no maior número de lugares possíveis. O mais intenso de seus ataques complementares, a Batalha de Fromelles (19 e 20 de julho) no setor de Artois, 80 km ao norte do Somme, incluiu o primeiro uso de tropas australianas na frente ocidental e teve a distinção de ser as mais custosas 24 horas da guerra da Austrália, com mais de 5.500 vítimas, muitas mais do que as que caíram em um único dia em Galípoli. Essas manobras diversionistas, embora não fossem mal concebidas, tiveram pouco efeito sobre os movimentos de tropas de Falkenhayn, já que Verdun permaneceu o único lugar na frente ocidental, além do Somme, onde os Aliados envolveram alemães suficientes no combate para fazer alguma diferença. Os australianos que serviam no Exército de Reserva de Gough ingressaram na ação no Somme quatro dias após o enfrentamento em Fromelles, tomando Pozières na estrada Albert-Bapaume. O restante do império já tinha começado a dar sua contribuição. Uma das duas divisões de cavalaria indiana de Haig entrou em ação já em 14 de julho, o mesmo dia em que uma brigada sul-africana fez sua estreia. Os primeiros canadenses (ver box "A infantaria canadense no Somme") e neozelandeses só entraram em ação em 15 de setembro. No final, as 53 divisões de infantaria comandadas por Haig no Somme incluíam quatro da Austrália, quatro do Canadá e uma da Nova Zelândia. A brigada sul-africana de infantaria serviu em uma divisão britânica, assim como um regimento de Terranova (que só se tornou província canadense em 1949), que estava entre as unidades dizimadas no primeiro dia da batalha. Os únicos indianos a entrar em ação no Somme eram da cavalaria, já que as duas divisões de infantaria indianas da BEF haviam sido transferidas para o Oriente Médio no final de 1915.

Depois que Hindenburg e Ludendorff cancelaram a ofensiva alemã em Verdun, Joffre expandiu a Batalha do Somme fazendo com que o 10º Exército francês (general Joseph Micheler), à direita do 6º Exército de Fayolle, se juntasse à ação ao sul do rio. Pouco tempo depois, em 15 de setembro, o 4º Exército lançou o mais forte ataque Aliado desde 1º de julho. Após três dias de bombardeios, que usaram mais de 800 mil projéteis, Rawlinson usou tanques para liderar a ofensiva de 15 divisões sobre a frente oposta a Flers e Courcelette. Os tanques Mark I, de 28 toneladas, "couraçados terrestres", baseados em um conceito promovido por Winston Churchill no início da guerra, avançavam se arrastando a 5 km/h e ajudaram a empurrar os alemães de volta menos de 1 km ao longo de um setor de 10 km de largura – ganhos modestos, mas ainda os maiores desde o primeiro dia da batalha. As tropas britânicas capturaram Flers, os canadenses tomaram Courcelette e as baixas alemãs incluíram 4 mil prisioneiros. Dos 49 tanques enviados da Grã-Bretanha à França para a ofensiva, apenas 32 chegaram à frente de batalha, dos quais apenas

9 conseguiram cruzar a terra de ninguém para enfrentar o inimigo. Problemas mecânicos responderam pela maior parte do desgaste, mas Haig reconheceu o valor da nova invenção, continuou a usar tanques esporadicamente durante as últimas semanas de batalha e pediu mais mil ao Ministério da Guerra.

A introdução do tanque coincidiu com um evento muito mais decisivo e alterou o equilíbrio de poder nos céus da frente ocidental. Em setembro de 1916, o uso do Albatros D2 – o avião com o qual o "Barão Vermelho", Manfred von Richthofen, voou sobre o campo de batalha do Somme, registrando o primeiro dos 8 aviões que derrubaria – restaurou para os alemães uma superioridade aérea que eles não tinham desde o "flagelo do Fokker" do outono anterior. No final de setembro, o príncipe herdeiro Rupprecht observou que "a supremacia de nossas aeronaves é de máxima vantagem para nossa artilharia".[7] A partir de então, até o fim da batalha, sete semanas depois, os Aliados já não eram capazes de atrapalhar a espotagem de artilharia realizada por aviões alemães nem de proteger seus próprios observadores do inimigo. Essa desvantagem contribuiu para a ineficácia dos exércitos de Haig em suas tentativas, por insistência de Joffre, de fazer novos ataques contra o Somme, após os franceses começarem sua contraofensiva em Verdun, em meados de outubro.

A INFANTARIA CANADENSE NO SOMME

Trecho de uma carta do soldado William H. Gilday, 82º Batalhão da infantaria canadense, a sua irmã, descrevendo suas experiências na Batalha do Somme:

Nós fomos à linha de frente uma noite. Os "Fritz" nos bombardearam enquanto avançávamos e, claro, acertaram alguns dos nossos homens. Nós ficamos na trincheira até de manhã, sem ser muito incomodados e, em seguida, os atiradores entraram em ação. Eu imagino que, se colocássemos uma moeda um pouco acima do parapeito e eles pudessem vê-la, eles a derrubariam.

Perto do meio-dia, recebemos a ordem para ir até o topo. E assim fizemos. Eu sei que você acha que as pessoas correm, berram, gritam e esse tipo de coisa, mas não é assim. Pelo menos não foi assim naquela ocasião, pois nós andamos muito discretos e silenciosos. Eu só posso falar por mim, pois, até eu chegar ao arame farpado, minha mente só ficou parada. Eu não pensava em nada. Alguma coisa me atingiu na perna e rasgou a minha calça. Aí a minha mente funcionou ao máximo. O barulho era enlouquecedor, as balas passavam zunindo por mim, cantando sua canção de morte, estilhaços gritavam acima e a artilharia estourava em todas as direções. O ar estava cheio de ferro e chumbo e praticamente todos os meus companheiros morreram.

Eu não consigo, de jeito nenhum, imaginar como eu escapei. Eu não sei como alguém poderia ter sobrevivido. No entanto, vários outros, assim como eu, atingiram as trincheiras alemãs, mas só tinha uns poucos "hunos" ali. Nós não tínhamos oficiais, apenas o sargento ferido e oito homens, então, não sabendo o que fazer, preservamos aquela ponta, pois os homens à nossa esquerda nunca chegaram à trincheira. Fiquei lá por horas, tremendo de medo e esperando ser o próximo a cada minuto. Naquela tarde, eu entrei em outra trincheira com mais alguns homens e uns oficiais. Perto da meia-noite, de novo nos deram ordens de subir até o topo. Mais uma vez, eu consegui chegar com segurança, mas, como antes, havia apenas uns "hunos" para nos saudar. Eles correram deixando tudo, até mesmo os seus fuzis.

Estávamos lá há três dias e três noites, e eu escapei por pouco de alguns tiros. Deus certamente fez um bom trabalho cuidando de mim, pois eu me sentia bem doente. Eu gostaria de poder lhe contar tudo o que aconteceu, mas você nunca iria entender como as coisas são. Eu recebi uma bala bem no meu bolso esquerdo, e ela passou pela minha caderneta de pagamento e algumas fotos. Estou mandando junto uma das fotos que foi perfurada, para que você possa guardar de lembrança. A bala nunca me tocou.

A fotografia perfurada era do irmão de Gilday, Clem, dos Engenheiros Canadenses, que foi morto em ação na França, no final daquele mês.

Fonte: Publicado inicialmente no *Calgary Daily Herald*, 6 de novembro de 1916, disponível em www.canadiangreatwarproject.com/transcripts/transcriptDisplay.asp?Type=L&Id=27.

A ação no Somme finalmente terminou em 18 de novembro, um mês antes do final dos combates em Verdun. Embora tivesse sido uma batalha sobretudo britânica, as forças Aliadas envolvidas também incluíram 48 divisões francesas (muitas das quais também fizeram rotação, passando por Verdun). Contra eles, os alemães acabaram comprometendo 50 divisões próprias, duas a mais do que as que entraram em ação em Verdun. O custo humano no Somme excedeu as perdas da Batalha de Verdun, muito mais longa: 624 mil baixas Aliadas (420 mil britânicas e imperiais, 204 mil francesas), incluindo 146 mil mortos ou desaparecidos, contra 429 mil perdas alemãs, incluindo 164 mil mortos ou desaparecidos.

A frente italiana: a aposta de Conrad no Tirol

No final de 1915, o exército austro-húngaro tinha perdido 3,2 milhões de homens mortos, feridos ou presos, mas, em março de 1916, novos recrutas e feridos restabelecidos haviam restaurado a sua força para 2,3 milhões, incluindo 900 mil soldados prontos para o combate. O recente sucesso de Kövess e do 3º Exército na conquista de Montenegro restaurou a confiança de Conrad de que suas tropas poderiam obter uma vitória sem ajuda alemã. Além disso, a frente oriental tinha passado bastante tranquila desde setembro de 1915, e em janeiro o improvisado 7º Exército (general Karl Pflanzer-Baltin) conseguiu resistir a um ataque russo no setor sul da linha, após o qual parecia improvável que a Rússia tentasse outra grande ofensiva em um futuro próximo. Juntos, esses fatores fizeram Conrad acreditar que poderia transferir algumas de suas melhores tropas da frente oriental para a ação contra a Itália. O plano de Conrad exigia 14 divisões atacando a partir do saliente do Tirol, fazendo um gancho ao sul e a leste em direção a Veneza e ao Adriático. Esse golpe isolaria o corpo principal do exército de Cadorna, mobilizado no nordeste da Itália, e deixaria o resto da península italiana praticamente indefeso. Se fosse bem-sucedido, é provável que tirasse a Itália da guerra. A própria concentração de forças era o principal obstáculo, já que nenhum exército na história tinha tentado uma ofensiva alpina envolvendo tantos soldados. Como quase todas as forças de Dankl eram unidades de segunda e terceira linhas, adequadas apenas para ficar na defensiva, seis das divisões tiveram de ser trazidas da frente oriental e sete, do 5º Exército de Boroević no Isonzo ou nos Bálcãs. Devido às limitações físicas da rede ferroviária austríaca nos Alpes (que só poderia levar 45 trens por dia ao Tirol), os 1.450 trens necessários para transportar as tropas e seus suprimentos levariam mais tempo do que o normal para fazê-los chegar ao lugar, tornando o sigilo problemático.

Um inverno excepcionalmente ameno até fevereiro levou Conrad a acreditar que poderia lançar a ofensiva no início de abril, quando o momento do ataque, assim como o lugar, garantiriam o elemento-surpresa. Neves pesadas após 1º de março interromperam seus planos, cortando o número diário de trens pela metade e dificultando o envio de tropas e o posicionamento da artilharia para o bombardeio preliminar. No início de abril, quando Conrad tinha a esperança de atacar, 2,4 metros de neve cobriram as áreas de estacionamento de tropas, e os soldados já na frente de batalha receberam pás de neve para limpar o caminho. Milhares deles se esgotaram fazendo esse serviço, e só as avalanches mataram 600 homens. Enquanto isso, a concentração austro-húngara nos Alpes passava a ser de conhecimento comum; já em 23 de março, os italianos sabiam que a ofensiva estava vindo e, em 13 de abril, jornais italianos e franceses informaram números relativamente precisos das forças que estavam se concentrando. Cadorna já tinha começado a deslocar tropas para o 1º Exército italiano (general Roberto Brusati) na fronteira do Tirol, longe do 2º e do 3º Exércitos no setor Isonzo, que tinha estado tranquilo durante todo o inverno, exceto pela breve e inconclusiva quinta Batalha do Isonzo (9 a 17 de março). Conrad esperava uma vantagem decisiva de 2 a 1 no setor do Tirol, mas, no início da ofensiva, Brusati havia sido reforçado para 114 mil soldados apoiados por 850 canhões, contra os 157 mil homens e 1.200 canhões que Conrad reunira para o lado austro-húngaro. Assim, a concentração de 14 di-

A Primeira Guerra Mundial

visões do Tirol não lhe deu a superioridade numérica local que ele esperava, mas, ao mesmo tempo, tinha enfraquecido seriamente as Potências Centrais na frente oriental, bem como as linhas austro-húngaras no Isonzo, onde transferências para os Alpes reduziram o 5º Exército de Boroević a apenas 195 mil homens, contra 403 mil do 2º e do 3º Exércitos italianos.

Por insistência de Conrad, Falkenhayn e o OHL nada sabiam sobre a ofensiva até bem depois do acúmulo estar em andamento, mas, mesmo sem o envolvimento alemão, uma polêmica sobre comando-e-controle atormentou a operação desde o início. Conrad dividiu suas tropas entre o novo 11º Exército de Dankl (nove divisões) e uma nova versão do 3º Exército (cinco divisões) sob seu antigo comandante, Kövess, transferido de Montenegro. Dankl e Kövess eram protegidos de Conrad e tinham sua confiança – haviam sido seus dois brigadeiros quando ele comandou uma divisão de infantaria no Tirol antes de 1906 –, mas, como Conrad permaneceu no quartel-general do AOK, em Teschen, durante toda a operação, eles recebiam ordens do general Alfred Krauss, chefe do Estado-Maior no quartel-general do arquiduque Eugênio na frente italiana, em Marburg. Krauss era um dos principais críticos de Conrad e tampouco se entendia com Dankl ou Kövess. Dankl não gostava de ter o herdeiro do trono, o arquiduque Carlos, como um de seus comandantes de corpo, tanto mais porque Krauss desequilibrou o plano de batalha para garantir a vitória local para o 20º Corpo, de Carlos, deixando o resto do exército de Dankl com pouca artilharia. Falkenhayn, tardiamente informado da ofensiva que se aproximava, sugeriu que as quatro divisões envolvidas serviriam melhor à causa das Potências Centrais em Verdun. Essa proposta só tornou Conrad ainda mais determinado a prosseguir sozinho contra os italianos, raciocinando que, independentemente do resultado, pelo menos o derramamento de sangue serviria a objetivos austro-húngaros, e não alemães. A nova data de início, 15 de maio, resultou de uma projeção da taxa diária de derretimento da neve, de 20 cm – segundo o senso comum, a profundidade máxima em que a infantaria podia lutar. O 11º Exército de Dankl ocupava o setor ocidental da frente do Tirol e tinha os objetivos mais ambiciosos. Seu principal impulso era ir para o sudeste, de Rovereto, através do Vallarsa, a Schio e, finalmente, a Vicenza. No flanco esquerdo (leste) de seu exército, o 20º Corpo do arquiduque Carlos recebeu a tarefa de tomar Arsiero. Mais ao nordeste, uma ala do 3º Exército de Kövess, menor, deveria avançar através do Val d'Assa, de Verle a Asiago, enquanto a outra penetrava o mais profundamente possível, ao Val Sugana, ao longo do rio Brenta, em direção a Bassano.

As acirradas divisões entre os generais austro-húngaros se espalharam a partir da fase de planejamento e durante a própria operação. Enquanto Dankl esbravejava, o 20º Corpo do arquiduque Carlos se arrastava lentamente em direção a seus objetivos, mesmo que enfrentasse uma oposição mais leve e contasse com melhor apoio

248

de artilharia do que qualquer outra formação. Em 29 de maio, o 20º Corpo tomou Arsiero e o 3º Corpo do 3º Exército de Kövess tomou Asiago. No final do mês, a ofensiva como um todo tinha capturado 40 mil italianos e 380 de seus canhões. Mas o sucesso no centro estava em nítido contraste com o fracasso em ambos os flancos. No início de junho, o corpo principal do exército de Dankl permanecia preso ao Vallarsa a oeste, ao passo que, no lado nordeste do setor, o corpo principal do 3º Exército de Kövess tinha parado no Val Sugana. A partir daí, os ataques austro-húngaros ocorreram de forma descoordenada e fragmentada, por corpos ou divisões, e em alguns vales os atacantes encontraram seu caminho bloqueado por formações italianas duas vezes mais fortes do que a sua. Em termos de território ocupado, a ofensiva atingiu seu pico em 15 de junho, muito tempo depois de o plano global ter claramente fracassado. Entre 24 e 26 de junho, o 3º e o 11º Exércitos recuaram para posições mais defensáveis, abandonando, no processo, Arsiero e Asiago. Em seu ponto mais profundo, a ofensiva tinha empurrado os italianos para trás apenas 25 km, e, após a retirada, o maior ganho garantido em qualquer lugar ao longo da frente de batalha tinha apenas 20 km. As perdas austro-húngaras (mortos, feridos, doentes, desaparecidos e prisioneiros perdidos) foram de 43 mil homens, em comparação com 76 mil dos italianos. Na frente ocidental, ganhos semelhantes a esse custo teriam sido aceitáveis, mas Conrad e o AOK esperavam a vitória, e o fracasso em romper as linhas teve um efeito devastador sobre o moral dos generais comandantes, bem como dos soldados envolvidos. O arquiduque Eugênio demitiu Dankl, que se juntou a Conrad para colocar a culpa pelo fracasso da ofensiva em Krauss, mas Krauss e o arquiduque Carlos responsabilizaram Conrad, alegando que a ideia geral de empurrar 14 divisões através dos Alpes para a Itália não levara em conta realidades básicas da geografia.

A frente oriental: o rolo compressor de Brusilov

Com os combates em impasse na frente italiana, o foco voltou-se ao leste. Assim como os franceses, no início do ano, haviam pressionado os russos a agir contra os alemães com vistas a aliviar a pressão sobre Verdun, os italianos imploraram a eles para que distraíssem o Império Austro-Húngaro da ofensiva do Tirol. Uma tentativa anterior de responder aos apelos franceses levara à pior derrota da Rússia na guerra até agora, depois que Nicolau II autorizou um ataque no final do inverno por elementos do grupo de exércitos noroeste (general Aleksei Kuropatkin) e grupo de exércitos ocidental (general Aleksei Evert) a noroeste de Minsk, contra o 10º Exército alemão (general Hermann von Eichhorn). A Batalha do Lago Naroch (18 de março a 14 de abril) terminou em desastre para os russos, que atacaram com uma vantagem numérica na proporção de quase 5 a 1 (350 mil a 75 mil), mas sofreram cinco vezes mais baixas do que os alemães (100 mil a 20 mil), apesar de terem preparado o campo de batalha com seu mais pesado fogo da artilharia na guerra até então. Depois disso, Evert e Kuropatkin defenderam uma postura defensiva pelo resto de 1916, citando a escassez de artilharia e munição da Rússia. Essas perdas seriam difíceis de substituir, já que, em 1916, as fábricas de munição russas forneciam apenas um terço da munição de artilharia do exército e um terço de suas balas, e os Aliados ocidentais, já limitados pelas demandas de seus próprios exércitos, tinham dificuldades para completar a diferença.

A decisão de lançar outro ataque veio do general Aleksei Brusilov, cujo 8º Exército havia se distinguido como o melhor dos exércitos do czar na guerra até então. Na esteira do desastre no lago Naroch, Brusilov substituiu Nikolai Ivanov como comandante do grupo de exércitos do sudoeste e imediatamente chamou uma grande ofensiva de primavera em toda a frente. Durante as semanas que se seguiram, a difícil situação dos Aliados nas outras frentes superou a cautela de Evert e Kuropatkin. Brusilov finalmente convenceu o czar a permitir que ele abrisse a ofensiva com um ataque ao setor austro-húngaro da frente, que estava diante de seu próprio grupo de exércitos, após o qual os exércitos sob comando de Evert e Kuropatkin se juntariam a ele em um avanço geral. O grupo de exércitos sudoeste de Brusilov – o 7º, o 8º, o 9º e o 11º Exércitos – incluía 40 divisões de infantaria e 15 de cavalaria, cerca de 650 mil homens no total. No início da ofensiva, eles estavam razoavelmente bem armados, embora com uma mistura eclética de armas e munições. Milhares de homens de Brusilov traziam fuzis japoneses importados através da ferrovia Transiberiana, e dois corpos entraram em batalha com fuzis austro-húngaros capturados em 1915. Sua artilharia incluía 1.938 canhões, quase 100 a mais do que os exércitos inimigos à frente deles, embora apenas 168 não fossem canhões de campo leves. Seu modesto estoque de munições incluía bombas de gás importadas dos Aliados ocidentais.

Em 4 de junho, a "ofensiva Brusilov" teve início. No setor das linhas inimigas que era alvo do plano russo, Linsingen, protegido de Falkenhayn, servia como comandante superior de um grupo de exércitos composto pelo 1º, o 2º, o 4º e o 7º Exércitos austro-húngaros, juntamente com o Südarmee misto austro-germânico. Desde o fim da ofensiva no verão anterior, Falkenhayn havia removido 18 divisões do setor, e Conrad, 6, que tinham sido transferidas ao Tirol para a ofensiva contra a Itália. Como resultado, os 5 exércitos (470 mil soldados austro-húngaros em 37 divisões de infantaria e 11 de cavalaria, junto com 30 mil alemães em duas divisões de infantaria) incluíam menos homens em geral dos que os 4 de Brusilov. O AOK, concentrado na ação nos Alpes, continuou a descartar a possibilidade de uma ofensiva russa até o dia em que ela foi lançada, desconsiderando relatos sobre sapadores inimigos cavando novas trincheiras avançadas mais próximo às linhas austro-húngaras. Brusilov ordenou a escavação para se preparar para "um ataque Joffre", imitando a tática usada pelos franceses na segunda Batalha de Champagne no outono anterior. Devido às limitações de sua própria artilharia, Brusilov iniciou o conflito com uma barragem breve, mas intensa, e depois enviou seus exércitos à frente de batalha. O bombardeio foi suficiente para abrir brechas nas linhas inimigas, mas foi demasiado breve para dar tempo a que os reforços as selassem, principalmente considerando-se que as tropas de Brusilov (com menos terreno para cobrir, graças a suas táticas de "ataque Joffre") avançavam muito rápido para explorar as aberturas. A combinação de surpresa e velocidade garantiu uma ruptura decisiva das linhas, já que não tinha havido artilharia prolongada para sinalizar onde os ataques poderiam ser esperados ou revolver o terreno que a infantaria atacante teria de atravessar.

Os russos tiveram seus maiores ganhos iniciais nas duas extremidades do setor de Brusilov. No sul, o 9º Exército empurrou o 7º Exército de Pflanzer-Baltin de volta ao sopé dos Cárpatos, infligindo baixas de 57% (a maioria delas de mortos ou feridos) nas duas primeiras semanas de combate. Em 18 de junho, os russos tomaram Czernowitz (ver box "'Pela terceira vez, nossos pobres vilarejos estavam queimando'"), a única cidade grande a mudar de mãos como resultado da ofensiva. No norte, o 8º Exército aniquilou o 4º Exército do arquiduque José Fernando, que sofreu perdas de 54% (a maioria delas, de prisioneiros ou desertores) e deixou de ser uma força de combate eficaz. Algumas das unidades de linha de frente que os russos atropelaram sofreram perdas catastróficas. Em um único dia, 5 de junho, 77% dos homens do 1º Regimento de Reservistas (Viena) foram mortos em ação. Como nas batalhas da frente oriental de 1915, as tropas tchecas do Império Austro-Húngaro provaram ser particularmente duvidosas, com o 8º Regimento de Infantaria (Morávia) desertando em massa. O colapso do 4º Exército abriu uma brecha na frente, de 20 km de largura, por meio da qual as tropas de Brusilov rapidamente avançaram 75 km a oeste. Embora o centro da brecha, em Lutsk, na Ucrânia ocidental, estivesse a mais de 480 km a leste de Teschen, a ruptura da frente pelos russos causou pânico no AOK. Conrad aconselhou sua esposa a partir para Viena porque "a situação [era] muito perigosa".[8]

Em 8 de junho, Conrad foi a Berlim para determinar como conter os danos. Mesmo que Falkenhayn, desde o verão anterior, tivesse retirado três vezes o número de divisões de Conrad do setor ameaçado, a frente que desabou era austro-húngara e as tropas tomadas dela mais recentemente eram as seis divisões que Conrad enviara ao Tirol. Assim, o desastre fortaleceu o pulso já forte de Falkenhayn, ofuscando sua própria arriscada decisão de enfraquecer a presença alemã não apenas ao sul do pântano de Pripet, mas ao longo de toda a frente oriental. Na verdade, no momento

A Primeira Guerra Mundial

do ataque de Brusilov, os grupos de exército de Evert e Kuropatkin superavam em número os exércitos alemães por uma imensa margem de 750 mil homens, mas Falkenhayn tinha apostado que, em função do resultado da Batalha do Lago Naroch, em março, os mesmos generais russos não voltariam a atacar, independentemente de sua superioridade numérica. Ele estava certo. Mesmo que o plano russo exigisse que as 90 divisões de Evert e Kuropatkin se juntassem a Brusilov em uma ofensiva geral, em meados de junho, o chefe do Estado-Maior do czar, Alekseev, nada ouvira deles além de desculpas. Ele finalmente rebaixou suas respectivas missões de ataques para "demonstrações" e deu parte do grupo de Evert (o 3º Exército) a Brusilov, juntamente com um novo Exército de Guardas e todos os reforços e suprimentos disponíveis. Assim, o comportamento dos generais do czar serviu apenas para concentrar ainda mais os recursos da Rússia contra a Áustria-Hungria – em vez de se voltar contra a Alemanha –, aumentando os problemas de Conrad e o enfraquecendo ainda mais em relação a Falkenhayn. Para fazer com que os alemães enviassem tropas ao setor sul da frente de batalha, ele teve que suspender sua ofensiva contra a Itália e transferir tropas de sua própria retaguarda para o leste, totalizando por fim oito divisões, junto com Kövess e o quartel-general do 3º Exército. Conrad também aceitou maior controle alemão sobre as forças austro-húngaras mobilizadas contra a Rússia, a entrar em vigor imediatamente. Linsingen recebeu autoridade inequívoca sobre todas as tropas em seu grupo de exércitos, e oficiais alemães membros do Estado-Maior foram incorporados a cada um dos exércitos austro-húngaros. O ex-chefe de Estado-Maior de Mackensen, Seeckt, tornou-se comandante do 7º Exército de Pflanzer-Baltin, antes de assumir o mesmo papel, em julho, com um novo 12º Exército misto austro-germânico sob comando do arquiduque Carlos, promovido de seu comando de corpo nos Alpes após o fim da ofensiva do Tirol.

"PELA TERCEIRA VEZ, NOSSOS POBRES VILAREJOS ESTAVAM QUEIMANDO"

Trecho da descrição do dono de uma propriedade rural, um polonês anônimo, sobre a ofensiva Brusilov (junho de 1916), sobre como ela foi vivenciada do lado austro-húngaro da frente de batalha, perto de Czernowitz:

Durante a noite de 12 para 13 de junho, ouviu-se um terrível fogo de artilharia na cidade [Czernowitz]. Em algum lugar perto dali, uma batalha era travada. Pela terceira ou quarta vez desde o início da guerra, estávamos passando por essa experiência. Fui ao comando do exército pedir orientação. Um segundo-capitão tinha acabado de chegar com notícias da frente de batalha. As tropas austríacas estavam resistindo. Ainda assim, após a frente de batalha entre o Dniestre e o Prut ter sido rompida, não havia outra linha natural para resistência. [...] "Quanto tempo podemos aguentar?", foi a minha pergunta. O

252

velho general olhou para mim e respondeu: "[...] Apenas as nossas retaguardas estão lutando agora; nossas forças estão se reunindo a poucos quilômetros daqui. Se o nosso flanco perto de Horodenka aguentar durante a noite, não devemos evacuar a cidade".

Voltei para Sniatyn. Pequenos grupos de habitantes estavam pelas ruas, comentando as notícias. Artilharia e munições passavam a toda velocidade pela cidade, rumo à frente de batalha, e alguns regimentos de infantaria marcharam durante a noite. O horizonte estava vermelho com o brilho dos fogos. Pela terceira vez, nossos pobres vilarejos estavam queimando. O que quer que tivesse sobrevivido às batalhas anteriores estava agora entregue às chamas. Refugiados desabrigados, evacuados dos vilarejos ameaçados, passavam com seus pobres cavalos cansados e suas vacas – tudo o que lhes restava. Em perfeito silêncio, ninguém reclamava, tinha que ser assim. Misteriosas patrulhas de cavalaria e mensageiros de motocicleta andavam pelas ruas. Ninguém dormiu naquela noite. Na parte da manhã, os primeiros transportes militares atravessaram a cidade. A retirada tinha começado. As pessoas faziam perguntas. Os soldados magiares fumavam seus cachimbos tranquilamente, não havia nenhuma maneira de nos compreendermos. Apenas um deles, que sabia algumas palavras em alemão, explicou, "*Russen, stark, stark, Masse*" (russos, fortes, fortes, uma grande massa).

[...] De repente, o fogo cessou e o ouvido treinado podia captar o barulho de metralhadoras. O ataque decisivo tinha começado. Arrasados, nós esperávamos por notícias. Alguns soldados apareceram na esquina, ligeiramente feridos. Em seguida, começou o pânico. Alguém tinha vindo de um vilarejo vizinho contando que vira cossacos. Logo, refugiados dos vilarejos próximos corriam pela cidade. Confusão geral. As crianças choravam, as mulheres soluçavam. Começou uma fuga em massa. Mais uma vez, a cavalaria e os motoqueiros. Em seguida, ouviu-se um tambor na praça. Foi reconhecido oficialmente que a situação era muito grave e que quem quisesse deixar a cidade deveria fazê-lo de imediato. Tínhamos que ir. Enquanto eu montava a carreta, percebi, a distância, perto do bosque no morro, alguns cavaleiros com longas lanças – cossacos de Kuban. Eles foram surgindo aos poucos na floresta e se aproximando da cidade. "Vamos embora!", gritei para o cocheiro.

Fonte: Publicado inicialmente em *Source Records of the Great War, Vol. IV*, ed. Charles F. Horne, National Alumni, 1923, disponível em www.firstworldwar.com/diaries/brusilov_polish.htm.

Em 14 de junho, as primeiras quatro divisões de reforços alemães chegaram ao ameaçado setor da frente de batalha, onde lideraram os esforços de Linsingen para reanimar os resquícios do 4º Exército austro-húngaro (agora sob comando do general Karl von Terztyanszky) e fechar a pior das brechas na linha de frente. A intenção de Falkenhayn era que as tropas alemãs adicionais facilitassem um contra-ataque e restaurassem a frente à linha de 4 de junho, mas os reforços eram muito poucos para compensar o grande número de baixas, desertores e prisioneiros austro-húngaros perdidos, e, com o início da ofensiva anglo-francesa no Somme, em 1º de julho, as tropas não viriam mais. No final da primeira semana de julho, as Potências Centrais tinham apenas 421 mil soldados para combater o poder reforçado de Brusilov, com 711 mil – proporção que fazia de uma simples interrupção de seu rolo compressor uma vitória significativa. Durante os dois meses e meio seguintes, os exércitos contrapostos lançaram uma série de ataques e contra-ataques não decisivos. No flanco sul de Brusilov, tropas russas chegaram ao cume dos Cárpatos no início de agosto, antes de ser empurradas para trás, enquanto, no flanco norte, suas repetidas tentativas de romper a junção ferroviária leste polonesa em Kovel causaram baixas muito desproporcionais à importância estratégica do objetivo. Com a continuação da campanha, Brusilov caiu na armadilha de lutar como fizera em 1914 e 1915, melhor do que a maioria dos outros generais russos, mas sem a engenhosidade tática que tinha tornado a fase inicial de sua ofensiva tão bem-sucedida. Ataques frontais pouco criativos, sem suficiente apoio de artilharia, geraram enormes baixas russas, que, na metade do verão, já superavam as das Potências Centrais.

Enquanto isso, a estratégia de Falkenhayn de reforçar os exércitos austro-húngaros, com oficiais alemães e soldados alemães, embora desagradando a Conrad e ao AOK, funcionou muito bem, mas os números necessários para assumir essa responsabilidade em toda a frente pesavam sobre os recursos já esgotados pelo derramamento de sangue em Verdun e no Somme. Falkenhayn acabou transferindo 18 divisões alemãs para combater a ofensiva Brusilov (oito da frente ocidental, oito de outros lugares na frente oriental e duas da Macedônia), e também providenciou para que duas divisões turcas fossem enviadas à frente via Bulgária, Sérvia ocupada e Hungria. No entanto, as Potências Centrais continuavam fracas demais para lançar o contra-ataque decisivo que Falkenhayn tinha vislumbrado. No momento em que o czar ordenou, em 21 de setembro, o fim das operações ofensivas no setor, os exércitos russos da frente de batalha, ao sul dos pântanos de Pripet, ficaram a pelo menos 30 km e, em alguns lugares, 80 km a oeste de suas linhas de 4 de junho. Além da conquista russa (posteriormente perdida) de quase toda a Galícia austríaca em setembro e outubro de 1914, a ofensiva de Brusilov ganhou e garantiu mais terreno do que qualquer ofensiva Aliada da guerra até então. No geral, durante os três meses e meio de combates, cerca de 370 mil soldados austro-húngaros tinham sido mortos ou feridos, com outros 380 mil, feitos prisioneiros. Para alcançar a vitória, Brusilov perdeu um milhão de homens (incluindo 58 mil para a deserção) e levou seu exército à beira do motim. Assim, a ofensiva de Brusilov foi um divisor de águas para ambos os lados, deixando o Império Austro-Húngaro incapaz de continuar funcionando como potência militar autônoma e a Rússia com um exército maduro para uma revolução.[9]

Mesmo que o foco de Falkenhayn sobre Verdun tivesse feito tanto quanto a ofensiva de Conrad no Tirol para recolocar a frente oriental em ação para os russos, como aliado mais fraco (e aquele cujo setor da frente desabou), Conrad suportou o peso das críticas. Francisco José e o chefe nominal do AOK, arquiduque Frederico, tinham questionado a sensatez de fragilizar as defesas contra a Rússia em nome da ofensiva contra a Itália, e recentemente, em 1º de junho, Conrad tinha assegurado ao imperador que a frente oriental aguentaria. Como as tropas de Brusilov continuavam pressionando para oeste, os líderes civis da Áustria-Hungria perderam a confiança em Conrad a ponto de começarem a confiar nos alemães mais do que confiavam nele. Burián e os funcionários do Ministério do Exterior exigiram que todas as futuras ofensivas austro-húngaras fossem feitas somente após consulta aos alemães. A partir de concessões de comando que Conrad tinha feito na primeira semana da ofensiva Brusilov, em 18 de julho, Hindenburg e o OberOst receberam o comando de todas as forças austro-húngaras ao norte de Lemberg. Ao mesmo tempo, o arquiduque Carlos recebeu o comando titular da frente ao sul de Lemberg, mas com Seeckt permanecendo como seu chefe de Estado-Maior – um arranjo que fez de Seeckt o comandante de fato do setor. Com seu próprio governo o abandonando, Conrad não conseguiu resistir ao humilhante domínio alemão. Posteriormente, seu velho amigo, o jurista e político Josef Redlich, observou que "Conrad continua *pro forma* em Teschen, mas nada mais tem a dizer".[10]

A frente dos Bálcãs: a Romênia entra na guerra

No verão de 1914, os nacionalistas romenos haviam clamado pela guerra contra o Império Austro-Húngaro e a anexação da província da Transilvânia, dos Habsburgos, onde viviam 3 milhões de romenos étnicos. O governo do rei Carlos I, primo Hohenzollern de Guilherme II, manteve a Romênia neutra, mas a lenta deriva do país em direção aos Aliados começou em outubro de 1914, quando Carlos morreu, deixando o trono para seu sobrinho mais oportunista, Ferdinando I. Enquanto a guerra se mantinha num impasse, o pragmático primeiro-ministro de Ferdinando, Ion Bratianu, explorava ao máximo a neutralidade da Romênia, negociando com ambos os lados pelas melhores condições. Os Aliados ofereceram à Romênia muito mais território do que as Potências Centrais, que só poderiam prometer a província russa predominantemente romena da Bessarábia (Moldávia), mas a Romênia ainda temia a Rússia mais do que a Transilvânia da Áustria-Hungria queria. Por fim, durante o verão de 1916, a intimidação concomitante da Grécia pelos Aliados (ver seção a seguir) deixou Bratianu ansioso com relação ao destino da Romênia se não se juntasse a eles, principalmente depois da ruptura inicial da frente de batalha por Brusilov. No entanto, Bratianu era um negociador duro, insistindo em que o "Exército do Oriente" de Sarrail lançasse uma ofensiva contra a Bulgária a partir do enclave de

Salônica como precondição para uma ofensiva romena na Transilvânia. Sob pressão na frente ocidental, os franceses e os britânicos não poderiam abrir mão de tropas para reforçar seu exército em Salônica até meados de agosto e, assim, os romenos se recusavam a formalizar seu compromisso com os Aliados até esse momento. No Tratado de Bucareste (17 de agosto de 1916), os Aliados prometeram à Romênia amplos ganhos territoriais à custa da Áustria-Hungria – Transilvânia, Banat e Bucovina – em troca da invasão romena da Transilvânia. Além da promessa anglo-francesa de atacar a Bulgária a partir do enclave de Salônica, os russos se comprometiam a continuar a ofensiva Brusilov e mobilizar três divisões ao longo do mar Negro, ao sul

da foz do Danúbio, para impedir a Bulgária de retomar Dobruja Meridional, que ela tinha cedido à Romênia no final da segunda Guerra dos Bálcãs. Em 27 de agosto, a Romênia declarou guerra ao Império Austro-Húngaro (ver mapa "A Romênia na Primeira Guerra Mundial").

A entrada da Romênia na guerra reabriu uma terceira frente Aliada contra a Monarquia Dual, muito mais longa (de cerca de 650 km) do que a frente italiana. Os Aliados tinham grandes esperanças na Romênia, como haviam tido na Itália 15 meses antes, pressupondo que mais esse fardo quebraria o Império Austro-Húngaro. A decisão da Romênia de se unir aos Aliados não surpreendeu as Potências Centrais, mas o momento desacreditou Falkenhayn, que tinha garantido a Guilherme II que ela não aconteceria por, pelo menos, mais um mês, até depois que o país predominantemente agrário tivesse terminado a colheita. A necessidade de mais soldados para cobrir outra frente de batalha também expôs a loucura da estratégia de Falkenhayn, de desgaste na frente ocidental. Pela segunda vez em menos de três meses, a Alemanha teria que salvar a Áustria-Hungria do desastre, só que, desta vez, Conrad não poderia renunciar a qualquer de seus soldados para ajudar a responder à nova ameaça. Ele já havia retirado mais da metade do contingente do Tirol para reforçar a frente oriental; enquanto isso, ao longo do Isonzo, o 5º Exército de Boroević estava reduzido a 9 divisões (contra 22 de Cadorna) e acabara de perder Gorizia, na sexta Batalha do Isonzo (6 a 17 de agosto), absorvendo outras 40 mil baixas. Conrad designou o general Arthur Arz von Straussenberg para defender a Transilvânia com um 1º Exército reconstituído, mas, além de uma divisão regular e parte de outra, as forças de Arz inicialmente consistiam em reservistas locais de terceira linha (*Landsturm*) e policiais aduaneiros, um total de apenas 34 mil homens, menos de um décimo do número de soldados romenos que o general havia enfrentado. Nessas circunstâncias, a Romênia só poderia ser derrotada pelo esforço conjunto de todas as quatro Potências Centrais, com o tipo de cooperação estreita que apenas seria possível sob um comando unificado. Falkenhayn, que há muito defendia um comando unificado das Potências Centrais, não teria qualquer papel nele. Em 29 de agosto, Guilherme II o substituiu por Hindenburg, que trouxe consigo Ludendorff da OberOst para ser seu chefe de Estado-Maior no OHL. O príncipe Leopoldo da Baviera substituiu Hindenburg na frente oriental, mas seu chefe de Estado-Maior, o general Max Hoffmann (anteriormente o terceiro no comando da OberOst, depois de Hindenburg e Ludendorff), era o comandante de fato. Em setembro, as Potências Centrais ratificaram acordos fazendo do imperador alemão seu supremo comandante aliado, uma concessão que deu a Hindenburg e Ludendorff o controle das forças armadas austro-húngaras, búlgaras e otomanas. Um adendo secreto ao acordo, incluído por insistência de Conrad, obrigava os alemães a consultar Francisco José sobre questões relacionadas à "integridade territorial" da Monarquia Dual.

257

A Romênia mobilizou 23 divisões em 4 exércitos. O plano de guerra dos Aliados exigia 370 mil soldados romenos para invadir a Transilvânia: o 1º e o 2º Exércitos do sul, de Valáquia, e o 4º Exército do leste, da Moldávia. O 3º Exército (general Alexandru Averescu), de 143 mil soldados, ficou na defensiva ao longo do Danúbio, na bacia Dobruja (a saída da Romênia para o mar Negro), apoiado pelo russo "Destacamento Dobruja" (general Andrei M. Zaionchkovsky), constituído por três divisões russas e uma divisão de desertores sérvios étnicos da Bósnia e regimentos croatas do exército austro-húngaro. Contendo uma invasão búlgara da Romênia, a força de Sarrail no enclave de Salônica, reforçada para incluir 320 mil homens em 20 divisões (6 francesas, 6 britânicas, 6 sérvias, 1 italiana e 1 russa), atacaria os búlgaros na Macedônia. As Potências Centrais responderam com um plano que exigia que o 1º Exército de Arz empurrasse o 4º Exército romeno de volta à Moldávia, enquanto um 9º Exército alemão reconstituído contra-atacava o 1º e o 2º Exércitos e avançava sobre Bucareste. Hindenburg e Ludendorff deram o comando do 9º Exército a Falkenhayn, proporcionando-lhe a oportunidade de resgatar sua reputação no campo. Enquanto isso, Mackensen recebeu o comando de um "Exército do Danúbio", no norte da Bulgária, incluindo o 3º Exército búlgaro (quatro divisões) complementado por duas divisões turcas e componentes menores alemães e austro-húngaros, com o objetivo inicial de invadir Dobruja e cortar o acesso da Romênia ao mar. As Potências Centrais contiveram a força de Sarrail com os mesmos três exércitos que vinham patrulhando o enclave de Salônica desde dezembro do ano anterior: o 11º alemão e o 1º e o 2º búlgaros.

A experiência da Romênia nas guerras de 1912 e 1913 teve um efeito desastroso sobre sua postura na campanha de 1916. Em contraste com os esforços sangrentos

O imperador Alemão Guilherme II entre os generais Paul Von Hindenburg e Erich Ludendorff.

da Bulgária e da Sérvia, a Romênia tinha se mantido neutra na primeira Guerra dos Bálcãs contra o Império Otomano; em seguida, determinou o resultado da segunda Guerra dos Bálcãs apenas ao intervir contra a Bulgária e marchar sobre Sofia, uma campanha em que lutou muito pouco e sofreu poucas baixas. Assim, o exército romeno nada tinha aprendido com a experiência, e seus líderes apareceram com uma ideia superestimada sobre suas capacidades. Na verdade, sua atitude indiferente exasperou os russos, em particular. Alekseev considerava os romenos mais um problema do que uma vantagem, e Zaionchkovsky caracterizou sua designação a Dobruja como "um castigo por algum crime que eu nem sabia que tinha cometido".[11] Nos primeiros dias, a invasão se desenrolou em um ritmo lento, os romenos nada fazendo para explorar sua grande superioridade inicial sobre os defensores austro-húngaros. Eles rapidamente tomaram Hermannstadt (Sibiu) e Kronstadt (Brasov), mas não conseguiram avançar mais na Transilvânia, e se estabeleceram em linhas de trincheiras rasas ao longo de toda a frente.

A maré logo virou contra os romenos, já que o fim da ofensiva Brusilov, em 21 de setembro, permitiu que as Potências Centrais transferissem divisões da frente oriental para a Transilvânia. O 1º Exército de Arz e o 9º de Falkenhayn foram reforçados até seis unidades cada um (em cada caso, uma mistura de unidades alemãs e austro-húngaras). Suas vitórias subsequentes nas batalhas de Hermannstadt (26 a 29 de setembro) e Kronstadt (7 a 9 de outubro) destacaram um esforço sistemático para empurrar os romenos de volta ao topo dos Cárpatos. Eles foram ajudados pelo fato de que, no início da campanha, Mackensen tinha levado menos de uma semana para reconquistar Dobruja do Sul para os búlgaros, rapidamente mandando as forças de Zaionchkovsky de volta à foz do Danúbio. Seu Exército do Danúbio capturou as importantes fortalezas de Tutrakan (6 de setembro) e Silistria (8 de setembro), fazendo 40 mil prisioneiros, antes de avançar a Dobruja do Norte com o objetivo de tomar Constanza, o principal porto da Romênia. O 3º Exército de Averescu lançou um vigoroso contra-ataque (30 de setembro a 5 de outubro), atravessando o Danúbio 130 km a montante da frente de Mackensen para atacar seu flanco esquerdo por trás, mas, com a ajuda da Flotilha do Danúbio da marinha austro-húngara, o Exército do Danúbio rechaçou o golpe. Como continuava o avanço metódico de Mackensen sobre Constanza, os romenos deslocaram tropas da Transilvânia para a defesa de Dobruja do Norte – um número tão grande que, no final de outubro, seus 1º, 2º e 4º Exércitos, que gozavam de uma superioridade na proporção de 10 a 1 sobre os defensores da Transilvânia dois meses antes, foram reduzidos a uma força combinada de apenas 10 divisões, numericamente inferior às 12 que Falkenhayn e Arz mobilizaram contra eles. Até o início de novembro, as Potências Centrais tinham expulsado todas as tropas romenas da Transilvânia; Arz abriu mão de duas de suas divisões para Falkenhayn, e depois usou o restante do 1º Exército para defender a linha dos Cárpatos ao longo da fronteira oriental da Transilvânia anterior à guerra, enquanto o 9º Exército pressionava em direção ao sul, sobre as montanhas, para levar a campanha em Valáquia. Mackensen, nesse meio-tempo, transferiu parte do exército do Danúbio 210 km rio acima, para Sistovo, onde cruzou o Danúbio entre 23 e 25 de novembro e se conectou ao 9º Exército no dia 26. Os alemães entraram em Bucareste no dia 6 de dezembro e, no final do ano, ocuparam totalmente Valáquia e Dobruja.

Em pouco mais de três meses de luta, a Romênia sofreu baixas de 163 mil mortos, feridos ou desaparecidos e perdeu 147 mil prisioneiros, de um total de 750 mil homens mobilizados. Três de seus quatro exércitos de campo foram arrasados e dispersados. Ferdinando I e seu primeiro-ministro, Bratianu, mudaram a capital para Iassi, na Moldávia, onde o 2º Exército romeno, agora sob comando de Averescu, servia como catalisador para a continuação da resistência enquanto a Rússia se mantivesse na guerra. A natureza decisiva da campanha romena de 1916 justificou a decisão das Potências Centrais de criar um comando unificado e antecipou o seu funcionamento permanente. Contra a Romênia, a Áustria-Hungria proporcionou a maior parte do contingente para as Potências Centrais (46%, em comparação com 22% para a Alemanha e um combinado de 32% para a Bulgária e o Império Otomano), mas, por terem proporcionado o planejamento e a liderança, os alemães receberam a maior parte do crédito pelo sucesso. Sonhos de exploração permanente do trigo e do petróleo romenos impulsionaram os espíritos da frente interna na Áustria-Hungria tanto quanto na Alemanha, mas a vitória nada fez para restabelecer o prestígio de Conrad ou do AOK. Quando o comando unificado foi estabelecido, a Alemanha já estava subsidiando o esforço de guerra do Império Austro-Húngaro a um ritmo de 100 milhões de marcos por mês. Até o final do ano, tropas austro-húngaras receberiam os novos capacetes de aço alemães, e todos os novos uniformes eram fabricados no cinza típico dos uniformes alemães, e não em seu próprio cinza claro, com tecidos importados da Alemanha. Para sustentar este esforço, o OHL apresentou mais tarde, em 1916, o "programa Hindenburg", em que militarizava a frente interna alemã e pressionava o Império Austro-Húngaro a fazer o mesmo (ver capítulo "As frentes internas, 1916-18"). Assim, o OHL acreditava que a Alemanha pudesse continuar a abastecer a si e a seus aliados, e fazer com que eles se abastecessem de forma melhor.

O resultado da campanha romena tornou realidade os piores temores de Alekseev: no outono de 1916, os russos tiveram de estender suas linhas mais 320 km ao sul, no mar Negro, para evitar que as Potências Centrais invadissem a Ucrânia a partir da Romênia ocupada. O novo setor da frente, que acompanhava a fronteira dos Cárpatos entre a Transilvânia oriental e a Romênia, antes de virar a leste através de Galatz para chegar ao mar, só poderia ser protegido estreitando o resto da frente oriental e comprometendo todas as reservas da

Soldados acampados na frente de Salônica, na Grécia

Rússia. A pouca profundidade da frente de batalha, junto com o cansaço dos soldados, tornava problemáticas outras operações ofensivas, mas os russos conseguiram manter suas linhas porque as Potências Centrais estavam igualmente exaustas e também tinham que cobrir um comprimento maior de frente do que antes de a Romênia entrar na guerra. O primeiro motim grave do exército russo ocorreu na noite de 1º para 2 de outubro, em uma unidade da Sibéria, dando início a uma tendência que se acelerou à medida que o ano chegava ao fim. Apenas em dezembro de 1916, mais de uma dúzia de unidades russas se recusaram a obedecer a ordens diversas.

O rápido colapso da Romênia no outono de 1916 tornou irrelevante a ofensiva de Sarrail a partir do enclave de Salônica. De qualquer forma, os búlgaros anteviram os planos dele e, em 17 de agosto, 10 dias antes de a Romênia entrar na guerra, lançaram o 1º e o 2º Exércitos contra o setor do perímetro Aliado de 260 km ocupado pelos sérvios. Sua ofensiva durou até 1º de setembro, alcançando ganhos modestos, mas, mais importante, atrasando o início da ofensiva de Sarrail até 12 de setembro. Depois disso, os Aliados fizeram bom uso de sua superioridade numérica em um avanço bem-sucedido a oeste, ao longo da linha ferroviária de Salônica a Monastir (hoje Bitola), no canto sudoeste da Macedônia, o qual garantiram em 19 de novembro. Quando a ofensiva terminou, em 11 de dezembro, as tropas de Sarrail haviam ampliado o enclave de Salônica para uma frente macedônica que se estendia por cerca de 130 km a oeste até se conectar com as forças italianas que ocupavam

A Primeira Guerra Mundial

a metade sul da Albânia. Junto com Monastir, eles libertaram uma estreita faixa de território sérvio adjacente à fronteira com a Grécia, em um total de mil quilômetros quadrados, mas a um custo considerável: 50 mil baixas (entre elas, 27 mil sérvios), contra 53 mil para os búlgaros e 8 mil para os alemães. Confirmando a natureza modesta dos ganhos (e sem acreditar que fossem permanentes), Pašić e o governo sérvio se mantiveram em Corfu, em vez de se mudar para Monastir.

Entre duas alianças: o calvário da Grécia

Em 30 de agosto de 1916, três dias após a Romênia entrar na guerra, a luta prolongada entre o rei Constantino, cunhado de Guilherme II, e seu ex-primeiro-ministro, Elefthérios Venizélos, por causa da continuação da neutralidade grega finalmente chegou ao ápice quando o coronel Epaminondas Zymbrakakis liderou um golpe de oficiais do exército grego pró-Aliados em Salônica. Com apoio deles, Venizélos logo estabeleceu um governo provisório, recompensando Zymbrakakis com uma promoção a general e o comando de um novo "Exército Nacional". A autoridade de Venizélos foi aceita nas partes da Grécia já sob ocupação dos Aliados e na maioria das ilhas do mar Egeu; os Aliados não reconheceram formalmente o governo provisório, mas sua criação os encorajou a pressionar ainda mais o governo real em Atenas. Após tomar a marinha grega em outubro, os Aliados exigiram que o exército grego lhes entregasse uma lista de equipamentos e munições como "indenização" por equipamentos e munições que se permitiram cair em mãos búlgaras em maio de 1916, quando o general Metaxas ordenou o abandono do território grego a nordeste do enclave de Salônica, incluindo o forte Rupel e o porto de Kavala. A lista incluía 10 baterias de artilharia de montanha extremamente necessárias a Sarrail, para seu avanço sobre Monastir. Quando o governo real recusou a exigência, os Aliados responderam enviando o couraçado francês Provence e quatro pré-couraçados para bombardear Atenas. Em 1º de dezembro, 2 mil fuzileiros navais britânicos e franceses desembarcaram na capital grega, mas as tropas monarquistas comandadas por Metaxas os forçaram a voltar a seus navios, causando mais de 200 mortes antes de se chegar ao acordo que dava aos Aliados 6 das baterias de montanha (infelizmente, tarde demais para ajudar a ofensiva de Sarrail). Na esteira do desembarque Aliado, soldados monarquistas e civis atacaram partidários de Venizélos em Atenas. O governo provisório em Salônica respondeu declarando Constantino deposto, e navios de guerra Aliados bloquearam os portos das áreas continentais ainda leais ao rei. Para evitar novos conflitos armados com os Aliados (assim como uma guerra civil entre suas próprias tropas e as leais a Venizélos), em janeiro de 1917, Constantino concordou em retirar todo o seu exército para o sul da Grécia, onde, em mais uma concessão, deu licença ao soldados, com exceção de 10 mil. O impasse político continuou por mais cinco meses, quando Zymbrakakis tinha construído o Exército Nacional com mais de 60 mil soldados, o suficiente para marchar sobre Atenas e destronar Constantino. Apenas ameaçando fazê-lo, Venizélos incentivou os Aliados, que concordaram em fazer isso por ele. Em 11 de junho, os Aliados desembarcaram 9.500 soldados no istmo de Corinto, isolando de Atenas o principal corpo do exército real (que tinha se retirado para o Peloponeso) e, em seguida, exigiram formalmente a abdicação de Constantino. O rei logo partiu para a Suíça, junto com seu filho mais velho, o príncipe herdeiro George, após divulgar uma declaração que evitava cuidadosamente a palavra "renúncia". No fim, ele voltou ao trono e, após sua morte, George o sucederia. Enquanto isso, Venizélos voltou à capital em triunfo, para governar um país reunido de forma superficial, enquanto o segundo filho de Constantino, Alexandre, ocupava o trono. A Grécia entrou formalmente na guerra em 29 de junho.

Conclusão

No final de 1916, a situação ao longo das linhas de batalha na Europa não era desfavorável às Potências Centrais. Falkenhayn não tinha conseguido sangrar o exército francês até que ele se submetesse em Verdun, mas os alemães tinham resistido ao ataque no Somme e permitido que os seus pares afastassem a ofensiva Brusilov no leste. A Áustria-Hungria não conseguiu romper as linhas no Tirol, mas continuou a manter Trieste, repelindo outras três ofensivas italianas nas sétima, oitava e nona batalhas do Isonzo (setembro a novembro de 1916). A concomitante campanha romena demonstrou os benefícios do novo comando unificado estabelecido pelas Potências Centrais no final do verão. Além de ocupar quase toda a Romênia, elas se mantiveram na posse da maior parte da Bélgica e da Sérvia, de toda Montenegro, do nordeste da França, da Polônia russa e da Lituânia, enquanto os Aliados ocupavam apenas uma pequena porção do território austro-húngaro (Gorizia, Bucovina e leste da Galícia). No entanto, apesar do balanço geral positivo, a aliança das Potências Centrais estava pior do que nunca. Conrad jamais perdoou Falkenhayn por se recusar a acompanhar a conquista da Sérvia em 1915 com um golpe fatal contra a Itália, no qual uma pequena fração do contingente alemão desperdiçado em Verdun teria feito uma enorme diferença. Conrad tinha relações muito melhores com Hindenburg e Ludendorff do que com Falkenhayn; Ludendorff, em particular, considerava-o uma figura trágica, um comandante de "rara visão", cujo exército não era forte o suficiente para levar a cabo seus desígnios arrojados".[12] Mas quando se tratava de acumular para a Alemanha em detrimento do Império Austro-Húngaro, os novos parceiros de Conrad foram piores do que Falkenhayn. Conrad observou que o avanço alemão para dominar a aliança tinha acelerado, "não só no domínio militar [...] mas também no político". Depois de preservar zelosamente as prerrogativas de seu país por dois anos, em agosto de 1916, ele aceitou a "necessidade" de um maior "alinhamento" entre a Áustria-Hungria e a Alemanha, mas com uma visível falta de entusiasmo. Mais tarde, no outono de 1916, ele confidenciou à esposa sua exasperação com a "arrogância e a impertinência, que fizeram os alemães do norte serem tão odiados em todo o mundo".[13]

Em nítido contraste, as provações e as decepções de 1916 só fortaleceram os Aliados. Em particular, a Batalha do Somme tranquilizou os franceses de que os ingleses estavam irrevogavelmente comprometidos com a guerra e, portanto, solidificou sua aliança em um momento em que a França, devido à magnitude das baixas que sofrera até então, já não podia continuar a arcar com a maior parte do ônus na frente ocidental. Ainda que a guerra fosse continuar por mais dois anos, os franceses já haviam sofrido a maioria de suas baixas no fim dos combates em Verdun; os britânicos, em contrapartida, sofreram mais de 80% das suas na frente ocidental depois de 1º de julho de 1916. Nas outras frentes de batalha, no final do ano, a Grã-Bretanha e a França continuavam preocupadas com a Rússia, decepcionadas com a Itália e chocadas com o fato de a Romênia ter lutado tão mal. A desavergonhada intimidação da Grécia por Grã-Bretanha e França, que a Alemanha, com alguma razão, alegava não ser diferente de seu próprio tratamento em relação à Bélgica, em breve lhes renderia outro aliado de valor duvidoso.

Entre as inovações táticas de 1916 estavam as tropas de assalto empregadas pelos alemães em Verdun, nas quais esquadrões especialmente armados e treinados atacavam pontos fortes do inimigo antes do ataque geral; a emulação do "ataque Joffre" no início da ofensiva Brusilov, quando os russos estreitaram o terreno aberto a ser atravessado ao cavar trincheiras mais próximas do inimigo, as operações de colocação de explosivos dos britânicos que abriram a ação no Somme literalmente explodindo buracos na linha de frente do inimigo, e a reinvenção britânica da barragem rolante, mais tarde usada com melhor efeito pelos franceses em Verdun. Todas tinham o mesmo objetivo – limitar as baixas de infantaria ao cruzar a terra de ninguém –, mas 1916 foi mais sangrento do que 1915, porque todos os exércitos continuaram a ter dificuldade de aplicar as novas táticas de forma constante e competente ou de replicar táticas (as suas e as de outros exércitos) que haviam funcionado em outras situações. O destino da infantaria britânica no primeiro dia do Somme – onde homens demais enfrentaram terreno aberto demais para atravessar, seguindo uma barragem rolante que estava muito à frente deles – serviu como o exemplo mais preocupante de como as coisas podiam dar terrivelmente errado mesmo quando quem planejara a batalha tinha os devidos conhecimentos. Quanto a novas tecnologias, os ataques com gás continuaram durante 1916, mas o desenvolvimento de máscaras de gás mais eficazes limitou seus efeitos, e ainda não se sabia se o tanque iria evoluir com rapidez suficiente para se tornar um armamento decisivo. A corrida armamentista no ar continuava afetando o equilíbrio de poder nos céus ao longo da frente ocidental, com os Aliados recuperando alguma superioridade no início do ano, só para que os alemães a recuperassem de novo no outono. As aeronaves continuaram a ter seu maior uso prático no reconhecimento, principalmente na espotagem, já que a artilharia continuava sendo a arma decisiva para todos os exércitos em todas as frentes. Durante o ano de 1916, os Aliados continuaram inferiores às Potências Centrais em artilharia, mas estava claro que haviam reduzido a diferença, especialmente em número e qualidade de peças de artilharia pesada.

Em toda a Europa, as recriminações decorrentes da carnificina sem precedentes de 1916 derrubaram líderes políticos e militares. Além da Alemanha, onde Falkenhayn deu lugar a Hindenburg e Ludendorff em meio às grandes batalhas de Verdun e do Somme, e da Itália, onde o primeiro-ministro que levou o país à guerra, Antonio Salandra, caiu do poder na esteira de ofensiva austro-húngara no Tirol, todas as mudanças vieram nas últimas semanas do ano. Na Grã-Bretanha, Haig sobreviveu e até recebeu uma promoção a marechal de campo no Ano Novo, mas os políticos não tiveram tanta sorte. Asquith, cujo filho mais velho morreu no Somme, renunciou ao cargo de primeiro-ministro em 5 de dezembro. Lloyd George, depois de passar os últimos seis meses como sucessor de Kitchener no Ministério da Guerra, sucedeu-o dois dias depois. Na França, o custo humano da guerra finalmente apanhou Joffre durante na última semana de luta em Verdun. Em 13 de dezembro, Nivelle, coronel no início da guerra, ultrapassou Pétain para se tornar comandante das forças armadas francesas. Poincaré amorteceu a queda de Joffre ao promovê-lo a marechal da França no dia seguinte ao Natal. Na Áustria-Hungria, o imperador Francisco José morreu em 21 de novembro, aos 86 anos de idade. Seu sobrinho-neto de 29 anos, o arquiduque Carlos, sucedeu-o, e, pelo menos inicialmente, parecia estar com Conrad, a quem promoveu a marechal de campo quatro dias depois de assumir o cargo. Mas, em 2 de dezembro, Carlos assumiu o comando pessoal das forças armadas austro-húngaras, e depois de repetidos conflitos com Conrad durante o inverno, substituiu-o por Arz em 27 de fevereiro de 1917. Por fim, na Rússia, as baixas desastrosas de 1916 desacreditaram ainda mais o governo imperial russo, o que levou um grupo de líderes políticos e militares a nomear Alekseev como seu porta-voz para exigir que Nicolau II fizesse reformas. Alekseev adoeceu antes de poder fazer isso e, em 23 de novembro, o general Vasili Gourko o substituiu temporariamente como chefe do Estado-Maior do czar. O círculo de Alekseev continuava convencido de que a imperatriz Alexandra, nascida na Alemanha, estava deliberadamente sabotando o esforço de guerra, mas nada

A Primeira Guerra Mundial

podia fazer a respeito; eles acabaram agindo contra seu excêntrico conselheiro, Grigori Rasputin, assassinando-o em 29 de dezembro. Os Romanov permaneceram no trono por apenas 11 semanas após sua morte.

Notas

[1] Citado em Isabel V. Hull, *Absolute Destruction: Military Culture and the Practices of War in Imperial Germany* (Ithaca, NY: Cornell University Press, 2005), 215.

[2] Ver Robert T. Foley, *German Strategy and the Path to Verdun: Erich von Falkenhayn and the Development of Attrition, 1870-1916* (Cambridge University Press, 2005), 124-25, e Hull, *Absolute Destruction*, 215-17.

[3] Citado em Foley, *German Strategy*, 182.

[4] Memorandum, Segunda Conferência Militar Aliada, Chantilly, 6 de dezembro de 1915, disponível em www.firstworldwar.com/source/chantillymemo.htm.

[5] Hull, *Absolute Destruction*, 220.

[6] Anotação em diário, de 1º de julho de 1916, em Émile Fayolle, *Cahiers secrets de la grande guerre*, ed. Henry Contamine (Paris: Plon, 1964), 164-65.

[7] "Battle of the Somme, by Crown Prince Rupprecht," 28 de setembro de 1916, disponível em www.firstworldwar.com/source/somme_rupprecht.htm.

[8] Franz Conrad para Gina Conrad, Teschen, 6 de junho de 1916, KA, B/1450: 357.

[9] Para um aprofundamento sobre esta tese, ver Timothy C. Dowling, *The Brusilov Offensive* (Bloomington, IN: Indiana University Press, 2008).

[10] Josef Redlich, citado em *Schicksalsjahre Österreichs, 1908-1919: Das politische Tagebuch Josef Redlichs, Vol. 2*, ed. Fritz Fellner (Graz: Böhlau, 1953-54), 9 de julho de 1916, 127.

[11] Citado em Dowling, *The Brusilov Offensive*, 154.

[12] Erich Ludendorff, *Meine Kriegserinnerungen 1914-1918*, 5ª ed. (Berlin: E. S. Mittler & Sohn, 1920), 85.

[13] Franz Conrad, "Denkschrift über das Verhältniss der ö.u. Monarchie zu Deutschland", s.d. ("in Teschen 1916 begonnen", depois de Setembro de 1916), KA, B/1450: 143; Conrad para Gina, Teschen, 16 de novembro de 1916, KA, B/1450: 357.

Leituras complementares

Ashworth, Tony. *Trench Warfare, 1914-1918: The Live and Let Live System* (London: Macmillan, 1980).

Dowling, Timothy C. *The Brusilov Offensive* (Bloomington, IN: Indiana University Press, 2008).

Duffy, Christopher. *Through German Eyes: The British and the Somme, 1916* (London: Weidenfeld & Nicolson, 2006).

Ellis, John. *Eye-Deep in Hell: Trench Warfare in World War I* (Baltimore, MD: Johns Hopkins University Press, 1976).

Foley, Robert T. *German Strategy and the Path to Verdun: Erich von Falkenhayn and the Development of Attrition, 1870-1916* (Cambridge University Press, 2005).

Gilbert, Martin. *The Somme: Heroism and Horror in the First World War* (New York: Henry Holt, 2006).

Hart, Peter. *The Somme: The Darkest Hour on the Western Front* (New York: Pegasus Books, 2008).

Leese, Peter. *Shell-Shock: Traumatic Neurosis and the British Soldiers of the First World War* (London: Palgrave Macmillan, 2002).

Middlebrook, Martin. *The First Day on the Somme: 1 July 1916* (New York: W. W. Norton, 1972).

Philpott, William. *Bloody Victory: The Sacrifice of the Somme and the Making of the Twentieth Century* (Boston, MA: Little, Brown, 2009).

Prete, Roy A. "Joffre and the Origins of the Somme: A Study in Allied Military Planning", *Journal of Military History* 73 (2009): 417-48.

Smith, Leonard V. *The Embattled Self. French Soldiers' Testimony of the Great War* (Ithaca, NY: Cornell University Press, 2007).

ENSAIO 3

Com Lenin, a bordo do "trem selado"

De seu exílio na Suíça durante a guerra, Vladimir Ilitch Ulianov, conhecido na História por seu apelido revolucionário, "Lenin", não previu o súbito colapso do regime czarista. Falando diante de um grupo de jovens socialistas em Zurique, em 22 de janeiro, mesmo dia das primeiras grandes manifestações de rua em Petrogrado, ele ponderou: "Nós, os velhos, talvez não vivamos para ver as batalhas decisivas da revolução que virá".[1] Em 15 de março, o dia em que ouviu pela primeira vez as notícias da revolução e da iminente abdicação do czar, ele começou

A revolução de 1917 comandada por Lenin tirou a Rússia da Primeira Guerra.

A Primeira Guerra Mundial

a planejar seu retorno para casa, com a rota pela Alemanha parecendo ser a mais promissora. O Partido Bolchevique de Lenin permanecia pequeno e seus líderes estavam todos no exílio, mas eram bem conhecidos das Potências Centrais. Antes de agosto de 1914, a Áustria-Hungria tinha dado abrigo a Lenin e todos os outros bolcheviques importantes em um momento ou outro e, depois que a guerra forçou a maioria deles a procurar refúgio na Suíça, um agente alemão entrou em contato com Lenin já em maio de 1915. Assim que ficou claro que o governo provisório não pediria a paz, a Alemanha ficou profundamente interessada em fomentar uma segunda revolução que desestabilizasse a Rússia o suficiente para tirá-la da guerra. Depois que Lenin entrou em contato com Berlim por intermédio do embaixador alemão na Suíça, o ministro do Exterior Arthur Zimmermann começou a discutir os termos em que a Alemanha daria passagem ao líder bolchevique e a um seleto grupo de seus seguidores. Enquanto Zimmermann chegava ao acordo que permitiria a volta de Lenin à Rússia, o OHL o endossou plenamente. Dois anos mais tarde, Ludendorff observou que "do ponto de vista militar, sua viagem era justificada, pois a Rússia tinha que ser contida".[2]

Zimmermann finalizou o plano com um olho nos Estados Unidos, onde a indignação diante da retomada da guerra submarina indiscriminada pela Alemanha levou o presidente Wilson, na segunda-feira, 2 de abril, a pedir ao Congresso uma declaração de guerra. O Senado a concedeu no dia 4, e a Câmara dos Deputados, no dia 6. Embora alguns líderes alemães duvidassem da capacidade dos Estados Unidos de convocar, treinar e transportar um grande exército para a Europa, todos reconheciam que o destino da Alemanha naquele momento dependia de terminar a guerra no leste a tempo de concentrar seus esforços na frente ocidental, para alcançar a vitória antes que o exército norte-americano chegasse. Eles aprovaram as providências de Zimmermann no dia 5 e, na segunda-feira seguinte, 9 de abril, Lenin, sua esposa, Nadezhda Krupskaia, e 30 outras pessoas cruzaram a fronteira suíço-alemã para começar a sua jornada na cidade de Gottmadingen. Karl Radek, membro da comitiva, relembrou: "O guarda de fronteira alemão nos recebeu e nos levou à aduana. Segundo as condições, nem os nossos papéis, nem a nossa bagagem poderiam ser examinados".[3] Os dois vagões colocados à sua disposição (um de passageiros e um de bagagem) foram "selados" por mútuo acordo. Lenin, prevendo acusações de ser agente alemão, queria a menor interação possível com os alemães ao cruzar seu território, enquanto estes, por razões óbvias, tinham muito cuidado com quem, do seu próprio pessoal, tivesse contato com revolucionários tão perigosos.

Durante o transcorrer da viagem pela Alemanha, o vagão de passageiros e o de bagagem tiveram que ser trocados entre quatro trens diferentes. Ludendorff designou dois oficiais alemães para acompanhar os bolcheviques ao Báltico e providenciou para que os dois vagões fossem cercados por guardas sempre que parassem. A única fraternização não autorizada com o grupo de Lenin ocorreu no terminal de Frankfurt. Radek se lembrou de que "os soldados alemães estacionados lá ficaram sabendo que havia revolucionários russos no trem. Eles romperam o cordão de espiões [sic] e forçaram a passagem até os vagões, cada um com dois copos de cerveja nas mãos [...] Os soldados eram trabalhadores honestos e só nos perguntaram quando a paz chegaria. No decorrer da conversa, soubemos que a maioria deles pertencia ao partido de Scheidemann" – os Social-Democratas Independentes (USPD) –, dissidente do SPD contrário à guerra.[4] Fritz Platten, comunista suíço que ajudou a organizar a viagem e acompanhou o grupo até Estocolmo, confessou mais tarde ter sido responsável por colocar "vários soldados" no trem, dando-lhes gorjetas para que o ajudassem a levar a bordo dezenas de copos de cerveja que ele havia comprado em um balcão na plataforma da estação, sem esperar que eles permanecessem no vagão depois disso.[5] De qualquer forma, os alemães se certificaram de que o incidente não se repetisse quando o trem parou na capital. "Em Berlim, os vagões foram cercados pelos espiões de guarda até que o trem começasse a andar novamente".[6] Durante a viagem pela Alemanha, Krupskaia notou "a ausência surpreendente de homens adultos [...] nas estações, nos campos e nas ruas da cidade", onde apenas "só se viam algumas mulheres, meninos e meninas adolescentes e crianças". Enquanto Radek examinava a má qualidade da cerveja que foi oferecida aos bolcheviques em Frankfurt como um sinal de deterioração das condições na frente interna alemã, Krupskaia lembrou-se de que "os alemães tentaram nos mostrar que tinham tudo em abundância" e "o cozinheiro preparava refeições excepcionalmente grandes" para os passageiros.[7]

Alcançando Sassnitz, no Báltico, ao meio-dia de 11 de abril, a comitiva de Lenin trocou seu trem pelo barco Trelleborg, a bordo do qual apenas cinco membros do grupo não sofreram enjôos na travessia para Malmö, no sul da Suécia. Platten incluiu Lenin, Radek e Grigori Zinoviev entre a minoria que "se aguentava bem no mar".[8] Radek teve lembranças agradáveis da hospitalidade oferecida pelos "camaradas suecos" em Malmö, que "pediram um bom jantar, aniquilado [...] com incrível velocidade. Os funcionários do restaurante nos tomaram por um bando de bárbaros. Depois, fomos para a estação e, na manhã seguinte, estávamos em Estocolmo". Eles passaram a maior parte do dia 12 de abril no Hotel Regina, na capital sueca, antes de continuar sua viagem para o norte, em torno do Golfo de Bótnia. Radek relembrou que só "depois de considerável conflito conseguimos convencer Lenin a comprar um par de calças e um par de sapatos". Como teria sido considerado inimigo estrangeiro na Rússia por ser súdito austríaco da Galícia, Radek permaneceu em Estocolmo, onde "fez propaganda internacional" até a Revolução Bolchevique lhe permitir ir a Petrogrado.[9] Platten também teve que ficar para trás. Quando o trem chegou a Haparanda, na fronteira da Suécia e do

Grão-Ducado russo da Finlândia, os restantes 30 membros do grupo que viajava desembarcaram para um breve passeio de trenó até a cidade finlandesa de Tornio, onde embarcaram em um trem russo para a etapa final da jornada a Petrogrado. A partir desse ponto, Krupskaia recordou, "tudo já nos era familiar e estimado", incluindo "os miseráveis vagões de terceira classe" que os levaram. "Nossa gente se amontoava contra as janelas", à medida que o trem percorria seu caminho ao sul, e socializava com outros passageiros a bordo. Quando um jovem tenente entrou em seu vagão e começou um debate sobre a guerra e o futuro da Rússia com Lenin, "os soldados começaram a se espremer para entrar até não haver espaço para se movimentar" e "subiam nos bancos para ver e ouvir melhor".[10]

Durante a tarde de 16 de abril, quando cruzaram o sul da Finlândia e se aproximavam de seu destino, Lenin lamentou que o trem chegaria tarde demais para que eles pegassem um táxi da estação até a casa de sua irmã, mas também especulou que isso não teria importância, pois todos seriam presos após a chegada. Ao parar na Estação Finlândia de Petrogrado, às 11h10, eles ficaram impressionados com a recepção. Uma delegação do Soviete de Petrogrado, formações de soldados e marinheiros revolucionários, e uma variedade de bolcheviques e outros velhos amigos os cercaram dentro da estação, enquanto, lá fora, lanternas varriam as dezenas de milhares de pessoas que lotaram a praça e as ruas ao redor, algumas carregando tochas, todas ansiosas para ver e ouvir o herói que retornava. Os bolcheviques locais tinham feito um excelente trabalho em ascender as massas, cuja maioria, na época, ainda não era de simpatizantes bolcheviques. Lenin e Krupskaia finalmente conseguiram chegar da estação a seu destino, a várias quadras de distância, em um carro blindado, de onde ele teve que descer pelo menos uma dúzia de vezes para fazer breves discursos de improviso, para a multidão, em troca de licença para percorrer mais uma ou duas quadras. Em seu discurso inicial, segundo relembrou uma testemunha ocular, Lenin expressou sua crença de que "qualquer dia pode testemunhar o colapso geral do capitalismo europeu. A Revolução Russa que vocês fizeram lhe deu o primeiro golpe, e inaugurou uma nova época".[11]

Três dias mais tarde, em suas "Teses de abril", Lenin protestou contra a tentativa do governo provisório de canalizar o fervor revolucionário do povo para reerguer o esforço de guerra; em vez disso, denunciou "a participação da Rússia em uma guerra imperialista predatória" e clamou por "uma paz verdadeiramente democrática", na qual "todas as anexações fossem repudiadas". Ele pediu aos seus seguidores que não dessem "qualquer apoio ao governo provisório" e defendeu sua substituição "não [por] uma República parlamentar [...], mas por uma República de sovietes".[12] Parecia improvável no momento, mas, sete meses depois, ele conseguiu o que queria, uma Rússia soviética que certamente não poderia ter sido criada sem ele – ou sem a cooperação da Alemanha imperial ao lhe fornecer o "trem selado".

Notas

[1] Citado em Dmitri Volkogonov, *Lenin: A New Biography*, trad. e ed. Harold Shukman (New York: The Free Press, 1994), *104*.

[2] Erich Ludendorff, *Ludendorff's Own Story: August 1914-November 1918, Vol. 2* (New York: Harper & Brothers Publishers, *1919*), 126.

[3] Karl Radek, "Lenin's 'Sealed Train': Karl Radek Lifts Veil on Bolsheviki's Trip across Germany After Revolution", *New York Times*, 19 de fevereiro, 1922.

[4] Radek, "Lenin's 'Sealed Train'".

[5] Fritz Platten, *Die Reise Lenins durch Deutschland in plombierten Wagen* (Frankfurt: ISP–Verlag, 1985), 48.

[6] Radek, "Lenin's 'Sealed Train'".

[7] Nadezhda Krupskaya, *Memories of Lenin* (London: Lawrence & Wishart, 1970), 294.

[8] Platten, *Die Reise Lenins durch Deutschland*, 50.

[9] Radek, "Lenin's 'Sealed Train'",

[10] Krupskaya, *Memories of Lenin*, 295.

[11] Citado em Edmund Wilson, *To the Finland Station* (New York: Farrar, Straus & Giroux, 1972), 549.

[12] V. I. Lenin, "The Tasks of the Proletariat in the Present Revolution ('April Theses')", in *The Lenin Anthology*, ed. Robert C. Tucker (New York: W. W. Norton, 1975), 295-300.

REVOLTA E INCERTEZA: EUROPA, 1917

Reunião para armistício de Brest-Litovski: a Rússia revolucionária sai da guerra.

Cronologia

Março. Os alemães recuam para a Linha Hindenburg.

15 de março. O czar Nicolau II abdica.

Abril. Lenin atravessa a Alemanha para voltar à Rússia.

Abril-maio. Derrota francesa na "ofensiva Nivelle".

Abril-setembro. Motins no exército francês.

Julho-agosto. Derrota russa na "ofensiva Kerensky".

Verão. Os Aliados recuperam a superioridade aérea sobre a frente ocidental.

Julho-novembro. Terceira Batalha de Ypres (Passchendaele).

1º a 3 de setembro. Os alemães tomam Riga, no primeiro uso da tática de tropas de assalto.

Outubro-novembro. Décima segunda Batalha do Isonzo (Caporetto).

7 e 8 de novembro. Revolução Bolchevique na Rússia.

20 de novembro. Os tanques são usados em massa pelos britânicos pela primeira vez em Cambrai.

15 de dezembro. A Rússia soviética assina armistício com as Potências Centrais.

Durante o inverno de 1916 para 1917 no hemisfério norte, os novos e recentemente instalados líderes políticos e militares das grandes potências fizeram seus planos para o ano que iniciava. Em Berlim, Hindenburg e Ludendorff convenceram Guilherme II e Bethmann Hollweg de que chegara a hora de a Alemanha arriscar a derrota total em nome da vitória. Com a Grã-Bretanha e seu império assumindo uma parcela maior do esforço Aliado na frente ocidental, a guerra não poderia ser vencida a menos que os britânicos fossem subjugados, e isso só seria possível com a retomada da guerra submarina indiscriminada, possivelmente provocando os Estados Unidos a intervir. Em 9 de janeiro, os líderes alemães tomaram sua decisão e, no final do mês, seus aliados austro-húngaros aceitaram participar e facilitar a operação no Adriático e no Mediterrâneo. Incapazes de repetir as batalhas sangrentas de 1916, as Potências Centrais decidiram permanecer na defensiva durante o dia seguinte, enquanto os submarinos alemães faziam seu trabalho, mas permaneceram posicionadas para aproveitar as oportunidades nas frentes oriental e italiana. Tendo em vista que a abdicação de Nicolau II no final do inverno não conseguiu pôr fim à guerra no leste, a Alemanha assumiu mais um risco fatídico, enviando Lenin e outros líderes bolcheviques exilados para revolucionar a Rússia, com o objetivo de tirá-la da guerra. Mas como também era o caso da guerra submarina indiscriminada, não se podia contar com dividendos imediatos dessa estratégia. Embora essas apostas tenham dado à guerra um novo caráter de "tudo ou nada" em nível estratégico, os alemães também alteraram fundamentalmente o conflito nos níveis operacional e tático ao desvelar a Linha Hindenburg. Essa frente recém-fortificada, construída de Lille a Verdun, em alguns lugares, 50 km atrás da frente antiga, dava testemunho de sua intenção de ficar na defensiva, em particular, a seção de Siegfried (*Siegfriedstellung*), construída ao sul de Arras, em toda a protuberância que as tropas alemãs tanto haviam lutado para defender na Batalha do Somme. Em 20 de março, os alemães completaram sua retirada para a nova frente, e, depois, Ludendorff fez com que os comandantes locais implementassem uma nova "defesa em profundidade", fazendo pleno uso das metralhadoras em casamatas de concreto e quantidades de arame descomunais, trincheiras, abrigos e *bunkers* da Linha Hindenburg. Durante 1917, essas alterações haviam destacado ainda mais a diferença entre a guerra na frente ocidental e em outras, onde exércitos cansados se enfrentavam através de linhas muito mais maleáveis.

Revolução na Rússia: Nicolau II derrubado

No início do ano novo, a frente interna russa finalmente desabou sob o peso do custo humano da guerra, da escassez de alimentos resultante da mobilização de tantos milhões de camponeses e das condições de trabalho nas sobrecarregadas fábricas do país. Em 22 de janeiro, o governo do czar enfrentou as manifestações mais graves desde a Revolução de 1905, não por coincidência no 12º aniversário do massacre do Domingo Sangrento, que marcou o início da revolução do mesmo ano. Somente em Petrogrado, 150 mil trabalhadores entraram em greve. Um grande número de manifestantes também tomou as ruas em Moscou e em cidades tão distantes como Carcóvia e Baku. A agitação cresceu ao longo das seis semanas seguintes e se tornou cada vez mais radicalizada, culminando, em 8 de março, em uma manifestação de 200 mil trabalhadores de Petrogrado para pedir o fim do regime czarista e da guerra. Os críticos de Nicolau II entre os líderes políticos e militares da Rússia já haviam concluído no outono anterior que só a mudança decisiva poderia salvar o país. Discursando na Duma em novembro de 1916, Pavel Miliukov, líder dos democratas constitucionais (cadetes), terminou uma ladainha de críticas ao primeiro-ministro Stürmer e à condução da guerra pelo governo com a pergunta: "O que é isso? Burrice ou traição?"[1] De fato, quando a Rússia entrava em seu quarto ano de guerra, as falhas humanas do exército eram seu maior problema. Graças aos esforços dos Aliados para fazer entrar munições na Rússia através de Arcangel, no norte, e Vladivostok, no leste, as tropas russas estavam mais bem supridas em 1917 do que em qualquer momento desde 1914. Mas a liderança – do czar, em Mogilev, até os generais, no campo – deixava muito a desejar, enquanto o contingente, historicamente o ponto forte da Rússia, estava se esvaindo. No início de 1917, o exército russo tinha perdido 2,7 milhões de homens, mortos ou feridos, e mais de 4 milhões de prisioneiros. Outros 2,3 milhões serviam no interior em guarnições, que incluíam uma mistura volátil de novos recrutas, soldados veteranos convalescentes de ferimentos e arruaceiros muito pouco confiáveis para a frente de batalha. Em pouco tempo, os eventos mostrariam que as guarnições tampouco eram confiáveis contra os manifestantes.

Diante da crise, o amplo círculo de políticos, generais e nobres mais bem posicionados para agir não conseguia chegar a um consenso sobre o que fazer e, para além de assassinar Rasputin, nenhum deles atuou até o czar involuntariamente forçá-los a isso ao responder às manifestações de rua com ordens para dissolver a Duma e usar a força contra os manifestantes. Em 10 de março, os soldados mobilizados para dispersar os manifestantes, em vez disso, juntaram-se a eles, o que provocou um motim total na guarnição da capital. Dois dias depois, a Duma desafiadoramente proclamou a formação do governo provisório. No dia 13,

O czar Nicolau II com a mulher e os cinco filhos.

Nicolau tentou voltar de Mogilev a Petrogrado, mas só chegou até Pskov, onde representantes da Duma o encontraram e lhe pediram que abdicasse. No dia 15, uma enxurrada de telegramas entre Alekseev, que acabava de retornar a Mogilev de sua longa licença de saúde, e vários generais na frente confirmou a conclusão do exército de que o czar deveria abrir mão do trono. Alekseev relatou seu veredicto ao czar e, naquela noite, Nicolau abdicou, mas em lugar de seu filho adoentado, Aleksei, nomeou seu irmão, o grão-duque Miguel. No dia seguinte, Miguel recusou o trono e conclamou o povo russo a obedecer ao governo provisório até que eleições livres determinassem o futuro do país (ver box "Os Romanov renunciam ao trono russo"). A revolução relativamente sem derramamento de sangue custou 169 vidas, a maioria delas em Petrogrado, incluindo um punhado de oficiais baleados por seus homens. O vice-almirante A. J. Nepenin, comandante da frota do Báltico, foi o oficial mais graduado a ser assassinado. Marinheiros revolucionários logo controlavam a maioria dos navios de guerra russos.

277

OS ROMANOV RENUNCIAM AO TRONO RUSSO

Em 15 de março de 1917, Nicolau II abdicou em favor de seu irmão, o grão-duque Miguel:

Em meio à grande luta contra um inimigo estrangeiro, que tem se esforçado por três anos para escravizar o nosso país, aprouve a Deus submeter a Rússia a uma nova e dolorosa provação. Distúrbios populares recém-surgidos no interior põem em perigo a continuação exitosa da luta obstinada. O destino da Rússia, a honra de nosso exército heroico, o bem-estar de nosso povo, todo o futuro de nossa querida terra clamam pela continuação do conflito, independentemente dos sacrifícios, até um final triunfante. O inimigo cruel está fazendo seus últimos esforços e se aproxima a hora em que nosso bravo exército, junto com nossos gloriosos aliados, vai esmagá-lo.

Nestes dias decisivos na vida da Rússia, consideramos nosso dever fazer o que pudermos para ajudar nosso povo a se unir e juntar todas as suas forças para a rápida obtenção da vitória. Por essa razão, nós, de acordo com a Duma de Estado, consideramos melhor abdicar do trono do Estado russo e estabelecer o Poder Supremo. Não querendo ficar separados de nosso amado filho, entregamos nosso legado a nosso irmão, o grão-duque Miguel Alexandrovich, e a Ele damos Nossa bênção para que ascenda ao trono do Império Russo [...]. Apelamos a todos os fiéis filhos da pátria para que cumpram suas sagradas obrigações perante o seu país, obedecendo ao czar nesta hora de angústia nacional e ajudando a ele e aos representantes do povo a tirar a Rússia da posição em que se encontra e levá-la ao caminho da vitória, do bem-estar e da glória. Que o Senhor Deus ajude a Rússia!

No dia seguinte, 16 de março, Miguel renunciou ao trono ao declarar que só o aceitaria se lhe fosse oferecido por uma assembleia eleita pelo povo:

Um pesado fardo me foi dado por meu irmão, que me passou o trono imperial da Rússia em um momento de guerra e distúrbios populares sem precedentes. Animado pelo pensamento que está na mente de todos, de que o bem do Estado está acima de outras considerações, decidi só aceitar o poder supremo se for esse o desejo do nosso grandioso povo, expresso em uma eleição geral de seus representantes em uma Assembleia Constituinte, que deve determinar a forma de governo e estabelecer as leis fundamentais do Império Russo. Com uma oração a Deus por suas bênçãos, peço a todos os cidadãos do Império que se submetam ao governo provisório, criado pela Duma de Estado e por ela investido de força total, até a convocação, o mais cedo possível, de uma Assembleia Constituinte, selecionada por voto universal, direto, igual e secreto, que estabelecerá um governo de acordo com a vontade do povo.

Fonte: *Documents of Russian History, 1914-1917*, ed. Frank Alfred Golder (New York: The Century Co., 1927), 297-99.

As Potências Centrais saudaram a queda da monarquia russa e esperavam que o governo provisório pedisse a paz. Quando isso não aconteceu (e, para complicar, os Estados Unidos entraram na guerra em 6 de abril), a Alemanha pôs em marcha o seu plano para devolver Lenin à Rússia, confiando que ele e os bolcheviques provocariam uma segunda revolução e forçariam o país a sair da guerra. Enquanto isso, para os Aliados, a abdicação de Nicolau II aumentou as esperanças, assim como os temores. Na Grã-Bretanha, na França e na Itália, liberais e socialistas aplaudiram a mudança, uma vez que já não enfrentariam o constrangimento de ter seus países em conluio com o regime czarista autocrático, enquanto, nos Estados Unidos, a partida do czar abriu o caminho para Woodrow Wilson apresentar a guerra a seu povo como uma luta pela democracia contra a autocracia das Potências Centrais. Esses otimistas pressupunham que o governo provisório não poderia se sair pior do que o regime czarista e provavelmente governaria melhor, mas outros duvidavam que ele pudesse dominar a situação cada vez mais volátil dentro da Rússia. Mesmo com todas as suas fraquezas, o czar era conhecido, e sob sua direção, a Rússia tinha sido um aliado de confiança, assumindo mais do que sua parte dos fardos da guerra. O maior medo, comum em todas as capitais Aliadas, era de que o governo provisório tirasse a Rússia da guerra. Isso mandaria ondas de choque de Flandres ao Golfo Pérsico, libertando a Alemanha para se concentrar na frente ocidental na França, o Império Austro-Húngaro para acumular suas forças contra a Itália e o Império Otomano para concentrar seu esforço de guerra contra as tropas britânicas e imperiais na Mesopotâmia e a revolta árabe patrocinada pelos britânicos no Hejaz. Assim, desde o início, o governo provisório sofreu grande pressão de Londres, Paris e Roma (logo acompanhadas por Washington) para permanecer na guerra.

Essa pressão caiu sobre um governo que nunca realmente controlou a Rússia. Embora, em teoria, tenha herdado os poderes do regime czarista, o governo provisório teve que aceitar um "duplo poder" acordado com a rede de sovietes (conselhos), liderada pelo Soviete de Petrogrado, que havia sido formada em todo o país por operários e camponeses revolucionários. Em 14 de março, o Soviete de Petrogrado emitiu sua famosa Ordem Número Um, sancionando a criação de sovietes dentro das forças armadas e, com efeito, acabando com a tradicional disciplina militar da Rússia. A ordem afirmava que os sovietes dentro de cada unidade militar controlariam suas armas e só eram obrigados a obedecer as ordens do governo provisório se elas não entrassem em conflito com as ordens do Soviete de Petrogrado. Como o governo provisório tomou a fatídica decisão de manter a Rússia na guerra, Alekseev e os generais enfrentavam a perspectiva de combater as Potências Centrais em 1917 paralisados pela exigência de que cada oficial justificasse toda ordem a seus soldados, até a mais baixa patente. Os alemães, na esperança de que a queda do czar resultasse na saída da Rússia da guerra, procuraram minar ainda mais a disciplina no exército russo, incentivando suas próprias tropas a fraternizar com o inimigo ao longo de toda a frente oriental. Em março e abril de 1917, os comandantes do 5º, do 10º e do 12º Exércitos russos relataram contatos tais que culminaram em uma fraternização generalizada em 1º de maio, Dia Internacional dos Trabalhadores. Enquanto isso, ao longo do setor austro-húngaro da frente de batalha, a fraternização espontânea generalizada ocorreu no domingo da Páscoa Ortodoxa, 15 de abril. Lenin, tendo acabado de retornar à Rússia pelas mãos dos alemães, a bordo do famoso "trem selado", viu a fraternização como uma ferramenta para espalhar a revolução mundial. Ele deixou clara a posição bolchevique em um editorial do *Pravda* de 28 de abril, pouco depois de sua chegada a Petrogrado: "Longa vida às fraternizações. Longa vida à revolução socialista mundial do povo".[2]

A frente oriental:
a ofensiva de Kerensky e suas consequências

Alexander Kerensky, líder do Partido Socialista Revolucionário (SR), foi o único a ser membro tanto do governo provisório quanto do Soviete de Petrogrado e era uma ligação crucial entre os dois. Depois que o novo primeiro-ministro, o príncipe Georgi Lvov, nomeou-o ministro da Guerra, ele trouxe Brusilov a Mogilev para substituir Alekseev como comandante-geral do exército. Gourko, recentemente nomeado comandante do grupo de exércitos ocidental (em substituição a Evert, o único general importante a se opor à abdicação do czar), recordou mais tarde que ninguém ainda "entendia o perigo que ameaçava as [...] capacidades de combate" do exército como resultado da revolução, em vez disso, "todos estavam hipnotizados e comparavam a Revolução Russa com a grande Revolução Francesa", dando "atenção especial [...] aos sucessos das armas francesas após a revolução".[3] Kerensky refletia esse idealismo revolucionário otimista. Ele acreditava que a "democratização" faria renascer o espírito do exército, o que lhe permitiria espalhar a revolução democrática a outros países. A visão igualitária do governo provisório sobre a "nação em armas" incluía até mulheres soldados, servindo em 15 batalhões femininos, um dos quais entraria em combate no verão de 1917. Nas visitas que fazia percorrendo a frente de batalha, Kerensky ganhou o apoio dos soldados (a quem insistia que o tratassem de "camarada"), bem como de seus oficiais, reafirmando a Ordem Número Um ao mesmo tempo em que tentava restaurar alguma aparência de autoridade de comando. Ele também recebeu um voto de confiança do Primeiro Congresso dos Sovietes de Todas as Rússias, que se reuniu em Petrogrado em 16 de junho. Rejeitando o apelo, feito em 15 de maio pelo Soviete de Petrogrado, por uma "paz sem anexações ou indenizações", a maioria formada pelo Partido SR e a facção menchevique dos marxistas russos adotou o modelo revolucionário francês oferecido por Kerensky, que existia nos seus desejos, mas não na realidade. Eles endossaram a política externa do governo provisório e até autorizaram o exército a lançar uma ofensiva a critério de Kerensky. Os bolcheviques de Lenin, minoria no Congresso, expressaram sua oposição nos termos mais fortes e, assim, estabeleceram-se como o partido de escolha para os revolucionários contrários à guerra. Dada a natureza volátil da política russa, Kerensky agiu rapidamente depois de garantir a aprovação do Congresso. Ele deu a Brusilov permissão para prosseguir com uma ofensiva a qual esperava que resultasse em uma vitória para levantar o moral, afirmando a capacidade de combate do exército "democrático" da Rússia e aumentando a credibilidade do governo provisório, tanto dentro do país quanto no exterior.

Durante os preparativos para a "ofensiva Kerensky", a fraternização parou e as deserções diminuíram muito. Em seu discurso às tropas na véspera da batalha, Brusilov pediu ao "exército revolucionário russo" para assumir as tarefas de "defender nossa liberdade e exaltar nossa grande revolução".[4] A ofensiva começou em 1º de julho, liderada, como em 1916, pelo grupo de exércitos do sudoeste, que consistia no velho 8º Exército de Brusilov (agora sob comando do general Lavr Kornilov), juntamente com o 7º e o 11º Exércitos, que, juntos, incluíam 40 divisões de infantaria e 8 de cavalaria, apoiadas por 1.328 canhões. Seus adversários, a quem tanto Kerensky quanto Brusilov consideravam maduros para o colapso, incluíam algumas das mesmas formações destroçadas pelos russos no verão anterior: o 2º e o 3º Exércitos austro-húngaros e o Südarmee austro-germânico, 26 divisões ao todo, apoiadas por 988 canhões. Em poucos dias, os russos tinham avançado 32 km, chegando aproximadamente a meio-caminho de Lemberg, e quase capturaram os campos de petróleo de Drohobycz. Hindenburg e Ludendorff tiveram que transferir 11 divisões alemãs da França e 3 divisões austro-húngaras do Isonzo para defender a frente. Quando a maioria delas chegou, a ofensiva já havia perdido a força, e Brusilov aprendeu em pouco tempo que a Ordem Número Um tornava impossível sustentar ataques diante de perdas pesadas. A seguir, as divisões alemãs levaram a cabo um contra-ataque (19 de julho a 3 de agosto) que deixou o exército russo completamente destruído. Quando os combates pararam, as Potências Centrais tinham avançado 240 km a leste e retomado todo o território austro-húngaro no leste da Galícia e de Bucovina, que havia sido deixado nas mãos dos russos no ano anterior, incluindo a cidade de Czernowitz. Nas cinco semanas de combates, cada lado perdeu cerca de 60 mil homens mortos ou feridos, mas, para os russos, as deserções maciças (pela primeira vez, mais para a retaguarda do que para o inimigo) incharam as perdas totais para 400 mil, deixando o governo provisório sem forças eficazes ao sul dos pântanos de Pripet. Brusilov culpou pelo colapso a "criminosa propaganda dos bolcheviques" (ver box "'A criminosa propaganda dos bolcheviques'"), mas panfletos de propaganda austro-húngaros também foram importantes na última rodada de uma guerra de papel que a Rússia e Áustria-Hungria haviam travado desde agosto de 1914. De qualquer forma, após a derrota, oficiais e suboficiais rotularam de "bolchevique" qualquer um que se esquivasse de seu dever. Mas culpar os bolcheviques só melhorou a reputação deles aos olhos dos soldados cansados da guerra. Dentro do que restava do grupo de exércitos do sudoeste, o número de células bolcheviques cresceria de 74, em julho, para 173, em setembro, e 280, em novembro.

Para os Aliados, a perseverança da resistência romena na Moldávia foi o único alento na frente oriental em 1917. Após o colapso de Brusilov, Mackensen tentou desferir um golpe final ao 2º Exército romeno de Averescu e ao reconstituído 1º Exército romeno (general Eremia Grigorescu) segurando a frente ao sul dos russos, mas encontrou a derrota na Batalha de Mărășești (6 de agosto a 8 de setembro). O engajamento gerou 47 mil baixas para as Potências Centrais contra 27 mil para os romenos, cujos mortos incluem a tenente Ecaterina Teodoroiu, uma das poucas oficiais combatentes da guerra, saudada na Romênia como uma Joana d'Arc dos tempos modernos. A vitória em Mărășești pouco fez para melhorar a situação estratégica romena, que se tornou insustentável após a Revolução Bolchevique. Em 9 de dezembro, a Romênia concluiu um armistício com as Potências Centrais e estabeleceu a paz com elas em maio de 1918.

"A CRIMINOSA PROPAGANDA DOS BOLCHEVIQUES"

O general Alexei Brusilov, comandante da "ofensiva Brusilov" do exército russo em 1916, também serviu como comandante da "ofensiva Kerensky" de 1917, batizada em função de Alexander Kerensky, ministro da Guerra e, posteriormente, chefe do governo provisório. Duas semanas depois de um começo promissor, em 21 e 22 de julho, a operação fracassou em meio a deserções inspiradas pelos bolcheviques, como descrito nos despachos oficiais de Brusilov sobre aqueles dias:

21 de julho de 1917: Depois de forte preparação de artilharia, o inimigo atacou persistentemente nossos destacamentos na frente Pieniaki-Harbuzow [em ambos os lados das cabeceiras do Sereth e 30 km ao sul de Brody]. No início, todos esses ataques foram repelidos.

Às 10 horas de 19 de julho, o 607º Regimento Mlynoff, situado entre Batkow e 11-Ianajow (na mesma região), deixou suas trincheiras voluntariamente e se retirou, fazendo com que as unidades vizinhas também tivessem que se retirar. Isso deu ao inimigo a oportunidade de ampliar seus êxitos.

Nosso fracasso é explicado, em muito, pelo fato de que, sob a influência dos extremistas (bolcheviques), vários destacamentos, tendo recebido a ordem de apoiar os destacamentos atacados, fizeram reuniões e discutiram a conveniência de obedecer a ordem, e alguns se recusaram a obedecer ao comando militar.

> Os esforços de comandantes de comitês para mobilizar os homens para que cumprissem as ordens foram infrutíferos.
>
> 22 de julho de 1917: Nossos soldados, tendo manifestado desobediência absoluta aos comandantes, continuaram a recuar para o rio Sereth, em parte se entregando como prisioneiros.
> Somente a 155ª Divisão de Infantaria, no distrito de Dolzanka-Domamoricz, e os carros blindados que dispararam contra a cavalaria alemã na estrada de Tarnopol apresentaram qualquer enfrentamento ao inimigo.
> Com imensa superioridade em forças e técnico [sic] do nosso lado nas seções atacadas, o recuo continuou quase sem interrupção. Isso se deveu à instabilidade absoluta de nossas tropas e a discussões sobre obedecer ou não às ordens dos comandantes e à propaganda criminosa dos bolcheviques.
>
> Fonte: Publicado inicialmente em *Source Records of the Great War, Vol. v*, ed. Charles F. Horne, National Alumni, 1923, disponível em www.firstworldwar.com/source/russia_ brusilov2.htm.

As legiões tchecas e polonesas

No início da ofensiva Kerensky, os russos romperam temporariamente a frente do 2º Exército austro-húngaro quando seu próprio 13º Exército mobilizou legionários tchecoslovacos, recrutados de desertores anteriores, em frente aos 35º e 75º Regimentos de Infantaria da Monarquia Dual, predominantemente tchecos. Embora esses dois regimentos tivessem bons históricos de serviço anteriores, milhares de soldados abandonaram suas posições para se juntar aos seus compatriotas do lado russo. Além da divisão de desertores sérvios étnicos (de regimentos bósnios e croatas do exército austro-húngaro) no "Destacamento Dobruja" de Zaionchkovsky durante a campanha romena no outono anterior, a legião tchecoslovaca que servia na ofensiva Kerensky representava o uso mais significativo de desertores austro-húngaros realizado pela Rússia na guerra até o momento. Os esforços russos para recrutar soldados entre os prisioneiros tchecos remontavam a agosto de 1914, mas, durante 1916, poucos tinham entrado em ação. A iniciativa ganhou força quando o líder nacionalista tcheco e futuro presidente da Tchecoslováquia, Tomáš Masaryk, visitou a Rússia a partir de seu exílio em Londres, logo após a abdicação do czar, acompanhado por seu ex-aluno, o líder nacionalista eslovaco Milan Štefánik; ambos consideravam as legiões fundamentais para fortalecer o argumento em defesa do estabelecimento de um Estado tcheco-eslovaco após a guerra. Para facilitar seus esforços de recrutamento, o exército francês deu a Štefánik, cidadão da França e aviador do exército francês, o posto de general antes de sua viagem à Rússia. Enquanto a grande maioria dos 210 mil tchecos e eslovacos em cativeiro russo não mostrava interesse em servir, os alistamentos aumentaram muito durante e após a sua visita, e, em 1918, as legiões tchecoslovacas incluíam 61 mil homens. Ironicamente, eles seriam mais conhecidos na história por seu papel na luta contra os bolcheviques durante um recuo épico através da Sibéria até Vladivostok, após a eclosão da Guerra Civil Russa.

A contribuição tcheca à causa Aliada, embora modesta, ofuscava a dos poloneses no lado das Potências Centrais. A legião polonesa de Pilsudski tinha servido no exército austro-húngaro na frente oriental desde 1914, mas continuava pequena e insignificante; as Potências Centrais esperavam ampliá-la depois de novembro de 1916, quando reconheceram um reino "independente" da Polônia e desencadearam uma onda de deserções polonesas do exército russo ao anunciar a notícia jogando panfletos de propaganda. Mas poucos desertores optaram por ser voluntários na legião, e Ludendorff, o principal defensor da exploração, pela Alemanha, dos recursos da Polônia ocupada, sempre considerou irreais os planos para mobilizar o contingente polonês. No entanto, em abril de 1917, os alemães criaram um exército polonês sobre os alicerces da legião de Pilsudski, que chegou a 21 mil homens até julho, quando os alemães precipitaram uma crise, exigindo que as tropas polonesas fizessem um juramento a Guilherme II. Pilsudski e a maioria de seus homens se recusaram. A seguir, os 3 mil legionários da Galícia austríaca foram convocados para o exército austro-húngaro e enviados à frente italiana, enquanto outros 15 mil, que se recusaram a fazer o juramento, incluindo Pilsudski, foram internados na Alemanha. Os restantes 3 mil homens fizeram o juramento e acabaram servindo ao lado dos alemães, sob os auspícios do Conselho da Regência polonês, formado em setembro de 1917. Até o final da guerra, sua força cresceu a 9 mil soldados, que se tornaram o núcleo pós-guerra do exército polonês. Os alemães mantiveram Pilsudski na prisão durante a guerra. Três dias depois do armistício, ele se tornou o primeiro chefe de Estado da República da Polônia.

A frente ocidental:
as colinas de Vimy, a ofensiva Nivelle, Messines

Nivelle escolheu o setor central da frente de batalha para a ofensiva Aliada da primavera de 1917 e em pouco tempo alarmou seus pares e subordinados com suas bravatas. Em contraste com as táticas metódicas, relativamente não ambiciosas no estilo "morde e segura" que as forças de Rawlinson tinham usado no Somme, ele argumentava que toda a profundidade da frente inimiga poderia ser rompida em apenas dois dias. Embora seus críticos o ridicularizassem por isso, o raciocínio por trás da ideia não era infundado: seu plano demandava um intenso bombardeio preliminar de um setor de 80 km da frente paralela ao rio Aisne, entre Soissons e Reims, a ser seguido por uma barragem rolante que iria fornecer suporte imediato a um ataque por ondas de infantaria, liderado por tanques. O apoio de artilharia, segundo ele, permitiria que um ataque frontal rompesse várias linhas de trincheiras alemãs e conseguisse alcançar a linha de artilharia inimiga – geralmente 10 km atrás da frente – em um único ataque. Nivelle estava tão confiante no sucesso que recusou um pedido de Franchet d'Espèrey para que seu grupo de exércitos do norte atacasse enquanto os alemães em seu setor estivessem recuando a suas novas posições na Linha Hindenburg, porque isso tiraria recursos da grande investida. Pétain, o premiê Aristide Briand e praticamente todos os principais generais ou políticos que conheciam o plano manifestaram sérias dúvidas e, em 20 de março, Briand renunciou em função dele, levando à formação de um novo gabinete sob a liderança de Alexandre Ribot. Poincaré acabou convocando um conselho de guerra em 6 de abril, em Compiègne, para esclarecer as coisas. No final, Nivelle recebeu um voto de confiança, mas apenas depois de também ameaçar renunciar.

Nivelle impressionou os britânicos mais do que seus próprios compatriotas. Graças a sua mãe inglesa, ele falava inglês fluentemente e não hesitou em usá-lo a seu favor em conversas com os Aliados da França. No início de 1917, quase convenceu Lloyd George a demitir Haig em favor de Gough; o primeiro-ministro não fez o que ele queria (temendo uma reação política), mas concordou em subordinar as forças britânicas ao comando geral de Nivelle para a ofensiva que se aproximava. Haig apoiou Nivelle porque ele o deixou lançar sua própria ofensiva nos arredores de Arras, como manobra diversionista ao ataque francês no centro alemão. Então, Haig mobilizou o 1º Exército britânico (agora sob comando do general sir Henry Horne) e o 3º Exército de Allenby contra o 6º Exército alemão (agora comandado pelo general Ludwig von Falkenhausen) em direção às colinas de Vimy, enquanto, ao sul, o 5º Exército de Gough assaltaria a linha alemã perto de Bullecourt. Durante o inverno, os três exércitos tinham sido reforçados com recrutas, o primeiro dos quais chegou à França no final de 1916, após a Batalha do Somme. Sua espotagem de artilharia iria melhorar no decorrer de 1917, graças à introdução do triplano Sopwith, superior ao Albatros D3 alemão, mas não havia aviões novos em número suficiente para afetar a ação na Batalha de Arras (9 de abril a 17 de maio), onde a esquadrilha de Richthofen assegurou a continuidade da superioridade aérea que a Alemanha arrancara dos Aliados no outono anterior. Na verdade, nos quatro dias que antecederam a batalha, o Corpo Real de Aviadores perdeu 75 aviões. Em preparação para a ofensiva, os britânicos bombardearam as colinas de Vimy por três semanas e o resto do setor de 39 km por cinco dias, gastando, no processo, um

A Primeira Guerra Mundial

recorde de 2,7 milhões de projéteis de artilharia. Em parte porque Falkenhausen não conseguiu implementar plenamente a "defesa em profundidade" de Ludendorff em seu setor, os exércitos de Haig, avançando sob uma barragem rolante, fizeram com que os alemães recuassem quase 6 km nos primeiros seis dias, com destaque para o corpo canadense do 1º Exército que tomou as colinas de Vimy em 12 de abril. Mas, como manobra diversionista para a ofensiva principal de Nivelle, o ataque falhou. Falkenhausen conseguiu manter sua frente sem chamar reservas de outros lugares, e após seus sucessos iniciais os exércitos de Haig não tiveram mais conquistas durante as quatro semanas seguintes de combates. Os britânicos perderam quase 160 mil homens, contra 120 mil a 130 mil baixas dos alemães. No outono, o setor ressurgiu com artilharia recíproca e ataques com gás, como complemento à campanha da terceira Batalha de Ypres (Passchendaele), mas a frente permaneceu inalterada (ver box "'Uma mancha de gás' nas colinas de Vimy, 1917").

A ofensiva principal, que evoluiu para a segunda Batalha do Aisne (16 de abril a 9 de maio), começou um dia após a ação em Arras entrar em impasse. Para liderar o ataque, Nivelle montou um novo "grupo de exércitos de reserva", constituído pelo 5º, o 6º e o 10º Exércitos e comandado pelo ex-chefe deste, Micheler. Suas forças foram flanqueadas à direita pelo grupo central de Pétain, que contribuiria para a ofensiva com seu exército mais ocidental, o 4º. O 5º e o 6º Exércitos de Micheler (19 divisões, com 128 tanques) abriram a batalha atacando o 7º Exército alemão (general Max von Boehn), enquanto o 4º Exército ingressava na ação no segundo dia, avançando de sua posição a leste de Reims para atacar o 1º Exército de Fritz von Below. Eles avançaram menos do que o previsto, por várias razões. O reconhecimento aéreo fez com que os alemães estivessem plenamente cientes de que eles estavam vindo, e uma escassez de obuses tornou o bombardeio preliminar mais leve do que Nivelle queria. O bombardeio se mostrou ineficaz contra a maioria dos recursos da nova "defesa em profundidade" alemã e, assim como para os britânicos em Arras, a superioridade aérea dos alemães tornou difícil aos franceses fazer espotagem de sua própria artilharia. As barragens rolantes eram descoordenadas e algumas tropas avançaram sem apoio adequado de artilharia. Os tanques Schneider CA1, de 13 toneladas, de Nivelle, foram de pouca ajuda para a infantaria; eles tinham cerca de metade do tamanho dos tanques britânicos Mark I usados no Somme e eram muito menos eficazes, com 76 perdidos no primeiro dia da batalha. Por fim, o terreno no setor que Nivelle escolheu para o ataque apresentava grandes obstáculos naturais, incluindo a áspera face sul das colinas do Chemin des Dames, atrás das linhas de trincheiras alemãs e, mais significativamente, o próprio Aisne, um rio largo que atravessa o campo de batalha de leste a oeste, em um ponto, entre os exércitos adversários. O plano de Nivelle exigia que suas tropas atravessassem esses obstáculos, além de um segundo rio, o Ailette, e uma segunda linha de colinas, tudo em apenas dois dias. Nos primeiros

286

quatro dias da ofensiva, os franceses fizeram 20 mil prisioneiros e capturaram 147 canhões, mas a um custo altíssimo de 118 mil baixas, incluindo 40 mil no primeiro dia, e sem assegurar o Chemin des Dames. O uso diário de barragens rolantes, além do bombardeio preliminar prolongado, logo levou a uma escassez de munição de artilharia, enquanto as baixas chocantes de 16 de abril causaram um colapso no serviço médico do exército francês. Nivelle persistia, em meio a um crescente pessimismo de Pétain e de Micheler e, em 4 e 5 de maio, tropas francesas capturaram parte do Chemin des Dames. Mas, quando a luta terminou, em 9 de maio, elas não haviam avançado mais do que 3 km em qualquer parte do setor. Os franceses registraram um total de 187 mil baixas contra 103 mil dos alemães (incluindo os seus 20 mil prisioneiros perdidos).

"UMA MANCHA DE GÁS" NAS COLINAS DE VIMY, 1917

Trecho de um livro de memórias escrito por Harold Saunders, soldado da infantaria britânica, descrevendo a ação nas colinas de Vimy em outubro de 1917, onde houve ataques com gás de ambos os lados:

A coisa mais impressionante e, em alguns aspectos, mais horrível que eu já vi foi uma espécie de ataque cerimonial com gás no outono de 1917. Nós nos retiramos da linha de frente para a trincheira de apoio, para que os engenheiros pudessem operar no terreno entre os dois. Era uma noite de luar parada, uma daquelas noites em que as armas de ambos os lados estavam quietas e nada indicava que houvesse uma guerra. O ataque começou com uma chuva dourada de fogos de artifício. Os fogos se esgotaram e uma linha de cilindros sibilantes enviou uma densa névoa cinzenta rolando sobre a terra de ninguém. A brisa que havia deve ter sido exata para o objetivo. Mas o silêncio incomum, o sereno céu enluarado e aquela nuvem rolante de morte e tormento formavam uma cena de pesadelo que eu jamais esquecerei. Pareceu ter passado muito tempo antes que os soldados alemães percebessem o que estava acontecendo. Mas, por fim, o primeiro alarme de gás disparou e eu acho que a maioria de nós estava contente de pensar que não seria pega de surpresa. Naquele momento, gongos, munições de artilharia vazias e barras de aço estavam batendo ao longo de toda a frente deles, quase como se eles estivessem dando as boas-vindas ao Ano Novo. Mas eu fiquei assombrado por horas, pensando no que estava acontecendo por lá.

Contudo, a harmonia foi detonada bem alto no céu na noite seguinte. Nós estávamos saindo para descansar e, pouco antes da hora em que os soldados substitutos deveriam chegar, os alemães começaram uma dos mais ferozes barragens já vivenciadas. Os substitutos não tinham como chegar. As trincheiras estavam cheias de homens, todos amontoados e sem conseguir sair, e chovia – céus, como chovia! Hora após hora, ficamos ali na água que subia, indefesos como ovelhas no curral, enquanto as armas faziam o estrago. Eram

> seis da manhã antes de chegarmos de volta aos abrigos de descanso, mais mortos do que vivos. Mesmo naquele momento, não houve descanso para mim. Eu fui escalado para desfilar no batalhão de guarda dentro de quatro horas. O batalhão da guarda tinha que ser muito limpo e bem apresentado, e nem um dia inteiro seria suficiente para remover a lama de nove dias do meu uniforme e limpar meu equipamento saturado. Uma guarda de espantalhos, formada por homens mortalmente cansados, acabou desfilando. Tínhamos feito o melhor que podíamos para estar limpos, mas nem o sargento-ajudante nem o assistente, ambos parecendo límpidos e bonitos, aplaudiram nossos esforços. Muito pelo contrário, na verdade. Mas já não nos importávamos com o que eles pensavam ou diziam sobre a nossa aparência.
>
> Na vez seguinte em que eu fui à linha, uma mancha de gás me tirou dela de vez. Eu não sabia que as tropas americanas estavam na França até me encontrar em um de seus hospitais em Étretat. As enfermeiras e os médicos eram mais gentis do que qualquer coisa que eu já experimentara [...]. Uma semana depois, eu era um ferido leve – o sonho do soldado. Seis meses depois, apareci nas ruas de novo, como civil com um ódio profundo pela guerra e tudo o que ela implica.

Fonte: Publicado inicialmente em *Everyman at War*, ed. C. B. Purdom (J. M. Dent, 1930), disponível em www.firstworldwar.com/diaries/trenchesatvimyridge.htm. (Todas as tentativas de encontrar o titular dos direitos autorais da obra original foram infrutíferas.)

Significativamente, o fracasso de Nivelle na segunda Batalha do Aisne provocou o mais grave rompimento de disciplina e moral do exército francês em toda a guerra. Já no segundo dia da batalha, os comandantes de unidades informavam sobre soldados que se recusavam a obedecer ordens. As divisões dizimadas no banho de sangue do primeiro dia da batalha sofreram mais agitação, mas, até 3 de maio, véspera do ataque final contra as colinas do Chemin des Dames, o motim atingiu divisões ainda não envolvidas na batalha. A onda de desobediência que se seguiu logo se espalhou por todo o exército francês, afetando unidades nem sequer envolvidas na ofensiva Nivelle. O ministro da Guerra Paul Painlevé demitiu Nivelle em favor de Pétain em 15 de maio e, no mesmo dia, nomeou Foch chefe do Estado-Maior do Exército. Pétain restaurou a ordem com uma combinação de apelos patrióticos e disciplina firme, e não chamando o exército para lançar outra grande ofensiva pelo resto de 1917. No entanto, o motim não diminuiu até meados de setembro, quando havia afetado 54 divisões, quase metade das unidades de linha de frente do exército. Esses meses também testemunharam fraternização sem precedentes entre soldados franceses e alemães em toda a terra de ninguém; além da típica troca da comida francesa por tabaco alemão, cada lado procurava jornais com o outro, um sinal de que nenhum confiava totalmente em seu próprio governo para lhe dizer a verdade sobre a guerra ou a revolução na Rússia. Os motins franceses, coincidindo com o colapso da resistência russa na frente oriental, desmoralizaram a frente interna francesa (ver capítulo "As frentes internas, 1916-18"), mas não precipitaram a mesma magnitude de crise que forçou a Rússia a sair da guerra. Durante o motim, 20 mil soldados franceses desertaram para o lado dos alemães, um número sem precedentes na frente ocidental, mas minúsculo pelos padrões dos exércitos russos ou austro-húngaro. Ao contrário do exército russo no mesmo verão, o francês permaneceu intacto e manteve suas posições, e podia contar até mesmo com unidades amotinadas para defender suas posições contra o ataque inimigo.

Diante da relativa falta de ação dos franceses, forças britânicas e de seu Império assumiram a responsabilidade pela guerra contra os alemães na frente ocidental. Na Batalha de Messines (7 a 14 de junho), o 2º Exército de Plumer atacou uma pequena saliência nas linhas do 4º Exército alemão (agora comandado pelo general Sixt von Arnim), 5 km ao sul de Ypres. As tropas de Plumer não participavam de uma grande batalha havia mais de dois anos, mas tinham estado ocupadas desde 1916 cavando milhares de metros de túneis em toda terra de ninguém e sob as posições alemãs ao longo das colinas de Messines. Nas primeiras horas da madrugada de 7 de junho, depois de um bombardeio preliminar de 17 dias, os britânicos abriram a batalha detonando minas em 19 dos túneis. A maior explosão feita pelo homem na história até então, que se escutou em Londres, detonou o topo da colina e matou 10 mil alemães ali mesmo. Plumer, então, enviou 9 divisões (incluindo uma da Austrália e uma da Nova Zelândia) para que avançassem sob uma barragem rolante apoiada por tanques e complementada por ataques com gás, e em algumas horas conquistou todos os seus objetivos. Durante a semana seguinte, o 2º Exército manteve suas conquistas contra uma série de contra-ataques alemães. As tropas de Plumer infligiram 25 mil baixas, pouco mais do que sofreram, e fizeram 7 mil prisioneiros.

A frente ocidental: Passchendaele e Cambrai

O planejamento meticuloso e a execução bem-sucedida do ataque em Messines elevaram as expectativas britânicas para a batalha seguinte, de Passchendaele, ou terceira Batalha de Ypres (31 de julho a 10 de novembro). Haig liderou o ataque com o 5º Exército de Gough, mudou-se do setor do Somme às ruínas de Ypres, onde foi flanqueado ao sul pelo 2º Exército de Plumer e ao norte pelo 1º Exército francês (general François Anthoine), a única formação francesa restante no setor de Flandres. Seus adversários incluíram o 4º Exército de Arnim e, em seu flanco direito (norte), o 5º Exército alemão, reconstituído desde sua dizimação em Verdun e agora comandado por Max von Gallwitz. Tomando o ataque em Messines como

A Primeira Guerra Mundial

um sinal de que uma grande ofensiva viria no setor de Ypres, os alemães passaram as semanas seguintes melhorando ainda mais as defesas já fortalecidas nos meses anteriores, para refletir a "defesa em profundidade" de Ludendorff. Os Aliados, entretanto, ficaram mais agressivos na guerra aérea, após a introdução do Sopwith Camel britânico e do SPAD S13 francês durante a primavera e o verão. Os combates começaram em 31 de julho, depois de um bombardeio preliminar de quinze dias, quando o 5º Exército de Gough, apoiado à esquerda pelos franceses, atacou as colinas de Pilckem. Os Aliados sofreram 32 mil baixas em um único dia, para avançar 2.770 metros e garantir um total de 47 km^2 de território. Durante o mês de agosto, pesadas chuvas reduziram o campo de batalha a um atoleiro, inutilizaram os tanques britânicos e aumentaram em muito o custo de cada ganho dos Aliados. Em setembro, quando as chuvas diminuíram, Haig transferiu o peso da ofensiva do 2º Exército de Plumer para a direita de Gough, mas as forças britânicas e imperiais continuaram a pagar caro por sucessos muito modestos, por exemplo, com mais 36 mil baixas para avançar 2.450 metros e ganhar mais 23 km^2 de território nas batalhas conhecidas como da Estrada de Menin (20 a 25 de setembro) e do Bosque do Polígono (26 de setembro a 3 de outubro). Uma semana depois, em meio a uma retomada da chuva forte, o exército de Gough voltou à briga em um avanço rumo a Poelcappelle, apoiado em seus flancos por Plumer e Anthoine, mas conseguiu apenas resultados modestos.

Haig, no entanto, manteve-se confiante de que os alemães tinham perdido muito de sua força e ordenou que seus exércitos prosseguissem com um assalto a seu objetivo principal, as colinas de Passchendaele. A unidade ANZAC II suportou o peso do primeiro dia do ataque, 12 de outubro; entre as outras 13 mil baixas Aliadas estavam 2.700 da divisão da Nova Zelândia, fazendo daquele o dia mais sangrento na história do país. Na semana seguinte, o 2º Exército de Plumer recebeu quatro divisões canadenses para aliviar os exauridos ANZACs, e essas tropas lideraram o ataque final para garantir o topo (26 de outubro a 10 de novembro), com destaque para a sua captura da cidade de Passchendaele em 6 de novembro. Os canadenses sofreram cerca de 30 mil baixas na terceira Batalha de Ypres, mais da metade delas nos últimos 16 dias. Entre as forças dos domínios britânicos, suas perdas só foram superadas pelas dos australianos, cujas 5 divisões tiveram 38 mil baixas durante a ofensiva, incluindo 26 mil em outubro, o mês mais sangrento na história da Austrália. Em três meses e meio de luta, os Aliados não tinham avançado mais de 8 km em qualquer ponto ao longo da frente, a um custo de 245 mil baixas britânicas e imperiais, e 8.500 francesas, contra 200 mil dos alemães. À parte o Somme, Passchendaele foi a batalha de maior custo do Império Britânico na guerra.

O imenso custo da modesta vitória em Passchendaele deixou os Aliados sem reservas para explorar a ruptura da frente que conseguiriam a seguir, na Batalha de

290

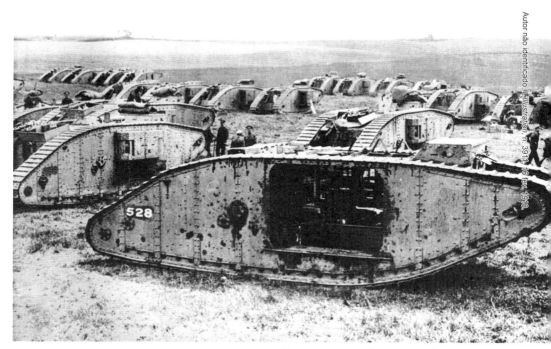

Tanques estacionados na frente britânica.

Cambrai (20 de novembro a 7 de dezembro), onde o 3º Exército britânico, agora sob comando do general sir Julian Byng, atacou o setor da frente alemã mantido pelo 2º Exército (general Georg von der Marwitz). Depois de um bombardeio preparatório feito com mil canhões, Byng usou 476 tanques concentrados em uma frente de 10 km para realizar um ataque com seis divisões de infantaria, seguido de duas divisões de cavalaria com a tarefa de explorar a brecha que pretendiam abrir nas linhas alemãs. Demonstrando que a "defesa em profundidade" de Ludendorff não era inexpugnável, os britânicos avançaram mais em seis horas do que em três meses e meio em Passchendaele. A cavalaria de Byng não pôde dar seguimento à ruptura inicial, mas a infantaria garantiu uma saliência de pouco mais de 8 km de profundidade. Marwitz, reforçado para 20 divisões, lançou seu contra-ataque em 30 de novembro. No primeiro uso amplo de táticas de tropas de assalto na frente ocidental, os alemães mobilizaram esquadrões com armas automáticas, granadas de mão, morteiros de trincheira e lança-chamas para se infiltrar e romper a frente inimiga antes de seu ataque geral de infantaria. O contra-ataque de uma semana deixou os ingleses sem ganho territorial líquido, e, no final da batalha, cada exército sofrera cerca de 45 mil baixas. No entanto, britânicos e alemães estavam animados com o resultado. Quase dois terços dos tanques de Byng (297 de 476) passaram pela batalha sem ser destruídos, abandonados ou paralisados, deixando claro o seu valor quando usados em número suficiente sobre terreno razoavelmente plano e seco. Em 1918, o uso de tanques iria cumprir um papel cada vez mais importante nas operações Aliadas, assim como as táticas de tropas de assalto no lado alemão. Na verdade, cada abordagem permanecia distinta, já que os Aliados enfatizavam o aumento dos números da infantaria mobilizados em vez de melhorar seu treinamento ou equipamento, ao passo que os alemães entraram em sua ofensiva final de primavera com apenas dez tanques.

Embora os Estados Unidos tenham declarado guerra à Alemanha em 6 de abril, nenhuma das batalhas na frente ocidental de 1917 envolveu soldados norte-americanos. Depois de chegar à França aos poucos, em junho e julho, a 1ª Divisão da Força Expedicionária Americana (AEF) foi submetida a treinamento atrás de um setor tranquilo de frente em Lorena, antes de assumir seu lugar nas trincheiras perto de Nancy, em outubro. Poucos soldados norte-americanos chegariam à França até 1918, após os primeiros homens convocados na primavera e no verão de 1917 terem terminado seu treinamento básico nos Estados Unidos. Dois dias antes de os norte-americanos declararem guerra à Alemanha, chegaram à frente ocidental as primeiras tropas de um novo país do lado dos Aliados: Portugal. A Alemanha lhe havia declarado guerra em março de 1916, depois que o governo português atendeu a um pedido britânico para apreender navios alemães internados em seus portos. A guerra submarina indiscriminada causou dificuldades consideráveis em Portugal, cujo maior parceiro comercial era a Grã-Bretanha; além disso, suas maiores colônias, Angola e Moçambique, tinham fronteiras com colônias alemãs e haviam sido ameaçadas pela guerra na África Subsaariana. Além de participar da guerra colonial, em agosto de 1916, Portugal se comprometeu a enviar tropas à frente ocidental, e as primeiras chegaram em abril de 1917. Duas divisões acabaram servindo com o 1º Exército britânico no setor mais ao norte da frente na França, ao sul da fronteira franco-belga.

A frente italiana: o caminho a Caporetto

Depois de demitir Conrad do cargo de chefe de Estado-Maior em fevereiro de 1917, o imperador Carlos havia recusado seu pedido para se reformar e, em vez disso, designou-o para comandar um grupo de exércitos no Tirol, composto pelo 10º e o 11º Exércitos austro-húngaros (o primeiro, comandado por Krobatin, recentemente destituído do Ministério da Guerra). Conrad esperava outra oportunidade para lançar uma ofensiva a partir dos Alpes, mas, em vez disso, um terço de suas tropas foi enviado ao Isonzo para reforçar o 5° Exército de Boroević. Na Batalha de Monte Ortigara (9 a 29 de junho), as reduzidas forças de Conrad resistiram a um ataque do 6° Exército italiano, infligindo 23 mil baixas, mas, fora isso, não entraram em ação, enquanto Boroević rechaçava ofensivas cada vez maiores. Na décima Batalha do Isonzo (12 de maio a 8 de junho), Cadorna usou 38 divisões contra os 14 de Boroević, e na décima primeira Batalha do Isonzo (19 de agosto a 12 de setembro), 51 contra 20. Essas duas batalhas, juntas, causaram 315 mil baixas italianas e 235 mil austro-húngaras, e levaram a frente a 15 km de Trieste. Cadorna permaneceu alheio ao impacto dessas perdas sobre o moral de seu próprio exército, e estava confiante de que mais um impulso no outono garantiria o prêmio (ver mapa "A frente italiana, 1915-1918" a seguir).

Após o colapso da "ofensiva Kerensky", Carlos pediu permissão a Guilherme II para transferir mais de suas tropas da frente oriental ao Isonzo e permitir que o Império Austro-Húngaro lançasse sua própria ofensiva contra a Itália, com a ajuda alemã limitada à artilharia pesada. Dado o estado de suas forças armadas e seu desempenho na guerra até então, a fé de Carlos no exército austro-húngaro parecia pouco mais realista do que a recente fé de Kerensky no exército russo, mas seus generais sempre estiveram confiantes de que poderiam vencer os italianos, um inimigo contra o qual poderiam contar com quase todas as nacionalidades da Áustria-Hungria. O OHL temia as consequências dessa operação, independentemente do seu resultado, já que uma vitória contra os italianos, que restabelecesse o orgulho, deixaria Carlos com pouco incentivo para manter seu país na guerra, ao passo que uma derrota poderia forçar o Império Austro-Húngaro a pedir a paz. Para manter o aliado e o controle sobre ele, Hindenburg e Ludendorff enviaram o general Otto von Below, com seis divisões da frente oriental, para liderar a ofensiva de Carlos. Após a sua chegada no alto Isonzo, eles reuniram nove divisões austro-húngaras para formar o novo 14° Exército, posicionado entre o 10° Exército de Krobatin, no Tirol oriental, e dois exércitos de Boroević na parte inferior do Isonzo. As chegadas de alemães, mais as tropas austro-húngaras mobilizadas a partir do grupo de exércitos de Conrad, deram às Potências Centrais 35 divisões no Isonzo contra 41 da Itália, mas, no setor de 24 km do 14° Exército em frente a Caporetto (hoje Kobarid), as 15 divisões de Below – apoiadas por 1.845 canhões – tinham uma superioridade local decisiva sobre os dois corpos do 2° Exército italiano (general Luigi Capello). Desertores austro-húngaros deram amplo alerta aos italianos sobre o que estava por vir, mas Cadorna acreditava que o ataque seria uma manobra diversionista, e a verdadeira ofensiva inimiga viria do setor de Conrad, no Tirol, e não pelo Isonzo. No fim das contas, tinha havido 11 batalhas do Isonzo até o momento, a Itália iniciara todas elas, e nenhuma teve seu ponto focal tão longe rio acima.

A décima segunda Batalha do Isonzo, também conhecida como Caporetto, começou sob forte chuva, na madrugada de 24 de outubro. O ataque seguiu um

A Primeira Guerra Mundial

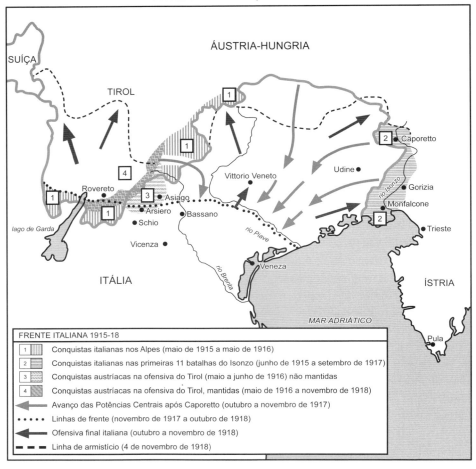

plano que Conrad tinha elaborado em 1908 e proposto ao OHL, já em janeiro de 1917, para fazer um buraco nas rotas italianas nesse setor relativamente calmo da frente. Tornou-se mais eficaz em virtude de uma esmagadora barragem preparatória, seguida por bombardeio de gás e infiltração das linhas de frente italianas por tropas de assalto (cujos líderes incluíam o tenente Erwin Rommel). O exército austro-húngaro, confiante de que a sua ofensiva de propaganda ajudara a causar o recente colapso dos russos no leste, também cobriu as linhas italianas com panfletos desmoralizantes. O golpe de abertura de Below criou uma brecha de 32 km de largura nas linhas italianas, permitindo que suas tropas avançassem 22 km e fizessem 20 mil prisioneiros só no primeiro dia. A brecha comprometia todo o 2º Exército, forçando-o a um recuo

294

súbito, tendo também forçado a retirada dos exércitos em seus flancos. O 3º Exército italiano, praticamente à vista de Trieste, caiu diante de um ataque dos exércitos do Isonzo de Boroević, enquanto o 4º Exército, nos Alpes, na fronteira leste do Tirol, ia em direção ao sul, com o 10º Exército de Krobatin em seu encalço. Enquanto essas forças se retiravam de forma ordenada, o recuo do 2º Exército de Capello se tornou uma debandada desordenada em que divisões inteiras se rendiam após ser ultrapassadas ou isoladas pelo rápido avanço do inimigo. Gorizia caiu em 28 de outubro e Udine, no dia 30 – dia em que Foch e seu correspondente britânico, general sir William Robertson, chegaram para consultar Cadorna sobre o que poderia ser feito para inverter a maré. Cadorna recusou-se a assumir a responsabilidade pelo desastre. "O exército estava cheio de vermes", ele esbravejou, e "o inimigo interno" da propaganda socialista, do derrotismo e da covardia causou sua derrocada.[5] Seguindo o conselho de Foch e Robertson, França e Grã-Bretanha logo se recusaram a enviar ajuda, a menos que Cadorna fosse substituído. A debandada finalmente diminuiu em 3 de novembro, e quatro dias mais tarde a frente de batalha se estabilizou no rio Piave. Em 9 de novembro, o rei Vítor Emanuel III demitiu Cadorna em favor do general Armando Diaz, e no dia 21, dois após o fim dos combates, seis divisões francesas e cinco britânicas tinham chegado a partir da frente ocidental para ajudar a defender a linha. As quatro semanas de combates custaram a cada um dos exércitos contrapostos cerca de 30 mil baixas, mas a Itália perdeu 294 mil prisioneiros (metade do total italiano em toda a guerra), 3 mil metralhadoras e 3.150 peças de artilharia, junto com 14 mil km^2 de território habitado por uma população civil de um milhão. O desastre reduziu o tamanho do exército italiano à metade, de 65 para 33 divisões. Embora a liderança e o apoio de artilharia alemães tivessem sido decisivos, as Potências Centrais tinham conseguido uma grande vitória com uma força em que mais de 80% dos soldados eram austro-húngaros. Homens de todas as nacionalidades tinham lutado bem, incluindo um número de unidades eslavas cujo desempenho anterior na frente oriental fora questionável. Já em 30 de novembro, o OHL começou a retirar as tropas alemãs de Below para transferência à França. Boroević recebeu as divisões do exército austro-húngaro de Below e, em janeiro, tornou-se comandante de grupo de seu antigo 5º Exército (Isonzo) e um 6º Exército reconstituído, que manteve a Linha Piave pelos 11 meses seguintes, com pouca ajuda alemã.

A Revolução Bolchevique: a Rússia sai da guerra

Em 16 e 17 de julho, nos últimos dias da ofensiva Kerensky, os guardas vermelhos bolcheviques (operários armados e desertores do exército) lançaram uma tentativa prematura de tomar o poder em Petrogrado, em nome dos sovietes. O episódio das Jornadas de Julho resultou em cerca de 400 mortes – mais do que o dobro da revolução de março – e forçou Lenin ao exílio temporário na Finlândia, mas, fora isso, pouco fez para prejudicar sua causa. Único partido revolucionário que defendia a paz, o Bolchevique continuou a ganhar apoio entre os soldados, na esteira da ofensiva Kerensky. Quando o príncipe Lvov renunciou, em 21 de julho, logo após as Potências Centrais começarem seu contra-ataque, Kerensky se tornou primeiro-ministro do governo provisório e, assim, o principal alvo das críticas fulminantes de Lenin. Graças a um generoso subsídio do governo alemão, em julho, os bolcheviques estavam publicando 41 jornais diários com tiragem de 320 mil exemplares. O crescimento de sua popularidade dentro do exército complementava um aumento do apoio entre os trabalhadores, principalmente na capital, o que os colocava mais perto de seu objetivo de assumir o Soviete de Petrogrado.

Kerensky os ajudou a demitir Brusilov em 31 de julho e colocar o exército nas mãos do carismático e ambicioso Kornilov, a quem ordenou que renunciasse em 9 de setembro por supostamente conspirar para se tornar ditador da Rússia. Embora os detratores de Kornilov insistissem que ele tinha, de fato, a intenção de derrubar Kerensky, seus partidários aceitavam seu argumento de que o primeiro-ministro e seu governo tinham se tornado prisioneiros dos bolcheviques em Petrogrado e já não falavam por si. Kornilov defendeu suas ações declarando que "o governo provisório, sob pressão da maioria bolchevique nos sovietes, está agindo em completa harmonia com o Estado-Maior alemão e [...] está matando o exército e abalando o país".[6] Com as tropas leais a Kornilov ameaçando marchar sobre Petrogrado, Kerensky permitiu que os guardas vermelhos, que ele desarmara após as Jornadas de Julho, recuperassem as armas e organizassem a defesa da capital. Marinheiros da base de Kronstadt da frota do Báltico e simpatizantes bolcheviques na guarnição de Petrogrado se juntaram a eles. Eles prenderam 7 mil suspeitos de apoiar Kornilov, incluindo centenas de oficiais, e alertaram os ferroviários para não deixar que seus trens passassem. Agentes bolcheviques se espalharam a partir da capital e jogaram os destacamentos de tropas ociosas contra seus oficiais. Kerensky chamou Alekseev de volta da aposentadoria para substituir Kornilov. Ele voltou, com relutância, e em 14 de setembro obedeceu a ordem do primeiro-ministro para prender Kornilov, o que fez em Bykhov, perto de Mogilev. Depois de apenas 12 dias de volta ao cargo, Alekseev deu lugar a Nikolai Dukhonin, de 41 anos, um dos mais jovens generais no exército russo (embora, tecnicamente, o próprio Kerensky tenha assumido o papel de comandante em chefe do exército, com Dukhonin como seu chefe de Estado-Maior). O governo provisório sobreviveu ao caso Kornilov, mas deixou a hierarquia do exército em completa confusão e Kerensky irremediavelmente enfraquecido. Na capital, ele dependia em absoluto do Soviete de Petrogrado e, além disso, só exercia a autoridade com a aprovação da crescente rede de sovietes locais.

Animados com os claros sinais de que seu investimento em Lenin iria compensar, os alemães aguardavam pacientemente a tomada do poder pelos bolcheviques e a paz alemã-russa em separado que a seguiria. Enquanto isso, limitaram suas operações militares a Riga, onde o 8º Exército alemão (agora sob comando do general Oskar von Hutier) agiu rapidamente entre 1º e 3 de setembro, começando com o primeiro grande uso das táticas de tropas de assalto empregadas mais tarde, no outono, em Caporetto e Cambrai. A marinha alemã, que havia fracassado em sua tentativa anterior de garantir o golfo de Riga, em agosto de 1915, deu seguimento com uma segunda tentativa (12 a 20 de outubro) envolvendo a metade da Frota de Alto-Mar, que desembarcou tropas nas ilhas Osel e Dago enquanto couraçados rechaçavam uma flotilha russa em grande desvantagem. A perda de Riga e seu golfo deixou os alemães no controle do Báltico inteiro, com exceção do golfo da Finlândia. Em seu relatório ao governo provisório após o desastre, Dukhonin observou que, em termos de poder marítimo, "estamos, na verdade, de volta à época do czar Aleksei", pai de Pedro, o Grande, fundador da marinha russa.[7] As observações de Hindenburg sobre as consequências da campanha de Riga refletiam a visão alemã de que a campanha no leste acabara. "A estrutura da frente russa se tornava cada vez mais frouxa. Ficava mais claro, a cada dia que passava, que a Rússia estava muito abalada pela agitação interna para ser capaz de qualquer demonstração militar dentro de um tempo mensurável".[8]

Enquanto isso, os bolcheviques garantiam maiorias nos sovietes de Petrogrado (22 de setembro) e Moscou (2 de outubro), e Lenin voltava da Finlândia para planejar a tomada do poder. Em 23 de outubro, o comitê central bolchevique aprovou seu apelo a uma "insurreição armada", sob protestos de Zinoviev, Lev Kamenev e outros líderes do partido. De acordo com Karl Marx, o proletariado se levantaria espontaneamente quando suas circunstâncias econômicas se tornassem intoleráveis, e nada poderia ser feito para apressar ou retardar o evento; na verdade, Marx rejeitava especificamente o "putschismo", a tomada do poder por golpe de Estado. Mas Lenin persistia em face dessas questões, fazendo planos para que seu golpe coincidisse com a reunião do Segundo Congresso dos Sovietes de Todas as Rússias, que se reuniu em Petrogrado, na noite de 7 de novembro. Naquele momento, Kerensky só podia contar com a lealdade de 3 mil dos 200 mil soldados que estavam dentro e ao redor da capital – em sua maioria oficiais, cadetes e membros do Batalhão de Mulheres de Petrogrado. No meio da noite de 7 para 8 de novembro, quando invadiram os gabinetes de Kerensky no Palácio de Inverno, os guardas vermelhos encontraram pouca oposição (ver box "Os bolcheviques tomam o Palácio de Inverno"). O Congresso, controlado pelos bolcheviques e os seus aliados dos SR de esquerda, saudou a notícia do golpe e passou a nomear o novo governo soviético, liderado por Lenin como presidente do Conselho dos Comissários do Povo (*Sovnarkom*). A tomada do

A Primeira Guerra Mundial

poder pelos bolcheviques antecipou as eleições para a Assembleia Constituinte, prometida desde março e, finalmente, realizada de 25 a 27 de novembro. Os SRs, fortes entre a maioria camponesa da Rússia, tiveram duas vezes mais votos do que os bolcheviques, levando Lenin a ordenar que as tropas soviéticas dispersassem a Assembleia quando esta tentou se reunir em 18 de janeiro de 1918. Mas chegar ao poder provou ser mais fácil do que se manter nele, como iria demonstrar a Guerra Civil Russa (1918-21).

OS BOLCHEVIQUES TOMAM O PALÁCIO DE INVERNO

O jornalista e militante comunista norte-americano John Reed (1887-1920) surfou na onda de apoiadores bolcheviques ao entrar no Palácio de Inverno, em Petrogrado, na noite de 7 para 8 de novembro de 1917. Esse trecho de *Os dez dias que abalaram o mundo* (1919), de Reed, capta o caos daquela noite:

Graças à luz que atravessava as janelas do Palácio de Inverno, pude verificar que os da frente eram duzentos ou trezentos guardas vermelhos, entre os quais se encontravam espalhados alguns soldados. Escalamos a barricada de toras de madeira que defendia o palácio. Soltamos um grito de triunfo. Tropeçamos, do outro lado, com um montão de fuzis, abandonados pelos *junkers*. Nos dois lados da entrada principal, as portas escancaradas deixavam escapar um feixe de luz. O enorme edifício estava mergulhado em profundo silêncio.

A tropa, impaciente, arrastou-nos para a entrada da direita, para uma enorme sala abobadada, de paredes nuas. Era a adega do leste, de onde partia um labirinto de corredores e escadarias. Os guardas vermelhos e os soldados atiraram-se logo aos grandes caixotes de madeira, que se encontravam ali depositados, e os abriram a golpes de carabina. Saltaram do interior tapetes, cortinas, roupas, objetos de porcelana, cristais. Um deles mostrou aos companheiros um grande relógio de bronze, que colocou sobre os ombros. [...] A pilhagem ia começar, quando alguém disse com voz forte – Camaradas! Não toquem nisto, não apanhem coisa alguma. Tudo isto pertence ao povo! [...] As peças de damasco e os tapetes voltaram aos seus lugares. Dois homens encarregaram-se do relógio de bronze, que, como os demais objetos, foi novamente acondicionado às pressas na caixa de onde havia sido tirado. Espontaneamente, soldados e guardas vermelhos ofereceram-se para montar guarda e evitar o saque.

[...] Abandonem o palácio! – gritava um guarda vermelho. – Vamos, camaradas! Mostremos que não somos ladrões nem bandidos! Todo mundo para fora do palácio, com exceção dos comissários, até que tudo fique sob a guarda de sentinelas! Dois guardas vermelhos, um oficial e um soldado, ficaram de pé com os revólveres na mão. Outro sentou-se numa mesa e começou a escrever. Dentro da sala soavam gritos: – Todos para fora! Todos para fora! Pouco a pouco, a tropa abandonou o palácio, aos empurrões, murmurando, protestando. Todos

298

> os soldados foram revistados. Reviravam-lhes os bolsos e examinavam-lhes os capotes. Tudo o que, evidentemente, não lhes pertencia era apreendido. O secretário, sentado à mesa, tomava nota, e o objeto era depositado numa sala próxima. Assim, um incrível conjunto de objetos foi confiscado: estatuetas, tinteiros, colchas bordadas com o monograma imperial, velas, uma pequena pintura a óleo, mata-borrões, espadas de ouro, barras de sabão, vestimentas de todo tipo, cobertores. Um guarda vermelho carregava três rifles, dois dos quais ele havia tomado de *junkers*, e outro trazia quatro pastas lotadas de documentos. Os culpados se rendiam amargurados ou suplicavam como crianças. Equanto todos falavam ao mesmo tempo, o comitê explicava que roubar não era digno de defensores do povo [...].
>
> Fonte: Publicado inicialmente em *Ten Days that Shook the World* (1919), disponível em www.marxists.org/archive/reed/1919/10days/10days/ch4.htm. [Edição em português: John Reed, *10 dias que abalaram o mundo*, trad. José Octávio, São Paulo, Círculo do Livro, s/d.]

Poucos dias depois de derrubar o governo provisório, Lenin afirmou a autoridade do Sovnarkom sobre o exército russo, aboliu fileiras, títulos e medalhas tradicionais, e estabeleceu o princípio da liderança eleita para todas as unidades militares. Dukhonin, comandante em chefe formalmente nomeado em um dos últimos atos oficiais de Kerensky, em princípio permaneceu como chefe do exército. Lenin reiterou o apelo anterior do Soviete de Petrogrado por uma "paz sem anexações ou indenizações", mas, depois de não receber qualquer resposta dos governos estrangeiros, em 21 de novembro, orientou Dukhonin a abrir negociações de armistício com os alemães. Dadas suas ações recentes, ele passara a semana após a Revolução Bolchevique tentando conseguir apoio para Kerensky, depois deixou que Kornilov e outros generais antibolcheviques escaparem da prisão – Dukhonin previsivelmente se recusou a obedecer as ordens de Lenin. Demitido no dia seguinte, ele permaneceu desafiador e ainda estava no quartel-general, em Mogilev, quando seu sucessor bolchevique, Nikolai Krylenko, chegou em 3 de dezembro. Até então, os últimos soldados leais a Dukhonin tinham sumido, e a escolta de guardas vermelhos de Krylenko o assassinou no local. Doze dias depois, o governo soviético concluiu um armistício com as Potências Centrais, pondo fim à guerra na frente oriental.

Conclusão

A tomada do poder pelos bolcheviques na Rússia e o governo soviético que a governou até 1991 foram legados diretos da Primeira Guerra Mundial. Sem as dificuldades de uma grande guerra agravando todos os problemas do país, a Rússia

A Primeira Guerra Mundial

não teria estado tão madura para a revolução naquele momento. De fato, a recente experiência da Revolução de 1905 havia demonstrado que nem mesmo uma derrota chocante em um conflito bilateral com outra grande potência seria suficiente para derrubar a dinastia Romanov, desde que os elementos revolucionários dentro do país fossem deixados por conta própria, sem a ajuda de potências externas. Dentro do contexto de 1917, os alemães tinham dado ajuda crucial a Lenin e aos bolcheviques, e à medida que o ano da revolta e da incerteza se aproximava do fim a grande estratégia de Hindenburg e Ludendorff parecia ter sido justificada. Na frente ocidental, os alemães conservaram sua força, enquanto os Aliados pagaram caro por ganhos menores. O fracasso da ofensiva Nivelle tinha deixado o exército francês assolado por motins, aparentemente incapaz de mais ações ofensivas. Na frente italiana, a contribuição alemã de apenas seis divisões e uma dúzia de baterias de artilharia havia tornado o exército austro-húngaro igualmente incapaz de ação ofensiva forte o suficiente para quase tirar a Itália da guerra. Mas, para os Aliados, o desastre em Caporetto e a redução à metade do tamanho do exército italiano ficavam pequenos diante do colapso total do exército russo em meio a duas revoluções que levaram, finalmente, à assinatura de um armistício pelo governo bolchevique. Quando 1917 terminou, as Potências Centrais e a Rússia soviética abriram negociações de paz em Brest-Litovski, as quais o OHL previa que em breve resultariam em um fim definitivo das hostilidades no leste e permitiriam a transferência de tropas alemãs ao oeste para a investida final contra Paris em 1918.

Todavia, em meio à imagem geral positiva, algumas nuvens significativas tinham aparecido no horizonte das Potências Centrais. A retomada da guerra submarina indiscriminada tinha trazido os Estados Unidos ao conflito (ver capítulo "Os Estados Unidos entram na guerra") e as marinhas alemã e austro-húngara vivenciaram motins (ver capítulo "A guerra no mar, 1915-18"). Na frente interna, a escassez de alimentos e as dificuldades do inverno de 1916 para 1917, bem como dúvidas crescentes sobre a possibilidade de levar a guerra a um final vitorioso, proporcionavam o contexto para a resolução de paz do Reichstag alemão e críticas contra a guerra no Reichsrat austríaco reconvocado (ver capítulo "As frentes internas, 1916-18"). Enquanto isso, do lado dos Aliados, com a importante exceção da Rússia, os outros principais países beligerantes tinham menos razão para duvidar de que suas frentes internas se aguentariam. Graças à liderança de Lloyd George e aos sacrifícios cada vez maiores de seus domínios, o Império Britânico conseguiu manter a causa Aliada viável enquanto os Estados Unidos mobilizaram suas forças armadas e sua economia para a guerra. Por fim, em novembro de 1917, a nomeação de Georges Clemenceau como premiê francês e Vittorio Orlando como primeiro-ministro italiano instalaram líderes políticos capazes de mobilizar seus países esgotados para enfrentar os desafios de mais um ano de guerra.

Em nível tático, 1917 trouxe outras inovações para a guerra em campo. Os alemães refinaram as táticas de tropas de assalto experimentadas em Verdun, empregando-as amplamente e com sucesso em Riga, Caporetto e Cambrai. As operações britânicas de colocação de minas segundo o modelo das usadas no Somme foram empregadas mais amplamente em Messines, mas o tempo de preparação necessário as tornava inviáveis para uso generalizado e, em qualquer caso, durante o ano de 1917, ambos os lados desenvolveram mais habilidades para detectar quando o inimigo estava fazendo túneis sob suas linhas. Na guerra de artilharia, os Aliados refinaram sua barragem rolante até um ponto em que, em Passchendaele, as tropas britânicas e imperiais avançaram apenas 35 metros atrás da cortina de artilharia. Por fim, em Cambrai, os britânicos demonstraram o quanto os tanques poderiam ser decisivos se usados em quantidades adequadas no terreno certo. Em 1917, o gás mostarda juntou cloro e fosgênio no arsenal químico, e o uso generalizado de bombas ou tubos de gás que poderiam ser disparados de lançadores especiais minimizou os riscos para o atacante, mas o gás permaneceu uma ferramenta suplementar em vez de uma arma decisiva. Na guerra aérea, o fluxo e o refluxo dos últimos dois anos continuaram, com a introdução de novos projetos de caças fazendo com que os Aliados retomassem a iniciativa nos céus, do verão de 1917 até o verão de 1918, melhorando a sua espotagem de artilharia em um momento em que eles estavam finalmente encurtando a distância em termos de artilharia pesada. O maior problema para os Aliados em 1917 continuava sendo o erro humano nos mais altos níveis de comando, em particular, as decisões erradas de Nivelle ao escolher para lançar sua ofensiva pelo Aisne, e de Haig, na escolha do terreno a leste de Ypres para sua grande investida no verão e no outono. Cambrai demonstrou que os tanques podiam ser decisivos contra a "defesa em profundidade" de Ludendorff, mas na segunda Batalha do Aisne e na Batalha de Passchendaele, o terreno os tornou irrelevantes. Em ambas as batalhas, como em muitas das ações em 1915 e 1916, quando a inovação falhava, os comandantes recorriam a uma dependência da força bruta, com consequências terríveis para seus soldados. No final de 1917, poucos teriam previsto que os líderes militares da Grã-Bretanha, em um ano, assumiriam a liderança do esforço Aliado para descobrir como ganhar uma guerra moderna.

Notas

[1] Citado em Thomas Riha, *A Russian European: Paul Miliukov in Russian Politics* (South Bend, IN: University of Notre Dame Press, 1969), 310.

[2] Citado em Marc Ferro, "Russia: Fraternization and Revolution", in Ferro *et al.*, *Meetings in No Man's Land: Christmas 1914 and Fraternization in the Great War* (London: Constable, 2007), 220.

[3] Basil Gourko, *War and Revolution in Russia, 1914-1917* (New York: Macmillan, 1919), 335.

A Primeira Guerra Mundial

4 "Brusilov's Address to the Revolutionary Army", 1º de julho de 1917, disponível em www.firstworldwar.com/source/russia_brusilov1.htm, publicado inicialmente em *Source Records of the Great War, Vol. V*, ed. Charles F. Horne (New York: National Alumni, 1923).

5 Citado em John R. Schindler, *Isonzo: The Forgotten Sacrifice of the Great War* (Westport, CT: Praeger, 2001), 258.

6 Proclamação de Kornilov, 11 de setembro de 1917, texto de John Shelton Curtiss, *The Russian Revolutions of 1917* (Princeton, NJ: Van Nostrand Anvil Books, 1957), 143-44.

7 Citado em Alexander Rabinowitch, *The Bolsheviks Come to Power: The Revolution of 1917 in Petrograd* (New York: W. W. Norton, 1976), 225.

8 Paul von Hindenburg, *Out of My Life, Vol. 2*, trad. Frederic Appleby Holt (New York: Harper, 1921), 80.

Leituras complementares

Abraham, Richard. *Alexander Kerensky: First Love of the Revolution* (New York: Columbia University Press, 1987).

Cornwall, Mark. *The Undermining of Austria-Hungary: The Battle for Hearts and Minds* (Basingstoke: Macmillan, 2000).

Katkov, George. *Russia 1917, the Kornilov Affair: Kerensky and the Breakup of the Russian Army* (London: Longman, 1980).

Prior, Robin and Trevor Wilson. *Passchendaele: The Untold Story* (New Haven, CT: Yale University Press, 1996).

Rabinowitch, Alexander. *The Bolsheviks Come to Power: The Revolution of 1917 in Petrograd* (New York: W. W. Norton, 1976).

Smith, Leonard V. *Between Mutiny and Obedience: The Case of the French Fifth Infantry Division during World War I* (Princeton University Press, 1994).

Torrey, Glenn. "Indifference and Mistrust: Russian-Romanian Collaboration in the Campaign of 1917", *Journal of Military History* 57 (1993): 279-300.

Volkogonov, Dmitri. *Lenin: A New Biography,* trad. e ed. Harold Shukman (New York: The Free Press, 1994).

Williams, Charles. *Pétain* (London: Little, Brown, *2005).*

A GUERRA NO MAR, 1915~18

O navio de passageiros britânico Lusitania que seria afundado pelos alemães em 1915 na costa da Irlanda.

Cronologia

24 de janeiro de 1915. Vitória britânica na Batalha de Dogger Bank.

Março-setembro de 1915. Primeira rodada de guerra submarina alemã indiscriminada.

7 de maio de 1915. Submarino alemão afunda navio de passageiros Lusitania, da Cunard.

31 de maio a 1º de junho de 1916. Vitória tática alemã na Batalha da Jutlândia.

Fevereiro de 1917. Alemães retomam a guerra submarina indiscriminada.

Março de 1917. Motim na frota russa do Báltico.

Maio de 1917. Aliados adotam sistema de comboio antissubmarino no Atlântico.

15 de maio de 1917. Vitória austro-húngara na Batalha do Estreito de Otranto.

Julho de 1917. Agitação na frota austro-húngara em Pula.

Julho-agosto de 1917. Agitação na frota alemã de alto-mar em Wilhelmshaven.

Fevereiro de 1918. Motim naval austro-húngaro em Cattaro.

19 de julho de 1918. Primeiro ataque por aviões partindo de um porta-aviões (HMS Furious).

Outubro de 1918. Motins em Pula e Wilhelmshaven.

Depois da destruição da esquadra de Spee na Batalha das Malvinas, em dezembro de 1914, o foco da guerra naval se deslocou para águas europeias e lá permaneceu até o fim dos conflitos. As frotas de superfície dos Aliados tinham uma vantagem considerável sobre as das Potências Centrais, graças à sua superioridade decisiva em termos de navios capitais (couraçados e cruzadores de batalha). Após as perdas e os ganhos da marinha otomana em agosto de 1914, e a aquisição, pelo almirantado, de um couraçado chileno em fase de conclusão em um estaleiro britânico, os Aliados tinham 80 navios capitais construídos ou em construção (Grã-Bretanha, 45; França, 12; Japão, 12; Rússia, 11), contra 31 das Potências Centrais (Alemanha, 26; Áustria-Hungria, 4; Turquia, 1). Os países neutros de 1914 respondiam por outros 27 (Estados Unidos, 14; Itália, 6; Espanha, 3; Brasil, 2; Argentina, 2), dos quais os totais norte-americano, italiano e brasileiro acabariam por inchar a vantagem Aliada ainda mais. Os Aliados, assim, foram capazes de conter as frotas das Potências Centrais no mar do Norte, do Báltico e do Adriático, e impor bloqueios à Alemanha e ao Império Austro-Húngaro, que, em 1916, contribuíram para a grave escassez de alimentos em ambos os países. Estrategistas navais que planejavam o uso de navios capitais tiveram uma guerra em que cruzadores leves e destróieres entraram na ação muito mais do que couraçados e cruzadores de batalha; a relativa inatividade dos últimos foi agravada pela relutância das marinhas em arriscar usá-los quando seu poder de fogo era necessário para apoiar as operações em terra, como no estreito de Dardanelos, em 1915, onde navios de guerra pré-couraçados mais antigos foram empregados em seu lugar. Diante de uma supremacia Aliada insuperável em navios de guerra de superfície, as Potências Centrais tentaram revolucionar a guerra naval atribuindo um papel central e ofensivo ao submarino, uma embarcação concebida para um papel periférico e defensivo (principalmente como um defensor de portos, contra bloqueios inimigos). Ao reorientar seus esforços à guerra submarina, eles deixaram seus navios capitais enferrujarem ancorados durante grande parte da guerra, com consequências desastrosas para o moral da maioria de seus marinheiros. Em 1917 e 1918, a Alemanha e o Império Austro-Húngaro (junto com a Rússia, cujas frotas do Báltico e do mar Negro tinham estado igualmente ociosas) vivenciaram graves motins navais, e os movimentos revolucionários em todos os três países atraíram um número significativo de marinheiros.

Dogger Bank, 1915

Apesar do foco pré-guerra em navios capitais como medida de força para as marinhas do mundo, os cinco primeiros meses da guerra não tiveram batalhas navais em que cada uma das forças opostas incluísse couraçados ou cruzadores de batalha. Na única ação em águas europeias – a primeira Batalha da Baía de Helgoland (28 de agosto de 1914), uma força britânica liderada por cinco cruzadores de batalha sob comando do vice-almirante David Beatty – destruiu metade da esquadra de cruzadores leves do almirante Leberecht Maass, causando graves perdas (712 mortos, incluindo Maass) e demonstrando, como faria Sturdee nas ilhas Malvinas quatro meses depois, o caráter decisivo do poder de fogo de navios capitais em qualquer ação de superfície envolvendo belonaves mais antigas ou menores. Pensando em reduzir a superioridade de 3 a 2 dos britânicos em termos de navios capitais, a estratégia alemã inicial para o mar do Norte exigia que a esquadra de cruzadores de batalha do almirante Franz Hipper atraísse parte da Grande Frota Britânica para fora de sua base principal no braço de mar de Scapa Flow e para a batalha com o corpo principal de couraçados da Frota de Alto-Mar, na esperança de conseguir uma vitória decisiva que equilibrasse as chances.

Provocações alemãs, como o bombardeio de Yarmouth, em novembro, ou de Hartlepool e Scarborough, em dezembro, não conseguiram induzir ao confronto desejado, mas, no início do Ano Novo, na Batalha de Dogger Bank (24 de janeiro de 1915), os navios capitais das duas frotas finalmente se encontraram. Pouco depois do amanhecer, os três cruzadores de batalha de Hipper e o cruzador blindado Blücher, aproximando-se de Wilhelmshaven, fizeram contato com cinco cruzadores de batalha comandados por Beatty, aproximando-se da base britânica de cruzadores em Rosyth. Hipper prontamente voltou para casa, e se seguiu uma perseguição furiosa. Às 9h05, os britânicos haviam se aproximado o suficiente para começar a disparar. O Blücher, de 15.800 toneladas, o menor navio na batalha, chegou à retaguarda da coluna de Hipper e suportou o peso de um fogo inimigo que não tinha como devolver, já que seus canhões de 8,3 polegadas tinham alcance menor do que os de 12 polegadas dos cruzadores britânicos. No final, um tiro de canhão do Princess Royal, disparado a mais de 17 km de distância, penetrou no convés do Blücher e inflamou a munição abaixo. O cruzador blindado emborcou e afundou à 1h13, com quase todos tripulantes (792 mortos). Dois dos três cruzadores de batalha alemães sofreram danos, assim como dois dos cinco britânicos. A capitânia Lion, de Beatty, foi atingido 17 vezes e teve que ser rebocado de volta para Rosyth.

A Batalha de Dogger Bank, um confronto relativamente modesto envolvendo apenas uma fração dos navios capitais das frotas de batalha britânica e alemã, teve consequências muito desproporcionais ao seu verdadeiro significado. A perda do

A guerra no mar, 1915-18

Blücher – ironicamente, nem couraçado nem cruzador de batalha – demonstrou a Guilherme II o que poderia acontecer a um de seus couraçados ou cruzadores de batalha em uma futura batalha onde houvesse erro ou má sorte. Após a derrota, ele demitiu o superior de Hipper, o almirante Friedrich von Ingenohl, por não manter o corpo principal da Frota de Alto-Mar perto o suficiente para vir em auxílio de Hipper e cercar os cruzadores de batalha de Beatty. O sucessor de Ingenohl, o almirante Hugo von Pohl, viu-se paralisado pelo medo que o imperador tinha de perder seus navios capitais em ação, um medo que condenou a frota de superfície alemã à inatividade na maior parte do restante da guerra.

Guerra submarina indiscriminada: primeira rodada, 1915

O submarino, desenvolvido antes da guerra como uma arma defensiva de curto alcance, demonstrou seu potencial ofensivo de forma intensa menos de dois meses depois de começada a guerra. Na noite de 22 de setembro de 1914, dentro de menos de uma hora, o U9 Alemão torpedeou e afundou os velhos cruzadores britânicos Aboukir, Hogue e Cressy (1.459 mortos) perto da entrada leste do canal da Mancha. No ataque a navios mercantes, inicialmente os alemães respeitaram as normas internacionais elaboradas para navios de guerra de superfície – permitindo que as tripulações os abandonassem, e depois garantindo sua segurança –, mas o respeito pelo direito internacional diminuiu quando ficou claro que a Grã-Bretanha, ao fechar os portos da Alemanha, não tinha qualquer intenção de honrar as disposições da Declaração de Londres (1909), que afirmavam o direito de remessas de alimentos e cargas não militares passarem por um bloqueio. Após o U17 torpedear e afundar um navio mercante na costa da Noruega, em 20 de outubro, os comandantes de submarinos alemães foram ficando mais agressivos contra embarcações desarmadas e menos preocupados com o destino de quem estava a bordo dos navios que afundavam. Ao mesmo tempo, continuaram seus ataques contra navios de guerra britânicos e, em fevereiro de 1915, acrescentaram um pré-couraçado e dois cruzadores leves aos três cruzadores blindados capturados na ação inicial.

Na sequência da derrota em Dogger Bank, Guilherme II preferiu uma campanha submarina mais agressiva porque provavelmente causaria danos graves ao esforço de guerra Aliado, sem arriscar os couraçados e cruzadores de batalha da Frota de Alto-Mar. Nessa época, também, o último dos corsários de superfície alemães estava sendo caçado, e os líderes militares sentiram a necessidade de fazer algo para contestar o controle Aliado das rotas de navegação do mundo. Como chefe administrativo da marinha alemã, Alfred von Tirpitz não tinha controle sobre as operações navais, mas defendia incansavelmente uma abordagem mais agressiva, propondo, já em novembro

307

de 1914, a guerra submarina indiscriminada. Em 4 de fevereiro de 1915, a Alemanha proclamou um "bloqueio" específico contra a Grã-Bretanha, alertando que todos os navios mercantes nas águas em torno das Ilhas Britânicas eram passíveis de destruição. Assim começou a primeira fase da guerra submarina indiscriminada, que culminou, em 7 de maio, no afundamento do navio de passageiros Lusitania, da Cunard, de 30.400 toneladas, pelo U20, na costa da Irlanda, com a perda de 1.198 vidas, incluindo 128 cidadãos norte-americanos – um evento fundamental para jogar os Estados Unidos contra a Alemanha (ver box "A história de um sobrevivente"). Defendendo o afundamento em resposta a um protesto formal do governo dos Estados Unidos, o ministro do Exterior Gottlieb von Jagow alegou que o Lusitania tinha "soldados canadenses e munições a bordo";[1] a primeira alegação não era verdadeira, mas a segunda, sim, como mostra o próprio manifesto do Lusitania, que indicava que sua carga incluía 5.671 caixas de cartuchos e munições, além de 189 de mercadorias "militares" não especificadas. No entanto, a opinião pública e política norte-americana, em sua maior parte, rejeitaram o argumento alemão de que o transatlântico era um alvo de guerra legítimo. O afundamento do Lusitania também endureceu ainda mais a determinação da frente interna britânica; na verdade, uma análise recente confirma que foi "a maior atrocidade da guerra aos olhos dos britânicos" e a questão de o navio "estar carregando munições ou não [...] era absolutamente irrelevante".[2] Adeptos das teorias da conspiração, na época e por anos, fantasiaram que Churchill tivesse orquestrado o naufrágio para levar os Estados Unidos à guerra, ainda que o almirantado tenha sido responsável, no mínimo, pelo cálculo cínico de que a Grã-Bretanha não teria o que perder usando navios de passageiros para importar material de guerra dos Estados Unidos: a maioria das cargas passaria, e qualquer navio torpedeado colocaria os norte-americanos mais perto de declarar guerra à Alemanha.

A HISTÓRIA DE UM SOBREVIVENTE

Trecho de uma carta escrita por Isaac Lehmann, de Nova York, passageiro da primeira classe do Lusitania e um dos 761 sobreviventes do naufrágio, a seu irmão, Henry Lehmann:

Eu estava sentado no convés depois do almoço, conversando com o sr. Pearson, o magnata dos transportes, e o sr. Medbury [...]. De repente, veio uma explosão, e eu comentei com o sr. Medbury: "Eu aposto que fomos torpedeados". Desci correndo à minha cabine para pegar o salva-vidas do suporte, mas ele tinha desaparecido. Então eu juntei meus papéis e encontrei o comissário Barnes, que me deu outro salva-vidas, o qual eu afivelei, e fui para o convés superior, onde estavam os barcos. Um deles estava sendo retirado do guindaste, mas recuou e matou cerca de 40 pessoas.

A guerra no mar, 1915-18

> Neste momento, o navio balançou violentamente a estibordo. Ao mesmo tempo, houve uma explosão a bordo, ao que parece, das caldeiras, que me levou para o ar e eu caí na água, afundando vários metros, eu acho. Quando voltei à superfície, eu consegui agarrar um remo, e me mantive à tona com o meu salva-vidas.
>
> Enquanto eu estava na água, vi uma cena de que eu nunca vou me esquecer. Havia dois homens agarrados a um refrigerador de água virado que, como estava de pé, flutuava. Um dos pobres homens tentou ficar em cima e conseguiu, mas virou o refrigerador e ambos se afogaram.
>
> Não houve pânico a bordo, mas se o Lusitania tivesse simplesmente se mantido na superfície um pouco mais muitas outras vidas poderiam ter sido salvas.
>
> Fonte: "Lifeboat's Recoil Killed 40: Oar and Belt Kept Isaac Lehmann Afloat, He Writes," *New York Times*, May 25, 1915.

A guerra submarina indiscriminada ligou para sempre a embarcação submarina à marinha alemã, ironicamente, pois os alemães tinham arrastado cada uma das três marinhas da Tríplice Entente no pré-guerra ao desenvolvimento de submarinos. Antes de 1914, a Alemanha tinha completado apenas 36 submarinos e, quando a campanha começou, no final de fevereiro de 1915, a marinha tinha apenas 37 dessas embarcações em serviço. Durante os sete meses seguintes, os alemães raramente mantiveram mais de seis delas em patrulha ao redor das Ilhas Britânicas, mas ainda assim demonstraram seu potencial destrutivo afundando 787.120 toneladas de navios mercantes (89.500 em março de 1915, 38.600 em abril, 126.900 em maio, 115.290 em junho, 98.005 em julho, 182.770 em agosto e 136.050 em setembro), contra uma perda total de 15 submarinos. A campanha foi estendida para o Mediterrâneo quando o Império Austro-Húngaro acrescentou sua pequena força própria de submarinos à campanha e abriu suas bases do Adriático aos submarinos alemães, alguns dos quais foram enviados por terra, de trem, para ser montados e postos em serviço em Pula. A entrada da Itália na guerra, em maio de 1915, complicou o esforço alemão no Mediterrâneo, porque os italianos só declararam guerra à Alemanha em agosto de 1916. Enquanto isso, os submarinos alemães que operavam em águas do sul da Europa se disfarçavam de submarinos austro-húngaros, carregando um segundo conjunto de documentos falsos e, quando possível, um oficial subalterno austro-húngaro a bordo, para dar ao artifício uma aparência de legalidade internacional.

A resposta inicial britânica à ameaça submarina centrou-se nos cruzadores mercantes com plataformas de canhões escondidas, chamados de Q-ships em função do codinome de seu almirantado. Esses navios navegavam pelas rotas marítimas fingindo ser navios mercantes comuns, expondo e disparando seus canhões apenas quando conseguiam atrair um submarino para dentro de seu alcance. Em um momento posterior da guerra, também carregavam cargas de profundidade e equipamentos antissubmarino mais sofisticados. Já no verão de 1915, os Q-ships afundaram três submarinos alemães, mas, para os navios mercantes Aliados, eles foram uma bênção contraditória, pois fizeram os comandantes dos submarinos adotarem uma atitude ainda mais agressiva de "atirar primeiro e perguntar depois", ao se aproximar de qualquer alvo em potencial. A primeira rodada da guerra submarina indiscriminada terminou em setembro de 1915, depois que um antigo rival de Tirpitz, o almirante Henning von Holtzendorff, tornou-se chefe de Estado-Maior operacional (chefe do Admiralstab) da marinha alemã. Holtzendorff se juntou ao chanceler, Bethmann Hollweg, e ao chefe do OHL, Falkenhayn, para convencer Guilherme II de que o nível de antagonismo que a campanha gerou nos Estados Unidos e em outros países neutros superava em muito as perdas materiais que a pequena força de submarinos causara.

A marinha alemã aprendeu lições valiosas durante a primeira rodada de guerra submarina indiscriminada. Comandantes de submarinos que sobreviveram àqueles sete meses fariam bom uso de seus conhecimentos táticos em um momento posterior da guerra, enquanto os responsáveis pelo projeto de submarinos reconheciam que os maiores não só seriam armas mais letais, mas também poderiam ser mais suportáveis para os homens a bordo, aumentando, assim, a quantidade de tempo em que essas embarcações poderiam ser mantida no mar. Com 15 dos 37 submarinos disponíveis a partir de fevereiro de 1915 perdidos em setembro, junto com suas tripulações, em uma campanha que manteve apenas meia dúzia deles navegando em águas britânicas, os alemães também enfrentavam uma situação preocupante em relação ao número de submarinos e tripulações necessário para um esforço verdadeiramente decisivo. A Alemanha precisaria de centenas de submarinos, e não dezenas, para compensar a vida útil muito curta deles. O contingente também teria que ser considerado passível de baixa, e treinado em número suficiente para compensar as elevadas perdas no mar. No início de 1916, Falkenhayn reconheceu que este cálculo sombrio seguia a mesma lógica da campanha de desgaste que ele planejava desencadear na frente ocidental em Verdun; junto com Holtzendorff, ele reconsiderou sua posição do outono anterior e se juntou a Tirpitz na defesa de um curso de ação mais agressivo. Em 29 de fevereiro, Holtzendorff autorizou uma campanha submarina "intensificada", mas Bethmann Hollweg se opôs a esforços subsequentes para fazer com que o imperador retomasse a guerra submarina indiscriminada. Enquanto Guilherme II vacilava, os comandantes de submarinos iam ficando cada vez mais agressivos, torpedeando navios mercantes Aliados sem aviso prévio. A questão chegou a um ápice depois que o U29 afundou o *ferry* de passageiros Sussex, no canal da Mancha, em 24 de março, levando Woodrow Wilson a ameaçar romper relações diplomáticas se a Alemanha não acabasse com a campanha (ver box "Perspectivas: guerra submarina indiscriminada"). Nesta fase, o raciocínio de Bethmann Hollweg prevaleceu, e a campanha "intensificada" parou. A decisão enfureceu Tirpitz o suficiente para solicitar sua aposentadoria do Gabinete da Marinha Imperial.

Jutlândia, 1916

Depois de suceder Pohl como comandante da Frota de Alto-Mar, em janeiro de 1916, o vice-almirante Reinhard Scheer convenceu Guilherme II a permitir que os navios capitais alemães retomassem missões regulares. Scheer pretendia repetir a mesma estratégia que resultara na derrota do ano anterior, usando os cruzadores de batalha de Hipper para atrair parte da Grande Frota Britânica à batalha com o corpo principal da Frota de Alto-Mar, na esperança de conseguir uma vitória decisiva que reduzisse ou eliminasse a superioridade da frota de superfície da Grã-Bretanha. Ao contrário de Ingenohl no dia de Dogger Bank, no entanto, Scheer planejava manter os couraçados alemães próximos o suficiente para vir em auxílio de Hipper e destruir as forças britânicas que saíssem em sua perseguição. Missões realizadas em fevereiro, março e abril de 1916 não renderam qualquer contato com navios capitais britânicos, mas a quarta missão de Scheer, em 31 de maio, resultou na Batalha da Jutlândia (ver mapa "Jutlândia, 1916" a seguir), o maior confronto naval da guerra. Na madrugada do dia 31, 5 cruzadores de batalha partiram em direção ao norte sob o comando de Hipper, indo de Wilhelmshaven, em paralelo à costa da Jutlândia dinamarquesa, rumo a Skagerrak, com os 16 couraçados de Scheer, 6 pré-couraçados e um conjunto de navios de guerra menores que seguiam 80 km atrás. Como na Batalha de Dogger Bank, os cruzadores de batalha de Beatty saíram de Rosyth para interceptar Hipper, seguido pelo resto da Grande Frota, comandado pelo almirante sir John Jellicoe, vindo de Scapa Flow, coincidentemente, também cerca de 80 km atrás. Devido a uma recente troca de navios entre Beatty e Jellicoe, o primeiro tinha 6 cruzadores de batalha e 4 couraçados, e Jellicoe tinha 3 e 24, respectivamente.

Hipper encontrou Beatty pouco antes das 16h, e imediatamente virou para o sul, atraindo a esquadra britânica que o perseguia em direção à força superior de Scheer. Durante a perseguição que durou uma hora, o fogo alemão afundou os cruzadores de batalha britânicos Indefatigable e Queen Mary, mas Beatty manteve a perseguição até avistar os couraçados de Scheer. Em torno das 17h, ele mudou de curso e rumou para o norte, com Hipper e Scheer o perseguindo, atraindo toda a Frota do Alto-Mar de volta, em direção à força de Jellicoe, que avançava. Quando as duas frotas entraram em contato, às 18h15, os navios de Beatty se juntaram à linha de Jellicoe em uma travessia leste-oeste do "T" alemão, atacando os cruzadores de batalha de Hipper à frente da coluna de Scheer, que se aproximava do sul. Durante essa fase, os britânicos perderam um terceiro cruzador de batalha, o Invincible, enquanto Hipper teve que abandonar o danificado cruzador Lützow, que afundou no início da manhã seguinte. Scheer interrompeu a ação depois de menos de uma hora e voltou em direção à Linha Jellicoe para mais um breve enfrentamento antes de finalmente dar meia volta e se encaminhar para casa por volta das 5h30. Jellicoe tomou a fatídica decisão de não perseguir os alemães em retirada, para mudar de opinião às 20h, depois de lhes dar uma vantagem segura na perseguição que se seguiu. A batalha continuou esporadicamente durante toda a noite de 31 de maio a 1º de junho. Ao amanhecer do dia seguinte, a Frota de Alto-Mar estava de volta a Wilhelmshaven, menos o Lützow e dez outros navios de guerra: o pré-couraçado Pommern, quatro cruzadores leves e cinco destróieres. Os britânicos sofreram perdas muito mais pesadas: três cruzadores de batalha, três cruzadores blindados, um líder de flotilha de destróieres e sete destróieres. O número de mortos alemães chegou a 2.551, o de britânicos, a 6.097. O resultado desanimou a marinha britânica, mas um jornalista de Londres fez a melhor síntese da situação estratégica pós-Jutlândia: o prisioneiro tinha agredido seu carcereiro, mas agora estava de volta com segurança em sua cela.[3]

PERSPECTIVAS: GUERRA SUBMARINA INDISCRIMINADA

Em 18 de abril de 1916, Woodrow Wilson protestou formalmente contra a guerra submarina alemã como uma violação de princípios "há muito estabelecidos" do direito internacional, com relação a guerra de cruzeiro:

> A lei das nações sobre tais assuntos, na qual o governo dos Estados Unidos baseia esse protesto, não é de origem recente nem fundamentada sobre princípios meramente arbitrários estabelecidos por convenção. Baseia-se, ao contrário, em princípios manifestos de humanidade e há muito foi estabelecida com a aprovação e consentimento expresso de todas as nações civilizadas [...]. Se ainda é o propósito do governo imperial implementar guerra implacável e indiscriminada contra navios de comércio com o uso de submarinos, sem levar em conta que o governo dos Estados Unidos deve considerar as regras sagradas e indiscutíveis do direito internacional e os ditames da humanidade reconhecidos universalmente, o governo dos Estados Unidos é, por fim, forçado a concluir que não há senão um curso de ação a tomar.

Fonte: www.firstworldwar.com/source/uboat1916_usultimatum.htm. Publicado inicialmente em *Source records of the Great War*, Vol. IV, ed. Charles F. Horne, National Alumni, 1923.

* * *

A guerra no mar, 1915-18

O jurista norte-americano Earl Willis Crecraft (1886-1950) aplaudiu inicialmente a entrada dos Estados Unidos na guerra, alegando que ela defendia o antigo princípio norte-americano de liberdade dos mares, mas lamentou, após o acordo de paz, que os Estados Unidos tivessem abandonado sua "neutralidade honrada." Em seu livro *Freedom of the seas* (1935), Crecraft apresentou uma análise equilibrada, típica da academia predominante nos Estados Unidos, à medida que as nuvens da guerra começaram a se juntar sobre a Europa mais uma vez:

> Por terem se tornado tão hostis à Alemanha com relação ao submarino, os norte-americanos prestaram pouca atenção [...] ao argumento alemão de que a Grã-Bretanha estava travando uma guerra de fome contra a população civil, e que o submarino era a arma eficaz como instrumento de retaliação. Aos olhos dos Estados Unidos, a Alemanha se tornara o principal agressor contra direitos marítimos neutros. A propagação dessa convicção levou à nossa entrada na guerra.
>
> [...] Pode acontecer que as práticas marítimas da Grã-Bretanha, quando vistas por aqueles que pagaram caro por elas no passado, possam, no longo prazo, parecer tão agressivas quanto as práticas alemãs de 1915 e 1916 [...]. Se países beligerantes opostos continuam a armar os seus navios mercantes e a instituir "bloqueios de alimentos", a tentação de usar livremente os submarinos vai existir enquanto eles forem construídos [...]. Os atos de agressão devem ser condenados, é claro, mas também os atos que provocam a agressão.

Fonte: Earl Willis Crecraft, *Freedom of the Seas* (New York: Appleton Century, 1935), 122-23.

Os alemães afirmavam que Skagerrak (o nome que deram à batalha) fora uma grande vitória, mesmo que, depois, os britânicos tivessem permanecido no comando do mar do Norte. No entanto, a decepção era muito maior do lado britânico, que tinha expectativas de que a tão esperada grande batalha com a Frota de Alto-Mar fosse uma segunda Trafalgar. Jellicoe e Beatty (ou, mais precisamente, seus apoiadores dentro do corpo de oficiais) culpavam um ao outro por oportunidades perdidas. No final de 1916, Beatty se tornou comandante da Grande Frota, quando Jellicoe foi nomeado primeiro lorde do almirantado, o chefe do Estado-Maior da marinha. Enquanto isso, na Alemanha, Guilherme II recompensava Scheer com uma promoção a almirante pleno e a Cruz de Ferro *Pour le Mérite*, a mais alta condecoração militar do país. Um corpo de oficiais historicamente fragmentado por lutas internas se reuniu em torno de Scheer, desculpando seus erros táticos na Jutlândia. Ele acabaria entregando o comando da Frota de Alto-Mar a Hipper em agosto de 1918 e, em seguida, passaria os últimos meses da guerra no novo cargo de chefe do comando supremo da marinha.

313

A Primeira Guerra Mundial

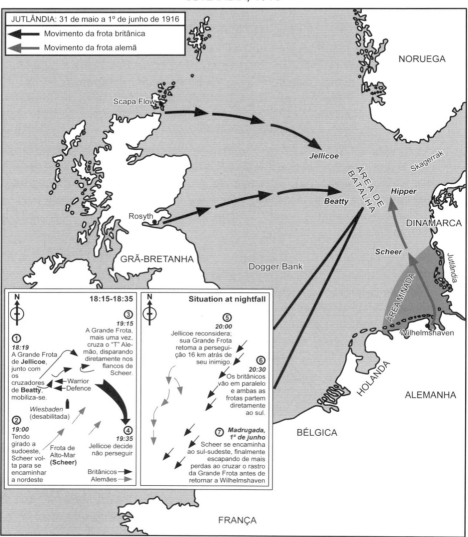

Além da boa sorte de Scheer e dos momentos de cautela de Jellicoe, a Jutlândia acabou saindo como saiu, em grande parte, devido à construção mais resistente dos navios capitais alemães, o manuseio inseguro de suprimentos de pólvora a bordo dos maiores navios de guerra britânicos, e mau controle de incêndios, principal do lado britânico. A durabilidade dos navios capitais alemães era bastante impressionante. Quatro dos cinco cruzadores de batalha absorveram danos pesados, mas apenas um foi perdido.

A guerra no mar, 1915-18

Os mais novos couraçados da Alemanha sustentaram, cada um, 5 a 10 disparos, mas nenhum foi danificado com gravidade. Em relação ao estoque de pólvora, os críticos apontaram a baixa qualidade da cordite britânica, a falta de portas à prova de chamas abaixo das torres de artilharia pesada nos cruzadores britânicos e a maneira extremamente descuidada com que os propulsores eram levados dos paióis às torres. Explosões catastróficas de paióis atingiram os cruzadores de batalha Invincible, Indefatigable e Queen Mary e o cruzador blindado Defence, e a natureza de sua destruição trouxe morte instantânea à maioria das tripulações. Na verdade, os três cruzadores de batalha representaram mais de metade dos mortos britânicos na Jutlândia (3.339), sendo que apenas 28 homens sobreviveram. O resultado da batalha mostrou claramente que os telêmetros alemães não eram tão inferiores como os britânicos tinham pressuposto e que os cruzadores britânicos, carecendo de treinamento de artilharia adequado, tinham tido um desempenho muito baixo. Nenhum se saiu pior do que o cruzador de batalha New Zealand, que fez 420 disparos durante a batalha, mais do que qualquer outro navio capital, e acertou apenas quatro.

Guerra submarina indiscriminada: segunda rodada, 1917 a 1918

Para a marinha alemã, a celebração da "vitória" na Jutlândia logo deu lugar à tristeza, quando ficou claro que a batalha nada fizera para alterar a situação estratégica no mar do Norte. Em um relatório a Guilherme II, em 4 de julho de 1916, Scheer argumentou que a única esperança de vitória no mar estava em uma guerra submarina contra o comércio britânico. Ele defendeu uma retomada da guerra submarina indiscriminada e, nesse meio-tempo, as operações de superfície integrando submarinos e missões da frota de batalha. Quando Scheer colocou a Frota de Alto-Mar em ação de novo, em missões em agosto e outubro de 1916, e uma parte dela, em uma terceira missão em novembro, submarinos acompanharam seus navios capitais e tentaram estabelecer armadilhas para navios capitais britânicos atraídos para fora de suas bases. Em cada uma das três ocasiões, Scheer encontrou navios de proteção da Grande Frota, em vez de seus couraçados ou cruzadores de batalha, e seus submarinos só conseguiram afundar dois cruzadores leves, ambos durante a missão de agosto. Enquanto isso, os britânicos tiveram muito mais sucesso empregando a mesma tática contra os alemães, à medida que submarinos operando com a proteção de cruzadores leves e destróieres da Grande Frota torpedearam (mas não afundaram) três couraçados de Scheer ao longo das três missões.

Apesar de não ser decisivos, esses eventos foram suficientes para tornar ambas as marinhas muito mais prudentes em sua utilização de navios capitais. Em uma carta a

315

Jellicoe em 6 de setembro, Beatty citou o ditado "quando você está ganhando, não arrisque". Uma semana depois, os dois almirantes concordaram que, em circunstâncias normais, os couraçados e cruzadores de batalha britânicos não seriam arriscados ao sul de 55° 30'N, uma linha que se estende pelo mar do Norte, de Newcastle à fronteira alemã-dinamarquesa. Scheer também concordou com Guilherme II que outras operações em nível de frota não valiam o risco. A Frota de Alto-Mar tentou apenas mais uma missão no mar do Norte, em abril de 1918, com o mesmo resultado daquelas realizadas após a Jutlândia, em 1916: nenhum navio capital britânico encontrado e um couraçado alemão torpedeado (mas não afundado) por um submarino britânico. Fora isso, durante os dois últimos anos da guerra (novembro 1916 a novembro de 1918), poucos navios capitais da Frota de Alto-Mar deixaram o porto que não fosse para montar guarda na baía de Helgoland enquanto caça-minas alemães limpavam os canais para que os submarinos saíssem em missão. Uma exceção aconteceu em outubro de 1917, quando Scheer enviou dez couraçados e um cruzador de batalha – quase metade da frota – pelo canal de Kiel, ao Báltico, para garantir o golfo de Riga (ver capítulo "Revolta e incerteza: Europa, 1917").

Enquanto isso, no outono de 1916, a Alemanha iniciou uma campanha submarina discriminada, como prelúdio à retomada da guerra submarina indiscriminada em fevereiro de 1917. Aderindo (às vezes até certo ponto) a importantes regras internacionalmente aceitas, os submarinos alemães afundaram 231.570 toneladas em setembro de 1916, 341.360 em outubro, 326.690 em novembro, 307.850 em dezembro e 328.390 em janeiro de 1917. Por ter agora muito mais submarinos em ação, a Alemanha afundou o dobro da tonelagem abatida nos sete meses de guerra submarina indiscriminada de 1915. Submarinos emergidos causaram a maior parte dos danos, já que 80% das vítimas foram avisadas antes de ser afundadas, e 75% foram afundadas por canhões de convés e não por torpedos. Surpreendentemente, durante esses cinco meses, os alemães perderam apenas dez submarinos. Esperando resultados ainda mais decisivos, em 9 de janeiro de 1917, Guilherme II se reuniu com Hindenburg, Ludendorff, Bethmann Hollweg e o chefe do Admiralstab, Holtzendorff, para discutir a retomada da guerra submarina indiscriminada. Holtzendorff, que tinha sido fundamental para acabar com a campanha inicial desse tipo em setembro de 1915, apoiou a retomada, refletindo o consenso de Scheer, Hipper e outros importantes almirantes alemães. O imperador, o chanceler e a liderança do OHL concordaram e definiram a data de 1º de fevereiro para a mudança na política (ver box "'A melhor e mais precisa arma'"). Reconhecendo a necessidade de muito mais submarinos, os líderes da marinha concordaram em abandonar dois couraçados e cinco cruzadores de batalha então em construção, liberando pessoal e estrutura de estaleiro para construir submarinos. Porém, em retrospectiva, essa decisão veio tarde demais, mas logicamente não poderia ter vindo antes, porque a Alemanha tinha investido muito

A guerra no mar, 1915-18

na construção de navios capitais durante muitos anos para abandoná-la antes da Jutlândia e do fracasso definitivo da frota de superfície em cumprir as promessas que Tirpitz fizera antes da guerra. Quando a campanha reiniciou, a marinha alemã tinha 105 submarinos, um terço dos quais estava no mar. Os submarinos alemães afundaram 520.410 toneladas de navios Aliados em fevereiro de 1917, 564.500 toneladas em março e impressionantes 860.330 toneladas em abril – um total mensal nunca ultrapassado, nem mesmo pelos submarinos de Hitler na Segunda Guerra. Outras 616.320 toneladas foram afundadas em maio e 696.725, em junho.

Ao avaliar sua decisão de retomar a guerra submarina indiscriminada, os líderes alemães calcularam que os benefícios justificariam o risco de intervenção dos Estados Unidos na guerra. A declaração de guerra norte-americana contra a Alemanha, em 6 de abril, não teve efeito sobre o conflito terrestre em 1917, já que levaria mais de um ano para os Estados Unidos empregarem forças significativas na frente ocidental. Por outro lado, sua marinha, a terceira maior do mundo, atrás da britânica e da alemã, tornou-se um fator importante de imediato, embora seu principal ativo – uma frota de 14 couraçados – tivesse pouca relevância dadas as circunstâncias instáveis da guerra naval. O contra-almirante norte-americano William S. Sims, oficial de ligação com a marinha britânica, teve um papel fundamental na decisão Aliada de organizar um amplo sistema de comboio para combater a ameaça dos submarinos. A marinha britânica tinha escoltado comboios de navios de transporte de tropas desde 1914, mas, como o comboio tinha que se mover à velocidade de seu membro mais lento, os capitães mercantes resistiam à ampliação da prática de incluir os navios de carga, preferindo arriscar fugir de qualquer submarino que encontrassem. Muitos oficiais subalternos da marinha britânica eram partidários do sistema de comboio, mas Jellicoe e a maioria dos almirantes, não. Passando por cima do primeiro lorde do almirantado, Sims levou o caso em defesa dos comboios diretamente para Lloyd George. Com os submarinos afundando navios Aliados em um ritmo alarmante, ele teve pouca dificuldade para convencer o primeiro-ministro a ordenar que seus próprios almirantes abandonassem sua oposição ao sistema.

"A MELHOR E MAIS PRECISA ARMA"

Em um discurso no Reichstag em 31 de janeiro de 1917, Theobald von Bethmann Hollweg (chanceler, 1909-1917) explicou por que a Alemanha e a Áustria-Hungria estavam retomando a guerra submarina indiscriminada naquele momento específico:

Em primeiro lugar, o fato mais importante de todos é que o número de nossos submarinos aumentou consideravelmente em comparação com a primavera passada e, assim, criou-se uma base sólida para o êxito. A segunda razão, também decisiva, é a má colheita de trigo do mundo. A Inglaterra, a França e a Itália já se deparam com isso, com sérias dificuldades. Por meio de uma guerra submarina indiscriminada, temos a firme esperança de levar essas dificuldades a um ponto insuportável. A questão do carvão também é vital na guerra. Já é crítica, como os senhores sabem, na Itália e na França. Nossos submarinos irão torná-la ainda mais crítica. A isso se deve acrescentar, especialmente no que diz respeito à Inglaterra, o suprimento de minério para a produção de munições no sentido mais amplo, e de madeira para as minas de carvão. As dificuldades do nosso inimigo ficam ainda mais agudas pela crescente falta de espaço de carga do inimigo. Nesse sentido, o tempo e a guerra de submarinos e cruzadores prepararam o terreno para um golpe decisivo.

[...] Há alguns dias, o marechal Hindenburg me descreveu a situação da seguinte forma: "A nossa frente está firme em todos os lados. Temos, em todos os lugares, as reservas exigidas. O espírito das tropas é bom e confiante. A situação militar, como um todo, permite que aceitemos todas as consequências que uma guerra submarina indiscriminada pode trazer e, considerando-se que essa guerra submarina, em todas as circunstâncias, é o meio de atingir mais dolorosamente nossos inimigos, ela deve ser iniciada". O Almirantado e a Frota de Alto-Mar têm a firme convicção – uma convicção que tem seu suporte prático na experiência adquirida na guerra submarina – de que a Grã-Bretanha será obrigada à paz pelas armas. Nossos aliados concordam com nossos pontos de vista. A Áustria-Hungria adere ao nosso procedimento também na prática. Assim como estabelecemos uma área de bloqueio em torno da Grã-Bretanha e na costa oeste da França, dentro da qual tentaremos evitar todo o tráfego de navios para países inimigos, a Áustria-Hungria declara uma área de bloqueio em torno da Itália. Para todos os países neutros, deixa-se um caminho livre para a relação mútua fora da área bloqueada. Aos Estados Unidos, oferecemos, como fizemos em 1915, o tráfego seguro de passageiros sob condições definidas, mesmo com a Grã-Bretanha.

Nenhum de nós fechará os olhos à gravidade do passo que estamos dando. Que nossa existência está em jogo, todos sabem desde agosto de 1914 [...] decidindo agora empregar a melhor e mais precisa arma, somos guiados apenas por uma consideração sóbria de todas as circunstâncias envolvidas e por uma firme determinação de ajudar nosso povo a sair do infortúnio e da desgraça que nossos inimigos planejam para ele. O êxito depende de uma mão mais elevada, mas, no que concerne a tudo o que a força humana pode fazer para garantir o êxito para a Pátria, os senhores podem ter certeza de que nada foi descuidado.

Fonte: Publicado inicialmente em *Source Records of the Great War*, *Vol. V*, ed. Charles F. Horne, National Alumni, 1923, disponível em www.firstworldwar.com.source /uboat_bethmann.htm.

Em 27 de abril, Jellicoe cedeu e autorizou o desenvolvimento de um sistema de comboios. Na semana seguinte, uma flotilha de destróieres norte-americanos assumiu as patrulhas antissubmarinas perto de Queenstown, Irlanda, tornando-se os

A guerra no mar, 1915-18

primeiros navios da marinha dos Estados Unidos ativamente engajados na guerra. Os primeiros comboios cruzaram o Atlântico em junho de 1917; depois disso, as perdas de navios Aliados para submarinos caíram muito, a 555.510 toneladas em julho, 472.370 em agosto, 353.600 em setembro e 302.600 toneladas em novembro. Enquanto ficava claro que a campanha não forçaria o fim da guerra nos termos da Alemanha, a tonelagem afundada em outubro (466.540) e dezembro (411.770) ressaltava a gravidade continuada da ameaça dos submarinos. Os submarinos alemães nunca fizeram com que a Grã-Bretanha experimentasse qualquer coisa como o tipo de fome que o bloqueio britânico infligira à Alemanha, mas, em janeiro de 1918, Lloyd George finalmente introduziu o racionamento de alimentos como medida de precaução (ver capítulo "As frentes internas, 1916-18"). No primeiro aniversário da retomada da guerra submarina indiscriminada, a tonelagem total à disposição dos Aliados ainda estava diminuindo, apesar de a marinha mercante dos Estados Unidos ter posto em ação dezenas de navios alemães internados em portos norte-americanos em 1914 e dos melhores esforços dos estaleiros navais do país para a construção de mais navios. A ameaça aos navios Aliados no Mediterrâneo por parte de submarinos austro-húngaros e alemães operando a partir de bases austro-húngaras no Adriático também exigiu um sistema de comboio no Mediterrâneo, incluindo uma força norte-americana baseada em Gibraltar e uma significativa esquadra japonesa (1 cruzador e 14 destróieres) em Malta. O envolvimento britânico aumentou, embora em função de reorganizações de comando feitas em 1914, os franceses tenham permanecido nominalmente no comando naquele teatro. No Mediterrâneo, bem como no Atlântico, o sistema de comboio, aliado a táticas melhoradas de guerra antissubmarina, levou não só a perdas menores em tonelagem, mas a maiores perdas alemãs em termos de submarinos afundados – 43 nos meses de agosto a dezembro de 1917, comparados com apenas 9 em fevereiro, março e abril.

Os Aliados também investiram fortemente em operações de lançamento de minas antissubmarinas, partindo de um esforço anterior que antecedeu o seu sistema de comboio. Depois de setembro de 1916, os britânicos tentaram fechar a entrada leste do canal da Mancha, empregando barragem antissubmarina flutuante entre Dover e Calais. A barragem consistia em minas complementadas por redes arrastadas por traineiras armadas e vapores auxiliares conhecidos como "*drifters*", ou pesqueiros de arrasto. A barragem Dover afundou apenas dois submarinos antes de ser reforçada, em dezembro de 1917, por mais minas, mas os resultados permaneceram escassos, com apenas sete submarinos afundados nos quatro meses seguintes. Os vulneráveis pesqueiros de arrasto suportaram ataques regulares de destróieres alemães baseados nos portos belgas de Ostend e Zeebrugge, pelo menos até o esforço ser interrompido por ataques britânicos a esses portos, em abril e maio de 1918. No final, a barragem Dover só funcionou como elemento de dissuasão, já que a maioria dos submarinos

319

alemães evitava o risco e tomava a rota mais ao norte, na Escócia, para ir e voltar do Atlântico. A partir de março de 1918, as marinhas britânica e norte-americana tentaram fechar também essa via, instalando a chamada barragem Norte. Em outubro, os Aliados realizaram a tarefa monumental de montar redes e semear 70 mil minas entre as ilhas Órcades e a Noruega, mas os resultados (seis ou sete submarinos afundados) dificilmente justificariam o esforço maciço.

O último confronto da guerra entre navios capitais britânicos e alemães, a segunda Batalha da Baía de Helgoland (17 de novembro de 1917), resultou da decisão de Beatty de enviar seu vice-almirante T. W. D. Napier com uma força liderada por três cruzadores de batalha para enfrentar uma força alemã liderada por dois couraçados enviados para cobrir as operações caça-minas do dia. A missão marcou o único momento em que navios capitais britânicos se aventuraram ao sul do limite "de risco zero" a 55° 30'N, estabelecido por Jellicoe e Beatty em setembro de 1916, e os resultados foram insignificantes, com nenhum dos lados perdendo navios. A falha de Napier contribuiu para a decisão de Lloyd George de substituir Jellicoe como primeiro lorde do almirantado pelo almirante sir Rosslyn Wemyss. Com a aprovação de Wemyss, em abril de 1918, Beatty procurou aumentar a probabilidade de outra ação de superfície em nível de uma frota inteira, transferindo toda a grande frota de Scapa Flow à base de cruzadores de batalha em Rosyth, 250 milhas mais próxima de Wilhelmshaven, mas a superioridade esmagadora da frota de superfície britânica – reforçada, em dezembro de 1917, por cinco couraçados norte-americanos – tornou ainda menos provável que a Frota de Alto-Mar saísse novamente.

No decorrer de 1918, os submarinos continuaram a arcar com o ônus do esforço de guerra alemão no mar. Embora não tenham conseguido igualar o sucesso dos seus melhores meses de 1917, eles continuaram cobrando um preço alto até o outono de 1918, afundando 295.630 toneladas em janeiro, 335.200 em fevereiro, 368.750 em março, 300.070 em abril, 296.560 maio, 268.505 em junho, 280.820 em julho e 310.180 em agosto. Depois disso, o colapso do esforço de guerra alemão trouxe um declínio dramático na atividade dos submarinos, que afundaram apenas 171.970 toneladas em setembro, 116.240 em outubro e 10.230 nos primeiros 11 dias de novembro. Os totais para os últimos anos da guerra incluíram 166.910 toneladas afundadas por 6 submarinos de longo alcance operando na costa atlântica dos Estados Unidos. Um deles colocou uma mina perto de Long Island, que, em 19 de julho, afundou o cruzador blindado San Diego, o único navio de guerra norte-americano de maior porte perdido na Primeira Guerra Mundial, enquanto outros atacaram cabos telegráficos submarinos dos Aliados com arpéus (pesados demais para submarinos convencionais arrastarem pelo fundo do oceano) e, uma vez, conseguiram a interrupção do serviço em algumas linhas durante semanas. Mas os submarinos fracassaram fortemente onde mais importava, colocando em

A guerra no mar, 1915-18

questão as pressuposições do OHL de que eles impediriam o envio de um número significativo de soldados norte-americanos à Europa. No momento do armistício, 2.079.880 soldados dos Estados Unidos haviam feito a travessia em segurança. Os submarinos alemães afundaram apenas três navios de transporte de tropas e um navio-escolta (um cruzador blindado francês) na rota transatlântica e, graças aos esforços de resgate de outros navios nesses comboios, apenas 68 soldados norte-americanos foram perdidos. Apesar de não conseguir inverter a guerra em favor das Potências Centrais, os principais comandantes de submarinos ficaram entre os mais famosos heróis de guerra em uma frente interna cujos civis sofreram em meio a dificuldades crescentes à medida que a guerra avançava e o bloqueio Aliado continuava. Destacando-se entre eles, estava Lothar Arnauld de la Perière, da marinha alemã, cujos submarinos afundaram 189 navios mercantes Aliados (446.700 toneladas), juntamente com duas canhoneiras Aliadas, e, no esforço submarino muito menor da marinha austro-húngara, Georg von Trapp, cujos submarinos afundaram 12 navios mercantes Aliados (45.670 toneladas), juntamente com um cruzador blindado francês e um submarino italiano.

A guerra no Adriático

A guerra no Adriático começou de fato quando a Itália entrou no conflito ao lado da Entente. Segundo uma convenção naval anglo-franco-italiana concluída em Paris, em 10 de maio de 1915, o almirante Luigi de Saboia, duque de Abruzzi, recebeu o comando da 1ª Frota Aliada, de maioria italiana e com base em Brindisi. A força Aliada existente sob comando do almirante Augustin Boué de Lapeyrère, ainda majoritariamente francesa, foi rebatizada de 2ª Frota Aliada e recebeu uma base em Tarento, muito mais perto da entrada do Adriático do que seu lugar de ancoragem inicial, em Corfu. Em 23 de maio, poucas horas depois da declaração de guerra da Itália, o comandante naval austro-húngaro, almirante Anton Haus, saiu de Pula com sua frota inteira e realizou um bombardeio punitivo do litoral italiano, complementado por missões de bombardeios a Veneza e Ancona feitos por hidroaviões austro-húngaros. Uma pequena força italiana em Veneza não se aventurou a se opor ao ataque de Haus e, quando os navios de guerra de Abruzzi deixaram Brindisi, a frota austro-húngara voltou em segurança para Pula.

Nos nove meses de combates, antes de a Itália entrar na guerra, o Império Austro-Húngaro tinha perdido apenas um cruzador leve e um torpedeiro, enquanto a força Aliada muito superior não afundou navios no Adriático após dezembro de 1914, quando um submarino torpedeou e quase afundou o couraçado francês Jean Bart. Lapeyrère ficou ainda mais cauteloso depois de abril de 1915, quando o submarino

321

A Primeira Guerra Mundial

U5, de Trapp, afundou o cruzador blindado Léon Gambetta (684 mortos) perto do calcanhar da bota italiana. A Itália entrou na guerra extremamente confiante, mas também pouco operou navios de guerra maiores no Adriático após julho de 1915, quando perdeu dois cruzadores blindados para ataques de submarinos em um período de 11 dias. Naquele mês de setembro, a marinha italiana foi novamente abalada quando sabotadores austríacos explodiram o pré-couraçado Benedetto Brin, em Brindisi. Novas perdas italianas até o final de 1915 incluíram dois cruzadores auxiliares, um destróier, quatro submarinos e três torpedeiros, enquanto o Império Austro-Húngaro perdia apenas dois destróieres e dois submarinos. Os Aliados se consolaram em sua evacuação bem-sucedida de 260 mil sérvios (metade soldados, metade refugiados) de portos na Albânia para Corfu, realizado durante um período de dois meses, no inverno de 1915 para 1916, após as Potências Centrais esmagarem a Sérvia e ocuparem todo o seu território. Ao longo de cerca de 250 passagens, eles perderam apenas quatro navios de transporte de tropas, todos para minas.

No mar, bem como em terra, a entrada da Itália na guerra não teve o impacto desejado para os Aliados. Durante a guerra, Abruzzi entrou em conflito com Lapeyrère e seu sucessor como comandante francês (e Aliado geral), o vice-almirante Louis Dartige du Fournet, sobre suposta falta de apoio, o que levou franceses e britânicos a apaziguá-lo com o envio de mais ajuda para a entrada do Adriático, permitindo, assim, que a frota em potencial, ou "*fleet in being*", austro-húngara em Pula e Cattaro contivesse um número cada vez maior de navios de guerra dos Aliados que poderiam ter sido mais bem utilizados em outros lugares. No entanto, parecia que quanto maior a sua superioridade, mais inseguros os italianos se sentiam. Não ajudou o fato de que eles continuavam a perder navios de guerra sem perder (ou sequer lutar) uma batalha. Em agosto de 1916, sabotadores austríacos atacaram novamente, dessa vez em Tarento, onde explodiram o couraçado Leonardo da Vinci, e, quatro meses mais tarde, uma mina inimiga afundou o pré-couraçado Regina Margherita na costa de Valona, na Albânia. A marinha italiana respondeu dando prioridade a seus próprios esforços de sabotagem e armamentos não convencionais, sem resultados imediatos. Por fim, em dezembro de 1917, um torpedeiro a motor italiano de alta velocidade, o MAS9, penetrou nas defesas do porto de Trieste e afundou o pré-couraçado austro-húngaro Wien.

Enquanto os Aliados lhe deram domínio praticamente livre do Adriático, a marinha austro-húngara experimentou em Pulá e Cattaro a mesma realidade essencial da marinha alemã em Wilhelmshaven. Uma frente interna faminta exigia que o bloqueio fosse rompido, e, ainda assim, era tão impotente para forçar a abertura da entrada do Adriático quanto sua equivalente alemã para romper o bloqueio no mar do Norte. A Áustria-Hungria tinha uma força submarina muito menor do que a da Alemanha (27 submarinos, dos quais não mais do que 20 estavam em serviço ao mesmo tempo), mas também assumiu o submarino como sua melhor aposta para se

A guerra no mar, 1915-18

contrapor ao bloqueio e participou ativamente das campanhas de guerra submarina indiscriminada de 1915 e de 1917 a 1918. Os Aliados responderam à ameaça dos submarinos austro-húngaros (e de submarinos alemães operando a partir de Pula e Cattaro) mobilizando a barragem de Otranto, um modelo para a barragem de Dover posterior, na entrada do Adriático, em 1915 e 1916. Na Batalha do Estreito de Otranto (15 de maio de 1917), o ataque antibarragem mais bem-sucedido da guerra, o capitão Miklos Horthy liderou uma força austro-húngara de três cruzadores leves, dois destróieres e dois submarinos, complementada por um submarino alemão, em uma operação que afundou 14 dos 47 pesqueiros de arrasto de Otranto, juntamente com dois destróieres (um francês e um italiano) e um cargueiro italiano, sem perder qualquer de seus navios. No longo prazo, a barragem de Otranto, como sua equivalente em Dover, não justificava o gasto dos recursos necessários para sua manutenção. Na verdade, em mais de três anos, ela registrou apenas dois êxitos confirmados, capturando um submarino austro-húngaro e um alemão. Enquanto isso, o ataque bem-sucedido de Horthy à barragem o elevou a estrela em ascensão da marinha austro-húngara. Em março de 1918, foi promovido a contra-almirante e – sobre as cabeças de 28 almirantes superiores a ele – foi colocado no comando da frota.

O extraordinário avanço de Horthy, vindo na sequência de um grave motim em Cattaro, deu nova vida temporária à marinha austro-húngara, mas ela só voltou a entrar em ação após 10 de junho de 1918, quando o couraçado Szent István foi torpedeado e afundado pelo italiano MAS15 perto da ilha de Premuda, quando ia de Pula à costa da Dalmácia, com seus três navios irmãos para um ataque contra as forças Aliadas no estreito de Otranto. Horthy tinha a esperança de replicar, com a esquadra de couraçados, o ataque bem-sucedido na primavera anterior, de cruzadores leves e destróieres contra a barragem de Otranto, mas a perda do Szent István o obrigou a cancelar a operação. Depois, o moral austro-húngaro despencou, destruindo as esperanças de Horthy de revitalizar a frota. Nas últimas semanas da guerra, os reveses sofridos pelas Potências Centrais em terra forçaram a marinha austro-húngara a abandonar seus postos mais visíveis. Os monitores de rio de sua flotilha do Danúbio, que haviam avançado até o mar Negro após o colapso da marinha russa ali, abriram mão da rota aquática para a safra de grãos da Ucrânia e, enquanto as tropas italianas avançavam para o norte pela Albânia, a marinha evacuou uma quantidade de soldados via Durazzo, antes de perder sua ancoragem albanesa em 2 de outubro. A marinha austro-húngara lutou sua última batalha naquele dia, um confronto típico de seu esforço de guerra no Adriático, pois teve sucesso tático contra todas as adversidades: uma força de dois destróieres, dois submarinos e um torpedeiro cumpriu sua missão e retornou com segurança a Cattaro após suportar ataques de uma força Aliada de 3 cruzadores blindados italianos, 5 cruzadores leves britânicos, 14 destróieres britânicos e 2 italianos,

323

A Primeira Guerra Mundial

torpedeiros e lanchas MAS italianas, caça-submarinos norte-americanos (versões maiores e mais lentas das MAS), submarinos das marinhas britânica, francesa e italiana, e bombardeiros dos serviços aéreos britânicos e italianos. O submarino austro-húngaro U31 infligiu a única baixa da batalha, danificando um cruzador britânico com o disparo de torpedo.

Motins navais

Para as marinhas das Potências Centrais, a ênfase na guerra submarina afetava mais do que apenas as políticas de material e construção. Os mais conceituados oficiais subalternos receberam o comando dos submarinos, e outros foram para os cruzadores leves e destróieres, deixando homens menos capazes em seus lugares a bordo de navios de guerra e cruzadores maiores. Em nítido contraste com o típico submarino da Primeira Guerra Mundial, onde dois ou três oficiais subalternos viviam próximos a sua tripulação de duas ou três dúzias de homens, compartilhando todas as suas dificuldades, qualquer grande navio de guerra era um microcosmo da sociedade do país que representava, e, para as Potências Centrais – como para a Rússia – as diferenças eram extremas. Durante os dois últimos anos da guerra, a inexperiência ou mediocridade da "gerência intermediária" de bordo exacerbou o problema do abismo social entre oficiais e marinheiros, em um momento em que a relativa inatividade dos grandes navios teria causado aumento das tensões de qualquer forma. A vida nos portos também significava um contato mais próximo com a frente interna, tornando os marinheiros das frotas alemã, austro-húngara e russa propensos a ver suas próprias dificuldades no contexto mais amplo das condições em seus países como um todo (ver capítulos "Revolta e incerteza: Europa, 1917" e "As frentes internas, 1916-18").

Em julho de 1917, o descontentamento com a escassez de alimentos provocou as primeiras manifestações na frota austro-húngara em Pula. A ordem foi restaurada facilmente, e o sucessor de Haus como comandante da marinha, almirante Maksimilian Njegovan, foi brando com os marinheiros envolvidos. Três meses depois, a marinha austro-húngara sofreu sua primeira e única deserção de um navio no mar, quando um mecânico tcheco e um contramestre esloveno tomaram o Torpedoboot 11 durante uma patrulha no Adriático e rumaram ao porto de Recanati, na Itália. O comportamento peculiar dos amotinados indicava que haviam desertado apenas por fadiga de guerra, já que eles destruíram livros de código e outros materiais delicados antes de chegar à Itália. Njegovan e líderes austro-húngaros consideraram a deserção do torpedeiro um incidente isolado, mas, vindo na esteira das manifestações em Pula, ele levantou temores, especialmente

324

A guerra no mar, 1915-18

na Alemanha, de que a frota austro-húngara estaria infectada pelos problemas políticos que a frente interna austríaca tinha começado a experimentar depois que o imperador Carlos reconvocou o Reichsrat, em maio 1917, e aliviou a censura.

A marinha alemã também sofreu distúrbios no verão de 1917, refletindo, da mesma forma, a fadiga de guerra da frente interna. Em Wilhelmshaven, no início de junho, a tripulação do couraçado Prinzregent Luitpold usou uma greve de fome para receber alimentos melhores; posteriormente, marinheiros se organizaram por reivindicações semelhantes a bordo de outros navios. No final do mês, o Reichstag autorizou o sucessor de Tirpitz, o almirante Eduard von Capelle, a criar "comitês de alimentos" a bordo de todos os navios da frota, mas poucos capitães o fizeram até que suas tripulações os forçassem. A situação deteriorou-se ainda mais depois da aprovação da Resolução de Paz do Reichstag, em meados de julho. A agitação na frota se tornou cada vez mais politizada e, somente nos meses de julho e agosto, estima-se que 5 mil marinheiros teriam aderido ao pacifista Partido Social Democrata Independente (USPD). A primeira metade de agosto foi particularmente tensa, com alguns marinheiros se recusando a cumprir todas as ordens. O Prinzregent Luitpold estava, mais uma vez, no centro das greves, mas quatro outros couraçados e um cruzador leve também foram afetados. Scheer reagiu decisivamente para quebrar as greves. As cortes marciais decretaram um total de 360 anos de prisão para os amotinados, e dois de seus líderes foram executados.

Os problemas de divisões sociais, rações curtas e inatividade geral foram ainda maiores para a marinha russa do que para a alemã ou a austro-húngara, tendo deixado as tripulações da frota do czar cada vez mais suscetíveis à agitação revolucionária. Desde que entraram em serviço, no final de 1914, os quatro couraçados da frota russa do Báltico tinham passado a maior parte da guerra ancorados em Helsinque. Em março de 1917, logo após a abdicação de Nicolau II, a agitação na frota culminou no assassinato de seu comandante, o vice-almirante Nepenin, e de vários outros oficiais. Comitês revolucionários assumiram muitos dos navios e, no verão, a maioria era simpática a Lenin e aos bolcheviques. Foi contra esse inimigo muito enfraquecido que a marinha alemã lançou sua maior operação da guerra no Báltico, garantindo o golfo de Riga em outubro de 1917. Após a queda do governo provisório da Rússia, três semanas depois, os marinheiros dedicaram suas energias ao novo regime bolchevique, tornando-se seus mais fiéis seguidores.

Enquanto isso, na frota do mar Negro, a queda de Nicolau II não anunciava o mesmo tipo de desordem. Sob comando do almirante Alexander Kolchak, a frota tinha mantido um regime mais ativo, dominando o mar Negro e vencendo sua própria guerra contra a marinha turca, apesar dos melhores esforços do comandante otomano, o almirante Wilhelm Souchon, cujo cruzador de batalha de tripulação alemã, Yavuz Sultan Selim (ex-Goeben) serviu como capitânia. Depois da abdicação

325

A Primeira Guerra Mundial

do czar, as tripulações de Kolchak formaram comitês revolucionários, mas o moral permaneceu mais elevado do que na frota do Báltico e as relações entre oficiais e suas tripulações se deterioraram de forma mais gradual. Em junho de 1917, a situação era triste o suficiente para Kolchak se demitir em frustração, mas a frota permaneceu com capacidade de ação até a véspera da Revolução Bolchevique. Em 1º de novembro, o sucessor de Kolchak, almirante Nemits, deixou Sebastopol com dois couraçados, três pré-couraçados e cinco navios-escolta menores em uma última missão contra forças turcas na entrada do Bósforo. Antes de a operação ser concluída, no entanto, a tripulação da capitânia se amotinou, não dando a Nemits escolha a não ser retornar ao porto. Uma semana depois, o novo governo russo soviético suspendeu todas as operações navais ofensivas.

O inverno que se seguiu testemunhou a agitação sem precedentes nas frentes internas das Potências Centrais, onde, em janeiro de 1918, mais de um milhão de trabalhadores entraram em greve. A marinha alemã só foi afetada porque as greves suspenderam a construção de submarinos durante uma semana e resultaram em uma escassez temporária de torpedos no mês de fevereiro. Para a marinha austro-húngara, a situação era muito pior. Por vários dias, no final de janeiro, os marinheiros da frota apoiaram ativamente a greve dos trabalhadores do arsenal de Pula; então, um motim paralisou por um tempo as forças navais em Cattaro (1º a 3 de fevereiro). O motim de Cattaro começou a bordo do cruzador blindado Sankt Georg, onde o capitão foi baleado na cabeça, mas, milagrosamente, não morreu. O apoio aos rebeldes foi mais forte a bordo dos navios maiores, mais fraco nas flotilhas de torpedeiros e inexistente a bordo dos submarinos, refletindo o forte moral típico de unidades menores e mais ativas. Junto com alimentação e condições de trabalho melhores, os amotinados exigiam o fim da dependência da Áustria-Hungria em relação à Alemanha e uma resposta positiva dada de boa-fé aos Catorze Pontos apresentados por Woodrow Wilson em 8 de janeiro de 1918 (ver capítulo "Os Estados Unidos entram na guerra"). Seu manifesto também endossava o apelo da Rússia bolchevique por uma paz sem anexações nem indenizações. O motim começou a desmoronar após a artilharia do exército disparar sobre o navio de bandeira vermelha Kronprinz Rudolf, que fazia a patrulha da baía, matando um marinheiro e ferindo vários outros. A chegada de três pré-couraçados de Pula, na manhã de 3 de fevereiro, fez com que os amotinados restantes se rendessem. A revolta tinha incluído marinheiros de todas as nacionalidades do Império, confirmando que a fadiga de guerra e a política socialista – e não as forças centrífugas do nacionalismo – eram suas maiores influências. Depois disso, a marinha executou quatro amotinados e prendeu quase 400 outros.

As marinhas das Potências Centrais não vivenciaram nenhuma outra agitação grave até os últimos dias da guerra. Em seu cargo de chefe do comando

A guerra no mar, 1915-18

supremo da marinha, o almirante Scheer não estava disposto a que sua Frota de Alto-Mar terminasse a guerra sem um combate. Em 24 de outubro, com a conivência de Hipper (desde agosto de 1918, chefe da Frota de Alto-Mar) e sem consultar o imperador nem o chanceler, ele adotou o infame Plano de Operações 19, que teria enviado os restantes 18 couraçados e 5 cruzadores de batalha da Alemanha em um ataque suicida em direção ao estuário do Tâmisa, para atrair a Grande Frota a uma batalha final na costa holandesa. A missão estava programada para começar na noite de 29 de outubro, mas os marinheiros souberam do esquema dois dias antes e, entre os dias 27 e 29, as tripulações de sete couraçados e quatro cruzadores de batalha se amotinaram (ver box "'Toda a injustiça deve ser vingada'"). Quando a rebelião se espalhou para outros dois couraçados em 30 de outubro, Scheer e Hipper desistiram de seu plano. Hipper, em seguida, tomou a fatídica decisão de dispersar seus navios capitais amotinados, enviando alguns até o rio Elba e outros pelo canal de Kiel, no Báltico, sem querer, permitindo que os marinheiros servissem de catalisadores para a revolução que varreu a maioria dos portos do norte da Alemanha, no início de novembro. No final, os amotinados assumiram o controle da frota, com pouca resistência. Quatro oficiais foram feridos e nenhum morto.

Nos mesmos dias, a marinha austro-húngara também sucumbiu a um motim geral. Como na Frota de Alto-Mar, a primeira agitação explícita veio em 27 de outubro. Três dias antes, a frente do exército contra a Itália tinha desabado diante de uma grande ofensiva, deixando Trieste e Pula vulneráveis à conquista por terra. Ao mesmo tempo, no sul, os conquistadores italianos da Albânia tinham avançado até 90 km de Cattaro. Em 29 de outubro, a maioria dos navios de guerra estava nas mãos de suas tripulações. Os alemães abandonaram suas bases de submarinos austro-húngaras, indo para casa a bordo de 12 deles, depois de afundar outros 10. Reconhecendo o desmembramento iminente de seu império, em 30 de outubro, o imperador Carlos decidiu entregar a frota ao Conselho Nacional Iugoslavo. No dia seguinte, Horthy repassou o comando dos navios em Pula a oficiais eslovenos e croatas leais ao Conselho, e em 1º de novembro, uma transição semelhante ocorreu em Cattaro. Em ambos os casos, todos os marinheiros não pertencentes às nacionalidades eslavas do sul receberam dispensas imediatas. Enquanto isso, Carlos designava a flotilha do Danúbio da marinha à Hungria. Como um pós-escrito ao colapso da marinha austro-húngara, os 12 submarinos alemães que fugiram do Adriático no final de outubro chegaram em casa com segurança, ainda que só depois do colapso do seu país e de sua marinha. Em 9 de novembro, o dia da abdicação de Guilherme II, o UB50 torpedeou e afundou o pré-couraçado Britannia perto do cabo Trafalgar. Foi a última baixa em navios de guerra da Primeira Guerra Mundial.

327

"TODA A INJUSTIÇA DEVE SER VINGADA"

Trecho do diário de Richard Stumpf, marinheiro da Bavária e testemunha ocular do motim naval de Wilhelmshaven, onde serviu a bordo do navio de guerra Helgoland, 29 de outubro de 1918:

Logo depois, ouvimos que os foguistas de três navios de guerra tinham deliberadamente permitido que os fogos morressem e inclusive os extinguiram. Nesse momento, cerca de cem homens de Von der Tann estavam soltos pela cidade; o Seydlitz e o Derfflinger estavam com falta de homens. Assim, a frota não poderia ter navegado mesmo se não houvesse nevoeiro. É triste, é trágico, que se tenha chegado a isso. Mas, de alguma forma, mesmo com a melhor das intenções, eu não posso reprimir uma certa sensação de *Schadenfreude**. O que aconteceu com a força todo-poderosa dos orgulhosos capitães e engenheiros? Agora, finalmente, depois de muitos anos, foguistas e marinheiros reprimidos percebem que nada, nada mesmo, pode ser feito sem eles. Isso pode ser possível? Depois de ter vivido por tanto tempo sob esta disciplina de ferro, esta obediência de cadáver, parece quase impossível.

Há alguns meses, eu teria rido de quem sugerisse que o nosso povo simplesmente jogaria as mãos para cima diante da aproximação do nosso inimigo. Longos anos de injustiça acumulada foram transformados em uma força perigosamente explosiva, que agora irrompe com grande poder em toda a parte. Meu Deus – por que tivemos que ter oficiais tão criminosos e sem consciência? Foram eles que nos privaram de todo o nosso amor pela pátria, a alegria que sentimos por nossa existência alemã e o orgulho de nossas incomparáveis instituições. Mesmo agora, meu sangue ferve quando eu penso nas muitas injustiças que sofri na marinha. "Toda a injustiça deve ser vingada". Nunca esse velho lema foi mais verdadeiro do que agora.

No Thüringen, o ex-navio modelo da frota, o motim estava em seu pior nível. A tripulação simplesmente trancou os suboficiais e se recusou a levantar âncora. Os homens disseram ao capitão que só lutariam contra os ingleses se a frota deles aparecesse em águas alemãs. Eles já não queriam arriscar suas vidas inutilmente.

[...] Agora, a revolução chegou! Esta manhã, ouvi o primeiro bater de suas asas. Veio como um raio. Inesperadamente, desceu de uma só vez e agora detém todos nós em suas garras. Mesmo tendo estado no meio das coisas, eu não percebi o quão rápido a notícia se espalhou esta manhã para "preparar-se para se manifestar em terra". O diretor da divisão, o primeiro oficial e o assistente desceram aos nossos quartos e nos perguntaram, com jeito cabisbaixo, o que queríamos [...]. Respondemos: "Vamos fazer uma passeata pelas ruas para obter os nossos direitos".

* Tradução: Prazer derivado das desgraças dos outros.

Fonte: Richard Stumpf, *War, Mutiny and Revolution in the German Navy: The World War I Diary of Seaman Richard Stumpf*, trad. e org. Daniel Horn (New Brunswick, NJ: Rutgers University Press, 1967), 418-20.

O nascimento da aviação naval

O porta-aviões, assim como o submarino, surgiu pela primeira vez como um tipo importante de navio de guerra durante a Primeira Guerra Mundial, mas apenas próximo ao fim do conflito, porque a aviação naval teve um início tardio antes dele e se desenvolveu em ritmo mais lento do que a guerra submarina. Após a eclosão da guerra, a marinha britânica complementou o seu solitário porta-hidroavião de antes da guerra, o Ark Royal, de 7.080 toneladas, com outros menores, três dos quais participaram no primeiro ataque aéreo da marinha britânica contra um alvo alemão, a base de zepelins de Cuxhaven, em 25 de dezembro de 1914. O ataque causou poucos danos e, de nove hidroaviões lançados, apenas três sobreviveram para ser recolhidos pelos guindastes dos navios. Durante todo o restante da guerra, os britânicos mantiveram a liderança na aviação naval, mobilizando porta-hidroaviões e porta-aviões primitivos na maioria das operações na costa ou perto dela, começando com o Ark Royal perto de Galípoli. Em novembro de 1915, os britânicos conseguiram o primeiro lançamento bem-sucedido de um avião de guerra com rodas a partir de plataforma e, em setembro de 1916, demonstraram que um avião podia pousar em uma plataforma depois de ligar um cabo de travamento. Esses avanços tecnológicos levaram à decisão de construir o porta-aviões Argus no casco de um transatlântico inacabado e converter o novo cruzador de batalha Furious em porta-aviões. Em 19 de julho de 1918, o Furious tornou-se o primeiro porta-aviões a lançar e recuperar aviões com rodas em um ataque aéreo bem-sucedido, conduzido por sete aviões Sopwith Camels aos hangares de zepelim de Tondern, em Schleswig-Holstein. O Argus foi colocado em uso tarde demais para entrar em ação.

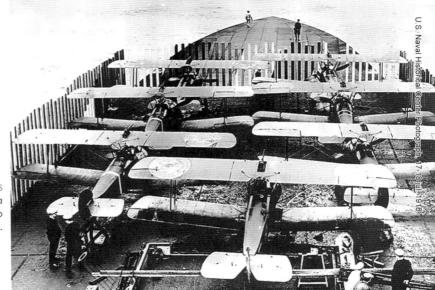

O porta aviões HMS Furious começou a operar em março de 1918.

A Primeira Guerra Mundial

Até o final da guerra, a marinha britânica tinha empregado 16 porta-hidro-aviões e porta-aviões, dos quais apenas dois foram perdidos em ação. Nenhuma outra marinha tinha um porta-aviões capaz de fazer decolar e pousar aviões com rodas, e só a marinha francesa (com cinco) e a frota russa do mar Negro (com oito) chegaram a colocar porta-hidroaviões em ação. Durante os anos da guerra, o serviço aéreo da Marinha Real Britânica cresceu de 93 aeronaves para 2.949; o serviço aéreo naval francês ficou em um distante segundo lugar, mobilizando 1.264 aviões a partir de 1918. No momento do armistício, a Grã-Bretanha tinha um terceiro porta-aviões em construção e estava produzindo um quarto no casco de um couraçado originalmente fabricado na Grã-Bretanha para a marinha chilena. Em 1919, começou o trabalho para converter os cruzadores de batalha Glorious e Courageous em porta-aviões. Nessa fase, poucos almirantes foram transferidos para repensar a guerra no mar com base nos parcos resultados da aviação naval na Primeira Guerra Mundial, mas sir Charles Madden, comandante em chefe da frota do Atlântico e futuro primeiro lorde do almirantado, foi ousado o suficiente para demandar que a futura marinha britânica fosse construída em torno de um núcleo de 12 porta-aviões. O principal militar aviador da Grã-Bretanha, o marechal do Ar Hugh Trenchard, ficou famoso por dizer reiteradas vezes: "Eu não tenho a pretensão de ser capaz de afundar um navio de guerra",[4] mas, do outro lado do Atlântico, o seu correspondente, coronel William Mitchell, "Billy", assumia uma postura abertamente antagônica para com a marinha dos Estados Unidos. Sob a direção de Mitchell, em julho de 1921, aviões do corpo aéreo do exército dos Estados Unidos bombardearam e afundaram o antigo couraçado alemão Ostfriesland, perto da entrada da baía de Chesapeake. A demonstração silenciou os críticos de Mitchell na marinha dos Estados Unidos, que haviam insistido em que nem um navio de guerra estacionário indefeso poderia ser afundado apenas por aviões. O navio de guerra tinha resistido a todos os avanços tecnológicos anteriores, incluindo o submarino, mas, no longo prazo, não sobreviveria ao desafio do ar.

Conclusão: uma revolução na guerra naval?

No mar, como em terra, em um esforço fadado ao fracasso, as Potências Centrais infligiram mais danos e baixas do que sofreram. Foi o caso especialmente das maiores classes de navios de guerra. A Alemanha perdeu um cruzador de batalha e o Império Austro-Húngaro um couraçado, enquanto a Grã-Bretanha perdeu dois couraçados e três cruzadores de batalha, a Itália, um couraçado, e a Rússia (antes de sair da guerra, em dezembro de 1917) um couraçado. Em termos de navios de

330

guerra pré-couraçados, Alemanha e Áustria-Hungria perderam um cada, enquanto a Grã-Bretanha perdeu onze, a França, quatro, a Itália, dois, e a Rússia, um. Entre os principais não combatentes europeus, o Japão perdeu um couraçado para uma explosão de paiol e a marinha otomana perdeu um pré-couraçado, enquanto as perdas norte-americanas ficaram limitadas a navios de guerra menores. Assim, a marinha britânica perdeu a mesma quantidade de navios capitais mais modernos (couraçados e cruzadores de batalha) de todos os outros beligerantes combinados e, em pré-couraçados, um a mais do que o total perdido por todas as outras marinhas. Felizmente para a Grã-Bretanha e para os Aliados, em geral, a vitória britânica na corrida armamentista naval anterior à guerra deu uma margem tão ampla de superioridade material que essas perdas puderam ser suportadas sem comprometer seriamente o esforço de guerra.

Enquanto a guerra se desenrolava, a maior ameaça ao comando do mar britânico (e Aliado em geral) veio de submarinos alemães, mas a cooperação Aliada (especialmente anglo-americana) acabou sendo suficiente para neutralizar o perigo e, no mar, assim como em terra, estratégias ofensivas trouxeram baixas significativamente maiores para quem atacava do que para que se defendia. A Alemanha perdeu 178 de 335 submarinos (53%) e seu parceiro menor na guerra submarina indiscriminada, a Áustria-Hungria, perdeu 8 de 27 (30%). Os Aliados perderam muito menos submarinos: Grã-Bretanha, 43 de 269 (16%), França, 13 de 72 (18%), Itália, 8 de 75 (11%) e Rússia, 9 de 61 (15%) até dezembro de 1917. No final, a campanha submarina alemã tornou a vida insuportável para britânicos e seus Aliados, mas não venceu a guerra para as Potências Centrais nem, em um sentido geral, revolucionou a guerra naval. Em última análise, a sobrevivência da frota de superfície da Grã-Bretanha, que era superior, garantiu sua segurança nacional e sua preeminência naval, e desempenhou um papel mais decisivo do que os submarinos da Alemanha na determinação do resultado da guerra.

Notas

[1] "The Sinking of the Lusitania – Official German Response by Foreign Minister Gottlieb von Jagow", Berlim, 28 de maio de 1915, disponível em www.firstworldwar.com/source/lusitania_germanresponse.htm, publicado inicialmente em *Source Records of the Great War, Vol. III*, ed. Charles F. Horne (New York: National Alumni, 1923).

[2] Adrian Gregory, *The Last Great War: British Society and the First World War* (Cambridge University Press, 2008), 61.

[3] Paul G. Halpern, *A Naval History of World War I* (Annapolis, MD: Naval Institute Press, 1994), 328.

[4] Citado em Geoffrey Till, *Airpower and the Royal Navy, 1914-1945: A Historical Survey* (London: Jane's Publishing, 1979), 158.

A Primeira Guerra Mundial

Leituras complementares

Bennett, Geoffrey. *Coronel and the Falklands* (London: Batsford, 1962).

Compton-Hall, Richard. *Submarines and the War at Sea, 1914-1918* (London: Macmillan, 1991).

Gordon, Andrew. *The Rules of the Game: Jutland and British Naval Command* (Annapolis, MD: Naval Institute Press, 1996).

Halpern, Paul G. *A Naval History of World War I* (Annapolis, MD: Naval Institute Press, 1994).

Halpem, Paul G. *The Battle of the Otranto Straits: Controlling the Gateway to the Adriatic in World War I* (Bloomington, IN: Indiana University Press, 2004).

Hathaway, Jane (ed.) *Rebellion, Repression, Reinvention: Mutiny in Comparative Perspective* (Westport, CT: Praeger, 2001).

Herwig, Holger H. *"Luxury" Fleet: The Imperial German Navy, 1888-1918,* ed. revista (Atlantic Highlands, NJ: Humanities Press, 1987).

Sondhaus, Lawrence. *The Naval Policy of Austria-Hungary, 1867-1918* (West Lafayette, IN: Purdue University Press, 1991).

Tarrant, V. E. *Jutland: The German Perspective* (Annapolis, MD: Naval Institute Press, 1995).

Till, Geoffrey. *Airpower and the Royal Navy, 1914-1945: A Historical Survey* (London: Jane's Publishing, 1979).

Yates, Keith. *Flawed Victory: Jutland 1916* (New York: Naval Institute Press, 2000).

ENSAIO 4

O dia a dia em um submarino alemão

Ao longo da guerra, as tripulações de submarinos costumavam ter um moral muito melhor do que as tripulações dos navios de guerra maiores. Em geral, elas eram comandadas por um tenente com um ou, no máximo, dois outros oficiais subalternos para ajudá-lo. As distinções sociais que prevaleciam especialmente a

Submarinos alemães no canal de Kiel em 1914.

A Primeira Guerra Mundial

bordo de couraçados e cruzadores, onde os oficiais comiam em seu próprio refeitório, abastecidos de comida e bebida muito superior, em que até mesmo os oficiais subalternos tinham seus próprios aposentos particulares, não podia ser reproduzida a bordo de embarcações tão pequenas, onde as dimensões físicas e a natureza do serviço requeriam que todos compartilhassem a maior parte das mesmas condições e dificuldades. Como os submarinos individuais operavam isoladamente, seus comandantes tinham mais espaço para impor procedimentos e regulamentos. Por preocupação com o moral ou reconhecendo a importância de se manter uma forte camaradagem, poucos oficiais mantinham disciplina rígida.

Os menores submarinos alemães usados em missões durante a guerra, as 12 embarcações numeradas como U5 a U16, eram de 1910 e 1911. Cada um tinha um deslocamento em superfície de aproximadamente 500 toneladas e media pouco menos de 190 pés de comprimento por 20 pés de profundidade, com uma medida de vau de 12 pés. Eram tripulados por um tenente, um guarda-marinha e uma tripulação de 27 membros. Tinham capacidade para 13 a 15 nós em superfície (menos de metade da velocidade de um navio de guerra de superfície de mesmo deslocamento) e apenas 5 a 10 nós submerso. Seus motores queimavam querosene e seus tanques de combustível lhes permitiam uma autonomia de 1.800 a 2.100 milhas náuticas (3.300 a 3.900 km) à tona, apenas 80 a 90 milhas náuticas (150 a 170 km) submerso. Cada um tinha quatro tubos de torpedos (dois de proa, dois de popa) e levava seis torpedos. Assim como a maioria dos submarinos anteriores à guerra, eles foram concebidos para defender portos ou romper bloqueios e originalmente não tinham canhão de convés, mas os que ainda estavam em serviço em 1915 foram equipados com um canhão de 2 polegadas na proa. Esses submarinos eram tão pequenos que a tripulação tinha que dormir em redes penduradas em todo o interior, em geral perto de seus postos de serviço; a maioria dos operadores de máquinas, por exemplo, dormia na casa de máquinas em meio ao martelar constante do maquinário pelo qual era responsável. Como as tripulações trabalhavam e dormiam em turnos, as redes costumavam ser compartilhadas. Apenas os oficiais tinham o luxo de dormir em beliches, mas estavam sempre localizados à frente, muitas vezes nas salas de torpedos. Quando um submarino estava totalmente carregado no início de uma missão, eles costumavam dormir com os torpedos próximos ou sob os seus beliches.

Em contraste, os maiores submarinos da Primeira Guerra Mundial, os "cruzadores submarinos", de números U151 a U156, tinham um deslocamento em superfície de pouco mais de 1.500 toneladas, e dimensões de 213 pés de comprimento por 29 pés de profundidade, com um vau de 17 pés (65 x 8,8 x 5,2 m). Cada um carregava uma tripulação total de 56 membros (geralmente três oficiais e 53 tripulantes) e, além disso, podia acomodar uma tripulação extra de 20 membros

334

Ensaio 4

O submarino mercante Deutschland entrou na guerra em 1917 e tornou-se o U155.

para operar um navio inimigo considerado valioso a ponto de ser capturado em vez de afundado. Devido ao seu tamanho, sua velocidade (12 nós à superfície, 5 nós submerso) era semelhante ao de seus antecessores menores, mas seus motores a diesel e grandes tanques de combustível lhe davam uma autonomia em superfície de 25 mil milhas náuticas (46.300 km). Cada um tinha dois tubos de torpedo de proa e levava 18 torpedos, e também poderia lançar minas. Seu formidável armamento de convés incluía dois canhões de 5,9 polegadas (15 cm) e dois de 3,45 polegadas (8,8 cm). Os "cruzadores submarinos" foram originalmente concebidos em 1915 como submarinos de carga que permitiriam à Alemanha romper o bloqueio britânico e fazer comércio com os Estados Unidos, mas apenas dois deles chegaram

335

a sair como navios mercantes: o Deutschland (depois, U155), para Baltimore, no verão de 1916 e a New London, Connecticut, em novembro do mesmo ano, e o Bremen, perdido no mar em setembro de 1916 a caminho de Norfolk, Virgínia. Essas viagens foram importantes principalmente por seu valor de propaganda, e outras foram planejadas, mas, com a entrada dos Estados Unidos na guerra, o U155 foi remodelado como navio de guerra e o restante da classe foi concluída para funcionar como corsários de longo alcance e explorar sua capacidade de atingir águas norte-americanas a partir da Alemanha. Seu navio irmão, o U156, lançou a mina que afundou o cruzador blindado USS San Diego perto de Long Island, em 1918. A vida costumava ser muito desconfortável a bordo de um submarino desse tamanho, porque ele levava o dobro de homens (ou quase três vezes, se a tripulação extra estava a bordo) e, assim, cada tripulante não tinha mais espaço pessoal do que o seu colega a bordo de um submarino menor.

A maior parte das vezes, o cotidiano era o mesmo, independentemente do tamanho do submarino. O capitão Paul König, comandante de U155 em sua viagem inaugural, observou que, ao navegar na superfície em mar aberto, "os movimentos do submarino eram tais que as cabeças e estômagos dos homens no interior do barco – que só poderia ser ventilado pelas ventarolas – começaram a ser afetados. Nesses momentos, muitos ficavam enjoados demais para comer". "Uma parte da tripulação não via graça nas tentações do jantar".[1] Os marinheiros aguardavam com expectativa a oportunidade de estar de sentinela ao ar livre, no topo da torre de observação do submarino, e os fumantes entre eles mais do que o resto, porque "fumar abaixo do convés [era] estritamente proibido". König lembrou que, por vezes, vários de seus homens ficavam "amontoados, em cima e embaixo uns dos outros [...] abraçando a parede de aço" no topo da modesta superestrutura, "para aspirar uma lufada de ar fresco e acender um charuto ou cigarro".[2] A umidade no interior do casco de um submarino deixava as roupas e os lençóis de todos, limpos ou sujos, úmidos a maior parte do tempo. A condensação em superfícies metálicas internas também representava um risco de choque elétrico, já que os submarinos submersos operavam com baterias elétricas (recarregadas pelo funcionamento do motor de combustão interna, quando o navio ia à tona). Se a água do mar que refluía através das bombas de drenagem ou espirrava para baixo através de uma escotilha aberta entrasse em contato com as baterias, a reação com o ácido sulfúrico das baterias produzia gás cloro, que tinha que ser ventilado pela emersão imediata do submarino. Com clima quente, os comandantes aproveitavam o mar calmo e a ausência de ameaças inimigas imediatas para ir à tona e dar "uma secada geral". König descreveu uma dessas ocasiões, a bordo do U155: "Todos os homens trouxeram suas coisas úmidas [...] para ser arejadas acima do convés. O convés inteiro estava cheio de colchões, cobertores, roupas e botas. As roupas íntimas ficavam

Ensaio 4

presas aos fios do corrimão e tremulavam alegremente ao vento como num varal", enquanto "os homens ficavam por ali [...] e lagarteavam ao sol".[3]

Ao operar submerso ou quando todas as escotilhas tinham que permanecer fechadas por causa do mar agitado, König recordou que "um cheiro terrível de óleo [...] percorria todas as câmaras da embarcação".[4] Uma vez que muitos marinheiros também fumavam, seria especulativo atribuir as doenças pulmonares posteriores de qualquer submarinista à inalação constante de fumaças dos motores. O reumatismo decorrente das condições de umidade parece ter sido a única condição médica de longo prazo a afligir desproporcionalmente esses tripulantes, mas alguns deles observaram que, quando estavam em casa de licença, suas esposas se queixavam de que seu hálito cheirava a gasolina ou querosene. Por fim, a bordo de um típico submarino alemão, o cheiro de corpos sujos e combustível só era superado pelo de excremento humano, já que durante toda a Primeira Guerra Mundial, os engenheiros de submarinos continuaram a trabalhar no difícil projeto básico dos banheiros de bordo. Alguns dos primeiros submarinos (por exemplo, na marinha britânica) não tinham banheiros, refletindo o papel de defesa de portos que todos pressupunham que cumpririam; obviamente, uma vez que se tornaram o lar de suas tripulações para cruzeiros com duração de semanas, em vez de apenas uma ou duas horas, algo tinha que ser feito, mesmo que as reveladoras bolhas de ar de uma descarga a bordo de um submarino submerso arriscassem entregar sua localização a um navio de superfície nas proximidades. A maioria dos banheiros dos primeiros submarinos alemães era acionada por uma bomba manual, e mesmo mecanismos de descarga posteriores tinham de ser operados com cuidado para que o marinheiro que operava a bomba evitasse "pegar as próprias costas", devido à troca de pressão.[5] De qualquer forma, os submarinistas adoravam qualquer oportunidade de tirar uma folga do fedor que fazia abaixo, fosse qual fosse sua origem. Na verdade, no que se refere a fator geral de desconforto, só era superado pelo calor, que em alguns casos podia se tornar extremo. Ao passar através das águas tropicais da corrente do golfo em seu cruzeiro transatlântico no verão de 1916, o U155 registrou temperaturas na sala de máquinas até 53ºC.[6] No extremo oposto, os submarinos que entravam no Atlântico Norte, através da rota segura em torno da Escócia, sofriam congelamento nos meses de inverno, o que tornava horrível a vida da tripulação e poderia limitar em muito as operações se fosse suficientemente grave a ponto de a escotilha da torre de observação congelar aberta ou congelar fechada.

Claro, para submarinistas, os inconvenientes da vida cotidiana perdiam importância diante do perigo mortal que enfrentavam diariamente, pois uma bomba ou carga de profundidade inimigas ou uma falha mecânica poderiam trazer uma morte terrível para toda a tripulação dessas embarcações. Durante a Primeira Guerra Mundial, os submarinos alemães afundaram 11,9 milhões de toneladas de navios Aliados, mas a um preço elevado: 178 de 335 desses submarinos (53%) foram afundados, 134 por operações antissubmarino e o restante por acidente ou causa desconhecida. Um total de 4.474 submarinistas alemães perdeu a vida. No entanto, em comparação com as únicas outras grandes campanhas de guerra submarina indiscriminada na história – os esforços de guerra da Alemanha contra os Aliados e dos Estados Unidos contra o Japão na Segunda Guerra Mundial –, os submarinos alemães da Primeira Guerra Mundial fizeram estragos relativamente maiores para o inimigo, a um custo muito menor. Entre 1939 e 1945, os submarinos de Hitler afundaram 14,6 milhões de toneladas de navios Aliados, mas perderam a imensa quantidade de 754 embarcações e 27.491 tripulantes, ao passo que, entre 1941 e 1945, os submarinos da marinha dos Estados Unidos afundaram 5,3 milhões de toneladas de navios japoneses, a um custo de 52 embarcações e 3.506 submarinistas norte-americanos.

Notas

[1] Paul König, *Voyage of the Deutschland: The First Merchant Submarine* (New York: Hearst's International Library Co., 1917), 38.

[2] König, *Voyage of the Deutschland*, 40.

[3] König, *Voyage of the Deutschland*, 81.

[4] König, *Voyage of the Deutschland*, 115.

[5] Richard Compton-Hall, *Submarines and the War at Sea, 1914-1918* (London: Macmillan, 1991), 23.

[6] König, *Voyage of the Deutschland*, 117.

OS ESTADOS UNIDOS ENTRAM NA GUERRA

O presidente norte-americano Wilson anuncia perante o Congresso o rompimento das relações diplomáticas com a Alemanha.

Cronologia

Novembro de 1912. Woodrow Wilson é eleito presidente.

Novembro de 1914. Primeiros empréstimos dos Estados Unidos à França.

Agosto de 1915. Os Estados Unidos permitem a venda de títulos estrangeiros.

30 de julho de 1916. Sabotagem na ilha de Black Tom, baía de Nova York.

Novembro 1916. Wilson é reeleito presidente.

3 de fevereiro de 1917. Os Estados Unidos rompem relações diplomáticas com a Alemanha.

Fevereiro-março de 1917. Furor pelo "telegrama Zimmermann".

6 abril de 1917. Os Estados Unidos declaram guerra à Alemanha.

Maio de 1917. Lei do Serviço Seletivo autoriza o recrutamento compulsório.

Junho de 1917. Primeiros soldados norte-americanos chegam à França.

2 a 3 de novembro de 1917. Primeiras mortes em combate dos Estados Unidos na frente ocidental.

8 de janeiro de 1918. Discurso dos "Catorze Pontos" de Wilson no Congresso.

A retomada da guerra submarina indiscriminada, em fevereiro de 1917, levou os Estados Unidos a entrar no conflito contra a Alemanha dois meses depois, mas o envolvimento norte-americano na Primeira Guerra Mundial não começou em abril de 1917. Durante os primeiros 32 meses, os Estados Unidos deram aos Aliados dezenas de milhares de voluntários, bilhões de dólares em munições e, o mais importante, bilhões de dólares em empréstimos, iniciando um processo que, em 1918, fez com que o país passasse da condição de devedor à de principal credor do mundo. Enquanto isso, Woodrow Wilson saiu gradualmente de uma postura de neutralidade estrita até levar o país a um envolvimento total sem precedentes em uma guerra na Europa. O papel dos Estados Unidos na guerra foi revolucionário, não menos do que aquele que a guerra teve no desenvolvimento do país. No plano internacional, a Primeira Guerra Mundial marcou o surgimento dos Estados Unidos como principal potência, ao passo que, internamente, justificou o aumento do poder do governo federal em detrimento dos estados e, dentro do governo federal, o poder do Executivo à custa do Parlamento.[1] Em termos sociais, a guerra ajudou a transformar os Estados Unidos em três aspectos importantes: servindo como influência "americanizante" para um país em que um terço das pessoas eram imigrantes ou filhos de imigrantes; como impulso à extensão do direito de voto às mulheres; e como catalisadora para a "grande migração" de afro-americanos do sul rural para os centros industriais do norte.

Até onde a neutralidade dos Estados Unidos era "neutra" entre 1914 e 1917?

Poucos teriam previsto que a guerra que eclodiu na Europa em agosto de 1914 cresceria até envolver os Estados Unidos, os quais, sozinhos entre as potências mundiais, não tinham compromissos de aliança que os vinculassem a qualquer uma delas. Por uma série de razões, a intervenção do país ao lado dos Aliados parecia particularmente improvável. Dos 92 milhões de norte-americanos registrados no Censo de 1910, 10% apontaram o alemão como sua primeira língua. Além dos milhões de imigrantes da Alemanha e da Áustria-Hungria, os da Irlanda (de maioria católica e antibritânica) e da Rússia (quase todos judeus fugindo da perseguição czarista) tendiam a favorecer as Potências Centrais em relação à Entente, assim como muitos norte-americanos de ascendência alemã ou irlandesa. Das outras sete potências mundiais, só o Japão tinha uma relação tensa com os Estados Unidos, que se agravou depois que os japoneses invocaram sua aliança britânica para se juntar aos Aliados e tomar as colônias insulares da Alemanha no Pacífico ocidental, além de dominar a rota do Havaí às Filipinas e, em seguida, ameaçar a China com suas 21 Demandas. Por fim, os Estados Unidos, ao longo de sua história, tinham defendido a causa da liberdade dos mares e, já nas Guerras Napoleônicas, afirmaram seu direito, como país neutro, de negociar com quem quisessem. Assim, de todas as questões que poderiam atrair os Estados Unidos ao conflito, o bloqueio Aliado ao mar do Norte e do Adriático, fechando os portos das Potências Centrais aos seus navios, parecia ser a mais ofensiva às sensibilidades do país.

Pouco depois de sua posse, em março de 1913, Woodrow Wilson observou que "seria uma ironia do destino se o meu governo tivesse de lidar principalmente com assuntos estrangeiros".[2] Sendo apenas o segundo democrata eleito para a presidência desde 1856, ele chegou a Washington pretendendo implementar um programa de reforma interna progressista, e não levar os Estados Unidos a uma cruzada no exterior. Seu secretário de Estado, William Jennings Bryan – o candidato democrata derrotado em três das quatro eleições presidenciais anteriores à vitória de Wilson, em 1912 – era um guerreiro ainda mais improvável. Bryan considerava o movimento pela "preparação" para os Estados Unidos, defendida pelo ex-presidente Theodore Roosevelt, uma espécie de empreendimento criminoso, acreditando que a mera posse dos meios para travar uma guerra moderna iria, inevitavelmente, levar os Estados Unidos a cometer atos de agressão no exterior: "Esta nação não precisa de ferramentas de assaltante, a menos que pretenda fazer do assalto o seu negócio".[3] Na sequência do naufrágio do Lusitania, Roosevelt criticou Wilson por sua resposta tímida à morte de 128 cidadãos norte-americanos, especialmente a afirmação de que os Estados Unidos eram "orgulhosos demais para lutar", mas Bryan considerou a resposta do presidente antigermânica demais e, em junho de 1915, demitiu-se do gabinete. O sentimento antigermânico e pró-Aliados cresceu após o incidente do Lusitania, mas nem tanto no meio-oeste e no oeste do país – onde Bryan havia tido mais popularidade anteriormente como candidato presidencial – e entre reformadores progressistas que não queriam que Wilson se desviasse de sua agenda doméstica. À medida que o governo Wilson se aproximava mais dos Aliados, o presidente enfrentava as lealdades divididas de imigrantes (a maioria, alemã), que simpatizavam com os esforços de guerra de sua pátria; no início de 1916, em seu Discurso do Estado da União no Congresso, o presidente protestou contra aqueles que foram "bem recebidos em nossas generosas leis de naturalização [...] que despejaram o veneno de deslealdade bem nas artérias da nossa vida nacional".[4]

342

Os Estados Unidos entram na guerra

Na campanha presidencial naquele outono, tanto Wilson quanto seu adversário republicano, Charles Evans Hughes, defenderam a neutralidade, mas com "preparação". Roosevelt, cuja candidatura por um terceiro partido em 1912 dividira o voto republicano e dera a Casa Branca a Wilson, voltou ao Partido Republicano, mas prejudicou fatalmente sua causa por sua oposição estridente à política externa de Wilson e suas reiteradas exigências de que os Estados Unidos interviessem ao lado dos Aliados. Os padrões de voto dos principais círculos eleitorais étnicos mudaram em 1916, pelo menos temporariamente. Os irlando-americanos, já se voltando contra Wilson como resultado da oposição da Igreja Católica às suas intervenções no México (abril a novembro de 1914 e março de 1916 a fevereiro de 1917), abandonaram sua lealdade tradicional ao Partido Democrata na esteira da Revolta da Páscoa na Irlanda, em 1916 (ver capítulo "As frentes internas, 1916-18"), alegando que o presidente era "pró-britânico" ou, pelo menos, muito relutante em criticar a onda de repressão que a Grã-Bretanha desencadeara na Irlanda na sequência da breve rebelião. Enquanto isso, diante da retórica pró-Aliados de Roosevelt, os germano-americanos vacilaram em sua tradicional lealdade ao Partido Republicano e consideraram que Wilson tinha menos probabilidades do que Hughes de intervir militarmente contra a sua pátria. Com a força do slogan de campanha "Ele nos manteve fora da guerra", Wilson foi reeleito, mas pela margem mais estreita (até 2004) de qualquer presidente norte-americano concorrendo à reeleição.

Na época da reeleição de Wilson, os Estados Unidos tinham desenvolvido um interesse financeiro e econômico considerável em uma vitória Aliada, apesar da convicção inicial do presidente de que financiar ou suprir qualquer um dos lados poderia comprometer a neutralidade do país. Em agosto de 1914, quando ainda era secretário de Estado, Bryan convenceu Wilson a proibir os banqueiros norte-americanos de emprestar dinheiro aos beligerantes, mas essas medidas acabaram sendo temporárias. Em novembro de 1914, a França começou a fazer empréstimos em bancos de Nova York e, em agosto de 1915, dois meses após a renúncia de Bryan, o presidente permitiu que países estrangeiros vendessem títulos no mercado financeiro dos Estados Unidos. Em abril de 1917, os Aliados tinham levantado 2,6 bilhões de dólares dessa forma, principalmente através da empresa de J. P. Morgan, e outros 2 bilhões liquidando alguns de seus investimentos anteriores à guerra em títulos de crédito norte-americanos. Por outro lado, os títulos alemães vendidos através da empresa de Kuhn Loeb não conseguiram atrair muito interesse. Enquanto isso, as exportações de munição pelos Estados Unidos aumentaram de 40 milhões de dólares em 1914 para quase 1,3 bilhão em 1916, e o valor global da exportação de bens produzidos, de 2,4 bilhões de dólares (6% do Produto Nacional Bruto ou PNB) em 1914 para 5,5 bilhões (12% do PNB) em 1916, com os pedidos oriundos de países Aliados respondendo por quase todo o crescimento. A explosão econômica

343

gerada pela guerra deu aos Estados Unidos um superávit comercial anual médio de 2,5 bilhões de dólares para os anos entre 1914 e 1917, aumentando muito em relação à média anterior à guerra, de 500 mil dólares. Durante o período de neutralidade, as vendas de munições e suprimentos intermediadas apenas pelo J. P. Morgan responderam por mais de um quarto de todas as exportações do país.

Embora a relativa popularidade dos títulos dos Aliados sobre os dos alemães refletisse a preferência dos investidores norte-americanos, o bloqueio Aliado tornou praticamente impossível para as empresas dos Estados Unidos exportarem qualquer coisa para as Potências Centrais, mesmo se quisessem. Wilson protestou contra o bloqueio assim que foi implementado, mas não tomou nenhuma atitude contra ele; como os Aliados haviam se tornado dependentes de capital, munições e mantimentos norte-americanos, ele nunca cogitou sua retenção para forçar um fim ao bloqueio, embora seu alcance amplo (incluindo alimentos e medicamentos) violasse claramente o direito internacional. Antes de renunciar ao cargo de secretário de Estado, Bryan pediu a Wilson para condenar o bloqueio Aliado – mais especificamente na declaração do presidente após o afundamento do Lusitania, para equilibrar sua condenação da guerra submarina indiscriminada alemã –, mas ele se recusou a fazê-lo. Na verdade, a maioria dos líderes norte-americanos e o público em geral permaneceram insensíveis às tentativas alemãs de igualar o "bloqueio" dos submarinos às Ilhas Britânicas com o bloqueio Aliado à Alemanha.

Assim, em seus sentimentos, políticas e ações, os Estados Unidos haviam abandonado a neutralidade genuína muito antes de entrar na guerra, mas Wilson continuou fazendo esforços periódicos para mediar o conflito. Em fevereiro de 1915, e novamente em janeiro de 1916, ele enviou seu principal assessor, o coronel Edward House, em missões de paz às capitais da Europa, mas o barão do algodão transformado em financista (cuja patente de coronel havia sido concedida por um governador do Texas) voltou para casa duplamente impressionado por Grã-Bretanha e França quererem que os Estados Unidos se comprometessem com uma "aliança envolvente" do tipo contra o qual George Washington tinha advertido, enquanto a Alemanha queria nada menos que a vitória total.

Após protestos norte-americanos levarem à suspensão da guerra submarina indiscriminada em setembro de 1915, a Alemanha recorreu a atos de sabotagem dentro dos Estados Unidos – raciocinando, de alguma forma, que esse curso de ação seria menos inflamatório do que a campanha dos submarinos. A operação era financiada pela embaixada alemã em Washington e coordenada pelo adido militar, o capitão Franz von Papen, e pelo adido naval, o capitão Karl Boy-Ed. Papen, futuro chanceler alemão e figura central na ascensão de Hitler ao poder em 1933, foi deportado em dezembro de 1915, depois de ser ligado a um plano para explodir pontes ferroviárias nos Estados Unidos; Boy-Ed evitou a detecção e permaneceu na embaixada até ela ser fechada, em 1917. A trama mais importante a se concretizar resultou, na madrugada de 30 de julho de 1916, em uma espetacular explosão na ilha de Black Tom, localizada na baía de Nova York, ao lado da Estátua da Liberdade e da ilha Ellis, que se tornara o principal ponto de embarque de exportações norte-americanas de munições a Grã-Bretanha e França. Naquela noite, uma série de incêndios provocados entre os estoques à espera de ser levados a bordo de navios de carga acabou consumindo mil toneladas de munição, com o clímax na ignição de uma chata contendo 50 toneladas de dinamite. A explosão resultante, equivalente a um terremoto superior a 5,0 na escala Richter, foi sentida em todo o nordeste dos Estados Unidos, quebrou a maioria das janelas na zona sul de Manhattan e em prédios até 40 km de distância e danificou seriamente a vizinha Estátua da Liberdade. A explosão causou um prejuízo estimado em 20 milhões de dólares e feriu várias centenas de pessoas; devido à hora tardia e à rápida evacuação da ilha, apenas sete morreram. Em meio à suspeita generalizada de sabotagem, a investigação centrou-se inicialmente na suposta negligência de funcionários das várias empresas que operavam na ilha de Black Tom. Na verdade, como relatado no dia seguinte pelo *New York Times*, autoridades dos Estados Unidos fizeram o seu melhor para silenciar rumores de cumplicidade alemã na explosão: "Os diversos órgãos de investigação concordam [...] que o fogo e as explosões subsequentes não podem ser cobrados de conspiradores estrangeiros contra a neutralidade dos Estados Unidos, embora se admita que a destruição de uma quantidade tão grande de material de guerra dos Aliados deve ser uma boa notícia para Berlim e Viena".[5] O fracasso dos órgãos policiais estaduais e locais em solucionar o caso Black Tom e outras tentativas de sabotagem alemãs levou a uma ampliação do Federal Bureau of Investigation (fundado em 1908), e as preocupações com a sabotagem depois que os Estados Unidos entraram na guerra forneceram os argumentos para a Lei de Espionagem de 1917.

Em 31 de janeiro de 1917, a Alemanha informou aos Estados Unidos de sua intenção de retomar a guerra submarina indiscriminada no dia seguinte. Wilson respondeu com o rompimento de relações diplomáticas, em vigor a partir de 3 de fevereiro. Dezesseis dias depois, os britânicos revelaram à embaixada dos Estados Unidos em Londres um telegrama do ministro do Exterior alemão, Arthur Zimmermann, enviado à embaixada alemã na Cidade do México, através da embaixada alemã em Washington, que eles haviam interceptado e decodificado. O telegrama (ver box "O telegrama Zimmermann"), elaborado em antecipação a uma declaração de guerra norte-americana contra a Alemanha, prometia ao México o retorno de três estados do sudoeste dos Estados Unidos em troca de sua entrada na guerra, e buscava ajuda mexicana para fazer com que o Japão abandonasse os Aliados e se juntasse às Potências Centrais. Depois de se certificar de que não era uma falsificação britânica, em 1º de março, Wilson divulgou o texto do telegrama à imprensa norte-americana, fazendo com que a opinião se voltasse decisivamente em favor da intervenção dos Estados Unidos ao lado dos Aliados. Mais tarde, a revolução inicial na Rússia e a abdicação de Nicolau II acabaram com as chances de constrangimento que Wilson poderia ter sentido levando os Estados Unidos a uma guerra contra a autocracia, junto com o maior autocrata de todos. Em 20 de março, o gabinete aprovou por unanimidade a guerra contra a Alemanha, mas Wilson vacilou e só pediu ao Congresso uma declaração formal no dia 2 de abril.

Wilson, o Congresso e a guerra

Quando os Estados Unidos entraram na Segunda Guerra Mundial, o presidente Franklin Roosevelt foi ao Capitólio um dia depois do ataque japonês a Pearl Harbor, fez um discurso de sete minutos e saiu depois de um debate de 40 minutos com uma declaração da guerra quase unânime contra o Japão (Senado, 82 a 0; Câmara, 388 a 1). Em contraste, quando os Estados Unidos entraram na Primeira Guerra, o longo discurso de Wilson ao Congresso (ver box "Wilson pede ao Congresso que declare guerra") desencadeou quatro dias de debate. Em 4 de abril, o Senado autorizou hostilidades por uma votação de 82 a 6, seguida, no dia 6, por outra da Câmara dos Deputados, de 373 a 50. Os votos "não" no Senado incluíram o de George W. Norris, de Nebraska, que afirmou que "estamos entrando em guerra sob comando do ouro [...]. Parece-me que estamos prestes a colocar o cifrão na bandeira dos Estados Unidos".[6] Entre os dissidentes da Câmara estava a deputada Jeanette Rankin, de Montana, um de uma dúzia de estados a permitir às mulheres votar e ocupar cargos eletivos antes de 1920; Rankin também lançou o único voto dissidente contra a Segunda Guerra Mundial.

Ao contrário da Itália em 1915 ou da Romênia e da Grécia, depois disso, os Estados Unidos se uniram aos Aliados como "potência associada" ao invés de concluir um tratado que os ligasse à Tríplice Entente pré-guerra. Ao se recusar a se juntar à Entente, Wilson procurou preservar sua própria liberdade para moldar um acordo de paz não necessariamente vinculado a promessas territoriais que os Aliados tinham feito uns aos outros desde 1914. Juntar-se à Entente também teria comprometido os Estados Unidos a lutar contra todas as Potências Centrais, e Wilson só queria a guerra com a Alemanha. Os Estados Unidos finalmente declararam guerra ao Império Austro-Húngaro em dezembro de 1917, mas nunca abriram hostilidades contra a Bulgária ou o Império Otomano, embora tenham rompido relações diplomáticas com eles. Vários países que tinham passado por dificuldades econômicas por causa da guerra submarina indiscriminada seguiram o exemplo dos Estados Unidos e se juntaram aos Aliados como "potências associadas", incluindo a

Libéria e oito países latino-americanos (Brasil, Costa Rica, Cuba, Guatemala, Haiti, Honduras, Nicarágua e Panamá), enquanto outros quatro sul-americanos (Bolívia, Equador, Peru e Uruguai) cortaram relações diplomáticas com a Alemanha, mas não declararam guerra. Além do Brasil, que mobilizou uma divisão naval para a tarefa de comboio do Atlântico, nenhum deles contribuiu com forças armadas ao esforço de guerra, mas todos cumpriam seu papel na apreensão de bens alemães, incluindo navios mercantes a que se havia concedido internamente em seus portos neutros. Wilson recebeu o envolvimento deles como uma confirmação da justeza da causa Aliada, a cruzada da democracia contra o imperialismo alemão. A entrada dos Estados Unidos na guerra também afetou os países que optaram por permanecer neutros, que perderam o mais poderoso defensor dos seus direitos internacionais, principalmente em assuntos marítimos. Os holandeses, em especial, sofreram as consequências, já que os Estados Unidos se juntaram à Grã-Bretanha para requisitar navios mercantes holandeses para seu próprio uso na guerra.

O TELEGRAMA ZIMMERMANN

Em 19 de janeiro de 1917, o ministro do Exterior alemão, Arthur Zimmermann (1854-1940), informou ao embaixador de seu país na Cidade do México que a guerra submarina indiscriminada seria retomada a partir de 1º de fevereiro e deu instruções sobre como proceder se os Estados Unidos declarassem guerra à Alemanha:

No dia primeiro de fevereiro, temos a intenção de começar a guerra submarina indiscriminada. Apesar disso, pretendemos nos esforçar para manter neutros os Estados Unidos da América. Se essa tentativa não for bem-sucedida, propomos uma aliança com o México, com base no seguinte: faremos a guerra juntos e, juntos, faremos a paz. Daremos apoio financeiro geral e se entende que o México reconquistará o território perdido no Novo México, no Texas e no Arizona. Os detalhes são deixados para sua definição [...].

O senhor está instruído a informar ao presidente do México do dito acima, na maior confidencialidade, já que é certo que haverá guerra com os Estados Unidos, e sugerir que o presidente do México, por iniciativa própria, comunique-se com o Japão, sugerindo a adesão imediata a este plano e, ao mesmo tempo, oferecendo-se para mediar entre Japão e Alemanha. Por favor, chame a atenção do presidente do México ao fato de que o emprego da guerra submarina implacável agora promete obrigar a Inglaterra a estabelecer a paz dentro de alguns meses.

Depois que os britânicos interceptaram e decodificaram o telegrama, o presidente Wilson autorizou sua publicação em 1º de março, inflamando ainda mais um público norte-americano já irritado com a retomada da guerra submarina indiscriminada. Em um discurso no Reichstag no dia 29 de março, Zimmermann inexplicavelmente confirmou a autenticidade do telegrama, que norte-americanos céticos haviam denunciado como uma falsificação britânica, e defendeu as motivações "patrióticas" por trás dele:

> Eu instrui o ministro a ir ao México, em caso de guerra com os Estados Unidos, para propor uma aliança alemã com aquele país e, ao mesmo tempo, sugerir que o Japão se juntasse a ela. Declarei expressamente que, apesar da guerra submarina, esperávamos que os Estados Unidos mantivessem a neutralidade. Minhas instruções só deveriam ser levadas a cabo depois que os Estados Unidos declarassem guerra e sobreviesse um estado de guerra. Acredito que as instruções eram absolutamente leais em relação aos Estados Unidos. O general Carranza [Venustiano Carranza Garza, presidente do México] nada teria ouvido a respeito até o presente se os Estados Unidos não tivessem publicado as instruções que vieram parar em suas mãos de uma maneira que não era inquestionável [...]. Ao pensar nessa aliança com o México e o Japão, eu me permiti ser guiado pela consideração de que nossos bravos soldados já têm que lutar contra uma força superior de inimigos, e meu dever é, na medida do possível, manter outros inimigos longe deles [...]. Assim sendo, eu considerava um dever patriótico enviar essas instruções, e mantenho a afirmação de que agi corretamente.

Fontes: http://net.lib.byu.edu/~rdh7/wwi/1917/zimmerman.html; www.firstworldwar.com/source/zimmermann_speech.htm (este último, publicado inicialmente em *Source Records of the Great War*, Vol. V, ed. Charles F. Horne, National Alumni, 1923).

WILSON PEDE AO CONGRESSO QUE DECLARE GUERRA

Trecho do discurso do presidente Woodrow Wilson ao Congresso dos Estados Unidos, em 2 de abril de 1917, pedindo uma declaração de guerra contra a Alemanha:

> A presente guerra submarina alemã contra o comércio é uma guerra contra a humanidade. É uma guerra contra todas as nações. Navios dos Estados Unidos foram afundados, nossas vidas, tiradas, de maneiras que nos revoltam profundamente ao sabermos, mas os navios e as pessoas de outras nações neutras e amigas foram igualmente afundados e submergiram nas águas. Não houve discriminação. O desafio é a toda a humanidade. Cada nação deve decidir por si mesma como enfrentá-lo. A escolha que fazemos para nós mesmos deve ser feita com a moderação da reflexão e uma temperança de julgamento dignas de nosso caráter e nossas motivações como nação. Devemos deixar de lado os sentimentos de agitação. Nossa motivação não será a vingança nem uma

afirmação vitoriosa da força física da nação, mas apenas a defesa do direito, do direito humano, do qual somos apenas um defensor.

[...] Eu aconselho que o Congresso declare o curso recente do Governo Imperial Alemão como sendo, na verdade, nada menos do que a guerra contra o governo e o povo dos Estados Unidos; que aceite formalmente o *status* de beligerante que lhe foi imposto e que tome medidas imediatas não só para colocar o país em um estado mais profundo de defesa, mas também para exercer todo o seu poder e empregar todos os seus recursos com vistas a forçar o Governo do Império Alemão a ceder e acabar com a guerra [...]. Eu nada disse dos governos aliados ao Governo Imperial da Alemanha, porque eles não fizeram guerra contra nós nem nos desafiaram a defender nosso direito e nossa honra [...]. Tomo a liberdade, pelo menos por agora, de adiar a discussão de nossas relações com as autoridades em Viena.

[...] É um dever angustiante e opressivo, cavalheiros do Congresso, o que cumpri ao lhes falar assim. É possível que tenhamos muitos meses de provas de fogo e sacrifício à nossa frente. É uma coisa terrível levar este povo grandioso e pacífico à guerra, à mais terrível e desastrosa de todas as guerras, quando a própria civilização parece estar em jogo. Mas o direito é mais precioso do que a paz, e vamos lutar pelas coisas que sempre carregamos mais perto de nossos corações – por democracia, pelo direito daqueles que se submetem à autoridade a ter voz em seus próprios governos, pelos direitos e liberdades das nações pequenas, por um domínio universal do direito através de um concerto tal de povos livres que traga paz e segurança a todas as nações e torne o próprio mundo finalmente livre.

Em 6 de abril, o Senado (82 a 6) e a Câmara dos Deputados (373 a 50) votaram pela guerra. Os Estados Unidos esperariam mais oito meses antes de declarar guerra ao Império Austro-Húngaro, em 7 de dezembro.

Fonte: Publicado inicialmente em *Source Records of the Great War, Vol.* V, ed. Charles F. Horne, National Alumni, 1923, disponível em www.firstworldwar.com/source/usawardeclaration.htm.

Assim que o Congresso declarou guerra, o governo Wilson deixou claro que o exército da Primeira Guerra Mundial não seria formado ao modo casual, típico do passado militar norte-americano. Depois de formar a Força Expedicionária dos Estados Unidos (AEF), o exército norte-americano alistou centenas de milhares de voluntários em regimentos já existentes do exército regular e da Guarda Nacional, mas seguiu o exemplo britânico de usar a convocação para obter a maior parte de seu contingente. Wilson abandonou sua antiga oposição ao serviço militar obrigatório (reiterada pouco tempo antes, em fevereiro de 1917), em parte porque Theodore Roosevelt pediu permissão para formar e liderar uma unidade de voluntários, na linha de seus "Rough Riders" da Guerra Hispano-Americana, e o presidente não tinha intenção de permitir que seu inimigo político comandasse tropas na França. A Lei do Serviço Seletivo, de maio de 1917 obrigava todos os norte-americanos do sexo masculino com idades entre 21 e 30 anos a se registrar para o recrutamento. Oito meses depois, o Congresso estendeu o alistamento a todos os homens com idade entre 18 e 45 e, um ano mais tarde, o diretor do serviço militar, o general Enoch Crowder, emitiu a sua famosa ordem "trabalhar ou lutar", exigindo que todos os homens em condições de ser convocados ainda e não recrutados pelas forças armadas aceitassem empregos em indústrias essenciais. A ordem de "trabalhar ou lutar" levou milhares de universitários a se alistar, em vez de ir para as fábricas, fazendo com que as escolas reduzissem seu funcionamento ou admitissem estudantes do sexo feminino para compensar a diferença. A maioria das escolas também suspendeu seus programas esportivos nos anos letivos de 1917-18 e 1918-19. O beisebol – único esporte coletivo profissional nos Estados Unidos na época – foi criticado em 1917 e, após a ordem do general Crowder, teve uma temporada mais curta, em 1918, com o Boston Red Sox, de Babe Ruth, vencendo a World Series (sua última até 2004) no início de setembro. Franklin Roosevelt, posteriormente, considerou um erro a inclusão dos esportes na ordem para "trabalhar ou lutar". Durante a Segunda Guerra Mundial, ele incentivaria a continuação dos esportes coletivos profissionais e universitários, no interesse da moral da frente interna.

A legislação do recrutamento compulsório serviu como peça central de uma série de leis que o Congresso aprovou para dar a Wilson e ao executivo amplos poderes sobre a economia e a sociedade durante a guerra. Para pagar a guerra, no final de abril de 1917, o Congresso aprovou uma emissão de títulos conhecida como "empréstimo da liberdade", de 5 bilhões de dólares; ao final, cinco campanhas de títulos (quatro empréstimos da "liberdade" para a guerra e um empréstimo da "vitória" no pós-guerra) haviam arrecadado cerca de 20 bilhões de dólares, quase metade do que foi emprestado aos Aliados. Para facilitar a mobilização da economia do país, em julho de 1917, o governo federal estabeleceu o Conselho das Indústrias de Guerra e, em dezembro de 1917, nacionalizou temporariamente o sistema ferroviário sob controle da Administração Ferroviária dos Estados Unidos. Enquanto isso, a Lei de Espionagem, de junho de 1917, e a Lei de Sedição, do mês de maio seguinte, impuseram restrições às liberdades civis, semelhantes às leis aprovadas na Europa em 1914. Em nome da segurança nacional, o governo federal, durante a Primeira Guerra Mundial, ampliou seu poder à custa dos governos estaduais e, dentro do governo federal, aumentou o poder do Executivo, permitindo-lhe definir o que constituía segurança nacional. Sob suas ordens, cerca de meio milhão de cidadãos alemães residentes nos Estados Unidos foram fotografados e suas impressões digitais registradas, e 2.300 deles foram internados como perigosos inimigos estrangeiros. O Congresso pretendia que as mudanças de 1917 fossem temporárias,

Os Estados Unidos entram na guerra

mas algumas perduraram. Embora as medidas econômicas tenham expirado em 1919, e partes das Leis de Espionagem e de Sedição em 1921, elementos da última sobreviveram para se tornar parte permanente da legislação dos Estados Unidos, sustentando o "estado de segurança nacional" do país na Segunda Guerra Mundial e na Guerra Fria.

Ao levar os Estados Unidos à Primeira Guerra Mundial e assegurar para sua administração os meios de travar uma guerra moderna, Wilson se beneficiou da suspensão temporária da política partidária no país. Embora os dois partidos incluíssem isolacionistas e pacifistas (por exemplo, o senador Norris, de Nebraska, e

Jovens americanos se alistam em junho de 1917, em Nova York.

a deputada Rankin, de Montana, polos opostos a Roosevelt em relação à guerra, também eram republicanos), quando os Estados Unidos entraram no conflito, os maiores céticos possuíam as mesmas origens do próprio Partido Democrata de Wilson, que tinha menos probabilidades de ter sentimentos antigermânicos ou pró-Aliados antes de 1917: eram reformadores progressistas e simpatizantes populistas de Bryan no meio-oeste e no oeste. Embora tivessem uma sólida maioria no Senado (54 a 42), os democratas só controlavam a Câmara (220 a 215) com a ajuda de seis representantes de pequenos partidos dissidentes. Dados os sentimentos contraditórios sobre a guerra dentro de suas próprias fileiras, eles não teriam garantido a aprovação da legislação de guerra essencial sem o apoio da oposição republicana. Devido à influência de Roosevelt, o Partido Republicano incluía a maioria dos nacionalistas norte-americanos e imperialistas incisivos; depois de abril 1917, os republicanos continuaram a se opor a Wilson em todas as questões, com exceção do conflito, mas eram os mais ferrenhos defensores do esforço de guerra. O idealismo moralista do presidente, firmemente enraizado na fé cristã protestante, combinou-se com o imperialismo e o nacionalismo de Roosevelt e dos republicanos para dotar o esforço de guerra norte-americano de um zelo cruzadista. Wilson formulou sua visão revolucionária de um mundo reformatado por ideais norte-americanos em vários discursos depois que os Estados Unidos entraram na guerra, mais claramente, em sua mensagem a uma sessão conjunta do Congresso em 8 de janeiro de 1918, que definiu os Catorze Pontos (ver box "Os Catorze Pontos de Wilson"). Os líderes Aliados não estavam em condições de resistir à caracterização de Wilson de que aquela guerra era travada pelos direitos e liberdades universais, mesmo que estivessem inclinados a isso. A entrada dos Estados Unidos na guerra daria homens aos Aliados – milhões de homens –, acompanhando o fluxo de capital, munições e suprimentos que eles já estavam recebendo de fontes norte-americanas. Para franceses e britânicos, pouco mais importava nessa fase.

À Europa com a AEF: "Lafayette, aqui estamos"

Na escolha do comandante da Força Expedicionária dos Estados Unidos (AEF), Wilson passou por cima do general Leonard Wood, protegido de Roosevelt, companheiro "Rough Rider" e ex-chefe do Estado-Maior do Exército, em favor do general John J. Pershing, conhecido como "Black Jack", comandante da recente intervenção norte-americana no México contra Pancho Villa. Wilson deu a Pershing maior margem de manobra para determinar a estratégia e as diretrizes militares do país do que qualquer outro presidente em tempo de guerra jamais tinha dado ou viria a dar no futuro. Pershing enfrentou uma tarefa assustadora. Na eclosão da Primeira Guerra, os Estados Unidos tinham uma marinha de nível mundial, inferior em tamanho e força apenas comparada às frotas britânica e alemã, mas uma força terrestre significativamente menor do que os exércitos da Bélgica ou da Sérvia, incluindo menos de 100 mil membros regulares apoiados por 125 mil mal treinados membros da Guarda Nacional. Enquanto Pershing levara apenas 15 mil soldados ao México para a intervenção de 1916 e 1917, um total de 158 mil foi mobilizado e enviado à fronteira com o México, incluindo unidades da Guarda Nacional de todo o país. Esse exercício ajudou Pershing e seus oficiais a identificar pontos fracos de seu exército, mas, mesmo assim, como a declaração de guerra à Alemanha veio apenas algumas semanas após a retirada norte-americana do México (fevereiro de 1917), pouco havia sido feito para resolver os problemas. Durante a intervenção no México, a Lei de Defesa Nacional, de junho de 1916, havia autorizado ampliar a força de guerra do exército regular para 286 mil homens e colocar a Guarda Nacional sob controle do Departamento de Guerra, em vez de ser controlada pelos governadores estaduais, mas, após o início da convocação, no verão de 1917, a maioria dos soldados recém-incorporados entrou em novas unidades do "Exército Nacional" análogas às divisões do "Novo Exército" criadas por Kitchener na Grã-Bretanha. Quando os Estados Unidos interromperam a convocação em 1919, os recrutas eram 2,8 milhões dos 4 milhões de homens que haviam sido convocados pelo exército. Outros 600 mil serviam na marinha e quase 80 mil, nos fuzileiros navais, em ambos os casos, quase todos voluntários.

Como o exército dos Estados Unidos tinha sido uma fração da dimensão da força prevista para a AEF, o Ministério da Guerra teve que construir a estrutura de campos e bases necessárias para processar e treinar os milhões de recrutas à medida que os homens se apresentavam para servir. Enquanto isso, Pershing e seu Estado-Maior chegaram à França em junho de 1917 em meio a grande alarde, junto a 14 mil soldados da 1ª Divisão dos Estados Unidos – muito poucos para fazer diferença na frente ocidental, mas o suficiente para levantar o ânimo ao desfilar pelas ruas de Paris. Pershing cativou o público francês ao prestar homenagem a Napoleão em seu túmulo, na Maison des Invalides, onde beijou a espada do imperador, mas outro gesto, mais privado, teve maior significado para os norte-americanos. Em 4 de julho, o Estado-Maior de Pershing fez uma peregrinação até o 12º *arrondissement*, na zona leste de Paris, para visitar o túmulo do marquês de Lafayette no cemitério de Picpus. Lá, um assessor do general, o tenente-coronel Charles E. Stanton, pronunciou as famosas palavras "Lafayette, aqui estamos" (muitas vezes atribuídas erroneamente a Pershing, em sua chegada à França, um mês antes). Assim como o herói francês da Revolução Americana havia cumprido um papel central na garantia da independência dos Estados Unidos, a AEF de Pershing tinha chegado para ajudar a libertar a França dos alemães.

353

OS CATORZE PONTOS DE WILSON

Trechos do discurso do presidente Woodrow Wilson, realizado no Congresso dos Estados Unidos em 8 de janeiro de 1918, que define objetivos de guerra e sua agenda para paz:

O programa da paz mundial, portanto, é o nosso programa, e esse programa, o único possível, em nossa visão, é o seguinte:

I. Pactos abertos de paz, formulados abertamente, após os quais não haverá entendimentos privados internacionais de qualquer espécie, e a diplomacia deve proceder sempre de forma franca e à vista do público.

II. Absoluta liberdade de navegação nos mares, fora das águas territoriais, tanto na paz quanto na guerra [...].

III. Remoção, tanto quanto possível, de todas as barreiras econômicas, e estabelecimento de uma igualdade de condições de comércio entre todas as nações que consentirem na paz e se associarem para sua manutenção.

IV. Garantias adequadas dadas e recebidas de que os armamentos nacionais serão reduzidos ao ponto mais baixo compatível com a segurança nacional.

V. Um ajuste livre, aberto e absolutamente imparcial de todas as colônias [...].

VI. A evacuação de todo o território russo e uma solução de todas as questões que afetem a Rússia, de forma a garantir a [...] oportunidade para a determinação independente de seu próprio desenvolvimento político e políticas nacionais [...].

VII. A Bélgica [...] deve ser evacuada e restaurada [...].

VIII. Todo o território francês deve ser libertado e as partes invadidas, restauradas, e o mal feito à França pela Prússia em 1871, na questão da Alsácia-Lorena [...], deve ser corrigido para que a paz possa mais uma vez ser garantida, no interesse de todos.

IX. Um rearranjo das fronteiras da Itália deve ser efetuado segundo linhas de nacionalidade claramente identificáveis.

X. Aos povos da Áustria-Hungria, cujo lugar entre as nações queremos ver salvaguardado e garantido, deve ser dada a oportunidade do mais livre desenvolvimento autônomo.

XI. Romênia, Sérvia e Montenegro devem ser evacuadas; os territórios ocupados, restaurados; [e] a Sérvia deve ter acesso livre e seguro ao mar [...].

XII. As porções turcas do atual Império Otomano devem ter garantida uma soberania segura, mas as outras nacionalidades que estão agora sob governo turco devem ter assegurada [...] uma oportunidade absolutamente tranquila de desenvolvimento autônomo, e o estreito de Dardanelos deve estar permanentemente aberto [...] sob garantias internacionais.

XIII. Um Estado polonês independente deve ser erigido, que inclua os territórios habitados por populações indiscutivelmente polonesas e ao qual se deve garantir um acesso livre e seguro ao mar [...].

> XIV. Deve-se formar uma associação geral de nações segundo pactos específicos, com a finalidade de proporcionar garantias mútuas de independência política e integridade territorial aos grandes Estados e também aos pequenos.
>
> Fonte: Margaret MacMillan, *Paris, 1919: Six Months that Changed the World* (New York: Random House, 2001), 495. (© 2001 Margaret MacMillan, usado com permissão da Random House, Inc.)

Mas, para franceses e britânicos, Pershing parecia não ter pressa de ajudar. Enquanto os Aliados queriam soldados norte-americanos à sua disposição em unidades menores assim que chegassem à França, a liderança do exército dos Estados Unidos reconhecia as consequências políticas de permitir que contingente norte-americano fosse misturado em divisões francesas e britânicas dessa maneira. O chefe assistente de Estado-Maior, general Tasker Bliss, alertou o ministro da Guerra Newton Baker de que

> quando a guerra acaba[sse], a bandeira dos Estados Unidos pode[ria] literalmente não ter aparecido em lugar algum da linha, porque nossas organizações apenas [teriam feito] parte de batalhões e regimentos dos aliados da Entente. Pode[riam] ter um milhão de homens lá e, mesmo assim, nenhum exército norte-americano e nenhum comandante norte-americano.[7]

Pershing não recebeu instruções específicas de Wilson sobre como lidar com a questão da mistura, mas sabia que o presidente pressupunha que os Estados Unidos teriam um papel central na mesa de paz como resultado de sua contribuição para a vitória final dos Aliados. Esse papel só poderia ser garantido se as tropas da AEF fossem organizadas e treinadas como um exército norte-americano e, por fim, recebessem a responsabilidade por seu próprio setor na frente ocidental, onde a contribuição dos Estados Unidos para derrotar a Alemanha deveria ser claramente demonstrada. Assim, a 1ª Divisão e outras tropas regulares do exército receberam mais alguns meses de treinamento na França antes de partir para as trincheiras; para as divisões recém-montadas, os meses de treinamento inicial nos Estados Unidos, após a sua chegada na França, seriam seguidos de mais treinamento antes da designação à frente de batalha. Devido a uma decisão estratégica de usar a tonelagem de navios disponíveis para o transporte de homens, em vez de equipamentos, a maioria das unidades norte-americanas chegou sem armas, à exceção de seus fuzis. Eles usaram metralhadoras e artilharia francesas, tanques britânicos e franceses e eram apoiados por pilotos norte-americanos em aviões britânicos e franceses. Assim, os meses extras de treinamento só eram necessários para garantir uma competência básica e a familiaridade com o armamento. A 1ª Divisão finalmente foi às trincheiras em outubro de 1917, em um

A Primeira Guerra Mundial

setor calmo, perto de Nancy, na Lorena. As primeiras mortes do exército dos Estados Unidos em combate aconteceram na noite de 2 para 3 de novembro.

Mesmo após as primeiras tropas americanas serem mandadas à frente de batalha, os generais franceses e britânicos continuaram a debater com Pershing a questão da mistura, e seus governos tentaram passar por cima dele para defender seu argumento diretamente em Washington. É claro que o debate foi, em grande parte, teórico, enquanto a maior parte da AEF permanecia em treinamento em bases nos Estados Unidos (ver box "A AEF em treinamento") ou ainda a ser formada. Para liderar e treinar uma força que viria a se tornar quase 20 vezes maior do que seu tamanho anterior à guerra, o exército dos Estados Unidos concedeu promoções rápidas à maioria de seus oficiais veteranos e preencheu a enorme demanda por oficiais subalternos promovendo os suboficiais e concedendo incumbências depois de um curso de três meses. Ao se apresentarem para suas primeiras tarefas de treinamento, oficiais recém-promovidos na condição de instrutores se esforçavam para estar à frente de suas tropas. O segundo tenente Charles Bolté sem dúvida ecoou os sentimentos de muitos de seus pares ao se lembrar que "era um caso de cegos guiando outros cegos".[8] Oficiais superiores responsáveis pela concepção do regime de treinamento pressupunham que os recrutados teriam uma estereotípica familiaridade rural norte-americana com armas de fogo, o que poderia ter sido verdade em tempos passados (ou mesmo entre a maioria dos voluntários que eles viam no exército regular em tempos de paz), mas certamente não era mais o caso da população como um todo. O Censo federal seguinte, em 1920, seria o primeiro a mostrar mais da metade da população dos Estados Unidos residindo em áreas urbanas.

Também não ajudou sua causa o fato de que o conjunto de homens a partir do qual eles tentavam moldar um exército era muito mais diversificado do que qualquer um previra. Meio milhão dos recrutas havia nascido no exterior e, entre eles, até 75% não eram proficientes em inglês. Assim, os homens analfabetos das áreas rurais e aqueles que não falavam inglês correspondiam ao alarmantemente alto percentual geral de recrutados de 31%. Na atmosfera predominante de nacionalismo e nativismo norte-americano, o exército tentou usar o serviço militar como instrumento de "americanização" de recrutas imigrantes, mas, no final, o pragmatismo prevaleceu sobre o idealismo patriótico. O exército consultou os líderes civis das comunidades étnicas e reformadores progressistas simpatizantes e fez exceções às práticas exclusivas no idioma inglês, mas sem abandonar o objetivo geral de americanizar soldados imigrantes. Devido ao recente fluxo de imigrantes do sul e do leste da Europa, os católicos representavam 42% de todos os recrutados e os judeus, 6%, o que levou as grandes organizações Knights of Columbus e Jewish Welfare Board, respectivamente católica e judaica, a se oferecerem como voluntárias para ajudar a atender às necessidades dos seus colegas de religião em diversos

Os Estados Unidos entram na guerra

campos e bases. O número inesperadamente grande de judeus que entraram no serviço fez com que o exército dos Estados Unidos nomeasse rabinos para servir como seus primeiros capelães militares judeus.

A AEF EM TREINAMENTO

Paul Eliot Green (1894-1981), dramaturgo vencedor do prêmio Pulitzer, cresceu em uma propriedade rural no condado de Harnett, Carolina do Norte. Convocado para o exército logo após a declaração de guerra dos Estados Unidos, ele passou seu primeiro ano de farda em treinamento não muito longe de casa, antes de ser enviado à França, no final da primavera de 1918. A seguir, trechos de duas cartas que ele escreveu a seu pai, de Camp Sevier, em Greenville, Carolina do Sul:

18 de setembro de 1917: Como mencionei em minha última carta, o que eu estou achando desta vida é o que eu poderia achar. Resmungar não é do meu estilo, e eu acho que o único método sábio no exército é aceitar o que vier. É preciso se desfazer de gostos e desgostos, e se tornar uma parte do todo maior. É claro, é razoável pensar que a única maneira de qualquer exército ser eficaz é que cada indivíduo perca a sua individualidade e se torne, como as peças de uma engrenagem, apenas uma parte da máquina. Mas posso lhe dizer que um homem ter de se entregar de peito aberto e sem reservas ao Governo é algo que vai contra o bom senso. A única coisa que me mantém sólido e com um ponto de vista saudável em relação ao exército é saber que estamos lutando uma luta grandiosa, pelos princípios do viver corretamente. Eu acredito que há mais tristeza do que amargura entre os homens de farda, porque somos obrigados a lutar contra os alemães. Esses meninos em campo são corajosos, e quando chegar a hora eles não vão deixar a desejar [...]. Nós ainda cavamos trincheiras, construímos plataformas para metralhadoras e fortificamos colinas com o mesmo vigor de algumas semanas atrás. Em suma, tentamos fazer um pouco de tudo.

22 de novembro de 1917: A infantaria está [...] em treinamento de fuzil há uma ou duas semanas, e todo o dia podemos ouvir um barulho constante de fogo. Estou tendo uma boa ideia do que significa uma batalha [...]. E outra sensação de guerra real que eu estou tendo é o gás – exatamente aquele que os exércitos estão usando na Europa. Um médico europeu está aqui ensinando o uso da máscara de gás. Na semana passada, o capitão Boesch nomeou o sargento Cureton e a mim para frequentar a escola de gás [...]. Bom, antes de terminar a primeira aula, eu estava profundamente enjoado com a coisa toda. Recebemos máscaras de gás verdadeiras, como as dos Aliados [...]. Às vezes, eu sentia que ia vomitar, mas não se podia tirar. Eles nos treinaram por horas, com aquela coisa no rosto. Ontem, fizemos um teste de gás de cloro. Com a máscara, a pessoa está segura. Mas no minuto em que se retira, o gás quase sufoca. Em um ataque com gás, ao som da palavra "gás!", a pessoa para de se mover, ainda

A Primeira Guerra Mundial

> segurando a respiração, enquanto coloca a máscara [...]. Eu fiz isso apenas duas vezes até agora no tempo necessário. Vou ficar feliz quando sair ensinando outros companheiros como fazer [...]. Estou trabalhando para entrar na escola de formação de oficiais. Chance pequena. Muitos velhos antes de mim.
>
> Fonte: Paul Eliot Green Papers (No. 3693), Selected letters, 1917-1919, Manuscripts Department, Southern Historical Collection, University of North Carolina at Chapel Hill, disponível em http://docsouth.unc.edu/wwi/greenletters/greenletters.html.

Para muitos dos milhões de soldados da AEF, o recrutamento fez com que pela primeira vez fossem examinados por um médico e vacinados contra doenças potencialmente nocivas. As vacinações, muitas vezes administradas a bordo de navios a caminho da Europa, costumavam produzir efeitos colaterais que só aumentavam o sofrimento comum do enjoo. Sem dúvida, muitos homens da AEF poderiam se identificar com o relato de um soldado de Terranova sobre o efeito de múltiplas vacinações durante a travessia do Atlântico: "Após seis meses de treinamento [...] eu estava o mais em forma que poderia ficar com treinamento, ar fresco e ensopado de carneiro. Eu podia marchar o dia todo com a bagagem completa [...] e podia correr tanto quanto qualquer homem no batalhão". Então, "na viagem de ida [...] eu fui vacinado cinco vezes. Meu corpo estava dolorido, minha cabeça doía e minha língua colava no céu da boca. Antes de desembarcar, eu estava destruído fisicamente".[9] A partir da primavera de 1918, muitos norte-americanos desembarcaram na França sentindo-se não muito saudáveis por outro motivo: uma cepa de gripe mais mortal do que qualquer outra que o mundo tivesse visto antes. O vírus apareceu pela primeira vez em 11 de março de 1918, na base militar de Fort Riley, Kansas, onde 100 homens se disseram doentes com os mesmos sintomas na mesma manhã. Inicialmente chamada de "febre dos três dias", mostrou-se diferente da maioria dos surtos de gripe porque muitas de suas vítimas tinham entre 20 e 40 anos. As transferências de soldados em formação de uma base para outra em pouco tempo espalhou a epidemia em todos os Estados Unidos, com a população civil infectada por soldados que iam para casa de licença antes de embarcar para a Europa. A epidemia rapidamente se tornou uma pandemia mundial graças aos transportes cada vez maiores de tropas da AEF para a França.

Mulheres, sufrágio e ilusão de progresso

Sendo um país com população heterogênea, com cidadãos acostumados a mais liberdade pessoal do que se poderia encontrar em outros lugares e desconfiados de

358

Os Estados Unidos entram na guerra

um governo central forte, os Estados Unidos enfrentaram desafios maiores do que a maioria dos outros participantes da Primeira Guerra Mundial, quando se tratava de mobilizar a frente interna. Questões de igualdade para mulheres e minorias, moderação e proibição do álcool, e direitos trabalhistas – todas elas foram afetadas pela guerra. Muitos ativistas consideravam a guerra um potencial catalisador da transformação revolucionária pelo bem de sua causa; desses, líderes do movimento pelos direitos das mulheres alimentaram as maiores esperanças e, depois, sentiram a maior decepção, embora tenham conseguido garantir o voto feminino em nível nacional nas eleições federais de 1920.

O movimento pelo voto feminino dos Estados Unidos, como o da Inglaterra, contou com uma organização central de grande porte, a National American Woman Suffrage Association (NAWSA), análoga à NUWSS britânica e a um grupo menor, mais radical, o National Woman's Party (NWP), fundado em 1916 por Alice Paul, que tinha sido membro da WPSU de Pankhurst enquanto residia na Grã-Bretanha, antes da guerra. Devido à entrada tardia dos Estados Unidos na guerra, o movimento sufragista norte-americano enfrentou a complicação singular de estar pelo menos parcialmente entrelaçado ao movimento da paz, graças aos esforços da ativista social Jane Addams e de outras líderes do Women's Peace Party (WPP), fundado em 1915. O WPP tinha muitos membros em comum com ambas as organizações sufragistas, pelo menos até abril de 1917, quando a NAWSA passou a apoiar o esforço de guerra. Depois disso, líderes da NAWSA argumentaram efetivamente que o sufrágio feminino deveria fazer parte da visão norte-americana de democracia, justiça e paz duradoura. Em contraste com a WPSU britânica, no entanto, o NWP norte-americano não suspendeu seus protestos depois que os Estados Unidos entraram na guerra, e sim os intensificou, criticando a cruzada global de Wilson pela democracia como uma fraude enquanto as mulheres em seu país tivessem o direito de voto negado. Assim, cenas de confronto quase idênticas às de antes da guerra na Grã-Bretanha – com mulheres sendo presas, entrando em greve de fome e sendo alimentadas à força em cativeiro – se repetiram nos Estados Unidos em 1917 e 1918. Wilson se opusera ao sufrágio feminino em sua campanha de 1912 e não assumiu qualquer posição sobre o assunto em 1916, mas, durante a guerra, passou a vê-lo como um componente natural de sua agenda progressista interna geral. Ao perseguir seus objetivos estado por estado, dentro da estrutura federal do país, as sufragistas já tinham garantido o voto em 17 dos 48 estados em 1917, 19 abaixo do número necessário para aprovar uma emenda constitucional que estendesse o voto feminino a todo o país. Em janeiro de 1918, depois de Wilson endossar publicamente a causa, um projeto de lei pelo sufrágio feminino foi aprovado na Câmara dos Deputados, mas não no Senado. Naquele outono, Wilson foi ao Capitólio em uma tentativa de convencer os senadores de "que a democracia significa que as mulheres devem cumprir seu papel nas questões, ao lado de homens e em pé de igualdade com eles", e caracterizou o projeto de lei do sufrágio como "vital para a vitória na guerra".[10] A guerra tinha acabado quando o Congresso finalmente aprovou a Lei do Sufrágio Feminino, em junho de 1919, impedindo a discriminação de voto baseada em gênero por meio de emenda à Constituição dos Estados Unidos, enquanto se aguardava a aprovação de três quartos dos estados. Em agosto de 1920, a 36º legislatura estadual aprovou a 19ª Emenda, dando às mulheres norte-americanas a partir dos 21 anos o direito de voto na eleição presidencial daquele novembro.

Em seu discurso ao Senado, em setembro de 1918, Wilson observou que "[aquela] guerra não poderia ter sido travada [...] se não fosse pelos serviços das mulheres". Em áreas de economia de guerra, onde elas foram incentivadas a assumir postos de trabalho, as recém-criadas agências federais tinham subseções com a função de superar a obstrução por parte de sindicatos dominados por homens e monitorar as condições de trabalho oferecidas pelos empregadores. Destas, a Seção de Serviço Feminino da Administração Ferroviária dos Estados Unidos e a Seção Feminina do Bureau de Artilharia do Exército dos Estados Unidos provaram ser as mais eficazes. Mas lá, como na Europa, os ganhos no acesso ao emprego feminino foram ainda mais temporários na Primeira Guerra do que seriam na Segunda. As indústrias norte-americanas relacionadas à guerra registraram apenas 1 milhão de mulheres trabalhadoras e, como no caso francês, a maioria delas já havia trabalhado fora de casa em outros empregos mais mal remunerados. Refletindo a natureza efêmera das oportunidades de trabalho dos tempos de guerra, o Censo dos Estados Unidos de 1920 mostrou que um pouco menos de um quarto da população feminina com idade acima de 16 anos fazia parte da força de trabalho remunerada, uma leve queda em relação a 1910. Na década de 1920, as mulheres de classe trabalhadora urbana voltaram a ter poucas opções de emprego fora do serviço doméstico. Na classe média, as solteiras tinham mais probabilidades do que antes de ser encontradas em funções de escritório; fora isso, suas opções se limitavam a ocupações femininas tradicionais, como enfermagem e ensino fundamental, e, mesmo nessas áreas, as carreiras geralmente eram encerradas com o casamento.

A revolução da época da guerra nas relações raciais nos Estados Unidos

Nos Estados Unidos, a Primeira Guerra Mundial afetou as relações raciais mais profundamente do que as relações de gênero. Na verdade, as migrações populacionais afro-americanas e mexicano-americanas durante a guerra revolucionaram as relações raciais no país, introduzindo considerável diversidade em estados do norte até então predominantemente brancos. Os afro-americanos, libertados da escravidão pela Guerra Civil (1861-1865), haviam sido deixados à mercê de seus antigos senhores depois de 1877, quando as tropas federais foram retiradas do sul. Quando os Estados Unidos entraram na Primeira Guerra Mundial, mais de 90% dos afro-americanos ainda residiam nos estados anteriormente escravistas, mas na "grande migração" da guerra, 500 mil negros se mudaram de fazendas do sul para cidades do norte, para trabalhar em indústrias de defesa e outras. Outros 800 mil afro-americanos migraram para o norte na década de 1920. O Censo dessa década mostrou que a maioria dos estados do sul, de Louisiana a Virgínia, tinha visto o percentual negro de sua população se reduzir, enquanto Nova York, Pensilvânia, Ohio e Illinois registravam os maiores aumentos. A chegada de afro-americanos provocou violentos distúrbios de cunho racial durante a guerra em várias cidades do norte. As tensões raciais ficaram inicialmente mais voláteis na região de St. Louis, onde migrantes negros começaram a chegar em um ritmo de 2 mil por semana na primavera de 1917. Naquele verão, as tensões transbordaram na zona leste de St. Louis, Illinois, onde muitos dos recém-chegados haviam sido contratados por fábricas locais, alguns como fura-greves. Durante o mês de julho, os tumultos deixaram pelo menos 100 mortos, a maioria, negra. No verão seguinte, outros distúrbios raciais irromperam em Nova York, Washington, Filadélfia e Chicago – nesta última, matando 38 pessoas, incluindo 23 negros. A violência racial também se alastrou pelos estados do sul, terra natal da maioria dos 60 afro-americanos linchados em 1918, contra 36 em 1917, o menor total anual desde que existem os registros. A incorporação de negros pelo exército às bases do sul também causou tensões, principalmente em agosto de 1917, em Houston, onde soldados do Camp Logan, próximo dali, entraram em confronto com a polícia e cidadãos locais, resultando na morte de 15 residentes locais brancos e quatro soldados, e a execução de mais 14 soldados negros depois de condenações em cortes marciais. A onda de violência racial atingiu o pico em 1919, antes de diminuir no início dos anos 1920.

A maioria dos líderes afro-americanos incentivou seus seguidores a apoiar o esforço de guerra, seja por considerá-lo uma oportunidade para alimentar a causa dos direitos civis ou por temer uma reação, se não o fizessem. O sociólogo formado em Harvard W. E. B. DuBois incentivou os companheiros negros a "esquecer nossas queixas específicas e cerrar fileiras [...] com nossos concidadãos brancos".[11] O dissidente mais notável, o editor de jornal A. Philip Randolph, passou a guerra na prisão depois de defender um boicote afro-americano. Entre as minorias raciais na AEF, os afro-americanos eram 368 mil, de longe os mais numerosos, representando 13% de todos os homens recrutados. A grande maioria foi designada a unidades de trabalho e apenas 20% entraram em combate na França. O exército só nomeou oficiais negros com as patentes mais baixas e apenas para comandar soldados negros;

361

Wilson, que era segregacionista apesar de suas visões gerais progressistas, interveio pessoalmente para garantir que o oficial negro de mais alta patente no exército antes da guerra, um tenente-coronel, não entrasse em ação durante o conflito. Pershing não compartilhava os preconceitos contra os soldados afro-americanos, típicos do corpo de oficiais do exército de sua época. Ele sempre falou muito bem dos quatro regimentos negros do exército antes da guerra, em particular a 10ª Cavalaria, que ele tinha comandado em Cuba durante a guerra hispano-americana. Essas visões foram a fonte de seu apelido "Black Jack", higienizado pela imprensa a partir de seu nome de serviço, "N-Jack." É claro que esses sentimentos iam só até um certo nível, já que o *status* e o tratamento de soldados afro-americanos não estavam no topo da lista de preocupações bélicas de Pershing. Após sua mobilização em 1918, as duas divisões negras de combate da AEF, a 92ª e a 93ª, lutaram sob comando francês no setor francês da frente de batalha.

Os mexicano-americanos seguiram o mesmo padrão de migração em tempos de guerra dos afro-americanos, só que em escala muito menor. Os Estados Unidos tinham atraído poucos imigrantes hispânicos e, em todo o sudoeste, os descendentes dos colonos espanhóis originais foram relegados ao *status* de segunda classe. A população hispânica anterior à guerra, de cerca de um quarto de milhão, vivia quase exclusivamente nos estados do Texas, do Novo México, do Arizona e da Califórnia, mas, durante a guerra, começou a estabelecer uma presença na parte mais ao norte do meio-oeste. Além da migração ao norte de mexicano-americanos, durante e imediatamente após a guerra, pelo menos 70 mil mexicanos imigraram dentro da lei, e talvez outros 100 mil o tenham feito de forma ilegal, principalmente para assumir empregos agrícolas deixados por aqueles que tinham se mudado ou sido recrutados. Tal como os seus equivalentes europeus, os residentes dos Estados Unidos nascidos no México estavam sujeitos à convocação, fossem ou não cidadãos, mas os estrangeiros entre eles só eram recrutados se declarassem sua intenção de se tornar cidadãos dos Estados Unidos. Os recrutas estrangeiros "não declarantes" eram automaticamente dispensados do serviço, mas também perdiam o direito de solicitar a cidadania em uma data posterior. Embora alguns mexicanos (menos de 6 mil) tenham escolhido o recrutamento para poder ter cidadania no futuro, um grande número de mexicano-americanos aparentemente fugiu para o México para evitar o serviço militar. A maioria não retornou ou esperou vários anos antes de fazê-lo e, como resultado, o Censo dos Estados Unidos de 1920 registrou o dobro de mulheres do que homens mexicano-americanos.

O exército norte-americano não segregou seus recrutas hispânicos e, estatisticamente, o padrão de serviço deles continua difícil de identificar. O mesmo aconteceu com os recrutados entre os 180 mil asiático-americanos do país, uma população restringida deliberadamente pelas proibições da entrada de imigrantes chineses (1882) e japoneses do sexo masculino (1907), em um momento em que os imigrantes europeus tinham a porta aberta. Em contraste com os mexicanos, a população asiática registrou muito menos "não declarantes" entre os seus recrutas, já que muitos homens chineses e japoneses usaram a guerra para se "americanizar" oficialmente, considerando o recrutamento um meio de superar a discriminação jurídica e se tornar cidadãos depois da guerra.

A Primeira Guerra Mundial também ajudou a modificar o *status* da população indígena dos Estados Unidos. A derrota da última tribo livre em 1890 tinha deixado todos os indígenas sobreviventes confinados em reservas federais, e até que uma lei aprovada pelo Congresso em 1924 estendesse a cidadania norte-americana a todos os índios, eles também foram considerados estrangeiros residentes por causa de seu *status* de cidadãos das várias nações indígenas. Como os asiático-americanos, os indígenas tendiam a ver o serviço militar como uma oportunidade, e não como um problema, quase um em cada cinco homens indígenas adultos, 10 mil no total, serviu no exército durante a Primeira Guerra Mundial. Em nítido contraste com as outras minorias raciais, eles foram considerados soldados excelentes e (embora muitas vezes por motivos de estereótipo racista) tinham mais probabilidade do que os soldados brancos de ser usados como batedores, mensageiros ou franco-atiradores. A prática adotada na Segunda Guerra Mundial de usar os nativo-americanos, falando suas línguas indígenas, como operadores de rádio começou na AEF nos dois últimos meses da guerra.

Germano-americanos e o socialismo antiguerra dos Estados Unidos

Enquanto os afro-americanos e os mexicano-americanos estavam acostumados a discriminação e perseguição, os germano-americanos certamente não estavam. A Alemanha mantinha a distinção de ser a terra natal ancestral de mais cidadãos norte-americanos do que qualquer outro lugar fora das Ilhas Britânicas. O restante da população dos Estados Unidos tendia a admirar os germano-americanos e valorizar suas contribuições para o desenvolvimento do país, e tinha em alta conta a língua e a cultura alemãs. Em 1915, 24% dos alunos do ensino médio no país estudavam alemão, um número muito superior ao percentual com ascendência alemã. Em muitas áreas urbanas, igrejas, jornais, associações culturais e clubes esportivos de língua alemã estavam entre as principais instituições, sobretudo nas cidades do meio-oeste, como Cincinnati, Milwaukee, Indianápolis, St. Louis, Minneapolis-St. Paul. Com a declaração de guerra do país à Alemanha, a pressão pública, combinada com o desejo da maioria dos germano-americanos de demonstrar que

A Primeira Guerra Mundial

eram norte-americanos em primeiro lugar, causou o fim abrupto da maioria dos jornais em língua alemã, da maioria das atividades sociais e culturais específicas de alemães e do uso do alemão nos serviços das Igrejas Luterana e Reformada. A execução pública de música alemã continuou apenas em nível sinfônico e, em muitos lugares, até mesmo Bach e Beethoven foram proibidos. As disciplinas de alemão desapareceram das escolas. A American Protective League e comitês locais de patriotas assediavam os germano-americanos que não parecessem suficientemente entusiasmados com a guerra, e as lojas administradas por esses cidadãos sofreram boicotes. Muitas famílias "americanizaram" ou anglicizaram seus nomes (por exemplo, de Schmidt para Smith) ou, pelo menos, os nomes de seus negócios. Em Minneapolis, a empresa de seguros de vida Germania mudou seu nome para The Guardian e retirou a estátua da deusa Germania de sua sede no centro da cidade. Em Indianápolis, a Deutsche Haus, centro da comunidade alemã local, projetada pelo arquiteto Bernhard Vonnegut (avô do escritor Kurt), foi rebatizada de Athenaeum. Em Cincinnati, onde 60% da população tinha ascendência alemã, todos os livros de língua alemã foram retirados da biblioteca pública. Houve queimas de livros em todo o país, enquanto ruas, bairros, subúrbios e cidades perdiam seus nomes alemães, juntamente com alguns alimentos (como o chucrute, que se tornou o "repolho da liberdade") e raças de cães (os dachshunds passaram a ser chamados de "cães da liberdade"). A guerra também trouxe vitória para a Women's Christian Temperance Union e outros grupos favoráveis à proibição do álcool, que há muito tempo visavam os cervejeiros germano-americanos e entravam em confronto com eles. Com a Anheuser-Busch de St. Louis, a Pabst de Milwaukee, a Stroh de Detroit, e muitas outras fabricantes sem condições de fazer pressão no sentido contrário, a proibição do álcool foi transformada em lei facilmente, em dezembro de 1917, por um Congresso em que mais de dois terços dos representantes de cada partido eram favoráveis a ela. A 18ª Emenda à Constituição dos Estados Unidos que resultou disso foi aprovada pelo número necessário de estados em janeiro de 1919.

Em meio à onda de discriminação, germano-americanos em geral foram poupados da violência física. O único linchado durante a guerra, o mineiro de carvão Robert Prager, de Maryville, Illinois, encontrou seu destino na vizinha Collinsville, horas depois de fazer declarações "desleais" em uma reunião local do Partido Socialista. Embora a maioria das manchetes de jornais contemporâneas tenha ecoado o St. Louis Post-Dispatch ao caracterizar a ação como "inimigo alemão dos Estados Unidos enforcado por multidão",[12] Prager, sem dúvida, teve o destino que teve porque, além de alemão, era socialista. O Partido Socialista tinha tido seu melhor desempenho (pelo menos em termos de porcentagem de votos) na eleição presidencial de 1912, quando 6% haviam apoiado a chapa de Eugene Debs e Emil Seidel, o prefeito germano-americano de Milwaukee. Quatro anos mais tarde, o

364

Os Estados Unidos entram na guerra

apoio aos socialistas caiu pela metade, após Debs se recusar a concorrer novamente. Em 7 de abril de 1917, um dia depois de os Estados Unidos declararem guerra à Alemanha, o partido atraiu 200 pessoas a uma "convenção nacional de emergência" em St. Louis, que produziu uma resolução antiguerra caracterizando as ações de Wilson e do Congresso como "um crime contra o povo dos Estados Unidos e contra as nações do mundo". Essa linguagem inflamatória ocultava o raciocínio sólido de grande parte do restante do documento, incluindo a afirmação de que "a democracia nunca pode ser imposta a qualquer país por uma potência estrangeira, pela força das armas".[13] Dada a disposição da frente interna norte-americana, a forte postura antiguerra do Partido Socialista fez de seus membros os principais alvos das autoridades federais que operavam segundo as Leis de Espionagem e Sedição, funcionários patrióticos em nível estadual e local, e grupos de cidadãos, como a American Protective League. Não ajudou o fato de que, com o "americanismo" grassando, eram muitos os socialistas norte-americanos imigrantes ou filhos de imigrantes, entre eles uma quantidade razoável de germano-americanos (incluindo, pelo menos, 20% dos delegados à convenção de "emergência" de 1917). Entre os líderes socialistas detidos durante a guerra estava Debs, preso em junho de 1918, após um discurso antiguerra, e, posteriormente, condenado à prisão por violar a Lei de Espionagem. Em 1920, Debs fez uma campanha extraoficial para presidente a partir de sua cela e teve 3,4% dos votos. No entanto, a Primeira Guerra Mundial e a Revolução Bolchevique enfraqueceram e dividiram os socialistas dos Estados Unidos; eles se recuperaram rapidamente durante a Grande Depressão, mas o Partido Democrata, de Franklin Roosevelt, roubou seus temas práticos mais populares e os incluiu no *New Deal*.

Conclusão

Em janeiro de 1918, havia 175 mil soldados norte-americanos na França e, em março, mais três divisões se juntaram à 1ª Divisão nas trincheiras. Como Pershing insistiu em que as divisões da AEF fossem mantidas juntas, os Aliados concordaram em expandir a posição inicial da 1ª Divisão para um setor norte-americano da frente de batalha na Lorena, a sudeste de Verdun. No Ano Novo, o gotejamento de soldados que chegavam se tornou uma inundação; em maio, a AEF tinha um milhão de homens na França e, seis meses depois, pouco mais de dois milhões. Na época do armistício, 1,4 milhão de soldados seriam enviados à frente ocidental, pouco mais do que o total dos britânicos e seu Império. De uma perspectiva puramente norte-americana, Pershing recebeu elogios por insistir em que a AEF lutasse na França como um exército norte-americano, em vez de ter as

365

suas tropas misturadas aos exércitos Aliados já existentes. Sua tenacidade rendeu dividendos no final da guerra, quando as contribuições militares dos Estados Unidos asseguraram o papel central que Wilson procurava na conferência de paz pós-guerra. Em meio aos elogios, a maioria dos historiadores tem ignorado as consequências das políticas de Pershing para a eficiência militar. A autonomia militar dos Estados Unidos fez com que o exército se beneficiasse menos do que deveria com as lições que britânicos e franceses tinham aprendido sobre a guerra moderna desde 1914. Engajada totalmente apenas em 1918, a AEF não teria um bom desempenho em campo – pelo menos não tão bom quanto poderia. Assim, o legado da rejeição de Pershing à mistura não incluiu apenas relações tensas com britânicos e franceses, mas baixas norte-americanas desnecessariamente elevadas em batalhas finais da guerra.[14]

Assumindo o maior esforço militar dos Estados Unidos desde a Guerra Civil, Wilson estabeleceu uma série de precedentes que o governo de Franklin Roosevelt iria seguir na Segunda Guerra Mundial e cometeu uma série de erros que Roosevelt conscientemente evitaria. Para os Estados Unidos como um todo, a Primeira Guerra foi tão traumática quanto transformadora, expondo os melhores e os piores instintos do povo norte-americano. A esmagadora maioria apoiou com entusiasmo uma guerra que seu governo tinha caracterizado como uma causa justa; dos milhões de convocados, apenas 20 mil solicitaram o *status* de objetores de consciência. Mas, ao mesmo tempo, a discriminação sofrida por germano-americanos e a violência racial com que a migração de afro-americanos para estados do norte foi recebida revelou um lado obscuro do caráter nacional. E, com todo o entusiasmo que a maioria dos norte-americanos demonstrou na esteira da declaração de guerra de abril de 1917, apenas dois anos mais tarde, a maioria iria rejeitar o acordo de paz que Wilson tanto fizera para moldar. Acima de tudo, a Primeira Guerra Mundial revelaria que a população dos Estados Unidos ainda não estava pronta para que seu país cumprisse o papel de principal potência militar e econômica do mundo, um papel imposto ao país pela revolução global que aconteceu entre 1914 e 1919.

Notas

[1] Ver Robert H. Zieger, *America's Great War: World War I and the American Experience* (Lanham, MD: Rowman & Littlefield, 2000).

[2] Citado em David Traxel, *Crusader Nation: The United States in Peace and the Great War, 1898-1920* (New York: Alfred A. Knopf, 2006), 83.

[3] Citado em D. Clayton James e Anne Sharp Wells, *America and the Great War, 1914-1920* (Wheeling, IL: Harlan Davidson, Inc., 1998), 22.

[4] Citado em David M. Kennedy, *Over Here: The First World War and American Society* (Oxford University Press, 1980; ed. reimp., 2004), 24.

[5] *New York Times*, 31 de julho de 1916, 1.

[6] Citado em Kennedy, *Over Here*, 21.

[7] Citado em Frederick Palmer, *Bliss, Peacemaker: The Life and Letters of General Tasker Howard Bliss* (New York: Dodd, Mead & Co., 1934), 153-54.

[8] Citado em Jennifer D. Keane, *World War I* (Westport, CT: Greenwood, 2006), 48.

[9] W. H. Lench, "The Evacuation of Suvla Bay", publicado pela primeira vez em *Everyman at War*, ed. C. B. Purdom (J. M. Dent, 1930), disponível em http://firstworldwar.com/diaries/evacuationofsuvlabay.htm.

[10] Wilson, Discurso no Senado dos Estados Unidos, 30 de setembro de 1918, texto em *Ripples of Hope: Great American Civil Rights Speeches*, eds. Josh Gottheimer, Bill Clinton e Mary Frances Berry (New York: Basic Books Civitas, 2003), 148-49.

[11] Citado em Christopher Capozzola, *Uncle Sam Wants You: World War I and the Making of the Modern American Citizen* (Oxford University Press, 2008), 34.

[12] *St. Louis Post-Dispatch*, 5 de abril de 1918, 1.

[13] "The Socialist Party and The War", aprovada na Convenção Nacional de Emergência de St. Louis, 14 de abril de 1917, texto em Alexander Trachtenberg (ed.), *The American Labor Year Book, 1917-18* (New York: Rand Escola de Ciências Sociais, 1918), 50-53.

[14] Ver David F. Trask, *The AEF and Coalition Warmaking, 1917-1918* (Lawrence, KS: University Press of Kansas, 1993).

Leituras complementares

Britten, Thomas A. *American Indians in World War I* (Albuquerque, NM: University of New Mexico Press, 1999).

Capozzola, Christopher. *Uncle Sam Wants You: World War I and the Making of the Modern American Citizen* (Oxford University Press, 2008).

Grotelueschen, Mark Ethan. *The AEF Way of War: The American Army and Combat in World War I* (Cambridge University Press, 2007).

Haynes, Robert V. *A Night of Violence: The Houston Riot of 1917* (Baton Rouge, LA: Louisiana State University Press, 1976).

Kennedy, David M. *Over Here: The First World War and American Society* (Oxford University Press, 1980; reprinted edn., 2004).

Rudwick, Elliot M. *Race Riot at East St. Louis, July 2, 1917* (Carbondale, IL: Southern Illinois University Press, 1964).

Smythe, Donald. *Pershing: General of the Armies* (Bloomington, IN: Indiana University Press, 1986).

Trask, David F. *The AEF and Coalition Warmaking, 1917-1918* (Lawrence, KS: University of Kansas Press, 1993).

Traxel, David. *Crusader Nation: The United States in Peace and the Great War, 1898-1920* (New York: Alfred A. Knopf, 2006).

Tucker, Robert W. *Woodrow Wilson and the Great War: Reconsidering America's Neutrality, 1914-1917* (Charlottesville, VA: University of Virginia Press, 2007).

Woodward, David R. *America and World War I* (London: Routledge, 2007).

Zieger, Robert H. *America's Great War: World War I and the American Experience* (Lanham, MD: Rowman & Littlefield, 2000).

AS FRENTES INTERNAS, 1916~18

Homens e mulheres ingleses trabalham em um centro de munições.

Cronologia

Janeiro de 1916. Lei do Serviço Militar autoriza o recrutamento compulsório na Grã-Bretanha.

Abril 1916. Revolta da Páscoa na Irlanda.

Outono de 1916. "Programa Hindenburg" militariza as indústrias de guerra alemãs.

Novembro de 1916. Morre o imperador Francisco José.

Dezembro de 1916. Lloyd George se torna primeiro-ministro britânico.

Janeiro de 1917. A imprensa londrina faz primeira referência às "melindrosas".

Abril 1917. Conferência de Estocolmo reúne socialistas contrários à guerra (até janeiro de 1918).

Julho de 1917. O Reichstag alemão aprova Resolução de Paz.

Outubro de 1917. Orlando se torna primeiro-ministro da Itália e introduz o racionamento.

Novembro de 1917. Clemenceau se torna primeiro-ministro francês e introduz o racionamento.

Janeiro de 1918. As piores greves da guerra incapacitam a Alemanha e o Império Austro-Húngaro.

Janeiro 1918. A Grã-Bretanha inicia racionamento de comida.

Março de 1918. A Lei de Representação do Povo emancipa as mulheres britânicas.

Março de 1918. Começa a pandemia de gripe.

Durante a segunda metade do conflito, as potências europeias com maior capacidade de fazer guerra moderna vivenciaram, cada uma, graves crises em suas frentes internas. A Grã-Bretanha recorreu ao serviço militar obrigatório e reprimiu uma rebelião na Irlanda. A França sofreu uma crise no moral dentro do país que refletia a do exército, e um colapso da *union sacrée*, com a guerra ainda longe de estar ganha. A Alemanha também experimentou o colapso da Burgfrieden, coincidindo com a militarização sem precedentes de sua frente interna no âmbito do "Programa Hindenburg" e a luta para alimentar a população civil durante o "inverno do nabo". Entre as grandes potências mais fracas, o Império Austro-Húngaro parecia condenado a seguir a Rússia no caminho da desintegração, à medida que o pensamento revolucionário se espalhava entre as suas nacionalidades após a morte de Francisco José, enquanto, na Itália, como na França, o colapso do moral do exército também ameaçava a frente interna. Na última metade da guerra, surgiram fortes líderes civis que mobilizaram a população civil em cada um dos três principais países Aliados europeus: David Lloyd George, na Grã-Bretanha, Georges Clemenceau, na França, e Vittorio Orlando, na Itália. Por fim, em meio a um crescente desejo de paz em todas as frentes internas, o movimento socialista internacional tentou novamente promover uma paz negociada, sem sucesso, confirmando o grau em que o nacionalismo tinha superado o socialismo e prenunciando a divisão da esquerda entre socialismo e comunismo na esteira da Revolução Bolchevique.

O serviço militar obrigatório chega à Grã-Bretanha e aos seus domínios

Devido à queda no número de voluntários para o exército britânico nos últimos meses de 1915, o público não se surpreendeu quando o governo de Asquith, em 5 de janeiro de 1916, apresentou um projeto de recrutamento compulsório ao Parlamento. Com os conservadores participando de uma coalizão em tempo de guerra com os liberais de Asquith, o Partido Trabalhista se opôs sozinho ao recrutamento, mas o fez apenas na teoria, já que seus deputados não se posicionaram contra ele na Câmara dos Comuns. A Lei do Serviço Militar, aprovada em 27 de janeiro, autorizava a convocação de todos os homens solteiros, fisicamente aptos, com idade entre 18 e 41, isentando viúvos com filhos e homens empregados em uma lista de "profissões reservadas", incluindo religiosos, professores e muitos operários industriais. Um segundo projeto de lei, em maio, ampliou o leque dos que estavam sujeitos a servir incluindo homens casados entre 18 e 41 anos, mas com uma disposição legal segundo a qual os solteiros seriam levados antes. Em abril de 1918, quando o setor britânico da frente ocidental se curvava sob o peso da ofensiva final alemã, o Parlamento ampliou o teto etário para 51 anos e reduziu as isenções para homens empregados na indústria; nessa fase, Lloyd George teve o apoio do Partido Trabalhista para que os sindicatos aceitassem o recrutamento de trabalhadores anteriormente isentos. A legislação britânica permitia a objeção de consciência, mas apenas para os quakers ou outros com claras convicções pacifistas, que pudessem provar que já tinham essas crenças antes da guerra. Mas mesmo os objetores de consciência cujos pedidos eram considerados legítimos terminavam de farda cáqui na frente de batalha, porém em uma unidade não combatente encarregada de cavar trincheiras, remover minas terrestres e construir ou reparar o arame na terra de ninguém, assim como recuperar os feridos e levá-los aos hospitais de retaguarda. A partir de janeiro de 1917, funções não combatentes menos extenuantes, principalmente cargos administrativos, foram ocupadas por mulheres que serviam no Corpo de Exército Feminino Auxiliar (WAAC), que alistou 57 mil voluntárias ao final da guerra (ver box "A contribuição de uma garota").

A CONTRIBUIÇÃO DE UMA GAROTA

Trecho de memórias escritas após a guerra por uma mulher identificada apenas como "Sra. A. B. Baker", que entrou na WAAC em 1917, aos 18 anos:

Esta é a contribuição de uma garota. Tem poucas emoções. Primeiro, minha razões para ter ido: em casa, meu pai era muito velho para ir. Além disso, ele tinha a plantação. Minha irmã e eu não temos irmãos. Muitos familiares moravam perto de nós e todos tinham parentes homens que poderiam ir lutar – e o fizeram. Tios, primos e namorados de primas estavam todos nas trincheiras ou em treinamento para as trincheiras. Três ou quatro vezes por semana, uma tia ou um primo trazia a carta que recebera da frente de batalha e a lia com orgulho. Eles estavam ansiosos, é claro. Um primo foi morto, um tio foi ferido, mas eles estavam orgulhosos, acima de tudo. Diziam que o Pai e a Mãe tinham sorte de não ter ninguém com quem precisassem ficar preocupados.

[...] Eu não sei o que a Mãe sentia. Eu descobri rapidamente que o Pai não se considerava sortudo. A pena que os outros sentiam feria o orgulho dele. Com ele, não era só orgulho. A terra era da família há 200 anos. O campo significava mais ao Pai do que bandeiras tremulando e conversa patriótica pouco sincera. A velha tristeza por não ter filhos se tornou, eu imaginava, uma nova amargura. Para ser breve, aí está a razão pela qual eu entrei para os WAACs. Eu

As frentes internas, 1916-18

> entrei primeiro e depois contei à família em casa. (Eu precisava dizer que tinha 21 anos, pois eles não permitiriam que nenhuma garota de menos de 21 fosse para a França. Eu pretendia ir para a França, mas não tinha nem 19 anos.) A Mãe ficou chateada, o Pai disse pouco, mas eu sabia que ele estava feliz.
>
> [...] Eu tinha chegado à França, mas não tinha ido para a guerra. Eu nunca cheguei muito perto da linha de frente. As armas diabólicas retumbavam dia e noite. Durante o dia, o bater de teclas da minha máquina de escrever afogava o estrondo das armas. Ali, agora eu vejo, estava uma parábola. Naquela época, eu só via monotonia sem heroísmo. À noite, o ronco ficava mais alto e parecia mais próximo. Acordada, eu fazia planos impossíveis de me apossar de um uniforme de "Tommy", os soldados ingleses, vesti-lo e levantar acampamento e chegar à linha de frente. Lá era para eu ser uma segunda Florence Nightingale, ou algo igualmente ridículo. Era tudo muito adolescente e absurdo, não tenho dúvidas. Mas eu era mesmo absurda, eu tinha sido uma adolescente até pouco tempo antes.
>
> Fonte: Publicado inicialmente em *Everyman at War*, ed. C. B. Purdom (J. M. Dent, 1930), disponível em www.firstworldwar.com/diaries/storyofawaac.htm. (Todas as tentativas de encontrar o detentor dos direitos autorais da obra original foram infrutíferas.)

Entre os domínios do Império Britânico, o Canadá e a África do Sul tinham disposições prevendo o recrutamento compulsório se não se conseguissem reunir voluntários suficientes, enquanto a Austrália e a Nova Zelândia, não. A África do Sul teve convocação obrigatória em seu exército de tempos de paz, antes da guerra, e talvez metade dos 146 mil sul-africanos brancos que serviram na Primeira Guerra Mundial tenha sido convocada. Ao contrário, o Canadá só usou convocados no último ano da guerra, nos termos aprovados na lei em junho de 1917; eles acabaram respondendo por 125 mil dos 665 mil homens que serviram no exército canadense durante a guerra. Em ambos os casos, a relutância de uma população que não falava inglês a ser voluntária (os africâneres na África do Sul e os quebequenses no Canadá) levou à decisão de usar a convocação. Os quebequenses representavam 28% da população do Canadá, mas, nos três primeiros anos da guerra, apenas 5% dos voluntários do exército; na verdade, os 35.600 voluntários dos Estados Unidos que serviram no exército canadense entre 1914 e 1917 eram mais numerosos do que os quebequenses. Mas os norte-americanos representaram apenas uma pequena parcela dos 49% de soldados nascidos no exterior servindo no Canadá, a maioria dos quais havia imigrado para as Ilhas Britânicas. De todos os domínios, a Austrália apresentava o exército mais homogêneo – mais de 99% dos 332 mil homens servindo no exterior no AIF eram de origem britânica (incluindo irlandesa) e 35% tinham nascido nas Ilhas Britânicas. O público australiano se opôs ao serviço militar

373

obrigatório e o rejeitou em dois referendos (em outubro de 1916 e dezembro de 1917). A questão não era tão controversa na Nova Zelândia onde se alistaram 14 mil voluntários só na primeira semana da guerra – cifra impressionante para um país de apenas 1,1 milhão de pessoas –, mas mesmo assim não conseguiu atender às necessidades de seu exército por meio de alistamento voluntário. Em junho de 1916, o Parlamento em Wellington aprovou uma lei sobre o serviço militar obrigatório com oposição de apenas quatro deputados e, por fim, pouco mais de um quarto dos 103 mil neozelandeses que poderiam servir no exterior foram convocados. Ao final da guerra, 42% dos homens em idade militar do país haviam sido recrutados e, destes, 16% foram mortos e outros 40%, feridos. De todos os participantes da Primeira Guerra Mundial, só a Sérvia teve mais baixas *per capita*.

Especialmente no Canadá e na África do Sul, mas também na Austrália e na Nova Zelândia, essas contribuições ao esforço de guerra vinham com a expectativa de maior autonomia em relação à Grã-Bretanha no mundo pós-guerra. Na sessão de abertura da Conferência Imperial de 1911, Asquith havia assegurado a seus colegas dos domínios que "cada um [deles era] [...] mestre em sua própria casa" em assuntos internos, mas reafirmou a visão tradicional de que a política externa britânica só poderia ser controlada a partir de Londres.[1] Essa posição foi suaviza-da consideravelmente durante o conflito e, da criação do Gabinete Imperial de Guerra, em 1917, à ratificação do Estatuto de Westminster, em 1931, os domínios conquistaram uma voz cada vez maior em seus assuntos externos e, finalmente, o *status* de Estados independentes ligados a Grã-Bretanha por opção, como iguais.

A Revolta de Páscoa na Irlanda

Em setembro de 1914, Asquith suspendeu o governo autônomo por 12 meses ou pelo tempo que durasse a guerra. O atraso levantou dúvidas sobre se o projeto de lei seria alguma vez implementado na forma aprovada pelo Parlamento, pois, apesar dos melhores esforços de Redmond e do Partido Parlamentar Irlandês, prejudicou o apoio da população católica ao esforço de guerra britânico. A partir de 1915, o Sinn Féin e a Irmandade da República da Irlanda desaconselharam ativamente o alistamento; em abril de 1916, a maioria católica da Irlanda, de 74% no Censo de 1911, havia entrado com apenas 56% dos 97 mil voluntários irlandeses ao exército britânico. O projeto de lei de Asquith sobre serviço militar obrigatório, de janeiro de 1916, excluía a Irlanda não porque seu contingente não fosse necessário, mas porque o primeiro-ministro temia provocar uma revolta geral em um momento em que as demandas da frente ocidental haviam deixado a Grã-Bretanha com quase nenhum soldado em guarnições irlandesas.

As frentes internas, 1916-18

O planejamento para uma levante irlandês contra a Inglaterra se intensificou logo após o começo da Primeira Guerra Mundial. No outono de 1914, sir Roger Casement, um dos fundadores (em 1913) dos Voluntários Irlandeses, viajou pelos Estados Unidos até a Alemanha, onde passou o próximo ano e meio tentando, sem sucesso, recrutar uma "brigada irlandesa" entre prisioneiros de guerra britânicos de origem irlandesa. Casement, protestante, não gozava da confiança total de outros líderes republicanos irlandeses e não era membro da Irmandade da República da Irlanda, que enviara um de seus próprios líderes, Joseph Plunkett, a Berlim em 1915, em um esforço para garantir armas para a rebelião. Plunkett só informou a Casement da revolta planejada para o domingo de Páscoa de 1916 no último minuto e depois de os alemães se comprometeram a fornecer aos rebeldes 20 mil fuzis, 10 metralhadoras e munição. Patrick Pearse, escolhido pela Irmandade para liderar a revolta, deu sinal para o seu início ao conclamar os Voluntários Irlandeses a se reunirem em todo o país no domingo de Páscoa. A trama foi desvendada no fim de semana da Páscoa, quando um submarino alemão desembarcou Casement na costa da Irlanda, mas o navio de abastecimento com as munições (disfarçado de cargueiro norueguês) perdeu o ponto de encontro e voltou para a Alemanha. Na segunda-feira de Páscoa, 24 de abril, depois de uma amarga discussão sobre a continuação como planejado, sem as armas alemãs, Pearse, Plunkett e outros cinco membros de um autonomeado Governo Provisório Irlandês proclamaram a criação da República da Irlanda (ver box "Proclamação da República da Irlanda"). A maioria dos voluntários irlandeses não conseguiu atender à sua chamada para o levante, e pouco mais de mil rebeldes se reuniram para tomar os pontos fundamentais de Dublin. A guerra mal deixara 1.300 soldados britânicos na guarnição da cidade, mas eles foram rapidamente reforçados e, no sábado seguinte, 30 de abril, o último dos rebeldes se rendeu. Além de Dublin, a Revolta de Páscoa contou apenas com escaramuças menores, nos condados de Galway, Louth, Meath e Wexford. Entre os mortos estavam 116 soldados britânicos, 16 policiais, 64 rebeldes e 254 civis, a maior parte destes pega no fogo cruzado nos seis dias de combates nas ruas de Dublin. Cerca de 400 soldados e policiais, e mais de 2 mil irlandeses (a maioria, civil) ficaram feridos. No início de maio, os britânicos julgaram e executaram Pearse, Plunkett e outros 13 identificados como líderes rebeldes. Casement sofreu o mesmo destino três meses mais tarde, depois de um julgamento por traição, em Londres.

PROCLAMAÇÃO DA REPÚBLICA DA IRLANDA

Em 24 de abril de 1916, segunda-feira de Páscoa, sete membros de um autonomeado Governo Provisório Irlandês – Thomas J. Clarke, Sean MacDiermada, Thomas MacDonagh, P. H. Pearse, Eamonn Ceannt, James

A Primeira Guerra Mundial

Connolly e Joseph Plunkett – emitiram a seguinte proclamação sobre a independência da Irlanda em relação à Grã-Bretanha, sinalizando o início da Revolta de Páscoa:

> Irlandeses e irlandesas: Em nome de Deus e das gerações mortas da qual ela recebe sua velha tradição de nacionalidade, a Irlanda, através de nós, convoca seus filhos à sua bandeira e avança por sua liberdade.
>
> Tendo organizado e treinado seus homens através de sua organização revolucionária secreta, a Irmandade da República da Irlanda, e através de suas organizações militares abertas, os Voluntários Irlandeses e o Exército Cidadão Irlandês, tendo aperfeiçoado com paciência a sua disciplina, tendo esperado resolutamente o momento certo para se revelar, agora aproveita este momento e, apoiada por seus filhos exilados nos Estados Unidos e por bravos aliados na Europa, mas contando, mais que nada, com sua própria força, avança com plena confiança na vitória.
>
> Declaramos soberano e irrevogável o direito do povo da Irlanda à posse da Irlanda e ao controle irrestrito dos destinos irlandeses. A longa usurpação desse direito por um povo e um governo estrangeiros não o extinguiu, nem jamais poderia tê-lo extinto, exceto pela destruição do povo irlandês. A cada geração, os irlandeses afirmaram seu direito à liberdade e à soberania nacionais; seis vezes, durante os últimos trezentos anos, eles afirmaram isso em armas. Apoiados nesse direito fundamental e, novamente, afirmando-o em armas diante do mundo, vimos proclamar a República da Irlanda como Estado soberano e independente. E comprometemos nossas vidas e as vidas de nossos companheiros de armas com a causa de sua liberdade, de seu bem-estar e de sua exaltação entre as nações.
>
> [...] Até que nossas armas tenham criado o momento oportuno para o estabelecimento de um Governo Nacional permanente, representante de todo o povo da Irlanda e eleito pelos sufrágios de todos os seus homens e mulheres, o Governo Provisório, constituído por este meio, vai administrar os assuntos civis e militares da República em nome do povo.
>
> Colocamos a causa da República da Irlanda sob a proteção de Deus, o Altíssimo, cuja bênção invocamos sobre nossas armas, e oramos para que ninguém que sirva a esta causa venha a desonrá-la por covardia, desumanidade ou saque. Nesta hora suprema, a nação irlandesa deve, pela sua valentia e disciplina e pela prontidão de seus filhos, sacrificar-se pelo bem comum, provar-se digna do augusto destino para o qual é chamada.

Fonte: www.firstworldwar.com/source/irishproclamation1916.htm.

Em maio de 1916, Asquith tentou neutralizar a questão irlandesa colocando Lloyd George para mediar um acordo entre Redmond e o líder protestante

As frentes internas, 1916-18

unionista sir Edward Carson, a fim de estabelecer imediatamente o governo autônomo. Carson se juntou às negociações com a condição de que a Irlanda fosse dividida, com os condados do Ulster continuando como parte do Reino Unido, enquanto Redmond participava acreditando que a divisão seria um dispositivo temporário em tempo de guerra. Ao perceber que seria permanente, ele encerrou as negociações. No verão seguinte, depois de se tornar primeiro-ministro, Lloyd George convidou todos os partidos irlandeses para participar da Convenção da Irlanda em Dublin. Com a notável exceção do Sinn Féin, comprometido com uma República da Irlanda totalmente independente, quase todos concordaram em enviar representantes. A convenção produziu uma série de propostas que acabaram sendo incorporadas ao acordo de governo autônomo década de 1920, mas, em março de 1918, ela entrou em colapso sob os golpes paralelos da morte de Redmond e da crise de contingente do exército britânico diante da ofensiva alemã lançada naquele mês. Nessa fase, Lloyd George adotou a tática de ligar o governo autônomo à extensão do serviço militar obrigatório para a Irlanda, que o Parlamento posteriormente aprovou, sobre a oposição do Partido Parlamentar Irlandês. A questão da convocação uniu o sul da Irlanda contra a Grã-Bretanha como nunca antes. Moderados, radicais do Sinn Féin e bispos deram respaldo à Liga Irlandesa Anticonvocação, que, no domingo, 21 de abril de 1918, afixou uma promessa na porta de cada igreja católica na Irlanda "para resistir à convocação através dos meios mais eficazes à nossa disposição". Dois dias depois, uma greve geral paralisou o país. Em meio à crescente agitação, em maio, o vice-rei que representava o rei da Inglaterra na Irlanda, o ex-comandante da BEF, sir John French, reforçou ainda mais o *status* do Sinn Féin aos olhos dos nacionalistas irlandeses ao prender dúzias de seus membros sob a duvidosa acusação de conspirar com os alemães. A crise diminuiu durante o verão, à medida que o fracasso da ofensiva alemã e o envio de um número significativo de soldados norte-americanos à França aliviaram as preocupações britânicas com o contingente. Em 20 de junho, Lloyd George cancelou a mais recente oferta de governo autônomo e deixou morrer a questão do serviço militar obrigatório. No final, a Irlanda reuniu apenas 43 mil recrutas para o exército britânico nos 31 meses após a Revolta de Páscoa – um declínio acentuado em relação aos 97 mil reunidos nos primeiros 21 meses da guerra. No entanto, o episódio do serviço obrigatório teve consequências fatídicas. Em dezembro de 1918, nas primeiras eleições para a Câmara dos Comuns depois da guerra, o Sinn Féin conquistou 70% das cadeiras irlandesas e o Partido Parlamentar Irlandês, apenas 6%. A unificação da maioria dos católicos irlandeses em apoio à causa da separação completa da Inglaterra preparou o cenário para a luta armada pela independência irlandesa no pós-guerra.

As Potências Centrais: "inverno do nabo" e guerra total

Em 31 de agosto de 1916, dois dias depois de suceder Falkenhayn como chefe do OHL, Hindenburg propôs duplicar ou triplicar a maioria das áreas de produção de guerra, estabelecendo novas cotas que não poderiam ser alcançadas sem a imposição de um maior grau de controle militar sobre o trabalho civil. Embora conhecidas como "Programa Hindenburg", as cotas de produção e as medidas necessárias para alcançá-las foram elaboradas e monitoradas por Ludendorff, o intendente-geral do marechal de campo e segundo no comando, e por seu subordinado, o coronel Max Bauer, partindo das bases estabelecidas pelo industrial Rathenau e a Divisão de Matérias-Primas de Guerra. Desde 1915, Rathenau tinha considerado Ludendorff o homem com mais probabilidades de levar a Alemanha à vitória e saudou a nomeação de Hindenburg para o OHL por causa dos amplos poderes que exerceria a partir dali, oficial e extraoficialmente.

Em 2 de dezembro de 1916, o Reichstag aprovou o eixo do Programa Hindenburg – a Lei Patriótica do Serviço Auxiliar, que dispunha sobre o emprego compulsório de todos os homens com idades entre 17 e 60 anos que não estivessem nas forças armadas. Como a medida não podia ter êxito sem o apoio dos sindicatos e não passaria sem os votos dos partidos mais simpáticos a eles, Bethmann Hollweg incluiu no projeto de lei palavras que reconheciam o direito dos trabalhadores de manter os sindicatos nas indústrias de guerra ampliadas, concedendo *status* oficial a seus comitês por local de trabalho e criando políticas de arbitragem para resolver litígios trabalhistas. Ele também abandonou sabiamente algumas das ideias mais extremas de Ludendorff e Bauer, como a redução da idade mínima para trabalhar para 15 anos, a aplicação da lei às mulheres, assim como aos homens, a recusa de alimento racionado àqueles que não exercessem emprego "produtivo" e o fechamento das universidades durante a guerra, com exceção da pesquisa científica relacionada à guerra. O projeto de lei foi aprovado por uma larga margem, 235 votos a 19, com base na força de uma coalizão até então incomum de liberais progressistas, o Centro Católico, e o SPD, mas com 143 abstenções, principalmente dos dois partidos conservadores e dos nacionais liberais de centro-direita (que eram considerados aliados naturais pelos chanceleres alemães), que temiam as consequências de longo prazo das grandes concessões que Bethmann Hollweg fizera aos trabalhadores. Membros da facção antiguerra do SPD foram responsáveis pelo restante das abstenções e deram todos os votos "não".

Sob a estrutura unificada de comando das Potências Centrais, o Programa Hindenburg se aplicava à Áustria-Hungria, bem como à Alemanha, pelo menos em termos de cotas de produção. O OHL permitiu ao AOK e aos governos da Áustria e da Hungria determinar como atingiriam os objetivos. As novas expectativas vinham

As frentes internas, 1916-18

no pior momento possível para a Monarquia Dual. A abortada ofensiva do Tirol e o desastre que se seguiu na frente oriental contra a ofensiva Brusilov deixaram Conrad e o AOK desanimados diante de sua nova subordinação aos alemães. Então, em 21 de outubro, a frente interna austríaca foi abalada pelo sensacional assassinato do primeiro-ministro, o conde Stürgkh, morto a tiros no restaurante de um hotel de Viena pelo ativista antiguerra Friedrich Adler, filho de Viktor Adler, fundador e chefe do Partido Social-Democrata austríaco. Francisco José nomeou um político veterano, o ministro das Finanças austro-húngaro Ernst von Koerber, para suceder Stürgkh, contra os conselhos de Conrad, que lhe pediu que desse o cargo a um militar com fortes habilidades organizativas. Um mês depois, a morte de Francisco José levou seu sobrinho-neto, Carlos, ao trono dos Habsburgos. O Ministério da Guerra, e não o AOK, supervisionou o Programa Hindenburg na Monarquia Dual, sem o benefício de uma legislação que proporcionasse os trabalhadores necessários. A indústria austro-húngara já estava atendendo às necessidades do exército, produzindo 1,2 milhão de fuzis e 13.300 peças de artilharia durante 1916, junto com 4 milhões de cartuchos de munição para fuzil por dia e 2 milhões de projéteis de artilharia por mês. As cotas do programa, fora da realidade (por exemplo, duplicar a produção de balas e projéteis) não puderam ser cumpridas, e a tentativa de fazê-lo apenas criou tensões no frágil sistema de transportes do império e incentivou as tendências centrífugas dentro de sua força de trabalho multinacional.

Em fevereiro de 1917, Rathenau disse a Ludendorff que o Programa Hindenburg fracassaria sem o "fechamento implacável de todas as empresas dos tempos de paz", muitas das quais permaneceram abertas, a "redução das operações de construção" de novas fábricas, que consumiam tempo e recursos demais, ação decisiva para evitar o "colapso completo" das ferrovias alemãs, que (assim como as austro-húngaras) não haviam se ajustado bem às pressões da guerra. Acima de tudo, era preciso fazer uma "reforma radical" da administração do programa, que "tinha sido transformado em um monstro legislativo", sendo necessária mais uma burocracia – empregando 150 mil pessoas – para supervisionar seu funcionamento.[2] O OHL só atendeu ao conselho de Rathenau ao suspender a construção de novas fábricas. As ferrovias, militarizadas sob o general Wilhelm Groener, chefe do recém-criado Gabinete de Guerra, continuaram a sofrer com a escassez de carvão e uma infraestrutura em deterioração, sem a devida manutenção desde 1914. Contra a vontade de Ludendorff, o OHL concluiu que a economia civil não poderia ser encerrada sem fazer com que a opinião pública se colocasse contra a guerra. Por fim, os alemães pareciam incapazes de organizar ou reorganizar qualquer coisa sem um aumento líquido do número de burocratas envolvidos.

Além da mobilização da própria força de trabalho, outros aspectos da Lei Patriótica do Serviço Auxiliar se mostraram muito impopulares, principalmente um

379

programa de aquartelamento compulsório que exigia que proprietários de imóveis e senhorios oferecessem os quartos vazios para abrigar os trabalhadores designados para postos de trabalho em partes do país que não as que habitavam. O Reichstag não ajudou ao aprovar uma série de alterações à lei do serviço, isentando estudantes, agricultores e alguns trabalhadores administrativos e, no processo, garantindo que a classe operária alemã continuasse a suportar o fardo de sustentar o esforço de guerra. Em maio de 1917, os 120 mil novos trabalhadores admitidos nas fábricas desde a aprovação da lei incluíam apenas 36 mil obrigados a trabalhar por causa dela; a maioria (75 mil), no entanto, era de mulheres. O Programa Hindenburg não teria contado com os trabalhadores de que precisava se a Alemanha não tivesse concedido a licença a trabalhadores qualificados no exército, como a França fizera anteriormente, mas em uma escala muito maior. Em setembro de 1916, o Ministério da Guerra já havia isentado 1,2 milhão de trabalhadores do serviço militar e, em julho de 1917, o Programa Hindenburg acrescentou outros 700 mil. Licenças de trabalho tão amplas não teriam sido possíveis se as Potências Centrais não tivessem resolvido ficar na defensiva em 1917. No final, pouco mais de 2 milhões dos 3 milhões de trabalhadores suplementares necessários para o programa vieram de fontes estrangeiras: 100 mil belgas deportados para a Alemanha por conta de um programa que Ludendorff abandonou em fevereiro de 1917, devido à resistência passiva generalizada; 600 mil poloneses que, voluntária ou involuntariamente, vieram à Alemanha para trabalhar, a maioria, na agricultura; e o restante prisioneiros de guerra russos que, como os poloneses, trabalhavam principalmente na agricultura, liberando alemães rurais para trabalhar nas indústrias de guerra. Do ponto de vista dos alemães, esses esforços para explorar a mão de obra de terras derrotadas ou ocupadas deixavam muito a desejar. Eles o repetiriam no Terceiro Reich, com uma brutalidade suficiente para produzir melhores efeitos.

O resultado do Programa Hindenburg é difícil de avaliar, porque, como observou um historiador, grande parte dele refletia "a cortina de fumaça" da propaganda nacional.[3] A indústria alemã já tinha atingido muitos dos objetivos anunciados ou poderia alcançá-los com facilidade. Além da produção de metralhadoras (que passou de 2,3 mil por mês, a partir de agosto 1916, a 7.200 por mês, em julho de 1917, e depois dobrou novamente até o final do mesmo ano) e aeronaves (8.200 aviões em 1916; 19.700 em 1917), nada dobrou ou triplicou, porque não era mais necessário. Por exemplo, a Alemanha produzia 250 mil fuzis por mês em agosto de 1916, exatamente a quantidade de que o exército precisava. Na Áustria-Hungria, no entanto, o programa foi um desastre tão grande que a produção industrial em 1917, mesmo em áreas críticas tais como a munição de artilharia, na verdade, ficou aquém dos níveis do ano anterior. De qualquer forma, no inverno de 1917 para 1918, as Potências Centrais tiveram um superávit na maioria das armas, e se

As frentes internas, 1916-18

perderam a guerra, não foi por causa da falta de material. Em última análise, a OHL usou o Programa Hindenburg para expandir seu próprio poder em todos os níveis: dentro do exército, sobre o Ministério da Guerra, dentro da Alemanha, sobre a população civil, e dentro da aliança, sobre o esforço de guerra do Império Austro-Húngaro. Enquanto os industriais alemães colhiam enormes lucros, os trabalhadores também viram seus salários aumentarem graças às concessões que Bethmann Hollweg lhes fizera. O reconhecimento oficial do governo ao papel dos sindicatos também provocou sua profunda revitalização: a filiação dos alemães às entidades tinha caído para 1,2 milhão em 1916, o menor total em mais de uma década, e quase dobrou para 2,2 milhões até 1918. Mas a força de trabalho de operários sindicalizados recém-fortalecidos, dos transferidos de zonas rurais, de mulheres e deportados estrangeiros, produzia a um ritmo bem menor por pessoa empregada do que os operários da Alemanha pré-guerra; na verdade, uma análise recente apresenta a estimativa "bastante devastadora" de que a produtividade diminuiu durante a guerra em pelo menos 20%.[4]

A Alemanha e a Áustria-Hungria implementaram o Programa Hindenburg em um momento de escassez cada vez maior na frente interna. Embora a maioria dos outros beligerantes, em graus variados, tenha seguido seu exemplo, os ale-mães foram os primeiros na introdução do que seria chamado de "reciclagem" meio século depois: recuperação, redução e reutilização maciças e sistemáticas de objetos e materiais de todos os tipos. A oferta de alimentos ficou especialmente problemática após a Grã-Bretanha concluir um acordo com a Holanda em 1916, em que metade das exportações agrícolas holandesas (das quais quase todas tinham ido para a Alemanha entre 1914 e 1916) iriam agora para os mercados britânicos. As importações alemãs de alimentos provenientes da Dinamarca e da Suíça (ou através delas) também diminuíram devido às preocupações que esses países tinham sobre a manutenção de seus próprios estoques alimentares. No início de 1916, o racionamento de comida na Alemanha incluía tudo, exceto verduras, frutas, aves e caça. O Gabinete Alimentar de Guerra foi criado em maio de 1916, com o ob-jetivo de racionalizar o sistema de suprimentos, mas nada podia fazer diante das más colheitas alemãs de grãos (21,8 milhões de toneladas em 1916 e 14,9 milhões em 1917, ante 30,3 milhões em 1913). Dentro da Monarquia Dual, a Hungria continuou a submeter a Áustria à fome, reduzindo seus envios de grãos a 3,3% dos níveis pré-guerra em 1916 e a 1,9%, em 1917. A escassez de grãos se combinava com a requisição de forragem pelo exército para dificultar a manutenção do gado pelos agricultores. Em 1917, o consumo alemão de carne estava em 25% dos níveis pré-guerra, e a venda e o abate de gado leiteiro para carne levaram naturalmente a uma escassez de produtos lácteos, mesmo em áreas rurais. O alimento e as bebidas substitutos (*Ersatz*) foram mais usados nas frentes internas das Potências Centrais do que em qualquer outro lugar, já que itens em falta eram adulterados ou substituídos. Muitas mães tinham sacrificado sua própria alimentação pelo bem de seus filhos, mas mesmo assim no último ano da guerra é que os médicos de família alemães e austríacos começaram a observar casos generalizados de desnutrição entre crianças. Em julho de 1916, a cidade de Berlim abriu seu primeiro serviço público de distribuição de comida e, até o final de setembro, havia 11 deles, além de 77 centros de distribuição de alimentos para o público. O uso desses serviços atingiu o pico em fevereiro de 1917, no meio do "inverno do nabo", batizado em função do vegetal mais disponível nas frentes internas das Potências Centrais. Enquanto o governo assumia um papel maior de assistência social na Alemanha, a Áustria-Hungria se baseava fortemente em instituições de caridade privadas e comunitárias existentes para a distribuição de alimentos, e outros tipos de auxílio de guerra. Como essas instituições beneficentes tinham sido organizadas por e para as nacionalidades específicas, o princípio de "cada nação só se preocupa com os seus" garantia uma considerável variação na distribuição de dificuldades e apenas exacerbou as tensões étnicas.[5]

Em geral, a desigualdade de classe no sacrifício continuou a ser um problema maior na Alemanha e na Áustria-Hungria do que na Grã-Bretanha ou na França. Durante a última metade da guerra, as escassas refeições e as vidas austeras das pessoas comuns contrastavam fortemente com a qualidade e a quantidade de alimentos disponíveis a famílias ricas em propriedades rurais ou para "clientes pagantes" em hotéis urbanos e estabelecimentos noturnos. A proibição da dança pela Alemanha em 1914 acabou arrefecendo, e os jogos de azar e o sexo ilícito floresceram. Um próspero mercado negro nas cidades oferecia praticamente tudo, mas a um preço fora do alcance da maioria das pessoas. Nesse meio-tempo, nas zonas rurais, os agricultores (ou, com mais frequência, suas esposas e filhos) enfrentavam policiais e inspetores de alimentos encarregados de evitar armazenamento, mas, por volta de 1918, essa prática, bem como o roubo de alimentos, tinha se tornado comum (ver box "'Surgia uma nova frente – era defendida por mulheres'"). A Áustria testemunhou as manifestações mais extremas da escassez de alimentos. Em julho de 1917, soldados que reprimiam rebeliões por comida na Morávia mataram 21 civis e, em janeiro do ano seguinte, até 25 mil pessoas podiam ser encontradas em uma única fila por alimentos em Viena. A Alemanha, juntamente com o Império Austro-Húngaro, também racionava roupas novas, já que o bloqueio Aliado privou ambos os países de suas únicas fontes de algodão, e a lã e o couro também eram muito escassos.

Entre alemães de classe trabalhadora, a escassez e a queda no poder de compra proporcionavam a base para a agitação social. Durante 1916, apenas 129 mil trabalhadores entraram em greve, a um custo de 245 mil dias perdidos, mas, durante o inverno de 1916 para 1917, os preços de alimentos e outros bens essenciais subiram 67%, enquanto as remunerações aumentavam 15%. Ao longo de 1917, 668 mil trabalhadores cruzaram os braços em um momento ou outro, totalizando 1,86 milhão de dias perdidos. No último ano da guerra, o número de grevistas alemães recuou para 392 mil, mas a média de dias perdidos por greves continuou a crescer, e o total atingiu 1,45 milhão de dias. A pior das greves de 1918 veio em janeiro, ameaçando os preparativos para a ofensiva de primavera alemã. Durante 1918, o Império Austro-Húngaro viveu agitação trabalhista muito maior do que a Alemanha, com 600 mil trabalhadores em greve em um único dia, 16 de janeiro. O exército austro-húngaro retirou sete divisões da frente para ajudar a quebrar as greves e prender o crescente número de desertores na frente interna; eles somaram 44 mil só nos primeiros três meses de 1918.

As Potências Centrais: fadiga da guerra e promessa de reforma

Em dezembro de 1916, logo após a Lei Patriótica do Serviço Auxiliar da Alemanha se tornar lei, Bethmann Hollweg fez uma proposta de paz aos Aliados através dos neutros Estados Unidos. Depois de Wilson, com esperanças de atuar como mediador, pedir a ambos os lados os seus termos, as Potências Centrais mantiveram sua posição deliberadamente vaga, enquanto os Aliados, em 10 de janeiro de 1917, formularam termos semelhantes aos que acabariam por obter no Tratado de Versalhes, garantindo que nenhuma negociação ocorresse. Além da evacuação e restituição de territórios que as Potências Centrais tinham conquistado até então, os Aliados exigiram que a Alemanha transferisse a Alsácia-Lorena à França e que a Áustria-Hungria concedesse a liberdade a suas minorias italiana, romena e eslava. Dois dias depois, o ministro do Exterior da Áustria-Hungria, o conde Ottokar Czernin, enviou uma nota a Washington criticando formalmente a resposta dos Aliados e culpando as potências Aliadas pela continuação da guerra. A reação oficial alemã era muito mais calma, porque Bethmann Hollweg – que nunca rejeitou seu próprio "programa de setembro" expansionista de 1914 – não esperava uma resposta positiva por parte dos Aliados e fez a proposta principalmente por razões internas. Ao parecer disposto a discutir a paz enquanto os Aliados não estavam, o chanceler procurava criar a percepção, tanto internacional quanto no país, de que a Alemanha tinha uma posição moral superior no momento em que se preparava para reintroduzir a guerra submarina indiscriminada. Sua estratégia falhou em ambos os níveis. Internacionalmente, os Estados Unidos responderam à campanha dos submarinos rompendo relações diplomáticas com a Alemanha, enquanto, em nível nacional, a inesperada revolução na Rússia abalou a solidariedade da frente interna como nunca tinha acontecido antes. Em 1914, a maioria dos alemães tinha apoiado o esforço de guerra com base em um patriotismo geral, mas a esquerda o apoiara (e o SPD votara pelos créditos de guerra) porque a Rússia se mobilizou primeiro. Depois disso, a maior parte do SPD tinha assumido o conflito como uma luta defensiva contra a autocracia czarista e as potências ocidentais equivocadas que a apoiavam, e permaneceu fiel à Burgfrieden, mesmo que as vitórias das Potências Centrais há muito minimizassem a ameaça russa. A abdicação de Nicolau II e o estabelecimento do governo provisório os lembravam de que a razão pela qual tinham apoiado a guerra já não existia.

"SURGIA UMA NOVA FRENTE – ERA DEFENDIDA POR MULHERES"

Ernst Gläser (1902-63) viveu os invernos de 1916 para 1917 e de 17 para 18 como adolescente na frente interna alemã e incluiu suas experiências no romance *Jahrgang 1902* (*Nascido em 1902*), publicado em 1928:

"Vai ser um inverno difícil", suspirou minha mãe em um daqueles dias [...]. A refeição consistia em umas fatias de linguiça sem gordura, nabos cortados finos, unidos por um molho ralo, e três batatas por pessoa. O pão [...] era como argila. Nós esperamos sentados, quase rezando, diante dessa refeição. Talvez, nós pensávamos, ela se transformasse milagrosamente para combinar com os nossos desejos. Enquanto eu abria meu guardanapo apática e letargicamente – pois vínhamos comendo a mesma coisa quase que todos os dias, durante meses, minha mãe colocou a mão na minha nuca, passou a mão quase com medo pelo meu cabelo, e disse em tom baixo e confuso: "Eu não posso fazer nada [...] quem sabe amanhã eu consiga uns ovos e um pouco de carne [...], não fique tão triste [...], talvez eu também consiga um pouco de farinha branca [...]." Ela chorava. "Mas mãe", eu menti, "isto aqui tem um gosto muito bom, embora, claro, com as outras coisas, fique ainda melhor". Peguei minha colher e cavei com entusiasmo nos nabos pálidos.

[...] O inverno continuou difícil até o fim. A guerra começou a saltar das frentes e pressionar os civis. A fome destruiu a unidade; dentro das famílias, as crianças roubavam rações umas das outras. A mãe de August [...] rezava e perdia peso. A comida que recebera, ela distribuiu a August e seus irmãos, e ficava apenas com um mínimo para si. Logo, as mulheres que estavam nas filas cinzentas em frente às lojas estavam falando mais sobre a fome de seus filhos do que sobre as mortes de seus maridos. A guerra mudava as sensações que oferecia.

Surgia uma nova frente. Era defendida por mulheres – contra a "Entente" da polícia do exército e inspetores civis do sexo masculino que não podiam ser dispensados para o serviço militar. Cada quilo de manteiga que era obtido sub-repticiamente e cada saco de batatas que se conseguia esconder à noite era celebrado nas famílias com o mesmo entusiasmo com que as vitórias dos

> exércitos tinham sido comemoradas dois anos antes. Em pouco tempo, muitos pais que estavam estacionados em regiões onde o alimento era cultivado e que tinham poder de requisição da população inimiga enviavam pacotes de comida para suas famílias através de companheiros que estavam em licença.
>
> [...] Na verdade, nós gostamos dessa mudança, pois despertava nosso sentido de aventura. Era maravilhoso e perigoso entrar nas propriedades rurais e sair com ovos roubados, proibidos, atirar-se na grama quando um policial aparecia e contar os minutos pelo próprio batimento cardíaco. Era maravilhoso e grandioso enganar aqueles policiais e ser celebrado como herói pela própria mãe depois de um triunfo.
>
> Fonte: Ernst Gläser, *Jahrgang 1902* (*Born in 1902*) (Berlim, 1931), 290-93, traduzido por Jeffrey Verhey e Roger Chickering para *German History in Documents and Images*, disponível em http://germanhistorydocs. ghi-dc.org/docpage.cfm?docpage_id=1776.

A queda do governo do czar automaticamente fazia dos Aliados um grupo de democracias constitucionais e das Potências Centrais, os Estados mais autocráticos da Europa, dando credibilidade à caracterização posterior de Wilson sobre a guerra como uma luta da liberdade contra a autocracia. Reconhecendo que a nova realidade colocava liberais e socialistas alemães em uma posição desconfortável, Bethmann Hollweg convenceu Guilherme II a fazer uma promessa de reforma constitucional para depois da guerra. O discurso do imperador, em 7 de abril, um dia depois de os Estados Unidos entrarem na guerra, incluiu poucos detalhes além de uma promessa de acabar com o arcaico sistema de voto de três classes (que destinava cadeiras legislativas segundo a faixa de imposto) para o governo do Estado da Prússia, abrangendo dois terços do território do Império Alemão. De qualquer forma, as observações de Guilherme II vieram tarde demais para preservar a unidade da frente interna sob a Burgfrieden. Um dia antes, a facção do SPD contrária à guerra finalmente rompeu em termos formais para estabelecer o Partido Social-Democrata Independente (USPD), oferecendo uma alternativa abertamente pacifista e revolucionária aos trabalhadores e militares cansados da guerra. Com Karl Liebknecht cumprindo uma sentença de prisão após ser condenado por traição em função de sua atividade conta a guerra, Hugo Haase assumiu a liderança do novo partido. O colapso da autocracia czarista também incentivou a liderança austro-húngara a assumir uma aparente reforma política, ao mesmo tempo em que incentivava involuntariamente elementos revolucionários dentro da Monarquia Dual. Em maio de 1917, o imperador Carlos reconvocou o Reichsrat austríaco, que havia se reunido pela última vez em março de 1914, e aceitou a demissão do respeitado primeiro-ministro húngaro, Tisza, depois que ele se recusou a ampliar o voto húngaro, tradicionalmente excludente.

Assim, em nome de manter o nível de apoio público necessário para continuar a luta, os governos da Alemanha e do Império Austro-Húngaro desencadearam forças que eles seriam incapazes de controlar. As ações de Guilherme II e Carlos na primavera de 1917 – que pretendiam angariar apoio público e acalmar a frente interna na esteira do "inverno do nabo" – só serviram para aumentar as expectativas de partidos e povos tradicionalmente excluídos do poder. Na Monarquia Dual, praticamente todas as nacionalidades e os partidos políticos começaram a se concentrar no futuro pós-guerra e nos prováveis lugares que ocupariam nele, enquanto, na Alemanha, abria-se um abismo entre aqueles que queriam que Hindenburg e Ludendorff levassem o país a uma paz vitoriosa (incluindo anexações territoriais, indenizações e exploração econômica dos países derrotados) e os que defendiam a paz conciliatória. Estes tendiam a duvidar da sensatez da guerra submarina indiscriminada e temiam as consequências de longo prazo de os Estados Unidos se unirem aos Aliados. Em junho, o deputado do Reichstag Eduard David levou uma delegação do SPD a uma conferência de paz socialista em Estocolmo (ver "A Conferência de Estocolmo e o fracasso do socialismo antiguerra", mais adiante) com a permissão de Bethmann Hollweg, que via nisso um valor de propaganda, principalmente porque as forças Aliadas não estavam permitindo que seus socialistas participassem. Mas na vez seguinte em que o Reichstag foi convocado para aprovar mais créditos de guerra, David e seus colegas de SPD Friedrich Ebert e Philipp Scheidemann se juntaram a Matthias Erzberger, do Partido Católico de Centro, para surpreender o chanceler com uma resolução de paz (ver box "Os apelos do Reichstag por uma paz negociada"), aprovada em 19 de julho por 212 a 126 votos e 59 abstenções. A maioria que a aprovou incluía a mesma coligação de partidos (liberais progressistas, Centro e SPD) que Bethmann Hollweg tinha usado para aprovar a Lei Patriótica do Serviço Auxiliar em dezembro do ano anterior. Mais uma vez, os votos "não" e as abstenções vieram dos partidos conservadores, liberais nacionais e socialistas antiguerra (agora como USPD), só que com muito menos deles se abstendo.

Em uma verdadeira democracia parlamentar, a votação de 19 de julho teria derrubado o governo e obrigado o país a negociar a paz, mas, sob a Constituição alemã, ela tinha o *status* de uma resolução não vinculante. Guilherme II, Hindenburg e Ludendorff ignoraram oficialmente a resolução de paz, mas antes mesmo de ela passar no Reichstag culparam Bethmann Hollweg por não ter impedido sua apresentação. Por insistência dos generais, o imperador demitiu o chanceler em 14 de julho e o substituiu por um homem da escolha deles, o jurista Georg Michaelis. Primeiro plebeu a ocupar o cargo de chanceler alemão, Michaelis tinha sido administrador na burocracia do racionamento de alimentos desde 1914, mais recentemente, como comissário de Estado prussiano para nutrição, mas faltava-lhe a experiência política necessária para gerir o Reichstag e, de qualquer forma, a maioria que tinha apoiado a resolução de paz o considerava, muito corretamente, um fantoche do OHL. Ele só permaneceu no cargo até a crise seguinte no Reichstag, em outubro, provocada por um discurso em que o almirante Eduard von Capelle, o sucessor de Tirpitz no Gabinete da Marinha Imperial, acusou o USPD de fomentar atividade revolucionária na frota e entre os trabalhadores dos estaleiros da marinha, mas sem apresentar provas concretas. Após o SPD apoiar o USPD, Guilherme II substituiu Michaelis pelo conde Georg von Hertling, membro da ala conservadora do Partido Católico de Centro e, nos últimos cinco anos, primeiro-ministro da Baviera.

OS APELOS DO REICHSTAG POR UMA PAZ NEGOCIADA

Em 19 de julho de 1917, o Reichstag alemão aprovou, por 212 a 126, a seguinte resolução, rejeitando qualquer paz que incluísse anexações, indenizações ou exploração econômica – o tipo de paz que estava sendo defendido pelo alto comando de Hindenburg e Ludendorff:

Assim como em 1º de agosto de 1914, também agora, às vésperas de um quarto ano de guerra, as palavras do discurso que vem do trono ainda se aplicam: "Não somos movidos pelo desejo de conquista".

A Alemanha pegou em armas em defesa de sua liberdade, de sua independência e da integridade de seu território. O Reichstag se esforça por uma paz de entendimento e uma reconciliação duradoura entre os povos. Quaisquer violações de território e perseguições políticas, econômicas e financeiras são incompatíveis com essa paz.

O Reichstag rejeita qualquer plano que proponha a imposição de barreiras econômicas ou a consolidação de ódios nacionais após a guerra. A liberdade dos mares deve ser mantida. A paz econômica, por si só, levará à associação amigável dos povos. O Reichstag irá promover ativamente a criação de organizações internacionais de justiça.

Porém, enquanto os governos inimigos se recusarem a concordar com essa paz, enquanto ameaçarem a Alemanha e seus aliados com conquista e dominação, o Povo alemão permanecerá unido e inabalável e vai lutar até que seu direito e o de seus aliados sejam garantidos.

Assim unido, o povo alemão permanece inconquistável. O Reichstag considera que, nesse sentimento, está unido aos homens que lutaram com coragem para proteger a Pátria. Eterna gratidão de nosso povo a eles.

Fonte: www.firstworldwar.com/source/reichstagpeaceresolution.htm.

Os eventos ocorridos na frente interna durante os dois últimos anos haviam preparado o cenário para a crise final que a Alemanha imperial e Áustria-Hungria viriam a enfrentar no momento em que a guerra entrava em seus últimos meses. O fim definitivo da Burgfrieden deixou a Alemanha profundamente dividida. A direita política, reorganizada depois de setembro de 1917 sob a bandeira do novo Partido da Pátria, manteve-se com Hindenburg e Ludendorff na busca da vitória decisiva, enquanto a resolução de paz de julho de 1917 trouxe o apoio oficial do Partido do Centro e da esquerda moderada a um compromisso para acabar com a guerra, e o surgimento do USPD prenunciava a revolução que aguardava a Alemanha no inverno de 1918 para 1919. Embora o Partido da Pátria não viesse a sobreviver à guerra, sua retórica prenunciava as recriminações pós-guerra sobre a frente interna alemã, acusando os partidos da resolução de paz e o USPD de derrotismo e traição. Enquanto isso, no Império Austro-Húngaro, os líderes de várias nacionalidades já tinham ido para o exílio em Paris, Londres e Roma muito antes de Carlos reconvocar o Reichsrat em maio de 1917; a resposta dos Aliados à proposta de paz de Bethmann Hollweg em dezembro 1916 confirmava seu êxito na pressão por Estados independentes no caso de uma vitória dos Aliados. A metade austríaca da Monarquia Dual também experimentava fragmentação interna ao longo de fronteiras provinciais devido à escassez de alimentos; durante 1918, Galícia, Boêmia, Morávia e Silésia suspenderam as exportações de produtos agrícolas para o resto do país. Na Alemanha, assim como na Áustria-Hungria, a escassez de alimentos e outros produtos essenciais tornou difícil para as pessoas comuns acreditarem que as Potências Centrais sairiam vitoriosas, mesmo que as linhas de frente permanecessem em solo inimigo. A conquista da maior parte da Romênia no final de 1916 permitiu à Alemanha e ao Império Austro-Húngaro tomar uma parte da colheita romena no ano seguinte, mas a ocupação da Ucrânia na primavera de 1918 (ver capítulo "Jogo final: Europa, 1918") chegou tarde demais para render qualquer benefício. Mesmo assim, os vencedores brigavam pelos despojos; uma pequena crise explodiu em 30 de abril de 1918, quando chatas carregadas de grãos romenos para a Alemanha foram apreendidas no Danúbio, em Viena, por autoridades locais desesperadas para alimentar sua cidade. Em ambos os países, a guerra expôs as desigualdades inerentes à estrutura de classes sociais – desigualdades que os governantes não tinham vontade nem discernimento para solucionar. A incapacidade das Potências Centrais para impor uma divisão mais equitativa do ônus da guerra desmoralizava suas frentes internas e deixava menos cidadãos confiantes na possibilidade de a guerra ser ganha ou levar a um futuro melhor.

A França em crise: Clemenceau e o final da *union sacrée*

Na frente interna francesa, o peso do sacrifício em Verdun e a fadiga de guerra dos soldados que estavam em casa de licença começou a afetar o humor da população civil muito antes da derrocada de Nivelle ao longo do Aisne, na primavera de 1917. A confiança na Rússia, um elemento central ao moral francês em relação ao plano interno desde 1914, decaiu após o fracasso da ofensiva Brusilov e desabou após a abdicação do czar. A declaração de guerra dos Estados Unidos no mês seguinte pouco fez para ajudar, embora a chegada bem divulgada das primeiras tropas da AEF, em junho de 1917, tenha reacendido alguma esperança para o futuro. Ainda que os norte-americanos, assim como os britânicos antes deles, ficassem impressionados com o fato de que determinados bairros de Paris tivessem uma vida social incongruente com o impasse sangrento na frente próxima dali, em 1917 os clubes noturnos e cabarés haviam perdido muito de seu brilho. Até a indústria da moda aderiu ao recente pessimismo, produzindo desenhos mais sóbrios de vestidos para substituir as escandalosamente curtas "crinolinas de guerra", na altura da batata da perna, de 1915 e 1916. Mas, em meio à nova sobriedade do estilo, via-se menos preto do que antes. O número de mulheres usando vestido de luto tradicional, sempre crescente durante a primeira metade da guerra, caiu de repente a partir de 1917, quando a carnificina das grandes batalhas do ano anterior precipitou um "rompimento da etiqueta de funeral e luto", principalmente em áreas urbanas, e mais ainda na França e na Grã-Bretanha.[6]

O fracasso da ofensiva Nivelle gerou a primeira rejeição pública importante à *union sacrée* por parte de membros da esquerda francesa. Entre os destacados defensores da paz estavam Joseph Caillaux e Jean-Louis Malvy, do Partido Radical. Caillaux, primeiro-ministro antes da guerra, supostamente se reuniu com agentes alemães em viagens ao exterior durante a guerra, enquanto Malvy, ministro do Interior no gabinete de Ribot, canalizava dinheiro em sigilo a jornais que defendiam a paz sem vitória. Em junho de 1917, durante um debate na Câmara dos Deputados em que se discutia se a França deveria enviar uma delegação à conferência de paz socialista em Estocolmo (ver "A Conferência de Estocolmo e o fracasso do socialismo antiguerra", mais adiante), o futuro colaborador nazista Pierre Laval, então deputado da SFIO representando Aubervilliers, falou a favor da medida: "Goste-se ou não, um vento de paz sopra pelo país [...]. O meio para dar esperança às tropas e confiança aos trabalhadores [...] é Estocolmo!"[7] Mas, por uma proporção de 5 a 1, a Câmara derrotou uma moção para enviar uma delegação. O veredicto veio para desespero do ministro de munições Albert Thomas, último membro importante da SFIO no gabinete, que tinha visitado Estocolmo em abril, no início da conferência, a caminho de casa vindo de uma missão especial junto ao governo provisório em Petrogrado. Ele acabou se demitindo do gabinete em setembro, provocando a queda de Ribot como premiê. Malvy já tinha sido forçado a renunciar depois que Clemenceau, seu principal crítico, apresentara evidências de que os jornais derrotistas que vinha subsidiando também receberam recursos de agentes alemães. Enquanto o presidente Poincaré avaliava as opções de formação de um governo com Caillaux, que buscaria a paz com os alemães, ou Clemenceau, que lutaria até o fim, o ministro da Guerra Painlevé formou um gabinete de centro-direita, de curta duração, sem o apoio da SFIO. Em novembro, Poincaré optou por Clemenceau.

Assim como Painlevé, Clemenceau formou um gabinete de centro-direita que excluía a SFIO, mas manteve apenas 3 dos 18 ministros de seu antecessor. Ele prontamente enviou uma mensagem forte aos derrotistas ordenando a prisão de Caillaux e Malvy sob acusações de traição. Clemenceau também afirmou um grau de controle civil sobre os militares que estava visivelmente ausente no início da guerra, quando os políticos deram a Joffre liberdade para exagerar em seus sangrentos fiascos, mas, no processo, ele também defendeu o exército de seus detratores. Falando ao Senado em dezembro de 1917, o premiê rebateu a crítica a Pétain com a afirmação de que "eu sou o único responsável aqui [...] o general Pétain está sob minhas ordens; eu o apoio totalmente".[8] Embora suas frequentes visitas à linha de frente tenham ajudado a motivar as tropas, o impetuoso homem de 76 anos de idade correspondia a seu apelido de "Tigre" ao mobilizar a frente interna à sua própria maneira. No curso dessa "segunda mobilização", Clemenceau preferiu ameaçar seus adversários a lhes estender a mão, deixando a *union sacrée* morta na esfera pública, bem como na coalizão de governo. No último ano e meio da guerra, apenas os partidos e os políticos da direita francesa ainda se davam o trabalho de usar a expressão.

Clemenceau assumiu o poder bem quando a França estava finalmente enfrentando uma espécie de crise alimentar, cujas raízes estavam na política de guerra do governo, que permitia dispensas do serviço militar aos trabalhadores industriais, mas não aos da agricultura. A agricultura francesa desabou gradualmente sob sua própria crise de mão de obra; em 1916, 35% das terras agrícolas estavam sem cultivar, em comparação com 15% do ano anterior. Em geral, os alimentos se mantiveram mais abundantes durante a guerra na França do que em qualquer outro grande país beligerante, mas, na primavera de 1917, seu custo aumentou muito, com alguns produtos duplicando ou até triplicando de preço durante a ofensiva Nivelle. Clemenceau finalmente introduziu um racionamento parcial de pão em novembro de 1917, aplicado em cidades com 20 mil habitantes ou mais. Como um todo, a França distribuiu o ônus da situação alimentar de forma mais equitativa do que a Alemanha ou a Áustria-Hungria, mas menos do que a Grã-Bretanha. No último ano da guerra, havia longas filas e preços elevados para a maioria dos produtos essenciais. Os soldados que tinham vindo para

As frentes internas, 1916-18

casa de licença eram autorizados a furar as filas – um benefício questionável que muitas vezes fazia com que suas famílias e seus amigos civis os sobrecarregassem com encomendas.

Em Paris e arredores, o Departamento do Sena vivenciou muito mais agitação trabalhista em 1916 do que no primeiro ano e meio de guerra. Durante o ano de Verdun, o Departamento teve apenas 100 greves que envolveram menos de 12 mil trabalhadores, mas, em 1917, a agitação aumentou para mais de 300 greves que pararam quase 250 mil trabalhadores, antes de decair em 1918 para 150 greves envolvendo pouco mais de 200 mil. Em junho de 1917, soldados liberados às fábricas respondiam por 36% da força de trabalho nas indústrias de guerra da França, mas as coisas estavam prestes a mudar. Nos termos da Lei Mourier, de agosto de 1917, o exército recebeu o direito de chamar de volta à frente quaisquer reservistas com idades entre 24 e 35 anos que tivessem recebido licença em 1914 e 1915 (ou nem tivessem sido recrutados) por serem operários industriais. A medida causou um colapso no moral dos homens afetados e suas famílias, alimentando greves e vandalismo no local de trabalho. Pouco tempo depois de se tornar premiê, Clemenceau respondeu de forma decisiva a atos de sabotagem por parte dos trabalhadores em fábricas de munição e usinas de energia, ameaçando os líderes com o envio de tropas contra os trabalhadores indisciplinados. Quando o exército começou a usar a Lei Mourier para reconvocar trabalhadores, a indústria francesa de munições os substituiu por estrangeiros. Durante toda a guerra, a França importou 330 mil trabalhadores de outras partes da Europa, a maioria deles da Espanha e 300 mil de fora da Europa, incluindo 223 mil das colônias francesas. A combinação da Lei Mourier com o afluxo de trabalhadores de outros países alimentou o sentimento antiestrangeiros em cidades industriais francesas; uma mulher de classe operária em Le Creusot argumentou que o certo seria "enviar [os estrangeiros] à frente de batalha e autorizar nossos maridos a permanecer nas fábricas".[9] Embora a violência contra os trabalhadores estrangeiros, especialmente os das colônias e da China, tenha atingido seu pico em meio à agitação trabalhista de 1917, os incidentes persistiram em 1918. Muitas agressões e assassinatos individuais de trabalhadores não brancos aconteceram na forma de "justiça pelas próprias mãos" por suas relações sociais ou sexuais com mulheres francesas. Como os trabalhadores estrangeiros arriscavam deportação sumária se parassem, a maior participação deles na força de trabalho minimizou o impacto das greves no último ano da guerra. Uma série de greves de protesto, que começou em 18 de maio de 1918 e era destinada a durar até o fim da guerra, terminou depois de apenas dez dias, não só por falta de apoio dos trabalhadores estrangeiros, mas também de disposição do público francês para apoiar esse tipo de ação em meio à ofensiva final alemã.

391

A Primeira Guerra Mundial

A última investida alemã sobre a capital francesa trouxe mais fardos à população civil, à medida que bombardeiros Gotha e canhões ferroviários de longo alcance causavam morte e destruição suficientes para abalar o público. O primeiro ataque aéreo, na noite de 30 para 31 de janeiro, envolveu 50 aviões jogando 93 bombas; durante o mês de março, ao começar a ofensiva terrestre alemã, outros bombardeios mataram 120 parisienses. Enquanto isso, os canhões ferroviários alemães bombardearam a área metropolitana durante 44 dias, entre 23 de março e 9 de agosto, o tempo em que a frente de batalha esteve perto o suficiente de Paris para estar dentro de seu alcance. Um total de 181 disparos matou 256 e feriu 625. O início da ofensiva terrestre induziu uma fuga em pânico de Paris, e nada semelhante havia sido visto desde agosto de 1914. Centenas de milhares de pessoas fugiram da capital para o sul e oeste. Um observador comentou que "est[ava] fadado a ser ainda mais desmoralizante para as províncias, que, infelizmente, poderiam passar sem isso".[10] O pânico diminuiu até o final de março, quando ficou claro que a frente iria se manter, mas Paris continuou a experimentar "a lenta hemorragia de sua população", com milhares indo embora por dia até o final de junho, quando o avanço alemão abrandou até um impasse.[11] No início de agosto, as estações de Paris estavam ocupadas com as pessoas voltando para casa, as quais logo se juntariam às tropas para saudar Clemenceau como "o pai da vitória".

Havia, é claro, outra frente interna francesa, na parte da França atrás das linhas alemãs, onde os relógios eram acertados no horário alemão (uma ou duas horas à frente do horário francês, dependendo da época) e a população local compartilhava toda a escassez da frente interna alemã, enquanto enfrentava as políticas arbitrárias e, muitas vezes, brutais do regime de ocupação. Mesmo sob o programa Hindenburg, não foram deportadas para a Alemanha quantidades significativas de trabalhadores franceses, mas alguns foram enviados às fábricas belgas e muitos outros usados para trabalhos forçados longe de suas casas, dentro da França ocupada. A lógica por trás de algumas políticas alemãs continua a ser um mistério, a menos que o objetivo fosse apenas confundir, humilhar ou, ainda, desmoralizar a população francesa. Um exemplo desse tipo aconteceu na Páscoa de 1916, quando 20 mil mulheres e meninas francesas de Lille foram obrigadas a passar por exames ginecológicos, sem motivo aparente, antes de ser deportadas para outros locais na zona ocupada. Comparada com outros países que enfrentam situações semelhantes, a França da guerra seguiu políticas muito brandas em relação às mulheres francesas que procuravam abortos ou eram presas por infanticídio como consequência de ter engravidado de um soldado alemão. Essa política é claramente influenciada pelo contexto de o país ter sido o primeiro cuja população tinha praticado o controle da natalidade de forma generalizada, onde o aborto continuava sendo crime, mas poucas vezes era punido. No amplamente divulgado caso de infanticídio de

Joséphine Barthélemy, que ficou com o filho de um soldado alemão na barriga quando o inimigo evacuou seu povoado natal de Meurthe-et-Moselle, a acusada só ofereceu a defesa de que "eu não queria um filho nascido de um pai *boche*". Em sua absolvição, em janeiro de 1917, o tribunal aceitou o raciocínio de seu advogado de que o assassinato do filho foi "um ato de guerra" pelo qual ela deveria ser considerada uma "heroína de guerra".[12] Mas, sobretudo à medida que a guerra se arrastava, as políticas de compaixão para com aqueles mais afetados pela ocupação alemã ou forçados a deixar suas casas por causa da invasão foram desabando diante das realidades práticas. As autoridades locais das províncias muitas vezes tinham dificuldade de distinguir verdadeiros refugiados expulsos de suas casas por causa da guerra (e, portanto, com direito a assistência social) e aqueles que voluntariamente deixaram suas casas perto das linhas de frente ou mesmo em Paris porque já não se sentiam seguros morando nelas. Na confusão resultante, alguns refugiados não receberam a ajuda que seu governo lhes destinara.

Orlando e a revitalização da frente interna italiana

O correspondente italiano de Clemenceau, Vittorio Orlando, chegou ao poder menos de três semanas antes dele, no outono de 1917. Desde o verão de 1916, Orlando tinha ocupado o cargo de ministro do Interior no governo de coalizão de Paolo Boselli, sucessor de Salandra, antes de se tornar primeiro-ministro cinco dias após a frente ser rompida em Caporetto. Veterano político liberal, jurista e mafioso siciliano, ele possuía uma combinação única de qualidades pessoais que mostraram atender às necessidades da Itália naquele momento. Em termos de moral da frente interna e profundidade de apoio para a guerra, a experiência da Itália contrastava fortemente com a da França. Enquanto a avaliação generalizada da gravidade da situação do país levara à *union sacrée* no início da guerra, com as dúvidas e a desunião vindo depois, a Itália entrou no conflito muito dividida e sofreu uma crise endêmica no moral, alimentada por céticos à esquerda e à direita. Em julho de 1917, o deputado do Partido Socialista Claudio Treves cunhou o famoso slogan "nem mais um inverno nas trincheiras" e, nos meses seguintes, os católicos foram abalados pela "nota de paz" do papa Bento XV, que colocava a questão: "O mundo civilizado tornar-se-á nada mais do que uma pilha de cadáveres?"[13] Caporetto, no entanto, ofereceu o tipo de clareza para a Itália que o agosto de 1914 produzira na França. Assim, a ruptura temporária da frente italiana no outono de 1917 teve no país o efeito do fracasso da ofensiva Nivelle na França, e os italianos, apesar de muito mais próximos do colapso militar, nunca cogitaram uma paz conciliatória. Invocando o mesmo tipo

A Primeira Guerra Mundial

Cartaz americano prega o racionamento de comida: "Economize um pão por semana – ajude a ganhar a guerra".

de espírito que morrera recentemente na França, Orlando chamou seu gabinete de todos os partidos de *unione sacra*, a *union sacrée* da Itália.

Além dos primeiros-ministros, o general Alfredo Dallolio, coordenador da produção de munições, era a figura mais importante na frente interna italiana. Sob sua direção, os operários industriais que recebiam dispensa do exército ficavam sujeitos à disciplina militar e, juntamente com os seus equivalentes não militares, muitas vezes trabalhavam 16 horas por dia. Um sistema de arbitragem vinculante foi suficiente para eliminar a maioria das greves, mas favoreceu os donos de fábricas em detrimento dos trabalhadores; os salários, ajustados pela inflação, eram 27% mais baixos em 1917 do que em 1913. O governo estabeleceu quase 2 mil fábricas durante a guerra, 84% delas nas já industrializadas regiões norte e centro-norte do país, mas se esforçava para fornecer serviços de habitação e de ordem social ao maior número de trabalhadores possível, muitos dos quais eram migrantes do sul empobrecido. Assim como o francês, o exército italiano não deu dispensas de trabalho aos camponeses durante a guerra e, portanto, fragilizou a base agrícola de um país que poderia se alimentar normalmente. Graças, em grande parte, aos esforços das mulheres camponesas, a produção de alimentos nunca caiu abaixo de 90% dos níveis pré-guerra, mas a redução drástica das remessas dos emigrantes italianos no exterior tornou a vida ainda mais difícil para os italianos mais pobres, muitos dos quais dependiam da ajuda de parentes nas Américas. A perda desse rendimento durante a guerra também afetou a economia como um todo, já que a soma total de remessas dos emigrantes tinha coberto 40% do déficit comercial da Itália nos anos anteriores à guerra. Racionamento e controles de preços, tentados pela primeira vez em 1916, tornaram-se inevitáveis no verão de 1917, que testemunhou a escassez de alimentos da Calábria, no sul, ao Piemonte, no norte, incluindo as piores rebeliões por alimentos da guerra, em Turim, em agosto. Um sistema de cartões de racionamento, lançado em outubro de 1917, encontrou rejeição na zona rural, mas funcionou muito bem nas cidades. No geral, a disciplina imposta aos trabalhadores durante a guerra da Itália não se aplicava aos seus chefes corruptos (cujos escândalos forçaram a renúncia de Dallolio em maio de 1918) nem às classes média e alta em geral.

A frente interna britânica sob Lloyd George

Na Grã-Bretanha, o racionamento de comida veio mais tarde do que em outros lugares, mas o programa, uma vez implementado, foi mais abrangente e distribuiu o ônus de forma mais equitativa do que os regimes de racionamento de outros países. Embora a oferta de alimentos da Grã-Bretanha dependesse de importações do exterior, a retomada da guerra submarina indiscriminada em fevereiro de 1917 não levou ao racionamento compulsório, mas a uma vigorosa campanha para conservar os alimentos e eliminar resíduos. O governo de Lloyd George esperou até janeiro de 1918 para impor o racionamento de alimentos, começando na Grande Londres. O programa, estendido ao restante do país em abril, incluía todos os alimentos e bebidas, com exceção de queijo, chá e pão. Olhando em retrospectiva, a crise já havia passado quando o programa foi totalmente implementado; na verdade, na primavera de 1918, o estrago mensal feito pelos submarinos caiu muito, e eles já não estavam afundando mais navios Aliados do que poderiam ser substituídos. Em parte, a Grã-Bretanha esperou muito tempo para introduzir o racionamento porque, em contraste com a Alemanha, hesitou em pagar o custo da burocracia para supervisioná-lo. Mesmo antes do início do racionamento, o Parlamento tinha aprovado um orçamento para o ano fiscal de 1917-18 (2,7 bilhões de libras) que era 13 vezes maior do que o último orçamento antes da guerra, para 1913-14. Durante esses mesmos quatro anos, a taxa normal do imposto de renda subiu de 6% para 30%, e no final, a Grã-Bretanha financiou pouco mais de 18% das despesas de guerra com a tributação – muito mais do que qualquer outro país.

Apesar de ter sido poupada da fome, na segunda metade da guerra, a Grã-Bretanha continuou a sofrer mais greves, envolvendo mais trabalhadores e mais dias de trabalho perdidos, do que qualquer outra potência beligerante. Em 1916, 581 greves pararam 284 mil trabalhadores e custaram 2,5 milhões de dias de trabalho, mais de dez vezes o que a Alemanha perdera para as greves daquele ano. Em 1917, o número subiu para 688 greves envolvendo 860 mil trabalhadores. Asquith e, após dezembro de 1916, Lloyd George não consideravam viável convocar operários e os designar a locais de trabalho segundo um modelo militar. Em resposta ao Programa Hindenburg, a Grã-Bretanha estabeleceu o Serviço Nacional Industrial voluntário, sob a direção de Neville Chamberlain, que recebeu um cargo em nível de ministério (seu primeiro) e a meta de atrair 500 mil trabalhadores para as indústrias de guerra. Chamberlain renunciou oito meses depois, quando o fracassado programa tinha colocado apenas 20 mil trabalhadores em empregos nas fábricas. As greves continuaram sendo um problema em todo o ano de 1918, desconectadas das notícias cada vez mais positivas dos campos de batalha. Em 21 de agosto, duas semanas depois de a Grã-Bretanha e as tropas de seu império começarem a ofensiva Aliada final contra os alemães, 150 mil mineiros entraram em greve em Yorkshire. Nem os policiais de Londres, conhecidos como *bobbies*, eram imunes a problemas trabalhistas; em 30 de agosto, 14 mil deles entraram em greve por aumento de salário.

As frentes internas, 1916-18

A Grã-Bretanha acabou por empregar mais mulheres nas indústrias de guerra do que qualquer outro país na Primeira Guerra Mundial, e a participação delas na economia de guerra foi responsável, direta ou indiretamente, pelo maior grau de transformação e nivelamento sociais que o país experimentou. Em agosto de 1916, 340 mil estavam trabalhando em fábricas de munições e em outros trabalhos controlados pelo Ministério da Guerra, junto com 766 mil no setor civil. Foram tantas as mulheres de classe trabalhadora a deixar o serviço doméstico pelos salários mais elevados oferecidos pelas indústrias de guerra que, em 1918, apenas as famílias mais ricas ainda tinham empregadas domésticas, e milhares de donas de casa de classe média estavam cozinhando, limpando e fazendo compras pela primeira vez. Em abril de 1918, o Exército Terrestre Feminino atingiu 260 mil voluntárias, cujo trabalho em fazendas da Grã-Bretanha ajudou a aliviar as preocupações com a escassez de alimentos, mesmo que mais pessoas do campo continuassem a migrar para as cidades para trabalhar nas fábricas de munições. Londres tornou-se especialmente lotada, mas o seu tráfego da rua tinha menos veículos particulares ou táxis puxados por cavalos, já que um espectro social mais amplo de pessoas usava o transporte público. O fechamento precoce foi imposto aos *pubs* (e permaneceria em vigor, em forma revisada, até 1988), mas não aos clubes noturnos, que floresceram principalmente em Londres, onde os teatros também experimentaram um grande crescimento durante a guerra. Entre as mulheres jovens com os meios para desfrutar desse tipo de entretenimento, as precursoras das "melindrosas" do pós-guerra (o termo *flapper* apareceu pela primeira vez na imprensa de Londres em janeiro de 1917) começaram a surgir em público com penteados e roupas que representavam um afastamento revolucionário em relação às normas anteriores à guerra. O jazz também fez sua primeira aparição em Londres. Embora os historiadores continuem a debater até onde a contribuição das mulheres ao esforço de guerra britânico resultou diretamente na concessão do sufrágio, em março de 1918, quando o Parlamento aprovou a Lei de Representação do Povo por uma ampla margem, eram tantas as mulheres envolvidas em papéis tão visíveis na sociedade e na economia que teria sido inconcebível negar-lhes o voto por mais tempo. A nova lei concedeu o direito de voto a todas as mulheres com 30 anos ou mais, tornando-as 43% do eleitorado na eleição geral seguinte, realizada em dezembro de 1918. Dez anos mais tarde, elas conquistavam o voto aos 21, nos mesmos termos que os homens.

A Grã-Bretanha experimentou apenas ataques aéreos esporádicos durante a Primeira Guerra Mundial e, certamente, nada parecido com a magnitude do que iria suportar na Segunda, mas as mortes e destruição resultantes ajudaram a endurecer a determinação da frente interna. Zepelins alemães começaram a bombardear as cidades costeiras em janeiro de 1915 e, em seguida, estenderam

397

seu alcance para Londres naquele maio, antes de se aventurar mais ao norte para bombardear as cidades da região central conhecida como Midlands e até Edimburgo. O mais custoso ataque de zepelim da guerra veio na noite de 13 de outubro de 1915, quando bombas mataram 59 londrinos. Durante 1916, os alemães lançaram 38 ataques à Grã-Bretanha, matando 311 pessoas. O futuro autor militar Basil H. Liddell Hart, em casa de licença da frente ocidental, testemunhou um ataque de zepelim em Hull, relatando que "o efeito moral daquele ataque imperturbado foi tão grande que cada vez que as sirenes soavam nas semanas que se seguiram milhares de habitantes corriam para as zonas rurais próximas".[14] Aeronaves de longo alcance acabaram se juntando à campanha de bombardeios alemã. Bombardeiros Gotha fizeram sua primeira aparição sobre Londres em maio de 1917, jogando um grande número de bombas de tamanho padrão, de 10 kg, seguidas em janeiro de 1918 por bombardeiros Staaken R6, muito maiores, cada um geralmente armado com uma bomba gigante. Em seu primeiro ataque a Londres, o R6, um biplano de dois motores com uma envergadura de 137 pés (42,2 m) – três vezes maior do que o projeto mais comum de bombardeiro Aliado, o Breguet francês –, matou 38 pessoas e feriu 85 com uma única bomba de 300 kg. Em fevereiro, outro R6 jogou a maior bomba da guerra, pesando uma tonelada, mas causando menos danos. Os ataques dos R6 continuaram até maio, quando haviam jogado 30 toneladas de bombas. Os ataques de aviões, como os anteriores de zepelins, causavam mais indignação do que pânico. Pouco antes de sua queda da Chancelaria do Reich, Bethmann Hollweg advertiu Hindenburg que "a ira do público inglês" pelos ataques "chegou a tal ponto" que uma paz negociada entre a Alemanha e a Grã-Bretanha seria impossível.[15] A descrição do jornal *The Times* sobre um ataque posterior confirmou que "se era possível [...] para o inimigo aumentar o ódio total e quase universal que lhe nutre o povo deste país, ele [tinha feito] isso no dia anterior".[16]

Desde o início de seu ministério, em dezembro de 1916, Lloyd George presidiu o mais estável e unificado dos governos Aliados. Ele era o único liberal entre os cinco homens do Gabinete Imperial de Guerra britânico, que incluía três conservadores, um membro do Partido Trabalhista e (a partir de junho de 1917) Jan Smuts, da África do Sul. No gabinete mais amplo, estava o ex-primeiro-ministro conservador Arthur Balfour como ministro do Exterior. Winston Churchill, de volta de seu breve período como oficial do exército nas trincheiras na França, ocupou a antiga pasta de Lloyd George como ministro de Munições a partir de julho de 1917. Durante o último ano da guerra, Lloyd George ordenou a intensificação dos esforços de propaganda antialemã, para o público interno, e também para prejudicar as Potências Centrais no exterior, e deu o polêmico passo de confiá-la a dois magnatas de jornais, o canadense lorde

Beaverbrook, que foi "ministro da informação", e lorde Northcliffe, "diretor de propaganda em países inimigos". Enquanto Northcliffe recorria à frente interna em busca de conhecimento civil para minar o Império Austro-Húngaro, recrutando o historiador R. W. Seton-Watson e o jornalista Henry Wickham Steed para a causa, Beaverbrook ajudou a atiçar as chamas do antigermanismo popular na Grã-Bretanha, que, ao final da guerra, havia se manifestado de forma semelhante ao antigermanismo norte-americano de 1917 e 1918, só que com muito menos anglo-germânicos do que os norte-americanos tinham para escolher como alvo. Claro, os anglo-germânicos mais importantes eram a própria família real e outros membros da aristocracia britânica que compartilhavam algumas de suas raízes alemãs. Em junho de 1917, o rei George V distanciou a dinastia de suas origens alemãs, alterando seu nome de Casa de Saxe-Coburgo-Gota para Casa de Windsor e ordenando a todos os membros da família real que abandonassem seus títulos alemães. Várias famílias aristocráticas britânicas, a maioria delas parente da família real, obedeceram, por exemplo, com os Battenberg se tornando Mountbatten.

A Conferência de Estocolmo e o fracasso do socialismo antiguerra

Em abril de 1917, o Bureau da Internacional Socialista (a executiva permanente da Segunda Internacional, com sede em Bruxelas, antes da guerra) se reuniu novamente em Estocolmo, na neutra Suécia. O mais radical Comitê da Internacional Socialista, formado em setembro de 1915 na Conferência de Zimmerwald, rapidamente seguiu o exemplo. Liderado por seus representantes dos países neutros escandinavos e da Holanda, divulgou um apelo conjunto por uma conferência de paz a ser realizada em Estocolmo. As Potências Centrais aceitaram a oferta. Eduard David liderou a delegação do SPD alemão, que chegou em junho, e Viktor Adler levou o contingente social-democrata austríaco. O pequeno partido socialista da Hungria enviou uma delegação separada. No lado dos Aliados, a França não estava sozinha em sua recusa a apoiar a conferência. Itália, Estados Unidos e o governo provisório da Rússia também declinaram o envio de delegados. Lloyd George inicialmente concordou em deixar o futuro primeiro-ministro trabalhista Ramsay MacDonald participar, depois mudou de ideia.

A conferência logo degenerou em uma série de reuniões envolvendo os anfitriões escandinavos e holandeses e qualquer líder socialista estrangeiro que conseguisse chegar a Estocolmo. Além dos delegados das Potências Centrais, eles incluíram uma variedade de revolucionários russos que participaram desafiando o governo provisório. Lenin inicialmente apoiou a conferência, mas não compareceu e acabou condenando-a por ter sido manchada pelos "interesses imperiais egoístas e predatórios"[17] da Alemanha – palavras fortes, de fato, vindas do principal beneficiário da generosidade alemã na Rússia. Apesar de seu papel na elaboração da resolução de paz do Reichstag no mês seguinte, David, do SPD, apresentou a tradicional defesa sobre as ações de seu país. Em um discurso em 6 de junho em Estocolmo, ele rejeitou categoricamente a culpa de guerra alemã, responsabilizando pela guerra, em vez disso, o cerco pré-guerra à Alemanha pelo "cartel" da Entente.[18] O aliado da Alemanha abordou a conferência com um espírito muito mais conciliador e esperançoso. Como grande potência mais desesperada por paz, o Império Austro-Húngaro usou até canais diplomáticos para incentivar ou pressionar o maior número possível de países a enviar representantes a Estocolmo. Em correspondência com o conde Tisza, que em pouco tempo seria deposto, o ministro do Exterior, o conde Czernin, defendeu sua decisão de permitir que a delegação de Adler fosse à Suécia: "Se eles garantirem a paz, será uma paz de cunho socialista", entretanto "depois da guerra seremos forçados a ter políticas socialistas, queiramos ou não". Czernin "considera[va] extremamente importante preparar os social-democratas" para o que ele via como seu papel de liderança na Áustria do pós-guerra, nas políticas nacionais bem como nas externas.[19] Mas os líderes da iniciativa de Estocolmo perderam toda a esperança de vir a convocar uma conferência após o golpe bolchevique na Rússia, quando Lenin emitiu seu próprio apelo por uma conferência internacional de paz, reiterando o princípio de Zimmerwald de 1915, de uma "paz sem anexações nem indenizações." Sua série de reuniões terminou em janeiro de 1918, nove meses depois de começar.

A pandemia de gripe

O vírus da gripe que apareceu pela primeira vez em Fort Riley, Kansas, em março de 1918, logo se espalhou por todos os Estados Unidos e pelo restante do mundo, tornando-se uma pandemia devido ao transporte das tropas da AEF e a infecção das tripulações dos navios que as levaram ao exterior, bem como dos soldados Aliados que serviram com eles na França. Estes incluíam homens de todo os Impérios Britânico e Francês, que, por sua vez, espalharam o vírus para África, Ásia e o Pacífico ao voltar para casa. O vírus fez sua primeira aparição na Grã-Bretanha em maio de 1918 e, já em junho, havia 31 mil casos registrados entre soldados. Até o final de junho, o 1º Exército britânico na França havia registrado 36 mil casos, e o vírus fazia sua primeira aparição na Índia, em Bombaim. Preocupados

As frentes internas, 1916-18

com o moral, os governos beligerantes censuraram as reportagens sobre a extensão e a gravidade do surto de gripe. Alguns relatos iniciais e mais precisos vieram da neutra Espanha, levando a imprensa e as autoridades de saúde pública a chamar a pandemia de "gripe espanhola", uma designação já usada nos Estados Unidos em julho de 1918.

Depois de uma breve pausa de verão, o vírus reapareceu em 27 de agosto entre marinheiros de Boston, Massachusetts, mas em uma forma muito mais mortal. Dentro de uma semana, dezenas de soldados norte-americanos que aguardavam transporte para a Europa estavam morrendo todos os dias vítimas da gripe ou da pneumonia bacteriana que a seguia, muitas vezes, apenas quatro ou cinco dias depois de estar em perfeita saúde. Essa cepa mais letal do vírus apareceu quase simultaneamente em Brest, França, e em Freetown, Serra Leoa, assim como Boston, importantes portos de embarque ou desembarque de tropas. A gripe atingiu o exército alemão em setembro, pouco antes de ele enfrentar a ofensiva final Aliada sobre a frente ocidental, e depois se espalhou para as famintas frentes internas da Alemanha e da Áustria-Hungria. A taxa de mortalidade semanal por causa da gripe na Grã-Bretanha atingiu um pico de mais de 4 mil na última semana de outubro. Enquanto isso, na França, a gripe tirava 1.200 vidas por semana apenas em Paris, mas, devido à vigorosa censura de guerra, a pandemia só foi mencionada na imprensa francesa em meados do mês, quando o genro de Clemenceau morreu com o vírus. No final de 1918, a Alemanha havia registrado 400 mil mortes por gripe, a Grã-Bretanha, 228 mil, mas os Estados Unidos continuaram sendo o país mais atingido, com 450 mil. Somente em outubro, 195 mil norte-americanos morreram da doença, incluindo 4.597 na Filadélfia, em uma única semana, e 851 em Nova York, em um único dia, 23 de outubro. Em muitas cidades, a preocupação com a infecção manteve as multidões contidas quando chegou a notícia do armistício. Em São Francisco, 30 mil foram às ruas usando máscaras para comemorar o fim da guerra, mas, apesar da precaução, a cidade experimentou outro surto de casos de gripe em dezembro.

Uma terceira onda chegou em fevereiro de 1919 e durou até o verão. Quando diminuiu, estima-se que 28% de todos os norte-americanos tinham sido infectados pelo vírus e 675 mil morreram. A Alemanha provavelmente sofreu mais de meio milhão de mortes, a França, 400 mil e a Grã-Bretanha, 250 mil. O Japão perdeu pelo menos tantas pessoas quanto a Grã-Bretanha, talvez cerca de 400 mil. Entre os domínios britânicos, o Canadá registrou 50 mil mortes, a Austrália, 12 mil, e a Nova Zelândia, 8.500. Nestes últimos, estavam incluídos 2.200 maoris, cuja taxa de mortalidade de 42,3 por mil agora eclipsava a taxa dos brancos neozelandeses, de 5,8 por mil, prenunciando o efeito devastador que a gripe teria em 1919 entre os habitantes das ilhas do Pacífico. A ex-Samoa alemã sofreu mais, com os mortos incluindo 30% da população masculina adulta, mas onde as autoridades agiram rapidamente para estabelecer quarentenas efetivas populações nativas inteiras foram poupadas; por exemplo, na Samoa americana e na Nova Caledônia francesa, nenhuma da quais teve sequer uma morte. Os números referentes à China ou às colônias africanas permanecem pouco mais do que especulações, mas os dados disponíveis para algumas cidades (por exemplo, Adis Abeba, na Abissínia, onde morreram 10 mil) apontam para um alto número de mortes. Nenhum país sofreu tanto quanto a Índia, onde pelo menos 20 milhões de pessoas morreram nos 12 meses seguintes ao que o vírus apareceu pela primeira vez, em junho de 1918. Com relação à pandemia como um todo, a taxa de mortalidade global atingiu 2,5%, 25 vezes o valor normal para a gripe, e 5% na Índia.

O número de mortos pelo vírus em todo o mundo foi estimado durante décadas em torno de 20 milhões, principalmente na Europa e na América do Norte, mas, no final do século XX, quando pesquisadores examinaram o alcance da pandemia na Índia e na região da Ásia/Pacífico, a cifra foi revista para 50 milhões. Acredita-se hoje que 20% da população humana tenha sido infectada em algum momento durante 1918 e 1919. É difícil imaginar que a pandemia tivesse atingido essas proporções se não fosse pela Primeira Guerra Mundial. Os acampamentos, navios de transporte de tropas, trincheiras e hospitais dos países em guerra serviram como incubadoras para o vírus, e o transporte de milhões de homens para a Europa e de volta para casa acelerou sua difusão mundial. Sem as vítimas da pandemia de gripe, o número de mortos da Primeira Guerra Mundial teria ficado em uma fração do custo humano da Segunda, mas, com elas incluídas, a diferença se estreita consideravelmente.

Conclusão

Enquanto a guerra entrava em seu último ano, os países Aliados, menos a Rússia, tinham resistido a suas piores crises militares e internas e, com a entrada dos Estados Unidos, vislumbravam um futuro melhor, ao passo que, para as Potências Centrais, o pior ainda estava por vir. As outras potências beligerantes compartilhavam uma coisa quando se tratava de suas frentes internas: estavam colhendo o turbilhão de beligerância pública que haviam semeado antes e se tornavam vítimas da propaganda que elas próprias haviam feito para levar seus povos adiante. Não obstante os esforços dos pacifistas nas frentes internas, por volta de 1918 havia, sem dúvida, mais defensores da paz fardados do que em trajes civis. Na verdade, militares em visita a suas casas costumavam observar

As frentes internas, 1916-18

que o ódio do inimigo era muito mais profundo ali do que nas trincheiras. Por exemplo, um oficial alemão de licença ficou desanimado com a ideia de "ódio e vingança" que consumia a frente interna, enquanto um oficial britânico observou que a casa "parecia estranha para nós, soldados. Nós não conseguíamos entender a loucura da guerra selvagem que grassava em toda parte. [...] Os civis falavam uma língua estranha, e era a língua dos jornais. Eu vi que uma conversa séria com os meus pais era simplesmente impossível".[20] Mesmo na Áustria-Hungria, a beligerante mais desesperada por paz, as últimas iniciativas de pacificação do imperador Carlos, quando reveladas pelos Aliados, foram criticadas na frente interna como "traição". Enquanto os generais continuaram sua luta para dominar os fatores estratégicos, táticos e logísticos que produziriam a vitória final, os políticos enfrentaram o problema cada vez mais espinhoso de produzir um resultado para a guerra que fosse aceitável ao público.

Na Europa da guerra, mas, principalmente, na última metade desta, as greves serviram como a manifestação mais intensa das tensões da frente interna. Como em tempos de paz, o descontentamento com salários e condições de trabalho alimentava conflitos trabalhistas, mas o contexto da guerra acrescentou questões específicas do deslocamento da mão de obra causado por mobilização militar (por exemplo, a súbita necessidade de mais trabalhadores), às quais acabaram se acrescentando sentimentos antiguerra ou pró-paz, agendas políticas revolucionárias e fadiga geral de guerra. Mas esses fatores apareceram em diferentes medidas, em momentos diferentes, em países diferentes, cada um com seu próprio contexto de como trabalho, indústria e governo tinham coexistido antes de 1914, bem como durante a guerra. Por exemplo, apenas em número de grevistas, a Grã-Bretanha parecia sofrer a agitação trabalhista mais grave da guerra, mas, avaliando-se a magnitude dessas greves como ameaça à estabilidade do país, deve-se reconhecer que, historicamente, tinha o movimento operário menos radical da Europa em termos políticos. Entre 1914 e 1918, assim como antes, a maioria dos trabalhadores britânicos entrou em greve por causa das circunstâncias de seu próprio trabalho, e não por um desejo de derrubar o primeiro-ministro, alterar o seu sistema geral de governo ou mudar as políticas externas do governo. Os trabalhadores entravam em greve em circunstâncias que lhes davam maior probabilidade de alcançar seus objetivos, e as demandas da guerra apenas lhes apresentavam um número maior dessas oportunidades. Por outro lado, para todas as potências continentais, a perspectiva de a agitação trabalhista afetar a força do exército na frente de batalha, causando uma ruptura que levasse a invasão e derrota, tornava as grandes greves muito mais perigosas do que na Grã-Bretanha, que, nesse respeito, tinha muito mais em comum com os Estados Unidos ou os domínios. Na verdade, para França e Itália, uma linha de frente em solo nacional dava um caráter diferente

A Primeira Guerra Mundial

a toda a agitação trabalhista em tempo de guerra, e trabalhadores que entrassem em greve como fariam em tempos de paz certamente arriscavam obter muito menos apoio público. Na Alemanha e na Áustria-Hungria, bem como na Rússia imperial antes de março de 1917, a ausência de sistemas parlamentares em total funcionamento e a história pregressa de como cada um desses governos lidara com socialismo e os trabalhadores organizados ofereciam um contexto muito diferente, fazendo com que cada greve fosse uma declaração política e, em algum nível, um protesto contra o regime e suas políticas.

Notas

[1] Citado em W. R. Hancock and R. T. E. Latham, *Survey of British Commonwealth Affairs, Vol. I* (London: Oxford University Press, 1967), 3.

[2] Citado em Walther Rathenau, *Walther Rathenau, Industrialist, Banker, Intellectual, and Politician: Notes and Diaries 1907-1922*, ed. Hartmut Pogge von Strandmann (Oxford University Press, 1985), 216-18.

[3] Holger H. Herwig, *The First World War: Germany and Austria* (London: Arnold, 1997), 263.

[4] Ver Albrecht Ritschl, "Germany's Economy at War, 1914-1918 and Beyond", em Stephen Broadberry e Mark Harrison (eds.), *The Economics of World War I* (Cambridge University Press, 2005), 47.

[5] Ver, por exemplo, Tara Zahra, "Each Nation Only Cares for its Own: Empire, Nation, and Child Welfare Activism in the Bohemian Lands, 1900-1918", *American Historical Review* 111 (2006): 1378-402.

[6] Citado em Stéphane Audoin-Rouzeau e Annette Becker, *14-18: Understanding the Great War*, trad. Catherine Temerson (New York: Hill & Wang, 2002), 179.

[7] Citado em John Williams, *The Home Fronts: Britain, France and Germany, 1914-1918* (London: Constable, 1972), 214.

[8] Citado em Leonard V. Smith, Stéphane Audoin-Rouzeau, and Annette Becker, *France and the Great War, 1914-1918* (Cambridge University Press, 2003), 143.

[9] Citado em Jean Jacques Becker, *The Great War and the French People*, trad. Arnold Pomerans (New York: St. Martin's Press, 1986), 142.

[10] Becker, *The Great War and the French People*, 311.

[11] Becker, *The Great War and the French People*, 315.

[12] Stéphane Audoin-Rouzeau, *L'enfant de l'ennemi (1914-1918): Viol, avortement, infanticide pendant la Grande Guerre* (Paris: Aubier, 1995), 13-31.

[13] Bento XV, Nota de Paz de 1º de agosto de 1917, texto em Spencer Tucker and Priscilla Mary Roberts (eds.), *World War I Encyclopedia* (Santa Barbara, CA: ABC-Clio, 2005), 1499-500.

[14] Citado em Barry D. Power, *Strategy Without Slide-rule: British Air Strategy, 1914-1939* (London: Croom Helm, 1976), 21-22.

[15] Citado em Power, *Strategy Without Slide-rule*, 54.

[16] *The Times* (Londres), 13 de junho de 1917, citado em Power *Strategy Without Slide-rule*, 55.

[17] Lenin, "The Stockholm Conference", 8 de setembro de 1917, em Lenin, *Collected Works, Vol. 25* (Moscow: Progress Publishers, 1977), 269-77.

[18] Eduard David, *Wer trägt die Schuld am Kriege? Rede, gehalten in Stockholm, am 6. juni 1917*. (Berlin: Vorwärts, 1917).

[19] Citado em George V. Strong, *Seedtime for Fascism: The Disintegration of Austrian Political Culture, 1867-1918* (London: M. E. Sharpe, 1998), 165-66.

[20] Citado em Williams, *The Home Fronts*, 102, 125.

Leituras complementares

Allen, Keith. "Food and the German Home Front: Evidence from Berlin", in Gail Braybon (ed.), *Evidence, History and the Great War: Historians and the Impact of 1914-18* (New York: Berghahn Books, 2003), 172-97.

Epstein, Klaus. *Matthias Erzberger and the Dilemma of German Democracy* (Princeton University Press, 1959).

Gregory, Adrian and Senia Paseta (eds.). *Ireland and the Great War: "A War to Unite Us All"?* (Manchester University Press, 2002).

Jeffery, Keith. *Ireland and the Great War* (Cambridge University Press, 2000).

Pollard, John F. *The Unknown Pope: Benedict XV (1914-1922) and the Pursuit of Peace* (London: Geoffrey Chapman, 1999).

Roberts, Mary Louise. *Civilization without Sexes: Reconstructing Gender in Postwar France, 1917-1927* (University of Chicago Press, 1994).

Stovall, Tyler. "The Color Line behind the Lines: Racial Violence in France during the Great War", *American Historical Review* 103 (1998): 737-69.

Townshend, Charles. *Easter 1916: The Irish Rebellion* (Chicago: Ivan R. Dee, 2005).

Wills, Clair. *Dublin 1916: The Siege of the GPO* (Cambridge, MA: Harvard University Press, 2009).

Winter, Jay and Jean-Louis Robert. *Capital Cities at War: Paris, London, Berlin, 1914-1919* (Cambridge University Press, 2007).

Ver também títulos em "*Leituras complementares*" do capítulo "As frentes internas, 1914-16".

A GUERRA MUNDIAL: ORIENTE MÉDIO E ÍNDIA

Soldados em ação na Faixa de Gaza em 1917.

Cronologia

Novembro de 1914. Invasão anglo-indiana da Mesopotâmia.

Abril de 1915. Começa o genocídio armênio.

Março de 1916. Forças imperiais britânicas repelem invasão sanusi do Egito.

Junho de 1916. O xarife Hussein, de Meca, declara a independência árabe.

Outubro de 1916. T. E. Lawrence chega em Meca e se torna a ligação com a revolta árabe.

Novembro de 1916. Força anglo-egípcia derrota e mata o sultão do Darfur.

Dezembro de 1916. Pacto de Lucknow une líderes indianos em busca de governo autônomo.

Março de 1917. Forças anglo-indianas tomam Bagdá.

Novembro de 1917. Queda de Gaza, início da invasão britânica da Palestina.

Dezembro de 1917. Jerusalém cai diante de forças imperiais britânicas.

Setembro de 1918. Batalha de Megido completa a conquista britânica da Palestina.

1º de outubro. Lawrence e os árabes entram em Damasco.

30 de outubro. Império Otomano assina o armistício.

O fracasso em Galípoli em 1915 em nada alterou as convicções fundamentais dos Aliados sobre o significado do Império Otomano para a guerra como um todo. Embora outro ataque direto ao estreito de Dardanelos e a Constantinopla estivesse fora de questão, do Saara oriental, em todo o Oriente Médio e até o deserto árabe, as forças Aliadas e seus representantes continuavam a enfrentar os turcos e quem lhes fosse fiel. Com a frente ocidental consumindo uma parcela cada vez maior do contingente da Grã-Bretanha e seus domínios, os recursos indianos se tornaram indispensáveis ao esforço de guerra no Oriente Médio. Retornando à Índia para assumir um papel cada vez mais destacado no Congresso Nacional Indiano, Mahatma Gandhi viu uma oportunidade nessa conjuntura e apoiou a guerra, raciocinando que uma demonstração de força daria mais poderes à Índia em sua relação com a Grã-Bretanha. As tentativas alemãs de subverter o domínio britânico sobre a Índia fracassaram estrondosamente, mas, em grande parte, graças a T. E. Lawrence, os britânicos se saíram melhor em sua tentativa de fomentar uma revolução árabe contra o Império Otomano. No longo prazo, a Grã-Bretanha seria queimada pelas chamas do nacionalismo e do anticolonialismo que tinha atiçado para reunir a maioria dos indianos e árabes em apoio à causa Aliada. Contudo, dentro do contexto da Primeira Guerra Mundial, os fins pareciam justificar os meios, principalmente porque os ingleses não tinham intenção de dar à Índia o grau de autogoverno que ela queria, e nem eles nem os franceses tinham intenção de recompensar a contribuição árabe com a independência depois da guerra. Assim como os movimentos da guerra na Índia e no mundo árabe prenunciaram eventos futuros, o genocídio dos armênios da Turquia pressagiou tentativas posteriores, patrocinadas por governos, de exterminar determinadas populações civis. À margem da guerra no Oriente Médio, os conflitos locais, de Darfur à Etiópia e à Somália, igualmente apontavam o caminho para um futuro sombrio.

A campanha da Mesopotâmia: a Grande Guerra da Índia

A partir de seus esforços iniciais para defender o Egito evacuando as cabeças de ponte em Galípoli, no inverno de 1915 para 1916, os Aliados mantiveram seus esforços contra o Império Otomano dirigidos às terras que faziam fronteira com o Mediterrâneo oriental (ver mapa "O Oriente Médio na Primeira Guerra Mundial").

409

Depois disso, o foco mudou para o golfo Pérsico e a Mesopotâmia (atual Iraque), onde os britânicos abriram um teatro de ação em 6 de novembro de 1914, um dia depois de declararem guerra aos turcos, sustentado em grande parte por tropas indianas. Embora tenham lutado na Europa e cumprido um papel significativo na África Subsaariana, foi apenas na Mesopotâmia que as tropas indianas representaram a maioria do contingente Aliado durante a guerra. De fato, em reconhecimento ao papel central da Índia na manutenção da campanha, durante grande parte da guerra, ela seria dirigida pelo Gabinete Indiano, em vez do Ministério da Guerra.

A campanha da Mesopotâmia começou quando uma força de desembarque anglo-indiana de 600 homens invadiu a fortaleza turca em Fao, guardando a entrada pelo golfo Pérsico para a hidrovia Chatt al-Arab, no delta dos rios Eufrates e Tigre. Até o final de novembro de 1914, 7 mil soldados Aliados tinham ocupado a ilha de Abadan, próxima dali, que desde 1908 abrigava as refinarias da Anglo-Persian Oil Company, e seguiram rio acima para ocupar Basra. As refinarias de Abadan estavam situadas no final de um oleoduto de 225 km, levando ao interior, para os campos de petróleo da empresa no sudoeste da Pérsia, fonte da maior parte do petróleo da Marinha Real Britânica. A Grã-Bretanha deu a mais alta prioridade estratégica à garantia desses recursos e, uma vez que eles estavam assegurados, não era inevitável que se tentasse uma ocupação completa de toda a Mesopotâmia. Mas a facilidade desses primeiros movimentos gerou ambições que começaram a assumir vida própria quando o governador turco e o comandante militar na Mesopotâmia, Halil Paxá (tio de Enver Paxá), decidiram manter suas tropas nas proximidades de Bagdá, em vez de tentar retomar Basra. Mesmo lá, os turcos tinham dificuldade em manter suas tropas abastecidas e reforçadas, já que o setor otomano da famosa ferrovia Berlim-Bagdá (em construção desde 1888) permanecia inacabado. Em 1914, a jornada de 2.020 km de Constantinopla a Bagdá ainda levava pelo menos 21 dias, empregando trens ao longo de cinco segmentos de trilhos e vagões ou carros puxados por cavalos em outros quatro segmentos de estrada de terra.

Quando os turcos tentaram contra-atacar, as forças anglo-indianas já contavam com duas divisões. Na Batalha de Shaiba (11 a 14 de abril de 1915), travada na periferia de Basra, o tenente-general John Nixon usou apenas 7 mil de seus homens para derrotar o exército de Suleiman al-Askary, de 12 mil turcos apoiados por algo entre 10 mil e 15 mil membros de tribos árabes, infligindo 6 mil baixas enquanto sofria apenas 1.200. Na esteira do desastre, al-Askary cometeu suicídio e a resistência local turca entrou em colapso. Com o apoio do vice-rei da Índia, lorde Charles Hardinge, Nixon pediu permissão para tomar Bagdá o mais rápido possível, como um primeiro passo na conquista da Mesopotâmia. Ao longo dos meses que se seguiram, à medida que as perspectivas em Galípoli ficavam cada vez mais sombrias, a visão de Nixon de uma marcha fácil sobre Bagdá ganhava apelo

O ORIENTE MÉDIO NA PRIMEIRA GUERRA MUNDIAL

político considerável. Embora retardado por enchentes de primavera e o calor intenso do verão (chegando a 45°C, já em junho), suas duas divisões avançaram para Nassíria (24 de julho) e depois para Kut (26 de setembro), a 160 km de Bagdá. No final de outubro, apesar das objeções de Kitchener, o gabinete de Asquith aprovou um assalto a Bagdá. O general de divisão Charles Townshend, comandante da 6ª Divisão em Kut, receberia mais duas divisões "o mais rápido possível", mas deveria prosseguir com as tropas de que dispunha.[1]

Na Batalha de Ctesifonte (22 a 24 de novembro de 1915), travada entre as antigas ruínas ao longo do Tigre, 40 km de Bagdá, a divisão de Townshend, com 12 mil homens, encontrou 18 mil turcos comandados pelo general Nur-ud-Din,

411

assessorado pelo marechal de campo Colmar von der Goltz. Chamado da reserva em 1914 para o cargo de governador militar alemão da Bélgica, Goltz, aos 72 anos, foi considerado mais útil no Império Otomano, onde serviu como conselheiro militar de 1883 a 1895. Sua presença fez pouca diferença em Ctesifonte, onde, apesar de sua desvantagem numérica, os homens de Townshend forçaram os turcos a sair de suas linhas de trincheiras avançadas e lutar até um empate sangrento, causando 9.500 baixas, enquanto sofriam 4.300. Depois, os dois exércitos abandonaram o campo, os turcos foram para Bagdá e Townshend para Kut, onde logo descobriu que sua esgotada divisão não poderia ser bem abastecida tão longe de Basra.

Goltz, aproveitando os recursos de Bagdá, logo seguiu Townshend até Kut, fazendo cerco à cidade em 7 de dezembro e fortalecendo suas forças a partir dali. No geral, Goltz comandou quase 80 mil turcos cercando a cidade, e alguns dos especialistas em Oriente Médio do exército britânico começaram a argumentar que Kut só poderia ser salva com uma aceleração dos esforços para jogar a população árabe contra seus governantes otomanos. Mas Nixon rejeitou a intromissão de "especialistas de Oxford" que vieram a Basra para aconselhá-lo sobre como conquistar os árabes locais, entre eles, o capitão T. E. Lawrence, do Gabinete de Inteligência do Cairo, que tinha feito trabalho de campo na Mesopotâmia como arqueólogo antes da guerra.[2] Nixon voltou à Índia em janeiro de 1916, após o fracasso de uma primeira expedição de socorro; seu sucessor, o tenente-general Percival Lake, presidiu outras duas tentativas de socorro cujo resultado não foi melhor. Quando Townshend entregou Kut (29 de abril de 1916), outros 1.746 de seus homens tinham morrido. Além da perda da 6ª Divisão, as forças imperiais britânicas sofreram 23 mil baixas nas três tentativas fracassadas de socorro, contra apenas 10 mil dos turcos. Townshend passou o restante da guerra confinado em relativo conforto em Constantinopla, enquanto 4 mil dos 10 mil soldados que se renderam trabalhavam até a morte em campos de prisioneiros turcos; as revelações sobre o destino deles o levaram a cair em desgraça depois da guerra. Enquanto isso, Nixon, Lake e vários outros oficiais britânicos associados à derrocada tiveram suas carreiras militares encerradas como resultado.

A crise em Kut levou Kitchener a enviar tropas britânicas à Mesopotâmia, incluindo a 13ª Divisão, recentemente evacuada de Galípoli, que chegou a tempo de participar da última tentativa infrutífera de socorro. Depois da rendição de Kut, o comandante daquela divisão, general Frederick Stanley Maude, sucedeu Lake como comandante-geral do exército anglo-indiano e integrou aquele teatro ao esforço de guerra britânico como um todo, recebendo ordens diretamente do Ministério da Guerra, em Londres, em vez de recebê-las do Gabinete Indiano através do governo colonial em Deli. Maude recebeu importantes reforços britânicos, bem como indianos, juntamente com apoio adequado em transporte, reconhecimento e serviços médicos, até então inexistentes. A ascensão de Maude marcou a virada da maré na campanha da Mesopotâmia, coincidindo, no lado turco, com a morte de Goltz, que sucumbiu ao tifo em Bagdá nos últimos dias do cerco a Kut, deixando o incompetente Halil Paxá retomar o comando. A conclusão dos túneis fundamentais nas montanhas Taurus, em janeiro de 1917, deixou apenas uma lacuna significativa na ligação ferroviária de Bagdá com Constantinopla (que, infelizmente, só seria concluída em 1940), mas sua abertura veio tarde demais para sustentar a posição otomana na Mesopotâmia; na verdade, os túneis só facilitaram o reenvio mais rápido de milhares de soldados de Halil Paxá através de Damasco ao Hejaz, para lutar contra a crescente revolta árabe. Contra um adversário enfraquecido, o exército de 50 mil homens de Maude retomou Kut com facilidade (23 de fevereiro de 1917), subjugando uma força turca de metade do seu tamanho. A seguir, avançou rapidamente sobre Bagdá, onde Halil Paxá fez uma frágil última tentativa de resistência. O exército de Maude derrotou os turcos, fazendo 15 mil prisioneiros, e entrou na cidade em 11 de março. A revolta árabe no Hejaz já estava em andamento e a população de Bagdá recebeu o exército anglo-indiano com entusiasmo. Oito dias depois, em sua "Proclamação de Bagdá", Maude declarou que "nossos exércitos não entram nas vossas cidades e terras como conquistadores ou inimigos, mas como libertadores". Reconhecendo a declaração de independência árabe do xarife Hussein, de Meca, feita nove meses antes, ele fechou seu discurso garantindo ao público a colaboração da Grã-Bretanha "na concretização das aspirações de sua raça".[3] Depois de uma pausa para consolidar seus ganhos, Maude retomou a ofensiva no outono de 1917, lutando contra os turcos em Tikrit e Ramadi, mas não viveu para ver o fim da campanha. Em meados de novembro, morreu de cólera, curiosamente na mesma casa, em Bagdá, onde Goltz morrera de tifo 19 meses antes.

Maude foi sucedido por seu subordinado, o major-general William Marshall, mas, com Bagdá garantida, o Ministério da Guerra voltou suas atenções (e deu mais recursos) à Força Expedicionária Egípcia (EEF, na sigla em inglês), do general Edmund Allenby, que, na época, estava avançando para fora do Egito com o objetivo de tomar Jerusalém dos turcos. Marshall pouco conseguiu até os últimos dias da guerra, quando Lloyd George, olhando à frente, para a divisão do Império Otomano no pós-guerra, ordenou-lhe que protegesse os campos de petróleo ao redor de Mossul, no norte da Mesopotâmia. Para isso, Marshall implantou uma força anglo-indiana sob comando do general de divisão Alexander Cobbe, que derrotou o 6º Exército turco de Ismail Hakki Bey na Batalha de Sharqat (29 e 30 de outubro de 1918), travada a 225 km ao norte de Bagdá. Duas semanas mais tarde, depois que o Império Otomano concluiu um armistício com os Aliados, uma divisão de cavalaria indiana da força de Cobbe ocupava Mossul sem oposição.

Regimento formado por indianos em 1915, na França.

Historiadores e analistas militares têm feito comparações entre a campanha anglo-indiana na Mesopotâmia e a invasão do Iraque liderada pelos Estados Unidos em 2003.[4] Em ambos os casos, os invasores subestimaram em princípio os desafios logísticos do avanço sobre Bagdá, ao mesmo tempo em que contavam com uma cadeia cada vez mais longa e mais vulnerável para levar suprimentos ao golfo Pérsico. Ambas as forças invasoras enfrentaram surtos de saques e ilegalidade assim que as cidades foram abandonadas pelas autoridades anteriores; os britânicos, respondendo mais rapidamente do que os seus colegas norte-americanos 90 anos depois, restauraram a ordem empregando uma força de polícia recrutada entre indianos muçulmanos. Muito semelhante aos norte-americanos décadas depois, os britânicos estenderam a mão à maioria xiita oprimida das regiões sul e centro do país com ofertas apoiadas em generosos subornos em dinheiro a líderes tribais, mas, ainda assim, tiveram dificuldades em ganhar a sua confiança. Ambos enfrentaram seus maiores desafios com os árabes da minoria sunita. Durante a Primeira Guerra Mundial, a maioria das tribos sunitas da Mesopotâmia (e algumas tribos xiitas com líderes sunitas) respondeu ao chamado do sultão para a *jihad* e se juntou aos turcos na resistência aos invasores, enquanto, em todo o país, agentes alemães igualavam ou cobriam os subornos britânicos aos líderes tribais, em alguns casos, fomentando a efervescência em cidades e povoados já tomados por forças anglo-indianas. Eles alcançaram o seu maior sucesso com Ajaimi al-Sadun, chefe da grande Confederação Muntafiq, predominantemente xiita, que manteve seu povo leal aos turcos por muito tempo depois do início da revolta árabe, em junho de 1916, mesmo quando o apoio à causa otomana entre outras tribos árabes começou a se desgastar. A população civil não consentiu totalmente na ocupação anglo-indiana até setembro de 1917, quando a vitória de

Maude em Ramadi acabou por desacreditar Ajaimi e levou a Muntafiq a mudar de lado. Noventa anos depois, os Estados Unidos enfrentaram problemas semelhantes com a agitação nas áreas urbanas do Iraque, e também tiveram que lidar com as complexidades de um tribalismo tradicional revivido e explorado sob a ditadura de Saddam Hussein. Mais uma vez, a aquiescência da Muntafiq se mostrou fundamental para a ocupação estrangeira; entre os muntafiqs importantes estava Nouri al-Maliki, o terceiro primeiro-ministro do Iraque após a queda de Saddam Hussein.[5]

Devido ao papel central das tropas indianas na Mesopotâmia, o movimento de fluxo e refluxo da campanha influenciou os eventos da guerra no sul da Ásia. Em fevereiro de 1916, em meio ao cerco de Kut, Mohandas K. (Mahatma) Gandhi fez um discurso na inauguração da Universidade Hindu de Benares desafiando os indianos a assumir o controle de seu próprio destino político. Referindo-se aos africâneres da África do Sul, onde morara e trabalhara entre 1893 e 1914, Gandhi concluiu que os britânicos não respeitariam um povo que não estivesse disposto a fazer valer seu próprio direito de liberdade, e só dariam o autogoverno à Índia se o povo indiano os enfrentasse antes, como haviam feito os africâneres na Guerra Anglo-Bôer (ver box "'Para ter autogoverno, teremos que tomá-lo'"). Em um afastamento de sua crença na não violência, ele incentivou os indianos a se alistar no exército, raciocinando que "se o Império ganhar principalmente com a ajuda do nosso exército, é óbvio que garantiremos os direitos que queremos".[6] Embora tais recursos não tenham dado grandes resultados, foi um consolo para os britânicos ter permanecido com mais popularidade do que os alemães, aos olhos da maioria dos indianos. Em agosto de 1914, foi criado um Comitê Indiano de Independência, patrocinado pelos alemães, que incluía ativistas britânicos residentes na Alemanha, na Suíça e nos Estados Unidos, na maioria estudantes universitários (tanto hindus quanto muçulmanos) complementados por dissidentes muçulmanos de Bengala e siques do Punjab. Os alemães aprenderam rapidamente o que os britânicos já sabiam, e do que se haviam beneficiado por décadas: que só o governo britânico mantinha unido um subcontinente sul-asiático dividido não apenas entre hindus, muçulmanos e siques, mas em dúzias de diferentes línguas regionais e identidades culturais, sendo praticamente impossível fazer com que os indianos formassem uma frente comum contra o domínio britânico. Mas, em meio às tensões de guerra, vagas ideias pan-indianas se fundiram em uma visão indiana de um domínio autogovernado. No Pacto de Lucknow, de dezembro de 1916, Muhammad Ali Jinnah comprometeu a Liga Muçulmana a apoiar o predominantemente hindu Congresso Nacional Indiano em uma campanha comum pelo governo autônomo dentro do Império Britânico. Jinnah, na época membro de ambas as organizações, foi o principal arquiteto do pacto, que incluía um plano de poder compartilhado entre muçulmanos e hindus em um futuro governo indiano.

"PARA TER AUTOGOVERNO, TEREMOS QUE TOMÁ-LO"

Trechos de um discurso de Mohandas K. (Mahatma) Gandhi, 4 de fevereiro de 1916, por ocasião da cerimônia de colocação da pedra fundamental da Universidade Hindu de Benares. O discurso foi encurtado depois de sua observação provocativa sobre a África do Sul, segundo a qual os britânicos haviam concedido o estatuto de domínio, em 1910, apenas oito anos após o fim da Guerra dos Bôeres:

O Congresso aprovou uma resolução sobre o autogoverno, e não tenho dúvidas de que o Comitê do Congresso Nacional Indiano e a Liga Muçulmana vão cumprir seu dever e propor algumas sugestões tangíveis. Mas eu, por exemplo, devo confessar francamente que estou menos interessado no que eles serão capazes de produzir e mais em qualquer coisa que o mundo dos estudiosos vai produzir ou as massas vão produzir. Nenhuma contribuição de papel jamais vai nos dar autogoverno. Nenhuma quantidade de discurso jamais vai nos tornar aptos ao autogoverno.

[...] Eu homenageio o anarquista pelo amor que tem pelo país. Eu o homenageio por sua coragem de estar disposto a morrer por seu país, mas pergunto: matar é honroso? A adaga de um assassino é um precursor adequado de uma morte honrosa? Digo que não. Não há justificativa para esses métodos em qualquer escritura. Se eu achasse necessário, para a salvação da Índia, que os ingleses saíssem, que fossem expulsos, eu não hesitaria em declarar que eles teriam que ir embora, e espero estar disposto a morrer em defesa dessa crença. Essa, em minha opinião, seria uma morte honrosa.

[...] Devemos ter um império que se baseie no amor mútuo e na confiança mútua. Não é melhor falarmos sob a sombra desta faculdade do que se precisássemos estar falando de forma irresponsável em nossas casas? Eu considero que é muito melhor que falemos sobre essas coisas abertamente. Eu tenho feito isso com excelentes resultados até agora. Sei que não há nada que os estudiosos não saibam. Estou, portanto, apontando a luz para nós mesmos. Eu amo tanto o nome do meu país que eu troco essas ideias com vocês e lhes digo que não há espaço para o anarquismo na Índia. Digamos franca e abertamente o que queremos dizer aos nossos governantes, e enfrentemos as consequências se o que temos a dizer não os agradar.

[...] Para ter autogoverno, teremos que tomá-lo. O autogoverno nunca nos será concedido. Olhemos para a história do Império Britânico e da nação britânica; ainda que ame a liberdade, não dará a liberdade a um povo que não a tome por sua conta. Aprendam sua lição, se quiserem, com a Guerra dos Bôeres. Aqueles que eram inimigos desse império apenas alguns anos atrás, já se tornaram amigos [...].

Fonte: Publicado inicialmente em *The Selected Works of Mahatma Gandhi, Vol. 6: The Voice of Truth, Part 1: Some Famous Speeches*, 3-13, disponível em www.mkgandhi.org/speeches/bhu.htm.

Do Saara ao Chifre da África

A guerra no Saara, bem como na Abissínia e na Somalilândia (as futuras Etiópia e Somália), estava muito mais intimamente ligada à guerra no Oriente Médio do que à guerra na África Subsaariana. De novembro de 1914 em diante, os britânicos e seus parceiros da Entente temiam que a proclamação da *jihad* por Mehmed V inflamasse a região, mas, em última análise, as maiores ameaças aos interesses deles não vinham dos desejos muçulmanos de atender ao apelo religioso do sultão, e sim de circunstâncias locais: na Líbia, onde os sanusis tinham continuado a resistir a uma ocupação italiana começada na Guerra Ítalo-Turca de 1911-12; no norte da Somália, onde os sahilis continuavam sua resistência anterior ao controle colonial britânico; no Sudão oriental, onde as forças anglo-egípcios lutavam contra o sultão de Darfur; e na Abissínia, onde a ancestral monarquia cristã passou para as mãos de um jovem imperador instável, simpático ao Islã. Os três primeiros conflitos se caracterizavam por pequenas forças tradicionais do deserto, montadas em cavalos ou camelos, armadas com fuzis e sabres, mas, às vezes, apoiadas por carros blindados, aviões e unidades de metralhadoras. O quarto acabou envolvendo um confronto dos maiores exércitos mobilizados durante a Primeira Guerra Mundial fora da Europa.

Os sanusis da Cirenaica (nordeste da Líbia), uma ordem de muçulmanos sufistas, resistiu à anexação italiana da Líbia durante e após a Guerra Ítalo-Turca, recuando em direção ao sul, ao deserto, quando a Itália estabeleceu o controle sobre a costa mediterrânea do país. Assim, os sanusis se tornaram um fator importante na Primeira Guerra Mundial quando a Itália se juntou à Entente, em maio de 1915. Seu líder, o grão-sanusi Sayyid Ahmad, tinha laços estreitos com Constantinopla, em parte porque o ministro da Guerra otomano Enver Paxá e o principal general turco, Mustafá Kemal (Atatürk), tinham, ambos, servido com os sanusis durante a guerra italiana. Sayyid Ahmad sempre teve boas relações com os britânicos e hesitou em ampliar a luta dos sanusis para incluir o vizinho Egito, mas, no início de 1916, finalmente o fez, instigado por assessores turcos, incluindo o irmão do próprio Enver Paxá, Nuri Bey. Uma força de 5 mil sanusis cruzou cerca de 300 km do deserto no oeste do Egito e surgiu no oásis de Siwa, a apenas 150 km a oeste do Nilo, alarmando os britânicos e aumentando temores na segurança do Egito e do canal de Suez. Com falta de soldados para lidar com a crise, eles reembarcaram a 1ª Brigada Sul-Africana, que há pouco chegara à Grã-Bretanha do ex-Sudoeste Africano Alemão e estava prestes a ir para a frente ocidental. O general Henry Lukin comandou a brigada de 5.800 homens após a chegada a Alexandria; complementados por aviões e carros blindados britânicos, os sul-africanos rapidamente garantiram a fronteira ocidental do Egito. Ao final de março de 1916, os sanusis haviam sido perseguidos e forçados a voltar para a Líbia, onde continuaram a escaramuça com os italianos por vários meses até Sayyid Ahmad abdicar como grão-sanusi em favor de Sayyid Idris, seu parente pró-britânico. Sayyid Idris prontamente estabeleceu a paz com britânicos e italianos, e ambos o reconheceram como "emir da Cirenaica".

Uma ameaça semelhante, porém mais teimosa, atormentava a Somalilândia britânica (norte da Somália), onde os dervixes da ordem sahili, muçulmana, tinham proeminência local. Teologicamente, compartilhavam muito com os puritanos sanusis (embora não seu misticismo sufista) e os vaabitas da Arábia, cujas crenças são a base para o reino da Arábia Saudita posterior à guerra. O líder sahili Sayyid Muhammad Abdille Hassan, apelidado de "mulá louco" por seus adversários, não precisava da conclamação do sultão à *jihad* para inspirá-lo a pegar em armas; na verdade, tinha estado em guerra intermitente com os britânicos desde 1899 e, ainda em março de 1914, seus dervixes chocaram os britânicos com um ataque à capital colonial, Berbera. Quando a guerra começou, a Força de Campo da Somalilândia (SFF, na sigla em inglês), composta de soldados indianos e somalis locais montados em camelos, intensificou sua campanha contra os sahilis. Em contraste com os sanusis, os sahilis estavam mal armados e não eram páreos para a SFF, que, embora em menor número (com apenas 1.250 soldados em 1914 e 1915), tinha metralhadoras Maxim em camelos e era apoiada por artilharia. Em fevereiro de 1915, a SFF tinha empurrado o mulá Hassan e seus 6 mil apoiadores à parte oriental da colônia, perto da ponta do Chifre da África, onde foram contidos pelo restante da guerra. Em 1919, como parte de um experimento pós-guerra para dar à RAF um papel de destaque no "policiamento" colonial, os britânicos começaram a bombardear e metralhar de aviões para reduzir o número de dervixes. A resistência sahili finalmente ruiu em 1920, após o mulá Hassan morrer de varíola.

Das quatro ameaças que os Aliados enfrentaram na franja africana do Oriente Médio, apenas a de Darfur era, em grande parte, sua própria criação. O governo anglo-egípcio do Sudão, estabelecido em Cartum, em 1898, não tinha conseguido dominar a região sudanesa de Darfur, um vespeiro de 30 tribos africanas distintas, árabes e negras, falando 14 línguas diferentes, que só tinham em comum sua fé muçulmana e sua feroz independência. Como recurso, reconheceram Ali Dinar (líder da Fur, uma tribo negra africana) como "sultão de Darfur".[7] Em uma série de eventos que guardavam alguma semelhança com o início da sangria genocida na mesma região no começo do século XXI, as tribos árabes apoiadas pelo governo de Cartum se tornaram cada vez mais agressivas em sua antiga rivalidade com as várias tribos africanas negras que constituíam a maioria da população de Darfur. Depois de 1914, eles tiveram a simpatia (e armas modernas) dos administradores coloniais britânicos, que viam a conquista de Darfur como um catalisador para reunir apoio dos árabes sudaneses a seu próprio regime. De sua parte, Ali Dinar

A guerra mundial: Oriente Médio e Índia

respondeu favoravelmente às propostas da missão otomana de Nuri Bey na Líbia. Ele não atendeu ao apelo do sultão turco pela *jihad*, mas, em maio de 1915, declarou sua própria *jihad* contra os britânicos e começou a mobilizar suas forças. Enquanto as potências da Entente temiam o quão perigoso Ali Dinar seria se conseguisse obter armamento alemão através dos agentes turcos na Líbia, as tropas dele continuavam muito poucos numerosas e muito mal equipadas para representar uma grande ameaça aos interesses delas. Na primavera seguinte, assim como os sanusis de Sayyid Ahmad estavam sendo expulsos do Egito, o sultão de Darfur enfrentou uma invasão anglo-egípcia da Força de Campo de Darfur (DFF, na sigla em inglês): 2 mil soldados egípcios e sudaneses sob o comando do tenente-coronel britânico P. V. Kelly, complementados por combatentes irregulares árabes. Em 22 de maio de 1916, a DFF infligiu uma derrota decisiva ao exército de Ali Dinar, de 3.600 homens, no vilarejo de Beringia, a poucos quilômetros a leste da capital dos domínios do sultão, El Fasher. No breve enfrentamento, as tropas de Ali Dinar sofreram 357 baixas antes de abandonar o campo em desordem, mas a DFF teve apenas 26 mortos e feridos e ocupou El Fasher dois dias depois. Nos seis meses seguintes, a DFF ganhava mais aliados locais à medida que os seguidores de Ali Dinar gradualmente o abandonavam. Por fim, em 6 de novembro, em Juba (Giubu), o sultão foi morto em um ataque a seu acampamento, antes do amanhecer. Naquele momento, as ações dos britânicos e seus representantes egípcios e sudaneses tinham alimentado um ciclo de atrocidades de retaliação entre as tribos árabes e negras africanas em Darfur e arredores, facilitando um aprofundamento do ódio que perdurou após a ordem ser restaurada. Em janeiro de 1917, a independência de fato de Darfur chegou ao fim, quando a região foi formalmente anexada ao Sudão anglo-egípcio.

Talvez o desafio mais intrigante que os Aliados enfrentaram na região tenha acontecido na Abissínia, a antiga terra natal do cristianismo africano negro, onde o imperador Iyasu V sucedeu seu avô, Menelik II, em dezembro de 1913. Quando a guerra começou no ano seguinte, ambos os lados cortejavam ativamente a Abissínia, que era o segundo Estado mais populoso da África (depois da Nigéria britânica) e o único, em tempos modernos, a derrotar uma potência europeia que tentava conquistá-lo (a Itália, em 1896). O impulsivo Iyasu passou uma enorme quantidade de tempo na região muçulmana oriental do país, Ogaden; ao contrário da maioria dos imperadores abissínios anteriores, ele tinha boas relações com seus súditos muçulmanos, levando alemães e turcos a acreditar que ele estava se inclinando às Potências Centrais. Em agosto de 1915, os britânicos o acusaram de enviar suprimentos através da fronteira para apoiar a insurgência sahili do mulá Hassan, na Somalilândia britânica, e, um mês mais tarde, os agentes italianos relataram que Iyasu tinha se convertido ao Islã. Os historiadores permanecem divididos sobre se a conversão realmente aconteceu, mas, durante o ano seguinte, os britânicos viveram

419

A Primeira Guerra Mundial

com medo de que Iyasu proclamasse uma *jihad* e usasse o grande exército da Abissínia para atacar suas próprias forças, muito menores, nos vizinhos Egito, Sudão, Somália e Quênia. Eles não precisavam ter se preocupado, porque, durante o mesmo ano, as relações de Iyasu com os líderes da poderosa nobreza cristã de seu país, que ainda não haviam concordado em coroá-lo formalmente como imperador, deterioraram-se muito, até sua excomunhão pela Igreja Cristã Ortodoxa deixar sua coroação fora de questão. Em setembro de 1916, ele foi deposto em um golpe de Estado que instalou sua tia Zewditu como imperatriz, com seu primo, Tafari Makonnen (o futuro imperador Haile Selassie), como regente e herdeiro legítimo, exercendo o poder por trás do trono. Iyasu não partiu tranquilamente. Seu pai, Ras Mikael, comandante do exército abissínio em sua fronteira norte com a Eritreia italiana, marchou sobre a capital Adis Abeba com 80 mil soldados para apoiar sua reivindicação ao trono, mas 120 mil soldados do general Habte Giyorgis, leais à regência, bloquearam seu caminho. Na Batalha de Segale (27 de outubro de 1916), travada a 65 km ao norte da capital, eles se encontraram no que foi, de longe, o maior enfrentamento militar no continente africano durante a Primeira Guerra Mundial. Os dois lados sofreram 10 mil baixas na batalha de 5 horas, que terminou com a derrota e captura de Ras Mikael. Iyasu permaneceu em liberdade dentro da Abissínia até ser preso depois da guerra. Embora nunca tenha ficado claro se Iyasu teria trazido a Abissínia à guerra ao lado das Potências Centrais, sua queda e a ascensão à proeminência do futuro Haile Selassie foram consideradas como vitória para a Entente. A Abissínia se manteve neutra, e seu grande exército permaneceu à margem.

Do Saara para o Chifre da África, as horas mais sombrias para os Aliados em geral, e para a Grã-Bretanha em particular, vieram na primavera de 1916. Contra o pano de fundo das vitórias turcas em Galípoli e Kut, as hostilidades começaram a ser dirigidas a Ali Dinar em Darfur, quando os sanusis de Sayyid Ahmad estavam sendo expulsos do Egito, em um momento em que os sahilis do mulá Hassan tinham sido contidos (mas não vencidos definitivamente) na Somália, e Iyasu V ainda era o imperador (embora sem coroa) da Abissínia. Para sorte dos Aliados, essas quatro ameaças, embora coincidissem, permaneciam desarticuladas. Se Sayyid Ahmad, Ali Dinar, o mulá Hassan e o imperador Iyasu tinham algo em comum, era o fato de terem recebido pouco mais do que apoio moral dos turcos, e muito menos dos alemães.

Arábia, Palestina, Síria

Embora não fosse evidente na época, o ponto de inflexão da Primeira Guerra Mundial no Oriente Médio aconteceu em 27 de junho de 1916, quando o emir de Meca, de 62 anos, xarife Hussein bin Ali, declarou a independência do povo árabe

A guerra mundial: Oriente Médio e Índia

em relação ao Império Otomano, bem como sua liberdade religiosa em relação ao califa, o sultão Mehmed V (ver box "O emir de Meca declara independência árabe"). O papel de Hussein como guardião dos lugares santos do Islã e governante de fato do Hejaz fazia dele uma figura de importância política e religiosa no mundo árabe. Opositores do sultão otomano, dentro do mundo muçulmano e fora dele, consideravam-no um potencial califa, e já em 1911 representantes árabes no Parlamento otomano tinham recorrido a ele para liderar uma revolta contra o governo dos Jovens Turcos. Os objetivos do próprio Hussein – autonomia formal para o Hejaz e reconhecimento de sua família hashemita como xarifes hereditários de Meca – eram muito mais modestos, mas, ainda assim, incompatíveis com a visão dos Jovens Turcos de fazer do Império Otomano um Estado nacional turco unitário. Hussein chamou a atenção de Kitchener pela primeira vez quando o futuro ministro da Guerra serviu como "agente e cônsul-geral" da Grã-Bretanha (vice-rei de fato) no Egito, de 1911 a 1914. Em outubro de 1914, mesmo antes do início formal das hostilidades entre a Grã-Bretanha e o Império Otomano, Kitchener abriu negociações com o filho do xarife, Abdullah, para uma aliança anglo-árabe, oferecendo proteção britânica à "nação árabe" e o reconhecimento de Hussein como califa.[8] Como outros líderes árabes que viviam sob domínio otomano, Hussein demorou para romper com os turcos, mas também tinha pouco entusiasmo para apoiá-los, por exemplo, em seu fracassado ataque inicial ao Egito, em fevereiro de 1915. Enquanto isso, em nome de seu pai, Abdullah e seu irmão Faisal negociavam com vários agentes de ambos os lados e com líderes nacionalistas árabes. Faisal passou grande parte da primeira metade da guerra em Damasco, um viveiro de nacionalismo e o centro mais provável de uma revolta árabe, mas, no inverno de 1915 para 1916, autoridades turcas tinham agido de forma tão eficaz e sem piedade contra os suspeitos de ser revolucionários que Hussein e seus filhos concluíram que o levante teria que ter como base o Hejaz. Faisal voltou para Meca com a intenção de ajudar seu pai a levantar voluntários entre as tribos árabes do deserto para apoiar o segundo ataque turco ao Egito. Em vez disso, esses soldados se voltaram contra os turcos em enfrentamentos que começaram perto de Medina, em 5 de junho de 1916, cerca de três semanas antes da declaração formal de independência árabe por Hussein.

O EMIR DE MECA DECLARA INDEPENDÊNCIA ÁRABE

Trechos da declaração de independência árabe do Império Otomano, divulgada pelo xarife Hussein bin Ali (1854-1931), então emir de Meca, em 27 de junho de 1916:

A Primeira Guerra Mundial

Em nome de Deus, o Misericordioso, esta é a nossa circular geral a todos os muçulmanos nossos irmãos [...]. É sabido que, de todos os governantes e emires muçulmanos, os emires de Meca, a cidade sagrada, foram os primeiros a reconhecer o Governo turco. E o fizeram para unir a opinião muçulmana e estabelecer firmemente sua comunidade, sabendo que os grandes sultões otomanos (que o pó de suas tumbas seja abençoado e o Paraíso, sua morada) estavam agindo segundo o Livro de Deus e a Suna de seu Profeta (que as orações estejam com ele) e estavam zelosos para fazer cumprir as ordenanças de ambas as autoridades.

[...] Os emires continuaram a apoiar o Estado otomano até a Sociedade de União e Progresso [os "Jovens Turcos"] aparecer no Estado e passar a assumir a administração do mesmo e todos os seus assuntos. O resultado dessa nova administração foi que o Estado sofreu uma perda de território que destruiu em muito o seu prestígio, como o mundo todo sabe, e foi mergulhado nos horrores da guerra e levado a sua atual posição perigosa, como é patente a todos.

[...] Tudo isso, evidentemente, não atendeu aos desígnios da Sociedade de União e Progresso [...]. Ela apresentou outras inovações que tocam nas leis fundamentais do Islã (de cujo descumprimento as sanções são bem conhecidas) depois de destruir o poder do sultão, roubando-lhe até mesmo o direito de escolher o chefe do seu Gabinete Imperial ou o ministro privado de sua augusta pessoa, e rompendo a constituição do Califado cuja observância os muçulmanos exigem.

[...] Estamos determinados a não deixar nossos direitos religiosos e nacionais como um brinquedo nas mãos do Partido de União e Progresso. Deus (que Ele seja abençoado e exaltado) concedeu à terra uma oportunidade para se levantar em revolta, permitiu-lhe, por Seu poder e força, tomar sua independência e coroar seus esforços com prosperidade e vitória [...]. Seus princípios são defender a fé do Islã, elevar o povo muçulmano, fundamentar sua conduta nas Leis Sagradas, construir o código de justiça a partir do mesmo fundamento em harmonia com os princípios da religião, praticar suas cerimônias de acordo com o progresso moderno e fazer uma verdadeira revolução ao não poupar esforços na difusão da educação em todas as classes, de acordo com a sua posição e as suas necessidades.

[...] Levantamos nossas mãos humildemente ao Senhor dos Senhores, em nome do Profeta, do Rei Todo-Generoso, para que nos conceda sucesso e orientação em tudo o que for para o bem do Islã e dos muçulmanos. Contamos com Deus Todo-Poderoso, que é a nossa Suficiência e nosso melhor Defensor.

Fonte: Publicado inicialmente em *Source Records of the Great War, Vol. IV*, ed. Charles F. Horne, National Alumni, 1923, disponível em www.firstworldwar.com/source/arabindependence_hussein.htm.

Os turcos inicialmente tranquilizaram os alemães de que as ações de Hussein não teriam qualquer significado mais amplo além do Hejaz, e ambos concordaram em continuar com seu plano de uma segunda invasão do Egito, a partir da Palestina.

422

A guerra mundial: Oriente Médio e Índia

Kress, ainda servindo como comandante otomano de fato naquele país, estava ávido para vingar a derrota que sofrera no primeiro ataque turco ao canal de Suez, em fevereiro de 1915 (ver capítulo "O impasse se intensifica: Europa, 1915"). Dessa vez, seu exército de 18 mil turcos avançou de Gaza ao longo da costa mediterrânea do Sinai até ser parado em Romani, 40 km antes do canal, pela recém-formada Força Expedicionária Egípcia (EEF, na sigla em inglês) do general sir Archibald Murray. Na Batalha de Romani (3 a 5 de agosto de 1916), os 10 mil homens da EEF tiveram mil baixas ao mesmo tempo em que mataram, feriram ou capturaram pouco mais de metade da força de Kress. A EEF incluía elementos de duas divisões de infantaria britânicas, mas unidades de infantaria montadas – Cavalaria Ligeira Australiana e Neozelandesa – foram as principais responsáveis pela vitória de Murray.

Depois, os turcos abandonaram seus planos para o Egito e, com incentivo alemão, concentraram-se na contenção da revolta árabe e na manutenção da Mesopotâmia. A ligação entre estes dois objetivos ficou menos clara nos meses que se seguiram; já em agosto de 1916, os funcionários consulares alemães na parte da Mesopotâmia ainda sob controle otomano observaram simpatias árabes locais para com o apelo do xarife para que se levantassem contra os turcos. No final de 1916, as forças de Hussein e seus filhos não tinham feito conquistas importantes, mas entre as terras que ocupavam estavam a cidade de Meca e os portos próximos de Jidda e Rabigh, no mar Vermelho, garantindo sua linha de abastecimento e comunicação com o mundo exterior. Eles ameaçavam Medina e a ferrovia Hejaz, ao norte, e tinham isolado a guarnição turca do Iêmen, ao sul. Os franceses logo se juntaram aos britânicos no reconhecimento de Hussein como "rei do Hejaz", enviando assessores militares a Meca e canalizando armamento excedente (principalmente armas mais velhas, de pequeno porte) aos árabes através de Jidda. No entanto, a busca da França por influência no Oriente Médio, junto à da Grã-Bretanha, que já apontavam para a partição pós-guerra do Império Otomano, naufragou por falta de dinheiro, já que Paris não poderia corresponder às 50 mil libras por mês que Londres fornecia como subsídio a Hussein.

Entre os assessores militares Aliados enviados a Meca, nenhum teve impacto maior do que Lawrence, que chegou do Cairo em outubro de 1916 e começou a convencer os filhos de Hussein a implementar uma estratégia que serviria aos interesses da Grã-Bretanha, bem como aos deles próprios. A revolta árabe enfrentou uma crise quando os turcos enviaram um corpo de exército de Damasco, pela ferrovia do Hejaz, a Medina, e em seguida, por terra, para atacar Meca. Dos 50 mil rebeldes árabes, menos de 5 mil haviam sido armados e treinados como soldados regulares, graças aos esforços de Aziz al-Masri, do Egito (futuro mentor de Gamal Abdel Nasser) e outros oficiais árabes que desertaram do serviço otomano para se juntar à revolta. Inicialmente, não mais do que 5 mil dos soldados irregulares

423

A Primeira Guerra Mundial

tinham fuzis. Lawrence descreveu esses irregulares como "sujeitos bastante incertos e desconfiados, mas muito ativos e alegres".[9] Diante do avanço turco a partir de Medina, eles se desagregaram, fazendo com que Lawrence temesse pela sobrevivência da revolta se os turcos retomassem a cidade sagrada. Ganhando a confiança de Abdullah e Faisal, Lawrence os convenceu de que o melhor para salvar Meca era invadir a ferrovia do Hejaz e ameaçar a cadeia de abastecimento otomana, algo que os soldados irregulares poderiam fazer de forma muito eficaz. Em janeiro de 1917, um pequeno grupo de desembarque da Marinha Real os ajudou na captura do porto de Wejh, 510 km acima na costa do mar Vermelho a partir de Rabigh, e mais adequado como depósito de suprimentos para a nova campanha. Os ataques foram suficientes para forçar a unidade turca a abandonar sua movimentação contra Meca e recuar a Medina, onde permaneceu entrincheirada até o armistício, embora fragilizada, após dispersar metade de sua força ao longo da ferrovia do Hejaz para proteger sua linha de abastecimento a Damasco. Durante o curso dos ataques, as forças árabes redirecionaram seu centro de gravidade ao norte e, em julho de 1917, tomaram o porto de Ácaba, 455 km ao norte de Wejh, com a ajuda do xeque beduíno Auda ibn Tayi, cujas tribos controlavam o deserto norte da Arábia, a leste do rio Jordão.

Graças, em grande parte, ao trabalho do jornalista norte-americano Lowell Thomas, que o acompanhou no deserto durante o ano de 1918, Lawrence inadvertidamente entrou para a História como "o rei sem coroa da Arábia" e "comandante em chefe de muitos milhares de beduínos", com um histórico talvez mais enfeitado e distorcido do que o de qualquer outra pessoa envolvida na Primeira Guerra Mundial.[10] Homem complexo, que alternadamente amava e evitava os holofotes, Lawrence tentou esclarecer as coisas em seu livro de memórias sobre a campanha, chamando-a de "uma guerra árabe, travada e liderada por árabes, por um objetivo árabe, na Arábia". O êxito dela era "natural" e "inevitável" e, assim, "pouco dependia da direção ou cérebro", e "muito menos da ajuda externa dos poucos britânicos". Ele reiterou que "nunca teve qualquer cargo entre os árabes" e "nunca foi encarregado da missão britânica junto a eles".[11] Depois de seu papel inicial fundamental para convencer os filhos Hussein de que Meca poderia ser mais bem defendida atacando-se a ferrovia do Hejaz, suas principais tarefas foram ter certeza de que eles continuariam a enxergar a coincidência entre seus interesses e os da Grã-Bretanha, facilitar seus esforços para fazer com que mais tribos árabes se juntassem a eles (geralmente, com subsídios em dinheiro) e manter o movimento na ferrovia do Hejaz, na direção geral de Damasco.

Para além de Lawrence e do Hejaz, os ingleses fizeram esforços semelhantes em outras partes da Arábia para unir as tribos árabes em apoio à revolta de Hussein. O capitão William Shakespear, primo distante (várias gerações) do dramaturgo elisabetano, conquistou a confiança de Abdul Aziz ibn Saud, de Riad, emir do Nejd e imã da seita puritana vaabita do Islã. Shakespear inclusive morreu servindo aos sauditas na Batalha de Jarrab (24 de janeiro de 1915), pelas mãos de Rashidi, pró-otomano. Em uma recepção realizada no Kuwait, em novembro de 1916, Ibn Saud se juntou aos príncipes árabes do golfo Pérsico em uma declaração de apoio ao xarife de Meca e à revolta árabe (ver box "Gertrude Bell fala sobre o aparecimento de Ibn Saud"), mas estava insatisfeito com o seu magro subsídio britânico de 5 mil libras por mês – um décimo do valor que o xarife de Meca estava recebendo – e pouco fez para merecê-lo a não ser lutar contra seus próprios arqui-inimigos, os Rashidi, contra os quais teria lutado de qualquer maneira. Franz von Papen, ex-adido militar alemão em Washington, que ressurgiu como oficial do Estado-Maior no Império Otomano após sua expulsão dos Estados Unidos, recordou mais tarde que, durante grande parte da guerra, os turcos "mantiveram excelentes relações [...] com o emir Faisal e Ibn Saud", ambos procurando se proteger contra riscos para o caso de os Aliados perderem.[12]

Embora as iniciativas britânicas em outras partes da Arábia não tenham tido qualquer influência direta sobre os rumos da guerra, a queda de Ácaba, na foz do rio Jordão, cerca de 240 km ao sul de Jerusalém e a mesma distância a leste do Suez, fez de Lawrence, Faisal e Abdullah atores importantes na tentativa britânica de invadir a Palestina com forças baseadas no Egito. Depois de conter o avanço turco em direção ao canal de Suez em agosto de 1916, em Romani, Murray tinha enviado seu subordinado, o general sir Charles Dobell, através do norte do Sinai, com uma guarda avançada da EEF. Em janeiro de 1917, Dobell tomou Rafah, apenas 31 km da Faixa de Gaza, que os turcos tinham fortificado sob orientação de Kress, mas, na primeira (26 de março) e na segunda (19 de abril) Batalhas de Gaza, a EEF não conseguiu capturar o baluarte otomano e sofreu 9.800 baixas no processo, contra 4.800 dos turcos. Em junho, pouco antes de Lawrence e os árabes tomarem Ácaba, o general sir Edmund Allenby chegou ao Egito para substituir Murray. O novo comandante enfrentou uma situação estratégica confusa em que os objetivos de britânicos (e dos Aliados em geral) permaneciam mal definidos, assim como o papel dos árabes para alcançar esses objetivos. Desde o mês de outubro anterior, Lawrence levara os árabes a acreditar (como ele, também, acreditava) que a ajuda deles para derrotar o Império Otomano lhes daria uma Arábia independente, que todos os árabes pressupunham incluir Jerusalém, uma das mais sagradas cidades do Islã depois de Meca. Mas, no outono de 1917, o ministro do Exterior, Arthur Balfour, emitiria sua famosa declaração em uma carta ao líder sionista britânico barão Walter Rothschild, prometendo os "melhores esforços [da Grã-Bretanha] para facilitar [...] o estabelecimento na Palestina de um lar nacional para o povo judeu".[13] Ainda em setembro de 1917, três meses após a nomeação de Allenby,

425

sir Mark Sykes, coautor, com o francês François Georges Picot, de um acordo de 1916 para a divisão do Império Otomano entre os Aliados no pós-guerra, observou que "o Gabinete de Guerra ainda não tinha chegado a um acordo sobre até onde Allenby deveria ir na Palestina".[14] Somente o primeiro-ministro parecia ter certeza. Lloyd George, o qual, como Churchill na Segunda Guerra Mundial, procurou explorar as fraquezas em torno da periferia do território ocupado pelo inimigo, era favorável a uma campanha robusta na Palestina. Em sua última entrevista com Allenby, antes da partida do general para o Cairo, ele deixou claro que queria "Jerusalém antes do Natal".[15]

GERTRUDE BELL FALA SOBRE O APARECIMENTO DE IBN SAUD

A arqueóloga britânica Gertrude Bell (1868-1926), cujo pedido de atuação no Oriente Médio durante a guerra foi inicialmente negado, serviu na França como enfermeira antes de ser designada, em 1915, ao Bureau Árabe no Cairo, onde reencontrou T. E. Lawrence, a quem conhecia de antes da guerra. Designada ao golfo Pérsico em 1916, ela fez o seguinte relato das visitas de Abdul Aziz ibn Saud, futuro fundador do reino da Arábia Saudita, ao Kuwait e a Basra durante a guerra:

A conexão de Ibn Saud conosco recebeu confirmação pública em um *durbar* de xeques árabes realizado no Kuwait, em 20 de novembro [...]. Em um discurso tão espontâneo quanto inesperado, Ibn Saud apontou que, enquanto o Governo Otomano tinha procurado desmembrar e enfraquecer a nação árabe, a política britânica visava unir e fortalecer seus líderes [...].

Ibn Saud mal completou 40 anos, mas parece ter alguns anos a mais. É um homem de físico esplêndido, com bem mais de um metro e oitenta, e se conduz com ar de quem está acostumado a comandar [...]. Como líder de forças irregulares, é de comprovada ousadia e combina com suas qualidades de soldado essa postura de estadista que é ainda mais valorizada pelos membros de tribos [...]. Abdul Aziz trançou a malha frouxa da organização tribal em uma administração centralizada e impôs, sobre confederações errantes, uma autoridade que, embora flutuante, é reconhecida como um importante fator político [...].

Se a característica evidente do *durbar* do Kuwait foi o reconhecimento, por parte dos chefes árabes reunidos, da boa vontade da Grã-Bretanha para com sua raça, foi a presença de um tipo imutável de soberania do deserto, dentre condições tão modernas que mal tinham se tornado familiares aos que as criaram, que deu à visita de Ibn Saud a Basra seu tom característico. No transcorrer de algumas horas, a mais recente máquina ofensiva foi apresentada a ele. Ele assistiu à detonação de explosivos em uma trincheira improvisada e à explosão de artilharia antiaérea no claro céu acima. Viajou por uma estrada de ferro construída a menos de seis meses e correu pelo deserto em um carro a motor,

A guerra mundial: Oriente Médio e Índia

> até o campo de batalha de Shaaibah, onde inspecionou a infantaria britânica
> e a cavalaria indiana, e assistiu a uma bateria de artilharia entrar em ação. Em
> um dos hospitais de base [...], mostraram-lhe os ossos de sua própria mão sob
> o raio de Roentgen [raio x]. Ele caminhou ao longo dos grandes cais no Chatt
> al-Arab, pelos lotados armazéns de onde se veste e alimenta um exército, e viu
> um avião subir ao céu vazio. Olhou maravilhado para todas essas coisas, mas o
> interesse que ele demonstrou no mecanismo da guerra foi o de um homem que
> busca aprender, e não de quem fica confuso, e, inconscientemente, justificou
> aos oficiais que eram seus anfitriões a reputação de muita sensatez e distinta
> conduta que conquistou na Arábia.
>
> Fonte: Gertrude Bell, *The Arab War*, c. 4: "Ibn Saud", publicado inicialmente no *Arab Bulletin*, 12 de
> janeiro de 1917, disponível em www.outintheblue.com/ArabWarIV.htm.

Pouco depois de sua chegada, Allenby deixou o conforto do Cairo para ir a
Rafah, assumindo o comando da EEF na frente. Ele ampliou a EEF até 10 divisões de
infantaria (das quais três eram infantaria montada), uma força que era três quartos
britânica, com o saldo a ser composto de soldados da ANZAC e indianos. A pedido de
Lawrence, também aumentou o subsídio britânico à revolta árabe a 200 mil libras
por mês. Enquanto isso, os alemães enviaram Falkenhayn para assumir a direção
geral da defesa da Palestina. Kress, agora comandante de fato do 8º Exército turco,
foi reforçado para 10 divisões e estendeu suas linhas de trincheira 50 km a leste de
Gaza, até Berseba, quase a meio caminho do rio Jordão. Allenby abriu a terceira
Batalha de Gaza (31 de outubro a 7 de novembro de 1917) fazendo com que suas
divisões montadas ultrapassassem o flanco esquerdo turco em Berseba. No clímax
da ação, em 31 de outubro, a 4ª Brigada de Cavalaria Ligeira Australiana avançou
por 6,5 km de território aberto sob fogo de artilharia e metralhadoras para romper
as defesas de Berseba, forçando a evacuação da cidade. Dois dias depois, Allenby
começou o assalto de infantaria à própria Gaza, apoiado por uma barragem de
artilharia e seis tanques. Em 7 de novembro, forças britânicas tomaram a cidade e
toda a linha de Gaza a Berseba ruiu. A batalha custou 18 mil baixas aos atacantes e
13 mil aos defensores, mas as tropas de Allenby também fizeram 12 mil prisioneiros.

Depois de Allenby romper a linha Berseba-Gaza, Falkenhayn enviou o 7º Exército turco (general Fevsi Paxá) ao flanco interior (esquerdo) do 8º Exército de Kress,
a fim de bloquear um avanço britânico pela estrada de Berseba, através de Hebron e
Belém, a Jerusalém. Na Batalha das Colinas de El Mughar (13 de novembro), uma
ousada carga de 800 soldados da infantaria montada britânica, que lembrava a ação
da Cavalaria Ligeira Australiana em Berseba duas semanas antes, ajudou a assegurar
a junção de um ramal ligando Berseba à ferrovia Haifa-Jerusalém e possibilitou a

427

Allenby isolar o 8º Exército de Kress, que recuou pela costa até Jaffa, e o 7º Exército de Fevsi Paxá, que recuou a Jerusalém. Depois de destacar um corpo para perseguir Kress e garantir Jaffa, Allenby enviou o restante da EEF contra o exército de Fevsi Paxá, na Batalha de Jerusalém (8 a 26 de dezembro). No primeiro dia da ação, as forças britânicas atacaram a cidade simultaneamente a partir do oeste, por Deir Yassin, e do sul, por meio de Belém, rompendo as defesas turcas nos dois lugares. Jerusalém caiu em 9 de dezembro, e Allenby entrou na cidade dois dias depois, cumprindo o prazo de Lloyd George com duas semanas de antecedência. Os enfrentamentos continuaram nas colinas ao redor de Jerusalém, enquanto Falkenhayn reforçava o 7º Exército para um grande contra-ataque, agendado para o dia de Natal. Em meio a intensos combates em 25 e 26 de dezembro, as tropas de Allenby mantiveram o controle da cidade. Enquanto isso, no litoral, um ataque britânico do outro lado do rio Auja, em 21 e 22 de dezembro, forçou o 8º Exército de Kress a recuar mais 13 km ao norte de Jaffa e garantir o porto como base para o abastecimento de Jerusalém. A campanha de Jerusalém como um todo custou aos turcos 25 mil baixas, contra 18 mil para as tropas dos britânicos e seu império. Após a derrota, os alemães transferiram Falkenhayn para a frente oriental, deixando Liman von Sanders no comando da defesa da Palestina.

Carecendo de instruções claras sobre o que fazer depois de tomar Jerusalém, em fevereiro de 1918, Allenby enviou uma coluna da EEF para tomar Jericó, 24 km a leste, e depois enviou suas divisões da cavalaria ligeira ao outro lado do Jordão, em dois ataques mal sucedidos (21 de março a 29 de abril e 29 de abril a 5 de maio) contra a ferrovia do Hejaz em Amã, uma cidade que permanecia firme nas mãos dos otomanos. Em ambas as ocasiões, a cavalaria ligeira não conseguiu se conectar às forças árabes, às quais Lawrence prometera que iriam avançar a partir do sul, porque o avanço árabe a leste do Jordão tinha parado devido à resistência obstinada de tribos árabes locais que permaneciam leais aos turcos. No lado da EEF, as operações revelaram a fragilidade do exército variável de Allenby. No início de 1918, ele ainda tinha as mesmas 10 divisões do verão anterior, mas o início da ofensiva alemã na frente ocidental gerou a retirada para a França da maior parte de suas tropas britânicas e sua substituição, durante a primavera, por recrutas crus da Índia. Tendo sido três quartos britânica, a EEF saiu das mudanças metade indiana e menos de um terço britânica. Os muçulmanos indianos eram 29% dos recém-chegados, e alguns deles prontamente desertaram para os turcos. As três divisões de cavalaria ligeira (uma britânica, um australiana e uma mista de ANZAC) estavam entre as que permanecem intactas e, assim, foram as unidades com que Allenby mais contou posteriormente. Após o fracasso dos ataques em Amã, a EEF penetrou ao longo de uma frente ancorada no norte mediterrâneo de Jaffa e no rio Jordão ao norte de Jericó, assegurando as colinas com redutos fortificados e bloqueando

428

A guerra mundial: Oriente Médio e Índia

os vales e as encostas com arame farpado. Durante o verão, Liman von Sanders fez apenas uma tentativa séria de romper a frente de batalha, em 14 de julho, quando usou dois batalhões com tropas de assalto alemãs para limpar o caminho para uma divisão turca atacar em Abu Tellul, no vale do Jordão, mas o esforço foi repelido pelo trabalho vigoroso da 1ª Brigada Australiana de Cavalaria Ligeira. O exército de Allenby perdeu mais duas divisões de soldados britânicos durante o verão, mas, em setembro, finalmente começou a recuperar o contingente necessário para operações ofensivas, graças à chegada de mais quatro divisões indianas (incluindo duas de cavalaria), dois batalhões oriundos das Índias Ocidentais, uma legião armênia formada na França e uma legião judaica de voluntários sionistas – incluindo o futuro primeiro-ministro israelense David Ben Gurion –, levando a potência total de sua força poliglota a quase 70 mil membros. Allenby perdeu seu pequeno destacamento de tanques na primavera de 1918 e nunca o recuperou, mas, em setembro, tinha sete esquadrilhas de aeronaves (seis britânicas da RAF, uma australiana), um destacamento de blindados e um parque de artilharia com 540 canhões. Diante dele, no norte da Palestina e do outro lado do Jordão, em torno de Amã, os três exércitos comandados por Liman von Sanders tinham diminuído a apenas 35 mil homens, apoiados por 400 canhões.

Para a ofensiva Aliada final, Allenby conseguiu por fim articular as operações com Lawrence e os árabes. O exército de Faisal surgiu do deserto em 17 de setembro, para se juntar ao destacamento de blindados e esquadrilhas aéreas no ataque a Daraa, cerca de 80 km ao norte de Amã, onde um ramal que vinha de Haifa se juntava à ferrovia do Hejaz. A ação cortou as únicas linhas ferroviárias e telegráficas que ligavam os exércitos de Liman von Sanders a Damasco. Dois dias mais tarde, depois que Allenby simulou um fortalecimento em seu flanco leste ao longo do Jordão, os bombardeios da Marinha Real contra linhas turcas ao norte de Jaffa sinalizaram sua verdadeira intenção, e ele atacou de seu flanco oeste, com cerca de dois terços do seu exército. Após a ruptura da linha, sua principal força avançou em pinça ao norte e ao leste, espalhando o 8º Exército turco diante de si, enquanto o resto de suas tropas atacava ao longo de toda a frente de batalha. Após a ruptura inicial, a batalha dependia da coordenação das tropas montadas que avançavam rapidamente e aeronaves de suporte. Uma brigada de cavalaria indiana correu 80 km até Nazaré, expulsando Liman von Sanders de seu quartel-general em 20 de setembro, e outra brigada indiana foi para Haifa, a fim de garanti-la no dia seguinte. Mustafá Kemal, trazido por Liman von Sanders para comandar o 7º Exército turco, evacuou seu quartel-general em Nablus, na noite de 20 para 21 de setembro, para evitar ser cercado, mas no dia seguinte o encontrou preso no rio Jordão, a leste, onde a RAF aumentou o seu sofrimento ao bombardear e metralhar suas tropas.

429

A ação de 19 a 21 de setembro, chamada um tanto arbitrariamente de Batalha do Megido (Armagedom), em função do antigo local da batalha que estava no centro da ação, deixou os britânicos no controle completo da Palestina. A EEF de Allenby teve apenas 5.300 baixas ao arrasar completamente o 7º e o 8º Exércitos turcos, que perderam 20 mil de seus 24 mil homens. O resultado tornou insustentável a posição do 4º Exército turco, de 11 mil homens, em Amã e arredores, e ele se retirou para o norte de Damasco, destruindo vilarejos árabes ao recuar. O exército de Faisal, acompanhado por Lawrence, perseguiu os turcos que recuavam e duas vezes caiu sobre eles (27 e 28 de setembro), matando 5 mil retardatários. Enquanto isso, no dia 26, a Divisão Montada do ANZAC garantiu Amã e depois aceitou a rendição de outros turcos que recuavam até a ferrovia do Hejaz a partir do sul, temendo por seu destino nas mãos dos árabes. Até o final do mês, 75 mil turcos se renderam às forças dos britânicos e seu império, incluindo grande parte da guarnição de Damasco, após a Divisão Montada Australiana e uma divisão de cavalaria indiana – avançando através das colinas de Golã depois da Batalha do Megido – cercarem a cidade em 29 e 30 de setembro e bloquearam as rotas de fuga de sua guarnição para o norte.

Após Faisal entrar em Damasco em 1º de outubro, os esforços de Lawrence para estabelecê-lo ali como "rei dos árabes" entraram em conflito com Allenby, que logo chegou com um oficial de ligação francês a reboque, já que o acordo de Sykes-Picot previa que a Síria, junto com o Líbano, passaria a ser um protetorado francês. Ainda em junho de 1918, os árabes tinham recebido garantias adicionais de que gozariam de "independência e soberania completas" em quaisquer terras que se libertassem,[16] mas agora ficavam sabendo que os britânicos só cumpririam essa promessa no sentido estrito, já que, na verdade, tinham recebido algum tipo de ajuda para libertar tudo o que não fosse deserto virgem. Deliberadamente enganado por seu próprio governo ou não, Lawrence permanecera confiante de que os acontecimentos concretos suplantariam todos os arranjos que os governos Aliados tivessem feito com relação às terras árabes. Tendo exagerado a mão, ele partiu em licença para a Grã-Bretanha, decepcionado e exausto, para ressurgir novamente como principal defensor de Faisal na Conferência de Paz de Paris. O mês seguinte contou com um pouco mais de ação. A cavalaria indiana garantiu a tomada de Beirute em 8 de outubro e, junto com as tropas árabes, Alepo, em 26 de outubro. Quatro dias depois, o armistício de Mudros pôs fim às hostilidades entre o Império Otomano e os Aliados.

Ao longo de 1917 e 1918, os árabes raramente tiveram mais de 10 mil combatentes na ferrovia do Hejaz, mas retiveram forças otomanas que eram muitas vezes o seu próprio tamanho. Lawrence estimou que, ao final da guerra, eles tinham matado ou ferido 35 mil turcos, capturado outros 35 mil e garantido a tutela de Hussein sobre mais de 260 mil km^2 de território, tudo isso sofrendo baixas muito leves. Mais importante, a revolta árabe reteve tropas otomanas suficientes para possibilitar que campanhas convencionais dos britânicos e seu império na Mesopotâmia e na Palestina conseguissem a vitória. De fato, se os árabes tivessem atendido ao chamado de Mehmed V à *jihad* e apoiado ativamente o esforço de guerra turco, quaisquer esforços Aliados nessas áreas não teriam tido mais êxito do que os desembarques em Galípoli.

O genocídio armênio

Assim como a decisão de dedicar recursos consideráveis à destruição dos judeus da Europa contribuiu para o fracasso do esforço de guerra alemão na Segunda Guerra Mundial, o esforço do Império Otomano para eliminar sua própria minoria armênia está entre as razões principais de seu colapso na Primeira Guerra. Diante de várias ameaças militares (Galípoli, Mesopotâmia, Palestina e Hejaz), os turcos desperdiçaram contingente valioso para capturar, transferir e matar centenas de milhares de civis e, ao mesmo tempo, privaram-se dos serviços de um povo tradicionalmente dinâmico e produtivo que teria dado uma boa contribuição a seu esforço de guerra. A República da Turquia pós-guerra adotou a posição de negar que tenha ocorrido uma campanha sistemática para matar os armênios e manteve essa posição no século XXI, enquanto ativistas armênios têm buscado o reconhecimento internacional de que as atrocidades contra seus antepassados na Primeira Guerra Mundial chegaram ao mesmo nível de horror do extermínio dos judeus europeus pela Alemanha nazista na Segunda Guerra. Ambos os esforços têm dificultado a tarefa de estudiosos objetivos de determinar exatamente o que aconteceu e por quê.

A visão dos Jovens Turcos de revitalizar o Império Otomano como Estado nacional turco secular e constitucional ameaçava os armênios pelo menos tanto como os árabes. Embora incluísse igualdade jurídica de todas as nacionalidades e liberdade de religião, o programa dos Jovens Turcos também estabelecia o turco como língua oficial de governo e educação, com o objetivo claro de assimilar minorias étnicas e religiosas. Os armênios viviam no leste da Ásia Menor e da região do Cáucaso desde tempos ancestrais e, na Idade Média, também colonizaram Cilícia, na costa mediterrânea noroeste da Síria, onde seu último reino independente caíra em 1375. Eles viveram pacificamente durante séculos como uma das muitas minorias cristãs ortodoxas sob domínio turco, mas sua situação se deteriorou na década de 1800, quando o Império Otomano começou a se desintegrar e, nos Bálcãs, seus irmãos cristãos estabeleceram seus próprios Estados-nação. As conquistas do Império Russo na região do Cáucaso colocaram parte da população armênia sob o regime czarista, levando alguns armênios a considerar os russos como seus prováveis libertadores de outras perseguições. Os armênios ficaram isentos do serviço militar otomano até a revolução dos Jovens Turcos de 1908, e foram tantos os que desertaram depois de serem recrutados no verão de 1914 que as autoridades turcas emitiram uma ordem naquele mês de setembro – semanas antes de o Império Otomano entrar na Primeira Guerra Mundial – para que todos os soldados armênios fossem desarmados e designados a batalhões de trabalho. Depois disso, o entusiasmo com que alguns armênios do Cáucaso saudaram a invasão inicial russa no inverno de 1914 para 1915 levou o governo otomano a concluir que não se podia confiar em qualquer armênio. A Primeira Guerra Mundial, portanto, forneceu o contexto do genocídio armênio, quando ordens enraizadas nas preocupações de segurança do Estado desencadearam uma onda de perseguição que se transformou em assassinato em massa.

Em 24 de abril de 1915, véspera do desembarque dos Aliados em Galípoli, o ministro do Interior Talaat Paxá ordenou a prisão das principais figuras da comunidade armênia em todo o império, supostamente para prevenir um levante revolucionário. Dias antes, a minoria armênia na cidade oriental de Van tinha pegado em armas contra os turcos, em circunstâncias que permanecem em debate, e resistiu às forças otomanas até o general Nikolai Yudenich trazer o exército russo do Cáucaso para resgatá-los, em maio. Dois meses depois, um contra-ataque turco obrigou os russos a abandonar Van, e muitos dos armênios que não recuaram com eles foram assassinados quando o domínio otomano foi restaurado. Um número significativo de armênios permaneceu seguro atrás das linhas russas, quando Yudenich voltou à ofensiva em 1916, garantindo Erzerum em janeiro e Trebizonda em abril, mas a maioria permaneceu à mercê de forças otomanas, cujo ávido cumprimento das ordens de Talaat Paxá para deportar armênios para longe da frente do Cáucaso e outros lugares estrategicamente sensíveis logo degenerou em genocídio. Enquanto armênios morriam em todas as terras otomanas, os campos da morte no deserto, em Ras-ul-Ain e Deir-el-Zor, tornavam-se especialmente notórios. Em 29 de agosto de 1915, apenas quatro meses depois de autorizar as deportações de armênios, Talaat Paxá ordenou que elas parassem e, no processo, reiterou que "o único objetivo" do programa era "impedir suas atividades contra o governo e colocá-los em uma posição onde não conseguissem perseguir seus sonhos de estabelecer um governo armênio".[17] Mas ele logo percebeu que a onda de perseguição, uma vez desencadeada, não poderia ser encerrada tão facilmente e continuou a emitir ordens de "parar" durante 1916, e mesmo depois de sua nomeação como grão-vizir do sultão (primeiro-ministro), em fevereiro de 1917.

Embora o Estado otomano não fosse suficientemente moderno e eficiente para realizar o tipo de assassinato em massa de civis que a Alemanha nazista levaria a cabo na Segunda Guerra Mundial, a fase inicial do processo guardou alguma semelhança com a política de gueto iniciada em 1939 pelos alemães contra os judeus sob seu controle. Os armênios foram concentrados em alguns bairros das cidades e a riqueza que lhes restara, extorquida em troca de comida, enquanto a doença e a fome reduziam sua quantidade. A fase final também se assemelhava às marchas forçadas de judeus na Alemanha nazista em 1945, quando colunas de armênios foram forçadas a percorrer rotas sinuosas, com muitos morrendo ou sendo mortos ao longo do caminho. No caso deles, o destino final era o deserto do norte da Síria e do norte do Iraque, onde quase todos os sobreviventes das marchas pereciam. Em outra semelhança com o Holocausto, otomanos muçulmanos comuns, curdos, assim como turcos, aparentemente precisaram de pouco incentivo para participar do genocídio; em todo o país, formações militares e policiais regulares e irregulares participaram voluntariamente do roubo, do estupro e do assassinato brutal de um grande número de armênios. Na verdade, o ódio étnico e religioso e o entusiasmo local parecem ter constituído o elemento central para transformar as ordens de deportação e reassentamento de Talaat Paxá em uma campanha de assassinato em massa. No entanto, o Estado otomano foi responsável pelo extermínio dos armênios, mais diretamente pelos convocados para o exército, já que os homens dos batalhões de trabalho geralmente eram mortos a tiros assim que terminavam uma tarefa ou tinham vivido mais do que sua utilidade.

Em sua perseguição aos judeus da Europa, a Alemanha nazista empregava critérios raciais "modernos" para identificar suas vítimas, em vez dos tradicionais critérios religiosos, como, por exemplo, não permitir que os judeus se salvassem, convertendo-se ao cristianismo (como alguns tinham feito séculos antes, durante a perseguição por cristãos europeus na Idade Média). No Império Otomano, o genocídio reflete uma mistura de critérios modernos e tradicionais. Alguns dos perpetradores viam todos os armênios como membros de uma raça a ser exterminada, enquanto outros poupavam aqueles que poderiam ser criados como turcos e assimilados pela maioria muçulmana, geralmente crianças órfãs. A aplicação de critérios raciais tradicionais em vez de modernos também levou ao assassinato colateral de outros não muçulmanos, principalmente os conhecidos como assírios, sírios ou cristãos caldeus, dos quais centenas de milhares foram apanhados no genocídio armênio.

Em dezembro de 1915, o *New York Times* informou que um milhão de armênios já tinham perecido, e fontes alemãs em um momento posterior da guerra falaram de apenas 100 mil sobreviventes ainda vivendo sob domínio turco. Esses números desencadearam uma controvérsia que continua até hoje, com acadêmicos turcos, armênios e outros publicando estatísticas muito diferentes sobre o número de armênios no Império Otomano em 1914, bem como o número de vítimas e sobreviventes. A melhor análise recente da controvérsia revela que 1,1 milhão de 1,75 milhão de armênios sob domínio turco sobreviveram à guerra, colocando o número de mortos por todas as causas – genocídio, doença e ação militar – em não mais do que 650 mil.[18] Outra controvérsia continuada diz respeito ao suposto papel alemão no genocídio armênio, acentuada por historiadores muito ansiosos para vinculá-lo ao extermínio nazista de judeus alemães, que normalmente citam a suposta observação de Hitler – "quem ainda fala hoje em dia sobre o extermínio dos armênios?" – para descartar as preocupações de seus generais com as consequências de matar civis na frente oriental da Segunda Guerra Mundial.[19] Na frente interna alemã, Karl Liebknecht, do SPD, e Matthias Erzberger, do Partido do Centro, foram as únicas figuras políticas importantes que falaram sobre a perseguição da minoria armênia da Turquia. Contudo, menos publicamente, diplomatas alemães e austro-húngaros que serviam no Império Otomano protestaram contra os assassinatos desde o início. Vários alemães que moravam, trabalhavam ou estavam estacionados no Império Otomano ficaram alarmados com o genocídio e fizeram esforços para trazê-lo à atenção de seu governo, que pressupunham – incorretamente – não saber sobre o assunto. Alguns de seus relatos expressaram temores de que a Alemanha fosse responsabilizada pelas atrocidades (ver box "Uma testemunha ocular alemã condena o genocídio armênio"). As evidências mostram que os principais representantes alemães junto ao Império Otomano, na pior das hipóteses, aceitaram o genocídio, sem fazer nada para interrompê-lo.[20]

UMA TESTEMUNHA OCULAR ALEMÃ CONDENA O GENOCÍDIO ARMÊNIO

Trechos de um relato do dr. Martin Niepage, professor da Escola Técnica Alemã em Alepo, pedindo ação do governo alemão para parar o genocídio armênio:

Quando eu voltei a Alepo, em setembro de 1915, depois de umas férias de três meses em Beirute, ouvi com horror que uma nova fase de massacres armênios tinha começado [...] visando exterminar totalmente a inteligente, trabalhadora e progressista nação armênia, e transferir sua propriedade para mãos turcas.

[...] Com o objetivo, foi-me dito, de cobrir o extermínio da nação armênia com um manto político, estavam sendo apresentadas razões militares que exigiriam expulsar os armênios de seus locais nativos, os quais tinham sido deles por 2.500 anos, e deportá-los para os desertos da Arábia [...]. Depois de me informar sobre os fatos e fazer perguntas de todos os lados, cheguei à conclusão de que todas essas acusações contra os armênios eram, na verdade, baseadas em provocações insignificantes, que foram tomadas como desculpa

A guerra mundial: Oriente Médio e Índia

para o massacre de 10 mil inocentes causado por um único culpado, para os ultrajes mais selvagens contra mulheres e crianças, e para uma campanha de inanição contra os exilados, que pretendia exterminar toda a nação [...] No bairro da Escola Técnica Alemã, na qual estou empregado como professor das séries avançadas, havia [...] 700 ou 800 exilados morrendo de fome. Nós, professores, e nossos alunos tínhamos que passar por eles todos os dias.

[...] *"Ta'alim el aleman"* ("o ensinamento dos alemães") é a explicação do turco simples para cada um que lhe pergunta sobre os autores dessas medidas [...]. Eles não conseguem acreditar que seu governo tenha ordenado essas atrocidades e responsabilizam os alemães por todos esses ultrajes, com a Alemanha sendo considerada, durante a guerra, a professora da Turquia em tudo. Até mesmo os mulás nas mesquitas dizem que não foi a Porta Otomana [o Governo], e sim os oficiais alemães que ordenaram os maus-tratos e a destruição dos armênios. As coisas que têm acontecido aqui há meses, sob os olhos de todo mundo, certamente permanecerão na memória dos orientais como uma mancha no escudo da Alemanha.

[...] Eu sei, de fonte segura, que a Embaixada em Constantinopla foi informada pelos consulados alemães de tudo o que tem acontecido. Como, porém, não houve a menor mudança no sistema de deportação, sinto-me compelido pela minha consciência a fazer o presente relatório [...]. Mesmo para além do nosso dever comum, como cristãos, nós, os alemães, temos a obrigação especial de parar o extermínio completo do meio milhão de cristãos armênios que ainda sobrevivem. Somos aliados da Turquia e, após a eliminação de franceses, ingleses e russos, somos os únicos estrangeiros que têm qualquer voz sobre os assuntos turcos [...]. É totalmente errado pensar que o Governo turco irá se abster, por vontade própria, até mesmo da destruição de mulheres e crianças, a menos que seja exercida maior pressão pelo governo alemão.

Fonte: Primeiro publicado em *Source Records of the Great War, Vol. III*, ed. Charles F. Horne, National Alumni, 1923, disponível em www.firstworldwar.com/diaries/armenianmassacres.htm.

O ÚLTIMO SULTÃO DA TURQUIA PROMETE JUSTIÇA PARA OS ARMÊNIOS

Mehmed VI (1861-1926) se tornou sultão em 3 de julho de 1918, após a morte de seu irmão, e seu governo concluiu um armistício com os Aliados em 30 de outubro. A seguinte proclamação breve, emitida em 6 de dezembro, reconhece "maus-tratos" ao povo armênio na guerra e promete uma investigação, que nunca aconteceu. Ele abdicou em 1922:

Minha tristeza é profunda diante dos maus-tratos aos meus súditos armênios por determinados comitês políticos agindo sob meu governo.

A Primeira Guerra Mundial

> Esses delitos e a matança mútua dos filhos da mesma pátria partiram meu coração. Ordenei um inquérito logo que cheguei ao trono, para que os fomentadores possam ser punidos com severidade, mas vários fatores impediram que minhas ordens fossem prontamente cumpridas.
>
> O assunto agora está sendo investigado em detalhe. A justiça em breve será feita e nós nunca teremos uma repetição desses eventos horríveis.
>
> Fonte: Publicado inicialmente em *Source Records of the Great War, Vol. III*, ed. Charles F. Horne, National Alumni, 1923, disponível em www.firstworldwar.com/source/mohammedvi_proclamation.htm.

O colapso da Rússia imperial deixou os sobreviventes do genocídio armênio em uma situação ainda mais precária, retirando uma força Aliada simpática da sua região. Lenin tinha se manifestado publicamente, desde a Conferência de Zimmerwald, em favor da autodeterminação nacional, mas, após a Revolução Bolchevique, nada fez para apoiar as aspirações armênias por um Estado. Um tratado de amizade soviético-otomano (1º de janeiro de 1918) deixou os armênios abandonados por seus tradicionais protetores, mas não os dissuadiu de proclamar sua própria "República Democrática da Armênia" (28 de maio de 1918) e defender a independência no ano seguinte, na Conferência de Paz de Paris. Foi de pouco consolo aos armênios que o último sultão otomano, Mehmed VI, tenha lançado uma proclamação após a guerra prometendo uma investigação sobre o genocídio e "justiça" para as vítimas (ver box "O último sultão da Turquia promete justiça para os armênios").

Conclusão

Por mais ineficazes que tenham sido em usar o apelo à *jihad* ou outros argumentos para incitar a resistência muçulmana aos britânicos nas margens oeste e sul do Oriente Médio, da Líbia a Darfur e até a Somália, os alemães e os turcos foram ainda mais ineficazes ao longo das margens norte e oriental, onde os esquemas para penetrar na Pérsia e no Afeganistão jamais deram em nada. No entanto, como em muitos aspectos da guerra naval, do Saara à Índia, as Potências Centrais conseguiram reter consideráveis recursos Aliados com custo baixo para si próprias. Na verdade, mesmo após o xarife de Meca declarar a independência dos árabes em relação aos turcos, os britânicos temiam que os árabes desertassem para uma frente muçulmana pró-alemã que pusesse em perigo os seus interesses em toda a região. Enquanto os alemães enviaram apenas 20 mil soldados ao Império Otomano durante a Primeira Guerra Mundial, quase 500 mil soldados britânicos e imperiais (a maioria, indiana) permaneceram em todo o Oriente Médio entre 1914 e 1918, e os britânicos concluíram uma série de acordos convenientes com seus aliados franceses, com vários líderes árabes e mesmo com os líderes do movimento sionista, em um esforço para cobrir todas as contingências. Os historiadores podem especular sobre o impacto que mais 500 mil soldados teriam se tivessem sido enviados à frente ocidental; muito mais certas foram as consequências devastadoras, que ainda reverberam um século mais tarde, de acordos contraditórios e promessas não cumpridas.

Em termos de contingente, o papel da Índia no Oriente Médio durante a Primeira Guerra Mundial superou o dos próprios árabes. Sem os soldados indianos, os britânicos teriam grande dificuldade de terminar como queriam a campanha na Palestina e nunca poderiam ter ocupado a Mesopotâmia. No segundo caso, o fim da guerra trouxe renovados desafios a um regime britânico apoiado, após a Conferência de Paz de Paris, na autoridade de um mandato da Liga das Nações. A incapacidade da Grã-Bretanha de impor sua vontade ao país resultou em um Iraque independente no prazo de 15 anos – o primeiro dos mandatos a atingir esse estatuto, ironicamente em um momento em que a Índia ainda não era independente nem mesmo autogovernada. A jornada da Índia em busca de liberdade terminou em êxito após a Segunda Guerra Mundial, mas os anos de 1914 a 1918 foram cruciais para a luta. Para os indianos, assim como para muitos outros asiáticos e africanos, a experiência da Primeira Guerra Mundial desmascarou o mito da superioridade europeia. Depois, quando a promessa implícita de *status* de domínio não foi cumprida, a sensação de traição criou as condições sob as quais Gandhi assumiu a direção de um movimento de massa cada vez mais agressivo contra o governo britânico.

Notas

[1] Ronald William Millar, *The Death of an Army: The Siege of Kut, 1915-1916* (Boston, MA: Houghton Mifflin, 1970), 12.

[2] Millar, *The Death of an Army*, 132-33.

[3] Tenente-general Sir Stanley Maude, "Proclamation of Baghdad", 19 março de 1917, disponível em http://wwi.lib. byu.edu/index.php/The_Proclamation_of_Baghdad.

[4] Por exemplo, Youssef Aboul Enein, "The First World War Mesopotamian Campaigns: Military Lessons on Iraqi Ground Warfare", *Strategic Insights* 4(6) (junho de 2005), disponível em www.ccc.nps.navy.mil/si/2005/Jun/aboul-eneinJun05.asp.

[5] Ver Donald M. McKale, *War by Revolution: Germany and Great Britain in the Middle East in the Era of World War I* (Kent State University Press, 1998), 211-12; Amatzia Baram, "Neo-Tribalism in Iraq: Saddam Hussein's Tribal Policies 1991-96", *International Journal of Middle East Studies* 29 (1997): 1-31.

[6] Citado em Stanley Wolpert, *Gandhi's Passion: The Life and Legacy of Mahatma Gandhi* (Oxford University Press, 2002), 97.

[7] Ver Alan Bucham *Ali Dinar: Last Sultan of Darfur, 1898-1916* (Londres: Longmans, 1965).

A Primeira Guerra Mundial

[8] McKale, *War by Revolution*, 75.

[9] T. E. Lawrence, "Evolution of a Revolt", *Army Quarterly* 1(1) (outubro de 1920), disponível em http://telawrence. net/telawrencenet/works/articles_%20essays/1920_%20evolution_%20of_%20a_ %20revolt.htm.

[10] Lowell Thomas, *With Lawrence in Arabia* (New York: Grosset & Dunlap Publishers, 1924), 3, 5, e passim.

[11] T. E. Lawrence, *The Complete Seven Pillars of Wisdom: The "Oxford" Text* (Fordingbridge: J. and N. Wilson, 2004), 5.

[12] Citado em Mateus Hughes, *Allenby and British Strategy in the Middle East, 1917-1919* (London: Taylor & Francis, 1999), 81.

[13] Declaração de Balfour, 3 de novembro de 1917, disponível em http://firstworldwar.com/source/balfour.htm.

[14] Citado em Mateus Hughes, "Command, Strategy and the Battle for Palestine, 1917", em Ian F. W. Beckett (ed.), *1917: Beyond the Western Front* (Leiden: Brill, 2009), 118.

[15] David Lloyd George, *War Memoirs, Vol. 2* (London: Odhams, 1938), 1090.

[16] Citado em David Stevenson, *The First World War and International Politics* (Oxford University Press, 1988), 296.

[17] Citado em Guenter Lewy, *The Armenian Massacres in Ottoman Turkey* (Salt Lake City, UT: University of Utah Press, 2005), 205-6.

[18] Lewy, *The Armenian Massacres*, 233-41.

[19] Citado em Lewy, *The Armenian Massacres*, 265, que explica suas dúvidas sobre a veracidade da declaração supostamente feita em 22 de agosto de 1939.

[20] Para o melhor relato recente do papel alemão, ver Donald Bloxham, *The Great Game of Genocide: Imperialism, Nationalism, and the Destruction of the Ottoman Armenians* (Oxford University Press, 2005), 115-33.

Leituras complementares

Bloxham, Donald. *The Great Game of Genocide: Imperialism, Nationalism, and the Destruction of the Ottoman Armenians* (Oxford University Press, 2005).

Göçek, Fatma Müge, Norman Naimark, e Ronald Grigor Suny (eds.). *A Question of Genocide: Armenians and Turks at the End of the Ottoman Empire* (Oxford University Press, 2010).

Grainger, John D. *The Battle for Palestine, 1917* (Woodbridge: Boydell Press, 2006).

Hughes, Matthew. *Allenby and British Strategy in the Middle East, 1917-1919* (London: Taylor & Francis, 1999).

Hughes, Matthew. "Command, Strategy and the Battle for Palestine, 1917", em Ian F. W. Beckett (ed.), *1917: Beyond the Western Front* (Leiden: Brill, 2009).

Lewy, Guenter. *The Armenian Massacres in Ottoman Turkey* (Salt Lake City, UT: University of Utah Press, 2005).

Mack, John E. *A Prince of Our Disorder: The Life of T. E. Lawrence* (London: Weidenfeld & Nicolson, 1976).

Martin, Bradford G. *Muslim Brotherhoods in 19th-century Africa* (Cambridge University Press, 1976).

McKale, Donald M. *War by Revolution: Germany and Great Britain in the Middle East in the Era of World War I* (Kent State University Press, 1998).

Theobald, Alan Buchan. *Ali Dinar: Last Sultan of Darfur, 1898-1916* (London: Longman, 1965).

Wolpert, Stanley. *Gandhi's Passion: The Life and Legacy of Mahatma Gandhi* (Oxford University Press, 2002).

ENSAIO 5

O legado das trincheiras: mente, corpo, espírito

Enquanto a guerra se arrastava, melhorias na construção de trincheiras ajudaram a reduzir as mortes causadas por ondas de choque oriundas de bombardeios, mas o transtorno causado pelo impacto das bombas, conhecido como *shellshock*, continuou sendo uma consequência grave do serviço nas trincheiras. Logo no início, o diagnóstico e o tratamento dos sobreviventes da onda de choque já haviam se tornado um campo de trabalho polêmico para os psicólogos; depois disso, a maioria das inúmeras vítimas de lesão cerebral traumática da guerra foi tratada como se sofresse de uma forma de doença psicológica que poderia ser curada com terapia. As formas tradicionais de tratamento, no pós-guerra, bem como em tempos de guerra, nunca levaram em conta os danos físicos aos seus cérebros causados pelo impacto catastrófico que haviam experimentado. *Shellshock* se tornou um título geral sob o qual se agrupavam os soldados com danos cerebrais e os que sofriam de uma grande variedade de sintomas de fadiga física e trauma psicológico, não muito diferente da grande variedade de doenças relacionadas ao combate que, no final do século XX, seriam agrupadas como transtorno de estresse pós-traumático (TEPT). Na verdade, o dr. Charles S. Myers, que cunhou o termo *shellshock* em um artigo publicado na revista médica britânica *Lancet* em fevereiro de 1915, acabou considerando o nome "mal escolhido".[1] Assim como muitos oficiais na época consideravam as vítimas de *shellshock* como homens meramente preguiçosos em busca de uma maneira de sair das trincheiras, alguns estudiosos que analisaram o fenômeno ao longo das décadas posteriores não o consideraram físico nem mental – por exemplo, marxistas que veem o *shellshock* como uma manifestação inconsciente de protesto proletário contra a guerra e historiadores das questões de gênero que o enxergam como uma revolta de homens contra as tradicionais expectativas bélicas de masculinidade.[2]

Por mais mal interpretadas ou mal diagnosticadas que fossem, essas lesões físicas e mentais afetaram um grande número de soldados a ponto de torná-los incapazes de continuar nas trincheiras ou, após a guerra, de levar qualquer coisa que se aproximasse de uma vida normal. Em julho de 1916, os "distúrbios nervosos" ("*Nervenkrankheiten*") afligiam 1 em cada 220 soldados que serviam no 1º Exército alemão no Somme; dois meses antes, para o 5º Exército que atacava Verdun, o número havia sido de 1 em cada 300.[3] Durante os cinco meses de luta no Somme, o exército britânico registrou oficialmente 16.138 casos de *shellshock*.[4] Em sua luta para escapar das trincheiras, algumas vítimas desse problema entraram para as fileiras dos desesperados, o suficiente para mutilar-se, mas correndo um risco considerável. Quando os ferimentos autoprovocados chamavam a atenção dos oficiais, as punições podiam ser severas, incluindo a pena de morte no exército francês. Muitos outros simplesmente esperavam receber o que os soldados britânicos chamavam de "*blighty*" ou "*blighty one*" – uma ferida ruim o suficiente para mandar um homem para casa, mas não tão grave para ser uma ameaça à vida nem incapacitar para sempre.

Abaixo do nível de morte e lesões incapacitantes, a lama e a umidade penetrante nas trincheiras exacerbavam uma série de problemas de saúde e higiene. Em 1914 e 1915, milhares de soldados tiveram os pés amputados após desenvolver gangrena por "pé de trincheira", um fungo resultante de ficar em pé dia após dia na água suja. O pé de trincheira fez mais vítimas nas trincheiras baixas de Flandres e, em termos gerais, afligiu muito mais os Aliados porque, pelo menos a partir da fronteira franco-belga até as proximidades de Verdun, as trincheiras alemãs estavam quase sempre em terreno mais alto e mais seco, devido ao aumento gradual da elevação em direção à fronteira alemã. Os casos de pé de trincheira diminuíram muito a partir de 1915, quando os exércitos passaram a tomar mais cuidado com o bombeamento de água para fora das trincheiras inundadas e a instalação de tábuas que impediam os homens de colocar os pés na água quando as trincheiras estavam molhadas.

Molhadas ou secas, todas as trincheiras sofriam de infestação de roedores, geralmente ratos marrons, que cresciam até o tamanho de gatos ao se deleitar nos restos dos mortos na terra de ninguém. Considerando-se que um casal de ratos produzia quase mil descendentes em um ano, milhões deles habitavam as trincheiras, contaminando alimentos e espalhando doenças. Os piolhos, desprezados pela coceira que causavam, estavam ligados ao tifo desde 1906, mas medidas enérgicas de despiolhamento por parte dos exércitos britânico, francês e alemão mantiveram a temida doença longe da frente ocidental (embora ela tenha dizimado o exército

Ensaio 5

Remoção de ferido em Vaux, na França.

sérvio em 1915 e ameaçado a frente oriental durante a guerra). A misteriosa "febre de trincheira" – pouco fatal, mas que muitas vezes durava até três meses – atingia soldados em todas as frentes e, em 1918, também foi relacionada ao piolho. Apenas banhos e trocas de roupa frequentes poderiam eliminar completamente o flagelo, e esses eram luxos fora do alcance de soldados comuns nas trincheiras. Enquanto a guerra continuava e menos oficiais superiores as visitavam, os que o faziam eram atingidos pela miscelânea de odores: o mau cheiro de urina e fezes, cozimento de vários alimentos, os mortos em decomposição, a cal e outros produtos químicos espalhados para combater as doenças, fumaça de tabaco, cordite e, é claro, o cheiro penetrante de humanidade suja.

A Primeira Guerra Mundial

Além da gripe que assolou os exércitos em 1918, as doenças sexualmente transmissíveis representavam a maior crise de saúde da guerra para os homens de farda. Durante grande parte do conflito, os exércitos permitiam a soldados de licença o livre acesso aos bordéis, e muitos aproveitavam a oportunidade. A educação sobre as consequências variava muito de um exército a outro, assim como a oferta (e, aparentemente, o uso) de preservativos. O exército francês registrou a quantidade impressionante de 1 milhão de casos de doenças desse tipo durante a guerra, incluindo 200 mil de sífilis. Dentro das forças britânicas e imperiais, soldados dos domínios tinham índices maiores de infecção do que os da própria Grã-Bretanha; em 1916, a cifra para as tropas canadenses foi de alarmantes 209,4 casos por mil. O exército dos Estados Unidos abordou o problema com uma vigilância especial e, em novembro de 1918, reduziu sua taxa de infecção a 11 casos por mil. A maioria dos exércitos estabeleceu rotinas de inspeção para bordéis frequentados por seus soldados; na França ocupada, os inspetores de saúde alemães acabaram visitando todos os bordéis duas vezes por semana. Militares que precisassem de hospitalização por doenças sexualmente transmissíveis costumavam ser punidos. No exército britânico, eles perdiam o pagamento enquanto estavam no hospital, e os oficiais tinham que bancar o custo de seu próprio tratamento. Em janeiro de 1917, os britânicos introduziram a punição de um ano sem licença a todos os homens que contraíssem uma doença sexualmente transmissível, com ou sem necessidade de hospitalização, e, em abril de 1918, proibiram oficialmente a frequência a todos os bordéis.

A última medida foi adotada para apaziguar os líderes religiosos na frente interna, mas, mesmo que a Igreja Anglicana e as denominações não conformistas (principalmente Metodista, Presbiteriana e Batista) procurassem cumprir um papel moral na vida dos soldados da Grã-Bretanha e seu império, os capelães da Igreja Católica deixaram a impressão mais forte. O exército britânico reservava dois terços de seus cargos de capelão para o clero anglicano, mas, por causa do grande número de irlandeses e seus descendentes em serviço, os padres católicos eram o segundo maior grupo, com 20%. Enquanto os anglicanos raramente se aproximavam da frente de batalha, os sacerdotes católicos podiam ser encontrados nas trincheiras avançadas e, até mesmo, na terra de ninguém, devido à importância que davam a seu dever sacramental de administrar os últimos ritos a soldados moribundos. Sua bravura sob fogo impressionava não apenas seus colegas religiosos, mas também os soldados protestantes, levando a uma estimativa de 40 mil conversões ao catolicismo durante a guerra entre os soldados britânicos, somente na frente ocidental.[5] Em nítido contraste com a alocação generosa de capelães de todas as religiões nos exércitos britânico e imperial, um número relativamente menor serviu com franceses e alemães. Devido à escassez de contingente, os franceses ofereciam o menor número de isenções de serviço e, sozinhos entre as

442

Ensaio 5

grandes potências, não isentavam automaticamente os clérigos nem lhes davam a opção de servir como capelães militares. Assim, milhares de padres católicos franceses serviram nas fileiras como soldados comuns. O exército e a frente interna franceses experimentaram um renascimento religioso após a eclosão da guerra, com a presença em missas e o número de comungantes triplicando, mas o fenômeno se revelou temporário e, em 1917, a prática religiosa voltou aos níveis anteriores à guerra. No final das contas, é impossível fazer generalizações acerca do impacto da guerra sobre a religiosidade dos homens que serviram nela. O calvário das trincheiras, sem dúvida, levou muitos homens a perder a fé na religião, da mesma forma que fez com que outros a encontrassem, mas, pelo menos nos Estados Unidos (onde o truísmo da Segunda Guerra Mundial segundo o qual "não existem ateus nos abrigos" teve suas origens no truísmo da Primeira Guerra Mundial "não existem ateus nas trincheiras"), a suposição era de que estes eram bem mais numerosos do que aqueles.[6]

É igualmente impossível generalizar sobre o papel da guerra na formação das crenças políticas e da visão de mundo de quem sobreviveu à experiência. A vida nas trincheiras durante a Primeira Guerra Mundial afetou futuros líderes políticos europeus de vários pontos de vista e ideologias. Adolf Hitler, cabo da 6ª Divisão de Reserva de Baviera, foi ferido no Somme, em agosto de 1916. Benito Mussolini, cabo da 1ª Bersaglieri, foi ferido no alto Isonzo, em fevereiro de 1917. Winston Churchill, aos 41 anos (e 17 anos depois de seu último serviço ativo), comandou um batalhão de Fuzileiros Reais Escoceses no setor de Ypres por quatro meses em 1916 e foi promovido a coronel, antes de regressar ao seu lugar na Câmara dos Comuns. Três outros primeiros-ministros do pós-guerra, Clement Attlee, Anthony Eden e Harold Macmillan, também eram veteranos das trincheiras, o primeiro em Galípoli, os outros dois no Somme. No exército francês, futuros líderes nacionais servindo nas trincheiras incluíam Edouard Daladier e Charles de Gaulle, ferido e capturado em Verdun. Além dos líderes políticos, a maioria dos generais da Segunda Guerra Mundial era de oficiais subalternos na Primeira, embora muito poucos (entre eles, Erwin Rommel, da Alemanha, e Harold Alexander, da Grã-Bretanha) tenham servido amplamente na frente com infantaria. Vários estudiosos e escritores foram influenciados por sua experiência nas trincheiras. O futuro historiador Gerhard Ritter, o autor de obras militares Basil H. Liddell Hart, e o autor de *O senhor dos anéis*, J. R. R. Tolkien, eram, todos, veteranos do Somme. Erich Maria Remarque, ferido gravemente apenas cinco semanas depois de ser enviado para as trincheiras de Flandres, em 1917, 12 anos depois, publicou o *best-seller* internacional *Nada de novo no front (Im Westen nichts Neues)*, que continua sendo a condenação mais lida da futilidade da guerra de trincheiras, em particular, e da guerra em geral.

443

A Primeira Guerra Mundial

Notas

[1] Citado em John Ellis, *Eye-Deep in Hell: Trench Warfare in World War I* (Baltimore, MD: Johns Hopkins University Press, 1976), 116. Ver, também, Charles S. Myers, "A Contribution to the Study of Shell Shock", *Lancet* (13 de fevereiro de 1915), 316-20; Charles S. Myers, *Shellshock in France*, 1914-1918 (Cambridge University Press, 1940).

[2] Ver Laurinda Stryker, "Mental Cases: British Shellshock and the Politics of Interpretation", em Gail Braybon (ed.), *Evidence, History and the Great War: Historians and the Impact of 1914-18* (New York: Berghahn Books, 2003), 154-71.

[3] Matti Münch, *Verdun: Mythos and Alltag einer Schlacht* (Munich: Martin Meidenbauer Verlagsbuchhandlung, 2006), 371.

[4] Ellis, *Eye-Deep in Hell*, 119.

[5] James H. Hagerty, "Benedictine Military Chaplains in the First World War", artigo apresentado no English Benedictine Congregation History Commission Symposium, 1998, 15-16, disponível em www.plantata.org. uk/papers/ebch/1998hagerty.pdf. Ver, também, Ellis, *Eye-Deep in Hell*, 156.

[6] "There are no atheists in the trenches", frase usada pela primeira vez em "Pastor Tells YMCA Hut Life at Front," *Oakland Tribune*, 6 de maio de 1918, 6; repetida em "St. Andrew's Brotherhood Work Among Soldiers", *New York Times*, 19 de maio de 1918, 49.

JOGO FINAL: EUROPA, 1918

Soldados em posição de ataque, em Champagne, França, 1917.

Cronologia

3 de março. Tratado de Brest-Litovski termina a guerra na frente oriental.

Março a julho. Ofensiva alemã na frente ocidental.

Abril. "Caso Sixto" revela busca austro-húngara por paz em separado.

Julho-agosto. Vitória dos Aliados na segunda Batalha do Marne.

Verão. Fokker D7 restaura a superioridade aérea alemã.

8 a 11 de agosto. Ataque de armas combinadas dá a Aliados ruptura decisiva da frente em Amiens.

Agosto a novembro. "Ofensiva dos Cem Dias" liberta França e metade da Bélgica.

Setembro. Ofensiva Aliada tira a Bulgária da guerra.

Outubro a novembro. Ofensiva franco-sérvia liberta a Sérvia.

Outubro a novembro. Vitória italiana na Batalha de Vittorio Veneto.

3 de novembro. Império Austro-Húngaro sinaliza com armistício.

9 de novembro. Guilherme II abdica.

11 de novembro. Alemanha sinaliza com armistício.

Enquanto a guerra iniciava mais um ano, a paisagem militar e política da Europa ainda era muito diferente do que seria apenas dez meses e meio depois. A Alemanha se preparava para desencadear sua primeira grande ofensiva na frente ocidental desde Verdun, dois anos antes – desta vez, com o objetivo de vencer a guerra, e não apenas de infligir baixas. Não se projetava uma vitória rápida, já que os alemães há muito tempo duvidavam de que seus parceiros de aliança, a Áustria-Hungria e o Império Otomano, pudessem continuar lutando por muito mais tempo. No lado dos Aliados, não se sabia se a Grã-Bretanha poderia lutar melhor do que fizera em Passchendaele no ano anterior ou se a França sequer teria condições de lutar. O mesmo se podia dizer da Itália, que colocou em campo metade das tropas que tinha antes da derrota em Caporetto. Confiante em suas próprias preparações material e tática, Hindenburg e Ludendorff também tinham razões para acreditar que as grandes incertezas em nível estratégico iriam jogar a seu favor. O armistício germano-soviético de dezembro de 1917 havia posto fim aos combates na frente oriental, ao passo que os submarinos alemães ainda estavam afundando tonelagem Aliada mais rapidamente do que se conseguia substituí-la e, já em janeiro 1918, apenas 175 mil soldados dos Estados Unidos alcançaram a França, mas nenhum dos quais tinha participado de uma ação significativa. As frentes internas eram outra questão. Agora que a Rússia estava fora da guerra e França e Itália tinham sobrevivido aos colapsos temporários de 1917, as Potências Centrais teriam de enfrentar os desafios maiores de manter suas populações civis apoiando o esforço de guerra.

A frente ocidental: de "Michael" ao Marne

A ofensiva da Alemanha na primavera de 1918 foi seu maior esforço na frente ocidental desde agosto de 1914, mas diferia da operação anterior em muitos aspectos. Em vez de um impulso único e sustentado ao longo de uma frente ampla, Ludendorff planejou uma série de golpes desde Flandres até Champagne, cada um concentrando forças esmagadoramente superiores no ponto de ataque e continuando a pressão, enquanto o inimigo recuava. Sua esperança era de que um dos ataques alcançasse uma vitória decisiva, uma "Tannenberg", cercando e destruindo um exército inimigo individual, e assim deixando uma lacuna nas linhas Aliadas que pudesse comprometer toda a frente de batalha. Ludendorff se preparou para a ofensiva agrupando os soldados fisicamente mais bem preparados em divisões de "ataque", que passaram por um curso de treinamento especial durante o inverno de 1917 e 1918, deixando os jovens e os de meia-idade em divisões "de trincheira" numericamente inferiores, designadas para a defesa dos setores mais tranquilos da frente. No início da primavera, o tratado de Brest-Litovski (ver "Jogo final no leste: do Báltico ao mar Negro", mais adiante) tinha formalmente terminado a guerra contra a Rússia e permitido que o OHL transferisse 33 divisões para a França, elevando o total alemão no país para 192, contra 165 dos Aliados, mas o efetivo alemão na frente (1,4 milhão de homens) revelou que a divisão média estava operando a meia força. Apesar dos esforços do Programa Hindenburg, os alemães permaneceram um pouco inferiores aos Aliados em número de canhões (14 mil a 18.500) e aeronaves (3.700 a 4.500), e imensamente inferiores em tanques, com apenas 10 (do pesado modelo Daimler-Benz A7V, de 30 toneladas, que exigia uma tripulação de 18) contra cerca de 800 tanques dos Aliados, de todos os projetos. Os alemães também mal tinham um quarto dos caminhões dos Aliados, deixando sua marcha ao Marne dependente, como tinha sido em 1914, principalmente de veículos de carga puxados por cavalos. A ampla escassez alemã de alimentos também reduziu a ração diária do exército a 2.500 calorias por homem, significativamente menor do que a média Aliada. Por exemplo, no exército italiano – o menos bem alimentado entre os Aliados de 1918 –, o ideal era de 4 mil calorias por homem, e a realidade, pouco mais de 3 mil.

Não obstante sua superioridade em material e suprimentos, os Aliados tinham pouca escolha além de fazer planos para ficar na defensiva em 1918. Com a Rússia fora da guerra, os Estados Unidos ainda se mobilizando e França e Itália incapazes de ação ofensiva após seus revezes de 1917, a Grã-Bretanha só poderia pensar em atacar, mas os generais de Lloyd George pensaram duas vezes, especialmente quando se tratava da frente ocidental. Em 19 de dezembro de 1917, o chefe do Estado-Maior Geral Imperial, sir William Robertson, informou ao Gabinete Imperial de Guerra que o exército britânico não tinha "planos ofensivos em mente, no momento" e "deve[ria] agir na defensiva por algum tempo".[1] Líderes Aliados esperavam que passasse pelo menos um ano antes de voltar a ser capazes de tomar a iniciativa na frente ocidental. O general Fayolle, nomeado comandante do grupo de reserva do exército francês pouco tempo antes, especulou que o contingente norte-americano significativo só seria completado "em 18 meses", e certamente não antes de junho de 1919.[2] A previsão de Haig era de 1920, e ele temia que, nesse meio-tempo, a Grã-Bretanha estivesse tão fragilizada que "a América teria uma grande vantagem sobre nós" no mundo pós-guerra. Foi o suficiente para fazê-lo defender uma paz negociada.[3] Lloyd George e o Gabinete de Guerra não

448

compartilhavam seu pessimismo e consideravam 1918 uma oportunidade para enfraquecer os pares da Alemanha sustentando a frente italiana contra o Império Austro-Húngaro e a frente da Macedônia contra a Bulgária, enquanto se mantinha a pressão sobre o Império Otomano na Palestina e na Mesopotâmia. Os franceses concordaram e se comprometeram a continuar seus esforços nas frentes italianas e macedônica. Entre os críticos da estratégia estava Robertson, cuja conclusão de que ela desviava muitas tropas da frente ocidental contribuiu para sua decisão de renunciar em fevereiro de 1918.

A primeira fase do plano alemão (ver mapa "A frente ocidental, 1918: a ofensiva alemã"), de codinome "Michael", levou à segunda Batalha do Somme (21 de março a 5 de abril). Em meio à calmaria de inverno na ação, Ludendorff tinha concentrado o 2º Exército (general Georg von der Marwitz), o 17º (general Otto von Below), e o 18º (general Oskar von Hutier), totalizando 76 divisões (700 mil soldados), apoiadas por 6.600 canhões e quase 1.100 aeronaves, contra um setor de 113 km entre Arras e o rio Oise. As linhas britânicas opostas a eles eram defendidas por apenas 26 divisões de infantaria e 3 de cavalaria, apoiadas por 2.700 canhões, divididos entre o 3º Exército (general sir Julian Byng) e o 5º (general sir Hubert Gough), este último tendo penetrado insuficientemente e tomado a maioria de seus 68 km de frente durante o inverno, substituindo divisões francesas transferidas a outros lugares. Haig só recentemente atendera aos reiterados apelos de Gough por mais trabalhadores militares e, quando eles chegaram, Gough usou a maior parte para construir estradas e outras infraestruturas, em vez de mais camadas de fortificações de campo. Para preservar o elemento-surpresa até o momento do ataque, os alemães decidiram abandonar os eficientes dias de artilharia preliminar em favor de um bombardeio breve e esmagador na madrugada de 21 de março, depois do qual avançaram em um denso nevoeiro e esmagaram as trincheiras da frente britânica. Após ganhos modestos no primeiro dia, os alemães exploraram condições meteorológicas anormalmente secas para avançar até 50 km em seis dias, reconquistando terreno que tinham perdido em seu recuo à Linha Hindenburg na primavera anterior, ou em 1916, no Somme. Mais tarde, Haig reescreveu as anotações daqueles dias tensos em seu diário, para alegar que Pétain, Lloyd George e até mesmo o rei George V tinham, todos, "perdido a calma" ou estavam "em pânico" em meio à derrota.[4] Foi uma vã tentativa de mascarar a perda de sua própria calma, que era paralisante. De fato, em 24 de março, Haig deixou Pétain com a impressão de que ele havia desistido de defender Amiens, e que só os franceses poderiam impedir que os alemães abrissem uma brecha fatal entre os dois exércitos Aliados. No dia seguinte, ele disse ao sucessor de Robertson, o general sir Henry Wilson, que a vitória ou a derrota – não apenas naquela batalha, mas em toda a guerra – dependia de quanta ajuda os franceses lhe pudessem enviar.

A Primeira Guerra Mundial

Com o destino do esforço de guerra comum anglo-francês em jogo, no dia 26 de março, Poincaré, Clemenceau, Pétain e Foch se reuniram com Haig, Wilson e lorde Alfred Milner, este último representando Lloyd George e o Gabinete Imperial de Guerra, em Doullens, não muito atrás da frente britânica que ruía.

Jogo final

Clemenceau propôs nomear Foch comandante supremo, com autoridade para "articular" as operações Aliadas. Wilson, velho amigo de Foch desde suas visitas à Grã-Bretanha antes da guerra, ajudou a tornar a escolha unânime. O desafio de Foch justificou sua opinião: "O momento é [...] como em 1914, no Marne; é preciso cavar e morrer onde estamos, se necessário".[5] Além de Pétain, que tinha sido profundamente abalado pelo pessimismo de Haig, os franceses mantiveram o espírito melhor do que os britânicos e sentiram uma satisfação sombria em seu papel na estabilização da frente. Enquanto os alemães reforçaram sua ofensiva com mais 14 divisões, no lado dos Aliados, Foch comprometeu o 6º Exército francês (general Denis Augusto Duchêne) ao longo do Oise, e depois enviou 10 divisões de infantaria e 5 de cavalaria do grupo de exércitos de reserva de Fayolle para reforçar o combalido exército de Gough. Quando interromperam seus ataques, em 5 de abril, os alemães tinham avançado outros 15 km a 24 km, no centro da saliência para tomar Noyon e Montdidier, apenas a 110 km de Paris. Em 16 dias, eles sofreram 239 mil baixas, mas infligiram 248 mil (178 mil à Grã-Bretanha e seu império, 70 mil à França), enquanto faziam 90 mil prisioneiros (quase todos britânicos e imperiais) e tomavam 1.300 canhões. A BEF não havia perdido tantos homens em tão pouco tempo em toda a guerra. Como um todo, o desastre desacreditou Gough mais do que ninguém. Depois, Haig o demitiu e tirou da linha o que restava do 5º Exército.

Os alemães abriram a segunda fase da ofensiva, de codinome "Georgette", apenas quatro dias depois de "Michael" terminar, dando início à quarta Batalha de Ypres (9 a 29 de abril), também conhecida como Batalha do Lys. Seu ataque foi dirigido às 29 divisões do 1º (general sir Henry Horne) e 2º (general Herbert Plumer) Exércitos britânicos no setor de Flandres, usando 61 divisões do 4º Exército (general Sixt von Arnim) e o 6º Exército (general Ferdinand von Quast) alemães, incluindo 11 divisões que haviam participado da operação "Michael". Os alemães tiveram seus maiores ganhos contra o 1º Exército ao longo do rio Lys, esmagando duas divisões portuguesas de Horne e avançando 20 km, em cinco dias, tomando Armentières e Merville. A frente de batalha parou ali, mas, ao norte, onde as tropas belgas foram atraídas para a batalha, os alemães continuaram a atacar até 29 de abril, retomando as colinas de Passchendaele e avançando às ruínas de Ypres. Apesar de seus ganhos, os alemães mais uma vez não conseguiram uma ruptura das linhas e, no processo, sofreram 123 mil baixas, aproximadamente o mesmo número que infligiram. A batalha foi a mais sangrenta da história de Portugal, que sofreu 7.400 baixas, principalmente da 2ª Divisão, comandada pelo futuro presidente português Manuel Gomes da Costa.

A terceira fase da ofensiva alemã, de codinome "Blücher-Yorck", levou à terceira Batalha do Aisne (27 de maio a 6 de junho). Ludendorff concentrou 28 divisões

451

do 7º Exército alemão (general Max von Boehn) contra o setor do Chemin des Dames, onde as 11 divisões francesas e três britânicas do 6º Exército de Duchêne defenderam as conquistas da ofensiva Nivelle da primavera anterior. Pétain tinha ordenado a Duchêne que mantivesse uma "defesa em profundidade", imitando a estratégia que os alemães haviam introduzido no ano anterior, mas Duchêne, em vez disso, concentrou suas forças ao longo das colinas ao norte do rio Aisne. Após a mais pesada barragem de artilharia alemã da guerra, na qual mais de 3.700 canhões dispararam dois milhões de projéteis em apenas quatro horas e meia, a infantaria de Boehn facilmente rompeu a frente de Duchêne. Só no primeiro dia, eles avançaram 20 km ao longo de uma frente de batalha de 40 km de largura, o maior avanço em um único dia por qualquer dos lados desde o início da guerra de trincheiras na frente ocidental. Explorando a brecha, Ludendorff envolveu o 1º (general Fritz von Below) e o 3º Exércitos (general Karl von Einem) com a batalha. Em 29 de maio, os alemães tomaram Soissons e, no dia seguinte, suas unidades de cavalaria avançada chegaram ao Marne. No oitavo dia, tinham avançado 50 km e ocupavam uma posição consolidada no Marne em Château-Thierry, 90 km de Paris. Quando estabilizaram a frente de batalha, em 6 de junho, os Aliados haviam sofrido 127 mil baixas (98 mil francesas, 29 mil britânicas), mas os alemães tinham sofrido pelo menos o mesmo número, cerca de 130 mil. Na esteira da *débâcle*, Pétain demitiu Duchêne em favor do general Jean Degoutte, mas muito de seu controle sobre as forças francesas passou para Foch, cujos vagos poderes iniciais de "coordenação" das operações Aliadas haviam sido redefinidos para "direção estratégica".[6]

Os Estados Unidos aceitaram Foch como supremo comandante Aliado, uma semana após a conferência de Doullens (26 de março) e, no início de maio, Pershing concordou em designar divisões da AEF aos outros exércitos Aliados como medida de emergência. As primeiras dessas entraram em ação na Batalha de Cantigny (28 de maio), lutaram apenas a noroeste de Montdidier, onde a 1ª Divisão norte-americana retomou um povoado que estava nas mãos dos alemães desde o fim da operação "Michael", sete semanas antes, e depois a defendeu de vários contra-ataques. Em alguns dias, os norte-americanos também entraram em ação, a oeste de Château-Thierry, onde a Batalha do Bosque de Belleau (1º a 26 de junho) foi consequência da terceira Batalha do Aisne, mas continuou por mais três semanas depois que o restante do setor ficou calmo. Duas divisões da AEF, apoiadas por um corpo britânico e elementos do 6º Exército de Degoutte, envolveram cinco divisões alemãs, primeiramente parando seu avanço a sul de Belleau e depois retomando a floresta em uma batalha que destruiu quase todas as árvores e gerou 10 mil baixas de cada lado. Uma brigada de fuzileiros navais dos Estados Unidos liderou o ataque no bosque de Belleau, ganhando o apelido de "cães do diabo" ("*Teufelhunden*") de seus oponentes para suas destemidas táticas de onda humana.

Com a ação no bosque de Belleau ainda em andamento, os alemães deram início à quarta fase de sua ofensiva, de codinome "Gneisenau", pensada por Ludendorff para potencializar internamente as vantagens conquistadas em "Michael" e "Blücher-Yorck." Em 9 de junho, o 18º Exército de Hutier atacou em direção ao sul, ao longo do setor Montdidier-Noyon, enquanto o 7º Exército de Boehn pressionava em direção ao oeste a partir de Soissons, na esperança de unir forças perto de Compiègne e cercar as forças francesas que tinham diante de si. Cada um avançou 10 km no primeiro dia antes de os franceses finalmente demonstrarem seu próprio domínio da "defesa em profundidade". Contra as objeções de Pétain, Foch deu ao general Charles Mangin o 10º Exército francês com ordens de realizar um contra-ataque imediato e, em 11 e 12 de junho, suas três divisões francesas e duas norte-americanas reverteram a maré. Mais uma vez, os alemães tiveram praticamente as mesmas perdas dos Aliados, sofrendo 30 mil baixas, para 35 mil de franceses e norte-americanos.

Segunda Batalha do Marne: ponto de inflexão no oeste

Quando os alemães lançaram a quinta e última fase de sua ofensiva, que os levou à segunda Batalha do Marne (15 de julho a 6 de agosto), os Aliados tinham aumentado sua força na frente ocidental para 203 divisões, usando três fontes de contingente: tropas britânicas anteriormente retidas por Lloyd George para o serviço em outras frentes, tropas britânicas que tinham sido transferidas dessas frentes para a França e um número cada vez maior de soldados norte-americanos, instalados em divisões tão grandes como um corpo de exército alemão. No papel, os alemães ainda tinham a maior força, aumentada para 207 divisões, mas quase metade do seu exército tinha sucumbido à epidemia de gripe. A gripe também teve seus efeitos nas trincheiras Aliadas, mas os alemães, com rações escassas e exaustos por seus esforços até então, sem dúvida, sofreram mais. Ludendorff se recusou a considerar a condição dos soldados ao planejar o ataque final, que apelou para o 7º Exército de Boehn, apoiado pelo 9º (general Bruno von Mudra), para pressionar através do Marne, da saliência criada por "Blücher-Yorck", enquanto 3º Exército de Einem se juntava ao 1º (agora comandado pelo general Johannes von Eben) para atacar, ao sul, o tranquilo setor de Champagne, a leste da fortaleza francesa de Reims. Os ataques alemães, envolvendo 52 divisões no total, eram apoiados por mais de 600 canhões pesados. Outra "defesa em profundidade" francesa bem-sucedida parou Einem e Eben no primeiro dia, mas, ao longo do Marne, Boehn empurrou o 6º Exército francês de Degoutte ao outro lado do rio e estabeleceu uma base na margem sul, de 14 km de largura e 6 km de profundidade. Os alemães estavam mais perto de Paris do que em qualquer momento desde setembro de 1914.

453

Combatentes franceses utilizam como proteção ruína de igreja, próxima ao rio Marne.

Em 18 de julho, os Aliados tinham estabilizado suas linhas, e Foch articulou um contragolpe contra a saliência "Blücher-Yorck" com quatro exércitos franceses – o 6º (Degoutte), o 10º (Mangin), o 5º (general Henri Berthelout) e o 9º (general Antoine de Mitry), reforçados por oito grandes divisões da AEF, quatro divisões britânicas e duas italianas. O 6º e o 10º Exércitos, cujas 19 divisões francesas e 4 norte-americanas combinadas eram apoiadas por 2.100 canhões, 350 tanques e mil aviões, lideraram a operação. No primeiro dia, a 3ª e a 26º Divisões norte-americanas se juntaram a uma divisão francesa para surpreender os alemães no Château-Thierry, avançando sem artilharia preliminar, mas sob uma efetiva barragem rolante. As linhas alemãs se romperam, forçando Boehn a recuar todas as suas tropas ao norte do Marne (ver box "'Os americanos matam tudo!'"). Quando a batalha terminou, em 6 de agosto, os Aliados haviam retomado quase todo a saliência "Blücher-Yorck" e avançado para a linha de Soissons-Reims, ao longo do rio Vesle. Assim, a segunda Batalha do Marne foi tão decisiva quanto havia sido a primeira, em setembro de 1914. Os Aliados sofreram 134 mil baixas (95 mil francesas, 17 mil britânicas, 12 mil norte-americanas, 10 mil italianas), mas infligiram 139 mil, além de capturar mais de 29 mil soldados alemães e cerca de 800 canhões.

Entre o início da operação "Michael", em 21 de março, e o pico na segunda Batalha do Marne, em 18 de julho, a ação na frente ocidental gerou mais baixas do que nenhuma outra frente gerara em um período de quatro meses desde aquele entre agosto e dezembro de 1914. Entre os Aliados, os franceses tiveram mais baixas, com 433 mil, seguidos pelas forças britânicas e seu império, com 418 mil, enquanto as baixas da Alemanha – 641 mil mortos ou feridos – igualavam quase metade da sua força na linha de frente de março, e os melhores soldados, os das divisões de "ataque", sofreram as piores perdas. Os 29 mil prisioneiros alemães perdidos na segunda Batalha do Marne – o maior número da história em um período tão curto – fizeram com que algumas pessoas em Berlim temessem que o moral do exército tivesse começado a decair. Em qualquer caso, estava claro que a maré virara. O chanceler Hertling recordou mais tarde como a esperança se transformou em desespero nos primeiros dias da batalha: "No dia 18, mesmo os mais otimistas de nós sabiam que tudo estava perdido. A história do mundo foi jogada em três dias".[7]

"OS AMERICANOS MATAM TUDO!"

Trecho de um livro de memórias de Kurt Hesse, oficial subalterno no 5º Regimento de Granadeiros, 36ª Divisão de Infantaria, descrevendo o ponto alto da ofensiva de primavera de 1918 e o papel dos norte-americanos para forçar os alemães de volta ao outro lado do Marne:

Minha tropa, o 5º Regimento de Granadeiros, deveria cruzar no flanco direito da 36ª Divisão de Infantaria, perto de Jaulgonne, em dois lugares [...]. Havia confiança completa nos líderes, mas havia um sentimento indefinido de que não daria certo [...]. O inimigo tinha tomado vários prisioneiros de nós [e] daqui e dali. Ouvíamos falar de desertores. A despeito de todas as experiências de guerra, pouco havia sido feito para manter o nosso propósito em segredo.

[...] O fogo inimigo aumentava a cada dia. Quando, em 13 de julho, fomos aos locais de preparação, espessas nuvens de gás estavam no bosque de Jaulgonne [...]. Pouquíssimas vezes eu vira noite tão escura como a de 14 para 15 de julho. No bosque, não se podia ver a própria mão na frente dos olhos, e nós batíamos nas árvores. O chão era liso e escorregadio, no ar, cheio de gás; de vez em quando, havia um rugido, pois o inimigo lançava granadas pesadas. Aquilo durou horas [...]. A travessia é relativamente rápida [...]. Os trilhos são cruzados, a estação ferroviária de Varennes, tomada depois de uma pequena luta, passamos da estrada Moulins-Varennes – já mil metros ao sul do Marne! – e até as encostas ao sul do vale. De repente, da direita, sons de disparo seco e gritos. Na névoa da manhã, no campo alto de grãos, dava para ver as colunas de tropas de assalto avançando, vestidas de marrom: norte-americanos!

> [...] Na tarde de 15 de julho, conseguimos melhorar a linha um pouco [...], mas isso não altera em nada o resultado final do dia. Foi a mais grave derrota da guerra! [...] Nunca vi tantos mortos, nem coisas tão terríveis de se ver em batalha. Os norte-americanos, na outra margem, tinham destroçado completamente, em um combate aproximado, duas das nossas companhias. Eles tinham se deitado em meio aos grãos, em formação semicircular, deixaram que nos aproximássemos, e depois, a uma distância de 10 a 15 metros, mataram a tiros quase todos os nossos. Esse inimigo tinha coragem, temos que lhes reconhecer esse motivo de orgulho, mas também demonstrou uma brutalidade bestial. "Os americanos matam tudo!" Esse foi o grito de horror de 15 de julho, que por muito tempo tomou conta de nossos homens.
>
> [...] Como salvação, recebemos o comando: "Frente a ser recuada para trás do Marne!" Na noite entre 18 e 19 de julho, nos retiramos [...]. O desânimo tomou conta da maioria dos homens, tantos eram os queridos camaradas que tínhamos deixado lá. Muitos deles, nós nem tínhamos conseguido enterrar. Tudo fora como um aviso: sua vez também está chegando! Assim pensava o homem na frente de batalha.
>
> Fonte: Publicado inicialmente em *Source Records of the Great War, Vol. VI*, ed. Charles F. Horne, National Alumni, 1923, disponível em www.firstworldwar.com/diaries/secondmarne.htm.

Por que a ofensiva falhara? Até 18 de julho, o espírito do exército alemão era bom, em termos gerais, mas as quebras de disciplina tinham sido frequentes. Muitas vezes, soldados famintos paravam para se refestelar em comida e vinho encontrados nas trincheiras que capturavam, retardando seu avanço. Ao mesmo tempo, uma deterioração no decoro militar fazia com que relembrassem com frequência aos oficiais subalternos e aos soldados sua obrigação de saudar seus superiores e manter uma postura adequada. Como os Aliados, em suas ofensivas entre 1915 e 1917, os alemães em 1918 deveram, em geral, seus avanços iniciais a táticas inovadoras e bom uso da tecnologia, mas recorreram à força bruta assim que elas deixaram de ter efeito, aumentando suas próprias baixas. Eles não conseguiram chegar a uma "Tannenberg" em lugar algum da frente ocidental, e depois de quase cercar o 5º Exército britânico nos primeiros dias da "Michael" não voltaram mais a chegar perto. Os generais alemães criticaram a natureza fragmentada e experimental da ofensiva, e já na "Georgette" o alto custo dos ganhos modestos fez com que oficiais e soldados também perdessem a fé na vitória final. Se Ludendorff tinha um grande projeto estratégico, era dividir os setores britânico e francês da frente. Depois de não conseguir, os avanços feitos em ataques posteriores, até "Blücher-Yorck", inclusive, confundiram seu pensamento, colocando Paris tentadoramente perto do alcance alemão.

A frente dos Bálcãs:
o colapso da Bulgária e a libertação da Sérvia

Em dezembro de 1917, o general Adolphe Guillaumat, o mais recente comandante do 2º Exército na frente ocidental, chegou em Salônica para suceder Sarrail como comandante Aliado na frente da Macedônia. Ele herdou o que Ludendorff tinha menosprezado com ironia como "o maior campo de internamento dos Aliados", um grande exército multinacional que tinha estado relativamente inativo, preso a sua posição por uma força inimiga menor, sofrendo de problemas de moral nascidos do tédio, junto com baixas desproporcionalmente altas em função de doenças. Guillaumat se deu a tarefa de integrar suas forças muito mais do que Sarrail tinha feito durante os 28 meses desde o inicial desembarque Aliado em Salônica. Ele levantou o moral e a prontidão melhorando as condições de saúde e higiene e tornando a cadeia de abastecimento mais eficiente, enquanto sua equipe integrada se concentrava em padronizar as táticas no campo de batalha em áreas fundamentais, tais como o uso de artilharia e gás venenoso. Quando o general Franchet d'Esperey chegou para substituir Guillaumat, em junho de 1918, seu exército havia perdido duas de suas seis divisões britânicas, retiradas do serviço no Oriente Médio, e finalmente desarmara sua divisão russa, cujos soldados (menos os revolucionários considerados perigosos o suficiente para ser internados no norte da África francesa) foram colocados para trabalhar como operários. Essas perdas foram mais do que compensadas pela adição de nove divisões de tropas gregas, das quais as três divisões do Exército Nacional do general Zymbrakakis foram consideradas as mais confiáveis. No primeiro enfrentamento importante do exército grego na guerra, a Batalha de Skra-di-Legen (29 a 31 de maio de 1918), Zymbrakakis liderou essas três divisões, apoiadas por uma brigada francesa, no assalto e captura de uma posição búlgara fortificada perto do Monte Paikon, ao norte de Salônica, sofrendo 2.800 baixas e fazendo 1.800 prisioneiros búlgaros (ver mapa "A frente dos Bálcãs, 1916-1918").

No final do verão de 1918, havia 650 mil soldados Aliados na frente da Macedônia, servindo em 31 divisões (11 francesas, 9 gregas, 7 sérvias e 4 britânicas). Após longas negociações preliminares, os Aliados concordaram em lançar uma ofensiva geral contra os búlgaros em meados de setembro. Franchet d'Esperey exercia autoridade direta nos setores central e oeste da frente de batalha, até a fronteira albanesa, sobre tropas de linha de frente, incluindo 11 divisões francesas, 7 sérvias e 2 gregas, enquanto o general George Milne comandava as 4 divisões britânicas e 2 gregas do setor leste. Em 15 de setembro, depois de uma barragem preparatória de um dia, Franchet d'Esperey ordenou que suas tropas avançassem. Na Batalha do Dobro Pole (15 a 21 de setembro) no centro da frente, 3 divisões

457

A Primeira Guerra Mundial

Aliadas (2 francesas, 1 sérvia) conseguiram uma ruptura, comprometendo os flancos dos búlgaros que defendiam a linha a oeste e leste. Enquanto isso, no extremo leste da frente, as tropas de Milne atacaram forças búlgaras entrincheiradas no lago Doiran (18 e 19 de setembro) e foram repelidas com grandes perdas (3.900 baixas britânicas e 3.900 gregas, contra 2.700 búlgaras). Foi a batalha de maior custo da guerra para os gregos, embora mais constrangedora para os britânicos. Os búlgaros, posteriormente, tiveram de abandonar sua posição no lago Doiran devido a sua derrota a oeste, em Dobro Pole. Dentro de poucos dias, todo o seu exército estava em retirada acelerada, com algumas unidades sucumbindo ao motim. Em 29 de setembro, representantes do rei Ferdinando I assinaram um armistício, tirando a Bulgária da guerra. Quatro dias depois, Ferdinando abdicou em favor de seu filho, que assumiu o trono como rei Boris III.

Após o colapso da resistência búlgara, Lloyd George ordenou a Milne que marchasse para o leste, contra Constantinopla, em vez de para o norte, à Sérvia ou à Bulgária. Ele começou seu avanço em 1º de outubro, reforçado por uma divisão francesa. Os gregos tampouco participaram da libertação da Sérvia, e sim escolheram seguir na esteira da marcha de Milne sobre Constantinopla e tomar a Trácia ocidental, desde 1913, a saída da Bulgária para o mar Egeu. Os italianos também perseguiam seus próprios objetivos, ocupando o norte da Albânia enquanto este era evacuado por forças austro-húngaras. Assim, coube a tropas francesas e sérvias libertar a Sérvia da ocupação austro-húngara, uma tarefa fácil, pois a Monarquia Dual quase não tinha tropas estacionadas ali. Ajudada bastante pela morte ou fuga da maioria dos sérvios dispostos ou capazes de resistir à sua dominação, o Império Austro-Húngaro tinha imposto um regime de ocupação que obrigava a população civil a compartilhar os ônus da frente interna das Potências Centrais e apoiar seu esforço de guerra, mas sem ser abertamente opressivo; por volta de 1918, a força de ocupação diminuiu para apenas 21 mil soldados, metade do tamanho designado para defender a vizinha Montenegro. Mas a esmagadora derrota e a subsequente ocupação da Sérvia no outono de 1915 nada tinham feito para conter suas antigas ambições. De seu exílio em Corfu, Pašić e o governo sérvio trabalharam incansavelmente para se preparar para o retorno a Belgrado. Em junho de 1917, seus leais partidários dentro do exército sérvio em Salônica eliminaram o que restava do elemento traiçoeiro do corpo de oficiais anterior à guerra, julgando e executando o infame "Apis", o coronel Dragutin Dimitrijević, e outros membros da Mão Negra. Um mês depois, Pašić concluiu a Declaração de Corfu (20 de julho de 1917) com líderes croatas e eslovenos exilados, preparando o terreno para que a Sérvia pós-guerra se expandisse ao reino da Iugoslávia. Tropas francesas e sérvias libertaram Belgrado em 5 de novembro de 1918. Em poucos dias, Pašić voltou para a capital, onde logo fez com que o idoso monarca sérvio,

458

A FRENTE DOS BÁLCÃS, 1916-1918

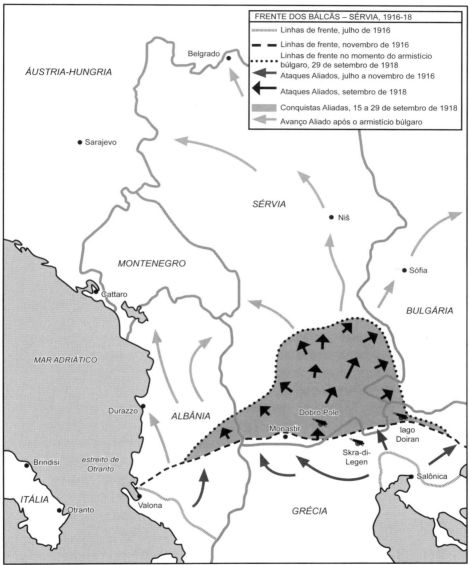

Pedro Karageorgević, fosse proclamado "rei dos sérvios, croatas e eslovenos". Na Conferência de Paz no ano seguinte, Pašić teve muita habilidade para garantir que as potências vitoriosas se lembrassem da Sérvia como a primeira vítima, em vez de culpada, da Primeira Guerra Mundial.

A frente italiana: o colapso do Império Austro-Húngaro

A última ofensiva austro-húngara da guerra teve a mais estranha das origens: a revelação, em abril de 1918, de que o imperador Carlos havia realizado uma iniciativa secreta de paz na primavera anterior, através de seu cunhado, o príncipe Sixto de Bourbon-Parma, oficial do exército belga, como seu agente especial para negociar com os franceses. Quando Clemenceau trouxe à luz o "Caso Sixto", publicando uma carta que Carlos dirigira ao governo francês, em março de 1917, a aliança das Potências Centrais viveu sua maior tensão até então. Carlos prontamente emitiu um desmentido e Guilherme II aceitou sua palavra; em público, pouco mais podiam fazer. No mês seguinte, quando os dois imperadores se reuniram no quartel-general alemão em Spa, na Bélgica, os alemães testaram a lealdade de Carlos exigindo outra ofensiva austro-húngara contra os italianos, dessa vez sem ajuda alemã. Em 12 de maio, Carlos concordou, relutante, com a ofensiva, mesmo que isso significasse convocar os jovens nascidos em 1900 para garantir um número suficiente na frente.

De seu cargo de comandante do grupo de exércitos no Tirol, Conrad pediu uma repetição da fracassada ofensiva do Tirol que falhara em 1916, uma investida a partir do saliente alpino chegando ao Adriático, argumentando que, desta vez, daria certo por causa do momento (verão, em vez de primavera) e de seu próprio comando pessoal do 10º e do 11º Exércitos austro-húngaros, que liderariam a operação. Boroević discordou, aconselhando o imperador a usar seu grupo de exércitos, composto pelo 5º e o 6º Exércitos austro-húngaros, para atacar através do rio Piave contra o corpo principal do exército italiano. Quando Boroević e Conrad não conseguiram chegar a um plano comum, Carlos e seu Estado-Maior tomaram a fatídica decisão de permitir que ambos atacassem simultaneamente. Os recursos disponíveis (57 divisões e 6.800 canhões) foram divididos para dar a Conrad a maior parte da artilharia e a Boroević, da infantaria. Diante deles, 69 divisões Aliadas (58 italianas, 6 francesas e 5 britânicas) coordenadas por Diaz, o sucessor de Cadorna como chefe do Estado-Maior italiano. A Batalha do Rio Piave (15 a 23 de junho), assim chamada porque o componente alpino envolveu significativamente menos soldados de ambos os lados, abriu com um avanço austro-húngaro pelo Piave, que estabeleceu uma base na margem sul, de 24 km de largura e 8 km de profundidade. Enquanto isso, no Tirol, o grupo de exércitos de Conrad também ganhava terreno, fazendo 10 mil prisioneiros italianos. Em contraste com seu desempenho em Caporetto oito meses antes, desta vez o exército italiano se recuperou rapidamente, e Diaz orquestrou fortes contra-ataques em ambos os setores. A maioria das tropas de Conrad tinha sido forçada a recuar para suas linhas de partida até o final do dia 15 de junho; Boroević manteve seu território por mais tempo, mas, em 24 de junho, havia recuado de volta ao outro lado do Piave. Assim, a última grande aposta do

Império Austro-Húngaro na guerra terminou em mais um desastre, a um custo de 150 mil baixas e 25 mil prisioneiros perdidos, contra 80 mil baixas dos Aliados. O fracasso dos ataques desencorajou o exército o suficiente para torná-lo incapaz de mais ações ofensivas, mas Boroević e Conrad conseguiram defender suas linhas originais diante de uma contraofensiva Aliada. Depois, às vésperas da segunda Batalha do Marne, ambos os lados perderam tropas para a frente ocidental, quando Diaz enviou oito divisões (quatro francesas, duas britânicas e duas italianas) à França, enquanto a Áustria-Hungria enviou quatro. Carlos decidiu fazer de Conrad o bode expiatório para o fracasso da última ofensiva austro-húngara, demitindo-o em 15 de julho, sob pretexto de atender ao pedido de reforma que ele havia feito em fevereiro de 1917, depois de ser demitido do AOK.

Após os italianos conseguirem rechaçar a última ofensiva austro-húngara, em junho, Diaz resistiu à pressão dos Aliados para lançar uma ofensiva de sua autoria. Finalmente, uma vez que ficou claro que o fim da guerra era iminente, ele atendeu à demanda de Orlando por uma batalha final vitoriosa contra o Império Austro-Húngaro, que deixaria a Itália em posição melhor para atingir os seus objetivos na conferência de paz pós-guerra. Simbolicamente, ele escolheu o aniversário da Batalha de Caporetto para abrir a Batalha de Vittorio Veneto (24 de outubro a 2 de novembro). Na época da ofensiva final, os Aliados defendiam a frente italiana com o equivalente a 57 divisões (51 italianas, 3 britânicas e 2 francesas, com formações menores dos Estados Unidos e da Tchecoslováquia) apoiadas por 7.700 canhões, contra 52 divisões austro-húngaras, apoiadas por 6 mil canhões. Antes da batalha, os Aliados cobriram a frente inimiga com panfletos, culminando uma campanha de um ano em que os italianos (com a ajuda de lorde Northcliffe e dos britânicos) conseguiram vingar a desmoralização do exército italiano pelos austro-húngaros nas semanas anteriores a Caporetto. Assim que a ofensiva a abriu, ficou claro que as forças da monarquia dual não seriam capazes de manter a frente, e o evento decisivo veio em 30 de outubro, quando o 8º Exército italiano (general Enrico Caviglia) tomou Vittorio Veneto, separando o 5º e o 6º Exércitos de Boroević dos dois exércitos austro-húngaros no Tirol. À medida que os exércitos batidos se desintegravam, estradas e ferrovias que levavam ao norte foram entupidas com unidades em retirada, bandos de desertores indo para casa e alguns refugiados civis. O governo da Monarquia Dual abandonou o litoral, entregando sua marinha ao Conselho Nacional Iugoslavo em Pula (31 de outubro) e Cattaro (1º de novembro) antes de aceitar uma trégua com a Itália em 2 de novembro. No dia seguinte, foi assinado um armistício em Pádua, que entrou em vigor no dia 4, quando as tropas italianas finalmente entraram em Trieste. Os Aliados sofreram 38 mil baixas na ofensiva final (das quais apenas 500 não eram italianas) contra 135 mil do exército austro-húngaro, que também perdeu 360 mil prisioneiros no momento em que o armistício encerrou formalmente as hostilidades. As baixas desproporcionais aconteceram quando os italianos continuaram a atacar um inimigo que tinha parado de lutar. Os prisioneiros, a maioria dos quais foi mantida durante uma boa parte de 1919, incluíam todos os ex-soldados austro-húngaros que não tiveram a sorte de abandonar a frente antes de 4 de novembro.

Quando a luta na frente italiana terminou oficialmente, o colapso interno da Monarquia Dual estava bem adiantado. Em 16 de outubro, o imperador Carlos declarou que "a Áustria deve se tornar um Estado federal em que cada raça [sic] crie o seu próprio *status* constitucional no território que habita".[8] A promessa de federalização fez com que os líderes das várias nacionalidades se engalfinhassem para criar seus próprios governos, enquanto os soldados que retornavam seguiam o exemplo de seus colegas russos e alemães ao se juntar aos trabalhadores urbanos para estabelecer conselhos revolucionários por todo o Império Austro-Húngaro. Em 21 de outubro, os representantes germano-austríacos do Reichsrat da Áustria se declararam a Assembleia Nacional provisória de um "Estado germano-austríaco" até que se pudesse eleger uma assembleia constituinte. No dia 25, o conde Mihály Károlyi, líder do Partido da Independência húngaro, de oposição, estabeleceu um Conselho Nacional Húngaro; no dia 28, o Conselho Nacional Tchecoslovaco, em Praga, proclamou a fundação da Tchecoslováquia, depois do que os Aliados reconheceram Tomáš Masaryk como seu presidente provisório, e no dia 30, o "Estado germano-austríaco" formou um governo com o social-democrata Karl Renner como chanceler. Em 31 de outubro, em uma tentativa derradeira de salvar a Hungria para os Habsburgos, Carlos reconheceu Károlyi como primeiro-ministro húngaro, mas, no mesmo dia, soldados que apoiavam Károlyi assassinaram o primeiro-ministro aposentado, o conde Tisza, símbolo da lealdade húngara aos Habsburgos. Em 1º de novembro, o governo de Károlyi chamou para casa todos os soldados húngaros ainda servindo na frente italiana, acelerando seu colapso. O nascente governo germano-austríaco esperou até 12 de novembro, um dia depois de Carlos deixar a Áustria para o exílio na Suíça e proclamar a "República Alemã da Áustria" e, ao mesmo tempo, a *Anschluss*, ou união da Áustria com a Alemanha.[9] Nos meses que se seguiram, eles saberiam que o princípio de autodeterminação nacional de Wilson não se aplicava à população alemã da Áustria.

Jogo final no leste: do Báltico ao mar Negro

O armistício germano-soviético de 15 de dezembro de 1917 deixou o círculo íntimo de Lenin dividido sobre o que fazer a seguir. O premiê soviético era favorável a uma paz imediata em quaisquer termos que os alemães oferecessem, para

Jogo final

permitir que o novo regime definisse as tarefas de reconstrução e comunização da Rússia, mas Nikolai Bukharin falou pela maioria idealista revolucionária na defesa da busca imediata da revolução mundial. Leon Trotski defendeu o meio-termo "nem guerra, nem paz", sob o qual a Rússia soviética iria arrastar as negociações de paz em Brest-Litovski pelo maior tempo possível, na esperança de que as Potências Centrais sucumbissem à revolução. Para incentivar esse rumo, os soldados continuariam a fraternizar na frente e a Rússia iria libertar os 2 milhões de prisioneiros de guerra que detinha, a maioria de austro-húngaros, alguns dos quais se tornariam importantes figuras políticas (principalmente o futuro líder socialista austríaco Otto Bauer, o líder comunista húngaro Béla Kun e o líder comunista iugoslavo Josip Broz Tito). Enquanto isso, a fim de se preparar para a desmobilização do antigo exército russo, seriam feitos preparativos para um novo, inequivocamente fiel aos bolcheviques. Animada por notícias de greves massivas na Alemanha e na Áustria-Hungria, em 11 de janeiro de 1918, a liderança soviética aprovava a fórmula de Trotski – "nem guerra, nem paz" – e quatro dias depois, autorizava a criação do "Exército Vermelho de Operários e Camponeses". Trotski, como comissário do exterior, assumiu em Brest-Litovski, onde logo descobriu que o general Hoffmann, do OHL, não tinha paciência para suas táticas revolucionárias. Em 9 de fevereiro, as Potências Centrais aumentaram a pressão por uma solução definitiva, através da celebração de uma paz em separado com a Ucrânia. No dia seguinte, Trotski lançou sua bomba "nem guerra, nem paz", declarando que a Rússia soviética considerava que as hostilidades tinham terminado, mas não assinaria um tratado de paz. Em 18 de fevereiro, as Potências Centrais bancaram o blefe bolchevique e recomeçaram a guerra, enviando suas tropas para o leste, sem oposição ao longo de toda a frente. Tropas alemãs ocuparam Minsk no mesmo dia, o que levou os nacionalistas locais a proclamar uma Bielorrússia independente. Depois de um acirrado debate em que Bukharin e os idealistas novamente defenderam uma revolução mundial imediata, Trotski concordou com Lenin em que a Rússia Soviética não tinha alternativa a não ser aceitar os termos da Alemanha (ver mapa "A frente oriental, 1917-1918").

Agora era a vez da Alemanha protelar. Quando informado da capitulação soviética, Ludendorff convenceu Hindenburg a permitir que as tropas continuassem marchando ao leste, para ocupar mais território para a Ucrânia, Bielorrússia e outros Estados-vassalos que os alemães queriam criar no leste. Assim, neste momento crucial, a visão de longo alcance que Ludendorff tinha desde seus dias no OberOst – sobre um Leste Europeu de satélites alemães, formados à custa da Rússia, que serviriam às futuras necessidades econômicas do Reich – teve precedência sobre a necessidade imediata de acabar com a guerra no leste e transferir tropas alemãs à frente ocidental, exatamente a razão pela qual o OHL quis enviar Lenin de volta à Rússia. Depois de duas semanas, as Potências Centrais interromperam a marcha e, no Tratado de Brest-Litovski (3 de março), o governo soviético reconheceu a independência de Finlândia, Estônia, Letônia, Lituânia e Bielorrússia, bem como da Ucrânia. Diante da insistência do grão-vizir otomano, Talaat Paxá, a Rússia abandonou suas pretensões sobre todo o território do Cáucaso que havia tomado dos turcos desde 1878. A Rússia soviética também concordou em pagar indenizações à Alemanha, que acabaram sendo definidas em 6 bilhões de marcos, e assinou o tratado sem garantir a libertação do enorme número de prisioneiros de guerra russos, dos quais mais de 95% haviam sobrevivido à guerra (1,4 milhão na Alemanha, 1,2 milhão no Império Austro-Húngaro). O território perdido pela Rússia incluía 34% de sua população, 32% de sua área agricultável, 54% de sua indústria e 89% de suas minas de carvão. Lenin justificou o tratado alegando que "não [tinham] exército" e "deve[riam] usar todos os espaços possíveis para retardar os ataques imperialistas à República Socialista Soviética".[10] Seu único consolo estava em sua fé em que a Alemanha seria derrotada mais cedo ou mais tarde, o que tornava as concessões temporárias. Ele não podia imaginar que isso só aconteceria oito meses depois.

Enquanto isso, para garantir que a derrota alemã não ocorresse, o OHL retirou 33 divisões do leste, assim que o tratado foi assinado, enviando-as à frente ocidental para reforçar a ofensiva que começou no final do mês. Porém, bem mais da metade das tropas alemãs que estavam no leste em 3 de março – inicialmente, 43 das 76 divisões – permaneceu ali para proteger os territórios que a Rússia tinha entregado. Como os adversários russos de Lenin consideravam o Tratado de Brest-Litovski uma prova de que ele tinha sido agente alemão o tempo todo, o acordo provocou uma guerra civil que vinha sendo preparada desde a Revolução Bolchevique. Em 11 de março, Lenin trocou Petrogrado pela segurança do Kremlin, em Moscou, enquanto Trotski, em seu novo papel de comissário da guerra, começou a tarefa de construir o Exército Vermelho. Com a notável exceção de Brusilov, praticamente todos os generais importantes do exército czarista se juntaram aos chamados Exércitos Brancos, como fez Kolchak, o almirante mais respeitado na marinha. Felizmente, para Lenin, a rejeição aos bolcheviques era a única coisa que os Brancos tinham em comum, já que suas fileiras incluíam diversos partidos políticos e correntes russos, dos SRs revolucionários e mencheviques aos defensores da monarquia absoluta. Sendo a família imperial, no exílio interno desde março de 1917, o único catalisador a poder unir um número significativo de Brancos, Lenin ordenou o assassinato de Nicolau II, juntamente com sua esposa e filhos, depois de eles caírem nas mãos dos bolcheviques, em julho 1918, em Ecaterinburgo.

Os primeiros meses da Guerra Civil Russa (1918 a 1921) se confundiram com o fim de jogo da Primeira Guerra Mundial, a leste, no sentido de que tanto os Aliados quanto os alemães, em vários momentos, envolveram-se em ação armada contra

Jogo final

A FRENTE ORIENTAL, 1917-1918

o Exército Vermelho ou em apoio às forças Brancas. Logo após os bolcheviques saírem da guerra, as tropas Aliadas desembarcaram em Murmansk e Arcangel, no mar Branco, bem como em Vladivostok, aparentemente para proteger estoques de suprimentos militares que seus países tinham enviado para a Rússia, enquanto ela ainda estava lutando contra as Potências Centrais. Em todos os três casos, as forças Aliadas logo se encontraram em alianças informais com os Brancos locais. Enquanto

465

isso, como a maioria dos Exércitos Brancos baseava suas operações em territórios cedidos recentemente pela Rússia – da Finlândia, no norte do Cáucaso, ao sul – essas áreas também se envolveram na guerra civil. Os alemães enviaram tropas à Finlândia em abril e à Geórgia, em junho, em ambos os casos, bem recebidas pelos regimes locais como protetoras contra o Exército Vermelho. O interesse dos alemães nos recursos petrolíferos do Cáucaso os levou a ocupar Baku, no mar Cáspio, no verão de 1918, mas as Potências Centrais estavam mais preocupadas em explorar seu comando do mar Negro para usá-lo, juntamente com os rios ucranianos e o Danúbio, para transportar a tão esperada safra de grãos ucraniana a suas famintas frentes internas. A marinha austro-húngara chegou a destacar monitores e barcos de patrulha de sua flotilha do Danúbio para tarefas de comboio nos rios Dniepre, Dniestre e Bug, mas quando chegou a época da colheita, as Potências Centrais discutiram sobre o espólio até que a sua exploração perdeu o sentido, em setembro, quando a queda da Bulgária forçou a flotilha austro-húngara a se retirar de volta ao Danúbio, fechando a rota na prática. Enquanto isso, os Aliados temiam que os alemães formassem sua própria frota do mar Negro a partir do cruzador de batalha Yavuz Sultan Selim (ex-Goeben) e capturassem unidades da frota do mar Negro da Rússia, e, assim, mantivessem consideráveis forças navais próprias no Mediterrâneo oriental. Foi a bordo de um desses navios, o pré-couraçado britânico Agamemnon, ancorado perto de Mudros, que os turcos assinaram o armistício com os Aliados.

Jogo final no oeste: de Amiens ao armistício

Teria feito diferença se mais divisões alemãs tivessem sido enviadas a oeste a tempo de participar da ofensiva de primavera? Hindenburg e Ludendorff não puderam analisar o seu fracasso antes da próxima crise estourar (mapa "A frente ocidental, 1918 – ofensiva Aliada final"). Em 8 de agosto, apenas dois dias depois que a luta terminou na segunda Batalha do Marne, os Aliados alcançaram um impressionante sucesso a leste de Amiens, rompendo a frente e causando as piores perdas do exército alemão em único dia da guerra até então. A Batalha de Amiens (8 a 11 de agosto) visou a saliência na frente criada pela ofensiva "Michael" de março e abril, com o 4º Exército britânico reconstituído (general sir Henry Rawlinson) liderando o ataque contra o 2º Exército alemão de Marwitz. O 4º Exército incluía 15 divisões de infantaria (5 australianas, 5 inglesas, 4 canadenses e 1 norte-americana) mais 3 divisões de cavalaria britânicas, apoiados por cerca de 1.400 canhões, 1.100 aviões franceses e 800 britânicos, juntamente com mais de 500 tanques, em terreno bem adequado para o seu uso. Assim como os norte-americanos e os franceses em Château-Thierry, as tropas de Rawlinson

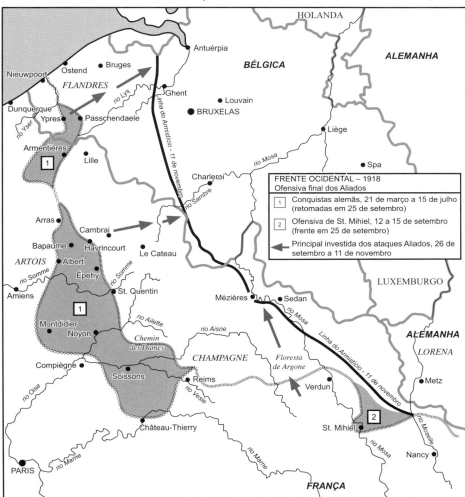

atacaram sem o aviso prévio de um bombardeio antes de amanhecer. Com australianos e canadenses ditando o ritmo, elas fizeram um bom progresso com uma barragem rolante na hora certa. Para o ataque de armas combinadas, Foch deu a Haig o comando operacional sobre as 12 divisões do 1º Exército francês (general Marie-Eugène Debeny), que se juntaram à batalha à direita de Rawlinson em 9 de agosto. Até o dia 11, os dois exércitos Aliados invadiram seis das 14 divisões de Marwitz e criaram uma lacuna de 24 km de largura na frente, que os tanques exploraram para forçar os alemães a recuar 19 km. O OHL seguiu o protocolo habitual de engajar mais tropas e tentar um contra-ataque imediato, neste caso, com o 18º Exército de Hutier (15 divisões), mas, desta vez, a resposta tradicional fracassou totalmente, já que as tropas pareciam não ter força nem vontade de retomar qualquer terreno. Ao final da batalha, os Aliados tinham sofrido 42 mil baixas (22 mil britânicas e imperiais, 20 mil francesas), os alemães, 41 mil, e mais 33 mil prisioneiros perdidos. A maior parte da retirada alemã aconteceu em 8 de agosto, à qual Ludendorff chamou de "o dia negro do exército alemão", mas não por causa do terreno perdido: 16 mil soldados se renderam em um dia, confirmando temores do OHL, da segunda Batalha do Marne, de que o espírito do exército estava se quebrando (ver box "Hindenburg descreve a ruptura das linhas pelos britânicos, em 8 de agosto de 1918").

A Batalha de Amiens marcou o início daquilo que os que historiadores chamaram posteriormente de "Ofensiva dos Cem Dias": os três meses de avanços Aliados que começaram com a redução da saliência "Michael". Os alemães no saliente continuavam a ceder terreno, dia após dia, até terem retornado à Linha Hindenburg, o ponto de partida de sua ofensiva de primavera, mas foi necessário o esforço persistente de três exércitos britânicos (4º, de Rawlinson, 3º, de Byng, e 1º, de Horne) mais o 1º Exército francês de Debeny para empurrá-los de volta. As batalhas de Bapaume (21 a 29 de agosto), Mont St. Quentin (31 de agosto a 4 de setembro), Havrincourt (12 de setembro) e Épehy (18 e 19 de setembro) contaram com combates pesados, muitas vezes liderados pelos corpos canadense (general sir Arthur Currie) ou australiano (general sir John Monash). Em Havrincourt, a divisão da Nova Zelândia e duas divisões britânicas expulsaram uma força inimiga maior, revelando que já não se podia mais contar com a resistência dos alemães, mesmo onde tivessem superioridade local. Os australianos levaram a melhor em Épehy e fizeram mais 12 mil prisioneiros, mas os combates sangrentos resultaram no motim de um dos batalhões de Monash, um sinal de que, mesmo com a vitória à vista, havia limites para até onde os comandantes Aliados podiam pressionar suas tropas. Durante 1918, os australianos tomaram mais do que se esperava de território ocupado pelo inimigo, capturando um número desproporcional de soldados e canhões alemães, mas suas unidades tiveram uma taxa de deserção quatro vezes maior do que a normal da BEF (mais provavelmente porque a Austrália não permitia que seus desertores fossem fuzilados) e um número preocupante de casos de soldados que matavam seus próprios oficiais. Exaurido pelo incansável Monash, o corpo australiano finalmente teve que ser retirado da linha em 5 de outubro e não voltou a entrar em ação na guerra. O resto das tropas no grupo de Haig lutou, mantendo sua vantagem sobre os alemães devido a "suprimentos superiores e um menor nível de exaustão".[11]

HINDENBURG DESCREVE A RUPTURA DAS LINHAS PELOS BRITÂNICOS, EM 8 DE AGOSTO DE 1918

O marechal de campo atribui a ruptura ao uso eficaz de tanques e aviões, e observa que, posteriormente, o pânico e a propaganda inimiga deixaram seu exército sem condições de defender a frente:

Na manhã de 8 de agosto, nossa relativa paz foi interrompida de repente. No sudoeste, o barulho da batalha podia ser ouvido claramente. Os primeiros relatos [...] eram graves. O inimigo, empregando grandes esquadras de tanques, havia rompido nossas linhas e avançado em ambos os lados da estrada St. Quentin-Amiens. Não foi possível estabelecer mais detalhes. O véu da incerteza foi levantado durante as horas seguintes [...]. O grande ataque de tanques do inimigo tinha penetrado a uma profundidade surpreendente. Os tanques, mais rápidos do que até então, tinham surpreendido as divisões em seus quartéis e rasgado as linhas telefônicas que se comunicavam com a frente de batalha.

[...] Começaram a se espalhar os mais loucos rumores em nossas linhas. Dizia-se que as massas da cavalaria inglesa já estavam longe na retaguarda das principais linhas de infantaria alemãs. Alguns dos homens perderam o controle, deixaram posições das quais acabavam de rechaçar fortes ataques inimigos e tentavam se conectar com a retaguarda novamente [...]. Outras influências se fizeram sentir. O mau humor e a decepção por a guerra parecer não ter fim, apesar de todas as nossas vitórias, tinham arruinado o caráter de muitos de nossos bravos homens [...]. Na chuva de panfletos que foram espalhados por aviadores inimigos, nossos adversários diziam que não pensavam tão mal de nós, que nós só deveríamos ser razoáveis e, talvez, aqui e ali, renunciar a alguma coisa que tínhamos conquistado. Então, em pouco tempo tudo estaria certo e poderíamos viver juntos em paz, na paz internacional perpétua [...]. Portanto, não havia sentido em continuar a luta. Era esse o sentido do que os nossos homens liam e diziam. O soldado pensava que talvez não fosse tudo mentira do inimigo, permitindo que envenenasse sua mente e começando a envenenar as mentes dos outros.

Em 8 de agosto, nossa ordem para contra-atacar já não podia ser levada a cabo. Não tínhamos os homens nem, mais especificamente, os canhões para preparar um ataque assim, pois a maioria das baterias tinha sido perdida na parte da frente de batalha que fora rompida. Novas unidades de infantaria e artilharia deveriam ser trazidas antes, por transportes ferroviários e a motor. O inimigo percebeu a importância excepcional que nossas ferrovias tinham naquela situação. Seus canhões mais pesados atiravam longe em nossas áreas de retaguarda. Diversos entroncamentos ferroviários, tais como Peronne, receberam uma saraivada perfeita de bombas de aviões inimigos, que invadiram a cidade e a estação em número nunca visto antes.

A Primeira Guerra Mundial

> [...] Eu não tinha ilusões sobre os efeitos políticos da nossa derrota em 8 de agosto. Nossas batalhas de 15 de julho a 4 de agosto podem ser consideradas, tanto no exterior como dentro do país, como consequência de um golpe sem sucesso, mas ousado, como pode acontecer em qualquer guerra. Por outro lado, o fracasso de 8 de agosto foi revelado a todos os olhos como consequência de uma fragilidade explícita. Falhar em um ataque era muito diferente de ser derrotado na defesa.
>
> Fonte: Publicado inicialmente em *Source Records of the Great War, Vol. VI*, ed. Charles F. Horne, National Alumni, 1923, disponível em www.firstworldwar.com/source/amiens_hindenburg.htm.

Durante essas mesmas semanas, na frente a leste de Verdun, Pershing por fim teve soldados suficientes para formar o 1º Exército dos Estados Unidos oficialmente, em 30 de agosto. Na Batalha de St. Mihiel (12 a 16 de setembro), ele empregou 14 divisões da AEF, apoiadas por um corpo colonial francês, 2.900 canhões, 1.500 aeronaves e mais de 400 tanques, para atacar um saliente ocupado pelo 5º Exército alemão (sob o comando de Marwitz, recém-chegado do desastre em Amiens), sem saber que os alemães já haviam começado a evacuar a área no dia anterior. Após a sua chegada, Marwitz tinha encontrado o 5º Exército completamente desmoralizado, os soldados de duas divisões austro-húngaras enviadas da Itália para reforçá-lo eram até ridicularizados como "prolongadores da guerra" ("*Kriegsverlängerer*") e "fura-greves" por seus camaradas alemães.[12] O comandante de uma dessas divisões, o general Josef Metzger, comentou com satisfação presunçosa que os alemães não estavam mais "tão falastrões" ("*großschäuzig*"). Sua exausta infantaria o lembrava das tropas austro-húngaras na campanha dos Cárpatos, no inverno de 1914 para 1915, com a fraqueza adicional do "medo do tanque" ("*Tankfurcht*") que fazia seus soldados vacilarem diante da simples visão de tanques atacando.[13] No entanto, os norte-americanos pagaram caro por sua vitória em St. Mihiel. Quando a chuva pesada e a lama tornaram os tanques ineficazes, Pershing recorreu ao mesmo tipo de ataque frontal que havia rendido à AEF altos elogios, além de pesadas perdas em Cantigny, bosque de Belleau e Château-Thierry. Os Aliados sofreram 13.700 baixas enquanto infligiam 7.500, mas capturaram 16 mil prisioneiros e 400 canhões.

Desde a segunda Batalha do Marne, a fé que Foch sustentara por toda a vida no culto à ofensiva tinha servido bem aos Aliados. Com números cada vez maiores à sua disposição e um inimigo cada vez mais fraco diante de si, suas próprias baixas pouco importavam. Ele reconhecia que os exércitos Aliados só poderiam ser parados se eles atacassem aos poucos, permitindo que os alemães os contivessem mudando suas divisões de um setor para outro. Para evitar que isso acontecesse, ele desenvolveu uma ofensiva de outono em três níveis contra a Linha Hindenburg. Ao norte do Somme, os mesmos exércitos que Haig tinha acabado de usar para reduzir a saliência "Michael" – o 1º, o 3º e o 4º britânicos e o 1º francês – iriam para o leste ao longo de uma linha de Cambrai, pelo rio Sambre e no sul da Bélgica. Ao norte, o exército belga (12 divisões), o 2º Exército britânico de Plumer (10 divisões) e o 6º Exército francês de Degoutte (6 divisões), transferidos do Marne, formaram um grupo comandado nominalmente pelo rei Alberto, mas, de fato, por Degoutte, que viria de Ypres, no norte da Bélgica, em direção a Antuérpia. Por fim, no setor leste da frente, o 1º Exército norte-americano de Pershing iria se transferir para oeste de Verdun e atacar a Linha Hindenburg na floresta de Argonne, e em seguida avançar até a margem esquerda do rio Mosa em direção a Sedan, acompanhado, à sua esquerda, pelo 4º Exército francês (general Henri Gourand). Os ataques começaram no final de setembro.

Os esforços do 1º, do 3º e do 4º Exércitos britânicos foram mais uma vez liderados pelos corpos australiano e canadense. No canal du Nord (27 de setembro a 1º de outubro), os canadenses atacaram pelo curso d'água para derrotar o 17º Exército alemão, que tinha assumido uma nova posição defensiva por trás dele. No canal de St. Quentin (29 de setembro a 10 de outubro), os australianos, em sua última batalha, romperam a Linha Hindenburg com a ajuda de duas divisões da AEF ligadas ao 4º Exército de Rawlinson. Na segunda Batalha de Cambrai (8 a 10 de outubro), os canadenses tomaram a mal defendida cidade com muito poucas baixas e em seguida continuaram a liderar uma semana depois, na Batalha do Selle (17 a 25 de outubro), onde a divisão da Nova Zelândia também se destacou, junto com os belgas do rei Alberto, avançando à esquerda dos britânicos. Finalmente, na segunda Batalha do Sambre (4 de novembro), elementos avançados dos três exércitos britânicos se juntaram ao 1º Exército francês para garantir 80 km do Sambre para que a parte principal de seus exércitos atravessasse. O fracasso dos alemães em defender a Linha do Sambre comprometeu seu controle sobre todo o sul da Bélgica, que os Aliados estavam prestes a libertar, uma semana depois. A maioria dessas batalhas, como a ação anterior depois de Amiens, incluía assaltos convencionais envolvendo as ferramentas habituais da Primeira Guerra Mundial – bombardeios de artilharia, gás, fogo de metralhadora –, ao invés de táticas inovadoras com tanques ou apoio aéreo imediato por planos. Os exércitos Aliados continuaram a sofrer pesadas perdas ao fazer recuar um inimigo derrotado (ver box "'Se uma bomba tiver seu nome escrito nela, ela vai lhe pegar'"). A BEF, como um todo, teve 314 mil baixas durante a Ofensiva de Cem Dias, entre elas, pouco mais de 49 mil canadenses, principalmente por causa da forte dependência em relação a ataques de infantaria. Depois de Amiens, um grande número de tanques foi usado apenas no canal St. Quentin e na vitória fácil na segunda Batalha de Cambrai.

Enquanto isso, ao norte, a campanha do grupo de exércitos do rei Alberto, conhecida na História como a quinta Batalha de Ypres (28 de setembro a 11 de novembro), na verdade, começou na cidade em ruínas, no oeste de Flandres, mas continuou metodicamente para o nordeste, voltando a superar aos poucos o 4º e o 6º Exércitos alemães e libertando os distritos costeiros da Bélgica ao avançar em direção à sua meta em Antuérpia. Os alemães contiveram temporariamente o 2º Exército britânico de Plumer em Courtai (14 a 19 de outubro), enquanto os belgas tomavam Ostend (17 de outubro) e Bruges (19 de outubro) e, em seguida, chegaram à fronteira belgo-holandesa em 20 de outubro. No momento do armistício, o grupo do rei Alberto tinha feito sua frente avançar 72 km a leste de seus pontos de partida, mas Bruxelas e Antuérpia permaneciam em mãos alemãs.

"SE UMA BOMBA TIVER SEU NOME ESCRITO NELA, ELA VAI LHE PEGAR"

Trecho de um livro de memórias escrito por A. B. "Ken" Kenway, soldado da artilharia britânica, descrevendo a ação nas colinas de Messines (3 de outubro de 1918):

Estávamos no meio do caminho de volta para a trincheira quando, de repente, houve quatro ou cinco explosões, uma bem em seguida da outra. Nos jogamos de cara no chão [...]. Ficamos lá alguns minutos, esperando; em seguida, houve outra salva de bombas e, espreitando, eu vi uma nuvem de fumaça negra e um chafariz de terra jorrar no ar sobre a trincheira onde estavam Bob e os outros. Esperamos um pouco, mas, como nada mais veio, corremos até a trincheira.

Meu Deus! Que visão nos chegou aos olhos! Uma bomba tinha caído bem entre os rapazes. Era um matadouro – apenas uma massa de carne destroçada e sangue. A cabeça de Bob estava pendurada [...]. Jimmy Fooks estava agachado de cócoras, sem uma marca, bem morto, pelo efeito do choque. Não tinha como saber qual era Harris e qual era Kempton – o que restava deles estava em pedaços. Eu fiquei entorpecido. Senti como se um grande peso estivesse pressionando a minha cabeça. Eu estava sufocando.

Num sonho, ouvi a voz do sargento: "Pelo amor de Deus, se afastem. Caiam fora daí antes que exploda de novo". Ele tinha dormido no poço da metralhadora e estava ileso. De alguma forma, eu voltei para o caminhão que estava esperando para nos levar de volta. Então eu desabei, e entre meus soluços amaldiçoei os alemães.

[...] Sabíamos que o inimigo estava derrotado, sabíamos que não poderia durar muito mais tempo, e, neste momento, depois de três anos na França e com o fim tão próximo, Bob tinha que morrer! Harris, que tinha deixado uma jovem noiva na Inglaterra, morto! Jimmy Fooks, cujo tempo de serviço estava quase terminando, morto! E Kempton, que já tinha tempo para sair, morto

> também! Por que não tinham vindo à cozinha de campanha com Thomas e comigo? Por que a ajuda não chegara a tempo?
>
> Se qualquer uma dessas coisas tivesse acontecido, Bob ainda estaria vivo. E então eu me lembrei do seu fatalismo – "Não adianta se preocupar, Ken. Se uma bomba tiver seu nome escrito nela, ela vai lhe pegar; vai dobrar esquinas para lhe pegar", e ela tinha feito isso com Bob e os outros; tinha encontrado o seu caminho até aquela trincheira e os pegou.
>
> Eles foram deixados onde caíram e cobertos. A trincheira que eles haviam cavado para lhes dar abrigo na vida se revelou sua sepultura, e abrigou seus corpos na morte.
>
> Fonte: Publicado inicialmente em *Everyman at War*, ed. C. B. Purdom (J. M. Dent, 1930), disponível em www.firstworldwar.com/diaries/messinesoctober1918.htm. (Todas as tentativas de encontrar o titular dos direitos autorais da obra original foram infrutíferas.)

Finalmente, a ofensiva Meuse-Argonne norte-americana e francesa (26 de setembro a 11 de novembro) se transformou na maior batalha das três, acabando por envolver um milhão de homens no lado dos Aliados. Das 29 divisões da AEF a entrar em ação antes do armistício, Pershing usou 22 nessa ofensiva. Devido ao tamanho incomumente grande das divisões dos Estados Unidos (28 mil homens cada uma), elas totalizaram mais de 600 mil ao todo, divididas entre um 1º (general Hunter Liggett) e um 2º Exércitos (general Robert Bullard) separados. Em contraste, seus adversários, as 44 divisões alemãs do Grupo de Exércitos Gallwitz, não tinham mais do que 450 mil, e algumas das divisões do 5º Exército de Marwitz, só recentemente escapadas do saliente de St. Mihiel, tinham diminuído para apenas 3 mil homens. Os alemães fortificaram o terreno acidentado da floresta de Argonne, anulando as vantagens Aliadas de cerca de 4 mil canhões e 200 tanques, e mais de 800 aeronaves. Os norte-americanos romperam a Linha Hindenburg no início de outubro, mas, nas primeiras cinco semanas de combates, avançaram apenas 15 km além dela. Depois disso, a frente alemã vacilou, permitindo que os norte-americanos avançassem outros 15 km em apenas dois dias (1ª a 3 de novembro) e mais 15 km na última semana da guerra, para se juntar ao 4º Exército francês de Gourand, na periferia de Sedan. A batalha continuou até o armistício, quando havia custado 117 mil baixas aos americanos, 70 mil aos franceses e, aos alemães, até 120 mil. As perdas norte-americanas incluíam 26 mil mortos, ainda o maior número de mortes em combate em qualquer batalha isolada na história dos Estados Unidos. A Meuse-Argonne também produziu três das mais impressionantes histórias norte-americanas da Primeira Guerra Mundial: a sobrevivência do "batalhão perdido" da 77ª Divisão; o sargento Alvin York, da 82ª Divisão, que capturou, sozinho, 132 alemães; e as condecorações conquistadas pelos indesejados guerreiros da 93ª Divisão afro-americana, que serviu no exército de Gourand, vestindo uniformes franceses e utilizando equipamento francês. Durante a ofensiva de outono da AEF, o exército dos Estados Unidos registrou 360 mil homens gravemente doentes de gripe, dos quais 25 mil morreram da doença ou da pneumonia bacteriana que muitas vezes vinha depois dela. A maioria deles nunca saiu dos Estados Unidos, mas, dos soldados de Pershing na França, 100 mil foram hospitalizados e 10 mil morreram.

Em meio à sua retirada, o único ponto positivo para os alemães veio na guerra aérea, onde a introdução do biplano Fokker D7 havia desequilibrado o conflito novamente a seu favor. Na verdade, mesmo no pior dia da Alemanha na guerra, 8 de agosto, em Amiens, os britânicos perderam uma quantidade impressionante de 97 aviões. Mas a recuperação da superioridade aérea veio tarde demais para afetar o esforço global de um exército seriamente enfraquecido. Quando os Aliados lançaram sua ofensiva de outono, os efeitos combinados da gripe e das perdas em batalha no verão tinham reduzido a maioria das divisões alemãs a cascas de alguns milhares de homens, e apenas 47 foram considerados prontos para combate. Em 29 de setembro, as três investidas Aliadas contra a Linha Hindenburg levaram Ludendorff a informar Guilherme II e os líderes alemães políticos de que "a condição do exército exige um armistício imediato a fim de evitar uma catástrofe".[14] O exército e a monarquia tinham perdido a guerra, mas, no cálculo cínico de Ludendorff, ainda poderiam sair do fiasco com suas reputações intactas. Ele pediu que o imperador entregasse o governo aos partidos do Reichstag que haviam apoiado a resolução de paz de julho de 1917, para garantir que eles fossem responsabilizados pelo que certamente seria um resultado desfavorável. Sua estratégia para o fim do jogo gerou a "lenda da punhalada nas costas" ("*Dolchstosslegende*"), promovida por Hindenburg e Ludendorff, e assumida depois de novembro de 1918 por desiludidos veteranos de guerra e nacionalistas desorientados da Alemanha, em sua tentativa de entender a derrota. De acordo com a sua lógica distorcida, os socialistas e os liberais alemães haviam minado o exército, que, então, traiu seu país ao concluir uma paz desonrosa. Os antissemitas acrescentaram os judeus da Alemanha à sua lista de "criminosos de novembro", ignorando as 30 mil Cruzes de Ferro concedidas a soldados judeus e seus 12 mil mortos em combate.

Antes de dizer ao Reichstag a verdade sobre a guerra, Ludendorff preparou o caminho para os partidos da paz entrarem no governo fazendo com que Guilherme II declarasse que, dali em diante, a Alemanha seria uma monarquia constitucional com um chanceler à frente de um gabinete representativo da maioria do Reichstag. O decreto do imperador, em 30 de setembro, levou à substituição de Hertling pelo liberal príncipe Max de Baden, que governou com o apoio do SPD, do Partido Católico de Centro e dos liberais progressistas. Em 2 de outubro, Ludendorff enviou o major barão Erich von der Bussche para dar a notícia a um Reichstag chocado porque "não podemos ganhar a guerra" e porque o governo teria de buscar "a cessação das hostilidades, de forma a poupar o povo alemão e seus aliados de mais sacrifícios".[15] Em 5 de outubro, sobrou para o príncipe Max informar Wilson da disposição da Alemanha para negociar a paz com base nos Catorze Pontos. Em uma nota posterior, no dia 21, ele fez um apelo formal por um armistício, acompanhado de uma promessa de evacuar os territórios ainda ocupados pela Alemanha. Ele também fez com que a marinha encerrasse a guerra submarina indiscriminada e chamasse de volta seus submarinos restantes. Sua sorte não foi tão boa na moderação do comportamento destrutivo do exército, que seguiu uma política de terra arrasada ao se retirar da França, incluindo o lançamento de muitas minas e a explosão de pontes ferroviárias. Em 23 de outubro, para apaziguar a esquerda alemã, o príncipe Max ordenou a libertação de presos políticos, incluindo Karl Liebknecht, cujo primeiro ato como homem livre foi visitar a embaixada da Rússia soviética em Berlim. No dia 26, sob pressão do príncipe Max, Guilherme II nomeou o general Groener para substituir Ludendorff, que, então, fugiu para a Suécia em vez de confiar sua segurança às forças internas alemãs, cada vez mais voláteis.

Assim, a incapacidade do exército de impedir que os Aliados avançassem teve consequências desastrosas para a Alemanha imperial, levando a reformas políticas e propostas de paz que aumentaram as expectativas de um fim iminente para a guerra. Mas, com a revolução no ar na frente interna, o exército vivenciava apenas motins isolados. Por que a derrota e a retirada não causaram seu colapso? O exército alemão tinha uma base de forte disciplina, e mesmo sob as pressões extremas dos últimos meses da guerra executou poucas sentenças de morte (menos de 50 em todo o conflito, em comparação com 600 da França e quase 350 da Grã-Bretanha e seu império). Em contraste com os exércitos imperiais russo e austro-húngaro, cujas fissuras internas dividiam oficiais e soldados, para a maioria dos soldados alemães, o "ódio aos oficiais" ("*Offizierhass*") era dirigido apenas aos de patente mais alta. Em 1918, a maioria dos soldados reconhecia oficiais subalternos como companheiros de sofrimento no calvário das trincheiras e confiava neles para não desperdiçar suas vidas em uma causa perdida. As rendições em grande escala, que começaram na segunda Batalha do Marne, refletiam essa solidariedade, já que a maioria foi liderada por capitães ou tenentes que consideravam seus soldados exaustos demais para continuar lutando.[16] O exército continuou a recuar de forma ordenada, lutando, mas não atacando, e perdendo um número cada vez maior de prisioneiros, mas sem perder sua coesão global nem deixar lacunas nas linhas que fariam com que a frente se rompesse.

A marinha alemã não tinha uma coesão semelhante e, portanto, tinha muito mais em comum com suas homólogas dos impérios russo e austro-húngaro (ver capítulo "A guerra no mar, 1915-18"). Enquanto o exército, apesar de maltratado,

A Primeira Guerra Mundial

permaneceu intacto, em 27 de outubro, a frota em Wilhelmshaven se amotinou em vez de obedecer às ordens para embarcar em uma derradeira e fatal missão contra os britânicos. No final do mês, o almirante Hipper dispersou os navios de guerra amotinados para os portos do norte alemão, onde os marinheiros logo se tornaram catalisadores para a atividade revolucionária local. Em 1º de novembro, três dias depois de Guilherme II partir de Berlim para se encontrar com Hindenburg e os generais em Spa, Liebknecht divulgou um estimulante apelo por uma revolução alemã (ver box "'Terminem vocês mesmos com a guerra e usem suas armas contra os governantes'"), o que provocou temores entre o príncipe Max e seus apoiadores no Reichstag, bem como em líderes Aliados, de que o governo imperial desse lugar a um regime de estilo bolchevique. No dia 4, uma segunda-feira, os marinheiros se juntaram aos trabalhadores para tomar o controle de Kiel e, no dia seguinte, a revolução se espalhou para Hamburgo e Bremen. Ao longo da semana, trabalhadores de todo o país foram às ruas. No dia 6, o líder do SPD, Ebert, implorou a Groener para convencer Guilherme II a abdicar em favor de um de seus filhos, a fim de preservar a monarquia constitucional que o imperador havia concedido um mês antes. No dia seguinte, Hannover e Frankfurt se juntaram às cidades litorâneas no estabelecimento de sovietes ou conselhos revolucionários (*Räte*), enquanto em Munique o líder do USPD, Kurt Eisner, preso antes por ativismo contra a guerra, proclamava uma "República soviética" bávara ("*Räterepublik*").

Em meio à deterioração do exército, da marinha e da frente interna na Alemanha, Wilson respondeu à proposta feita pelo príncipe Max em 5 de outubro tão rápido quanto as circunstâncias lhe permitiam. O principal problema da proposta do chanceler para uma paz baseada nos Catorze Pontos era que o programa tinha sido proclamado unilateralmente por Wilson e jamais fora endossado pelos governos Aliados. Para garantir o apoio deles aos Catorze Pontos, enviou seu assessor, o coronel House, no próximo comboio para a França, onde ele chegou em 25 de outubro. Wilson também deu poderes a House para representá-lo na formulação dos termos específicos do armistício. As amargas negociações que se seguiram entre os Aliados prenunciavam o que Wilson experimentaria na Conferência de Paz de Paris, mas House descobriu que os líderes britânicos, franceses e italianos em geral concordavam com a posição dos Estados Unidos de que o mundo deveria ser reordenado, a começar pela Europa. Mais especificamente, o 4º Ponto, redução de armas, seria aplicado com rigor à Alemanha, mas não a todas as potências vitoriosas, e as referências ao "desenvolvimento autônomo" nos Pontos 10 e 12, relacionadas às nacionalidades sob o domínio dos Habsburgos e dos otomanos, significavam independência imediata, exigindo o desmembramento de ambos os impérios. Assim, os Catorze Pontos agora justi-

476

Jogo final

ficavam uma agenda revolucionária dos vencedores, incluindo uma redefinição geral de fronteiras, o enfraquecimento permanente da Alemanha e a destruição de seus aliados, tudo redigido em idealismo wilsoniano. Em 4 de novembro, o Supremo Conselho de Guerra Aliado concordou com todos os Catorze Pontos, exceto com o 2º, relativo à liberdade dos mares, que os britânicos consideravam demasiado restritivo (porque, por exemplo, teria tornado ilegal seu bloqueio absoluto à Alemanha, tão fundamental para a vitória dos Aliados). Os Aliados também se reservavam o direito de exigir reparações da Alemanha, uma questão não abordada nos Catorze Pontos, mas certamente no ar desde que o Manifesto Zimmerwald apelara por uma "paz sem anexações nem indenizações". No dia seguinte, Wilson informou aos alemães que o Supremo Conselho de Guerra aceitara os Catorze Pontos, com as duas reservas apontadas, e dera poderes a Foch para apresentar os termos do armistício.

"TERMINEM VOCÊS MESMOS COM A GUERRA E USEM SUAS ARMAS CONTRA OS GOVERNANTES"

Trecho do apelo de Karl Liebknecht por uma revolução alemã imediata (1º de novembro de 1918):

Camaradas! Soldados! Marinheiros! E vocês, trabalhadores! Ergam-se por regimentos e ergam-se por fábricas. Desarmem seus oficiais, cujas simpatias e ideias são as das classes dominantes. Conquistem seus chefes, que estão do lado da ordem atual. Anunciem a queda dos seus senhores e demonstrem sua solidariedade.

Não deem ouvidos aos conselhos dos Social-Democratas do Kaiser [do SPD majoritário]. Não se deixem levar mais tempo por políticos indignos, que os enganam e os entregam nas mãos do inimigo.

Mantenham-se firmes, como muitos dos Social-Democratas genuínos [do USPD] em suas companhias e regimentos. Tomem os quartéis de seus oficiais e os desarmem imediatamente. Certifiquem-se de que seus oficiais simpatizem com vocês. Se for esse o caso, deixem que eles os liderem. Matem-nos imediatamente no caso de eles os traírem depois de se declararem partidários de sua causa.

Soldados e fuzileiros navais! Fraternizem! Tomem posse de seus navios. Dominem primeiro seus oficiais. Coloquem-se em comunicação com seus companheiros em terra e tomem todos os portos, e abram fogo, se necessário, contra grupos leais.

Trabalhadores de fábricas de munições: vocês são os mestres da situação. Parem de trabalhar imediatamente. A partir deste momento, vocês estão fazendo apenas balas que serão usadas contra vocês e os seus. As balas que vocês estão fazendo agora nunca chegarão à frente.

> Parem de fazer baionetas que serão enfiadas em suas entranhas pelos cavaleiros do Governo. Ergam-se, organizem-se, tomem as armas e as usem contra aqueles que pretendem fazer de vocês escravos depois de terem estabelecido a paz deles. Terminem vocês mesmos com a guerra, e usem suas armas contra os governantes.
>
> Fonte: Publicado inicialmente em *Everyman at War*, ed. C. B. Purdom (J. M. Dent 1930), disponível em www.firstworldwar.com/sources/germancollapse_liebknecht.htm. (Todas as tentativas de encontrar o titular dos direitos autorais da obra original foram infrutíferas.)

Na manhã de sexta-feira, 8 de novembro, uma delegação alemã liderada pelo líder do Partido de Centro, Matthias Erzberger, principal autor da resolução de paz de julho de 1917, reuniu-se com a delegação Aliada, liderada por Foch, em um vagão na floresta de Compiègne, não muito longe do quartel-general de Foch. Os termos do armistício foram mais duros do que os alemães esperavam, incluindo a desmobilização imediata do exército, o internamento de todos os navios da marinha, menos os mais antigos, e a entrega das armas mais letais, incluindo todos os submarinos, artilharia de modelos mais recentes e metralhadoras, aviões Fokker D7 e bombardeiros. Todo o pessoal militar da Alemanha deveria se retirar para as fronteiras de 1914 do país, menos a margem oeste do Reno, onde a Alsácia-Lorena voltaria à França e o restante (incluindo as cidades "cabeça de ponte" de Colônia, Koblenz e Mainz) seria ocupado por tropas Aliadas. Os alemães tiveram de devolver todos os prisioneiros Aliados (535 mil franceses, 360 mil britânicos, 133 mil italianos), mas os prisioneiros de guerra alemães permaneceriam em mãos dos Aliados (429 mil na França, 329 mil na Grã-Bretanha) até a assinatura de uma paz definitiva. O bloqueio também permaneceria em vigor até aquele momento. Tendo recebido 72 horas para assinar o documento, Erzberger procurou mais instruções, mas Berlim estava um caos, assim como Spa. Na manhã de sábado, 9 de novembro, Groener se reuniu com 39 importantes generais em Spa para avaliar se eles achavam que suas tropas marchariam para casa, sob o comando de Guilherme II, para "reconquistar" a frente interna do "bolchevismo". Depois de apenas um general lhe dar um inequívoco "sim", Groener informou o imperador de que "o exército marchará para casa em paz e ordem", mas "já não apoia Sua Majestade".[17] Hindenburg, testemunha silenciosa da dolorosa conversa, não ofereceu apoio a Groener nem consolo a seu imperador antes de o príncipe Max interromper a reunião telefonando de Berlim para relatar a deserção da guarnição da capital e para introduzir sua opinião de que a monarquia só poderia ser salva pela abdicação imediata de Guilherme II. O imperador foi almoçar pensando na abdicação e voltou para receber a chocante notícia de que o príncipe Max já a havia

Jogo final

anunciado em Berlim; em seguida, renunciou em favor de Ebert, que nomearia um regente imperial. Em uma hora, veio a informação de que o colega do novo chanceler, Scheidemann, do SPD, proclamara uma República, aparentemente para impedir a proclamação de uma República soviética por Liebknecht. Naquela tarde, Guilherme II embarcou em seu trem imperial e deixou Spa em direção à Holanda, onde viveria no exílio até a morte, em 1941. Em meio à confusão, Erzberger não recebeu autorização para assinar o armistício até que Ebert finalmente a enviou, na noite de domingo. Pouco depois da meia-noite de segunda-feira, 11 de novembro, Erzberger e a delegação alemã voltaram ao vagão ferroviário na floresta de Compiègne. Em três horas de mais discussão, Foch fez apenas pequenas alterações nos termos do armistício, que Erzberger e seus colegas assinaram às 5 da manhã. Foch e o almirante sir Rosslyn Wemyss, primeiro lorde do almirantado da Grã-Bretanha, assinaram pelos Aliados. O momento para o cessar-fogo foi estabelecido às 11 horas da manhã do 11º dia do 11º mês. A Primeira Guerra Mundial tinha terminado, mas a revolução global que ela acendera continuava.

Prisioneiros alemães em campo prisional francês.

Conclusão

Depois da guerra, os soldados alemães que aceitavam a "lenda da punhalada nas costas" contariam ter ficado chocados na manhã de 11 de novembro, quando os canhões de repente ficaram em silêncio, e indignados ao saber que seriam desmobilizados e iriam para casa, ao contrário dos Aliados, que os seguiriam na Alemanha até o rio Reno. Eles atribuíram a derrota da Alemanha à traição na frente interna, porque não teriam sido derrotados em campo. Mas para abraçar a mentira maior, eles também teriam que mentir. Desde 8 de agosto, o exército alemão não tinha lançado um contra-ataque bem-sucedido em qualquer lugar na frente ocidental, e não tinha sido capaz de defender o território que ocupava em qualquer lugar onde os Aliados atacassem. Embora jamais tenha se rompido, a frente de batalha foi empurrada para trás dia após dia, semana após semana, por mais de três meses, até os Aliados terem retomado quase a metade da Bélgica e toda a França. A Alemanha imperial desabou em termos políticos, como resultado da derrota militar. Independentemente de como se lembraram do momento mais tarde, os soldados alemães sem dúvida saudaram o armistício com alívio, em vez de choque ou desânimo, pois ele poupara seu país de uma invasão que seu exército vencido já não tinha como evitar, além de suas próprias vidas.

A batalha crucial de 1918, em Amiens, refletiu o ponto culminante da evolução da guerra ao longo dos quatro anos anteriores. Os britânicos tinham apresentado um vislumbre do que a combinação de infantaria, artilharia, tanques e aviões bem articulados poderia realizar no futuro. Eles restauraram a mobilidade da frente ocidental ao dar um golpe nos alemães do qual eles não conseguiram se recuperar. Mas, ironicamente, depois de conseguir a ruptura fundamental da frente, dando sinais de apreciar a moderna guerra de armas combinadas, as tropas britânicas e de seu império não repetiram o feito em qualquer outra batalha importante pelo resto da guerra, pressionando os alemães em retirada à sua frente com força bruta, como fizeram os outros exércitos Aliados.[18] Embora as realizações britânicas não possam ser negadas, para Foch (e, na verdade, para todos os que permaneceram fiéis ao culto à ofensiva), esses aperfeiçoamentos operacionais e táticos tiveram um papel menos importante na conquista da vitória do que o uso implacável da superioridade numérica, uma vez que esse contingente tornou-se disponível. Assumindo essa postura em 1918, a Grã-Bretanha e França perderam soldados que não tinham como substituir, em um momento em que os Estados Unidos estavam mobilizando mais homens a cada dia. Assim, a Primeira Guerra Mundial terminou como tinha começado, como uma guerra de desgaste, mas que acentuou o papel norte-americano no fim do jogo na Europa.

Na verdade, quando informou ao Reichstag que a guerra estava perdida, o major Von der Bussche explicou que "o inimigo, devido à ajuda que recebeu dos Estados Unidos, está em posição de compensar suas perdas" e poderia se servir de "uma fonte quase inesgotável de reservas".[19] Em janeiro de 1917, a Alemanha arriscara a retomada da guerra submarina indiscriminada, partindo do pressuposto de que, se os Estados Unidos declarassem guerra, os submarinos impediriam que as tropas norte-americanas chegassem à Europa, mas, nos 18 meses de cruzamentos transatlânticos (maio de 1917 a novembro de 1918), os submarinos alemães afundaram apenas três navios de tropas, um dos quais se arrastou até Brest, França, antes de ir ao fundo. Um total de 2.079.880 soldados norte-americanos chegou em segurança à Europa, enquanto 68 se afogaram nos três naufrágios. Comparando-se expectativas com realidade, o fracasso total da marinha alemã em interromper o fluxo de tropas norte-americanas à frente ocidental está entre os eventos mais impressionantes na história da guerra. Graças à sua passagem segura, em novembro de 1918, só o exército dos Estados Unidos tinha tantos homens na frente ocidental (1,4 milhão) quanto o exército alemão ao lançar sua ofensiva de primavera em março, e tinha outros 700 mil na França, mas ainda não enviados à frente de batalha. Atrás deles estavam outros 2 milhões em campos e bases dos Estados Unidos, aguardando o transporte para a Europa assim que concluíssem o treinamento básico. Dada a natureza do combate durante a Primeira Guerra Mundial, a AEF não teve que lutar muito bem para fazer diferença. Em números absolutos de baixas, 1918 foi mais sangrento do que 1917, mas, graças aos Estados Unidos, os Aliados poderiam agora substituir os homens mais rapidamente do que os alemães conseguiam matá-los. Esse cálculo frio determinou o resultado da guerra, e não apenas a decisão alemã de buscar um armistício. Em novembro, o número de norte-americanos mobilizados na frente ocidental havia ultrapassado o número de soldados da Grã-Bretanha e seus domínios. França e Grã-Bretanha foram receptivas à proposta alemã em parte porque reconheceram que, se a guerra continuasse em 1919, os Estados Unidos teriam um papel cada vez maior nela e, com isso, na definição da paz.

Notas

[1] Citado em David R. Woodward, Woodward, *Trial by Friendship: Anglo-American Relations, 1917-1918* (Lexington, KY: University Press of Kentucky, 2003), 116.

[2] Anotação no diário em 19 de março de 1918, em Émile Fayolle, *Cahiers secrets de la grande guerre*, ed. Henry Contamine (Paris: Plon, 1964), 259.

[3] Citado em J. P. Harris, *Douglas Haig and the First World War* (Cambridge University Press, 2008), 425.

[4] Harris, *Douglas Haig and the First World War*, 457.

A Primeira Guerra Mundial

[5] Citado em Michael Neiberg, *Foch: Supreme Allied Commander in the Great War* (Washington, DC: Brassey's, 2003), 63.

[6] Neiberg, *Foch*, 64-65, 69.

[7] Citado em Robert H. Zieger, *America's Great War: World War I and the American Experience* (Lanham, MD: Rowman & Littlefield, 2000), 98.

[8] Manifesto Imperial Federalizando as Terras Austríacas, 16 de outubro de 1918, texto em Malbone W. Graham, Jr., *New Governments of Central Europe* (New York: Henry Holt, 1926), 501.

[9] Artigo II, Constituição Austríaca de 12 de novembro de 1918, texto em Graham, *New Governments of Central Europe*, 508.

[10] Citado em John W. Wheeler-Bennett, *Brest Litovsk: The Forgotten Peace, March 1918* (London: Macmillan, 1938; ed. reimp. New York: W. W. Norton, 1971), 280.

[11] Alexander Watson, *Enduring the Great War: Combat, Morale and Collapse in the German and British Armies, 1914-1918* (Cambridge University Press, 2008), 183.

[12] Manfried Rauchensteiner, *Der Tod des Doppeladlers: Österreich-Ungarn und der Erste Weltkrieg* (Vienna: Verlag Styria, 1993), 589.

[13] Metzger a Conrad, perto de Verdun, 6 de setembro de 1918, KA, B/1450: 208.

[14] Citado em Hajo Holborn, *A History of Modern Germany, 1840-1945* (Princeton University Press, 1982), 502.

[15] Discurso do major Freiherr von der Bussche ao Reichstag sobre as Recomendações do Alto-Comando Alemão, 2 de outubro de 1918, disponível em http://firstworldwar.com/source/germancollapse_bussche.htm.

[16] Watson, *Enduring the Great War*, 231, 234 e passim.

[17] John W. Wheeler-Bennett, *Wooden Titan: Hindenburg in Twenty Years of German History, 1914-1934* (New York: William Morrow, 1936), 197, 199.

[18] Ver Tim Travers, *How the War was Won: Command and Technology in the British Army on the Western Front, 1917-1918* (London: Routledge, 1992), 175-76 e passim.

[19] Discurso de Bussche ao Reichstag, 2 October 1918, disponível em http://firstworldwar.com/source/german-collapse_bussche.htm.

Leituras complementares

Cornwall, Mark. *The Undermining of Austria-Hungary: The Battle for Hearts and Minds* (London: Macmillan, 2000).

Ferrell, Robert H. *America's Deadliest Battle: Meuse-Argonne, 1918* (Lawrence, KS: University Press of Kansas, 2007).

Gumz, Jonathan. *The Resurrection and Collapse of Empire in Habsburg Serbia, 1914-1918* (Cambridge University Press, 2009).

Lowry, Bullitt. *Armistice 1918* (Kent, OH: Kent State University Press, 1996).

Neiberg, Michael S. *Foch: Supreme Allied Commander in the Great War* (Washington, DC: Brassey's, 2003).

Neiberg, Michael S. *The Second Battle of the Marne* (Bloomington, IN: Indiana University Press, 2008).

Paschall, Rod. *The Defeat of Imperial Germany, 1917-1918* (Chapel Hill, NC: Algonquin Books, 1989).

Rabinowitch, Alexander. *The Bolsheviks in Power: The First Year of Soviet Rule in Petrograd* (Bloomington, IN: Indiana University Press, 2007).

Travers, Tim. *How the War was Won: Command and Technology in the British Army on the Western Front, 1917-1918* (London: Routledge, 1992).

Watson, Alexander. *Enduring the Great War: Combat, Morale and Collapse in the German and British Armies, 1914-1918* (Cambridge University Press, 2008).

Woodward, David R. *Trial by Friendship: Anglo-American Relations, 1917-1918* (Lexington, KY: University Press of Kentucky, 2003).

A CONFERÊNCIA DE PAZ DE PARIS

Conferência da Paz em Paris reúne os primeiros-ministros David Lloyd George (Grã-Bretanha), Vittorio Orlando (Itália), Georges Clemenceau (França) e o presidente Woodrow Wilson (EUA).

Cronologia

Novembro de 1918. Repúblicas estabelecidas na Alemanha, Áustria e Hungria.

Janeiro de 1919. A "Revolta Espartaquista" alemã é esmagada.

18 de janeiro. Começa a Conferência de Paz.

Fevereiro a julho. A Assembleia Constituinte alemã se reúne em Weimar.

Março a agosto. Hungria como "República soviética", sob Béla Kun.

28 de abril. A Conferência de Paz aprova Pacto da Liga das Nações.

21 de junho. Alemães afundam navios de guerra internados em Scapa Flow.

28 de junho. Alemanha assina o Tratado de Versalhes.

10 de setembro. Áustria assina o Tratado de St. Germain.

27 de novembro. Bulgária assina o Tratado de Neuilly.

4 de junho de 1920. Hungria assina o Tratado de Trianon.

10 de agosto. O Império Otomano assina o Tratado de Sèvres.

Em 1918, Lenin e Wilson apresentaram ao mundo visões conflitantes de uma futura utopia de paz: uma, de um comunismo a ser criado, em última instância, depois de uma revolução global eliminar o capitalismo e o imperialismo; a outra, de uma democracia a ser espalhada por meio do exemplo, uma vez que a eliminação das Potências Centrais autocráticas tornaria o mundo "seguro" para isso. No início do ano, o primeiro premiê soviético, que logo estabeleceria a primeira ditadura totalitária moderna, havia se envolvido em um vigoroso debate com o restante do círculo interno bolchevique antes de aceitar, contra sua opinião, experimentar a abordagem "nem guerra, nem paz" de Trotski, e antes de aceitar os termos alemães em Brest-Litovski, que eram mais duros do que a Rússia soviética teria obtido se tivesse concluído uma paz imediata, como desejara Lenin. Em nítido contraste, o presidente dos Estados Unidos, o chefe eleito do maior Estado do mundo com um governo representativo, que queria espalhar a democracia no mundo, pouco aconselhou-se inicialmente (e menos ainda depois) em sua busca obstinada por fazer com que todos os demais aceitassem sua visão de um acordo de paz e da organização do mundo no pós-guerra. A derrota da Alemanha em novembro de 1918 possibilitara a Lenin repudiar o Tratado de Brest-Litovski, mas a experiência amarga aprofundaria os instintos pragmáticos do líder revolucionário aparentemente idealista, um pragmatismo que serviria a ele, bem como à Rússia soviética, isolada e acuada, a navegar em um mundo hostil. A visão de Wilson e os métodos pelos quais procurava alcançá-la ainda tinham que ser testados.

Celebrando o armistício

As notícias do armistício desencadearam comemorações em todo o mundo, com as maiores multidões se juntando nas principais cidades dos Aliados vitoriosos. Na capital francesa, as ruas se encheram de pessoas em festa, e os alegres parisienses cercavam os soldados norte-americanos (ver box "'Foi uma coisa grandiosa pela qual morrer'"). A explosão de celebração veio após o discurso de Clemenceau à Câmara dos Deputados, às quatro da tarde, em que o velho primeiro-ministro leu os termos do armistício, tendo suas palavras pontuadas por estrondosos aplausos de deputados e espectadores na galeria. Em seguida,

O fim da guerra era tão desejado que uma multidão foi às ruas de Nova York para comemorar a rendição da Alemanha, após notícia de jornal. A rendição, porém, só ocorreria meses depois.

> os deputados, ao se levantar para o recesso, começaram espontaneamente a cantar a Marselhesa, no que foram seguidos pelas galerias e pelas multidões nos corredores. O hino se espalhou para a imensa multidão de pé no crepúsculo do lado de fora, às margens do rio e sobre as pontes, e em pouco tempo toda Paris estava cantando sua canção da vitória. Todos os dias e em todos os lugares, a alegria continuou, e continuou durante toda a noite.[1]

Em Londres, 100 mil pessoas compareceram para celebrar a notícia:

> A cidade se entregou à alegria sincera e ao júbilo contagiante. À noite, toda a Londres foi brilhantemente iluminada e a população se lançou às ruas. Ao longo de 3 km da Catedral de Saint Paul a Oxford Circus e de Whitehall até Victoria, de uma calçada à outra as ruas eram cheias de risos, empurrões, pessoas felizes, e as dificuldades de trânsito eram resolvidas da forma mais simples: mandando voltar quase todos os ônibus.[2]

A Conferência de Paz de Paris

"FOI UMA COISA GRANDIOSA PELA QUAL MORRER"

Carta do capitão Charles S. Normington, 32ª Divisão do exército dos Estados Unidos, a seus pais, escrita em Paris, no dia em que o armistício foi assinado:

Paris, 11 de novembro de 1918

Caros familiares:

Cheguei aqui na noite passada, e estava na rua hoje, quando o armistício com a Alemanha foi assinado. A qualquer um que não tenha estado aqui nunca se poderá contar, e ele não imaginará, a felicidade das pessoas. Elas gritavam e choravam, riam e, em seguida, começavam tudo de novo.

Imediatamente, começou um desfile na Rue des Italiennes e continua desde então. No desfile, havia centenas de milhares de soldados dos Estados Unidos, da Inglaterra, do Canadá, da França, da Austrália, da Itália e das colônias. Cada soldado tinha nos braços várias garotas francesas, algumas chorando, outras rindo, cada uma tinha que beijar cada soldado antes de deixar que ele passasse.

As ruas estão lotadas e todo o tráfego, retido. Há algumas coisas como esta que nunca vão se repetir, nem que o mundo viva um milhão de anos. Fizeram filmes das multidões, mas não se pode obter o som nem a expressão no rosto das pessoas, observando as imagens.

Não há lugar na terra onde eu preferisse estar hoje que não onde eu estou. Em casa seria bom, e é o próximo, mas Paris e a França estão livres depois de quatro anos e três meses de guerra. E, ah, que guerra! Os corações desses franceses simplesmente explodiram de alegria. Vários casais idosos franceses vieram ao major Merrill e a mim e se atiraram em nossos braços, chorando como crianças, dizendo: "Vocês, norte-americanos grandiosos, vocês fizeram isso por nós".

[...] Graças a Deus, graças a Deus, a guerra acabou. Eu posso imaginar que o mundo todo esteja feliz, mas em nenhum lugar da terra há uma demonstração como aqui em Paris. Eu só espero que os soldados que morreram por esta causa estejam olhando para baixo e vendo o mundo de hoje. Foi uma coisa grandiosa pela qual morrer. O mundo inteiro deve este momento de verdadeira alegria aos heróis que não estão aqui para ajudar a apreciá-lo. Eu não consigo escrever mais.

Com carinho, seu menino, Chas.

Fonte: Da coleção privada de Lois Normington Haugner, disponível em www.firstworldwar.com/diaries/normington.htm.

Talvez a cena mais espetacular de todas, para os relativamente poucos britânicos capazes de testemunhá-la, tenha vindo na noite do dia 11, na costa da Escócia, onde "em uma linha de 50 km, navios de guerra de todos os tipos foram simultaneamente iluminados", quando a Grande Frota deixou Scapa Flow em direção a Wilhelmshaven para encontrar a Frota de Alto-Mar.[3] Dez dias depois, os mesmos navios de guerra britânicos escoltariam seus adversários alemães de volta a Scapa Flow para internação. Enquanto isso, em toda a Itália, multidões entusiasmadas comemoravam o que Orlando saudou como "uma vitória romana", igualando o armistício aos triunfos militares da Roma Antiga.[4] As notícias do armistício chegaram a Nova York na madrugada de 11 de novembro, a tempo de ser manchete nos jornais da manhã. A festa que se seguiu

> durou 24 horas inteiras sem interrupção. Apitos, sirenes e sinos mantiveram um barulho constante o dia todo, todos os negócios foram suspensos, as ruas estavam lotadas e apinhadas. Procissões espontâneas se formavam em cada quadra, e efígies do Kaiser enforcado e em caixões de defunto eram bastante comuns. Densas nevascas de pedaços de papel enchiam o ar e as ruas e, à noite, a cidade estava em um estado de celebração que quase se aproximava do delírio.

A efusão de emoções foi muito impressionante, uma vez que a mesma coisa tinha acontecido, prematuramente, em 7 de novembro, quando a imprensa de Nova York publicou uma informação falsa de que o armistício já havia sido assinado. "Esse evento tinha liberado muita pressão excedente, e nada mais poderia levantar o entusiasmo que foi manifestado ali".[5]

Se não por outro motivo, as pessoas se alegravam porque o derramamento de sangue finalmente cessara. Quando os canhões se calaram, em 11 de novembro de 1918, o total de mortes de militares da Primeira Guerra Mundial tinha chegado a 8,5 milhões. Em números absolutos, ninguém sofreu mais do que a Rússia, que, apesar de sair da guerra 11 meses antes de sua conclusão, teve 2 milhões de mortos. A Alemanha seguiu logo atrás, com 1,8 milhão de mortos, seguida pela França e seu império, com 1,4 milhão (incluindo mais de 1,3 milhão da França propriamente dita), a Áustria-Hungria, com 1,2 milhão, a Grã-Bretanha e seu império, com 900 mil (incluindo 700 mil do Reino Unido), a Itália, com 460 mil, e o Império Otomano, com 325 mil. Medida em termos de tamanho da população, a distribuição das mortes e do ônus global do serviço militar aparece de forma bastante diferenciada, com os russos sofrendo o maior número de baixas entre as grandes potências da Europa. Para cada mil cidadãos, a França (menos seu império) mobilizou 202 homens e perdeu 34, a Alemanha mobilizou 184 e perdeu 30, a Áustria-Hungria mobilizou 154 e perdeu 23, a Grã-Bretanha (menos seu império) mobilizou 141 e perdeu 16, o Império Otomano mobilizou 133 e perdeu 15, a Itália mobilizou 160 e perdeu 13, e a Rússia mobilizou 74 e perdeu 11. Por sua vez, os Estados Unidos mobilizaram 41 homens para cada mil cidadãos e perderam 1,2, mas as 116 mil mortes de militares norte-americanos aconteceram quase que

A Conferência de Paz de Paris

Soldados americanos comemoram, na França, o fim da guerra.

inteiramente nos últimos cinco meses e meio de luta, de Cantigny ao armistício, a uma taxa diária que, projetada para os quatro anos e quatro meses da guerra, teria superado 1 milhão. As estimativas de mortes de civis vão de 5 a 13 milhões, dependendo do método usado para contá-las (números brutos ou o número de mortos excedendo as normas em tempos de paz) e de quando essa contagem parou (em 11 de novembro, ou quando a pandemia global de gripe se esgotou, em meados de 1919). Mesmo que os números mais baixos estejam corretos, em termos humanos, a Primeira Guerra Mundial gerou mais mortes do que qualquer conflito internacional militar anterior. Até hoje, é a terceira calamidade mais custosa da história envolvendo a força armada, atrás apenas da Segunda Guerra Mundial e da Rebelião Taiping da China (1850 a 1864).

Do armistício à mesa da paz

Passaram-se menos de dez semanas entre a conclusão do armistício e a abertura da Conferência de Paz de Paris, mas foram, sem dúvida, as dez semanas mais agitadas na história do mundo moderno. Alemanha e Áustria estabeleceram novos governos democráticos, em ambos os casos, com as mulheres votando pela primeira vez em uma eleição geral. A Grã-Bretanha também fez uma eleição geral, e também a primeira em que as mulheres votaram. Às vésperas do armistício, os Estados Unidos elegeram um Congresso dominado pelos opositores republicanos de Wilson, os quais passaram o inverno formulando objeções ao tratado que ele ainda tinha que começar a negociar. A Rússia seguiu envolvida na guerra civil, com os contingentes Aliados em torno de suas franjas continuando a apoiar a oposição Branca ao regime bolchevique de Lenin. Ao mesmo tempo, da Finlândia, no Ártico, à Geórgia, no Cáucaso, novos países gerados a partir da divisão do território russo sob patrocínio alemão lutavam para assegurar suas fronteiras e defender sua independência na Conferência de Paz. Uma disputa semelhante ocorria na antiga Monarquia Dual, onde os Estados sucessores – Áustria, Hungria e Tchecoslováquia – contestavam os espólios, juntamente com as vizinhas Itália, Sérvia/Iugoslávia, Romênia e Polônia. Para além da Europa, da África ao Oriente Médio e até a Ásia oriental e o Pacífico, os governos também buscavam solidificar os ganhos ou construir estratégias para defender o motivo pelo qual a Conferência de Paz deveria mudar realidades territoriais existentes.

As ex-Potências Centrais passaram pelas mudanças mais profundas. Com a Berlim de novembro de 1918 começando a se parecer com a Petrogrado de março de 1917, Ebert agiu rapidamente para evitar que a nova rede de conselhos revolucionários (*Räte*) em estilo soviético estabelecessem uma estrutura de "poder dual" independente da dele ou tomassem totalmente o poder na Alemanha. Ele estabeleceu uma coalizão com Hugo Haase, chefe do USPD, que o Conselho dos Trabalhadores e Soldados de Berlim aceitou em 10 de novembro; depois disso, o "gabinete" Ebert assumiu o papel de Conselho dos Deputados do Povo da revolução. Ebert cobriu seu outro flanco ao aceitar, de Groener, chefe do exército, uma promessa de tropas no caso de os revolucionários saírem do controle. Além do regime de Eisner na Baviera, a maioria dos conselhos alemães era muito mais moderada do que os sovietes russos de 1917, e muitos soldados que estavam retornando se juntavam aos Freikorps paramilitares de direita, e não a conselhos esquerdistas. Em 16 de dezembro, o Congresso Pan-Germânico de Conselhos (a versão alemã do Congresso Pan-Russo dos Sovietes) se reuniu em Berlim e endossou o chamamento de Ebert para eleições, a serem realizadas em 19 de janeiro de 1919, em uma Assembleia Nacional que iria escrever a Constituição da República

A Conferência de Paz de Paris

alemã. Essa moderação frustrou Liebknecht, Rosa Luxemburgo e outros marxistas radicais que achavam que a coalizão SPD-USPD tinha sequestrado sua revolução. Na véspera do Ano Novo, eles formaram o Partido Comunista da Alemanha (KPD) sobre as bases da Liga Espartaquista dos tempos de guerra; em seguida, assumiram a liderança de uma greve geral que se transformou na "Revolta Espartaquista" (5 a 12 de janeiro), em que mil espartaquistas armados tentaram derrubar Ebert, da mesma forma que Lenin e os bolcheviques derrubaram o governo provisório, antecipando as eleições para a Assembleia Constituinte russa. Após Ebert chamar o exército e unidades dos Freikorps para defender a República, os espartaquistas foram facilmente derrotados e Liebknecht e Rosa Luxemburgo, capturados; em 15 de janeiro, os Freikorps assassinaram os dois. Quatro dias depois, Ebert, do SPD, triunfou nas urnas, conquistando 38% das cadeiras na Assembleia Nacional, com 20% para o Partido do Centro, 18% para os progressistas liberais (agora conhecidos como Partido Democrático Alemão ou DDP) e apenas 8% para o USPD. Evitando a instabilidade de Berlim, a Assembleia se reuniu em 6 de fevereiro em Weimar, onde os partidos de paz do Reichstag imperial anterior – SPD, Centro e DDP – formaram uma coalizão apoiada por mais de três quartos dos deputados. A Assembleia elegeu Ebert presidente da Alemanha para um mandato de sete anos (depois do qual os presidentes seriam eleitos pelo voto popular) e nomeou Scheidemann chanceler. A eleição encontrou a direita alemã ainda desorientada pelo colapso do Segundo Reich; o Partido Popular Nacional Alemão (DNVP) e o Partido Popular Alemão (DVP) – apesar de seus nomes, meras reencarnações de velhos partidos conservadores dominados por latifundiários e industriais, respectivamente – tiveram mau desempenho nas urnas, obtendo, juntos, apenas 14%. Mesmo antes de o novo governo enfrentar a crise de ter que assinar o Tratado de Versalhes, os eventos do inverno de 1918 para 1919 estabeleceram os parâmetros políticos para a Alemanha do entreguerras. A fragilidade temporária da direita tornou a Assembleia Nacional um pouco mais liberal do que o público como um todo e, como resultado, a Constituição de Weimar e o governo que ela estabeleceu jamais foram aceitos por um número significativo de alemães.

Na Áustria, o recém-proclamado chanceler Karl Renner se tornou chefe incontestado dos social-democratas no poder, depois que o fundador do partido, Viktor Adler, morreu de gripe em 11 de novembro, um dia antes de ser proclamada a República. Os três partidos germânico-austríacos dominantes do antigo Reichsrat permaneceram em conflito na República, devido à natureza de seus programas: os socialistas cristãos, contrários à Anschluss e antissemitas; os nacionalistas alemães, favoráveis à Anschluss e antissemitas; e os social-democratas, pela Anschluss e com austríacos de origem judaica cumprindo papéis de destaque em sua liderança. Entre estes, mais controverso, Friedrich Adler, filho de Viktor e assassino do primeiro-ministro austríaco, o conde Stürgkh, em outubro de 1916. Condenado à morte por assassinato, ele se tornou um homem livre dois anos depois, ao se beneficiar, inicialmente, da comutação habitual de todas as sentenças de morte no início de um novo reino, quando Carlos tornou-se imperador, e, depois, quando o colapso da monarquia libertou todos os prisioneiros "políticos". Em contraste com o rumo moderado do SPD alemão, que lhe fez perder muita gente para o KPD, Renner permitiu que Friedrich Adler e o novo ministro do Exterior, Otto Bauer (que passou de 1914 a 1917 como prisioneiro de guerra na Rússia, depois de ter sido capturado enquanto servia na frente oriental), levassem os social-democratas austríacos em uma direção mais radical, deixando uma porcentagem menor da esquerda insatisfeita o suficiente para apoiar o Partido Comunista austríaco. Nas eleições para a Assembleia Nacional (16 de fevereiro de 1919) os social-democratas obtiveram 42% das cadeiras, os socialistas cristãos, 41%, e os alemães nacionalistas, 15%. Os dois maiores partidos formaram uma coalizão incômoda, com Renner continuando como chanceler e o companheiro social-democrata Karl Seitz sendo eleito presidente. Os social-democratas também dominaram a pequena Volkswehr, única força armada oficial da Áustria após o colapso do exército austro-húngaro, mas em todo o país foram criadas unidades paramilitares de direita chamadas Heimwehr, análogas aos Freikorps da Alemanha. Em meio a fome generalizada e alto desemprego, a confusão política reinou durante todo o inverno. Alemães austríacos das regiões dos Sudetos e do Tirol do Sul continuavam a ter assento na Assembleia, em Viena, e a Áustria mandou representantes para a Assembleia Nacional alemã em Weimar. Os austríacos não tinham defensor nem representante entre os Aliados vitoriosos, dos quais a Itália era a mais hostil, seguida de perto pela França, que considerava a proposta da Anschluss como equivalente a gratificar a Alemanha por ter perdido a guerra. A Grã-Bretanha e os Estados Unidos se juntaram à França como fortes defensores da Tchecoslováquia e de quaisquer reivindicações que ela fizesse à custa da Áustria. Enquanto isso, na Hungria, o conde Károlyi proclamava uma República em 16 de novembro, com apoio do Conselho de Trabalhadores e Soldados local. O nobre liberal obteve apoio das massas através de gestos igualitários, como abrir mão de sua propriedade de 20 mil hectares para redistribuição aos camponeses. Ele tentou direcionar um curso pró-Aliados, para garantir que a maior quantidade possível da população magiar (húngaros étnicos) permanecesse sob governo húngaro. Poucos dias depois do armistício, ele assinou um pacto com os Aliados, que permitia à Romênia ocupar grande parte da Transilvânia, mas eles nada fizeram quando os romenos violaram seus termos, tomaram a Transilvânia inteira e começaram a integrá-la a seu reino. A Hungria, assim como a Áustria e a Alemanha, continuaram a ser submetidas a um bloqueio Aliado durante todo o inverno de 1918 para 1919, embora, como a Hungria podia se alimentar, a falta de

492

combustível era o maior problema de Károlyi e se somava à sua fracassada política externa para desacreditá-lo aos olhos do público.

Os mesmos meses também foram agitados para os vencedores. Na Itália, Orlando chamou a Primeira Guerra Mundial de "a maior revolução política e social registrada pela História, superando até mesmo a Revolução Francesa". Seu antecessor, Salandra, concordou que "um retorno pacífico ao passado" era impossível.[6] Mas na França e na Itália, os principais países que não deram o passo fundamental de conceder direito de votos às mulheres, os partidos socialistas, catalisadores da reforma política e social antes da guerra, foram prejudicados pelas agora impopulares posições contrárias à guerra que tinham adotado tardiamente (a SFIO francesa, em julho de 1918; o Partido Socialista italiano, em setembro de 1918). Na Itália, a iniciativa passou à direita, onde o Partido Fascista de Mussolini combinava nacionalismo com socialismo em seu apelo aos veteranos da guerra. Em janeiro de 1919, os fascistas lançaram sua campanha pós-guerra de violência política, atacando alvos do Partido Socialista em Milão. Mas, entre todas as principais potências Aliadas, a Inglaterra teve o inverno mais agitado. Em 14 de dezembro de 1918, o país realizou sua primeira eleição geral desde 1910, pois a votação de 1915 fora adiada por causa da guerra. Lloyd George atraiu críticas por fazer uma "eleição cáqui", aproveitando o clima do público no momento da vitória para dar um novo mandato à sua coalizão, mas a estratégia funcionou. Apesar de defecções em cada um dos seus três partidos – Conservador, Liberal e Trabalhista –, a coalizão conquistou dois terços das cadeiras na Câmara dos Comuns e, como a eleição aconteceu apenas cinco semanas após o armistício, os defensores de uma paz rígida dominaram a nova Câmara, sustentando a postura beligerante que Lloyd George assumiria durante os primeiros meses da Conferência de Paz. O aspecto mais ameaçador da eleição, o triunfo do Sinn Féin, na Irlanda, fez dos republicanos irlandeses o maior partido da oposição, com pouco mais de 10% das cadeiras. Ao invés de assumir seus lugares na Câmara dos Comuns, em 21 de janeiro de 1919, os deputados do Sinn Féin se reuniram em Dublin como o primeiro Parlamento Irlandês (ou Dáil Éireann), que reafirmou a declaração de independência feita na Revolta de Páscoa, de 1916, e divulgou uma "Mensagem às nações livres do mundo", apelando a "toda nação livre para que apoiasse a República da Irlanda, reconhecendo a condição de nação da Irlanda e seu direito à defesa no Congresso da Paz".[7] O Dáil também reconheceu os Voluntários Irlandeses como as forças armadas da República, sob o nome de Exército Republicano Irlandês (IRA). No dia em que o Dáil foi empossado, enfrentamentos entre o IRA e o Royal Irish Constabulary, a polícia irlandesa, em Tipperary, marcou o início de um conflito de baixa intensidade em que a luta armada do IRA contra autoridades britânicas pontuou uma ampla campanha de resistência passiva ao domínio britânico sobre a Irlanda.

Nos Estados Unidos, Wilson decidiu, uma semana após o armistício, ir à Conferência de Paz de Paris. Além de Roosevelt, que visitara o canteiro de obras do Canal do Panamá em 1906, nenhum presidente norte-americano jamais saíra os Estados Unidos estando no cargo. Wilson o fez contra o conselho de Robert Lansing, sucessor de Bryan como secretário de Estado, que argumentou que o presidente "poderia praticamente ditar os termos da paz caso se mantivesse distante", ficando em Washington, acima da disputa das negociações.[8] Wilson continuou confiante, apesar de receber uma dura reprovação nas eleições parlamentares de meio de mandato, apenas cinco dias antes do armistício. Quando o novo Congresso se reuniu, em 4 de março de 1919, os republicanos mantiveram a maioria na Câmara dos Deputados (240 a 195) e no Senado (49 a 47), mas, ainda assim, o presidente incluiu apenas um republicano na delegação norte-americana, o diplomata de carreira Henry White. Ao se aproximar a data de sua partida, ficava cada vez mais claro que Wilson queria deixar sua marca pessoal no acordo de paz e no mundo do pós-guerra que ele criaria. Ele não tinha intenção de revisar seus pontos de vista nem sua abordagem para atender a Lansing nem a qualquer outra pessoa na delegação, e certamente não aos líderes republicanos em Washington. Um político mais sábio teria escolhido um importante republicano que lhe fosse simpático (o ex-presidente William H. Taft, futuro presidente da Suprema Corte, era uma escolha óbvia) para participar da delegação em vez do obscuro White, e um mais astuto teria convidado alguns de seus principais críticos, a fim de colher os benefícios de sua recusa a ir a Paris. Mas Wilson rejeitou todos os conselhos, independentemente do espírito com que fossem oferecidos, incluindo o de W. E. B. DuBois e outros líderes afro-americanos que procuravam participar do acerto pós-guerra sobre a África. Em 4 de dezembro, a comitiva de Wilson embarcou no George Washington, o mais rápido navio norte-americano de transporte de tropas (ironicamente, um antigo transatlântico da Norddeutsche Lloyd), que permitiu ao presidente fazer cada uma de suas quatro travessias transatlânticas de 1918 e 1919 em nove ou dez dias. Seu triunfante circuito pré-conferência por França, Grã-Bretanha e Itália começou em Paris, em 14 de dezembro, onde multidões que rivalizavam com as do dia do armistício em tamanho e entusiasmo o saudaram como o pacificador heroico. Wilson permaneceu na França até o Natal, antes de visitar a Grã-Bretanha entre 26 e 31 de dezembro, incluindo paradas em Londres e Manchester, aparições públicas com o rei George V, e suas primeiras reuniões com Lloyd George. Ele passou a noite de Ano-Novo em Paris, a caminho da Grã-Bretanha para a Itália, onde seu itinerário incluía paradas em Roma, Gênova, Turim e Milão, aparições públicas com o rei Vítor Emanuel III, discussões com Orlando e uma audiência com o papa Bento XV no Vaticano, antes de seu retorno a Paris, em 7 de janeiro. Simbolicamente, a viagem servia para informar da chegada dos Estados Unidos ao cenário mundial, enquanto um grato Velho Mundo aplaudia o idealismo do novo, personificado em Wilson. As grandes multidões de adoradores e recepções deferentes por parte de reis, estadistas e o papa deram impulso ao ego de um homem a quem não faltava autoestima, preparando o palco para o que estava por vir.

A Alemanha, o Tratado de Versalhes e a Liga das Nações

A estrutura e o funcionamento da Conferência de Paz de Paris ganhou forma nas decisões *ad hoc* tomadas pouco antes de ela ser convocada. Quando o Supremo Conselho de Guerra se reuniu em Paris, em 12 de janeiro de 1919, pela primeira vez, cada um dos "Quatro Grandes" – Grã-Bretanha, França, Itália e Estados Unidos – foi representado por seu chefe de governo e por seu ministro do Exterior. Eles decidiram, ali mesmo, limitar a Conferência de Paz a si e aos representantes equivalentes japoneses, que se reuniriam como "Conselho dos Dez". Eles concordaram que as cinco principais potências teriam, cada uma, cinco assentos nas sessões plenárias da Conferência, com as outras potências Aliadas e associadas ficando com um, dois ou três lugares, segundo sua população ou a contribuição dada ao esforço de guerra; portanto, Bélgica e Sérvia/Iugoslávia receberam três assentos em função de sua importância na fase inicial da guerra e seus sacrifícios em geral. Dos 28 países que declararam guerra contra as Potências Centrais e não tinham estabelecido a paz, apenas três não estavam representados: Montenegro (incorporada à Iugoslávia), Costa Rica (onde um golpe de Estado havia instalado uma ditadura não reconhecida pelos Estados Unidos) e o microestado de Andorra (literalmente esquecido, e o qual só encerrou as hostilidades em 1958). As Repúblicas da Polônia e da Tchecoslováquia foram reconhecidas como beligerantes e receberam dois lugares cada uma (mais do que uma dúzia de outros países), mesmo que não tivessem formalmente existido até o fim da guerra. Por insistência da Grã-Bretanha, os quatro domínios, que ainda não controlavam sua própria política externa, foram representados como Estados independentes, assim como a Índia, sozinha entre os colaboradores coloniais. A Rússia não foi representada, porque ninguém havia dado reconhecimento diplomático ao governo soviético (nem o faria até 1924) e, de qualquer forma, o país tinha estabelecido a paz com as Potências Centrais antes do fim da guerra. O outro país Aliado a deixar a guerra antes – a Romênia, em maio 1918 – obteve direito a um assento por voltar à guerra um dia antes do armistício. Refletindo a importância global do que tinha começado como uma guerra puramente europeia, 13 das delegações vinham das Américas; 10, da Europa; 5, da Ásia (China, Sião e Hejaz, junto com Japão e Índia); 2, da África (África do Sul e Libéria); além de Austrália e Nova Zelândia.

495

Em 18 de janeiro de 1919, a primeira sessão plenária da Conferência de Paz de Paris se reuniu na Salle d'Horloge do Ministério do Exterior da França, no Quay d'Orsay. Como chefe de Estado do país anfitrião, Poincaré fez um prolixo discurso de abertura, concluindo com a observação de que "neste mesmo dia, 48 anos atrás, o Império Alemão fora proclamado no Palácio de Versalhes. Os senhores estão reunidos a fim de reparar o mal que ele fez e evitar sua repetição".[9] O presidente francês não teve qualquer outro papel na Conferência de Paz, já que Clemenceau, chefe de governo do país anfitrião, foi o "presidente da Conferência de Paz". Mas as observações de Poincaré na abertura apontaram o caminho para o desfecho, pelo menos no que se referia à Alemanha, cerca de cinco meses depois, já que o tratado seria assinado no Salão dos Espelhos em Versalhes, na mesma sala onde Bismarck proclamara a fundação do Segundo Reich. Enquanto isso, os trabalhos da Conferência de Paz giravam em torno do Conselho dos Dez: Wilson e o secretário de Estado dos Estados Unidos, Lansing, Lloyd George e ministro do Exterior britânico, Arthur Balfour, Clemenceau e o ministro equivalente francês, Stéphen Pichon, Orlando e o ministro do Exterior italiano, Sidney Sonnino, e os representantes do Japão, o ex-primeiro-ministro Kinmochi Saionji e o ex-ministro do Exterior Nobuaki Makino, enviados a Paris como substitutos do primeiro-ministro, Takashi Hara, e do ministro do Exterior, Kosai Uchida, que permaneceram em Tóquio.

Levou menos de um mês para o Conselho dos Dez chegar a um consenso sobre as principais disposições do acordo com a Alemanha. Refletindo os Catorze Pontos, eles planejaram devolver a Alsácia-Lorena à França (ponto 8) e dar à Polônia uma saída para o mar (ponto 13) através de um corredor de território alemão e o porto de Danzig. As terras alemãs perdidas para a Polônia ficaram a ser definidas, assim como pequenos ajustes das fronteiras alemãs com a Bélgica e a Dinamarca (no caso da segunda, para devolver território que Bismarck tinha tomado 55 anos antes). As potências vitoriosas redistribuiriam as colônias da Alemanha, mas, refletindo o ponto 5 de Wilson, a Liga das Nações teria um papel na supervisão de sua eventual transição para a independência. No espírito do ponto 4, elas previram cláusulas de desarmamento que reduziam o exército alemão a uma força pequena e profissional, sem as mais destrutivas armas modernas, e a marinha alemã, a uma força do tamanho da frota da Suécia, sem submarinos. A Renânia continuaria a ser ocupada enquanto seu destino de longo prazo permanecesse em disputa. A França queria que ela fosse separada da Alemanha para formar um Estado-tampão, mas nunca conseguiu convencer alemães suficientes a levar adiante o esquema; em 1º de fevereiro, o prefeito de Colônia, Konrad Adenauer, futuro chanceler da Alemanha Ocidental, pediu a criação de uma "República renana", mas logo abandonou a causa, e, quatro meses mais tarde, quando seu colega Hans Dorten proclamou uma Renânia independente, quase ninguém o apoiou. Sobre o tema da responsabilidade formal e financeira da Alemanha pela guerra, França e Grã-Bretanha queriam a admissão de culpa e pagamento de indenizações. Quando o Conselho dos Dez chegou a um consenso sobre essas disposições, uma série de subcomissões aprofundou os detalhes específicos, enquanto os chefes de governo e ministros do Exterior passavam a maior parte de seu tempo debatendo a estrutura e o Pacto da Liga das Nações. Wilson não poderia ter adivinhado que as negociações já estavam procedendo em uma direção que faria com que o tratado fosse rejeitado por uma maioria dos norte-americanos e ainda questionado por historiadores, décadas mais tarde (ver "Perspectivas: o Tratado de Versalhes").

O plano norte-americano para a organização internacional veio de uma série de interações entre o coronel House e antecessor de Balfour como ministro do Exterior britânico, sir Edward Grey, em fevereiro de 1915, durante a primeira missão de paz de House na Europa. Antes da missão de paz de House de janeiro de 1916, Wilson produziu seu primeiro esboço da Liga, com base no princípio da segurança coletiva sob um regime de desarmamento geral. Em maio de 1916, o presidente fez seu primeiro discurso público defendendo a Liga e, em janeiro de 1918, na véspera do discurso dos Catorze Pontos de Wilson, Lloyd George aprovou a criação de "algum tipo de organização internacional" para facilitar a futura preservação da paz.[10] Jan Smuts, da África do Sul, estando em Londres como membro do Gabinete Imperial de Guerra, ajudou a formular a ideia durante o ano de 1918, contribuindo com o principal conceito estrutural de um conselho que incluiria apenas as grandes potências e uma assembleia que abarcaria todos os membros da Liga. Os franceses não gostaram tanto do projeto e, em 1918, propuseram uma associação pós-guerra de Estados menos rígida, mas a sua ideia alternativa nunca pegou. Finalmente, em seu discurso de abertura da Conferência de Paz, Poincaré deu o endosso da França a "uma Liga Geral das Nações que será uma garantia suprema contra quaisquer novas agressões ao direito dos povos".[11] Na discussão que se seguiu, Clemenceau procurou desviar a dominação anglo-americana da futura organização rejeitando a estrutura de Smuts e defendendo a igualdade de todos os membros, independentemente de seu tamanho. Enquanto isso, nos Estados Unidos, os adversários republicanos de Wilson caracterizavam a Liga como um instrumento de futura dominação global britânica, apontando a insistência da Grã-Bretanha em que os domínios e a Índia fossem membros separados, nenhum dos quais ainda controlava sua própria política externa. Em 13 de fevereiro, um dia antes de Wilson voltar aos Estados Unidos para a sessão final do Congresso em fim de mandato e a posse de seu sucessor, Makino levantou a questão da igualdade racial durante uma discussão sobre uma cláusula no Pacto da Liga que garantia a liberdade de religião. O segregacionista Wilson, apoiado por britânicos e australianos, rejeitou o apelo japonês por uma declaração sobre raça e, em vez disso, excluiu a cláusula de liberdade religiosa que tinha desencadeado o debate. No dia seguinte, horas antes de sua partida, o Pacto da Liga passou por sua primeira leitura em uma sessão plenária da Conferência de Paz.

PERSPECTIVAS: O TRATADO DE VERSALHES

A historiadora canadense Margaret MacMillan defende o tratado e rejeita o argumento tradicional de seus críticos, que estabelecem uma conexão direta entre Versalhes e Hitler na Segunda Guerra Mundial:

> Os que estabeleceram a paz de 1919 cometeram erros, é claro. Por seu tratamento improvisado do mundo não europeu, despertaram ressentimentos pelos quais o Ocidente está pagando até hoje. Eles se esforçaram com as fronteiras da Europa, mesmo que não as tenham desenhado para a satisfação de todos, mas, na África, implementaram a velha prática de distribuir território para atender às potências imperialistas. No Oriente Médio, amontoaram povos, mais especificamente no Iraque, que ainda não conseguiram convergir a uma sociedade civil [...]. [Mas] não podiam prever o futuro e, certamente, não tinham como controlá-lo. Isso ficou para os seus sucessores. Quando veio, em 1939, a guerra foi um resultado de 20 anos de decisões tomadas ou não tomadas, e não dos arranjos feitos em 1919.
>
> Hitler não foi à guerra por causa do Tratado de Versalhes, embora tenha encontrado na existência dele uma dádiva de Deus para sua propaganda. Mesmo que a Alemanha tivesse sido deixada com as suas antigas fronteiras, mesmo se lhe tivesse sido permitido ter as forças militares que queria, mesmo se tivesse podido se juntar à Áustria, ele ainda teria querido mais: a destruição da Polônia, o controle da Tchecoslováquia e, acima de tudo, a conquista da União Soviética. Ele teria exigido espaço para o povo alemão se expandir e a destruição de seus inimigos, fossem judeus ou bolcheviques. Não havia nada no Tratado de Versalhes sobre isso.

Fonte: Margaret MacMillan, *Paris 1919: Six Months that Changed the World* (New York: Random House, 2001), 493-94. ©2001 Margaret MacMillan, usado com permissão de Random House, Inc.)

* * *

O jornalista norte-americano David Andelman faz eco aos críticos tradicionais do Tratado ao responsabilizar os autores da paz de 1919 por tantos problemas que persistiram no século XXI:

> No final, Versalhes se revelou um fracasso colossal para Woodrow Wilson, para os Estados Unidos e para o futuro de um mundo que esperava poder ser regido por princípios de liberdade e autodeterminação [...]. O documento que [Wilson] levou para casa de Paris era profundamente falho em quase todos os

> aspectos. Não conseguia assumir parte alguma da elevada visão de moral que Wilson trouxera consigo. Em seus esforços para obter a aceitação de sua adorada Liga das Nações pelos Aliados, ele fez concessões em praticamente todas as partes, com relação ao mundo que ele e seus colegas de paz estavam criando [...]. Somos nós, hoje, que ainda estamos pagando o preço [...]. Em cada parte do mundo [...] as falhas dos autores da paz de Versalhes – erros de avaliação ou simplesmente um excesso de arrogância – estão muito claras agora.
>
> Fonte: David A. Andelman, *A Shattered Peace: Versailles 1919 and the Price We Pay Today* (New York: John and Sons, Inc., 2008), 284-85, 290.

O retorno de Wilson aos Estados Unidos, seguido, cinco dias depois, por uma tentativa de assassinato que deixou Clemenceau ferido, trouxe um período de calmaria na atividade da Conferência de Paz. Os japoneses continuavam a pressionar para que o Pacto incluísse uma declaração explícita de igualdade racial, enquanto os franceses expressavam dúvidas de que, se a Renânia permanecesse em mãos alemãs, as limitações de armas propostas e a segurança coletiva oferecida pela Liga seriam suficientes para manter a França segura. Não tendo conseguido a criação de um Estado-tampão na Renânia, Clemenceau, em seu retorno à Conferência, pediu um tratado de aliança suplementar com a Grã-Bretanha e os Estados Unidos para dar à França a segurança de que ela precisava. Mesmo que violasse uma premissa fundamental da Liga das Nações – a de que as alianças já não seriam necessárias para garantir a segurança de quem quer que fosse –, Lloyd George concordou em dar o que Clemenceau queria, com a condição de que Wilson também comprometesse os Estados Unidos. Para salvar o tratado e a Liga de um veto francês, Wilson concordou com a aliança em 14 de março, dia em que retornou a Paris, e o fez com o conhecimento de que um tratado comprometendo os Estados Unidos a vir em auxílio da França em caso de um futuro ataque alemão seria menos polêmico diante dos republicanos do Senado do que a própria Liga, principalmente porque, ao contrário do Pacto da Liga, esse compromisso específico não punha em dúvida os direitos que os Estados Unidos reivindicavam no hemisfério ocidental segundo a Doutrina Monroe. Em um esforço para remover esse problema do debate sobre o tratado nos Estados Unidos, em 11 de abril, Wilson garantiu a aprovação Aliada a uma cláusula especial no Pacto, reconhecendo a validade da Doutrina Monroe. No mesmo dia, o presidente resolveu outra questão polêmica, descartando, de uma vez por todas, a reivindicação japonesa por uma cláusula de igualdade racial a ser inserida no Pacto. Wilson argumentou que, considerando-se que o Pacto já reconhecia a igualdade de todas as *nações*, era desnecessária uma declaração explícita sobre a igualdade de seus *povos*. No final, poucas mudanças foram feitas no Pacto da Liga entre a primeira leitura, em meados de fevereiro, e sua aprovação final, em 28 de abril, em sessão plenária da Conferência de Paz.

Após 25 de março, o Conselho dos Dez não mais se reuniu e os japoneses deixaram de participar em discussões que não diziam respeito diretamente a seus interesses. Clemenceau, Lloyd George, Wilson e Orlando convocaram o Conselho dos Quatro, acompanhado apenas por secretários e tradutores, para finalizar as disposições relativas à Alemanha. Eles concordaram em dar à França não apenas a Alsácia-Lorena, mas, durante 15 anos, os recursos da bacia do Sarre, rica em carvão. A Polônia recebeu um corredor de terra composto das províncias de Posen (conhecida como o Warthegau durante a Segunda Guerra Mundial) e Prússia ocidental. Danzig serviria como sua saída para o mar, mas, por insistência de Lloyd George, como uma cidade livre, em vez de ser anexada à Polônia. Um pequeno ajuste da fronteira belgo-alemã deu as zonas fronteiriças de Eupen, Malmedy e Moresnet à Bélgica. Plebiscitos deveriam determinar o destino final do Sarre e, mais imediatamente, a fronteira germano-polonesa no sul da Prússia oriental, onde as unidades dos Freikorps tinham lutado com o exército polonês durante o inverno de 1918 para 1919. Na fronteira germano-dinamarquesa, outro plebiscito determinaria o *status* do Schleswig, anexado por Bismarck em 1864; a Dinamarca também se beneficiaria, ao menos indiretamente, da internacionalização do canal de Kiel. A redistribuição das colônias da Alemanha enriqueceu todas as partes interessadas. Na África Oriental Alemã, a Grã-Bretanha recebeu a futura Tanzânia, enquanto a Bélgica acrescentou Ruanda e Burundi ao Congo Belga. A África do Sul recebeu o Sudoeste Africano Alemão, a futura Namíbia. A maior parte de Camarões e do Togo foi para a França, mas a Grã-Bretanha recebeu uma faixa de terra ao longo da fronteira ocidental de cada colônia, que atribui às suas próprias possessões da Nigéria e Costa do Ouro (Gana), respectivamente. O Japão recebeu Tsingtao com a baía de Jiaozhou e o restante das possessões alemãs na península de Shantung, junto com todas as ilhas alemãs do Pacífico ao norte do equador; enquanto a Austrália recebeu a ex-Kaiser Wilhelmsland (nordeste da Nova Guiné) e o adjacente arquipélago de Bismarck; e a Nova Zelândia, a antiga Samoa Alemã. Com exceção das terras da China continental herdadas pelo Japão, todas as ex-colônias alemãs teriam *status* de mandatos da Liga das Nações, tecnicamente, sob a tutela de seus novos governantes até se tornarem autônomas.

As cláusulas de desarmamento exigiam que a Alemanha reduzisse seu exército a 100 mil homens até março de 1920 e, posteriormente, mantivesse um exército profissional permanente, sem recrutamento obrigatório nem treinamento militar da população geral masculina adulta. O tratado incluía limites específicos ao número de fuzis, metralhadoras e peças de artilharia que a Alemanha poderia manter, e os números de balas e bombas que poderia ter à mão. Entre as armas proibidas estavam o gás venenoso, os tanques, os aviões e os dirigíveis. A Renânia, definida como todo o território alemão a oeste de uma linha de 50 km a leste do rio Reno, tornou-se uma zona desmilitarizada, mas permaneceu sob autoridade alemã. A marinha tinha que abrir mão de todos os 74 navios internados em Scapa Flow, varrer todas as minas que tinha colocado no Báltico e no mar do Norte e destruir suas fortificações costeiras. Teria permissão para manter um contingente de 15 mil e uma frota de 6 pré-couraçados antiquados, seis cruzadores leves, 12 destróieres e 12 torpedeiros, uma força mais ou menos do tamanho da marinha sueca. Futuros navios de guerra novos não poderiam ter mais de 10 mil toneladas de deslocamento, e a marinha não poderia ter submarinos. A Alemanha manteria o direito de produzir armas para atender a suas próprias necessidades modestas, mas, doravante, não poderia exportar nem importar armas.

O Tratado reconhecia que as "diminuições permanentes" dos recursos da Alemanha decorrentes das cláusulas territoriais do Tratado a deixariam incapaz de fazer uma "reparação completa" da destruição que causara na guerra, mas obrigava o país a pagar "por todos os danos causados à população civil das Potências Aliadas e Associadas e à sua propriedade durante o período de beligerância",[12] com a conta total da reparação a ser determinada em uma data posterior (finalmente fixada, em 1921, em 132 bilhões de marcos de ouro ou 34 bilhões de dólares dos Estados Unidos). Por fim, o tratado incluiu a seguinte "cláusula de culpa de guerra", consagrada no artigo 231: "A Alemanha aceita sua própria responsabilidade e a de seus aliados por causar todas as perdas e danos a que os governos Aliados e Associados e seus cidadãos foram submetidos como consequência da guerra que lhes foi imposta pela agressão da Alemanha e seus aliados".[13] Wilson considerava as reparações e a cláusula da culpa de guerra contrárias ao espírito de seus Catorze Pontos. Ele também se opôs à desmilitarização permanente da Renânia e à ocupação francesa do Sarre, mas, no final, admitiu essas quatro questões para garantir o acordo Aliado a incluir a Liga das Nações no tratado, juntamente com o texto integral da aliança.

Os delegados alemães à Conferência de Paz de Paris finalmente viram o Tratado em 7 de maio. Como vários comitês individuais tinham produzidos os detalhes das diversas questões militares, territoriais e econômicas, as delegações Aliadas só viram o todo montado como um documento único poucas horas antes de ele ser apresentado aos alemães, e alguns delegados britânicos e norte-americanos tiveram dúvidas assim que o viram em sua totalidade. Membros mais jovens de ambas as delegações debateram-se com sua decepção. William Bullitt, mais tarde o primeiro embaixador de Franklin Roosevelt à União Soviética, condenou o Tratado como "imensamente duro e humilhante"[14] e, em seguida, renunciou em protesto e voltou para casa. Harold Nicolson, que, como deputado em 1930 se juntaria a Churchill

A Primeira Guerra Mundial

na oposição ao apaziguamento da Grã-Bretanha para com Hitler, caracterizou as exigências de reparação como "um grande crime" e "impossível de executar".[15] Ele se juntou a muitos dos seus colegas na pressão para que Lloyd George suavizasse os termos. Depois de ler o Tratado, o ministro do Exterior da República de Weimar, conde Ulrich von Brockdorff-Rantzau, condenou as disposições econômicas como uma "sentença de morte" para o povo alemão (ver box "A Alemanha se opõe aos termos do tratado de paz"), rejeitou a maior parte das cláusulas territoriais e aceitou as disposições de desarmamento com a condição de que os Aliados incluíssem a Alemanha como um dos membros-fundadores da Liga das Nações.

A ALEMANHA SE OPÕE AOS TERMOS DO TRATADO DE PAZ

Trechos de um memorando de 13 de maio de 1919, do conde Ulrich von Brockdorff-Rantzau (1869-1928), primeiro ministro do Exterior da República de Weimar, a Georges Clemenceau, da França:

Sob os termos do tratado de paz, a Alemanha deve abrir mão de sua marinha mercante e de embarcações em construção no momento, adequadas para o comércio exterior. Da mesma forma, por cinco anos, os estaleiros alemães deverão basicamente construir uma tonelagem destinada aos governos Aliados e Associados. Além disso, a Alemanha deve renunciar a suas colônias; todas as suas possessões estrangeiras, todos os seus direitos e interesses nos países Aliados e Associados, nas colônias, domínios ou protetorados deverão ser liquidados e creditados ao pagamento das reparações, e devem ser submetidos a qualquer outra medida de guerra econômica que as Potências Aliadas e Associadas venham a considerar necessária para manter ou para tomar durante os anos de paz.

[...] Além disso, a intensidade da nossa produção agrícola seria grandemente diminuída. Por um lado, a importação de certas matérias-primas indispensáveis para a produção de fertilizantes, tais como fosfatos, seria dificultada; por outro lado, esta indústria, como todas as outras, sofreria com a escassez de carvão. Pois o Tratado de Paz prevê a perda de quase um terço da produção de nossos campos de carvão; além dessa perda, entregas enormes de carvão a vários países Aliados nos são impostas por dez anos. Ademais, segundo o Tratado, a Alemanha vai ceder a seus vizinhos quase três quartos de sua produção de minério e três quintos de sua produção de zinco.

Após esta privação de sua produção, após a repressão econômica causada pela perda de suas colônias, sua Frota Mercante e suas possessões estrangeiras, a Alemanha já não estará em posição de importar matérias-primas em quantidades suficientes do exterior. Com consequência, uma parte enorme da indústria alemã seria condenada à extinção. Ao mesmo tempo, a necessidade de importar mercadorias aumentaria consideravelmente, enquanto a possibilidade de satisfazer essa necessidade diminuiria na mesma proporção.

> [...] A aplicação das Condições de Paz, portanto, logicamente implicaria a perda de vários milhões de pessoas na Alemanha. Esta catástrofe não demoraria para ocorrer, já que a saúde da população foi prejudicada durante a guerra pelo bloqueio e durante o armistício, pelo maior vigor do bloqueio de inanição [...]. A Paz imporia à Alemanha um custo muitas vezes maior em vidas humanas do que lhe custou esta guerra de quatro anos e meio (1,75 milhão mortos pelo inimigo, e quase um milhão como resultado do bloqueio) [...]. Aqueles que assinarem este tratado vão assinar a sentença de morte de muitos milhões de homens, mulheres e crianças alemãs.
>
> Fonte: Norman H. Davis, Box 44, Paris Peace Conference, Versailles Treaty, Manuscript Division, Library of Congress, disponível em http://edsitement.neh.gov/lesson_images/lesson424/GermanReply.pdf.

Na esteira da reação alemã, e respondendo às preocupações da sua própria delegação, Lloyd George pediu uma revisão do tratado enquanto Clemenceau insistia que os Aliados permanecessem firmes. Suas diferenças nessa fase refletiam a divergência crescente entre as opiniões públicas britânica e francesa. A ira britânica contra a Alemanha havia sido dirigida ao comportamento alemão em geral, acirrado pela perda de vidas de civis britânicos devido aos bombardeios submarinos e aéreos. Quando a guerra terminou, esses bombardeios terminaram e, com o passar dos meses, o humor público rapidamente se suavizou. Em contraste, a raiva francesa tinha sido dirigida ao comportamento dos alemães para com a França, fundamentada na morte e destruição causadas pela invasão e ocupação do solo francês. O fim da guerra deixou a França libertada, mas o dano permaneceu sem reparação; na verdade, em termos humanos, o dano tinha sido irreparável. Quando Clemenceau se recusou a ceder, Wilson concordou com ele, admitindo apenas que as reparações poderiam ser repensadas se a Alemanha não tivesse capacidade para pagar. Ele reconheceu que os termos relativos ao corredor polonês e à Renânia eram "duros, mas os alemães mereceram isso". Seu lado professor não conseguiu resistir a comentar que a Alemanha tinha que aprender sua lição, "que uma nação deveria aprender de uma vez por todas o que uma guerra injusta significa, em si".[16] Lloyd George, por fim, garantiu apenas pequenas revisões do tratado: eliminação da cláusula que internacionalizava o canal de Kiel e adição de outro plebiscito para determinar a fronteira germano-polonesa na Alta Silésia. No "memorando final" dos vencedores, datado de 16 de junho, Clemenceau informou Brockdorff-Rantzau que a Alemanha deveria inicialmente dar uma demonstração, cumprindo os termos do Tratado, antes de ser cogitada como membro da Liga. Isso refletia a posição a que tinha chegado Wilson, embora, inicialmente, ele tivesse acreditado que a Alemanha, uma vez que se tornasse uma República democrática, deveria ter a possibilidade de ser membro pleno. Depois de

Clemenceau dar aos alemães o ultimato para que assinassem, Wilson saiu de Paris pela primeira vez desde seu retorno dos Estados Unidos três meses antes, visitando Bruxelas em 18 e 19 de junho para uma reunião com o rei Alberto e um discurso ao Parlamento belga. Nesse meio-tempo, fez uma viagem às ruínas de Louvain. O breve roteiro pela Bélgica, vítima mais inconfundível de agressão alemã em toda a guerra, confirmou em sua própria mente que ele tinha feito a coisa certa e que o Tratado não era demasiado duro.

Após a sua volta da França para casa, a delegação alemã recomendou a rejeição do Tratado. Brockdorff-Rantzau, em particular, achava que os Aliados estavam blefando e que sua solidariedade desabaria logo que enfrentasse a retomada da ação militar. Mas Erzberger, membro do gabinete de Scheidemann como "ministro para assuntos de armistício", argumentou que a recusa a assinar causaria uma marcha dos Aliados sobre Berlim (para a qual Foch, na verdade, tinha planos de contingência) e resultaria em mais sofrimento para a Alemanha, sem garantir termos melhores. Ao mesmo tempo, o prolongamento ou o agravamento da crise só alimentaria o radicalismo dentro da Alemanha e aumentaria a probabilidade de uma guerra civil. A maioria do SPD concordou com o raciocínio, e seu próprio Partido do Centro aceitou o Tratado com exceção dos artigos 227 (que previa o julgamento de Guilherme II) e 231 (a cláusula da culpa de guerra). Por fim, os ministros do gabinete chegaram a um impasse de 7 a 7 sobre o que fazer e, em 19 de junho, o governo renunciou; os votos "não" incluíam Scheidemann e Brockdorff-Rantzau, nenhum dos quais queria assumir a responsabilidade por assinar o Tratado. Eles foram sucedidos por Gustav Bauer e Hermann Mueller, do SPD, respectivamente como chanceler e ministro do Exterior de um novo governo que incluía o Partido do Centro, mas não o DDP, cujos representantes de Weimar, em sua maioria, opuseram-se à assinatura. A Assembleia Nacional finalmente aprovou a aceitação do Tratado por 237 a 138 (48 abstenções), com reservas do Partido de Centro aos artigos 227 e 231. Quando os Aliados rejeitaram essas restrições, Bauer e Mueller consultaram o chefe do exército, Groener, que defendia assinar incondicionalmente. No final, nem a coalizão SPD-Centro, nem ninguém na Alemanha estava preparado para seguir um caminho de resistência, apesar de, no dia 21, na distante Scapa Flow, os contingentes mínimos que tripulavam a Frota de Alto-Mar alemã terem ensaiado um ato final de desafio, afundando a maioria de seus navios de guerra internados em vez de vê-los se tornar prêmios aos vencedores. Em 23 de junho, os alemães informaram aos Aliados de sua capitulação e foram tomadas medidas para a cerimônia que aconteceria cinco dias depois, no quinto aniversário do assassinato do arquiduque Francisco Ferdinando, em Sarajevo. Na tarde do dia 28, no Salão dos Espelhos do Palácio de Versalhes, Mueller e Johannes Bell, do Partido do Centro, assinaram o Tratado (ver box "O momento de triunfo de Clemenceau"). Embora não tenha assinado, Erzberger supor-

504

tou posteriormente o peso das críticas internas a ele, na maioria de conservadores e nacionalistas, que nunca o haviam perdoado pela resolução de paz de 1917 nem por assinar o armistício. Para os que acreditavam na "lenda da punhalada nas costas", ele ficou em primeiro lugar entre os "criminosos de novembro" de 1918. Em agosto de 1921, foi assassinado por extremistas de direita.

Áustria, Hungria, Bulgária

O Tratado de Versalhes serviu de modelo para os tratados da Conferência de Paz de Paris em relação a Áustria, Hungria e Bulgária, que receberam como nomes os dos subúrbios de Paris em que foram assinados. Cada um incluiu cláusulas relativas a limitações de armas, culpa de guerra, reparações e o texto completo da Convenção da Liga das Nações. Tal como a Alemanha, os três países perderam território, em geral, em violação flagrante do princípio da autodeterminação, e, em todos os casos, as perdas foram proporcionalmente muito mais severas que as impostas aos alemães. A Áustria e a Hungria sofreram, em particular, com a aceitação Aliada da mistura de argumentos históricos, étnicos, geográficos e estratégicos totalmente incoerentes que os Estados sucessores e seus vizinhos em expansão usaram para justificar suas reivindicações. Assim, a Áustria perdeu os Sudetos e seus 3 milhões de alemães étnicos para a Tchecoslováquia, porque era uma parte do território histórico real da Boêmia, e as montanhas dos Sudetos deram à Tchecoslováquia uma fronteira geográfica defensável contra a Alemanha, enquanto a Hungria perdeu a "Eslováquia" (uma entidade que nunca existira) por razões puramente étnicas, cedendo à Tchecoslováquia todas as terras ao norte de uma linha traçada para incluir não apenas a pátria eslovaca, mas todas as terras eslovaco-magiares misturadas. Da mesma forma, a Itália invocou a geografia estratégica para anexar o Tirol do Sul até a linha da passagem de Brenner (mesmo que isso lhes desse 230 mil austríacos alemães), citou a história para reivindicar partes predominantemente croatas das antigas províncias austríacas de Ístria e Dalmácia (porque elas tinham pertencido à República "italiana" de Veneza antes de 1797) e alegou etnicidade ao reivindicar o porto ex-húngaro de Fiume (Rijeka), que tinha maioria italiana e minoria croata.

O MOMENTO DE TRIUNFO DE CLEMENCEAU

Trechos do testemunho ocular do jornalista americano Harry Hansen sobre a cerimônia de assinatura, no Salão dos Espelhos do Palácio de Versalhes, 28 de junho de 1919:

A Primeira Guerra Mundial

Às 2h45, [Clemenceau] transferiu-se para o meio da mesa e tomou o assento do presidente [...] quase no ponto exato onde Guilherme I da Prússia estava quando foi proclamado imperador alemão em 1871.

O presidente Wilson entrou quase que imediatamente depois do sr. Clemenceau e foi saudado com aplausos discretos. A delegação alemã entrou pelo Salão da Paz e escorregou quase despercebida a seus assentos no final do salão. Foi conduzida por Herr Mueller, um homem alto, com um bigodinho ralo, vestido de preto, com uma gravata preta curta sobre o peitilho branco. Depois de uma mesura, os alemães se sentaram.

Às 3h15, Clemenceau se levantou e anunciou brevemente que a sessão estava aberta – *"La seánce est ouverte"*. Em seguida, disse brevemente, em francês, o seguinte:

Chegou-se a um acordo sobre as condições do tratado de paz entre as Potências Aliadas e Associadas e o Império Alemão [...]. As assinaturas prestes a ser dadas constituem um compromisso irrevogável de cumprir, de forma leal e fiel, em sua totalidade, todas as condições que foram decididas. Assim sendo, tenho a honra de pedir aos senhores plenipotenciários alemães para que se aproximem e aponham suas assinaturas no tratado que tenho diante de mim.

[...] Mueller veio primeiro, depois Bell, homens praticamente desconhecidos, realizando o ato final de rebaixamento e submissão para o povo alemão – um ato a que tinham sido condenados pela arrogância e orgulho de *Junkers* prussianos, militaristas alemães, imperialistas e barões industriais, nenhum dos quais estava presente quando esta grande cena foi representada.

A delegação dos Estados Unidos foi a primeira a ser chamada após os alemães. O presidente Wilson se levantou, e enquanto ele dava início a sua caminhada à mesa histórica [...] outros delegados estenderam suas mãos para felicitá-lo. Ele veio à frente, com um sorriso largo, e assinou seu nome [...].

[...] Às 3h50, todas as assinaturas estavam concluídas, e o presidente da Conferência anunciou:

Messieurs, todas as assinaturas foram dadas. A assinatura das condições de paz entre as Potências Aliadas e Associadas e a República Alemã é um fato consumado. A sessão está encerrada.

Fonte: *Source Records of the Great War*, Vol. VII, ed. Charles F. Horne, National Alumni, 1923, disponível em www.firstworldwar.com/source/parispeaceconf_signing.htm.

O Tratado de St. Germain (10 de setembro de 1919) confirmou perdas territoriais da Áustria à Tchecoslováquia e à Itália, e, com elas, uma perda populacional equivalente a quase 4 milhões dos 10 milhões de austríacos alemães. O Tratado também limitava o exército da Áustria a 30 mil homens e, pior de tudo, proibia o país de unir à Alemanha em uma Anschluss. Como, no momento, o SPD dominava a República de Weimar, os social-democratas austríacos receberam essa notícia da pior maneira. Otto Bauer renunciou ao cargo de ministro do Exterior, e o chanceler Renner, lamentando que "forças superiores" tinham impedido a Anschluss, afirmou: "Ninguém poderá jamais, nunca, fazer com que esqueçamos que somos alemães".[17] Os austríacos tiveram algum consolo na disposição que previa um plebiscito para a área de fronteira mista germano-eslovena da Caríntia, onde os combates entre forças iugoslavas e os Volkswehr e Heimwehr austríacos atingiram o pico em maio e junho de 1919; a região acabou votando (em outubro de 1920) pela adesão à Áustria. Até então, o tratado da Conferência de Paz com a Hungria também dava à Áustria a maior parte da disputada região de Burgenland. Renner assinou o Tratado de St. Germain sob protesto. No dia da sua ratificação (17 de outubro de 1919), a Assembleia Nacional também aprovou a "Lei que muda o nome da República Germano-Austríaca para República da Áustria", como era exigido pelo Tratado. As palavras de abertura da lei refletem a ironia de que a independência tinha sido forçada à Áustria contra a sua vontade: "As terras alemãs alpinas, cujas fronteiras são determinadas pela Paz de Saint Germain, formam uma República democrática sob o nome de República da Áustria".[18]

A Hungria sofreu muito mais do que a Áustria durante os meses da Conferência de Paz, já que os Aliados perderam a oportunidade de dar estabilidade à República húngara do presidente Károlyi. Nicolson observou, na época, que "Károlyi era considerado na Hungria como o amigo comprovado da democracia ocidental; os húngaros imaginavam que uma República sob a sua orientação seria recebida quase como uma aliada. Em vez de isso, ele foi desprezado e ignorado".[19] Em março de 1919, quando chegou de Paris a notícia de que os Aliados permitiriam à Romênia manter toda a Transilvânia, Károlyi deixou o cargo com um gesto dramático: "Da Conferência de Paz de Paris, dirijo-me ao proletariado do mundo por justiça e apoio. Renuncio e transfiro minha autoridade ao proletariado dos povos da Hungria".[20] O regime de Károlyi deu lugar à República Soviética da Hungria, de Béla Kun. Professor universitário de origem judaica, Kun caiu prisioneiro enquanto servia como oficial da reserva em uma unidade húngara na frente oriental. Em 1917, havia se tornado comunista e, no ano seguinte, lutou pelos bolcheviques nas campanhas iniciais da Guerra Civil Russa, antes de voltar para casa em novembro, com várias centenas de apoiadores, para iniciar uma revolução comunista na Hungria. Os Aliados rejeitaram o regime de Kun, assim como muitos húngaros, que recorreram ao ex-almirante austro-húngaro Miklós Horthy como seu líder. Horthy estabeleceu uma resistência anticomunista com sede em Szeged, perto da fronteira da Transilvânia, mas se manteve à margem quando líderes Aliados em Paris delegaram a tarefa de derrubar Kun às vizinhas Tchecoslováquia e Romênia, sendo que ambas estavam ansiosas para anexar mais território húngaro. O Exército Vermelho

A Primeira Guerra Mundial

Húngaro de Kun teve algum sucesso contra os tchecoslovacos, mas precisou abrir mão da Eslováquia para defender Budapeste contra um avanço romeno a partir do sudeste, que tomou a capital húngara em agosto de 1919, derrubando a República soviética. Horthy marchou sobre Budapeste para assumir o poder em novembro, quando os romenos se retiraram. Depois, seus seguidores lançaram um "terror branco" contra partidários de Kun, que Horthy justificou observando que "só uma vassoura de ferro conseguiria limpar o país".[21] Horthy proclamou a restauração do reino da Hungria sob sua regência, mas apenas para afirmar a reivindicação legal da Hungria sobre tudo o que fora a metade húngara da Monarquia Dual. No curto prazo, a estratégia fracassou, pois seu governo teve pouca escolha além de assinar o Tratado de Trianon (4 de junho de 1920), no qual a Hungria perdeu 72% do seu antigo território e 64% de sua população, incluindo 3,3 milhões dos 10,7 milhões de magiares. O tratado limitava o exército húngaro a 35 mil homens.

A discussão mais acirrada sobre o antigo território austro-húngaro envolveu Itália e Iugoslávia, em vez de os governos pós-guerra da Áustria e da Hungria. Em 24 de abril de 1919, Orlando e Sonnino se retiraram da Conferência de Paz de Paris em função da recusa dos Aliados a lhes conceder a antiga base da Hungria no Adriático, incluindo o porto predominantemente italiano de Fiume (Rijeka). Grã-Bretanha e França não apoiaram a reivindicação porque ela não havia sido prometida à Itália no Tratado de Londres (1915). Os Estados Unidos a rejeitaram por causa do interior croata que teria de ir com ela, mesmo que Wilson já tivesse concordado com uma divisão da Ístria, dando-a quase toda à Itália, junto com um terço do milhão de croatas e eslovenos da região. A Conferência de Paz adotou a solução de Wilson de fazer de Fiume uma "cidade livre" como Danzig, mas Orlando apostara tanto na questão que seu fracasso em dar a cidade à Itália causou a queda de seu governo em 23 de junho, fazendo com que ele não estivesse presente para assinar o Tratado de Versalhes, cinco dias depois. Em setembro de 1919, o exército de voluntários do nacionalista italiano Gabriele d'Annunzio ocupou Fiume, na tentativa de forçar a questão. Por fim, no outono seguinte, Itália e Iugoslávia assinaram o Tratado de Rapallo (12 de novembro de 1920), confirmando a posse da Itália sobre a Ístria, o enclave dálmata de Zara (Zadar) e a maioria das ilhas da Dalmácia, mas deixando Fiume como cidade livre.

Em contraste com a confusão que reinava nos antigos territórios da Áustria-Hungria, a Bulgária concordou com o seu destino e aceitou os termos dos Aliados assim que eles foram apresentados. Depois de herdar o trono da Bulgária em outubro de 1918, Boris III formou um governo de reconciliação nacional, incluindo o líder do Partido Popular Agrário, Alexander Stamboliyski, que tinha sido preso durante a guerra por sua oposição aberta à decisão da Bulgária de se unir às Potências Centrais. Stamboliyski entrou para o gabinete em janeiro de 1919 e se

508

tornou primeiro-ministro em outubro, o que o colocou em posição de assinar o Tratado de Neuilly (27 de novembro de 1919) em nome de seu governo. No acordo de paz, a Bulgária cedeu a Trácia ocidental à Grécia e, assim, perdeu essa base no Egeu que tinha conquistado na primeira Guerra dos Bálcãs. Também teve que concordar com um ajuste com a Iugoslávia ao longo de sua fronteira macedônica comum e, no nordeste, cedeu Dobruja à Romênia. Embora continuasse a insistir que os macedônios (a maioria dos quais, dali em diante, pertencia à Iugoslávia), na verdade, eram búlgaros, a Bulgária não tinha como defender a retenção da Trácia ocidental (predominantemente turca) nem de Dobruja (predominantemente romena), ainda que, em termos étnicos, sua reivindicação sobre a primeira não fosse menos válida do que a da nova governante da província, a Grécia. O tratado limitava as forças armadas búlgaras a 33 mil homens (incluindo 10 mil policiais e 3 mil policiais de fronteira). Desprezado pelo exército e pela elite política social da Bulgária, Stamboliyski tinha popularidade entre as massas rurais do país que continuavam sem ser afetadas por seu papel na assinatura do Tratado. Em março de 1920, o Partido Agrário conquistou a maioria dos assentos nas eleições parlamentares, possibilitando que ele continuasse como primeiro-ministro até seu assassinato em um golpe militar, em junho de 1923.

O Império Otomano e o Oriente Médio

Wilson pouco tinha a dizer sobre os tratados em relação a Áustria, Hungria e Bulgária, e pouco interesse em termos relativos no Império Otomano, além de expressar simpatia por uma Armênia independente. Em fevereiro de 1919, ele pressionou britânicos e franceses para que aceitassem que as terras árabes tomadas dos turcos (assim como as colônias ultramarinas da Alemanha) fossem tratadas como mandatos da Liga das Nações, em vez de simplesmente conquistas. Em novembro de 1918, as forças britânicas e imperiais no Oriente Médio chegavam a um milhão de soldados que, embora estivessem espalhados em uma ampla área do Egito ao Kuwait, faziam da Grã-Bretanha o árbitro do acordo pós-guerra no Oriente Médio.

Uma calma geral prevaleceu por seis meses após o armistício de Mudros (30 de outubro de 1918). Os turcos se desmobilizaram e se desarmaram pacificamente nos termos do acordo, ignorando os sentimentos crescentes, entre os Aliados, de que o Império Otomano deveria ser dividido inteiramente. O processo lembrava o que levou ao desmembramento do Império Austro-Húngaro, por ter evoluído aos poucos, a partir das noções de que Constantinopla, o Bósforo e Dardanelos deveriam estar sob controle internacional, os territórios habitados por gregos e armênios, anexados a esses governos, e as terras árabes, adicionadas aos Impérios Britânico e Francês, sob

A Primeira Guerra Mundial

o pretexto de mandatos – noções que deixavam pouco território para uma Turquia pós-guerra. A tempestade veio em maio de 1919, quando Grã-Bretanha, França e Estados Unidos concordaram em usar forças gregas em um desembarque Aliado no porto predominantemente grego de Esmirna, na costa do mar Egeu na Ásia Menor. Os Aliados agiram para evitar uma reivindicação italiana menos justificável sobre a cidade, mas a ação inflamou a opinião turca de uma forma que a ocupação anterior de territórios mais periféricos e das ilhas do mar Egeu não tinha feito, e forneceu o ímpeto para Kemal formar um novo governo de resistência nacional, inicialmente com sede em Samsun, no mar Negro.

Para o ano seguinte, Kemal e seus seguidores mantiveram uma relação ambígua com o regime impotente do sultão Mehmed VI, em Constantinopla. Em fevereiro de 1920, o Parlamento otomano, controlado pelo partido de Kemal, aprovou o "Pacto Nacional", que demandava a retenção da Ásia Menor, da Trácia oriental e das terras curdas do norte da Mesopotâmia, incluindo Mossul, e plebiscitos para determinar o destino de Trácia ocidental, incluindo Salônica, e dos distritos armênios na franja oriental da Ásia Menor. Em março, os britânicos responderam ao "Pacto Nacional" intervindo em Constantinopla em nome do sultão e dispersando o Parlamento, o que levou Kemal a convocar uma nova Assembleia Nacional em Ancara, no mês seguinte. Depois disso, o governo de Kemal em Ancara trabalhou pelo objetivo de implementar o programa nacionalista dos Jovens Turcos de 1908 no que restou de seu país e, no processo, estabelecer as bases do moderno Estado turco. Enquanto isso, o governo do sultão assinou o Tratado de Sèvres (10 de agosto de 1920), concedendo à Grécia quase toda a região da Trácia oriental e um grande enclave no oeste da Ásia Menor, incluindo Esmirna. A nova República Democrática da Armênia recebeu extensas terras no nordeste. Apenas a região ao redor de Ancara no centro-norte da Ásia Menor permaneceu sob controle total dos turcos. Constantinopla, com o Bósforo e Dardanelos, tornou-se uma zona desmilitarizada sob controle internacional, e o sul da Ásia Menor foi subdividido em esferas de influência italiana, francesa e britânica. O tratado limitava os militares otomanos a 50.700 homens, a maioria dos quais foi dispersa em um corpo policial que só poderia concentrar suas forças com permissão dos Aliados.

Nas terras árabes, os britânicos insistiam na posse do território que o acordo Sykes-Picot lhes havia atribuído, e como tática de negociação pagaram as despesas de Faisal para a Conferência de Paz de Paris e incentivaram Lawrence a ajudá-lo a promover suas reivindicações sobre a Síria e o Líbano, que o acordo tinha dado à França. A Grã-Bretanha também queria encurtar a linha diagonal arbitrária que Sykes e Picot haviam desenhado cortando o deserto, como fronteira sudeste da Síria, a qual, em sua extremidade oriental, dera à França Mossul e o norte da

510

Mesopotâmia, rico em petróleo – terras que os britânicos ocuparam em novembro de 1918 e das quais não tinham intenção de abrir mão. Acordos anglo-franceses acabaram por confirmar a Palestina e a Mesopotâmia (incluindo Mossul) como mandatos britânicos e deram a Síria e o Líbano aos franceses. Estes ejetaram Faisal de seu trono em Damasco, mas, graças aos britânicos, ele recebeu a Mesopotâmia como "rei do Iraque", com a capital em Bagdá. Enfurecido com a expulsão de seu irmão da Síria, Abdullah formou um exército no Hejaz e marchou sobre Damasco, mas parou em Amã, após os britânicos o persuadirem a permanecer lá como "emir da Transjordânia", um novo mandato formado a partir das terras árabes controladas pelos britânicos, do outro lado do rio Jordão em relação à Palestina. Ao mesmo tempo, na Ásia Menor, os termos humilhantes de Sèvres facilitaram o apoio ao governo nacionalista em Ancara; na verdade, o Tratado nunca entrou em vigor, pois o novo exército formado por Kemal em pouco tempo estava lutando contra os gregos e outras forças Aliadas no que os turcos chamaram sua "Guerra de Independência", que durou até 1923.

Conclusão

A Conferência de Paz de Paris foi oficialmente encerrada em 21 de janeiro de 1920, depois que a Alemanha deu sua ratificação formal ao Tratado de Versalhes, no entanto, Wilson, Lloyd George e a maioria dos dignitários estrangeiros tinham deixado a capital francesa em junho do ano anterior, assim que os alemães assinaram o Tratado. Depois da partida deles, Clemenceau, presidente da Conferência, foi o único chefeS de governo restante. Os ministros do exterior visitantes foram embora com os seus chefe de governo, ou logo depois deles. Com exceção do país anfitrião, a maioria dos Aliados designou embaixadores ou subsecretários para representá-los na conclusão dos tratados austríaco, húngaro, búlgaro e turco.

Poucas horas depois da assinatura do Tratado de Versalhes, Wilson embarcou no George Washington, em Brest, para a sua viagem de volta aos Estados Unidos. Depois de sua chegada a Nova York, em 8 de julho, ele foi apressadamente a Washington, onde apresentou o Tratado no Senado dos Estados Unidos, dois dias depois. A seguir, planejou uma longa viagem pelo país para defender sua postura ao povo norte-americano, instando-o a insistir que seus senadores ratificassem o Tratado e aceitassem a participação do país na Liga das Nações. O presidente não era velho, tendo celebrado o seu 62º aniversário durante sua visita a Londres em dezembro do ano anterior, mas, desde os 39 anos, havia sofrido uma série de pequenos derrames e sua constituição física estava longe de ser robusta. Sua saúde piorou durante as negociações em Paris, onde teve resistência visivelmente menor

A Primeira Guerra Mundial

do que Clemenceau, de 77 anos. Ao apostar sua carreira política na ratificação do tratado e da Liga, Wilson também apostou sua vida e sua saúde.

Como temera seu secretário de Estado, Lansing, o envolvimento direto de Wilson na Conferência de Paz o reduziu ao nível de mais um simples negociador, ainda que muito poderoso. Em Paris, os princípios de Wilson se tornaram moeda de troca assim como este ou aquele pedaço de território, a ser barganhado segundo a necessidade em troca de algo considerado mais valioso. Ele violou o ponto 1 de seus próprios Catorze Pontos ao concordar com a demanda de Clemenceau por uma aliança anglo-franco-americana, o que era claramente um "entendimento internacional privado". Não pressionou os britânicos no ponto 2 e, portanto, não os afastou de sua oposição à "absoluta liberdade dos mares" que eles haviam formulado antes do armistício. Sua própria delegação aproveitou sua falta de interesse nos assuntos econômicos para pressionar por vantagens norte-americanas em desacordo com o objetivo do ponto 3, "o estabelecimento de uma igualdade de condições de comércio". O ideal de redução de armas expresso no ponto 4 só foi aplicado à Alemanha e seus aliados derrotados, embora, após a desmobilização, Estados Unidos e Grã-Bretanha tenham reduzido voluntariamente seus exércitos a um tamanho não muito maior do que a força de 100 mil homens da Alemanha e, sob o sucessor republicano de Wilson, os Estados Unidos seriam a sede da Conferência Naval de Washington (1921 e 1922), que promoveria uma grande redução no tamanho das principais frotas. O ponto 5 de Wilson, sobre a resolução das possessões coloniais, em nada levava em conta os desejos dos habitantes das colônias, como ele propusera no início. O ponto 6, demandando a evacuação do território russo ocupado pelas Potências Centrais sob o Tratado de Brest-Litovski, foi descartado pelo coronel House nas negociações pré-armistício, no interesse de conter o bolchevismo; depois disso, a Conferência ignorou totalmente os interesses russos, com risco para o futuro da Europa. Outra fonte de conflito futuro resultou do abandono, por Wilson, do princípio do ponto 9, que exigia a determinação das fronteiras da Itália "em linhas de nacionalidade claramente identificáveis". No caso italiano, e em todo o centro-leste da Europa, a nacionalidade se tornou apenas uma consideração, juntamente com reivindicações históricas e imperativos geográfico-estratégicos, usada para determinar as novas fronteiras. É claro que muitas dessas novas fronteiras tiveram que ser determinadas porque Wilson, antes do armistício, abandonara os pontos 10 e 11, relativos à autonomia para os povos da Áustria-Hungria e do Império Otomano, em favor de sua independência total. O ponto 8, que pedia a restauração de uma Polônia com saída para o mar, mas também "habitada por populações indiscutivelmente polonesas", revelou-se impossível, já que o corredor mais óbvio ao Báltico incluía território predominantemente alemão e o porto alemão de Danzig.

Assim, no final, os únicos pontos a ser cumpridos em sua totalidade foram os relativos à evacuação da França e à devolução da Alsácia-Lorena, juntamente com a evacuação e restauração de outros países Aliados (Bélgica, Sérvia, Montenegro e Romênia) que tinham sido ocupados pelas Potências Centrais. Wilson cedeu ou negociou a maioria dos outros pontos em troca da concordância dos Aliados com o ponto 14, e, assim, revolucionou a condução das relações internacionais ao estabelecer "uma associação geral de nações [...] com o objetivo de proporcionar garantias mútuas de independência política e integridade territorial de Estados grandes e pequenos".[22] A Liga das Nações foi criação dele, como nenhuma outra organização internacional fora antes criação de um único homem. Restava ver se seu próprio país concordaria em participar.

Notas

[1] The New York Times Current History: The European War, Vol. 17: October-November-December 1918 (New York: The New York Times Publishing Company, 1919), 444.

[2] The New York Times Current History, 445.

[3] The New York Times Current History.

[4] Citado em Christopher Seton-Watson, Italy from Liberalism to Fascism, 1870-1925 (London: Methuen, 1967), 505.

[5] The New York Times Current History, 445.

[6] Citado em Seton-Watson, Italy from Liberalism to Fascism, 511.

[7] Dáil Éireann, Mensagem às nações livres do mundo, 21 de janeiro de 1919, disponível em http://historical-debates.oireachtas.ie/D/DT/D.F.0.191901210013.html.

[8] Robert Lansing, The Peace Negotiations: A Personal Narrative (Boston, MA: Houghton Mifflin, 1921), 22.

[9] Raymond Poincaré, Discurso de Abertura, Conferência de Paz de Paris, 18 de janeiro de 1919, disponível em www.firstworldwar.com/source/parispeaceconf_poincare.htm.

[10] Citado em Lloyd E. Ambrósio, Woodrow Wilson and the American Diplomatic Tradition: The Treaty Fight in Perspective (Cambridge University Press, 1987), 35.

[11] Citado em Ambrosius, Woodrow Wilson and the American Diplomatic Tradition, 65.

[12] Tratado de Versalhes, Parte VIII, Seção I, artigo 232, disponível em www.firstworldwar.com/source/versailles231-247.htm.

[13] Tratado de Versalhes, Parte VIII, Seção I, artigo 231, disponível em www.firstworldwar.com/source/versailles231-247.htm.

[14] Citado em Margaret MacMillan, Paris 1919: Six Months that Changed the World (New York: Random House, 2001), 467.

[15] Nicolson a Vita Sackville-West, 28 de maio de 1919, texto em Harold Nicolson, Peacemaking 1919, ed. revista (London: Constable, 1945), 287.

[16] Citado em David Stevenson, The First World War and International Politics (Oxford University Press, 1988), 278.

[17] Declaração do chanceler Renner com relação a união da Áustria alemã com a Alemanha, 8 de maio de 1919, texto em Malbone W. Graham, Jr., New Governments of Central Europe (New York: Henry Holt, 1926), 522.

[18] Lei que muda o nome da República Alemã Austríaca para República Austríaca, 17 de outubro de 1919, texto em Graham, New Governments of Central Europe, 533.

[19] Anotação em diário, em 4 de abril de 1919, em Nicolson, Peacemaking 1919, 244.

[20] Manifesto de renúncia de Károlyi, 22 de março de 1919, texto em Graham, New Governments of Central Europe, 557.

[21] Miklós Horthy, Admiral Nicholas Horthy: Memoirs, ed. Andrew L. Simon (Safety Harbor, FL: Simon Publishers, 2000), 348.

[22] Texto em MacMillan, Paris 1919, 495.

A Primeira Guerra Mundial

Leituras complementares

Boemeke, Manfred Franz, Gerald D. Feldman, and Elisabeth Gläser (eds.). *The Treaty of Versailles: A Reassessment after 75 Years* (Cambridge University Press, 1998).

Cooper, John Milton. *Woodrow Wilson: A Biography* (New York: Alfred A. Knopf, 2009).

Dallas, Gregor. *At the Heart of a Tiger: Clemenceau and His World*, 1841-1929 (London: Macmillan, 1993).

Fromkin, David. *A Peace to End All Peace: Creating the Modern Middle East, 1914-1922* (New York: Henry Holt, 1989).

MacMillan, Margaret. *Paris 1919: Six Months that Changed the World* (New York: Random House, 2001).

Manela, Erez. *The Wilsonian Moment: Self-determination and the International Origins of Anti-colonial Nationalism* (Oxford University Press, 2007).

Price, Emyr. *David Lloyd George* (Cardiff: University of Wales Press, 2006).

Purcell, Hugh. *Lloyd George* (London: Haus, 2006).

Sharp, Alan. *The Versailles Settlement: Peacemaking after the First World War, 1919-1923* (New York: Palgrave Macmillan, 2008).

Shimazu, Naoko. *Japan, Race, and Equality: The Racial Equality Proposal of 1919* (London: Routledge, 1998).

Stevenson, David. *The First World War and International Politics* (Oxford University Press, 1988).

O LEGADO

Salão repleto no palácio de Versalhes durante a assinatura do Tratado de Paz.

Cronologia

19 de novembro de 1919. O Senado dos Estados Unidos rejeita o Tratado de Versalhes.

Novembro de 1920. Assembleia da Liga das Nações se reúne em Genebra.

1922. Tratado Naval de Washington limita o tamanho das maiores frotas.

1924. Plano Dawes reestrutura pagamentos das indenizações alemãs.

1925. Protocolo de Genebra proíbe o uso de armas químicas e biológicas.

1926. Alemanha entra para a Liga das Nações.

1929. Quebra da bolsa nos Estados Unidos marca início da Grande Depressão.

1931. Japão invade a Manchúria e sai da Liga (1933).

1932. Iraque torna-se o primeiro mandato da Liga a ter concedida a independência.

1933. Alemanha sai da Liga e critica o Tratado de Versalhes.

1939. Início da Segunda Guerra Mundial na Europa; a Liga suspende operações.

1960-1990. Ex-colônias alemãs ganham independência.

ara a geração pós-1945 em grande parte do mundo, a imensa magnitude de morte e destruição da Segunda Guerra Mundial fez com que a Primeira se tornasse um capítulo esquecido da História. Para a Alemanha, a Rússia, os Estados Unidos e o Japão, a Segunda Guerra continua sendo uma experiência histórica mais significativa, por seu papel de fazer com que esses países se tornassem ou deixassem de ser potências mundiais, gerando, no processo, muitas outras baixas. No entanto, para uma série de beligerantes da Segunda Guerra, incluindo alguns de grande importância, o número de mortos do conflito, em especial de militares, nem se aproximou da carnificina da Primeira. Nesses países, mais precisamente Grã-Bretanha, Canadá, Austrália e Nova Zelândia, mas também França e Itália, a memória e a celebração da Primeira Guerra Mundial continuam sendo uma parte importante da vida nacional. Para as pessoas que moravam ao longo das antigas frentes de batalha estáticas, ainda no século XXI, a guerra continua impossível de esquecer, pois toneladas de bombas continuam a ser recolhidas de seus quintais e campos anualmente – uma "colheita de ferro", que inclui uma quantidade ocasional de munições ativas e, portanto, ainda faz pelo menos uma vítima ou duas a cada ano.

As consequências gerais da guerra para a Europa

A Primeira Guerra Mundial incluiu ação em todos os oceanos e na maioria dos continentes, mas, mesmo assim, a maior parte dos combates, das mortes e da destruição ocorreu na Europa, com a grande maioria dos mortos sendo não apenas de europeus, mas homens no auge de suas vidas. Depois disso, os índices de matrimônio não diminuíram, mas a perda de tantos homens exigiu mudanças nos padrões de casamento – por exemplo as mulheres britânicas se casando com homens abaixo de sua classe social ou de fora da sua região do país, ou as francesas se casando com homens da mesma idade ou màis jovens – e as taxas de natalidade caíram em todo o continente, para nunca mais voltar a subir. As dezenas de milhões de jovens retirados da frente interna durante os anos de guerra e os milhões que nunca voltaram fizeram com que a Europa como um todo produzisse vários milhões de crianças a menos. Para a maioria que sobreviveu à guerra, a experiência dela, combinada com a turbulenta economia do pós-guerra, perpetuou as baixas taxas de natalidade e, uma geração depois, a calamidade maior da Segunda Guerra

Mundial só confirmou a permanência da tendência de queda. De cerca de 1700 até a eclosão da Primeira Guerra, a Europa tinha sofrido um forte crescimento populacional, que alimentou sua ascensão à dominação mundial; na verdade, em 1914, cerca de 40% de todos os seres humanos eram europeus brancos ou de ascendência europeia branca. A Primeira Guerra Mundial pôs fim a esse crescimento e, ao longo das décadas seguintes, o enorme crescimento das populações asiática, africana e latino-americana transformou o mundo em um lugar que europeus e seus descendentes já não podiam dominar.

O choque demográfico da Europa de 1914 a 1919 enfraqueceu naturalmente sua força de trabalho e deixou sua economia bem menos produtiva no curto prazo. Em 1920, a produção geral da Europa foi de apenas 77% do nível de 1913, e só viria a superar o nível anterior à guerra em meados da década de 20. Para o mundo como um todo, no entanto, a cifra de 1920 excedeu 93% da marca de 1913, e em 1922 seria quase igual a ela, devido à explosão de nascimentos durante a guerra nos Estados Unidos (e, em menor grau, no Japão), que continuou no pós-guerra. A paz encontrou a maioria dos países inundada em dívidas, já que a maior parte das despesas de guerra tinha sido coberta com empréstimos, em vez de aumento de impostos, no pressuposto de que indenizações dos perdedores cobririam seus déficits. Somente a Grã-Bretanha aumentou os impostos de forma significativa, levando gerações de estudiosos a ignorar o fato de que também ela financiou a maior parte do seu esforço de guerra com empréstimos.[1] Na Alemanha e no Império Austro-Húngaro, dezenas de milhões de pessoas tinham investido suas economias em títulos de guerra que nada valiam na derrota. Do lado vencedor, França e Itália estavam gravemente endividadas; dentro da coalizão Aliada, França e Grã-Bretanha deviam aos Estados Unidos, a França devia à Grã-Bretanha e todos os outros deviam à França e à Grã-Bretanha.

O redesenho do mapa da Europa em 1918 e 1919 levou a um aumento líquido de seis países integralmente independentes, considerando-se que Montenegro estava subordinado à Sérvia na nova Iugoslávia, a Áustria se separou da Hungria e foram criadas Tchecoslováquia, Finlândia, Polônia e as três Repúblicas bálticas. As revoluções internas foram ainda mais intensas. A Europa de 1914 incluía apenas duas Repúblicas, e entre as seis grandes potências apenas a França tinha uma forma republicana de governo. Ao contrário, a Europa de 1919 contava com 11 Repúblicas, e entre os cinco países mais importantes, apenas a Grã-Bretanha e a Itália permaneciam sendo monarquias. As centenárias dinastias Hohenzollern, Habsburgo e Romanov desapareceram, para nunca mais voltar a reinar. O surgimento de novos países no centro-leste da Europa deixou o continente com 27 moedas diferentes em 1919, em comparação com as 14 de 1914, e mais 20 mil km de fronteiras internacionais. Principalmente na antiga Áustria-Hungria, muitas dessas novas fronteiras desfizeram padrões econômicos de antes da guerra ao bloquear o acesso das matérias-primas às fábricas, de propriedades rurais a consumidores e de exportações agrícolas ou industriais a portos marítimos – todos fatores que poderiam atrasar ou impedir a recuperação da economia. Dentro de uma geração, as mesmas fronteiras teriam de ser defendidas militarmente, e a maioria não poderia sê-lo, pois a maior parte dos países novos ou recém-ampliados provou ser demasiado pobre ou fraca para proteger os territórios que tinham reivindicado em 1918 e 1919.

As democracias ocidentais

À primeira vista, a Grã-Bretanha parecia ter saído da Primeira Guerra Mundial em uma posição de força sem precedentes. Seu império e seu exército nunca haviam sido maiores e sua marinha continuava a mais forte do mundo. Mas em termos de produção industrial, a economia da Grã-Bretanha só retomou seu nível de produtividade de 1913 em 1929, mais tarde do que qualquer outra potência europeia, só para que a Grande Depressão a derrubasse mais uma vez e o país não ultrapassasse a marca de 1913 definitivamente antes de 1934. Além de complementar seus empréstimos de guerra com tributação, a Grã-Bretanha tinha ajudado a financiar o seu esforço de guerra liquidando investimentos e restringindo empréstimos privados no exterior. Assim, a Grã-Bretanha sacrificou uma parte de sua influência econômica global (que nunca recuperaria) com objetivo de não sair da guerra como devedora líquida, apenas para descobrir que ser credora era um ativo duvidoso nos anos do entreguerras, quando tantos devedores deram calote em seus empréstimos de guerra.[2] A Grã-Bretanha havia sofrido menos choque demográfico do que a Alemanha e, principalmente, a França, mas mesmo assim perdeu mais homens em quatro anos de combates do que em todas as suas outras guerras modernas combinadas. O número de mortos desproporcionalmente alto entre os jovens com bom nível de instrução durante a primeira metade da guerra, antes do serviço militar obrigatório, levou muitos a lamentar esta "geração perdida"[3] e a se perguntar se a vitória tinha valido a pena. Refletindo o pessimismo e a sensação de perda generalizados, anúncios pessoais do tipo dos tempos da guerra continuaram nos anos do pós-guerra: "Senhora, noivo morto, terá o prazer de se casar com oficial totalmente cego ou incapacitado pela Guerra".[4] As dúvidas que atormentaram a delegação britânica nas últimas semanas da Conferência de Paz de Paris continuaram após a assinatura do Tratado de Versalhes. O próprio primeiro-ministro tinha sérias dúvidas, comentando profeticamente que "teremos de fazer tudo de novo em 25 anos, a um custo três vezes maior".[5] Graças a Lloyd George, sir Edward Grey acabou se tornando o bode expiatório dos críticos *a posteriori*. Sua crítica ao ex-ministro do Exterior deu o tom para a ideia corrente sobre a política externa britânica durante a década de 1930, segundo a qual a Grã-Bretanha, em 1914, não tinha feito tudo o que podia para evitar a guerra e, da próxima vez, teria que fazer melhor. Esse raciocínio foi a base da política de apaziguamento de Neville Chamberlain (ver box "Versalhes, Chamberlain e apaziguamento").

No cenário interno, a decisão de Lloyd George de ampliar a coalizão dos tempos da guerra à era do pós-guerra trouxe a derrocada de seu próprio Partido Liberal como fator preponderante na política britânica. Seu governo se tornou ainda mais dependente do apoio conservador no pós-guerra e, na seguinte eleição geral, realizada em 1922, as facções liberais rivais encabeçadas por Lloyd George e Asquith, juntas, conquistaram menos de 20% das cadeiras na Câmara dos Comuns. Assim, o Partido Trabalhista superou os liberais para se tornar o segundo partido mais forte da política britânica, e os liberais nunca mais ficaram entre os dois primeiros. Antes de deixar o cargo, Lloyd George resolveu a questão irlandesa permitindo que os seis condados predominantemente protestantes do Ulster permanecessem no Reino Unido, enquanto os restantes 26 receberam governo autônomo como Estado irlandês livre. O arranjo, ratificado em janeiro de 1922, tornou-se possível depois que uma trégua no mês de julho anterior encerrou a guerra de baixa intensidade pela independência irlandesa, em que o IRA perdeu 550 mortos e o exército britânico, mais de 700 policiais, em 30 meses de luta. Como quinto domínio, o Estado Livre da Irlanda recebeu controle sobre sua própria política externa nos termos do Estatuto de Westminster (1931), mas, ao contrário dos outros quatro, rompeu com a Grã-Bretanha e se manteve neutro durante a Segunda Guerra Mundial.

VERSALHES, CHAMBERLAIN E APAZIGUAMENTO

Trechos do discurso do primeiro-ministro Neville Chamberlain, em Birmingham, 17 de março de 1939, dois dias depois de Hitler desmembrar o que restava da Tchecoslováquia. Ele defendeu o Acordo de Munique do outono anterior, argumentando que a Tchecoslováquia, em sua composição segundo o acordo de paz de 1919, não poderia ser preservada nem mesmo pela guerra:

Quando decidi ir à Alemanha, eu nunca esperava escapar de críticas. Na verdade, não fui lá para obter popularidade. Fui, em primeiro lugar, porque o que se apresentava como uma situação quase desesperada me pareceu oferecer a única chance de evitar uma guerra europeia. E eu poderia lembrar-lhes de que, quando se anunciou pela primeira vez que eu estava indo, nem uma voz se levantou para criticar. Todos aplaudiram a iniciativa. Foi apenas mais tarde, quando parecia que os resultados do acordo final ficaram aquém das expectativas de alguns que não entenderam plenamente os fatos [...] que o ataque começou, e mesmo naquele momento não era a visita, e sim os termos do acordo que eram reprovados.

Bem, eu nunca neguei que os termos que eu consegui garantir em Munique não foram os que eu gostaria. Mas, como expliquei naquele momento, não tive que lidar com qualquer problema novo. Isso era algo que já existia desde o Tratado de Versalhes – um problema que deveria ter sido resolvido há muito tempo, bastando que os estadistas dos últimos 20 anos assumissem pontos de vista mais amplos e mais esclarecidos sobre seu dever. Tinha se tornado algo como uma doença que há muito era negligenciada, e foi necessária uma operação cirúrgica para salvar a vida do paciente.

Afinal de contas, o objetivo primeiro e mais imediato da minha visita foi alcançado. A paz na Europa foi salva e, se não fosse por essas visitas, centenas de milhares de famílias estariam hoje enlutadas pela perda dos melhores homens da Europa. Gostaria, mais uma vez, de expressar meus sinceros agradecimentos a todos os que me escreveram do mundo inteiro para expressar sua gratidão e a sua apreciação pelo que fiz naquele momento e pelo que tenho tentado fazer desde então.

Realmente, não tenho necessidade de defender minhas visitas à Alemanha no outono passado, afinal de contas, qual era a alternativa? Nada que pudéssemos ter feito, nada do que a França pudesse ter feito ou que a Rússia pudesse ter feito salvaria a Tchecoslováquia da invasão e da destruição. Mesmo que tivéssemos ido à guerra posteriormente para punir a Alemanha por suas ações e se, após as perdas terríveis que teriam sido infligidas a todos os participantes dessa guerra, tivéssemos sido vitoriosos no final, nunca poderíamos ter reconstruído a Tchecoslováquia como ela foi definida pelo Tratado de Versalhes.

Fonte: Publicado inicialmente em *The British War Blue Book, Miscellaneous No. 9 (1939), Documents concerning German-Polish Relations and the Outbreak of Hostilities between Great Britain and Germany on September 3, 1939*, disponível em www.yale.edu/lawweb/avalon/wwii/bluebook/blbk09.htm.

Em relação ao tamanho de sua população, a França sofreu o maior choque demográfico que qualquer país envolvido na Primeira Guerra Mundial, de uma magnitude mais de duas vezes a gravidade da britânica, para um país que já tinha a taxa de natalidade mais baixa da Europa. Apenas 6% do território francês tinha sido ocupado durante a guerra, mas essas terras devastadas abrigavam a maior parte de sua indústria de aço e suas minas de carvão. Os recursos da Alsácia-Lorena e do Sarre ajudaram a compensar as minas e fundações destruídas da antiga zona de guerra, permitindo que a França superasse o seu nível de produtividade industrial de 1913 em 1924, anos antes da Grã-Bretanha ou da Alemanha. A crise financeira seria mais difícil de resolver, pois a França estava programada para receber a maior parcela das reparações alemãs e, sem esses pagamentos, não poderia reparar os danos físicos causados pela invasão e pela ocupação (que a Comissão de Reparações estimou em 6,5 bilhões de dólares) e também pagar suas dívidas de guerra à Grã-Bretanha (3 bilhões de dólares) e aos Estados Unidos (4 bilhões). Do outro lado da contabilidade, a França havia sido o principal credor da Rússia imperial, que lhe devia 3,6 bilhões de dólares em 1917, uma dívida que o governo soviético não tinha intenção de pagar. Assim, a guerra deixou a França consideravelmente mais fraca do que tinha sido em 1914 e mais dependente do que qualquer outra potência da execução das disposições sobre segurança econômica e coletiva do acordo de paz de 1919.

Na política francesa do pós-guerra, Clemenceau recebeu um voto de confiança nas eleições legislativas realizadas doze meses após o armistício, quando a coalizão de centro-direita de que ele tinha dependido desde 1917 (concorrendo como *Bloc National*) obteve uma clara maioria na Câmara. Enquanto isso, à esquerda, a SFIO diminuiu de 17% das cadeiras em 1914 para apenas 11% e, em 1920, perdendo 15 de seus 68 deputados para o novo Partido Comunista francês. Quando o mandato de Poincaré como presidente terminou em 1920, Clemenceau procurou sucedê-lo e tinha a expectativa de que isso acontecesse, pois o executivo eleito indiretamente costumava ser um estadista de mais idade e, aos 79 anos, ele se encaixava nessa descrição melhor do que Poincaré. O presidente em fim de mandato tinha apenas 52 anos quando foi eleito em 1913 e, durante a década de 1920, retornou à política para servir quatro vezes mais como premiê. Mas, assim como aconteceria com Churchill na Grã-Bretanha, uma geração depois, o respeitado líder da guerra viu-se rejeitado em tempos de paz. Ele se aposentou logo após sua tentativa presidencial fracassada, e a França não teria outro líder de sua solidez até De Gaulle.

As potências revisionistas da Europa

Da perspectiva de junho de 1919, a Alemanha parecia ter poucas esperanças de algum dia garantir uma revisão do Tratado de Versalhes, mas as condições que tornariam possível essa revisão já existiam. Em relação à Europa como um todo, a Alemanha de 1919 era mais forte do que tinha sido em 1914, apesar da imensa conta das reparações, fortes limitações a suas forças armadas e a cessão de 13% do seu território. Durante a Primeira Guerra, os alemães infligiram muito mais danos a seus inimigos do que tinham sofrido. A Rússia desabou em derrota e revolução, enquanto a França, na vitória, sofreu um choque demográfico muito maior do que o da Alemanha, e a Grã-Bretanha viu sua posição de liderança financeira e econômica mundial passar para os Estados Unidos. Os Aliados vitoriosos inadver-

O legado

tidamente deram à Alemanha outra vantagem ao desmembrar a Áustria-Hungria; antes da guerra, 50% do comércio da Monarquia Dual aconteciam com a Alemanha e, depois, seria ainda mais fácil para os alemães dominarem a economia de um centro-leste da Europa dividido. A Alemanha teve o pequeno consolo de ganhar a maioria dos plebiscitos realizados em 1920 e 1921 sob o Tratado, garantindo a região do Schleswig central, todo o sul da Prússia oriental e a maior parte da Alta Silésia. Apenas o norte do Schleswig, predominantemente dinamarquês, votou por deixar a Alemanha em favor da Dinamarca.

Na política interna alemã, a direita se recuperara já nas eleições para o Reichstag de 1920 e, na maior parte dos treze anos seguintes, até o início da ditadura nazista, o SPD seria excluído do governo mesmo permanecendo como o maior partido. Na esquerda alemã, o KPD nunca perdoou o SPD pela repressão à Revolta Espartaquista e se recusou a cooperar com ele, até mesmo, em última instância, contra a ascensão do nazismo. Enquanto isso, a crença generalizada na "lenda da punhalada nas costas" e na injustiça do Tratado não ajudavam Ludendorff, cuja prematura associação com os nazistas durante o Putsch de Munique (conhecido como "putsch da cervejaria") de 1923 colocou-o no caminho da obscuridade política, mas, dois anos depois, permitiu que a direita elegesse Hindenburg presidente da República. No entanto, um político tão conservador quanto Gustav Stresemann, do DVP (ministro do Exterior entre 1923 e 1929) concluiu que a Alemanha não tinha alternativa a não ser cumprir suas obrigações de Versalhes. Após a crise das reparações e a hiperinflação do início dos anos 1920, a Alemanha aderiu ao Tratado e, em 1926, Stresemann levou o país à Liga das Nações. Infelizmente, em outubro de 1929, sua morte, coincidindo com o início da Grande Depressão, colocou a Alemanha no rumo do controle nazista. Armada com questões econômicas para acompanhar a indignação patriótica que Hindenburg e outros na direita alemã tinham capitalizado antes, Adolf Hitler, produto das circunstâncias únicas da Primeira Guerra Mundial, tomou o poder ao fazer dos nazistas o partido mais forte no espectro fragmentado da política de Weimar. O plebiscito final, autorizado pelo Tratado de Versalhes, determinando o destino da bacia do Sarre em 1934, deu à Alemanha nazista sua primeira vitória na arena internacional, quando 91% da população do Sarre escolheu ser governada por Hitler.

Sob a ditadura nazista, a grande maioria dos alemães parece ter aceitado a visão de Hitler de que a esquerda e os judeus foram responsáveis pela guerra perdida, mas não foi necessária essa coerção para persuadi-los a rejeitar a acusação Aliada da culpa de guerra. Na verdade, eles fizeram isso desde o início, incluindo os líderes de todos os partidos, com exceção do USPD e do KPD. Reconhecendo a relevância da questão para uma eventual revisão futura do acordo de Versalhes, a República de Weimar publicou 40 volumes de documentos diplomáticos alemães imperiais

523

sob o título *Die Grosse Politik der Europäischen Kabinette* (*A alta política dos governos europeus*) (1922-1927). As outras grandes potências se sentiram obrigadas a seguir o exemplo, mas a França e a Grã-Bretanha levaram muito mais tempo para apresentar acervos próprios, que pareceram menos abrangentes. Assim, o exercício rendeu simpatia à posição alemã entre acadêmicos no exterior, principalmente nos Estados Unidos; décadas se passaram antes que pesquisadores mostrassem que o acervo omitira documentos fundamentais que incriminavam a Alemanha. Enquanto isso, em 1923, Alfred von Wegerer fundou uma revista acadêmica, *Die Kriegsschuldfrage* (*A questão da culpa de guerra*), dedicada a refutar a acusação. Embora Wegerer fosse historiador amador, sua revista publicou artigos de alguns dos principais estudiosos da Alemanha, que se juntaram à causa nacional em tempo de paz tanto quanto tinham feito durante a guerra. Ironicamente, a negação da culpa de guerra assumiu uma importância maior após a Segunda Guerra Mundial, quando se tornou o elemento fundamental para refutar o argumento de que houve continuidade na moderna história alemã, com uma política externa cada vez mais agressiva desde Bismarck, passando pela Primeira Guerra Mundial, até Hitler.

A fragilidade da Itália a havia impedido de desempenhar um papel mais decisivo na Primeira Guerra Mundial e, mais tarde, permitiu que os Aliados descumprissem algumas das promessas que haviam feito aos italianos sobre compensações territoriais. Eles fizeram isso sem temer as consequências, não imaginando que a Itália se tornaria uma voz importante para a revisão do Tratado e, em última análise, uma aliada da Alemanha na próxima guerra mundial. Apesar de ter sido tratada em situação de igualdade com a França na Conferência Naval de Washington (1921-1922), a Itália não mereceu mais respeito imediatamente após a Conferência de Paz de Paris do que durante a mesma. A produção industrial do país se recuperou aos níveis de 1913 em 1922, mais rapidamente do que qualquer das outras potências europeias, principalmente porque já era muito baixa. Em 1920, os pequenos agricultores italianos ainda respondiam por 50% da força de trabalho do país e 40% do seu produto nacional bruto, e, como quase todas as novas indústrias de guerra tinham sido construídas no norte já industrializado, a tradicional divisão norte-sul do país cresceu ainda mais.

O sentimento – em grande parte, correto – de que os Aliados haviam tratado a Itália com desprezo na Conferência de Paz exasperou a opinião pública e acelerou o colapso de seu sistema político constitucional, permitindo ao Partido Fascista de Mussolini – outro produto das circunstâncias únicas da Primeira Guerra Mundial (ver box "A Primeira Guerra Mundial e o surgimento do fascismo") – abrir caminho ao poder por meio de intimidações, em outubro de 1922. D'Annunzio e seus seguidores haviam prenunciado a fascista "marcha sobre Roma" em sua ação ousada para tomar Fiume e, durante a sua breve ascensão ao poder no pós-guerra, os fascistas fizeram da redenção de Fiume um dos seus objetivos. Após o estabelecimento da "cidade livre" depois da guerra, as tropas italianas expulsaram D'Annunzio de Fiume, mas um golpe de Estado fascista no início de 1922 devolveu a cidade ao controle italiano. Em 1924, Mussolini se juntou oficialmente ao campo dos revisionistas, legitimando esta segunda ocupação ao coagir a Iugoslávia a fazer um acordo que dividia a cidade livre. Os italianos receberam Fiume e um corredor litorâneo que a ligava à Itália, deixando os iugoslavos com o interior croata da cidade. Fiume e Ístria só se tornariam parte da Iugoslávia após a Segunda Guerra Mundial, quando partidários de Tito as tomaram.

A PRIMEIRA GUERRA MUNDIAL E O SURGIMENTO DO FASCISMO

Benito Mussolini (1883-1945) descreve a fundação do Partido Fascista italiano, 23 de março de 1919:

Aqueles que vieram à reunião para a constituição dos Esquadrões de Combate (*Fasci di Combattimento*) italianos usavam poucas palavras. Não se esgotavam descrevendo sonhos. Seu objetivo parecia claro e direto. Era defender a vitória a qualquer preço, manter intacta a memória sagrada dos mortos e a admiração não só por aqueles que caíram e pelas famílias dos que foram mortos, mas pelos mutilados, pelos inválidos, por todos aqueles que tinham lutado. O tom predominante, no entanto, foi de caráter antissocialista, e, como aspiração política, esperava-se a criação de uma nova Itália que saberia dar valor à vitória e lutar com todas as suas forças contra a traição e a corrupção, contra a decadência interna e contra intriga e avareza de fora.

Os primeiros esquadrões fascistas combatentes foram formados em sua maioria de homens decididos. Estavam cheios de vontade e coragem. Nos primeiros anos da luta antissocialista, anticomunista, os [...] veteranos de guerra tiveram um papel importante.

Fonte: Benito Mussolini, *My Autobiography* (New York: Charles Scribner, 1928), 70-71.

A Rússia acabou sendo, sem dúvida, a maior perdedora da Conferência de Paz de Paris, depois que os Aliados criticaram o Tratado de Brest-Litovski, mas, na ausência de uma delegação russa, redistribuíram as terras que o país havia perdido para as Potências Centrais como resultado dele. Esta ação viola o espírito do ponto 6 dos Catorze Pontos de Wilson, cujo texto integral termina com uma advertência profética: "O tratamento dado à Rússia por suas nações irmãs nos meses que virão será a prova de fogo da boa vontade destas, de sua compreensão das necessidades russas como algo distinto de seus próprios interesses, e de sua solidariedade inteligente e altruísta".[6] Os Aliados fracassaram muito no teste, primeiro ao desembarcar tropas nos portos do mar Branco e em Vladivostok, depois (após as Potências Centrais se retirarem) na costa do mar Negro, em ambos os casos apoiando formal ou informalmente os Exércitos Brancos que procuravam derrubar o novo regime soviético russo. Nas negociações do armistício, os Aliados, no interesse de combater o bolchevismo, tinham inclusive concordado em permitir que a Alemanha mantivesse tropas ocupando as terras do Leste Europeu que a Rússia tinha perdido em Brest-Litovski, até que as forças Aliadas pudessem ser mobilizadas para substituí-las ou para reforçar os exércitos dos Estados recém-estabelecidos.

A criação do vitorioso Exército Vermelho por Trotski, um homem sem experiência militar, está entre os feitos mais notáveis da época da Primeira Guerra Mundial. No fim da Guerra Civil Russa, o regime de Lenin havia esmagado a dissidência interna e conseguido reconquistar mais da metade do território cedido, transformando a Ucrânia, a Bielorrússia e os Estados do Cáucaso em Repúblicas da União Soviética, quando ela foi criada, em 1922, embora a Guerra Polonês-Soviética (1920-1921) tenha deixado o oeste da Ucrânia e da Bielorrússia nas mãos polonesas. Os bolcheviques sobreviveram adotando conscientemente a mentalidade e os métodos cruéis usados pelos jacobinos em 1793 e 1794; embora seu reinado de terror sob Lenin não fosse nada em comparação com o que viria com seu sucessor, Joseph Stalin, seus alvos incluíram elementos centrais ou símbolos do antigo regime, como a dinastia e a aristocracia, a Igreja Ortodoxa e os líderes do exército czarista anterior. Entre os generais proeminentes assassinados pelos bolcheviques ou que morreram lutando contra eles, estavam Alekseev, Evert, Ivanov, Kornilov, Rennenkampf, Ruzsky, Yanuchkevitch e Zhilinsky.

A tomada do poder pelos bolcheviques na Rússia e o governo soviético que a comandou até 1991 foram legados diretos da Primeira Guerra Mundial. Sem Lenin na Rússia, os bolcheviques nunca teriam lançado seu fatídico golpe contra o governo provisório e, sem a constelação específica de fatores estratégicos enfrentados pela Alemanha, na primavera de 1917, ele teria permanecido na Suíça enquanto a oportunidade de tomar o poder passava. No período posterior à Segunda Guerra Mundial, quando Stalin possuía o poder militar para fazer isso, a Rússia reafirmou sua autoridade sobre grande parte do território que Lenin abandonara durante a Primeira Guerra e não conseguira reconquistar na Guerra Civil. Dentro do contexto do início da Guerra Fria, o mundo ocidental caracterizou os ajustes de fronteira de Stalin com a Finlândia, a Polônia e a Romênia, e a anexação dos três Estados bálticos como "difusão do comunismo", mas à parte a metade norte da Prússia oriental (onde Königsberg se tornou Kaliningrado) e o Cárpato-Ucrânia (a extremidade leste da Tchecoslováquia do entreguerras), todas as suas conquistas pertenciam à Rússia imperial em 1914. Assim, durante o regime soviético, a Rússia foi o país mais bem-sucedido na revisão dos termos do acordo de paz de 1919, embora a independência das Repúblicas não russas depois de 1991 tenha deixado os ganhos de Stalin (com exceção do enclave de Kaliningrado), mais uma vez fora do controle da Rússia.

O centro-leste da Europa do pós-guerra

No centro-leste da Europa, a Primeira Guerra Mundial mudou para sempre a relação entre seus beligerantes iniciais, o Império Austro-Húngaro e a Sérvia, deixando em seu rastro os truncados Estados independentes da Áustria e da Hungria como vizinhos de uma Iugoslávia dominada pelos sérvios. Na Áustria do pós-guerra – um Estado alemão proibido de se unir à Alemanha –, persistiam os sentimentos pró-Anschluss. Ainda em 1921, Salzburgo (99%) e Tirol (98%) votaram esmagadoramente pela união com a Alemanha em plebiscitos provinciais. Na maior parte, contudo, a proibição da Anschluss fortaleceu os socialistas cristãos, o único partido que queria uma Áustria independente; saíram vitoriosos nas eleições de 1920 e ocuparam a chancelaria até 1938, quando a Alemanha nazista finalmente anexou a Áustria. Durante esses anos, o exército profissional permanente prescrito pelo tratado de paz se juntou ao Heimwehr paramilitar para tornar-se um bastião do conservadorismo austríaco, enquanto veteranos do dissolvido Volkswehr migraram para o Schutzbund, de paramilitares socialistas sem equivalente na República de Weimar. Essas forças se enfrentaram em 1934, em uma breve guerra civil que esmagou a esquerda austríaca antes do advento do regime nazista, mas o socialista Renner, chanceler fundador da Primeira República da Áustria, sobreviveu para se tornar o fundador da Segunda República, em 1945, e foi seu primeiro presidente até sua morte, em 1950.

Na Hungria, a restauração do reino pelo almirante Horthy levou Carlos a fazer duas quixotescas tentativas pós-guerra de voltar ao poder, ambas em 1921 e ambas sem o apoio de Horthy, que muito corretamente pressentiu que os Aliados nunca permitiriam a um Habsburgo reinar em Budapeste. Após a segunda tentativa, os Aliados deportaram o monarca deposto à Madeira, onde ele morreu de pneumonia em 1922, aos 34 anos de idade. Com o tempo, antes e durante a Segunda Guerra Mundial, a aliança de Horthy com a Alemanha nazista lhe permitiu recuperar parte das terras da Hungria perdidas no Tratado de Trianon, e ele permaneceu regente do reino sem rei até Hitler derrubá-lo em 1944, depois que ele tentou sair do Eixo. Enquanto isso, à medida que o tempo passava, Carlos se tornava mais admirado como único chefe de Estado de qualquer das grandes potências da Primeira Guerra Mundial a ter seriamente buscado um fim para o conflito, o que demonstra que,

A Primeira Guerra Mundial

pelo menos no longo prazo, os pacificadores são realmente abençoados. Em sua missa de beatificação, em 2004, que o colocou no caminho do reconhecimento como santo pela Igreja Católica, o papa João Paulo II chamou o último imperador Habsburgo "um exemplo para todos nós, especialmente para aqueles que têm responsabilidades políticas na Europa de hoje".[7]

Entre todos os beligerantes da Primeira Guerra, a Sérvia pode ser apontada como o maior vencedor. A decisão dos líderes sérvios de arriscar uma guerra geral em vez de aceitar o ultimato austro-húngaro em sua totalidade resultara em derrota e ocupação completas do país pelas Potências Centrais em 1915, mas, apenas três anos depois, sua ousadia foi justificada. Com o triunfo da libertação, veio o cumprimento de objetivos nacionais para além dos sonhos mais enlouquecidos dos sérvios mais chauvinistas de 1914, na incorporação não apenas da Bósnia, mas também da Croácia e da Eslovênia, à Iugoslávia sob domínio sérvio. Os beligerantes da Primeira Guerra Mundial aprenderam uma série de lições de suas experiências no sangrento conflito entre 1914 e 1918, mas, graças ao apoio das potências da Entente, os sérvios aprenderam que podiam incendiar um continente em busca de seus próprios objetivos nacionais e sair vitoriosos no longo prazo. Essa corrente imprudente do nacionalismo sérvio ressurgiria no início dos anos 1990, após o colapso da Iugoslávia, para horror da Europa e do resto do mundo.

Os Estados Unidos, o Tratado e a Liga

O esforço de Wilson para que o povo norte-americano aceitasse um papel ativo e de liderança a ser cumprido pelos Estados Unidos no mundo do pós-guerra começou para valer em 3 de setembro de 1919, quando ele saiu de Washington em direção a Columbus, Ohio, sua primeira parada em um roteiro nacional projetado para mobilizar a opinião pública a apoiar sua campanha para que o Senado ratificasse o Tratado de Versalhes e o Pacto da Liga das Nações. De uma maneira copiada pela maioria dos futuros presidentes norte-americanos em busca de apoio público para uma política externa controversa, ele defendeu sua opinião não em termos de interesse nacional ou realidades práticas, mas de ideais e valores, neste caso, identificando o Tratado e a Liga com os ideais e valores da civilização compartilhada por norte-americanos e europeus. Como explicou um historiador, Wilson deliberadamente "internacionalizou o legado de seu país".[8] Durante e depois da guerra, ele enfatizou repetidamente as raízes dos Estados Unidos em uma ampla civilização ocidental, transmitida a partir do antigo Oriente Próximo através de Grécia, Roma e séculos de história europeia, e impulsionada pela busca de maior liberdade humana. Esse era um argumento acadêmico que Wilson, ex-professor,

528

O legado

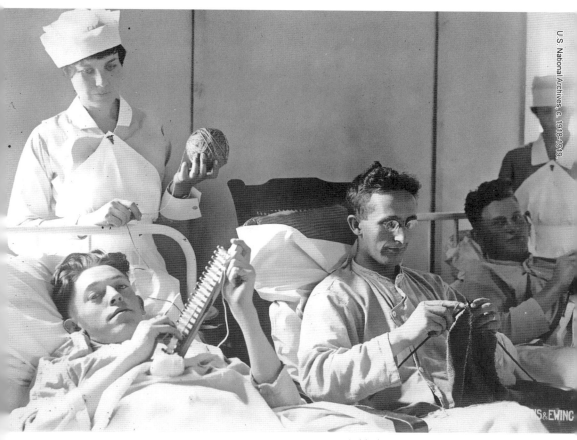

Soldados americanos no Hospital Walter Reed, em Washington.

sentia-se confortável para defender – um argumento já capitaneado por seu Ministério da Guerra em uma "Disciplina de Questões de Guerra" ministrada por orientação federal em mais de 500 faculdades e universidades dos Estados Unidos no outono de 1918, para homens jovens matriculados no Corpo de Treinamento de Estudantes do Exército (SATC), precursores do Corpo de Treinamento de Oficiais da Reserva (ROTC). No ano seguinte, quando o presidente começava sua viagem, a Faculdade de História na Universidade de Columbia, em Nova York, deu continuidade ao curso como requisito para todos os alunos do primeiro ano, e ele logo serviu de modelo para o estudo introdutório da civilização ocidental, que se tornou uma exigência padrão nas faculdades e universidades dos Estados Unidos durante os anos entreguerras.[9]

A Primeira Guerra Mundial

Infelizmente para Wilson, ele não estava defendendo seu argumento para a pequena minoria de norte-americanos com acesso ao ensino superior, mas para o público como um todo, incluindo os predispostos a acreditar que a Primeira Guerra Mundial tinha sido uma briga de outras pessoas. A lição, portanto, teve de ser adaptada ao público e, quando necessário, com uma forte dose de religião dos velhos tempos – a qual o presidente, filho de um clérigo presbiteriano, não tinha escrúpulos de mobilizar a serviço de sua causa. Tendo parafraseado Martinho Lutero no discurso em que pedia ao Congresso para declarar guerra 27 meses antes, ele não hesitou em invocar o Todo-Poderoso ao apresentar o resultado final ao Senado, em 10 de julho de 1919: o Tratado, a Liga e o papel norte-americano em sua definição haviam "surgido não por qualquer plano de nossa concepção, mas pela mão de Deus [...]. A América deve, em verdade, mostrar o caminho".[10] Assim, a visão de Wilson do excepcionalismo norte-americano não era de um país tão singular que pudesse permanecer isolado, como se o resto do mundo não lhe importasse, e sim de um país ao qual Deus ordenara que salvasse a civilização ocidental.

Quando o Senado se reuniu novamente após o recesso de verão, a maior parte dos democratas defendeu a posição do presidente contra Henry Cabot Lodge, líder da maioria republicana, e outros que se opuseram ao Tratado como estava escrito, argumentando que a questão de fazer a paz com a Alemanha não poderia ser separada da criação da Liga das Nações e que a ratificação era uma proposição do tipo "tudo ou nada". Os republicanos exerceram forte resistência e, em 10 de setembro, já haviam apresentado 49 emendas e "reservas" ao Tratado. Sem dúvida, seu objetivo era extingui-lo, pelo menos no que tangia aos Estados Unidos, pois a nova ordem que ele criava não poderia acomodar razoavelmente dentro de suas fileiras uma grande potência que optava por se excluir de muitas de suas disposições. Durante o debate, os opositores do presidente reforçaram sua posição citando a crítica cruel de John Maynard Keynes, um dos economistas da comitiva de Lloyd George na Conferência de Paz, cujo recém-publicado *As consequências econômicas da paz* previa que as reparações exigidas da Alemanha destruiriam a economia europeia (ver "Perspectivas: a controvérsia das reparações"). Jan Smuts, da África do Sul, observou mais tarde que Keynes "reforçou os norte-americanos contra a Liga" e, portanto, "ajudou a liquidar Wilson".[11]

Wilson realizou sua turnê de palestras contra a orientação de seu médico, que não achava que ele pudesse suportar a tensão. Sua saúde aguentou até 25 de setembro, quando ele desmaiou de exaustão em Pueblo, Colorado, após um discurso emocionado (ver box "Paz e política: Henry Cabot Lodge contra Woodrow Wilson"), o quadragésimo em apenas 22 dias, em uma viagem que

O legado

cobrira cerca de 15 mil km. De volta a Washington uma semana depois, Wilson sofreu um derrame debilitante; ele passaria a maior parte dos últimos 17 meses de sua presidência em seu quarto na Casa Branca. Os republicanos tinham uma maioria de 49 a 47 no Senado, mas, quando o Tratado e a Liga foram votados, em 19 de novembro, eles o derrotaram por 53 a 38, com cinco abstenções. Os defensores do Tratado conseguiram trazê-lo de volta para uma segunda votação em 19 de março de 1920, quando, mais uma vez, foi derrotado. A aliança anglo-franco-americana, concedida a Clemenceau para comprar sua aprovação do Tratado e da Liga, morreu em uma comissão do Senado em dezembro de 1919, depois de Wilson se recusar a continuar com ela a não ser que o Tratado e a Liga fossem aprovados antes. Ironicamente, a aliança teria passado se fosse posta em votação, pois Lodge e outros republicanos em número suficiente a apoiavam como alternativa (ao invés de complemento) à Liga.

PERSPECTIVAS: A CONTROVÉRSIA DAS REPARAÇÕES

O britânico John Maynard Keynes (1883-1946) está, com Adam Smith e Karl Marx, entre os economistas mais importantes dos tempos modernos. Ele ficou conhecido internacionalmente por suas críticas às reparações no seu livro *As consequências econômicas da paz* (1919):

No meu julgamento, por razões que vou desenvolver adiante [...] é absolutamente certo que a Alemanha não possa pagar qualquer quantia que se aproxime desse total [...]. Há uma grande diferença entre fixar uma soma definida, que embora grande estivesse dentro da capacidade de pagamento da Alemanha, permitindo-lhe guardar um pouco para si, e estabelecer uma quantia muito superior à sua capacidade de pagar, podendo ser reduzida por uma comissão estrangeira cujo objetivo é obter cada ano o maior pagamento permitido pelas circunstâncias. A primeira hipótese deixaria ainda à Alemanha um modesto incentivo para o empreendimento, energia e esperança. Mas a segunda consiste em tirar-lhe a pele ano após ano, em perpetuidade, e por mais discreta e habilidosamente que isso se faça, tendo o cuidado de não matar o paciente no processo, trata-se de uma política que, se fosse efetivamente sustentada e praticada de modo deliberado, não tardaria a ser considerada pelo julgamento dos homens como um dos atos mais ultrajantes de crueldade de um vencedor, em toda a história da civilização.

Fonte: John Maynard Keynes, *The Economic Consequences of the Peace* (London: Macmillan, 1919), 167-68. (Reproduzido com permissão de Palgrave Macmillan.) [Edição em português: John Maynard Keynes, *As consequências econômicas da paz* (Imprensa Oficial do Estado/Editora da UnB/Ipri: São Paulo, 2002), 113-114.]

* * *

A historiadora norte-americana Sally Marks tem argumentado, desde os anos 1970, que a Alemanha poderia ter pagado suas indenizações, mas optou por não fazê-lo, e por meio de várias táticas, instigada, em especial, pelos britânicos, conseguiu fazer com que a opinião internacional se voltasse contra os franceses e contra as disposições econômicas do Tratado de Versalhes:

> Do início ao fim, a Alemanha, compreensivelmente, não queria pagar e estava obstinadamente determinada a não pagar. Esta foi uma das várias razões principais, desde o início, pela quais não se fez qualquer esforço sincero para reformar o orçamento e a moeda da Alemanha; culpar as reparações pelo caos financeiro poderia gerar uma redução da dívida. Outra abordagem alemã constante era a ênfase nas dificuldades: se a Alemanha perdesse território ou fosse pobre, não poderia pagar [...]. Ao longo da história de reparações, a desorientação e a propaganda, ambas voltadas a ocultar a realidade, mantiveram-se constantes, assim como a manipulação técnica [...]. Essa complexidade técnica [...] combinada com uma desorientação deliberada, enganou não somente os historiadores, mas um grande número de pessoas na época. Jornalistas, o público e os intelectuais, em especial na Grã-Bretanha, aceitaram declarações constantemente repetidas sem reflexão real [...] esquecendo-se de que o não pagamento por parte da Alemanha nada dizia sobre a sua capacidade de fazê-lo.

Fonte: Sally Marks, "Smoke and Mirrors: In Smoke-Filled Rooms and the Galerie des Glaces", em Manfred Franz Boemeke, Gerald D. Feldman e Elisabeth Gläser (eds.), *The Treaty of Versailles: A Reassessment after 75 Years* (Cambridge University Press, 1998), 364, 366.

PAZ E POLÍTICA: HENRY CABOT LODGE CONTRA WOODROW WILSON

Para o líder da maioria no Senado, Henry Cabot Lodge, a luta contra o Tratado e a Liga das Nações era uma luta conservadora republicana do nacionalismo norte-americano contra o internacionalismo:

> Podem me chamar de egoísta se quiserem, conservador ou reacionário, ou usar qualquer outro adjetivo duro que acharem adequado, mas eu nasci norte-americano e norte-americano permaneci por toda a minha vida. Nunca poderei ser outra coisa que não norte-americano, e devo pensar nos Estados Unidos em primeiro lugar. Quando penso nos Estados Unidos em primeiro lugar, em uma situação como esta, estou pensando no que é melhor para o mundo, pois, se os Estados Unidos fracassarem, as melhores esperanças da humanidade fracassam com eles.
>
> [...] O internacionalismo, exemplificado pelos bolcheviques e pelos homens para quem todos os países são iguais, desde que possam ganhar dinheiro com eles, para mim é repulsivo. Nacional devo permanecer e, dessa forma, acho

que todos os outros norte-americanos podem prestar o mais amplo serviço ao mundo. Os Estados Unidos são a melhor esperança do mundo, mas se os senhores os acorrentarem aos interesses e disputas de outras nações, se os enredarem nas intrigas da Europa, destruirão seu poder para sempre e colocarão em perigo sua própria existência. Deixe-os marchar livremente pelos séculos vindouros como nos anos que se passaram.

Depois de voltar de Paris, Wilson destruiu sua saúde viajando pelo país para mobilizar o apoio público ao Tratado. Em seu último discurso, emocionado, antes de sofrer um derrame debilitante (em Pueblo, Colorado, 25 de setembro de 1919), ele se referiu à sua visita a um cemitério norte-americano antes de deixar a França, e fechou com chave de ouro – do tipo de idealismo wilsoniano que seria típico do internacionalismo liberal dos Estados Unidos:

> Eu gostaria que alguns homens na vida pública, que agora se opõem ao acordo pelo qual aqueles homens morreram, pudessem visitar um lugar desses. Eu gostaria que o pensamento que sai daquelas sepulturas pudesse penetrar em sua consciência. Eu gostaria que eles pudessem sentir a obrigação moral que nos cabe, de não dar as costas àqueles rapazes, mas enxergar além daquilo, vê-la até o fim e levar a cabo sua redenção do mundo. Pois nada menos depende dessa decisão, nada menos do que a libertação e a salvação do mundo.
>
> [...] Há uma coisa que o povo dos Estados Unidos sempre defende e à qual estende a mão, que é a verdade da justiça, da liberdade e da paz. Nós aceitamos essa verdade e vamos ser liderados por ela, e ela vai nos liderar, e através de nós, o mundo, as pastagens de silêncio e paz, como o mundo jamais sonhou.

Fontes: www.firstworldwar.com/source/lodge_leagueofnations.htm; www.firstworldwar.com/source/wilsonspeech_league.htm.

A derrota do Tratado não recolocou imediatamente os Estados Unidos no isolamento internacional. Assim como o Partido Republicano incluía alguns dos maiores defensores da participação na Primeira Guerra Mundial no país, alguns de seus líderes acreditavam em uma política externa ativa em tempos de paz, na tradição do ex-presidente Theodore Roosevelt. Na verdade, na convenção republicana em junho de 1920, o próprio Lodge criticou o isolacionismo, alegando que "o mundo precisa muito de nós".[12] Mas a mesma convenção indicou como candidato presidencial um isolacionista, o senador Warren Harding, de Ohio, e aprovou uma plataforma partidária que criticava a Liga das Nações, enquanto os democratas indicaram o governador James Cox, também de Ohio, que defendia o histórico do presidente. A eleição de novembro de 1920 sinalizou uma clara rejeição à política externa de Wilson pelo público norte-americano. Harding obteve mais de 60% dos votos populares, e os candidatos isolacionistas também ajudaram a colocar o Congresso ainda mais firmemente em mãos republicanas (Câmara, 302 a 131, Senado, 59 a 37). Em vez de um tratado de paz, em julho de 1921, uma resolução conjunta do Congresso declarou o fim do estado de guerra entre a Alemanha e os Estados Unidos. A contribuição norte-americana à ocupação Aliada da Renânia tinha diminuído para menos de 10 mil homens, os últimos dos quais foram retirados em fevereiro de 1923. O envolvimento dos Estados Unidos nos assuntos da Europa no entreguerras, no Plano Dawes (1924) e no Plano Young (1930), revisando o cronograma de pagamento de reparações da Alemanha, foi para facilitar o pagamento de dívidas de guerra para com os Estados Unidos por seus antigos Aliados, cuja capacidade de cumprir com suas obrigações dependia da Alemanha se manter em dia com seus pagamentos a eles. Os Planos Dawes e Young também refletiam a dominação norte-americana dos mercados financeiros globais no pós-guerra. A guerra trouxe a rápida transformação dos Estados Unidos, de devedor líquido em principal credor do mundo, e Nova York substituiu Londres como centro da economia mundial. Chegando a uma explosão de crescimento industrial que contrastava fortemente com o mal-estar do pós-guerra na Europa, em 1929, a produção industrial dos Estados Unidos ultrapassou o seu nível de 1913 em mais de 80%, o suficiente para responder por impressionantes 43% da produção global.

Ásia e África

Entre os beligerantes da Primeira Guerra Mundial, o Japão saiu com maiores ganhos a um custo menor do que qualquer outro país, vitórias fáceis que alimentaram sua arrogância crescente. Em uma guerra que gerou 8,5 milhões de mortes militares, os japoneses sofreram apenas 500, enquanto ganhavam a península de Shantung com o porto de Tsingtao e a baía de Jiaozhou, mais as antigas ilhas alemãs do Pacífico ocidental das Carolinas, Marianas e Marshalls. Entre 1913 e 1929, a produção industrial do Japão mais do que triplicou, mas partia de um ponto tão baixo que sua base industrial muito menor representou apenas 2,5% da produção industrial do mundo em 1929. Mas a contínua fragilidade industrial do Japão em comparação com os Estados Unidos nada fez para moderar suas ambições pós-guerra. Uma facção linha-dura dos almirantes japoneses considerou uma derrota quando o Tratado Naval de Washington (1922) deu ao Japão uma frota de 60% das marinhas britânica ou norte-americana, em vez de *status* igual, e esperava o dia em que iria à guerra com os Estados Unidos.

Ao assumir uma posição firme sobre a igualdade racial na Conferência de Paz de Paris, o Japão reforçou ainda mais a popularidade de sua própria retórica da "Ásia para os asiáticos" e estabeleceu os alicerces para sua "Esfera de coprosperidade da

O legado

grande Ásia do Leste" da Segunda Guerra Mundial, em que inúmeros chineses e outros asiáticos apostaram seu futuro e, em última análise, suas vidas, considerando que a dominação japonesa seria mais benigna do que o imperialismo ocidental. Wellington Koo, principal negociador da República chinesa em Paris, havia advertido Wilson de que sua posição sobre a questão racial só prejudicaria a fé dos líderes do leste da Ásia nos ideais ocidentais, e os empurraria para os braços dos japoneses, mas os japoneses não eram a única opção. A decisão Aliada de atender à reivindicação do Japão sobre a península de Shantung desencadeou o Movimento de Quatro de Maio, assim nomeado em função do dia em que a notícia chegou a Pequim (4 de maio de 1919), levando milhares de universitários chineses a se reunir na praça Tiananmen para extravasar sua frustração contra as potências ocidentais e contra a fraqueza de sua própria República chinesa. Muitos líderes do Movimento Quatro de Maio recorreram à Rússia soviética como sua fonte de ideias e inspiração, e participaram da fundação do Partido Comunista chinês, em 1921. Embora Shantung tenha sido o estopim do Movimento Quatro de Maio, o Japão a devolveu à China em 1922, ainda que em troca de novas concessões em outras partes do país. Outros asiáticos decepcionados em Paris durante o verão de 1919 também se voltaram ao mesmo comunismo depois de se decepcionar com o Ocidente. O nacionalista vietnamita Ho Chi Minh encaminhou uma correspondência ao secretário de Estado de Wilson, Lansing, pedindo a independência de seu país, de acordo com o princípio da autodeterminação nacional (ver box "'Enquanto se espera pelo princípio da autodeterminação nacional [...]'"), e não obteve resposta. Em 1923, Ho saiu de Paris para Moscou, onde se tornou um agente da Internacional Comunista de Lenin (Comintern) e embarcou em sua longa busca para estabelecer um Vietnã independente e comunista.

Com exceção das terras continentais chinesas incorporadas ao Império Japonês, todas as ex-colônias alemãs estavam tecnicamente sob a tutela de seus novos proprietários na condição de mandatos da Liga das Nações, mas nenhuma recebeu independência até 1960, e a última, a Namíbia, finalmente a alcançou 30 anos depois. O atraso decorreu do fato de o mandato do ex-Sudoeste Africano Alemão estar sendo administrado pela África do Sul, que, após a Segunda Guerra, caiu sob controle de um regime de *apartheid* cujas origens também datavam do período de 1914 a 1918. Depois da Primeira Guerra Mundial, vários líderes africâneres da "Rebelião Maritz" da África do Sul, em outubro de 1914, continuaram sua luta dentro do sistema político sul-africano, usando o Partido Nacional, fundado em 1914, como seu veículo, mas suas fileiras não incluíam o próprio "Manie" Maritz, que liderava um grupo marginal pró-nazista. Os líderes africâneres não teriam mais êxito em impedir que a África do Sul fosse à guerra com a Alemanha em 1939 do que tiveram em 1914, mas, após a Segunda Guerra, seu partido ressurgiu para se tornar o partido da maioria do eleitorado exclusivamente branco e acabaria por

535

A Primeira Guerra Mundial

romper os laços com a Grã-Bretanha para estabelecer a República da África do Sul (1961) e aplicar a política de *apartheid* até 1994. Último presidente branco da África do Sul, F. W. de Klerk concedeu independência à Namíbia em 1990, mesmo ano em que libertou Nelson Mandela da prisão.

"ENQUANTO SE ESPERA PELO PRINCÍPIO DA AUTODETERMINAÇÃO NACIONAL [...]"

Em uma carta ao secretário de Estado norte-americano Robert Lansing, em 18 de junho de 1919, Ho Chi Minh, em Paris para a Conferência de Paz com o "Grupo de Patriotas Anamitas", antevê a independência para o Vietnã moderno e, nesse meio-tempo, apela aos vitoriosos para conceder uma lista de "liberdades":

Tomamos a liberdade de lhe enviar o memorando anexo estabelecendo as reivindicações do povo anamita por ocasião da vitória dos Aliados. Contamos com a sua gentileza para atender ao nosso apelo por seu apoio, sempre que a oportunidade surgir. Pedimos que Vossa Excelência generosamente aceite nossos sinceros respeitos.

Desde a vitória dos Aliados, todos os povos dominados estão loucos de esperança diante da perspectiva de uma era de direitos e justiça, que deve começar para eles em virtude dos compromissos formais e solenes estabelecidos diante de todo o mundo pelas várias potências e a Entente, na luta da civilização contra a barbárie. Enquanto esperam pelo princípio da autodeterminação nacional para passar do ideal à realidade através do reconhecimento efetivo do direito sagrado de todos os povos a decidir o seu próprio destino, os habitantes do antigo Império de Aname, atualmente Indochina Francesa, apresentam aos nobres governos da Entente, em geral, e ao honorável governo francês, as humildes reivindicações a seguir:

1. Anistia geral para todas as pessoas nativas que tenham sido condenados por atividade política.
2. Reforma do sistema de justiça da Indochina, concedendo à população nativa as mesmas garantias judiciais que têm os europeus e a supressão total dos tribunais especiais, que são os instrumentos de sujeição ao terror e opressão contra elementos mais responsáveis do povo anamita.
3. Liberdade de imprensa.
4. Liberdade de associação.
5. Liberdade de emigrar e viajar para o exterior.
6. Liberdade de ensino e criação, em cada província, de escolas técnicas e profissionais para a população nativa.
7. Substituição do regime de decretos arbitrários por um regime de direito.

Pelo Grupo de Patriotas Anamitas.

Fonte: www.historycooperative.org/journals/whc/2.2/gilbert_ll.html.

O legado

A percepção de que a autodeterminação nacional, se é que seria aplicada, o seria apenas aos brancos que vivessem na Europa também gerou movimentos anticoloniais na África e radicalizou o movimento pelo governo autônomo na Índia. Gandhi e Jinnah pressupunham, ambos, que a Inglaterra iria recompensar as contribuições da Índia na Primeira Guerra Mundial com uma transição para um autogoverno logo em seguida, e ficaram chocados em novembro de 1918 quando a lei marcial foi estendida para o pós-guerra, uma medida claramente dirigida contra os seus próprios apoiadores. Em fevereiro de 1919, quase três anos antes de assumir a liderança formal do Congresso Nacional indiano, Gandhi lançou sua primeira campanha de desobediência civil contra a autoridade britânica abarcando toda a Índia. Nada tendo recebido em troca de incentivar seus seguidores a se juntar ao exército e lutar pelo Império Britânico na Primeira Guerra, ele assumiu a postura oposta no início da Segunda, redobrando seus esforços de resistência no movimento "*Quit India*" (Saiam da Índia). A cooperação hindu-muçulmana refletida no Pacto de Lucknow de 1916 se desfez em meados da década de 1920, mas elementos dela lançaram as bases do que seria a divisão da Índia em 1947 – principalmente a aceitação, por parte do Congresso Nacional indiano, da Liga Muçulmana como representante dos muçulmanos do país e do conceito de Jinnah sobre eleitorados hindus e muçulmanos separados em futuras eleições.

O Oriente Médio

Após a Primeira Guerra Mundial, Gandhi condenou o acordo pós-guerra como uma falsa paz e "uma grave ofensa contra Deus", reservando seu mais duro comentário para o desmembramento do Império Otomano no Tratado de Sèvres. Em junho de 1920, assim que os termos foram divulgados, ele alertou o vice-rei, lorde Chelmsford, de que "as condições de paz [...] deram aos muçulmanos um choque do qual será difícil se recuperarem", argumentando que os "soldados muçulmanos [da Índia] não lutaram para infligir punição em seu próprio califa [o sultão otomano] nem privá-lo de seus territórios". Ele concluiu que "muçulmanos e hindus como um todo perderam a fé na justiça e na honra britânicas".[13] O Tratado de Sèvres logo se tornou letra morta, o único produto da Conferência de Paz de Paris a nunca ser ratificado nem implementado, não em função da indignação muçulmana diante da perda de Meca pelo califa a Hussein, o rei hachemita do Hejaz, e sim pela indignação turca habilmente mobilizada e liderada por Mustafá Kemal. Sua "Guerra Turca de

537

A Primeira Guerra Mundial

Independência" registrou o primeiro êxito em novembro de 1920, na derrota da República Democrática da Armênia, estabelecendo a fronteira da Turquia moderna no Cáucaso; o Exército Vermelho invadiu o que restava da Armênia no mês seguinte e, em 1922, ela se tornou uma República da União Soviética. O fim do conflito turco-armênio permitiu a Kemal concentrar seus exércitos contra os gregos no oeste da Ásia Menor, onde, depois de quase dois anos de luta acirrada, eles retomaram Esmirna em setembro de 1922 – uma vitória que resultou em um armistício greco-turco e na fuga de Mehmed VI, o sultão testa de ferro, de Constantinopla. No Tratado de Lausanne (24 de julho de 1923), Grã-Bretanha, França e Itália se juntaram à Grécia no reconhecimento das fronteiras da República da Turquia e os turcos renunciaram a suas reivindicações a todo o território restante que outrora pertencera ao Império Otomano. O Bósforo e Dardanelos foram desmilitarizados sob comando de uma comissão da Liga das Nações, mas, finalmente, em 1936, retornaram à soberania turca. O evento mais dramático veio na troca de populações grega e turca, eliminando comunidades turcas centenárias na Trácia ocidental e nas ilhas do mar Egeu, e comunidades gregas na Ásia Menor que datavam da Antiguidade. A troca marcou a primeira aplicação ampla de um conceito que os Aliados vitoriosos não tinham cogitado na Conferência de Paz de Paris, mas que seria uma característica comum na Europa Central e do Leste no final da Segunda Guerra Mundial: dada a impossibilidade de definir fronteiras geográficas "segundo linhas de nacionalidade claramente reconhecíveis", as fronteiras desejadas foram estabelecidas antes, e depois as pessoas se mudaram.

Assim, Mustafá Kemal, um homem produzido pela Primeira Guerra Mundial, merecia ser chamado de Atatürk ("pai dos turcos"), apelido que ele adotou formalmente como sobrenome em 1934, quatro anos antes de sua morte. No final de sua presidência ditatorial, a República da Turquia já era saudada como exemplo de como um país moderno e secular poderia ser criado no Oriente Médio muçulmano, mas, até o século XXI, manteve-se única nesse sentido. O legado de Atatürk teve seu lado desagradável, na negação pela Turquia não apenas do genocídio armênio, mas também do caráter e da cultura nacionais distintos de seus cidadãos armênios sobreviventes; ironicamente, ele aplicou a mesma política aos curdos, cúmplices ávidos dos turcos na perseguição aos armênios durante a guerra, que também não tiveram escolha a não ser a assimilação no Estado nacional turco. Por fim, Atatürk implantou sua visão revolucionária a um custo terrível em vidas humanas. Talvez 5 milhões de habitantes da Ásia Menor tenham morrido entre 1914 e 1922, como resultado da Primeira Guerra Mundial, do genocídio armênio, da guerra turca contra armênios e gregos, da

538

O legado

troca de populações greco-turca e de doenças epidêmicas em todo o período. O primeiro Censo de Atatürk, em 1927, registrou uma população de menos de 14 milhões.

Em termos históricos mundiais, o fim do califado islâmico é uma das consequências mais dramáticas da Primeira Guerra Mundial fora da Europa. Depois de Mehmed VI abdicar como sultão, a nova Assembleia Nacional em Ancara aceitou seu primo e herdeiro, Abdulmecid II, como califa, mas, em 1924, reagindo contra a agitação estrangeira (de maioria indiano-muçulmana) em nome de Abdulmecid, Atatürk declarou o califado abolido. Apesar de Hussein, xarife de Meca, ter declarado a independência religiosa e política dos povos árabes em relação ao sultão-califa em 1916, até a destituição de Abdulmecid II, a maioria dos muçulmanos sunitas do mundo continuava a reconhecer a liderança espiritual do califado otomano. Na verdade, eles o consideravam como sucessor legítimo das mais antigas linhagens de califas que remontam à morte do profeta Maomé, em 632. Hussein proclamou-se califa, logo que Atatürk depôs Abdulmecid, mas poucos muçulmanos reconheceram o título fora de seu próprio reino do Hejaz e dos domínios de seus filhos, Iraque e Transjordânia. Em qualquer caso, sua reivindicação perdeu a validade no ano seguinte, 1925, quando Ibn Saud marchou sobre Meca, derrubou Hussein e estabeleceu sua própria dinastia como guardião da cidade santa. No tumultuado Oriente Médio pós-Otomano, os filhos de Hussein se saíram um pouco melhor do que o pai. Em 1932, o reino de Faisal no Iraque se tornou o primeiro dos mandatos da Liga das Nações a alcançar a independência e, em 1946, o emirado da Transjordânia, de Abdullah, tornou-se o reino da Jordânia depois do fim do mandato britânico. A monarquia hachemita sobreviveu até 1958 no Iraque, e continua a sobreviver na Jordânia, no século XXI. Ao longo das mesmas décadas, nas periferias do Oriente Médio, outros homens cujas carreiras foram forjadas durante a Primeira Guerra Mundial reinaram por muito tempo no pós-guerra. A guerra estabeleceu Sayyid Idris como líder dos sanusis e emir da Cirenaica; ele passou a apoiar a Grã-Bretanha contra a Itália de Mussolini na Segunda Guerra, e depois reinou como rei da Líbia, sob o nome de Idris I, até o coronel Muammar al Kadafi o derrubar em 1969. Haile Selassie durou ainda mais. Governante de fato da Abissínia/Etiópia após a ascensão ao trono da imperatriz Zewditu durante a guerra, ele a sucedeu após sua morte em 1930 e, com exceção de um breve exílio exigido pela conquista de seu império por Mussolini (1935-1940), reinou até ser deposto, em 1974. Entretanto, dadas as divisões existentes no mundo muçulmano e no mundo árabe dentro dele, o califado islâmico continua vago no século XXI, apesar dos

A Primeira Guerra Mundial

apelos periódicos por sua restauração (mais visivelmente por parte de Osama bin Laden na década de 1990).

A Primeira Guerra Mundial, é claro, também deu origem ao moderno conflito árabe-israelense, nas contraditórias promessas feitas pela Grã-Bretanha aos árabes e ao movimento sionista sobre os destinos da Palestina no pós-guerra. Animados com a promessa da Declaração de Balfour, colonos judeus começaram a chegar na Palestina, assim que a paz tornou viável a imigração, com mais de 10 mil entrando no mandato apenas no período de 1919 e 1920. Já em maio de 1921, o afluxo de judeus gerou uma revolta de árabes em Jaffa, seu principal porto de entrada, gerando um ciclo de violência que só piorou com o passar dos anos. Havia 55 mil judeus na Palestina no final da Primeira Guerra Mundial; os britânicos permitiram que outros 106 mil imigrassem durante a década de 1920, seguidos por mais 257 mil nos anos 1930. No entreguerras, a população árabe palestina cresceu de 668 mil (1922) para 1 milhão (1937), mas a sua alta taxa de natalidade não conseguiu acompanhar o ritmo da imigração de judeus, e a duplicação da população total da Palestina em menos de duas décadas só aumentou a competição por terras aráveis e recursos hídricos – as questões práticas subjacentes ao conflito israel-palestino pós-1945. Muito antes da retirada britânica da Palestina levar os sionistas a proclamar o Estado de Israel em 1948, os nacionalistas árabes frustrados com o sistema de mandato viam o fenômeno da colonização judaica como um exercício de colonialismo europeu moderno e esperavam o dia em que as circunstâncias lhes permitissem eliminá-lo.

A guerra e o sistema internacional

O sistema que passou a reger as relações internacionais depois de 1919 tinha pouca semelhança com o seu predecessor de antes de 1914. Lá se foram as alianças permanentes em tempos de paz envolvendo as principais potências, que não reapareceriam até a Guerra Fria. Em seu lugar, a Liga das Nações tornou-se o ponto focal da diplomacia entre países, como fora a intenção de Wilson, mesmo após a rejeição do Tratado de Versalhes pelo Senado dos Estados Unidos deixar a tarefa de fazer a organização funcionar para as outras potências Aliadas vitoriosas, principalmente Grã-Bretanha e França. No funcionamento do seu Conselho e Assembleia, a Liga procurou especificamente neutralizar o tipo de problemas que haviam feito com que as tensões internacionais aumentassem antes de 1914. Pelo menos até a década de 1930, quando as crises cada vez mais envolviam os Estados revisionistas entre os principais membros da Liga, a organização funcionou muito

O legado

bem como local para solução de conflitos. Assim como sua sucessora pós-1945, a Organização das Nações Unidas (ONU), a Liga foi tão forte quanto seus membros quiseram que fosse e, também como a ONU, fez alguns de seus melhores trabalhos nas áreas de menos destaque, como saúde e bem-estar humano, estabelecendo agências internacionais permanentes para lidar com vários aspectos da miséria que tinham sido ignorados antes e durante a Primeira Guerra Mundial.

O Conselho da Liga das Nações se reuniu pela primeira vez em Paris, em janeiro de 1920, pouco antes de a Conferência de Paz ser oficialmente suspensa. A Assembleia, com 41 países representados (todas as ex-potências Aliadas e associadas, exceto os Estados Unidos, além de dez dos países neutros da Primeira Guerra), reuniu-se para sua primeira sessão em novembro de 1920, em Genebra, sede permanente da organização. Desde o início, os críticos da ineficácia da Liga se concentraram em seus problemas de filiação, especificamente na ausência dos Estados Unidos e na ausência inicial da Rússia soviética e das potências derrotadas da Primeira Guerra Mundial, mas a organização, em um momento ou outro, incluiu seis das sete principais potências do entreguerras e 63 países no total. Em seus anos de mais participação, incluiu cinco das sete potências (1926-1933) e um total de 58 países (1934-1935). Contando as colônias e os mandatos dos Estados-membros, os únicos países do mundo a jamais pertencer à Liga foram Estados Unidos, Arábia Saudita, Islândia e os Estados himalaios do Nepal e do Butão. O Conselho da Liga, assim como o Conselho de Segurança da ONU após a Segunda Guerra Mundial, tinha como cinco membros permanentes as principais potências da coalizão Aliada recentemente vitoriosa, complementada por membros não permanentes com mandatos fixos. Como os Estados Unidos não assumiram sua cadeira, o Conselho ficou com quatro membros permanentes até 1926, quando a Alemanha se juntou a suas fileiras para seus sete anos como membro. O Conselho oscilava de tamanho entre nove e 13 membros e se reunia, em média, cinco vezes por ano. A Assembleia reunia-se anualmente, em setembro. Ao contrário da ONU, que concedeu o poder de veto apenas aos cinco membros permanentes do Conselho de Segurança (e apenas nos trabalhos do Conselho, e não na Assembleia Geral), o Conselho e a Assembleia da Liga operavam, ambos, em um princípio de unanimidade, dando a cada membro poder real de veto sobre todas as ações da organização.

O secretariado da Liga servia como burocracia permanente da organização, que incluía uma série de entidades de importância duradoura. O Tribunal Permanente de Justiça Internacional, como seu sucessor, o Tribunal Internacional de Justiça das Nações Unidas, tinha sede em Haia, onde examinou 66 casos e emitiu 27 pareceres entre 1923 e 1940. A Organização Internacional do Trabalho (OIT)

541

sobreviveu para passar aos auspícios da ONU depois da Segunda Guerra, assim como a Organização de Saúde da Liga, que ressurgiu depois de 1945 como Organização Mundial da Saúde. A Comissão Internacional de Cooperação Intelectual da Liga foi precursora da Organização das Nações Unidas para a Educação, a Ciência e a Cultura (Unesco). Outras comissões da Liga tratavam de desarmamento, refugiados, administração dos mandatos e escravidão, no último caso, definida de forma ampla para incluir a prostituição forçada e o tráfico de seres humanos de todos os tipos. O Comitê Central Permanente sobre o Ópio serviu como precursor de iniciativas do final do século XX contra o tráfico internacional de drogas, e o Comitê para o Estudo da Situação Jurídica da Mulher da Liga prenunciava o trabalho da ONU pela promoção internacional da igualdade de gênero e dos direitos das mulheres. Para lidar com a repatriação de prisioneiros de guerra ainda na Rússia em 1920, bem como o grande número de refugiados gerado pelas mudanças territoriais na Europa do Leste e na Ásia Menor, a Liga criou o Passaporte Nansen para apátridas, assim batizado em função do explorador polar norueguês Fridtjof Nansen, chefe da comissão sobre os refugiados, cujos esforços proporcionaram o marco jurídico internacional para as iniciativas da ONU em nome de "pessoas desalojadas" após a Segunda Guerra Mundial.

O maior sucesso da Liga em matéria de desarmamento, o Protocolo de Genebra de 1925, tornou ilegal o uso de armas químicas e biológicas (mas não seu desenvolvimento nem sua posse). Embora todos os beligerantes tenham mantido grandes estoques durante a Segunda Guerra, o gás venenoso foi usado muito raramente como arma em campo de batalha depois de 1918. O Protocolo de Genebra (que permanece em vigor no século XXI, com mais de 130 países como signatários) teve como precursor o Tratado de Washington sobre o Uso de Submarinos e Gases em Tempo de Guerra, assinado em 1922 pelas cinco potências que participam da Conferência Naval de Washington: Grã-Bretanha, Estados Unidos, Japão, França e Itália. As mesmas cinco potências posteriormente assinaram o Tratado Naval de Washington, concordando em limitar seu número de navios capitais (couraçados e cruzadores de batalha), bem como porta-aviões, ficando estabelecido que Grã-Bretanha e Estados Unidos teriam a mesma tonelagem, seguidos por Japão, que teria 60% de tonelagem do total dos dois primeiros, e França e Itália, com 35%. Os cruzadores permaneceram sem ser regulamentados, mas os novos não poderiam exceder as dez mil toneladas de deslocamento – mesmo padrão aplicado aos maiores navios de guerra novos permitidos à Alemanha pelo Tratado de Versalhes. As reduções e limites navais concebidos em Washington e renovados em 1930, em Londres, permaneceram o mais significativo regime de controle de armas da história até as reduções e os

O legado

limites assumidos pelos Estados Unidos e União Soviética no fim da Guerra Fria. Outros legados da Primeira Guerra Mundial negociados além do alcance da Liga das Nações foram a Convenção de Genebra de 1929 (oficialmente, "Convenção Relativa ao Tratamento de Prisioneiros de Guerra"), aprovada por uma conferência internacional de diplomatas convocada pelo governo suíço, a pedido da Cruz Vermelha Internacional, que produziu o projeto inicial da convenção para resolver problemas específicos vividos por prisioneiros de guerra entre 1914 e 1918. O documento regia o tratamento de prisioneiros de guerra durante a Segunda Guerra Mundial, pelo menos para os países que a ratificaram, mas, infelizmente, a União Soviética e o Japão não estavam entre eles.

Talvez a falha mais trágica do sistema internacional nos anos imediatamente posteriores à Primeira Guerra tenha estado na área de crimes de guerra. Em janeiro de 1920, o governo holandês, como esperado, recusou o pedido para entregar Guilherme II aos Aliados para julgamento; dois meses depois, a rainha Guilhermina declarou o ex-imperador "internado" e o assunto morreu. Em fevereiro de 1920, um acordo permitiu que os alemães realizassem seus próprios julgamentos de pessoas que os Aliados haviam identificado como criminosos de guerra; observadores estrangeiros participaram do processo, realizado em Leipzig a partir de maio de 1921, mas os poucos homens condenados não incluíam figuras de destaque durante a guerra, todas as sentenças foram lenientes, e a maioria dos países logo retirou seus observadores para protestar contra a farsa. A França acabou julgando e condenado 1.200 criminosos de guerra alemães à revelia, a Bélgica, 80, em processos que permaneceram puramente simbólicos, já que nenhum dos condenados jamais foi tolo o suficiente para voltar a pôr o pé nesses países. Assim, a Primeira Guerra Mundial nada fez para promover a causa do direito internacional em matéria de crimes contra a humanidade relacionados à guerra, deixando que os julgamentos de crimes de guerra em Nuremberg e Tóquio, depois de 1945, estabelecessem os precedentes legais para a ação futura.

Como a Conferência de Paz de Paris havia sancionado a criação de uma série de novos países nas regiões central e leste da Europa, nenhum dos quais era forte o suficiente para se defender, em um sentido estrutural, a Europa do pós-guerra dependia mais do que qualquer outra parte do mundo do cumprimento da visão de Wilson sobre uma Liga das Nações robusta, que proporcionasse segurança coletiva a seus membros. Desde o início, a França duvidou que a Liga pudesse cumprir essa promessa, mesmo para as principais potências, motivando Clemenceau a buscar garantias em uma aliança paralela que comprometesse Grã-Bretanha e Estados Unidos a vir em auxílio da França se a Alemanha atacasse novamente. A aliança defensiva anglo-franco-americana teria sido uma característica central do cenário internacional pós-guerra se não tivesse morrido em uma comissão no Senado dos Estados Unidos, antes mesmo de chegar a uma votação; Lloyd George, tendo condicionado astutamente o seu compromisso para com os franceses ao compromisso dos Estados Unidos, deixou a Grã-Bretanha sem obrigação bilateral de apoiar a França. Os britânicos tampouco estabeleceram qualquer compromisso com a Bélgica, que colocou suas esperanças em uma aliança com a França (pelo menos até 1936, quando regressou à sua tradicional neutralidade). Voltando para o leste, os franceses procuraram compensar o desaparecimento de seu aliado imperial russo montando um contrapeso no Leste Europeu a uma Alemanha revivida. A França concluiu acordos bilaterais com Polônia, Tchecoslováquia, Romênia e Iugoslávia, e também patrocinou a "Pequena Entente" que ligava as três últimas, mas (devido ao colapso do regime de reparações) não dispunha do capital para fortalecer esses países subdesenvolvidos como tinha feito com a Rússia antes de 1914. Todas estas alianças acabaram por ser inúteis, porque os franceses pensavam estritamente em termos de o que os seus parceiros menores poderiam fazer por eles, e não vice-versa. A França e a Grã-Bretanha ofereceram pouco mais do que apoio moral a qualquer uma das jovens democracias do centro-leste da Europa, e os seus exércitos nunca tiveram planos de contingência para ajudar a maioria delas. Fatidicamente, a França respondeu ao impasse tático e operacional de 1914 a 1918 reconfigurando seu exército para operações defensivas vinculadas à Linha Maginot ao longo da fronteira franco-alemã, deixando-a sem condições de ajudar seus aliados, mesmo que quisesse. A Alemanha respondeu ao mesmo impasse desenvolvendo a móvel *Blitzkrieg*, que usaria para invadir a Polônia em 1939 e derrotar a França em 1940. Muito antes disso, a Grande Depressão enfraqueceu ainda mais os países vulneráveis da Europa Central e do Leste. Em meados de 1930, entre a Finlândia, ao norte, e os Bálcãs, ao sul, a Tchecoslováquia era a única democracia sobrevivente entre as 13 Repúblicas e monarquias constitucionais estabelecidas ou expandidas como consequência da guerra. O resto se transformara em ditaduras.

Memória e celebração

Depois da guerra, os padrões de celebração de suas memórias naturalmente variaram de país para país, mas os Aliados vitoriosos logo desenvolveram uma série de tradições semelhantes para lembrar o conflito e honrar seus mortos. O rei George V tomou a iniciativa de estabelecer o aniversário do armistício, 11 de novembro, como feriado nacional em 1919, posteriormente conhecido como

Remembrance Day na Grã-Bretanha, Canadá e Austrália, e *Armistice Day* na Nova Zelândia. A França e os Estados Unidos, da mesma forma, celebram o armistício desde o seu primeiro aniversário, embora o Dia da Memória francês (*Le Jour du Souvenir*) só tenha sido formalmente estabelecido em 1922, e os Estados Unidos só tenham tornado o *Armistice Day* feriado oficial nacional em 1938. A Itália honrava seus mortos de guerra em 4 de novembro, aniversário do armistício com a Áustria-Hungria, também conhecido como o Dia da Unidade Nacional (*Giorno dell'Unita Nazionale*), em reconhecimento à incorporação de Trentino e de Trieste como resultado da vitória em 1918. No século XXI, o dia de celebração da memória permanece mais forte na França e no Canadá (sendo este último o único ex-domínio a ainda observá-lo como feriado). A Grã-Bretanha estabeleceu o *Remembrance Sunday* em 1946, passando a maioria das cerimônias para o segundo domingo de novembro, embora permaneçam dois minutos de silêncio tradicionais às 11 horas de 11 de novembro. Na Austrália e na Nova Zelândia, o ANZAC *Day*, 25 de abril, aniversário dos primeiros desembarques em Galípoli, observado desde 1916, sempre ofuscou o 11 de novembro e continua a ser o feriado nacional mais importante. Em 1954, os Estados Unidos mudaram seu Dia do Armistício para Dia dos Veteranos, com objetivo de honrar o serviço prestado por veteranos de todas as guerras dos Estados Unidos e, com o tempo, sua ligação original com o fim da Primeira Guerra Mundial já deixou de ser conhecida e apreciada pela maioria dos norte-americanos. O dia 11 de novembro nunca foi marcado nos Estados Unidos com a mesma solenidade como celebrações do Dia da Memória na Grã-Bretanha, nos ex-domínios ou na França, por causa da existência anterior do *Memorial Day* no final de maio (criado em 1868 para homenagear os mortos da Guerra Civil Americana, e expandido depois para todas as guerras do país). Após a Segunda Guerra Mundial, a observância do 4 de novembro na Itália gradualmente perdeu importância e, depois de 1977, já não gozava do *status* de feriado nacional. No final do século, evoluiu para o Dia das Forças Armadas (*Giorno delle Forze Armate*).

Outra semelhança na comemoração da guerra pelos Aliados tomou a forma de túmulos dos soldados desconhecidos, contendo os restos mortais não identificados de homens comuns mortos na Primeira Guerra Mundial que, assim, representavam o sacrifício de todos os soldados. Em 11 de novembro de 1920, a França inaugurou seu Túmulo do Soldado Desconhecido sob o Arco do Triunfo, e a Grã-Bretanha inaugurou o Túmulo do Guerreiro Desconhecido na Abadia de Westminster. A Itália seguiu seu exemplo em sua comemoração do armistício no ano seguinte, 4 de novembro de 1921, no Monumental Vittoriano, ao lado das ruínas do Fórum, em Roma; e os Estados Unidos, no Dia do Armistício de

1928, no Cemitério Nacional de Arlington. Em 1922, no quarto aniversário do armistício, a Bélgica enterrou cinco de seus mortos de guerra desconhecidos ao pé da coluna do Congresso, em Bruxelas. Os ex-domínios só adotaram o conceito do "soldado desconhecido" tardiamente, com a Austrália enterrando um deles em 1993, o Canadá, em 2000, e a Nova Zelândia, em 2004, cada um no National War Memorial – em cada caso, um soldado não identificado morto na frente ocidental na Primeira Guerra Mundial. O conceito de "soldado desconhecido" se manteve limitado às vítimas representativas da Primeira Guerra Mundial em toda parte, exceto nos Estados Unidos, que mais tarde concedeu honras seme-lhantes a mortos não identificados da Segunda Guerra Mundial e das guerras da Coreia e do Vietnã, embora, neste último caso, o soldado homenageado tenha sido identificado graças à tecnologia de DNA e voltou a ser sepultado em outro lugar, sem ser substituído. É provável que a disponibilidade de testes de DNA tenha tornado o conceito dos "soldados desconhecidos" um anacronismo, garantindo a singularidade da conexão da Primeira Guerra Mundial para com a maioria das pessoas homenageadas dessa forma.

Durante os anos do entreguerras, todos os vencedores da Primeira Guerra Mundial ergueram monumentos impressionantes a seus mortos, cuja construção, por vezes, levou vários anos para ser concluída. Entre eles, o Cenotaph em Whitehall, Londres (1919-1920), o Portão da Índia, originalmente conhecido como All India War Memorial, em Nova Délhi (1921-1931), e os memoriais de guerra nacionais em Wellington, Nova Zelândia (inaugurado em 1932), Ottawa, Canadá (inaugurado em 1939), e Sydney, Austrália (inaugurado em 1941). O Ossuário de Douaumont, na França (1920-1932), que abriga os restos mortais não identificados de 130 mil soldados franceses e alemães mortos em Verdun, foi a mais sofisticada de várias estruturas semelhantes construídas durante os anos do entreguerras pelo governo francês, sobre campos de batalha anteriores ou perto deles. Nos anos posteriores à guerra, a Nova Zelândia erigiu obeliscos idênticos em Galípoli, Ypres, no Somme e nas colinas de Messines, com a mesma inscrição *"From the uttermost ends of the earth"* ("Desde os mais remotos confins da terra"). Outros notáveis monumentos nos campos de batalha incluem o Portão de Menin, em Ypres (construído entre 1921 e 1927) e o Memorial de Thiepval, no Somme (1928-1932). Após a Segunda Guerra Mundial, foram erguidos relativamente poucos novos monumentos referentes à Primeira Guerra na frente ocidental. Uma exceção recente, A Torre da Paz na ilha da Irlanda, nas colinas de Messines, Bélgica, foi inaugurada em 11 de novembro de 1998 pelo rei Alberto II, a rainha Elizabeth II e a presidente da Irlanda, Mary McAleese, em um local escolhido por ter sido onde a 16ª Divisão (Irlanda) e a 36ª Divisão (Ulster) da Grã-Bretanha lutaram lado a lado na batalha ocorrida em junho de 1917.

O legado

Da Alemanha até o antigo Império Austro-Húngaro e da Europa do Leste à Rússia, a memória e a celebração da Primeira Guerra Mundial nunca assumiram as proporções nem a permanência das terras dos Aliados ocidentais, pois, nesses países, os mortos foram perdidos em uma causa perdida e, uma geração mais tarde, toda a região sofreu um derramamento de sangue muito maior na Segunda Guerra Mundial. Na Alemanha, o Reichstag homenageou os mortos de guerra com um *Volkstrauertag*, estabelecido em 1926, no segundo domingo da quaresma, mas sua observação perdeu importância sob o Terceiro Reich e não foi revivida até 1952, na República Federal da Alemanha, que a transferiu para o segundo domingo antes do início do Advento. A nova data situa o *Volkstrauertag* perto do aniversário do armistício (13 a 19 de novembro), mas já não tem relação direta com a Primeira Guerra Mundial, pois agora homenageia todas as vítimas da guerra e da opressão política. Nas terras do antigo Império Austro-Húngaro, os veteranos se reuniam para ocasiões específicas no pós-guerra (como os funerais de marechais de campo dos Habsburgos, mais especificamente o de Conrad von Hötzendorf em 1925), mas, fora isso, não tinham celebrações formais nem regulares da memória da guerra. Na Áustria e na Hungria, assim como na Alemanha, as organizações de veteranos representavam companheirismo para com os sobreviventes e um catalisador para rituais locais de memória, mas nas terras dos Habsburgos concedidas à Tchecoslováquia ou à Iugoslávia a memória da Primeira Guerra Mundial provou ser um exercício muito mais complexo (como na Irlanda, para os irlandeses católicos, veteranos do exército britânico). Na União Soviética, os mortos da Primeira Guerra simplesmente não eram homenageados, devido à rejeição, pela revolução, de tudo o que veio antes, e seu sacrifício esquecido está em nítido contraste com os complexos memoriais e tradições extensas em memória dos mortos da Segunda Guerra Mundial, iniciados pela União Soviética, mas perpetuados pela Rússia do século XXI. A Turquia continua a ser o único país do lado perdedor a construir um grande memorial aos mortos da Primeira Guerra Mundial, o Memorial dos Mártires de Çanakkale, em Galípoli (1954-1958), que também serve como um monumento à vitória turca na batalha de 1915.

A celebração da memória da Primeira Guerra Mundial continua a ter um lugar especial na Austrália mais do que em qualquer outro lugar, e dentro dela, o sacrifício de vidas australianas em Galípoli continua a ser o foco. Os 8.700 australianos que ali morreram representaram menos de um quarto das mortes dos Aliados na batalha, ao passo que, para a Austrália, os homens mortos em Galípoli representaram menos de 15% dos 60 mil mortos do país na Primeira Guerra Mundial (dos quais 46 mil caíram na frente ocidental). No entanto, desde o início, Galípoli tem ocupado um lugar central na memória de guerra da Austrália. Milha-

547

A Primeira Guerra Mundial

res de australianos ainda fazem a peregrinação anual à Angra do ANZAC, para ver o lugar onde seus antepassados lutaram e morreram. A Celebração ao Amanhecer, realizada na praia a cada 25 de abril, atrai enormes multidões e, normalmente, apresenta o discurso de um australiano importante. Em 2009, a honra foi para Stephen Smith, ministro das Relações Exteriores, que resumiu o significado do dia da seguinte forma:

> Todos os anos, agora, quando os australianos no mundo inteiro se reúnem para celebrar o Dia do ANZAC e lembrar das vidas perdidas, também celebramos nossas características nacionais, nossos valores e nossas virtudes: a grande noção australiana de um *fair go* [justeza e igualdade de oportunidades], de cuidar dos próprios companheiros, de um sentido de humor na adversidade e um certo conhecimento de que, por pior que as nossas circunstâncias possam ser, há sempre alguém em pior situação que precisa de uma mão amiga.[14]

Não menos do que o cavador de trincheiras australiano médio da Primeira Guerra Mundial, os australianos ainda hoje consideram que Galípoli encarnou os valores essenciais do que significa ser australiano, e assim, como "batismo de fogo" da nação, não importa tanto que a batalha tenha sido perdida. Na verdade, a experiência dos ANZACs em Galípoli formou o núcleo de um conjunto de crenças patrióticas que cresceram até um mito sagrado que os políticos australianos, mesmo décadas depois, questionavam a seu próprio risco. Em 2008, quando o ex-primeiro-ministro trabalhista Paul Keating chamou de "total e completo absurdo [...] ainda [se comportarem] como se a nação tivesse nascido de novo ou até mesmo sido redimida" em Galípoli, o atual primeiro-ministro trabalhista, Kevin Rudd, sentiu-se compelido a se distanciar imediatamente dessas observações, assegurando o público australiano que "Galípoli [...] é absolutamente fundamental para a identidade nacional australiana".[15] Historiadores australianos que ousam analisar a experiência de Galípoli por um viés crítico demais também caíram em descrédito público.[16] No entanto, o argumento de que tais formas de celebração da memória não têm lugar no século XXI por excluírem grande parte da população (especialmente as mulheres, mas também membros de grupos imigrantes que não compartilham desse legado) ou por se concentrarem demasiado no heroísmo marcial em uma época em que a maioria considera todas as guerras uma loucura, encontra alguma ressonância, mas com mais ênfase na Europa e, talvez, nos Estados Unidos, do que na Austrália.

Conclusão

No final, o que resultou do sacrifício deles? No curto prazo, o legado da Primeira Guerra Mundial, em particular do acordo de paz moldado por Woodrow Wilson, parecia ser extremamente negativo. Entre as potências europeias, a Grã-Bretanha, ajudada em muito por seu império, tinha cumprido papel decisivo na vitória, mas, posteriormente, não apoiaria uma paz que tornasse o triunfo permanente. O acordo deixou a Alemanha com raiva o suficiente para buscar vingança, a França fraca demais para impedi-la, e a Itália e a Rússia tão desgostosas com o resultado que ambas se juntariam aos alemães nas fileiras dos revisionistas. A Rússia acabaria por fustigar o grupo dos países menores, novos e recém-ampliados da Europa Central e do Leste, fracos demais para se defender, mas, às vezes, como a Sérvia, em 1914, demasiado imprudentes ou irresponsáveis na busca de suas próprias metas nacionais para evitar conflitos com os vizinhos mais poderosos. Com bastante frequência, os europeus do entreguerras culparam o idealismo conciliador de Wilson por esse estado disfuncional de coisas. Mas, como observou Walter Russell Mead, os ideais de Wilson "ainda orientam a política europeia de hoje: autodeterminação, governo democrático, segurança coletiva, direito internacional e uma liga de nações", consubstanciada na União Europeia. "França, Alemanha, Itália e Grã-Bretanha podem ter zombado de Wilson, mas cada uma dessas potências conduz atualmente sua política europeia ao longo de linhas wilsonianas. O que antes foi descartado como visionário é agora aceito como fundamental".[17]

Assim, uma vez que se supere a responsabilização da Conferência de Paz de Paris por iniciar a Segunda Guerra Mundial, o legado para a Europa parece ser baseado em princípios positivos forjados no calor de 1914 a 1918, revolucionários, no longo prazo, apenas no sentido da revolução democrática. O balanço para o resto do mundo continua a ser muito mais complexo, principalmente em relação ao Oriente Médio e à Ásia. O colapso do Império Otomano, concluído no início da década de 1920, trouxe o surgimento da República da Turquia, a primeira República e o primeiro Estado secular do Oriente Médio, bastante radical na sua conceituação para permanecer, no século XXI, o único Estado secular do mundo muçulmano. Também trouxe a frustração do nacionalismo árabe na negativa de autodeterminação para as terras árabes libertadas do domínio turco, as sementes do moderno conflito árabe-israelense pela Palestina e uma série de outros problemas decorrentes do redesenho caprichoso que a Conferência fez do mapa do Oriente Médio. Por fim, a queda do sultanato otomano trouxe o colapso do califado e abriu o caminho para a ascensão dentro da Arábia da

A Primeira Guerra Mundial

casa de Saud e, com ela, o estabelecimento do islã vaabita em Meca. Na Índia, o surgimento da Liga Muçulmana na época da guerra, como representante reconhecida dos muçulmanos da Índia e igual ao Congresso Nacional indiano, apontou o caminho para o estabelecimento da Índia e a criação do Paquistão. Na China, o Movimento Quatro de Maio de 1919 – reação direta à Conferência de Paz de Paris – abriu caminho para a criação do Partido Comunista chinês sob comando de Mao Tsé-tung, enquanto a reação menos direta e mais pessoal de Ho Chi Minh levou ao movimento comunista no Vietnã. Embora o comunismo do leste da Ásia tenha perdido seu dinamismo revolucionário antes do final do século XX, seu legado de transformação continua inquestionável, enquanto as forças revolucionárias geradas ou alimentadas pela Primeira Guerra Mundial no Oriente Médio (nacionalismo árabe, modelo turco de secularismo e reação islâmica contra ambos) e no sul da Ásia (nacionalismo indiano e paquistanês) permanecem vibrantes no século XXI.

Notas

1. Stephen Broadberry e Peter Howlett, "The United Kingdom during World War I", de Stephen Broadberry e Mark Harrison (eds.), *The Economics of World War I* (Cambridge University Press, 2005), 229.
2. Broadberry e Harrison, *The Economics of World War I*, 229-30.
3. Ver Reginald Pound, *The Lost Generation* (London: Constable, 1964) e, para comprovação estatística, J. M. Winter, "Britain's 'Lost Generation' of the First World War", *Population Studies* 31 (1977): 449-66.
4. Publicado no *The Times of London*, citado em Vera Brittain para Roland Leighton, Buxton, 10 de setembro de 1915, texto em *Letters from a Lost Generation: The First World War Letters of Vera Brittain and Four Friends*, orgs. Alan Bishop e Mark Bostridge (London: Little, Brown, 1998), 164.
5. Citado em Hugh Purcell, *Lloyd George* (London: Haus, 2006), 143.
6. Texto em Margaret MacMillan, *Paris 1919: Six Months that Changed the World* (New York: Random House, 2001), 495.
7. João Paulo II, "Beatification of Five Servants of God" ["Beatificação de cinco Servos de Deus"], 3 de outubro de 2004, disponível em www.vatican.va/holyfather/john_paulii/homilies/2004/documents/hf_jp-iihom_20041003_beatifications en.html.
8. Lloyd E. Ambrosius, *Woodrow Wilson and the American Diplomatic Tradition: The Treaty Fight in Perspective* (Cambridge University Press, 1987), 14.
9. Ver Carol S. Gruber, *Minerva and Mars: World War I and the Uses of Higher Learning in America* (Baton Rouge, LA: Louisiana State University Press, 1975); Gilbert Allardyce, "The Rise and Fall of the Western Civilization Course", *American Historical Review* 87(3) (junho 1982): 695-725.
10. Citado em Ambrosius, *Woodrow Wilson and the American Diplomatic Tradition*, 137.
11. Citado em Antony Lentin, *Guilt at Versailles: Lloyd George and the Pre-history of Appeasement* (London: Routledge, 1985), 138, 140.
12. Citado em Ambrosius, *Woodrow Wilson and the American Diplomatic Tradition*, 264.
13. Citado em Stanley Wolpert, *Gandhi's Passion: The Life and Legacy of Mahatma Gandhi* (Oxford University Press, 2002), 107.
14. Exmo. Stephen Smith, deputado, Discurso na Celebração ao Amanhecer, Galípoli, 25 de abril de 2009, disponível em www.foreignminister.gov.au/speeches/2009/090425_dawnservice.html.

[15] Antonette Collins, "ANZAC Gallipoli gatherings misguided, Keating says", disponível em www.abc.net.au/news/stories/2008/10/30/2405820.htm; Dennis Shanahan, "Kevin Rudd rejects Paul Keating's view on Gallipoli", disponível em www.theaustralian.news.com.au/story/0,,24584117-31477,00.html.

[16] Ver Alistair Thomson, *Anzac Memories: Living with the Legend* (Melbourne: Oxford University Press, 1994).

[17] Walter Russell Mead, *Special Providence: American Foreign Policy and How it Changed the World* (London: Routledge, 2002), 9.

Leituras complementares

Ambrosius, Lloyd E. *Woodrow Wilson and the American Diplomatic Tradition: The Treaty Fight in Perspective* (Cambridge University Press, 1987).

Fischer, Conan e Alan Sharp (eds.), *After the Versailles Treaty: Enforcement, Compliance, Contested Identities* (London: Routledge, 2008).

Kuhlman, Erika. *Reconstructing Patriarchy after the Great War: Women, Gender, and Postwar Reconciliation between Nations* (New York: Palgrave Macmillan, 2008).

Lentin, Antony. *Guilt at Versailles: Lloyd George and the Pre-history of Appeasement* (London: Routledge, 1985).

Lorcin, Patricia M. E. e Daniel Brewer (eds.), *France and its Spaces of War: Experience, Memory, Image* (New York: Palgrave Macmillan, 2009).

Marks, Sally. *The Illusion of Peace: International Relations in Europe, 1918-1933*, 2ª ed. (New York: Palgrave Macmillan, 2003).

Thomas, Gregory M. *Treating the Trauma of the Great War: Soldiers, Civilians, and Psychiatry in France, 1914-1940* (Baton Rouge, LA: Louisiana State University Press, 2009).

Thomson, Alistair. *Anzac Memories: Living with the Legend* (Melbourne: Oxford University Press, 1994).

Winter, Jay. *Sites of Memory, Sites of Mourning: The Great War in European Cultural History* (Cambridge University Press, 1995).

Winter, Jay. *Remembering War: The Great War between Memory and History in the Twentieth Century* (New Haven, CT: Yale University Press, 2006).

Conclusão

Os meses iniciais da Primeira Guerra Mundial deram o tom para a maior parte do conflito, na medida em que cada um dos países envolvidos teve baixas sem precedentes na primavera de 1915, sem sofrer uma grave violação da disciplina entre os soldados, nem colapso da disposição na frente interna. O enorme derramamento de sangue não dissuadiu os beligerantes de seguir adiante nem outros países de ingressar na guerra mais tarde, começando com a Itália, em maio de 1915. Já em 22 de agosto de 1914, a França sofreu 27 mil baixas em combate em um único dia, quase metade do dia mais sangrento para a Grã-Bretanha e seu império, 1º de julho de 1916, quando mais de 19 mil morreram no primeiro dia da Batalha do Somme; comparativamente, o total de mortes em combate dos Aliados na Segunda Guerra Mundial, no Dia D, em 6 de junho de 1944, foi de pouco mais de 4.400. Mesmo depois de as forças britânicas e imperiais, no verão de 1918, descobrirem os caminhos para restaurar a mobilidade da frente ocidental – a combinação de ataque da infantaria sob uma barragem rolante bem coordenada e apoiada por tanques, com aeronaves interrompendo as comunicações, as iniciativas de reforço e a espotagem de artilharia do inimigo –, elas e seus Aliados continuaram a recorrer, com frequência, à força bruta para empurrar os alemães para fora da França e do oeste da Bélgica naquele outono. Os alemães descobriram, em 1917 e 1918, que suas táticas de infiltração com tropas de assalto contra os pontos fortes do inimigo efetivamente limpavam o campo de batalha para avanços gerais pela infantaria, mas eles também continuaram a recorrer a ataques frontais sem imaginação, tão logo as batalhas começavam. Em última análise, a disposição da maioria dos soldados de continuar obedecendo

A Primeira Guerra Mundial

seus comandantes, não importando o que acontecesse, e a convicção da maioria dos civis de que seus líderes deveriam prosseguir com a guerra até uma conclusão vitoriosa são a melhor explicação para a carnificina sem precedentes.

A guerra mostrou extremos de disciplina e indisciplina. Os primeiros podiam ser encontrados em todos os principais exércitos que suportaram as baixas iniciais nunca vistas antes de 1914 e 1915, e depois, o derramamento de sangue das grandes batalhas de 1916, sem entrar em colapso – no exército francês, que se aguentou até a primavera de 1917, apesar das perdas terríveis, e no exército alemão, que manteve sua coesão na derrota, até o armistício. Exemplos de indisciplina incluíram as deserções em massa de certas nacionalidades do exército austro-húngaro, especialmente a partir de 1915, na frente oriental, o colapso temporário do exército italiano depois de Caporetto, a paralisia do exército francês por um ano após a ofensiva Nivelle e o completo colapso do exército russo depois da ofensiva Kerensky, em 1917. Os mesmos extremos podiam ser visto nas diversas frentes domésticas, onde os colapsos revolucionários dramáticos na Rússia, em 1917, e na Alemanha e no Império Austro-Húngaro, em 1918, ofuscaram a firmeza das populações civis dos países que resistiram, apesar das dificuldades durante a maior parte da guerra, como fizeram as dos países ocidentais Aliados ao longo de todo o conflito.

Os números de baixas civis empalideceram em importância diante da Segunda Guerra, mas, desde as primeiras semanas, a Primeira Guerra Mundial mostrou atos de brutalidade contra civis que prenunciavam o que aconteceria uma geração mais tarde, em uma escala muito maior: as execuções sumárias de civis belgas por soldados alemães e de civis sérvios por austro-húngaros, a escolha dos armênios, pelos turcos, como grupo desleal a ser submetido à perseguição e, em última análise, ao genocídio, o bombardeio aéreo de Londres e de outras cidades por zepelins alemães, o afundamento indiscriminado de milhões de toneladas de navios por submarinos alemães, a um custo de milhares de vidas, o uso de civis como mão de obra para o trabalho forçado e a destruição de propriedades indiscriminada, muitas vezes vingativa, incluindo alvos com significado cultural, bem como econômico, para o inimigo. O fato de que quase todas essas ações foram perpetradas pelas Potências Centrais, e quase nenhuma pelos Aliados ocidentais, permitiu a estes afirmar sua superioridade moral na guerra, mesmo que o bloqueio britânico no mar do Norte e o bloqueio Aliado da entrada do Adriático tenham acabado causando muito mais mortes de civis nas frentes internas das Potências Centrais do que estas causaram em todas as suas ações nas diferentes zonas de guerra.

Embora tenham tido muito menos responsabilidade por iniciar a Primeira Guerra Mundial, as potências Aliadas e Associadas foram, em grande parte, responsáveis pela revolução global que resultou dela. A natureza revolucionária, que é da ordem do dia das potências Aliadas e Associadas da Primeira Guerra,

Conclusão

fica mais clara quando comparada com a agenda conservadora e restauradora dos Aliados vitoriosos da Segunda. A oeste da linha que, graças a Winston Churchill, ficou conhecida durante a Guerra Fria como Cortina de Ferro, os Aliados, depois de 1945, restauraram o mapa com a aparência de 1937, antes de a Alemanha nazista anexar a Áustria. Mesmo a leste da Cortina de Ferro, Estados que pareciam irrevogavelmente destruídos pela experiência da Segunda Guerra Mundial foram costurados juntos sob regimes comunistas na Tchecoslováquia e na Iugoslávia, ambos com duração igual à do comunismo. Suas fronteiras pós-1945, e as de todos os outros Estados da Europa Oriental, diferiam pelo menos um pouco das fronteiras de 1937, mas nem mesmo Joseph Stalin varreu países inteiros do mapa (exceto pela incorporação dos três Estados bálticos como Repúblicas da União Soviética). A liquidação pós-1945 também não alterou uma única fronteira na África ou no Oriente Médio, e restaurou as fronteiras do leste da Ásia modificadas pelo Japão. Em nítido contraste, os pacificadores de 1919 redesenharam o mapa da Europa a partir das fronteiras ocidentais da Alemanha até o interior da Rússia, reconceituaram completamente o Oriente Médio ao dividir o Império Otomano, fizeram mudanças significativas na África ao redistribuir as quatro colônias alemãs no continente e legitimaram alterações pequenas, mas fatídicas, no leste da Ásia, beneficiando o Japão à custa da China.

No geral, o legado mais marcante da Primeira Guerra Mundial foi o seu papel na dessensibilização de tantas pessoas para a brutalidade, a desumanidade e a carnificina em massa da guerra moderna na era industrial. Essa dessensibilização tornou possível o massacre ainda maior da Segunda Guerra e, na verdade, serviu como pré-requisito necessário para ela. Como resultado, a maioria dos nossos atos de celebração da memória são tingidos com pesar, quando não com culpa. Talvez o que faça com que a Primeira Guerra Mundial mantenha seu lugar em nossa memória coletiva seja a nossa vergonha contínua diante da facilidade com que as perdas de 1914 a 1918 foram aceitas.

555

O autor

Lawrence Sondhaus é professor de História na Universidade de Indianápolis, onde dirige o Instituto para o Estudo da Guerra e da Diplomacia. Entre suas publicações anteriores estão *Franz Conrad von Hötzendorf: Architect of the Apocalypse* (2000), *Naval Warfare, 1815-1914* (2001) e *Strategic Culture and Ways of War* (2006).

Cadastre-se no site da Contexto
e fique por dentro dos nossos lançamentos e eventos.
www.editoracontexto.com.br

Formação de Professores | Educação
História | Ciências Humanas
Língua Portuguesa | Linguística
Geografia
Comunicação
Turismo
Economia
Geral

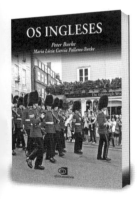
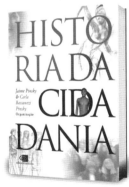

Faça parte de nossa rede.
www.editoracontexto.com.br/redes

GRÁFICA PAYM
Tel. [11] 4392-3344
paym@graficapaym.com.br